U0861594

拱墅年鉴

2022

GONGSHU YEARBOOK

中共杭州市拱墅区委党史研究室（杭州市拱墅区地方志编纂研究室）编

方志出版社
Publishing House of Local Records

图书在版编目（CIP）数据

拱墅年鉴．2022 / 中共杭州市拱墅区委党史研究室（杭州市拱墅区地方志编纂研究室）编．—北京：方志出版社，2022.12

ISBN 978-7-5144-5465-9

Ⅰ．①拱… Ⅱ．①中… Ⅲ．①区（城市）—杭州—2022—年鉴 Ⅳ．①Z525.54

中国版本图书馆CIP数据核字（2022）第255263号

责任编辑：李晓晓
责任校对：刘玉霞
责任印制：梅中英
出 版 者：方志出版社
地　　址：北京市朝阳区潘家园东里9号（国家方志馆4层）
邮　　编：100021
网　　址：http://www.zgfzcb.cn
发　　行：方志出版社图书营销中心（010-67110500）
印　　刷：浙江海虹彩色印务有限公司
开　　本：889毫米×1194毫米　1/16
印　　张：26.75
字　　数：815千字
版　　次：2022年12月第1版
印　　次：2022年12月第1次印刷
定　　价：320.00元

· 版权所有　侵权必究 ·

（如有印装质量问题，请与我社图书营销中心联系）

拱墅区地方志编纂委员会

顾　问	李志龙				
主　任	冯　晶				
副主任	王　涛	施甜甜			
委　员	王一平	吴　洁	金　浪	舒　健	张玉山
	郑小兵	凌　智	哈军礼	王一鸣	林　丽
	钱志卫	徐旭勇	房雪峰	陈小蕾	唐晓华
	江海灵	陈劲松	袁　俊	高晓岚	章　菱
	赵　斌	邵兰珍	朱鸿刚	孔　奇	殷　顺
	肖军文	虞　翀	杨向荣	魏一峰	诸葛建清
	章　柯	高　嵩	赵国波	杨新围	楼钢锋
	蒯　骏	郑　敏	谢剑锋	鲁　韵	唐　华
	吴　昊	黄　胜	钱贤鑫	吕东东	魏　崴
	夏森炜				

《拱墅年鉴》编辑部

主　编	殷　顺		
执行主编	蒋　珏		
编　审	余显幕		
编　辑	方周妙	苏　慧	尹琬星

繁华武林（摄于 2021 年）

（区委宣传部 供稿）

2021年5月，拱墅运河体育公园体育馆基本建成，将承办亚运会乒乓球、霹雳舞赛事和亚残运会乒乓球比赛　　（区文广旅体局　供稿）

2021年5月，拱墅运河体育公园体育场基本建成，将承办亚运会曲棍球赛事和亚残运会盲人足球比赛　　（祥符街道　供稿）

2021年9月，杭州市体育馆完成改建，将承办亚运会拳击比赛和亚残运会硬地滚球比赛　　（区委宣传部　供稿）

2021年建成的中国杭州电竞中心为国内第一座按亚运会赛事标准建设的专业电子竞技场馆　　（区文广旅体局　供稿）

2021年7月2日，中共杭州市拱墅区委全体（扩大）会议召开　　（区委宣传部　供稿）

2021年12月28—29日，中国共产党杭州市拱墅区第一次代表大会召开　　（区委宣传部　供稿）

2021年5月7—8日，杭州市拱墅区人民代表大会会议召开　　（区委宣传部 供稿）

2021年5月6—7日，中国人民政治协商会议杭州市拱墅区委员会会议召开　　（区政协办 供稿）

2021年6月24日，“百年风潮红运拱墅 初心不改岁月长青”拱墅区庆祝中国共产党成立100周年展演活动举行
（区委宣传部 供稿）

2021年7月8日，拱墅区“红色足迹 百年征程”庆祝中国共产党成立100周年暨运河大剧院落成首演活动举行
（区文广旅体局 供稿）

2021年5月24日，“展文旅品牌 贺建党百年”2021拱墅区文旅宣传推介活动在杭州运河文化发布中心启动

（区文广旅体局 供稿）

2021年6月6—13日，“承平致远”庆祝中国共产党建党一百周年——文蔚书画艺术展在拱墅区展出

（区委宣传部 供稿）

2021年6月15日，半山街道联合共产党员杂志社举办“百年礼赞望宸诗会”活动 （半山街道 供稿）

2021年6月23日，拱宸桥街道庆祝中国共产党成立100周年表彰大会举行，会上表彰先锋退役军人 （杨志坚 摄）

2021年6月28日，天水街道举办“我心向党溯百年 联盟建功新拱墅”庆祝中国共产党成立100周年活动。图为演出歌舞《我和我的祖国》

（区委宣传部 供稿）

2021年6月29日，潮鸣街道退役军人“唱红歌 读红书”庆党百年活动举行

（区退役军人局 供稿）

2021年3月11日，全区党史学习教育动员部署会举行　　（区委宣传部　供稿）

2021年5月24日，拱墅区深入推进党史学习教育“民呼我为　我为新拱墅建功立业”主题活动暨“三联三领三服务”活动启动仪式在西湖文化广场举行　　（区委宣传部　供稿）

2021年7月29日，中共浙江省委机关旧址陈列室启用仪式举行　（区委宣传部 供稿）

2021年6月11日，拱墅区王马社区党史情景剧《小巷初心》在全国红色故事会大赛中获一等奖。图为情景剧《小巷初心》演出现场

（区委党史研究室 供稿）

2021年5月28日，武林商圈党建联盟在浙江展览馆举办“诵红色经典 铸繁华商圈 建拱墅新业”武林商圈“党旗下的诵读”大赛

（区委宣传部 供稿）

2021年12月30日，拱墅区“红茶议事会”作为“民呼我为”优秀实践案例参加杭州市党史学习教育“民呼我为”最佳实践案例“向人民汇报”活动

（区委宣传部 供稿）

2021 年 3 月 28 日，武林路 9 号音乐街区的城市青年音乐角举行演出活动　（武林街道 供稿）

2021 年 6 月，拱墅区“半山立夏习俗”入围第五批国家级非物质文化遗产代表性项目名录。图为半山立夏节民俗活动中的“送春迎夏”仪式　（区委宣传部 供稿）

2021年7月5日，“水舞千年 蝶变拱墅”上塘古运河景区《如梦上塘》夜游秀开幕　　（区委宣传部 供稿）

2021年7月，拱墅区青少年活动中心选送的舞蹈《我们的祖国是花园》获第十一届“小荷风采”全国少儿舞蹈大赛金奖

（区教育局 供稿）

2021 年 10 月 1—7 日，“绮幻新天地 动漫嘉年华”主题活动在拱墅区新天地举行 （区文广旅体局 供稿）

2021 年 10 月 20 日，“应‘运’而生 ‘庙’不可言”第八届中国大运河庙会在拱墅区启动。图为庙会举办区域之一的桥西历史文化街区 （区文广旅体局 供稿）

2021 年 10 月 22—24 日，长三角水上运动节暨京杭大运河（杭州）运动・文旅嘉年华在杭州城北体育公园举行。图为在上塘河举行的皮划艇竞速赛

（区文广旅体局 供稿）

2021 年 10 月 23 日，大运河文化旅游季开幕式暨"运河旗妙夜"活动在运河文化广场举行

（区文广旅体局 供稿）

2021 年 10 月 23—24 日，大运河百人百匠“非遗＋文创”好运市集在运河文化广场举行　　（区文广旅体局 供稿）

2021 年 10 月 23—24 日，“百县千碗 美味杭州 运河美食汇”及市民体验活动在胜利河美食街举行　　（区文广旅体局 供稿）

2021 年 10 月 23 日，“京杭对话雅集活动”在拱墅区荣华戏园举行　　（区委宣传部 供稿）

2021年7月28—29日，第一届浙江省数字医疗健康产业杭州峰会在拱墅区召开。会上，由杭州市政府、拱墅区政府与阿斯利康制药有限公司中国东部总部共同打造的杭州国际生命科学创新园举行企业入驻园区签约仪式

（区委宣传部 供稿）

2021年9月26日，区块链服务网络(BSN)全球合作伙伴大会在拱墅区举行 （区委宣传部 供稿）

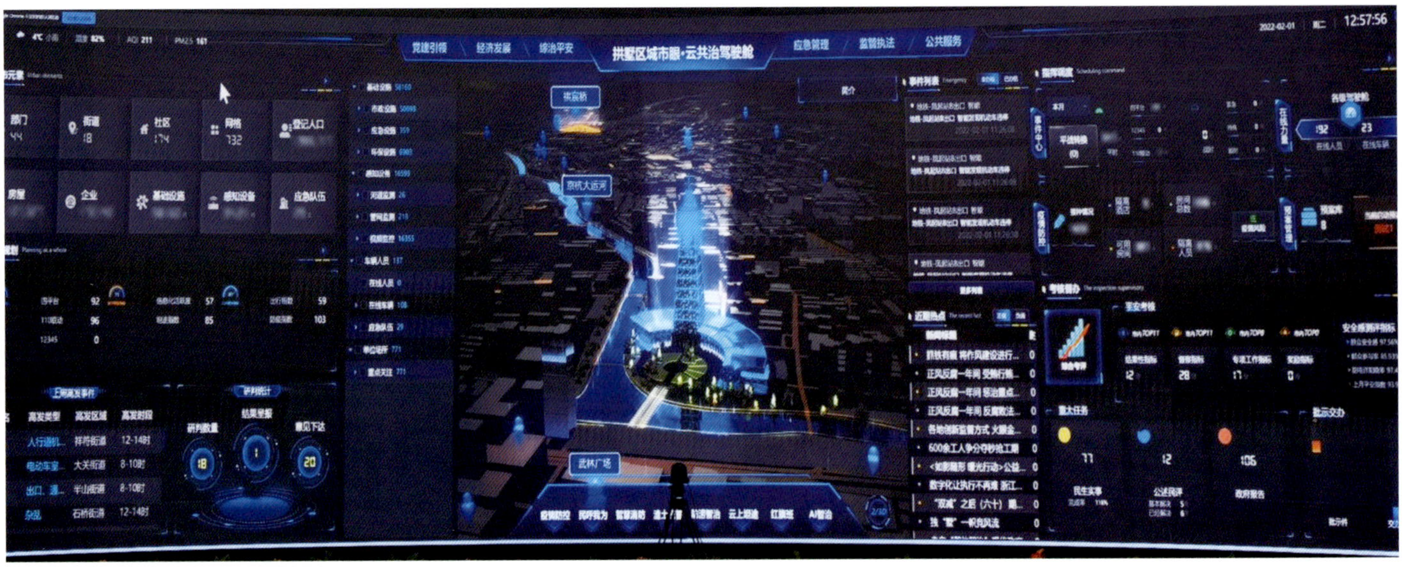

2021年，拱墅区高质量打造以“城市眼·云共治”为中心的多跨场景应用，实现城市运行管理流程再造，制度重塑。图为拱墅区“城市眼·云共治”驾驶舱应用场景　　（区数据局　供稿）

2021年，天水街道打造数字生活新服务示范商圈。图为天水街道数字驾驶舱指挥室　　（天水街道　供稿）

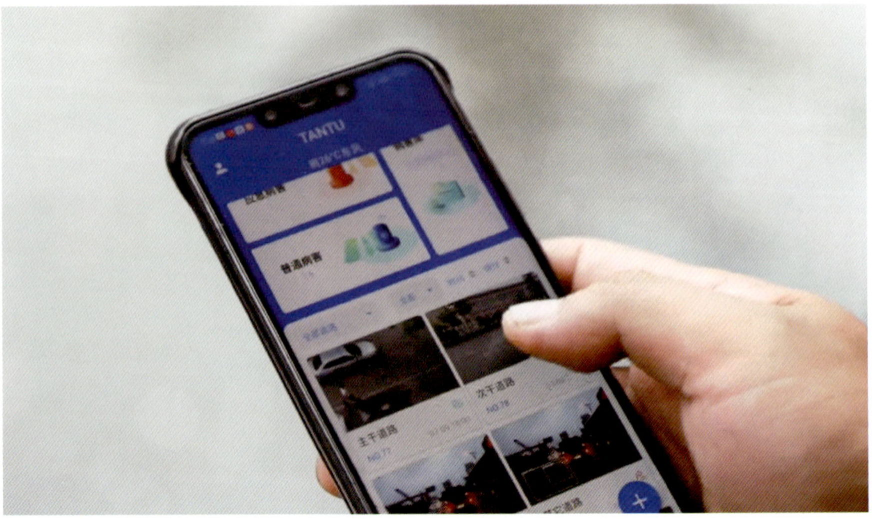

2021年7月10日，拱墅区杭玻街养护人员使用“云上坦途道路智慧监测系统”进行道路病害问题复核。该场景应用被省大数据局列入“揭榜挂帅”项目　　（区城管局　供稿）

智慧网谷小镇商务先行区（摄于2021年）　　（区委宣传部 供稿）

万科汽车互联网产业园（摄于2021年）　　（沈笑丽 摄）

顺丰创新中心（摄于2021年） （区住建局 供稿）

2021年10月23日，阿里云智能物联网产业基地（祥符大厦）竣工 （祥符街道 供稿）

远洋乐堤港（摄于2021年）　　（区委宣传部 供稿）

杭州新天地购物中心（摄于2021年）　　（区委宣传部 供稿）

武林商圈(摄于2021年)
(区委宣传部 供稿)

杭州中粮·大悦城(摄于2021年) (区委宣传部 供稿)

胜利河美食街(摄于2021年)
(区委宣传部 供稿)

武林广场（摄于2021年）（区委宣传部 供稿）

运河中央公园（摄于2021年）（区住建局 供稿）

瓜山未来社区（摄于2021年）　（上塘街道　供稿）

上塘河绿道（摄于2021年）　（区住建局　供稿）

运河文化公园（摄于2021年）　（区住建局　供稿）

数知拱墅 2021

土地面积
119平方千米

年末户籍人口
87.68万人

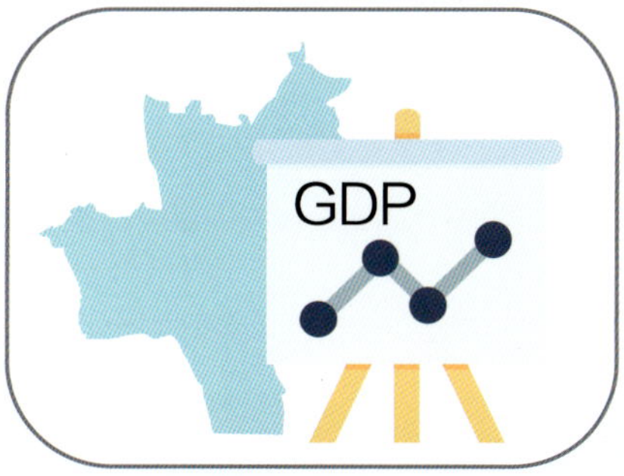

地区生产总值
1968.56亿元

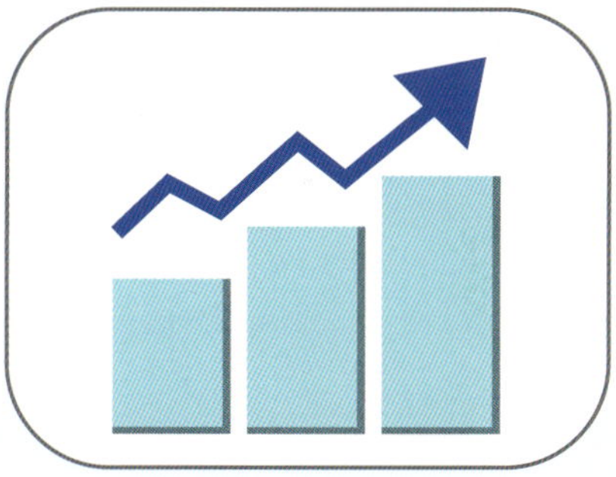

第二产业增加值
193.79亿元

第三产业增加值
1774.77亿元

社会消费品零售总额
1273.38亿元

货物出口总额
401.40亿元

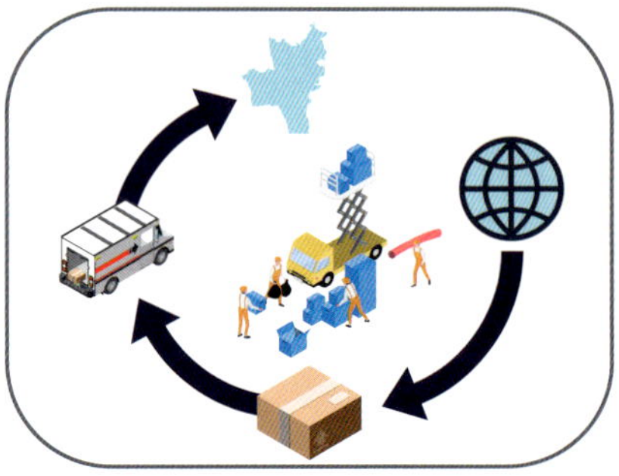

货物进口总额
481.68亿元

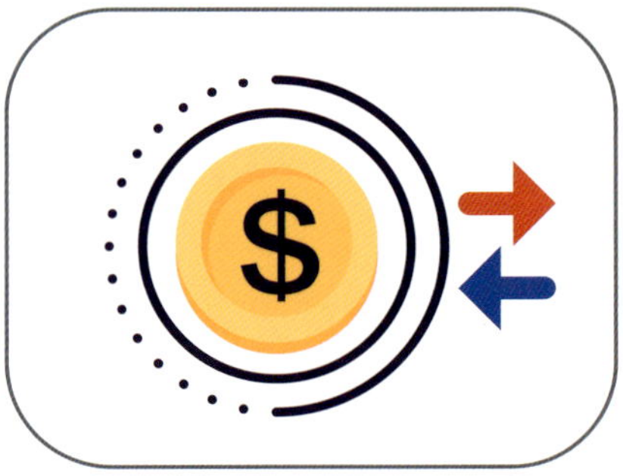

实际利用境外资金
8.63亿美元

地方一般公共预算收入
179.54亿元

一般公共预算支出
118.79亿元

人均可支配收入
77076元

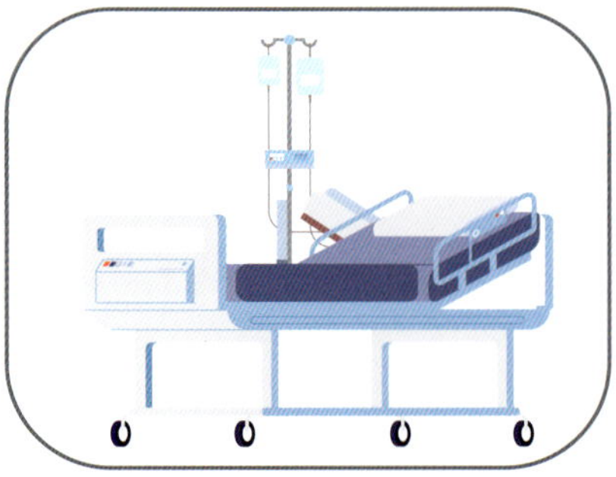

卫生医疗床位
20586张

街道
18个

目 录

特 载

专 记

大事记

区情概览

中国共产党杭州市拱墅区委员会

杭州市拱墅区人民代表大会

杭州市拱墅区人民政府

中国人民政治协商会议杭州市拱墅区委员会

中国共产党杭州市拱墅区纪律检查委员会 杭州市拱墅区监察委员会

民主党派·工商联

群众团体

外事・侨务・港澳台事务

法 治

军 事

经济管理

特色产业

特色小镇(园区、街区)

工 业

商贸服务业·旅游

建筑业·房地产业

招商引资·帮扶合作

城区建设管理

生态环境

科学技术

教 育

文 化

体　育

卫生健康

人力资源

社会事务

街 道

人物·荣誉

统计资料

附　录

索　引

CONTENTS

Special Reports

Features

Chronicles of Major Events

District Overview

Hangzhou Gongshu District Committee of the Communist Party of China

People's Congress of Hangzhou Gongshu District

People's Government of Hangzhou Gongshu District

Hangzhou Gongshu Committee of Chinese People's Political Consultative Conference

Commission for Discipline Inspection of CPC Gongshu District Committee, Supervision Commission of Gongshu

Democratic Parties & Federation of Industry and Commerce

Mass Organizations

Foreign Affairs & Overseas Chinese Affairs; Hong Kong, Macao and Taiwan Affairs

Rule of Law

Military Affairs

Economic Management

Characteristic Industries

Characteristic Industrial Towns (Parks, Blocks)

Industry

Commercial and Trade Service Industry & Tourism

Construction Industry & Real Estate Industry

Investment Attraction & Assistance and Cooperation

Urban Construction and Governance

Ecological Environment

Science and Technology

Education

Culture

Sports

Hygiene and Health

Human Resource

Social Affairs

Streets

Figures and Honors

Statistical Data

Appendices

Indexes

特　载

高水平打造时尚之都数字新城运河明珠
奋力开创拱墅新时代高质量发展共同富裕示范新局面

——在中国共产党杭州市拱墅区第一次代表大会上的报告

中共杭州市拱墅区委书记　李志龙

（2021年12月28日）

各位代表、同志们：

中国共产党杭州市拱墅区第一次代表大会，是在新拱墅完成行政区划优化调整、经济社会发展开启新征程的关键时刻召开的一次极其重要的会议。大会的主要任务是：高举习近平新时代中国特色社会主义思想伟大旗帜，认真贯彻落实中央和省市委决策部署，回顾总结过去五年的工作，研究确定今后五年的奋斗目标和工作重点，选举产生中国共产党杭州市拱墅区第一届委员会和纪律检查委员会，选举出席中国共产党杭州市第十三次代表大会代表，动员全区各级党组织和广大干部群众，从党的百年奋斗历史中汲取智慧和力量，同心同德、同舟共济，继往开来、勇毅前行，为开创拱墅新时代高质量发展共同富裕示范新局面而努力奋斗！

一、过去五年的主要工作

过去的五年，是拱墅发展史上浓墨重彩、极不平凡的五年。五年来，在中央和省市委的坚强领导下，区委团结带领全区各级党组织和广大党员干部群众，统筹推进经济社会发展，全面加强党的建设，高水平全面建成小康社会，推动各项事业发生深刻变化、取得重大成就。

1. 坚决贯彻习近平总书记重要指示精神和中央重大决策部署，以实际行动拥护“两个确立”、践行“两个维护”。始终把学懂弄通做实习近平新时代中国特色社会主义思想作为最大政治任务，扎实开展“两学一做”学习教育、“不忘初心、牢记使命”主题教育、党史学习教育，不断提高政治判断力、政治领悟力、政治执行力，推动全区党员干部自觉做“两个确立”忠诚拥护者和“两个维护”示范引领者。精心组织改革开放40周年、中华人民共和国成立70周年、中国共产党成立100周年等系列庆祝活动，充分激发全社会爱党爱国爱社会主义的巨大热情。认真学习习近平总书记对浙江、杭州重要指示精神，一体推进中央巡视整改、中央生态环保督察整改和省委巡视整改，全力打好“三大攻坚战”，持续推进“八八战略”在拱墅的生动实践。

2. 全力以赴抓好新冠肺炎疫情防控，牢牢守护人民群众的生命健康安全。面对突如其来的新冠肺炎疫情，我们始终坚持人民至上、生命至上，带领全区上下众志成城、共克时艰，打了一场出色的疫情防控人民战争总体战阻击战，实现“两手硬、两战赢”。特别是在2021年12月以来的疫情防控中，区委闻令而动、迅速响应，坚决落实中央和省市各项决策部署，充分发挥体制机制优势，广泛动员全区党员干部群众，以战之必胜的信心决心、顽强拼搏的意志品质、科学务实的举措行动，筑牢疫情防控严密防线，在“大战大考”中彰显了拱墅担当。

3. 持续推进产业转型升级，区域经济综合竞争力显著增强。经济总量迈上新台阶，预计全区地区生产总值突破1900亿元，位居全省第一方阵。社会消费品零售总额超1200亿元，保持全省第一。一般公共预算收入超170亿元。产业结构不断优化，服务业占比超90%，金融业增加值占全市比重近三成，数字经济核心产业增加值年均增长12.3%。产业平台不断扩展，累计实施110个省市重点项目、总投资突破2000亿元，投用楼宇面积超900万平方米，税收亿元楼达75幢，引育市级以上高层次人才4614名，成功创建全国首个国际人力资源产业园、国际人才创业创新园，智慧网谷入选省级高新区。企业梯队不断完善，总部型企业达35家，上市企业达22家，国家高新技术企业达586家，6家企业荣登中国民企500强，11家企业入选(准)独角兽企业。

4. 深入推进城市有机更新，区域环境面貌发生新的蝶变。基础设施显著提升，累计建成香积寺路西延、金昌路、新西路等道路115条、57公里，建成投用地铁站点21个，新增绿地200余万平方米、停车泊位8万余个，大城北开发建设框架全面拉开。城中村改造扎实推进，累计征迁农户10962户、居民2763户、企业918家，全市率先实现全域农户征迁清零。安置房项目全面开工，累计建成交付286万平方米，回迁安置住户7367户，全市率先完成在外过渡5年以上征迁农户安置。248个老旧小区完成改造提升，旧改品质获李克强总理点赞。累计出让经营性用地87宗3933亩，获评全省国土资源节约集约模范区。生态环境持续改善，天子岭实现生活垃圾零填埋，半山电厂综合改造顺利推进，小河油库成功搬迁，荣获治水“大禹鼎”，PM2.5平均浓度累计下降48.4%，生活垃圾总量连续三年负增长，获评省级生态文明建设示范区。持续开展“城市环境大整治、城市面貌大提升”行动，创新“红旗班”精细化管理品牌，成功创建“基本无违建区”，获评杭州市“整洁示范区”。

5. 积极推进数字化改革，城区治理现代化水平不断提升。城市运行更智慧，顺利完成区公共数据平台与省IRS系统对接，全市率先建成区街社三级驾驶舱，“城市眼·云共治”、瓜山未来社区获省委袁家军书记点赞，“渣土统管”入选省级数字化改革优秀案例。基层治理更高效，成功创建全国街道服务管理创新实验区、全国社区治理和服务创新实验区，综合行政执法体制改革扎实推进，全省率先完成股社分离，社会心理服务体系建设、“社区智治在线·一表通”等多项创新工作被国家省市推广。营商环境更便捷，实现区级事项100%“最多跑一次”、一般企业投资项目开工前审批“最多50天”。

6. 大力加强文化建设，大运河文化影响力进一步提升。运河大剧院、武林之星博览中心、大运河时尚发布中心、大运河文化艺术中心、新天地太阳马戏秀场等重量级文化项目先后建成投用，成为区域文化地标。亚运筹办进展有序，运河体育馆群建成开放，中国·杭州电竞中心基本完工，成功举办乒乓球压力测试赛，建成市区规模最大的新天地主题观赛公园。公共文化服务体系不断健全，全国首创社区公共文化服务绩效评估机制，建成城市书房29家、社区文化家园146家，形成十分钟文化圈。文化活动有声有色，大运河沿岸区县合作论坛、亚洲设计管理论坛、武林大巡游、大运河戏曲节、大运河国际钢琴艺术节等各类文化活动，办出了特色、办出了影响力。文旅融合不断深化，获评首批浙江省文旅产业融合试验区，农都美食小镇、胜利河美食街成为“诗画浙江·百县千碗”工程重要节点，“如梦上塘”夜游成为全域融合标志性工程。

7. 全面加强社会建设，人民群众获得感幸福感安全感进一步增强。民生保障持续提升，就业创业、社会保险、社会救助、残疾人帮扶、退役军人等服务保障体系更加健全，成功创建国家智慧健康养老示范基地，入选婴幼儿照护服务全国唯一示范创建区。优质教育资源不断增加，建成投用学校、幼儿园62

所，成功创建全国首批义务教育发展基本均衡区。邵逸夫医院大运河分院、新华国际医院、树兰医院等高端医疗资源落地，新建改造社区卫生服务中心和站点53个，荣获国家基本公共卫生服务项目绩效评价全国第一。全面推进扫黑除恶专项斗争，扎实开展政法队伍教育整顿，平安拱墅、法治拱墅建设持续深化，连续16年荣获“省平安区”。

8. 稳步推进行政区划优化调整，为全域融合一体发展奠定了坚实基础。今年4月9日，杭州市正式实施部分行政区划优化调整。8个多月来，区委统筹全局、科学谋划、建章立制、高效落实，在涉改区中率先召开党员代表会议和区“两会”，积极稳妥做好干部调配，平稳有序衔接公共服务，统筹平衡安排各类政策，全面做深做细做好机构融合、人员融合、职能融合、思想融合的大文章。高水平抓好“十四五”规划编制，大力开展“迎亚运、我为新拱墅建功立业”六大攻坚行动、“三联三领三服务”活动、共同富裕美好生活十大行动，实现重点项目不中断、重点工作有突破、民生福祉有提升，全区经济社会保持平稳健康发展的良好态势。

9. 坚定不移推进全面从严治党，持续营造风清气正的政治生态。充分发挥区委总揽全局、协调各方的领导核心作用，大力支持区人大、政府、政协和监委、法院、检察院依法依章履行职能、开展工作，强化党管武装，圆满完成党政机构改革，党的全面领导不断加强。大力强化理论武装，持续推动学习贯彻习近平新时代中国特色社会主义思想往深里走、往心里走、往实里走。大力加强干部队伍建设，持续优化干部队伍结构，不断增强领导班子整体功能。大力加强基层组织建设，顺利实现社区组织“一肩挑”，党组织领导三方协同小区微治理受到省委袁家军书记高度肯定。大力加强对意识形态工作的领导，做深做好内宣外宣网宣，媒体融合、矩阵传播的优势不断显现，新时代文明实践中心国家级试点扎实推进。大力加强统一战线工作，促进政党、民族、宗教、阶层、海内外同胞“五大关系”和谐，凝聚了最广泛的合力。大力加强清廉建设，反腐败斗争深入推进，巡察工作实现全覆盖，“四风”问题有效遏制，党风政风和社会风气持续好转。

奋斗充满艰辛，成绩来之不易。我们取得的一切成就，根本在于习近平新时代中国特色社会主义思想的科学指引和以习近平同志为核心的党中央的坚强领导。同时，也是省市委正确领导、关心支持的结果，是全区各级党组织、广大共产党员和人民群众团结一心、奋力拼搏的结果，是新拱墅土地上历届区委薪火相传、接续奋斗的结果，是各民主党派、工商联、无党派人士肝胆相照、携手共进的结果，是离退休老同志和社会各界大力支持、积极参与的结果。在此，我谨代表中共杭州市拱墅区委，向所有为拱墅现代化建设作出贡献的同志们、朋友们，致以崇高敬意和衷心感谢！

回望过去五年历程，我们深深体会到：党的领导是最大优势。旗帜决定方向，只要我们坚定不移贯彻习近平新时代中国特色社会主义思想，不断增强“四个意识”，坚定“四个自信”，拥护“两个确立”，做到“两个维护”，就一定能战胜各种风险挑战，就一定能不断从胜利走向胜利。人民幸福是唯一标尺。民生决定民心，只要我们始终坚持以人民为中心的发展思想，紧紧依靠人民，深深扎根人民，矢志造福人民，就一定能赢得人民群众最广泛的支持和信任，就一定能凝聚起同心筑梦的磅礴力量。改革创新是根本动力。思路决定出路，只要我们坚持数字化改革总牵引，永葆改革创新的勇气、敢为人先的锐气、蓬勃向上的朝气，就一定能不断激发创新活力、增强内生动力、厚植发展实力，就一定能在激烈竞争中赢得主动先机。团结融合是关键保障。步调决定步伐，只要我们坚持全面融合、精诚团结，心往一处想、智往一处谋、劲往一处使，就一定能凝聚起人心齐、泰山移的强大合力，就一定能释放出区划调整的巨大乘数效应。担当实干是最好行动。作风决定作为，只要我们始终谋在实处、干在实处、成在实处，一张蓝图绘到底、一以贯之抓到底、一鼓作气干到底，就一定能啃下“硬骨头”、清除“拦路虎”、搬开“绊脚石”，把许多不可能变为可能，就一定能把拱墅发展的美好愿景变成触手可及的精彩现实。

过去五年的发展成绩有目共睹，为今后的发展打下了坚实基础。现代化建设要走的路还很长，任务依然十分艰巨。必须看到，当前拱墅的发展还存在一些短板，还面临不少矛盾和问题。主要表现在：动能转换还没有完成，尚未形成有较强拉动作用的新兴产业集群；南北区域仍存在较大级差，城市能级还不够高；优质公共服务供给还不够均衡，社会治理仍存在不少短板；干部队伍能力作风还有待进一步提升，基层组织建设还存在薄弱环节，等等。对此，我们要高度重视，以科学的方法、有力的举措，切实加以解决。

二、今后五年的总体思路和奋斗目标

当前，拱墅已经站在新的历史起点，开启了现代化建设的新征程。面向未来，我们必须自觉把拱墅发展放在“两个大局”和“两个百年”的时空维度中思考谋划，放在浙江打造“重要窗口”、建设共同富裕示范区和杭州建设“数智杭州·宜居天堂”的目标导向下思考谋划，立足全域融合的区情特征，科学把握拱墅现代化建设的历史方位，在历史前进的逻辑中前进，在时代发展的潮流中发展。

共同富裕是重大使命。习近平总书记指出，共同富裕是社会主义的本质要求，是中国式现代化的重要特征。我省肩负着高质量发展建设共同富裕示范区、为实现第二个百年奋斗目标探路的重大使命，杭州市确定了要争当浙江高质量发展建设共同富裕示范区城市范例的目标。作为省会城市核心城区，拱墅共富基础扎实、特色优势突出，理应走在前列、作出示范、提供样板，率先展现共同富裕美好社会的基本图景。

高质量发展是根本路径。习近平总书记指出，高质量发展是“十四五”乃至更长时期我国经济社会发展的主题，关系我国社会主义现代化建设全局。我们要坚持稳中求进工作总基调，完整准确全面贯彻新发展理念，抢抓多重战略叠加机遇，准确识变、科学应变、主动求变，全力推动经济社会发展质量变革、效率变革、动力变革，全面提升发展质量和效益，在高质量发展中促进共同富裕。

繁华时尚是都市象征。习近平总书记明确要求，杭州要打造成为世界一流的现代化国际大都市。拱墅作为杭州中心城区，自古就有“繁华武林门”“十里银湖墅”的赞誉，是全省最有影响力的购物天堂、金融中心、中央商务区，传承着“人间天堂”“华贵之城”的时尚基因。面对全市拥江发展、“一核九星”城市发展新格局，面对亚运会带来的国际化新机遇，我们必须牢牢锚定大杭州“一核”定位，强化国际化大都市中央活动区功能，打造创意空间、激发创造灵感、提升创新活力，成为引领消费潮流、传递时尚经典的魅力之区。

数字变革是时代潮流。习近平总书记强调，数字技术正以新理念、新业态、新模式全面融入人类经济、政治、文化、社会、生态文明建设各领域和全过程，给人类生产生活带来广泛而深刻的影响。拱墅正处于加快产业重构、城市重塑、治理提升的关键阶段，我们要顺应数字化变革的发展大势，抓住全省数字化改革和“数智杭州”建设的重要机遇，紧跟潮流、拥抱潮流，顺势而为、乘势而上，大力推进数字产业化、产业数字化、城市数字化，以科技创新和数字化变革催生新的发展动能，争创拱墅高质量发展的新优势。

千年大运河是宝贵财富。习近平总书记在拱墅调研时明确指示，要用好运河这张“金名片”，把运河真正打造成具有时代特征、杭州特色的景观河、生态河、人文河，真正成为“人民的运河”“游客的运河”。拱墅位于京杭大运河最南端，大运河文化是拱墅最鲜明的城市标识。我们要牢记总书记的殷殷嘱托，统筹保护好传承好利用好大运河宝贵遗产，积极融入大运河国家文化公园建设，发挥好文化铸魂塑形赋能的强大力量和功能，让拱墅成为千里大运河最璀璨的明珠、向世界展示中华文化魅力的重要窗口。

面对新形势，我们要切实提高政治站位、增强历史主动，放大发展格局、强化系统观念，深度思考、科学谋划，确定发展的目标引领、方向指引、价值标准，聚焦全域的核心动能、核心要素、核心气质，规划未来的战略布局、路径安排和工作重点，确保每一步迈得更加坚实有力，不断增强城区整体发展水平和持久竞争力，更好地造福拱墅人民。

今后五年的指导思想是：高举习近平新时代中国特色社会主义思想伟大旗帜，深入贯彻党的十九大、十九届历次全会精神和习近平总书记对浙江、杭州重要指示精神，立足新发展阶段，贯彻新发展理念，构建新发展格局，忠实践行“八八战略”，办实事、求实效，谋根本、抓关键，开新局、利长远，全力推进“动能转换活力区、未来城市先行区、数字变革实践区、运河文化示范区、幸福生活典范区”建设，高水平打造时尚之都、数字新城、运河明珠，奋力开创拱墅新时代高质量发展共同富裕示范新局面。

今后五年全区经济社会发展的主要目标是：

——综合实力提质进位。力争地区生产总值突破2800亿元，在全市争先进位、占比稳中有升，总部经济、商贸金融优势地位持续巩固，数字经济、生命健康产业比重大幅提升，R&D经费支出年均增长25%以上，高质量发展的内生动力更加强劲。

——城市品质全面提升。大城北开发建设取得决定性进展，南北一体化、全域都市化基本完成，生态环境持续优化，重大环境制约加快破除，城中村改造全面收官，未来社区建设探索前行，城市精细化管理水平显著提升，城区现代化、国际化水平达到新高度。

——文化名片熠熠生辉。大运河国家文化公园项目群精彩亮相，公共文化服务体系进一步完善，城区文明程度和市民文明素养持续提高，进入全省文化产业发展第一方阵，"千年大运河、繁华武林门"文化品牌声名远播。

——幸福实景精彩呈现。居民收入增速高于经济发展增速，橄榄型社会加快形成，整体智治水平显著提高，基本实现人的全生命周期公共服务优质共享，朝着"幼有善育、学有优教、劳有厚得、病有良医、老有颐养、住有宜居、弱有众扶"的目标大步迈进。

宏伟蓝图鼓舞人心，美好愿景催人奋进。未来五年将是全面开创拱墅发展新局、提升拱墅城区能级、争创拱墅竞争优势的关键五年，是为拱墅未来长期高质量发展奠定扎实基础的关键五年，是为拱墅人民创造共同富裕美好生活的关键五年。

历史的接力棒已经传到我们手中。今天的拱墅，发展舞台之广阔前所未有、发展机遇之难得前所未有、发展基础之坚实前所未有。躬逢伟大时代，我们无比自信自豪；面临宝贵机遇，我们倍感责任重大；踏上新的征程，我们必须始终保持一流精神状态，实干至上行动至上，坚定不移抓贯彻、锲而不舍抓落实，努力创造无愧于时代、无愧于人民、无愧于历史的新业绩。

三、今后五年的主要任务

高水平打造时尚之都、数字新城、运河明珠，要重点做好五个方面的工作。

1. 聚焦创新驱动、产业重构，倾力建设动能转换活力区

加快新旧动能转换是实现高质量发展的必由之路。我们要坚定不移实施创新驱动战略，发扬传统优势、克服现有劣势、抓住新的趋势，加快打造"一核一带一极"发展新格局，构建具有强大竞争力的现代产业体系。

做"大"武林商圈，放大"商贸＋金融"主导产业新优势。要加强武林商圈管理整合、资源聚合，持续扩大核心商圈规模、提升核心商圈能级，始终保持全市领先地位，成为中国顶级商圈IP。要加快推进恒隆广场、杭州中心、嘉里数创港等高品质综合体建设，持续导入高端现代服务业，升级发展新零售新金融，塑造吸引全球知名品牌、外资金融机构、各类500强总部入驻的强磁场。要大力优化环境品质，加快实施武林商圈改造提升，积极打造"智慧商圈"，拓展地上地下互联互通、线上线下融合互动、白天夜晚多元开放的消费新场景，成为国际化大都市的核心"会客厅"，在杭州建设新型消费中心城市中体现硬核担当。要不断扩大核心商圈辐射力，实施"楼均论英雄"行动，推动老旧楼宇改造提升，充分用好英蓝中心、武林壹号等高端楼宇资源，带动全域商圈大发展，形成全域繁华新局面。

做"优"大运河文化产业带，探索"文化兴盛＋商旅兴旺"特色产业新路径。要放大大运河世界文化遗产综合效应，推动文化软实力与产业硬实力多元融合发展，着力改变"文强产弱"现状，实现游客得趣、企业得利、产业得聚的多赢局面，打造世界级滨水活力产业带。要大力推动文旅与电竞数娱产业跨界融合，打破传统文化与数字科技壁垒，培育形成充满年轻活力的城市文化新生态。要依托大运河国家文化公园项目群和各类遗产资源，打造串珠成链旅游线路，开发别具一格旅游产品，积极争创省级全域旅游示范区。要放大武林门、新天地、运河两岸等商圈IP影响力，培育高品质综合体、高颜值步行街、高人气美食街、高品位演艺场所，升级新消费，点亮夜坐标。要狠抓文创园区改造升级，着力创新运营体制、改善内外环境、集聚名人名企，打造孵化创意企业、传承运河文化、展示城市形象的重要载体。要加快浙版传媒、浙数文化、工业设计小镇等重点平台项目建设，加快构建以数字内容为引领，创意设计、文化休闲、影视传媒协同发展的文创产业体系。

做"强"大运河数智未来城，开拓"数字经济＋生命健康”产业新蓝海。要充分发挥北部区域空间优势，聚焦新兴产业细分赛道，把握新风向、抢抓新风口，集聚新产业、开拓新蓝海，努力成为连接城西科创大走廊和城东智造大走廊、融入G60科创走廊的重要枢纽。要着力完善省级高新区管理体制，加快智慧网谷、数字经济产业园、汽车互联网小镇等点状平台整合，强化与运河新城、杭钢片区等重点区块联动发展机制，着力打造“两谷两带”新布局，构建“千亿级规模、百亿级税收”高能级战略平台。要依托“两朵云”超大规模数据中心，建立数字经济产业链供应链体系，全力打造算力经济引领之区。要抢抓电竞入亚运机遇，发挥腾讯、网易等龙头企业带动作用，全面提升电竞小镇能级，打造国际电竞产业强磁场。要依托阿斯利康、华东医药等龙头企业，加快引进和培育上下游企业，推动“BT+IT”融合发展，构建产业生态完善的生命健康产业体系，打造全省领先的生命健康谷。要改造提升低端低效功能区，推动康桥园区、石塘园区、杭叉、杭轴等工业区块腾笼换鸟、迭代升级，打造“垂直工厂”，推动“工业上楼”，成为发展智能制造、新能源、新材料等新兴产业的“孵化器”。

做“实”全要素保障体系，营造“多方协同+多链融合”创新创业新生态。要深刻把握产业发展规律，聚焦产业发展全链条、企业生命全周期、技术研发全过程，完善各类服务，畅通要素循环，推动“产学研用金、才政介美云”十要素紧密联动。要聚焦产业发展抓招商，大力引大引强引优，精准补链强链延链，培育总部“产业森林”，实施“拱企回家”行动，推动产业发展实现乘数效应、几何裂变。要完善产业支持政策，深入落实“凤凰行动”“雄鹰行动”“雏鹰行动”，大力实施高新技术企业和科技型中小企业“双倍增”计划，高标准建设科创园、孵化器和众创空间，努力培育一批领军型企业、高成长企业、隐形冠军企业、专精特新企业。要优化完善街道、园区财政体制，深化国企改革，稳步推进国有平台实体化、市场化转型。要充分发挥政府产业扶持基金引导作用，培育良好科技金融服务生态。要加强与浙江大学、西湖大学、浙江工业大学、浙大城市学院等高校交流合作，搭建好区校战略协作平台，推进产学研深度融合。要大力实施“运河英才”“拱聚英才·拱赢未来”计划，加快引进高层次人才项目，努力打造各类人才向往之地、圆梦之区。

2. 聚焦全域统筹、城市重塑，加快建设未来城市先行区

城市让生活更美好，人是未来城市发展的核心驱动力。我们要踏准新时代城市发展的节拍，坚持人民城市为人民的建设理念，主动变革城市规划、建设、管理理念，统筹推进大城北开发和旧城区改造，重塑城市生产生活生态空间，精心打造具有东方古典美、江南山水韵、国际时尚范、未来科技风的魅力城区。

围绕“产城人融合”，高水平优化城市空间。牢固树立规划引领意识，科学编制国土空间分区规划，前瞻性谋划空间布局，切实提高开发强度、建设力度、区域成熟度，不断增强产业承载力、人口虹吸力、配套供给力。坚持沿路优先、以线带面，统筹推进“四纵两横”框架道路沿线开发，精心建设一批展现时尚之都气质、核心城区气势的地标性建筑，努力打造时尚靓丽的城市产业带、文化带、景观带。坚持连片联动、综合开发，突出谋划好华丰造纸厂、大和平、武林新城、民生药厂、智慧网谷、运河新城、杭钢片区等重点区块，强化用地资源统筹保障和精准供给，高效高质推进做地出让工作，努力打造投资价值高、生活品质好、产业活力强的精品亮点板块。坚持基础设施优先，全力推进5条轨道交通线路、27个站点和运河湾站、杭钢站、艮山门等TOD建设，着力提升规划道路网密度和实施率，打通断头路、畅通微循环，让群众生活更便捷。

围绕“全域大花园”，高标准建设美丽城区。认真践行习近平生态文明思想，深入实施蓝天、碧水、净土、清废四大行动，协同推进动能转换与“双碳行动”，坚定不移走生态优先、绿色低碳发展之路。扎实做好中央生态环保督察反馈问题整改，全力破除渣土码头、油库、铁路货运北站等环境功能性制约。充分发挥江南水乡禀赋优势，持续深化“五水共治”，加快建设大运河生态廊道，打通半山运河山水连廊，实现全域滨河沿山生态廊道贯通，全面构建山水融城、蓝绿交织的独特风景线。科学优化城市绿化空间，营造更多可玩、可赏、可休憩的“口袋公园”，让拱墅百姓在繁华都市中享受更多绿色之美。持续巩固环境大整治大提升工作成果，落实全域景区化管理，打造精致精美的城市客厅，让市民群众更好地享受美丽建设成果。

围绕“三化九场景”，高品质打造未来社区。要统筹推进省市级未来社区项目建设，努力打造绿色低碳智慧的“有机生命体”、宜居宜业宜游的“生活共同体”、共建共治共享的“社会综合体”，更好引聚高素质年轻人群，为老人和孩子提供更好服务。要高标准抓好安置房小区建设和管理，确保所有项目按期竣工交付，积极营造宜居生活服务圈，让在外过渡群众尽早圆上安居梦、更好融入新生活。要高标准完成全域旧改工作，大力推动老旧小区改造向未来社区建设迭代升级，统筹实施电梯加装、二次供水等民生工程，打造居民最放心、最舒心、最安心的港湾。要统筹做好人才公寓、蓝领公寓建设管理，多渠道增加保障性租赁住房供给，更好实现全体人民“住有宜居”。

3. 聚焦多跨协同、系统集成，创新建设数字变革实践区

数字化改革是全面深化改革的总抓手。我们要大力推进数字化改革，加快实现整体智治、高效协同，更好支持和服务拱墅数字经济产业发展，提升基层治理现代化水平，努力走在全省数字化改革第一方阵。

加快完善“一网统管、一网通办”的城市运行机制。坚持“制度＋技术”双轮驱动、双向发力，推动“152”与“141”体系全面贯通，实体化运作区城运中心，迭代升级“城市眼 · 云共治”综合应用，推动核心业务向党建引领、经济发展、公共安全、公共管理、公共服务等多领域拓展，建设更多好用管用的多跨场景，实现城市运行“一网统管”。要聚焦“一件事”“一次办”，统筹推进各类便民惠企多跨应用场景向“浙里办”“浙政钉”汇聚集成，实现更高水平的政务服务“一网通办”。坚持“边实战边总结”，加快构建城市运行指标体系，推进城市体征量化感知，全面固化理论、制度、标准规范成果。

加快完善“精准智达、亲清服务”的一流营商环境。着力提升区经济管理服务平台应用场景功能，进一步打通数据壁垒，实现涉企数据全面及时安全归集，完善企业全景画像、产业精准画像。大力推进数据应用与经济管理有效融合，加强经济运行研判，强化经济工作调度，提升楼宇社区、企业培育、政策供给等工作的有效性。加快构建“重点企业监测分析、企业诉求一事一码、重点企业一企一档”的企业服务网，强化大数据“监测、预警、调度”作用，增强企业服务精准度，更好安商稳商惠商。持续推进放管服改革，不断深化商事制度改革，加强事中事后监管，着力提高营商环境便利化、市场化、法治化水平。要依法平等保护民营企业产权和企业家权益，高效落实减负降本政策，促进中小微企业和个体工商户健康发展。

加快完善“精密智控、综合治理”的公共安全体系。建立健全平战一体的公共卫生指挥体系，持续深化“源头查控＋硬核隔离＋精密智控”工作机制，慎终如始抓好常态化疫情防控，织牢织密公共卫生防护网。创新发展新时代“枫桥经验”，完善“大调解”格局，抓实平安法治“一件事”综合集成改革，高标准落实街道政法工作联席会议机制，充分发挥“武林大妈”“拱宸大伯”作用，努力把矛盾化解在基层，将问题解决在萌芽状态。抓好微型消防站建设管理，有效发挥救早救小功能。加强应对风险的机制和能力建设，不断完善风险“监测、预警、处置、反馈”闭环管控大平安机制，强化重大突发公共事件应对能力，有效防范化解重大风险挑战，坚决遏制重特大事故、群体性事件，确保政治更安全、社会更安定、人民更安宁。

4. 聚焦文化引领、精神富有，精心建设运河文化示范区

大运河是中华民族享誉世界的文化遗产。我们要认真贯彻习近平总书记关于“人民的运河”“游客的运河”重要论述精神，坚定文化自信，推动以文化人，活化千年文脉，提升文化软实力，努力使大运河拱墅段成为千里大运河文化带的“八达岭”。

坚持以文铸魂，构筑人民新精神家园。深入开展习近平新时代中国特色社会主义思想学习教育，全面实施铸魂、溯源、走心工程，打造“人民的运河”“游客的运河”理论研究高地，展现“红色根脉”守护传承、思想力量充分彰显的新气象。坚持以社会主义核心价值观为引领，大力弘扬运河优秀传统文化，解码文脉精神基因，塑造城区独特气质，涵养社会文明风尚，展现人文精神标识鲜明、人民精神昂扬奋进的新气象。深入实施文化惠民工程，不断完善公共文化服务网络，优化公共文化资源配置，广泛开展特色惠民活动，让群众在家门口处处都能享受文化滋养，在共同富裕中实现精神富有，展现公共文化普及普惠、文化生活多姿多彩的新气象。

坚持以文塑城，打造没有围墙的博物馆。坚持保护为先、合理开发，认真执行大运河核心监控区国土空间管控规则，加强文保单位、历史建筑、工业遗存、自然生态保护利用力度，留住运河两岸特有的地域环境、文化特色、建筑风格、历史风貌。坚持拉高标杆、打造样板，积极推动“十大标志性工程”建设，确保大运河国家文化公园2023年底基本建成，成为大运河文化的集中、经典展示区域。坚持延续文脉、彰显特质，高标准打造杭州音乐厅、武林美术馆等文化新地标，积极创建“大运河第一街”，焕新重现祥符老街、华丰工业记忆走廊等传统风貌街区，展现好拱墅历史与现代、人文与自然交相辉映的独特韵味。

坚持以文为媒，扮靓亚运城市之窗。抓住亚运历史机遇，扛起亚运重要承办区的责任担当，大力实施亚运城市行动，向世界展示运河魅力、讲好运河故事，为办成“中国特色、浙江风采、杭州韵味、精彩纷呈”的体育文化盛会贡献拱墅力量。围绕4大场馆、5项赛事，全面优化竞赛组织工作，完善场馆运行机制，强化赛时服务保障，确保赛事安全圆满。放大亚运效应，高水平做好文体融合文章，发挥亚运场馆、亚运文化、亚运品牌、亚运明星的综合带动作用，积极承办高等级体育赛事，大力引进职业体育运营团队，加快完善电竞产业生态，联动发展体育产业、赛事经济。围绕亚运节点，加快建成开放小河公园、大城北中央景观大道、上塘古运河景区等标志性项目，打造国内外游客的重要目的地。

5. 聚焦优质均衡、普及普惠，倾情建设幸福生活典范区

人民群众对美好生活的向往就是我们的奋斗目标。要深入践行以人民为中心的发展思想，瞄准人民群众所忧所急所盼，不断健全为民办实事长效机制，完善人的全生命周期公共服务体系，让幸福更有质感，让城市更有温度。

做优“一老一小、阳光相伴”的幸福场景。坚持公益化与市场化、嵌入式与系统化相结合的思路，积极扩点增面，推动老幼服务融合，提升服务管理水平，加快实现“阳光老人家”“阳光小伢儿”站点全域覆盖、服务“15分钟”就近可及。健全家庭养老支持政策，细化社区托育服务政策，加快建设老年友好型社区、育儿友好型社会。迭代升级“墅智养”“阳光小伢儿”等数字化应用，全面归集服务资源，实现“一站式”高效集成，高水平构建家门口的养老、托育服务圈层。

擦亮“学有优教、病有良医”的区域品牌。深入实施“家门口的好学校”高质量建设行动，优化南北基础教育资源布局，统筹推进新校园建设和老校区改造提升，深化名校集团化办学改革，促进优质教育资源流动共享，全力争创全省基础教育最优区。进一步推广嵌入式幼儿园办学模式，加快推进学前普惠，大力发展职业教育、技能教育。坚持立德树人根本导向，深化教育领域综合改革，有序推进“双减”政策落实落细。深化健康城区内涵建设，加大省市优质资源引进力度，全覆盖推进社区卫生服务中心和站点标准化建设，着力构建市—区医疗资源“双循环”管理模式，深入推进分级诊疗落实落地，不断提高慢性病管理效果，努力打造覆盖全生命周期的健康服务体系。

做实“精准服务、全员共享”的保障网络。全面提升就业创业服务，推动实现更加充分更高质量就业，健全新业态、新经济就业人员劳动权益保护制度，助推“扩中提低”，加快形成橄榄型社会结构。规范发展经合社集体经济，统筹推进留用地开发，不断提升股民群众收入。高度关注“平均数以下”问题，统筹做好社会保险、社会救助、助老助残、退役军人服务等工作，建立好多层次社会保障体系，编织好立体式社会救助网络，确保“全覆盖”“无死角”，实现共同富裕的道路上“不落一户、不漏一人”。做深做实区县协作、山海协作、东西部协作、对口支援，支持带动其他地区实现共同富裕。

四、加强党的全面领导和全面加强党的建设

开创高质量发展共同富裕示范新局面，根本在于坚持党的领导，关键在于加强党的建设。要始终把抓好党建作为最大政绩，认真贯彻落实新时代党的建设总要求，加快建设变革型组织，提高塑造变革能力，坚决守好“红色根脉”，为推动拱墅现代化建设

提供坚强政治保证。

1. 要始终把政治建设放在首位。坚持不懈强化理论武装，引导党员干部持续学懂弄通做实习近平新时代中国特色社会主义思想，不断提高政治判断力、政治领悟力、政治执行力，争做“两个确立”忠诚拥护者、“两个维护”示范引领者。要严肃党内政治生活，着力加强各级领导班子建设，认真落实民主生活会、“三会一课”、谈心谈话等基本制度，增强党内政治生活的政治性、时代性、原则性、战斗性。牢牢掌握意识形态工作领导权主动权，统筹抓好理论舆论、网上网下、内宣外宣工作，筑牢守稳各类意识形态阵地，唱响主旋律，营造好氛围，壮大正能量，形成新风尚。

2. 要锻造全面过硬的铁军队伍。坚持新时代好干部标准，健全干部素质培养、知事识人、选拔任用、从严管理、正向激励体系，打造善于塑造变革、敢于争先创优的高素质专业化干部队伍。坚持以实干实绩实效论英雄，开展重大项目、重点工作、重要活动专项攻坚行动，推行揭榜挂帅、亮榜晒绩、用榜奖惩“三榜联动”机制，全力营造比学赶超的浓厚氛围。大力推动干部工作新探索，拓宽用人视野，打破身份固化，促进干部流转，拉开激励差距，实施“运河干部培训计划”“年轻干部助跑行动”，以干部队伍的最大活力激发高质量发展的最大动力。深化干部立体画像、立体考评机制，精密智控干部监督管理，全面推动干部队伍干部工作系统性重塑。加强对干部的关心关爱，加大容错纠错和澄清正名力度，旗帜鲜明为实干者撑腰、为干事者鼓劲。

3. 要筑牢强基固本的战斗堡垒。牢固树立大抓基层大抓基础导向，大力实施“红色根脉强基工程”，做强街道、做优社区、做实系统、做活小区，全面增强各领域基层党组织政治功能和组织力。着力增强社区党组织的领导力，健全“一肩挑”后社区治理体系，完善基层民主协商机制，持续深化“一体两翼”红色三方治理模式，积极探索股社分离后治理路径，整体提升社区建设水平。要深化行业系统党建“双领双治”，做深楼宇党建、产业集聚区党建，创新新业态、新就业群体党建工作新模式，不断完善上下贯通、执行有力的组织架构。做实全域大运河红盟，不断扩大党组织领导下的群众自治圈、社会共治圈、公共服务圈，打造“党建强、发展强、文化强”的大运河党建精品示范带。

4. 要持之以恒建设清廉拱墅。一以贯之、坚定不移全面从严治党，完善“四责协同”机制，打造合力运行的责任共同体，层层传导压实管党治党政治责任。坚持把清廉建设纳入经济社会发展大局，系统谋划、整体推进，努力实现干部清正、政府清廉、政治清明、社会清朗。精准落实政治巡察要求，加强巡察整改和成果运用，更好发挥巡察利剑作用。坚持把监督挺在前面，做深做实做细常态化监督，加强对“一把手”和领导班子监督，推动各类监督贯通协同，不断完善监督体系，提升治理效能。严格落实中央八项规定精神，坚持纠“四风”和树新风并举，紧盯享乐奢靡隐形变异问题，深化治理形式主义、官僚主义，巩固拓展作风建设长效机制。坚持“三不”一体推进，标本兼治深化反腐败斗争，全力营造风清气正的政治生态。

东西南北中，党是领导一切的。要毫不动摇地坚持和完善党的领导体制机制，支持区人大、政府、政协和监委、法院、检察院依法依章履行职能、开展工作、发挥作用，进一步形成党委领导下各司其职、团结奋进的工作格局。要不断巩固和发展最广泛的爱国统一战线，积极做好民族、宗教工作，创新港澳台侨外等统战工作，坚持一致性和多样性统一，寻求最大公约数、画出最大同心圆。要加强党管武装工作，积极推进军民融合发展。要充分发挥工会、共青团、妇联等群团组织的桥梁纽带作用，团结广大群众形成干事创业的强大合力。

各位代表、同志们，千年大运河碧水清波，初啼新拱墅朝气蓬勃。崭新的征程已然开启，奋进的号角已经吹响，让我们更加紧密地团结在以习近平同志为核心的党中央周围，在省市委的坚强领导下，始终保持永不懈怠的精神状态，始终保持一往无前的奋斗姿态，唯实惟先、善作善成，高水平打造时尚之都数字新城运河明珠，为开创拱墅新时代高质量发展共同富裕示范新局面而努力奋斗，以优异成绩迎接党的二十大胜利召开！

政府工作报告

——在杭州市拱墅区第一届人民代表大会第一次会议上

杭州市拱墅区人民政府区长　冯　晶

（2022年2月11日）

各位代表：

现在，我代表区人民政府向大会报告工作，请予审议，并请区政协委员和其他列席同志提出意见。

一、行政区划优化调整以来和过去五年工作回顾

2021年是建党100周年，在开启全面建设社会主义现代化国家新征程、向第二个百年奋斗目标进军之际，国务院批复同意杭州市实施部分行政区划优化调整，新拱墅区成立，千年运河与繁华武林携手共进。在市委、市政府和区委的坚强领导下，在区人大、区政协的监督支持下，区政府坚持以习近平新时代中国特色社会主义思想为指导，深入贯彻落实习近平总书记对浙江、杭州的重要指示精神，紧紧围绕高质量发展建设共同富裕示范区目标，团结依靠全区人民，一手抓区域优化融合，一手抓经济社会发展，实现"十四五"良好开局，迈出了建设社会主义现代化国际大都市中心城区的坚实步伐。

过去一年，我们凝心聚力促融合，区域发展开启华章。新拱墅面积达到119平方公里，辖18个街道、174个社区，常住人口112.2万人。拥有上市公司22家、(准)独角兽企业11家，省级以上金融机构总部62家，服务业占比达90%以上，经济总量居全市前列。各街道、职能部门完成挂牌，人员力量充实优化，人事、财政、审批服务等各领域事项有序接转，重大资产处置、政府投资项目管理、留用地开发统筹等124项重大制度和存异机制融合提升，裁撤107个、精简优化113个议事协调机构，完成26处25万平方米办公用房调整。"三服务"活动深入开展，106项政府工作报告分解任务全面完成。新拱墅迅速从区划调整过渡期转入了大有可为的机遇期、乘势而上的黄金期、高位突破的关键期和开创新局的攻坚期，区域经济社会可持续发展的资源存量和动能增量大幅提升。

过去一年，我们担当作为谋发展，综合实力显著增强。新兴产业加速导入，谋定商贸金融、数字经济、生命健康、文化创意产业主赛道和"一核一带一极"空间主平台，集中签约及开工179个重大项目，总投资超1322亿元。成功举办第一届浙江省数字医疗健康产业杭州峰会，国际医药巨头阿斯利康中国东部总部领衔一批优质医药企业入驻。韩国大邱生命健康产业集群作为浙江省代表项目在进博会签约，摩根士丹利、中国信达等一批高层次、高能级重大产业项目落地，我区与电竞数娱头部企业腾讯、网易、完美世界达成充分合作协议。重大项目加快实施，运河亚运公园、运河大剧院、上塘古运河景区等一批地标性项目精彩亮相，浙江云计算数据中心、华东医药生命科学产业园、杭州中心、恒隆广场等项目加快建设，杭州音乐文化艺术中心（杭州音乐厅）被列入全市"新一轮十大标志性工程"。商贸第一区地位更加巩固，大武林商圈提升改造全面启动，武林路"女人街"开工，武林广场提升、大运河武林门风情街区改造启幕，武林商圈、城西银泰获评首批省级示范智慧商圈，杭州首个花园上的综合体——万融城Ins.Park正式开业，跨年"武林消费季"联动超百家品牌，武林、运河、新天地三大商圈加速聚合，坪效居国内前列，彰显创建新型消费中心城市的硬核担当。

创新创业生态加速形成，3家企业入选独角兽企业、4家企业成功上市、2家企业入选全国文化企业30强。中科院空间应用中心授予我区杭州首个“国家技术标准创新基地”，杭州智慧网谷省级高新技术园区获批，全省率先推出外国人来华工作“一件事”办理，落地杭州知识产权交易中心，成功创建省级知识产权服务业集聚发展示范区。全年实现地区生产总值1968.6亿元，同比增长8.1%；一般公共预算收入179.5亿元，同比增长6.9%；金融业增加值625.1亿元，同比增长6.1%，绝对值和占GDP比重均位列全市第一；数字经济核心产业增加值同比增长14.4%；生命健康产业增加值同比增长4.1%；固定资产投资655.2亿元；社会消费品零售总额1273.4亿元，总量稳居全省第一。

过去一年，我们用心用情惠民生，幸福指数不断攀升。亚运城市行动深入实施，东新路景观大道南线贯通，35条21.1公里道路建成投用，24个地铁站点建设加速推进。省内最大的亚运观赛空间在新天地焕新亮相，全市首个由属地城区承办的亚运测试赛——“韵味杭州”大运河沿线城市乒乓球邀请赛成功举办。优质教育均衡发展，与中国教科院、华师大等9所院校建立共建合作关系，新建学校、幼儿园10所，筹建杭州华附、杭州观成、杭州上海世外等名校集团10个。稳妥落实教育“双减”，优化创新学后托管、晚自习、暑托班等课后服务。医疗服务显著提质，三甲医院增至9家，“国之重器”浙江肿瘤医院重离子医学中心项目启动，邵逸夫大运河医院加快建设，新华国际医院破土动工。完成6家社区卫生服务中心提升改造，组建185支家庭医生团队，全区居民电子健康档案覆盖率达到90%以上。民生项目稳步推进，66个老旧小区改造项目完工，开工安置房项目2个共26万平方米、建成交付5个共62万平方米，完成回迁安置1298户，在全市城中村改造和拆迁安置房建设工作考核中位列第一。新建“阳光老人家”“阳光小伢儿”站点40个，“智守e家”智慧养老一站式服务入选国家“人工智能社会实验典型案例”，全市率先建立镇街级智慧救助服务联合体，潮鸣街道完成百台加梯，单梯35天施工交付刷新“杭州速度”。省市区三级民生实事项目顺利完成，获“中国最具幸福感城区”称号。

过去一年，我们全力以赴护平安，社会大局保持稳定。凝心聚力打赢硬仗，高质量完成国家统计督察、全国文明城市测评、省委环保督察、巡视整改成果加固等重大政治任务。坚决打赢“12·7”疫情防控遭遇战阻击战，指挥部“一办七组”24小时实体化办公，精准发布24号指挥长令，全市率先实行“四个一小时”工作规范，出台集中隔离“十务必”、居家隔离“三个一律”等制度，2700余名医务人员白衣执甲，3000余名公安干警金盾护航，5万余人次街道、社区干部奋战一线，3万余人次机关干部下沉支援，辖区爱心企事业单位踊跃相助，112万拱墅人民同心相守，筑起了众志成城的坚实防线，为全省疫情防控“六大机制”贡献了拱墅力量。大力改善城区环境，城市精细化管理“红旗班”模式进一步推开，城市环境大整治专项行动从4月份以后连续8个月保持全市优胜位次，环北小商品市场完成搬迁，半山电厂2号冷却塔成功拆除，运河沿线渣土码头关停进入倒计时。牢牢守住风险底线，深入推进安全生产“百日攻坚战”，完成553.8公里市政道路地下空间安全检测，全年无较大以上事故发生。扎实开展“平安护航建党百年”、打击治理电信网络违法犯罪等系列行动，电诈警情高发态势得到有效遏制，稳步推进P2P金融案件司法处置、私募机构排查和聚集性维权事件处置，全区信访积案化解率达99.1%。推进区域数智治理，全面融入全省数字化改革“1512”体系，区一体化智能化公共数据平台建设综合得分位列全省第一方阵，完成“区县与省IRS系统对接”试点，“城市眼·云共治”运行中心正式启用，城市防涝智治场景入选首批省级“数字孪生”试点项目，数字就业改革试点获全省推广。以数智体验为特色的瓜山未来社区一期投用、二期加快建设，瓜山、和睦未来社区入选省社区场景最佳实践优秀案例。新天地数治街区驾驶舱等特色应用进一步完善，事件处置有效率达100%。连续16年获“省级平安区”称号。

各位代表，新拱墅成立以来的成绩令人振奋，回顾过去五年，更是硕果累累。

五年来，我们坚持创新驱动，加速构建现代化产业体系，推动了“腾笼换鸟、凤凰涅槃”的动能转换。地区生产总值年均增长6.3%，R&D经费支出年均增长14.3%，其他主要经济指标均保持良好增长。产业结构持续优化，“腾笼换鸟”企业近千家，腾挪1.6万余亩可开发利用土地空间。智慧网谷小镇创全省大范围开发创新型产业用地先河，被人民日报评为“东部地区优化发展样本”。落地顺丰、58同城、BSN全球运维中心、诚通国贸等一大批龙头领军企业，5年累计实际利用外资48.3亿美元，拱墅“凤凰涅槃”案例作为改革开放以来浙江经济转型发展的典型向中外媒体推介。商贸实力不断加强，投用嘉里中心、中粮大悦城、远洋国际中心、国大城市广场等一批高端商务楼宇，楼宇税收增长75%。推进延安路、武林路国际商业街区“双街示范”工程，中国丝绸城入选省级高品质步行街，桥西直街、新天地入选省级文创街区，获评首批省级夜间经济样板城区。创新创业活力显著释放，市场主体数量增长133.2%、注册资本增长139.1%，高新技术产业增加值占规上工业增加值比重达80.8%，“国高企”数量增至586家，6家企业荣登中国民企500强。建成国内首家国际人才创业创新产业园，引进外籍人才项目43个。连续4年举办中国（杭州）国际人力资源峰会，集聚斯坦顿大通等优质人力资源机构170余家，携手中科院计算机所成立中科计算技术创新研究院，与浙大城市学院建立战略合作关系，引进外籍院士及“两院”院士10名，引育市级高层次人才4545名，我区选手获世界技能大赛金牌。营商环境建设走在前列，深入推进省“凤凰行动”“雄鹰行动”“雏鹰行动”，设立区级企业服务中心，上线“墅企通”平台，2000余名服务专员赴企业开展“店小二”式服务。全国率先启动“全委托”式国有（集体）资产交易服务，全省率先实施“交地即发证”，实现开工前审批“最多50天”、企业开办登记“半小时办结”，推动“证照分离”改革全覆盖，实现“照后减证”“准入即准营”，获“企业家幸福感最强区”称号。

五年来，我们坚持项目引领，大步迈开全域城市化步伐，实现了“一年一个新气象”的精彩蝶变。城市有机更新实现由“破”到“立”的历史性转换。“破”的文章全面完成，累计征迁农户10962户、居民2763户、企业918家，在全市率先实现全域农户征迁清零。“立”的新篇拉开大幕，以大城北开发战略为牵引，全面启动运河新城、武林新城等重大区块开发建设，完成莫干山路、半山、石桥、华丰、杭氧北等区块城市设计。建成119个、在建154个重点项目，总投资2154亿元。完成114宗4917亩经营性用地收储、87宗3933亩出让，获评省级国土资源节约集约模范区。人居品质改善提升，实施全域老旧小区综合改造，完成248个1366万平方米旧改工程。2019年6月，李克强总理考察和睦新村，对拱墅旧改工作予以充分肯定。坚持以中档以上商品房标准推进安置房项目建设，开工安置房项目56个656万平方米、建成交付28个272万平方米，回迁安置7367户，兑现“五年以上在外过渡征迁户全部安置”承诺。建设人才房、公租房、蓝领公寓等保障性租赁住房15140套，投用计家、石桥南苑等10个项目共计6958套房源。路网架构不断优化，建成香积寺路西延、金昌路等115条57公里道路，投用3条轨道交通线路21个站点，“区块互联、全域互通”的立体交通框架基本成型。

五年来，我们坚持山水铸魂，精心勾勒大运河别样韵味，擦亮了“运河南端醉美拱墅”的靓丽名片。发挥拱墅“山水融城”禀赋优势，推动自然与人文融合发展。生态底色不断擦亮，实施大城北地区环境综合治理、小河油库整体征迁、半山电厂综合改造，天子岭填埋场全面转型，拱康路渣土专用道建成通车，顺利通过两轮中央环保督察，获评省级生态文明建设示范区。环境治理持续优化，全力打好蓝天、碧水、净土、清废攻坚战，PM2.5平均浓度累计下降48.4%，全域消除劣Ⅴ类水体，上塘河、运河水质平均达到Ⅲ类，创建东河等6个片区省级美丽河湖、49条市级美丽河道，完成半山国家森林公园景区标准化改造，建成122公里沿河生态廊道，“五水共治”工作3次捧得全省“大禹鼎”。新增绿地208万平方米，完成杭州油漆厂、华丰造纸厂等8个污染地块修复，生活垃圾总量连续三年负增长，垃圾资源化率达100%，成功创建省级“基本无违建区”“无燃煤区”。杭钢半山地区生态转型成为“美丽中国”样本，获韩正副总理肯定。运河文化魅力彰显，打响“运河文化看拱墅”金名片，深入推进大运河国家文化公园建设，省内首批出台文化发展规划，“一址两园两中心”精彩亮相，与市运河集团联动推进大运河博物院、大运河滨水公共空间、小河公园等运河沿线文化地标项目，杭州《X秀》、如梦上塘等演艺闪亮登场，举办两届大运河沿线区县合作论坛，获评全国公共文化服务示范项目、首批省文旅产业融合改革试验区、“诗画浙江·百县千碗”工程示范区。大运河文化带建设成效被省委誉为落实“两个维护”的先进典型，央视系列报道《运河南端，醉美拱墅》广受关注。

五年来，我们坚持民呼我为，努力办好老百姓关键小事，创造了“共建共治共享”的美好生活。政府财力优先用于保障和改善民生，省市区民生实事项目全面完成，民生支出占一般公共预算支出保持在80%以上。公共服务体系加快健全，城镇新增就业42.2万人，全民参保登记率达99.6%，实现全国“示范型”退役军人服务中心(站)全覆盖。建成投用学校、幼儿园62所，建成全国中小学校责任督学挂牌督导创新区，通过全国学前教育普及普惠区国家级核验。新建、改造卫生服务中心及站点90家次，国家基本公共卫生服务项目绩效评价全国第一，创成全国健康促进示范区、全国基层中医药工作先进单位、国内首个“社区卫生服务医患友好度示范区”。“一老一小”服务持续深化，“阳光老人家”站点服务实现全域覆盖，创建全国智慧健康养老产业示范基地，全省首推3岁以下婴幼儿照护服务，成功创建中国计生协全国婴幼儿照护服务示范区。建成省级无障碍社区14个，居全市首位。新建、改建114座星级公厕，完成91个小区高层二次供水改造。既有住宅加装电梯524台，加装电梯保险入选住建部可复制政策机制清单。对口帮扶、山海协作、区县协作稳步推进，助力湖北来凤、巴东及贵州黄平、黎平脱贫摘帽。社会治理能力迭代升级，上线全省首个“社区智治在线”平台，“城市眼·云共治”获评全国政法智能化建设优秀创新案例。推广街道物业综合服务站，创新“新三方协同小区微治理”模式，高标准通过全国街道服务管理创新实验区结项验收，获民政部高度肯定。“红茶议事会”“潮邻议事厅”等民主载体不断丰富，“武林大妈”被授予全国“学雷锋”最佳志愿服务项目，“三和交流室”获中国青年志愿服务项目金奖，公羊会荣获“全国应急管理系统先进集体”“省最佳志愿服务组织”称号。平安建设水平全面提升，实现三级社会矛盾纠纷调处化解中心全覆盖，获评全国信访工作“三无县(市、区)”、全国调解先进集体、全国和谐社区建设示范城区，成功创建省级“无欠薪区”。胜利收官扫黑除恶专项斗争，打造“枫桥经验”城市版。完成新中国成立70周年、建党100周年等重大节点维稳安保任务，捧得全省首批“一星平安金鼎”。

五年来，我们坚持唯实惟先，积极打造服务型阳光政府，践行了“人民政府为人民”的责任担当。围绕“整体智治、唯实惟先”的现代政府建设目标，持续提升行政质量、行政效率和政府公信力。突出政治引领，扎实开展“不忘初心、牢记使命”主题教育、党史学习教育，全面完成省委巡视组反馈意见整改。自觉接受人大法律监督和政协民主监督，强化监察、司法、审计、统计监督，主动接受舆论和社会监督，办理人大代表建议1144件、政协委员提案1127件。坚持依法行政，实施法治政府建设三年行动，创建“七五”普法全国民主法治示范社区2个，获评省法治县(市、区)示范单位。依法开展重大国情国力调查，荣获第四次全国经济普查及第七次全国人口普查国家级先进集体。推进改革创新，以“最多跑一次”改革为牵引，加快政府数字化转型，打造“移动办事之区”。开展政务服务2.0省级试点，深化“一件事”全流程“网上办”，“最多录一次”系统有效减少基层工作量，政务服务事项全面实现“最多跑一次”，跻身中国“互联网+政务”50强。深化国企改革，组建国投、城投、拱投发等国有平台，健全现代企业制度，稳步推进实体化、市场化转型。深化综合行政执法改革，成立全省首个街道综合执法队，“一支队伍管执法”项目改革获评省县乡法治政府建设“最佳实践”。坚持勤廉为基，政府带头过紧日子，累计压减“三公”经费33.3%，优化调整街道财政管理体制，全面落实预算绩效管理，开展部门整体绩效评价，严格执行“钱随事走、实绩量化”。驰而不息抓好党风廉政建设，认真落实中央八项规定，健全行政权力运行监督机制，持续整治不正之风和腐败问题，打造风清气正、实干担当的良好生态。与此同时，民族宗教、精神文明、爱国卫生、史志档案、外事侨务、港澳对台、双拥共建、人民武装、民兵预备役和人民防空等工作深入开展，工会、妇女儿童、青少年、老龄、慈善等各项事业全面进步。

各位代表，五年的奋斗令人难忘、五年的成果催人奋进！在习近平新时代中国特色社会主义思想的指引下，拱墅交出的优秀答卷，既得益于市委、市政府和区委的正确领导，又离不开区人大、区政协的监督支持，更是全区上下勠力同心、锐意进取的奋斗结果！在此，我谨代表区人民政府，向各位人大代表、政协委员、各民主党派、工商联和无党派人士、各人民团体、社会各界人士以及辖区各企事业单位、驻军，向全区人民表示衷心的感谢！

在肯定成绩的同时，我们也清醒地认识到拱墅经济社会发展中存在的困难和挑战：新兴产业规模偏小，承载平台能级不高，新旧动能转换还需付出更大努力；重点区域开发受制约，部分功能性障碍尚未有效破除，城市治理能力有待提高；公共服务水平与群众期盼还有一定差距，政务服务、风险防控、城市应急等领域仍存短板；部分单位和工作人员的理念、能力、作风尚未跟上新形势新要求，拒腐防变的篱笆扎得还不够紧。对此，我们要直面问题挑战，抓住主要矛盾，着力攻坚破难，不断推动拱墅高质量发展迈上新台阶。

二、今后五年工作指导思想和目标任务

各位代表，"十四五"期间是我国全面建成小康社会、实现第一个百年奋斗目标之后，乘势而上开启全面建设社会主义现代化国家新征程、向第二个百年奋斗目标进军的第一个五年，拱墅已经向新时代新征程迈出了坚实步伐。围绕行政区划优化调整后的发展要求，区政府重新编制完善了《杭州市拱墅区国民经济和社会发展第十四个五年规划和二〇三五年远景目标纲要（草案）》，一是开展专题调研，召开专题部署会，成立经济、城建、文化、民生四大板块调研课题组，高质量完成课题调研，工作成果成为纲要编制的重要支撑；二是强化协调对接，编制起草团队主动与杭钢集团、市运河集团等省市区三级主体单位对接情况，与相关部门紧密衔接，为"十四五"规划编制掌握了翔实的基础工作资料；三是广泛征求意见，开展"开门编规划"行动，广泛征求和吸收全区有关部门和街道、管委会、指挥部、国有企业等单位意见建议，分别召开"两代表一委员"、街道层面征求意见座谈会，融合采纳各方面意见，不断完善修改《规划纲要》；四是规范完成审议，在区人大监督指导下，编制起草团队按照区委、区政府工作部署，与各部门高效协作，经过多次讨论研究和三十余轮修改完善，形成《规划纲要》审议稿，通过区政府常务会议、区委常委会、区人大主任会议、区人大常委会审议，并同步完成合法性审查；五是聚焦中心工作，围绕区第一次党代会战略部署，编制起草团队按照区人大审议意见，对"十四五"规划再次进行修改完善，充分体现中央、省、市最新精神和区委工作部署要求，确保规划纲要契合拱墅高质量发展新局。《规划纲要（草案）》同时提请大会进行审议，经本次大会批准后，区政府将认真组织实施。

区第一次党代会发出了高水平打造时尚之都、数字新城、运河明珠的强有力号召，今后五年的拱墅，进入了大有可为、大有作为的发展关键期，区政府将在市委、市政府和区委坚强领导下，聚焦党代会和"十四五"规划明确的新方位、新目标、新使命，抢抓机遇、乘势而上，扛起国际化大都市中心城区的硬核担当，努力打造拥揽一城繁华的时尚之都；对标比拼，顺势而为，把握数字化变革的时代风口，努力打造引领产业升级的数字新城；立足禀赋，造势而进，牵起南北大运河的流淌文脉，努力打造绽放璀璨光彩的运河明珠，持续放大"千年运河、繁华武林"的聚合效应，推动拱墅在新起点上的高位发展。

新一届政府工作的指导思想是：高举习近平新时代中国特色社会主义思想伟大旗帜，深入贯彻党的十九大和十九届历次全会精神以及习近平总书记对浙江、杭州、拱墅的重要指示精神，立足新发展阶段，贯彻新发展理念，构建新发展格局，忠实践行"八八战略"，坚定不移做"两个确立"忠诚拥护者、"两个维护"示范引领者，办实事、求实效，谋根本、抓关键，开新局、利长远，全力推进"动能转换活力区、未来城市先行区、数字变革实践区、运河文化示范区、幸福生活典范区"建设，高水平打造时尚之都、数字新城、运河明珠，奋力开创拱墅新时代高质量发展共同富裕示范新局面。

今后五年经济社会发展的总体目标是：到2026年，地区生产总值突破2800亿元，服务业增加值年均增长7.5%，规上工业增加值年均增长5%，社会消费品零售总额年均增长7%，财政收入增长与经济增长基本同步，固定资产投资累计超2500亿元，R&D经费支出年均增长25%以上，"十四五"主要目标任务全面完成，综合实力提质进位，城市品质全面提升，文化名片熠熠生辉，幸福实景精彩呈现。

为确保总体目标的顺利实现，今后五年将重点推进5个方面工作任务：

一是做大主导产业，做优空间平台，构建高质量

发展新格局。聚焦杭州推动数字经济与制造业融合发展、创建新型消费中心城市的目标，高质量建设动能转换活力区。加快形成大武林商圈“一核聚星”、大运河文化带“一带引领”、大运河数智未来城“一极聚能”的“一核一带一极”产业空间布局。锚定商贸金融、数字经济、生命健康、文化创意产业主赛道，打造龙头企业总部新高地，总部企业增至55家，上市企业新增20家；到2026年，社会消费品零售总额达到1800亿元、金融产业增加值达到920亿元、生命健康产业增加值达到320亿元、数字经济核心产业增加值年均增长15%、文化及相关产业增加值年均增长8%；大力拓展新兴产业领域，培育经济新增长点。制定碳达峰碳中和技术路线图，推进重点行业低碳转型，单位GDP电耗下降8%以上。实施人才建设三年行动计划，打造人才向往之地。深化营商环境创新试点，完善精准服务企业长效机制和政策体系，落实“亩产效益”综合评价，突出“楼均论英雄”导向，推进“标准地”集成改革，构建一流创业创新生态。

二是深化有机更新，加快区域蝶变，跑出现代化建设新速度。紧抓“亚运会、大都市、现代化”重要窗口期，高水平建设未来城市先行区。加强科学规划引领，深度融合重塑南北片区城市形象，打造功能集聚、协调联动的中央活动区、产业集聚区、文旅目的地。深化运河新城、武林新城、智慧网谷、华丰区块、和平区块等重点区块有机更新。全力保障地铁3、4、10号线、机场快线共24个站点和配套TOD建设，实施莫干山路北段、天目山路、金昌路、沈康路等主次干道及重点产业区块路网建设，加强康良快速路等区际道路衔接。推进省市级未来社区建设，加快老旧小区向未来社区迭代升级，打造未来社区“拱墅样板”。完善停车场库、给排水、污水处理等配套设施，打造一批基础设施精品工程。坚持绿色发展导向，巩固“五水共治”成果，完成生活垃圾控量目标，强化土壤、噪声污染源头管控，推动全域绿道网络、城市公园体系和水生态廊道互联互通，构建山水融城、蓝绿交织、都市与自然共生的独特风景线。

三是强化数智赋能，推动共建共享，拓展现代化治理新路径。以数字化改革撬动各领域全方面改革，高层次打造数字变革实践区。持续深化“一体两翼”红色三方治理模式，优化“城市眼·云共治”、社区智治在线等改革创新机制，构建具有拱墅特色的现代化基层治理体系。完善一体化智能化公共数据平台，推出更多直达民生、惠企利企、深化治理的应用场景和数字驾驶舱。完善社会矛盾多元化解机制，实现矛盾纠纷化解“最多跑一地”。推动“一件事”集成改革、政府数字化转型走在省市前列，多跨协同场景建设步入先行方阵，高水平服务保障杭州亚运会、亚残运会。坚持精密智控，健全公共卫生、安全生产、消防安全、防灾减灾、特种设备和食品药品监管等应急管理机制，强化集预警、处置、保障、协同于一体的重大突发公共事件应对能力。

四是传承千年文脉，讲好时代故事，绘就大运河文化新画卷。深入贯彻习近平总书记“人民的运河、游客的运河”重要论述，以2023年底基本建成大运河国家文化公园为牵引，高标准建设大运河文化示范区。围绕省市“1+6+10”工作体系，认真执行大运河核心监控区国土空间管控通则，启动“大运河文化”浙江文化标识项目创建五年规划，加大运河沿岸历史风貌、工业遗存、自然生态保护利用力度，打造“全域没有围墙的博物馆”。全面建成大运河国家文化公园拱墅项目群，投用大运河博物院、杭州音乐厅等文化新地标，积极打造“大运河第一街”成为具有辨识度的世界级历史文化街区。建成23公里大运河滨水公共空间，串联运河、半山山水连廊，贯通全域运河水系生态廊道。坚持以文塑城、以文铸魂，办好亚运盛会，活化运河文脉，讲好拱墅故事，不断释放“千年运河、繁华武林”的别样精彩独特魅力，努力使大运河拱墅段成为千里大运河文化带的“八达岭”。

五是回应群众期盼，增进民生福祉，彰显幸福感城区新成色。聚焦人的全生命周期优质公共服务，以共同富裕示范样板为目标，高品质打造幸福生活典范区。实施积极的就业创业政策，保障就业者劳动权益，居民收入增速高于经济发展增速。高质量做好留用地开发，支持集体经济健康发展。推进全国义务教育优质均衡区建设，新建学校50所，建成10个名校集团，实现“百姓家门口的好学校”全域覆盖。深化“健康拱墅”建设，推进邵逸夫大运河医院、新华国际医院建成运营，实施基层医疗机构升级改造，整合型医疗卫生服务体系不断完善，重大疫情防控和公共卫生应急管理能力显著提升。创建全国老旧小区综合改造提升样板示范区，全面交付在建安置房项目。完善“阳光老人家”居家养老、“阳光小伢儿幸福365”婴幼儿照护服务体系，形成“一老一小、阳光相伴”优质服务圈。完善“1+8+X”多元救助模式，建立社会保险、社会救助、助老助残、退役军人服务等多层次、立体式社会保障体系，创建“温暖城市”示范区。全面呈现“幼有善育、学有优教、劳有厚得、病有良医、老有颐养、住有宜居、弱有众扶”的美好生活画卷，不断擦亮“中国最具幸福感城区”金名片。

三、2022年主要工作安排

2022年，是新一届政府的开局之年，是杭州“亚运之年”，更是党的二十大胜利召开之年。做好今年工作，对全面完成今后五年的目标任务、开启“后亚运”时代发展新格局具有十分重要的意义。我们要全面贯彻落实党的十九届六中全会、中央经济工作会议精神，认真落实省、市委全会和区第一次党代会部署要求，坚持以人民为中心、坚持系统观念、坚持问题导向、坚持底线思维，深入实施“八大专项行动”，以“排头兵”姿态办好亚运盛会，为杭州建设社会主义现代化国际大都市贡献更多拱墅力量。

综合各方面因素，建议2022年拱墅区经济社会发展的主要预期目标为：地区生产总值增长7%；财政收入增长与经济增长基本同步，有效投资、节能减排、环境保护、社会事业和民生保障等指标确保完成市下达目标任务。

按照上述目标要求，今年将围绕高质量办好亚运会“一个中心”，聚焦时尚之都、数字新城、运河明珠“三个定位”，锚定共同富裕“一个目标”，重点抓好15项工作：

（一）以办好亚运盛会为中心，提升城区综合能级。

1. 高标准完成亚运任务。围绕“办好一个会、提升一座城”的总体目标，强化亚运会、亚残运会“一办十组”服务保障。推动亚运场馆建设圆满收官，深化运河亚运公园与知名运营企业合作，打造全民健身中心、文化艺术中心、商业休闲中心；杭州电竞中心交付投用，推动电竞数娱产业园提升改造，引进全球顶级电竞赛事和运维团队。认真组织亚运测试赛，扎实推进亚运志愿服务，提升赛时服务保障水平。打造新天地、武林广场主题观赛空间，提升沉浸式互动观赛体验。积极策划亚运品牌宣传，创建3个体育文化社区，开展“迎亚运·运河杯”全民健身系列赛事活动100场，新建、改造全民健身苑点25处，社会体育指导员配比达到2.7‰，营造全民迎亚运的浓厚氛围。攻坚亚运基础设施建设，实施沈康路、康园路等97条55.5公里道路建设，全面完成沈半路、莫衙营路等14条地铁恢复道路工程，保障4条轨道交通线路顺利通车。集全社会力量，共同把运河亚运公园“一场一馆”、杭州电竞中心、杭州体育馆等4大场馆和亚运会乒乓球、曲棍球、拳击、电子竞技、霹雳舞及亚残运会乒乓球、盲人足球、硬地滚球等8项赛事，打造为杭州亚运会、亚残运会关注度最高、影响力最大的明星赛场、金牌赛事。

2. 厚植山水融城底色。实施亚运靓城专项行动，推进“迎亚运”环境大整治工作，巩固“污水零直排区”“无废城市”创建成果，实施17条河道综保工程，建设生态绿道10公里、山水连廊2条，创建省级美丽河湖片区1个，市级美丽河道8条，新增绿地60万平方米。全面推行“林长制”，确保全区森林覆盖率不低于24.5%，半山国家森林公园争创AAAA级旅游景区。聚焦道路扬尘、建设施工、餐饮油烟等领域精准治理，PM2.5平均浓度持续下降。创建垃圾分类省级示范及预备小区83个，生活垃圾总量控制在零增长以下，推动天子岭区块功能转型。常态化抓好街容市貌管理，加固修缮道路8条，优化慢行交通网络，完善人行过街设施，建立城市国际化标识系统，推动大运河沿线、比赛场馆、入城口夜景灯光提升，打造亚运“最后一公里”体验区精品示范。

3. 保障社会平安稳定。以“护航亚运”为目标，实施平安拱墅建设专项行动，高水平做好党的二十大、亚运会等重大节点安保维稳工作。扎实做好常态化疫情防控，坚持“外防输入、内防反弹”总方针，全面落实疫情防控“六大机制”，完善“平急切换、精密智控”管控体系，制定亚运“带疫办赛”应对方案，持续提升全民疫苗接种覆盖率。稳步化解涉众型金融风险，加强重点领域头部平台资产清收处置、追赃挽损。完善社会治理评价体系，构建“党建引领+基层治理、数字治理”三方协同小区微治理新格局。“城市眼·云共治”运行中心实现“一网统管”，重塑城市运行管理模式。完成2%海绵区域化建设，完善自然灾害综合风险防范体系。完成26家区域性微型消防站提升改造，统一外观标识、器材装备，完善工作模式、考核评价，全面发挥灭早灭小效能，筑起人民群众家门口的“防火墙”。收官第二轮安全生产综合治理三年行动，持续推进重点领域安全隐患排查整改，坚决遏制较大以上事故发生。

（二）以打造时尚之都为引领，做优主导产业优势。

4. 重塑升级核心商圈。围绕打造“中国顶级商圈IP”目标，系统完善大武林商圈发展规划。全面推进武林路“女人街”、大运河武林门风情街区、武林广场提升改造，亚运会前精彩亮相。加快恒隆广场、杭州中心等综合体建设，不断增强核心商圈辐射力。积极打造武林“智慧商圈”，构建地上地下互联互通、线上线下融合互动、白天夜晚多元开放的立体化、多层次商业格局。开展“武林消费季”等促消费主题活动，引进各类首店50家以上，以武林路为试点布局“元宇宙”场景，增强沉浸式交互体验。加快海蓝、星汇、联通等直播电商园区建设，创建一批省级电商示范基地，培育市级新零售企业10家以上。社会消费品零售总额保持7%以上增长。

5. 做强楼宇经济引擎。深入推进“楼均论英雄”改革，依托英蓝中心、武林壹号、坤和中心、嘉里中心等高端楼宇资源，聚焦细分行业头部品牌、各类500强企业，做大做强总部经济，着力推动老旧楼宇向数字楼宇、智慧楼宇转型升级，加快内部业态“腾笼换鸟”，楼宇常规税收增长7%以上。大力支持金融、法务为代表的高端生产性服务业发展，推动运河财富小镇、绿地运河商务中心、汇金金融平台、武林国际金融集聚区联动聚合，打造运河沿岸金融高地。加强与金融要素市场合作，加大产业基金招商、投资力度，完善各类金融机构功能互补的金融产业体系，持续巩固金融服务业全市领先地位。

6. 提升开放发展水平。积极融入国内国际“双循环”，深度参与长三角一体化发展，大力支持本土企业拓展域外市场。办好第二届浙江省数字医疗健康产业杭州峰会、区块链服务网络（BSN）全球合作伙伴大会等系列活动，鼓励企业利用跨境电商、公共海外仓等模式扩大进出口份额，保持货物进出口正增长。持续推动招大引优，盯引落地10亿元以上重大产业项目20个，招引优质产业链项目160个、亿元以上产业项目80个。加大吸引外资力度，实际利用外资6亿美元以上。

（三）以建设数字新城为引领，加快动能接续转换。

7. 推进区块开发建设。实施重点项目攻坚专项行动，安排省、市、区级重点项目120个，开工“152”重大产业项目5个，开工留用地项目3个、投用5个。实施重点区块开发专项行动，推动华丰造纸厂、大和平、武林新城、民生药厂、智慧网谷、运河新城、杭钢片区等7大区块开发建设。对接落实全市新一轮国土空间总体规划要求，编制大运河数智未来城专项规划，强化与杭钢集团、运河集团、城投集团等省市属单位联动，推进“两谷两带”建设。加快破解运河沿线渣土码头功能性制约，完成半山电厂综合改造，加快焕新大城北城市界面。有序推进土地开发利用，计划出让经营性用地20宗584亩、收储16宗412亩；出让工业用地7宗181亩。清理批而未供、供而未用、低效用地4700亩。完成固定资产投资700亿元，同比增长7%，持续巩固高质量发展的良好态势。

8. 开拓新兴产业蓝海。实施产业活力提升专项行动，做强大运河数智未来城省级高新技术产业园区，聚焦新兴产业细分赛道，放大智慧网谷小镇极点效应，推进58华东总部、联想科技城、招商蛇口等引擎项目建设。用好“两朵云”资源，构建数字经济产业链供应链体系，全力打造算力经济引领之区；抢抓亚运会契机，发挥网易、腾讯、完美世界等龙头企业带动作用，加快布局电竞产业链，全面提升电竞数娱产业园能级，打造国际电竞产业强磁场；依托阿斯利康、中美华东、韩国大邱生命健康产业集群、英特等领军企业，加快集聚上下游企业，推动杭州国际生命科学创新园、凤栖谷、康桥生命健康产业园快速发展，打造全省领先的生命健康谷；聚焦低端低效功能区改造，加快推进康桥园区、石塘园区、杭叉、杭轴等区块集约利用、改造提升和“工业上楼”，打造承载智能制造、新能源、新材料等新兴产业的“专精特新”产业孵化器。

9. 培育创业创新生态。实施省重大项目“领雁计划”、高新技术企业和科技型中小企业“双倍增”计划，新增国家高新技术企业141家、省科技型中小企业178家。做强省级知识产权示范区，用好杭州知识产权交易服务中心、顺丰智慧物流创新中心，新增知识产权示范企业20家，万人发明专利拥有量88件以上。发挥中科计算技术创新研究院、中科院空间应用中心等创新平台牵引作用，积极与浙江大学、西湖大学、浙江工业大学、浙大城市学院等高校合作，推动产学研成果转化。建设市级以上研发机构15家以上，新增市级以上孵化器、众创空间3家。加快杭州国际人才创业创新园、中国杭州人力资源服务产业园"两园"融合发展，引进市级高层次人才1000名以上，全力打造人才新高地。

（四）以扮靓运河明珠为引领，彰显独特人文魅力。

10. 打造文化项目群落。坚持保护、传承、利用"三位一体"，实施大运河国家文化公园建设专项行动。推出武林美术馆、大运河紫檀博物馆、武林之星博物馆群、运河湾国际风情港、上塘古运河景区等文旅地标；推进杭州音乐厅、祥符桥传统风貌街区、华丰工业记忆走廊等项目建设；推动桥西直街、小河直街、大兜路、胜利河美食街联动融合，打造传统风貌街区群落；助力京杭大运河博物院、大运河滨水公共空间、大运河杭钢工业旧址综保项目等市级"十大标志性工程"，加快形成特色鲜明的文化项目群。努力展现大运河拱墅段"璀璨文化带、绿色生态带、缤纷旅游带"的独特韵味。

11. 做深运河文化内涵。精心组织"两河"论述十五周年理论研讨，办好中国大运河文化带京杭对话、大运河国际诗歌节、半山立夏节等主题活动，促进国内国际文化交流。支持运河大剧院、杭州《X秀》、如梦上塘、开心麻花、大船文化等品牌发展，形成多元化、高品质的演艺矩阵。打造大运河戏曲廊道，展现中国丝绸城街区宋韵文化，激活各类社会文化阵地、草根舞台，创作更多群众喜闻乐见的文艺作品。加强非遗代表性项目和传承人服务，开展"指津・非遗谭""大匠至心"等研讨活动，实施濒危项目抢救性保护，全力创建省级大运河文化传承生态保护区。

12. 打造文旅融合高地。以打造大运河"世界级旅游产品"为目标，推进省级全域旅游示范区创建，深入开展文旅产业融合改革试验，构建大运河文旅品牌体系。推出大运河水上游线、岸上游线、主题游线，开业"百县千碗"农都美食小镇，形成一批美食体验潮玩地、夜坐标。推动王星记、LOFT49、经纬天地等文创园区品质提升，加快浙版传媒、浙数文化等重点项目建设，促进文旅与电竞数娱产业跨界融合。办好文博会、动漫彩车巡游、文创新势力、亚洲设计管理论坛（ADM）等品牌活动，整合运河文化红盟、武林艺术商圈联盟、大运河文化旅游交流中心等社会力量，推出市场认可度高的优质文旅产品，把拱墅打造成为文化高地、旅游胜地。

（五）以推进共同富裕为目标，筑牢幸福城区基石。

13. 提升宜居生活品质。推进46个老旧小区综合改造，加强长效管理力度。续建49个安置房项目，竣工交付西杨C等4个项目，完成回迁安置1300户。深入推进"三改一拆"，创建省级"无违建区"。实施未来社区建设专项行动，完成瓜山未来社区省级验收，推进和睦、所巷、善贤、万家星城、蓝孔雀等18个未来社区建设，打造集有机生命体、生活共同体、社会综合体"三位一体"的拱墅样板。着力缓解"停车难"，新增停车泊位3500个、地下空间40万平方米以上。完成20座公厕、16个小区二次供水设施提升改造，加装电梯200台以上，推动生活便利度不断提升。

14. 优化公共服务供给。以建设全国义务教育优质均衡区为目标，竣工中小学、幼儿园18所，提升改造5所，落实"双减"行动，推动教学"信课融合"。深化"健康浙江"行动，创设基层卫生服务中心"一中心一特色，一学科一品牌"，打造医联体升级版。新建康养联合体2个、智慧养老院1个，新增185张认知症照护机构床位，为1300户孤寡、独居、空巢老人实施"安居守护"工程；新建社区婴幼儿成长驿站12家，开展百场公益养育讲堂，不断擦亮"一老一小"拱墅金名片。

15. 完善社会保障体系。强化稳就业举措，实现城镇新增就业3万人、失业人员再就业3500人、就业困难人员安置1800人。深化新时期产业工人队伍建设改革，培养高技能人才3000人以上。全面落实"春风常驻"政策，推进智慧救助服务联合体建设。提升星级"残疾人之家"2家，创建省级无障碍社区2个。深入开展省级双拥模范区创建，高质量做好退役军人及其他优抚对象服务工作。深化东西部协作、对口合作、山海协作，加大产业、文旅、人才等交流力度，扎实推动共同富裕。

各位代表，回应民生关切，办好“十件实事”，是政府长期以来坚持的一项重要制度。亚运之年，我们将继续实行政府民生实事项目人大代表票决制。前期区政府面向群众、“两代表一委员”和街道部门等层面，广泛征集今年民生实事项目的意见建议。经遴选比较，正式形成12件候选项目方案：一是“百姓安居”回迁安置项目；二是“优教重学”校园建设项目；三是“暖心加改”电梯加装及供水设施改造项目；四是“阳光相伴”养老托幼服务项目；五是“亮睛护眼”智能护眼灯安装项目；六是“迎亚运”道路（绿道）提升改建项目；七是“迎亚运”城市精细化管理服务项目；八是“迎亚运”公共卫生和助残服务项目；九是“迎亚运”平安护航保障项目；十是“迎亚运”全民健身项目；十一是智能阳光厨房项目；十二是职业技能培养项目。会前，《关于2022年区政府民生实事候选项目形成情况的报告》已通过书面材料的形式发给大家，根据大会安排将在本次会议上进行票决。对区人大代表票选确定的10件民生实事项目，区政府将加强组织领导，强化统筹协同，认真分解落实，严格督查考评，并接受区人大代表监督检查，确保实事办好、好事办实。其余2件项目也将纳入政府年度任务抓好落实。

四、全面加强政府自身建设

各位代表，实现美好蓝图，重在狠抓落实。面对新形势新任务，新一届政府将坚持整体智治、唯实惟先的理念，加快转变政府职能，以实干论英雄、以实效见担当、以实绩写忠诚，着力打造“四型”政府：

（一）强化政治引领，打造忠诚型政府。进一步学深悟透习近平新时代中国特色社会主义思想，切实用以武装头脑、指导实践、推动工作。增强“四个意识”，坚定“四个自信”，坚定不移做“两个确立”忠诚拥护者、“两个维护”示范引领者，在守好“红色根脉”、打造“重要窗口”中展现担当作为。忠诚于党、忠诚于人民，更加自觉主动地贯彻执行中央、省、市和区委决策部署，推动全年各项任务落地落细落实。

（二）推进依法行政，打造法治型政府。坚持运用法治思维践行法治理念，深入推进法治政府建设。全面深化“大综合一体化”行政执法改革，探索数字化执法监督新模式。完善行政争议化解协作机制，行政机关负责人出庭应诉率达到100%。做好行政规范性文件的制定和监督管理工作，推进街道合法性审查全覆盖。推进政务公开标准化、规范化，深化重点领域信息公开。推动政务诚信建设，拓展联合奖惩、信用应用场景。自觉接受人大法律监督和政协民主监督，强化监察、司法、审计、统计监督，主动接受舆论和社会监督。

（三）深化数智改革，打造服务型政府。以“最多跑一次”改革为牵引，推动政务大厅向智慧化“政务综合体”转型，政务服务2.0事项应领尽领，全面实现“一网通办”。推动一般企业投资项目审批验收“最多50天”，工业用地100%按“标准地”出让，依法平等保护民营企业产权和企业家权益，高效落实各项减税降费和惠企政策，打造“营商环境最优区”。实施数字化改革专项行动，推进全域整体智治改革，深化IRS系统推广应用，迭代升级区一体化智能化公共数据平台，数据共享率达到99%以上。提升区经济管理服务平台功能，完善企业全景画像、产业精准画像，强化经济监测、预警、研判、调度的精准性。优化调整街道、园区财政管理体制，加快建立以绩效为核心的财政政策和资金管理体系。深化国有企业改革，提升市场化运营能力，释放企业竞争活力。

（四）坚持廉洁守正，打造阳光型政府。认真落实党风廉政建设“一岗双责”、“三重一大”重大事项决策、民主集中制、廉政谈话等制度，纵深推进全面从严治党。严格执行中央八项规定及其实施细则，坚持政府过紧日子，一般性项目支出再压减10%以上。坚决打赢防范化解重大风险攻坚战，确保完成政府隐性债务化解目标任务。加强对巡视巡察、审计等发现问题整改。持续改进工作作风，加强干部队伍建设管理，全面提升履职效能。

各位代表，栉风沐雨奋进路，同舟共济再扬帆！让我们更加紧密地团结在以习近平同志为核心的党中央周围，依靠省市和区委的坚强领导，在奋力开创拱墅新时代高质量发展共同富裕示范新局面中展现一流担当，以优异成绩迎接党的二十大胜利召开。

专 记

中国共产党成立100周年系列庆祝活动

2021年，拱墅区挖掘和利用本地红色资源，开展中国共产党成立100周年系列庆祝活动，多阵地多渠道合力讲好拱墅故事，全方位扩大主旋律覆盖面。新华社、中国新闻社、《中国日报》、《经济日报》、央广网等20家媒体到拱墅区采访、拍摄，报道潮鸣街道老旧小区改造、运河大剧院和瓜山未来社区建设。2月28日，新华社以《杭州：学党史、迎开学》为题报道杭州市育才登云小学“云娃娃跟党走”系列活动。5月31日，中央广播电视总台《新闻联播》栏目播出《杭州：数字赋能，提升居民幸福感》新闻，介绍上塘街道七古登社区、祥符街道蓝孔雀社区志愿服务场景被全市推广应用情况。7月1日，拱墅区发布“‘旗’行拱墅‘红’运地图”H5新媒体产品，曝光量近30万次。《杭州日报》头版《民呼我为》专栏连续报道区民政局在全区推广上线“社区智治在线 · 一表通”应用场景，以及区市场监管局为民办实事“零距离”做法。《拱墅新闻》设立《基层一线践初心》系列专题，跟踪报道基层党员干部“心系基层、建功立业”感人事迹。

拱墅区以党史上的重大历史事件为主题，举办各类庆祝宣传活动。开展“我心向党 · 致敬百年”“青春心向党 · 建功新拱墅”青年理论宣讲大赛，汇聚全区青年力量，讲好百年光辉历史。区委统战部发挥“运河 · 同心荟”新媒体新青年联盟平台优势，推出“百年足迹 · 红色味道”系列主题活动，以云直播方式重温“历史现场”，献礼建党百年。区纪委监委以“千年运河 · 源正流清”为主题，将运河文化和清廉文化结合，推出清风参观专线，感悟拱墅先贤风骨；以“奋斗百年路 · 启航新征程”为主题，开展“党旗下的诵读”活动，展现全区党员干部干事创业的精神风貌。“七一”前夕，拱墅区举办主题为“百年风潮红运拱墅 · 初心不改岁月长青”的庆祝中国共产党成立100周年展演，推出“红色足迹 · 百年征程”庆祝中国共产党成立100周年暨运河大剧院落成首演等红色文化活动。

全区组织梳理运河两岸红色革命、工业发展、地理民俗等系列故事，组织采访陈望道、俞秀松等革命先辈后人在内的34位代表人物，将革命先辈的事迹编撰成口述访谈录，展现拱墅区百年奋进精神。组织挖掘整理狮虎桥河下2号红色文化资源，以“守好红色根脉”为主题，打造以陈列室和红色街区为主要阵地的中共浙江省委机关旧址相关纪念设施，展示1927年到1929年之间省委恢复和发展全省党组织、开展武装斗争的光辉历程。拱墅区挖掘上报的“红色文物故事”被“学习强国”全国学习平台录用2篇、浙江学习平台录用3篇。　（王建亚）

党史学习教育

2021年，拱墅区按照党中央和省委、市委部署，抓住行政区划优化调整带来的新机遇，坚持把“学党史、悟思想”与“办实事、开新局”结合起来，推动思想教育和工作开展同向发力、同向增效。

聚焦示范引领、全员覆盖，开展“民呼我为　我为新拱墅建功立业”和“三联三领三服务”主题活动，让党史学习教育成果更好、更多惠及全区人民。

加强组织领导、示范引领。拱墅区对标对表省、市党史学习教育部署要求，聚焦百年党史学习和习近平新时代中国特色社会主义思想入心入脑主线，坚持高标准推进、严要求落实，凝聚高质量建设运河沿岸名区力量。谋划推进党史学习教育。以“我在运河南端学党史”为立足点，围绕6个专题、26项重点举措、84项具体工作安排，设计党史学习教育载体，明确目标任务，做出全面部署。结合行政区划调整，优化调整党史学习教育实施方案、领导小组成员及专班工作人员，形成全新工作合力，有条不紊地推进各项工作。3月以来，全区召开动员部署会、巡回指导动员部署会、阶段性工作推进会等专题会议近20次，制订印发各类工作文件、提示单60多件，接待市巡回指导组指导10次。成立6个区级巡回指导组，秉承“准、广、深”的指导原则，赴全区69个部门和街道巡回指导250次，推动全区上下形成浓厚的党史学习教育氛围。

领导先学先行做表率。区四套班子领导带头开展专题学习，采取现场学习、专家辅导、集中研讨等形式完成党的十九届六中全会精神和中共中央总书记习近平在党史学习教育动员大会上的重要讲话精神和在庆祝中国共产党成立100周年大会上的重要讲话精神、《习近平在浙江》采访实录、“习近平科学的思维方法在浙江的探索与实践”研究成果等重要专题内容学习，赴嘉兴南湖、浙江省立第一师范学校旧址、浙江革命历史纪念馆等红色基地，开展“沿着红色印迹学党史”主题党日活动，参观建党百年主题展览，在云居山浙江革命烈士纪念碑前缅怀先烈等。区委理论中心组开展专题学习20次、专题研讨5次，举办专题读书会1次，全区各级理论中心组开展专题学习研讨230多次，实现区委理论学习中心组专题学习全覆盖、区委理论学习中心组成员学习交流全覆盖、4本指定必读书目全区党员学习全覆盖，完成征订书目近40万册。

开展特色宣讲促学习。区四套班子领导带头通过开展学习宣讲，掀起全区知史爱党、学史爱国的热潮。区委书记李志龙履新首日赴天水街道戒坛寺巷社区做党的十九届六中全会精神宣讲，其他区领导赴联系单位开展宣讲，全区区管以上领导干部赴基层讲党课880多场。严格落实组织生活会要求，836名区管以上党员领导干部以普通党员身份参加组织生活会。开展“千人千场”大宣讲活动。全区举办学习贯彻党的十九届六中全会精神专题宣讲培训会，组建完成由“区领导＋区直属单位(街道)领导＋专家学者＋基层干部＋青年宣讲员”组成的1100多人的大宣讲团，构建起“千人千场”大宣讲格局，推进形成“领导干部带头讲”“专家学者深度讲”“基层干部进户讲”“青年群体互动讲”“社会各界共同讲”“线上线下融合讲”及“博士主播网络讲”“老香樟树下结对讲”的学习宣传党的十九届六中全会精神热潮。宣讲团活动期间，“老兵宣讲团”通过退伍老兵讲述参战亲身故事，传递榜样力量；“潮说武林”“墅说心语”青年宣讲团举办“百名青年、百堂红课”活动，传颂百年大党丰功伟绩；“武林小名嘴”开设“红色少年说”系列宣讲，优秀课件被“学习强国”杭州学习平台录用。全区开展各类宣讲活动2120多场次，受众17万人次。

坚持“民呼我为”，为民解忧办实事。拱墅区深化“三联三领三服务”机制，开展“民呼我为”和“我为群众办实事、我为企业解难题、我为基层减负担”专题实践活动。全年全区为民办实事2523件，受益人群78.4万人次；为企业解决难题8452个，受益企业1.07万家次；为基层减负提出意见建议1104条，受益基层单位608个。开展区级“民呼我为”十佳实践案例评选活动，从各单位上报的60多个典型案例中投票评出区级十佳案例20个、优秀案例2个。省、市党史学习教育领导小组办公室分别调研小河街道“红茶议事会”、和睦街道“0～3岁婴幼儿照护”、石桥街道“智控电动车乘梯上楼”、北部软件园嵌入式幼儿园等项目实施情况。全区为民办实事采取由头雁领衔做法。区四套班子领导带头开展党史学习教育“七个一”专题实践活动，践行区领导联系街道领衔破难、机关部门联系社区领办项目、党员干部联系群众领跑示范的“三联三领三服务”工作机制，区领导分片包干、组团指导18个街道，组建由区四套班子领导和其他市管干部组成的工作指导组，解决城市厨房项目消防验收、杭州音乐厅项目开工建设等重点难点问题103个；56个部门结对170个社区，签订“契约化”共建项目201个；全区2760名党员干部结对1918名困难群众，领办群众微心愿2219个，开展安全巡查、健康理疗、民主议事等志愿服务活动491场，提供志愿服务8419次、1.7万小时，帮助困难群众办理实事729件。集中开展“寻找群众身边不满意的小事”解忧办实事活动，发现不满意事项218项，历时1个月均整改到位。推进数智赋能。以群众需求为导向，迭代开发“墅智养”“阳光小伢儿”等应用场景，为“浙里养老”等平台提供优质“部件”，全区提供养老服务17.4万人次，实现全域托位“一网尽览”、入托“一键直达”。推进政务一网通办，在全国率先实现“残疾人证申请制发”“个人参保信息查询”等4个条线9个事项全流程“跑零次”“视频办”。开发“社区智治在线”应用场景，畅通治理服务“最后一公里”；打造“城市眼·云共治”驾驶舱综合应用平台，城市事件智能识别效率提高56倍，路面巡查力量节省45%；创新推出“一表通”场景应用，中央广播电视总台《新闻联播》跟踪报道该做法。10月11日，拱墅区在杭州市市、县(市、区)数字化改革座谈会上做交流发言。

实施党建引领。拱墅区开展“百名干部到一线”工作，选派“专兼挂”干部充实到街道、社区、项目第一线，围绕三方协同小区微治理，选派211名机关党员干部到社区、小区党组织担任兼职委员，形成党员干部一线建功立业、合力共推新拱墅融合发展的浓厚氛围。上塘街道领导干部主动请缨赴瓜山未来社区重点项目一线，引进和培育科创企业60多家。武林街道升级打造武林商圈党建联盟智慧平台2.0版，搭建党课直播、公共服务、积分兑换等七大模块，推动“三圈三街三站”融合发展。

聚力学史力行，着眼开拓新局。拱墅区坚持以党史学习教育为引擎，从党的百年历史中汲取奋进力量，把全面深化改革开放作为主抓手，聚焦痛点、破解难点、谋划重点、打造亮点，奋力开创各项工作新局面。注重常态推进，形成长效机制。拱墅区深入践行区“三联三领三服务”工作机制，全面推进以抓学习、促整改、转作风、优机制为主要内容的“学改转优”，打造拱墅区党史学习教育“三为”专题实践活动特色品牌。推进“百名干部到一线”工作，深化延续“党的知识进课堂”“红旗书屋”“运河文化红盟”等传承红色基因的好做法。提升“一网统管”能力，形成城市运行管理长效机制。聚焦共同富裕，实施十大行动。拱墅区提高站位、争先创优，通过实施“推动共同富裕创造美好生活2021十大行动”，加快形成一批人民群众看得见、摸得着、真实可感的共同富裕成果，加快开创“新拱墅、高质量、共富裕”发展新局。全区新建“阳光小伢儿”机构12个、驿站18个，实现省级幼儿园全覆盖，教育现代化监测水平步入全省第一梯队。新建居家养老服务中心2个、康养服务联合体4个。开展老旧小区综合改造和社区治理能力提升行动，实现全域旧改小区业委会和专业物业管理“两个全覆盖”，打造特色鲜明的街道社区工作站8个，培育品牌社会组织5个。立足发展大局，助推重点工作。深化“两河”(人民的运河、游客的运河)论述理论研讨，致力于打造文化深厚、惠民暖心、经济繁荣的运河，推进大运河国家文化公园样板区建设；聚焦开拓创新，布局“一核一带一极”产业中心，加快实现南北一体化、全域都市化，实现发展动能新蝶变；推进学习教育转化，将数字化改革作为“一把手工程”，加快公共数据平台和省级重大应用贯通落地；推进“迎亚运 我为新拱墅建功立业”六大攻坚行动，对照市委印发的“七张问题清单”和信访维稳等重点任务，领衔破解街道发展中存在的重点难题，坚决守牢安全生产和社会稳定底线，推动全区经济社会各项事业健康发展。 (王建亚)

行政区划优化调整

2021年4月9日，杭州市召开部分行政区划优化调整实施动员大会，对实施优化调整工作进行动员部署。根据国务院批复，杭州市撤销下城区和拱墅区，设立新的拱墅区。此次调整被认为是增强杭州城市综合承载能力、资源优化配置能力和实现民生福祉新提升的重要举措，对于“十四五”

期间全国特大城市行政区划调整的转型具有重要借鉴作用。调整涉及方方面面，调整的范围广、力度大、难度高、时间紧、任务重。实施调整8个多月来，区委统筹全局、科学谋划、精心组织、周密安排，采取先立后破、先人后事、先粗后细、先急后缓和属地兜底的方法，全面做深做细做好机构融合、人员融合、职能融合、思想融合的大文章。各级领导干部以高度的政治责任感和对党对人民高度负责的态度，做到工作到位、措施有力、斗志不减；广大干部群众识大体、顾大局、守纪律。全区上下同心同德，形成合力，确保优化调整工作平稳、有序、扎实推进，确保“一手抓区划调整、一手抓改革发展”的两不误、两促进，调整调出新气象、促进新发展。

全面加强组织领导。杭州市动员大会召开后，拱墅区当天召开区委常委会（扩大）会议，传达学习会议精神，落实区划调整各项工作。4月10、11日，拱墅区四套班子主要领导分别走访18个街道和区直有关部门，了解和研究区情，对照新的方位，系统谋划新拱墅更快、更好发展。4月15日，区委常委会会议召开，根据区划优化调整后工作内容变化情况，将原行政区划调整实施工作领导小组重新梳理调整，拟定新的“一办七组框架”。保留办公室、组织人事和机构编制组、事权财权组、宣传舆论组、维稳信访组，调整纪检监察组为纪检监察（监委筹备）组，撤销材料起草组和报批工作组，新成立“两会”筹备组和“法检”筹备组，分别由相应区领导担任各专项组组长。4月16日，全区专项工作部署会召开，会议部署人员分流有关工作，做深做细机构融合、人员融合、职能融合文章。

系统谋划新拱墅发展目标。4月16日，拱墅区在杭州市涉改区中率先召开全区党员代表会议，学习贯彻党中央、省市委关于杭州市部分行政区划优化调整的有关文件，通报有关人事安排。5月6—8日，拱墅区临时“两会”举行，“两会”主席团提名的区长、区人大常委会主任、区政协主席、区监委主任、区法院院长、区检察院检察长候选人均高票当选。7月2日，区委全会召开，传达贯彻中共中央总书记习近平在庆祝中国共产党成立100周年大会上的重要讲话精神，提出要高质量建设运河沿岸名区、打造共同富裕示范区拱墅样本。12月28—29日，中国共产党杭州市拱墅区第一次代表大会召开，选举产生中国共产党杭州市拱墅区第一届委员会和纪律检查委员会，选举出席中国共产党杭州市第十三次代表大会代表。大会做出全力推进“动能转换活力区、未来城市先行区、数字变革实践区、运河文化示范区、幸福生活典范区”建设，高水平打造时尚之都、数字新城、运河明珠，奋力开创拱墅新时代高质量发展共同富裕示范新局面的决议。拱墅区在涉改区中率先召开的相关重要会议，为“十四五”时期新拱墅发展指明方向、提供组织保障。

稳妥推进深度融合。拱墅区坚持关心关爱、任人唯贤宗旨，稳妥有序抓好干部队伍融合。区委把干部人事工作当作最重要的基础工作，做细做实干部队伍融合工作。各级领导班子开展全覆盖谈心谈话，深入细致了解干部思想动态，营造关心关爱干部的良好氛围。有序推进干部流转工作，全区进退留转区管干部736人，对外交流干部118人。深化“三联三领三服务”机制，将促进融合、确保稳定、推动工作、服务基层的重任分解给每一位区领导，推进全区上下团结和融合。拱墅区以最快速度完成办公场所搬迁，以最短时间实现合署办公、挂牌揭牌、队伍整合。全区各级干部保持工作不断、干劲不减的精神面貌。拱墅区坚持优势互补资源共享，统筹谋划推进产业项目融合。通过制定“十四五”规划谋篇布局，聚焦“产业转型升级样板区”目标，重点规划建设“一核一带一极”产业平台，实现空间资源的整合升级。整合招商政策推动招大引强，全力实施大招商体制，制定出台支持总部经济和商贸金融、数字经济、生命健康、文化创意4个重点产业及细分赛道的产业新政策，持续擦亮“企业家幸福感最强市（区）”金名片。整合项目资源释放发展活力，严抓共推加快项目建设进度，推动重大项目落地和开工。坚持以河为媒延续文脉，加快实现文化融合。加强水域统一管理，将原来分段割裂的水域河道、景观项目实行统一管理，实现更高层次统筹规划、保护和开发利用。推进精品项目建设，实现运河沿岸多个文化项目开(竣)工,形成一批文化新地标。做大做强文化品牌,召开第二届中国大运河沿岸区县合作论坛,成立首个大运河沿岸区县合作联盟,共建大运河璀璨文化带、绿色生态带、缤纷旅游带。推动高标准共同富裕示范区建设,促进民生公共服务融合。新拱墅整合原“两区”公共服务优势,出台《共同富裕创造美好生活2021十大行动》,加大优质民生服务供给。推动政务服务提质同标,聚焦5个方面、36项具体工作,围绕“四统一、一拓展”开展融合工作,年内原“两区”1648个行政审批事项实现基本办事标准统一。

全力实现融合质效提升。拱墅区党员干部在干事创业过程中凝聚共识,在服务保障亚运、疫情防控等“大战大考”中彰显责任担当。全区综合实力增强。2021年实现地区生产总值1968.6亿元,比上年增长8.1%;一般公共预算收入179.5亿元,金融业增加值625.1亿元,绝对值和占地区生产总值比重均居全市第一位;社会消费品零售总额1273.4亿元,居全省第一位。幸福指数攀升。全区新建学校、幼儿园10所,筹建名校集团10个;浙江肿瘤医院重离子医学中心项目启动,邵逸夫大运河医院、新华国际医院等项目加快建设,66个老旧小区改造项目完工,开工安置房项目3个、40.25万平方米,建成交付安置房项目5个、62.33万平方米,“智守e家”智慧养老一站式服务入选国家“人工智能社会实验典型案例”,拱墅区获评“中国最具幸福感城区”。运河文化绽放魅力。运河大剧院、大运河文化艺术中心、新天地演艺秀场等重点文化项目建成投用。亚运筹办进展有序,运河体育馆群建成开放,举办乒乓球压力测试赛,建成市区规模最大的新天地主题观赛公园。拱墅区在全国首创社区公共文化服务绩效评估机制,建成城市书房29个、社区文化家园146个,形成“10分钟文化圈”。（王舟舟）

数字化改革

2021年,拱墅区按照省数字化改革部署和“数智杭州”建设要求,强化系统观念,用好系统方法,聚焦国家所需、民众所盼、未来所向,在“152”(“1”指一体化智能化公共数据平台,“5”指党政机关整体智治、数字政府、数字经济、数字社会、数字法治5个综合应用,“2”指理论体系和制度规范体系)大框架下,细化“跑道”,理清界面,完善工作机制,从大场景中找准小切口,全力打造典型应用场景,为全省重大任务集成提供优质“部件”。拱墅区在全省市、县(市、区)委书记数字化改革座谈会、全市数字化改革专题会上介绍改革做法和取得的成果,分别获省、市领导肯定。

区划优化调整后,拱墅区秉承“调整不调速,改革不停步”精神,聚焦“融合好、互补好”目标,全面部署全区数字化改革工作,进一步统一思想、凝聚共识、明确任务、形成合力,推动数字化改革落到实处、改出亮点。

完善组织架构。5月,区级层面成立数字化改革领导小组,统筹领导全区数字化改革工作。强化统筹谋划。区委改革办发挥牵头抓总、统筹协调作用,组织制订全区数字化改革总体方案,印发到全区相关部门(单位)。对标省市“一本账”梳理“三张清单”45个应用场景,其中21个被纳入杭州市“一本账”。各牵头单位聚焦核心业务,坚持优势整合和基层创新相结合,迭代完善系统架构。坚持“一把手”抓改革。区委书记承担数字化改革第一责任人责任,定期研究难点堵点,协调推进重点场景建设,示范引领全区“跟我上”的干事创业良好氛围。区委常委会、书记专题会、专题部署会多次研究部署数字化改革工作,区委、区政府主要领导深入各街道、各部门,听取数字化改革和重点场景应用建设情况。5月19日,拱墅区数字化改革工作推进会暨数字赋能攻坚行动第一次大比武活动举行,“城市眼 · 云共治”“墅企云服”“社区智治”“未来数智”“民意智达”“民生智慧”“安全智防”七大类多跨协同应用场景参加比学赶超。9月16日,区四套班子有关领导和部门、街道“一把手”赴上海学习考察数字化改革“一网统管、一网通办”先进经验和做法。

健全工作机制。建立数字化改革例会、问题协调、跟踪督察等机制,及时解决问题堵点,凝聚改革合力。10月11日,区政府办印发《拱墅区政府投资信息化项目管理暂行办法》。11月11日,拱墅区政府数字化转型工作领导小组办公室印发《拱墅区应用场景网络数据安全管理规范》等规范意见，构建数字化场景应用全流程闭环管理机制，避免重复建设各搞“烟囱”情况发生。

完善“1+5”系统。2021年，拱墅区一体化智能化公共数据平台建成“数智拱墅”总门户，实现区、街道、社区三级门户全覆盖，省、市、区数据一体贯通。党政机关整体智治系统贯通使用“七张清单”问题整改、应急处突、新闻宣传和舆情引导等省级重大应用，承接“浙里”立体察人识人、“浙里”党外代表人士队伍建设全链条管理、数智考评等省、市重大应用子场景试点建设，落实落地杭州市双月重点工作任务，建成社区智治在线“一表通”场景应用，并被列入全市试点推广城区之一。数字政府系统初步完成疫情防控、营商环境、科技创新等12个重大任务4个体系门户页面配置，特色场景加快上线。在数字经济系统，杭州科强信息技术有限公司等3家企业接入市转型服务模块，各类产业平台接入资源服务“一键入园”模块，祥符云楼宇经济管理系统、数字云招商等场景接入“特色创新”模块。“未来工厂”培育梯度逐步形成，7家企业入选省市培育名单。数字社会系统突出基本公共服务重点，建成数字社会标杆项目和攻坚应用，包括智慧妇幼监管服务平台、“阳光少年”志愿服务平台等28个多跨应用场景。建成“学区一点通”场景应用，为全市重大应用开发提供成熟经验。数字法治系统上线“城市眼·云共治”“智慧监督云平台”“法治地图”“网格e盾”“平安拱墅·码上管理”等特色场景，拱墅区司法拍卖辅助事务综合集成做法和“法治地图”特色场景被省委改革办列为全省试点推广项目。

拱墅区突出“实用管用好用”导向，打造一批“拱墅特色、全省受益”的典型场景应用，助力高质量发展、高水平治理、高品质生活。聚焦城市治理现代化，上线“城市眼·云共治”场景应用，创新“前端动态感知+中端智能分析+末端多元共治”的城市治理新模式，治理问题发现效率提高56倍，路面巡查力量节省45%，被省大数据局列入“揭榜挂帅”项目。针对社工任务多、报表多的基层“沉疴痼疾”，上线社区智治在线应用场景，实现报表自动生成、政策精准直达、社工减负增效，每周为社工减少报表填报时间约8小时，CCTV—1对该应用场景进行报道。各领域推进特色场景建设，瓜山未来社区、新天地“数治街区”作为全省数字化改革典型案例，被推荐为青海省党政代表团参观考察点；“跨境电商溯源码”“阳光少年志愿者服务”项目等被纳入省数字化改革“揭榜挂帅”第一批榜单，“工业设计引擎”等被纳入省数字化改革“示范试点”榜单。区检察院创新“检察指数”做法，被写入《浙江数字检察建设“十四五”规划》，并在全省范围推广。

2021年，拱墅区加快把改革实践提炼成为理论成果、固化为制度规范，推动数字化改革沿着“实践—理论—实践”螺旋上升。在省、市没有先例情况下，为“阳光小伢儿智慧照料”应用开发创新配套制度，制定出台《拱墅区加快促进3岁以下婴幼儿照护服务工作的发展意见》《拱墅区托育机构管理暂行办法》《拱墅区托育机构从业人员管理办法》《拱墅区托育机构设置标准》等标准意见，明确规划布局、土地供给、社会支持、规范管理、信息支撑等17项具体政策，为省卫生健康委相关文件制定提供借鉴。推进党建引领社区治理，在全省首创成立“三方办”（住宅小区居委会、业委会、物业三方协同治理工作领导小组办公室），建立联合党委和全区三方协同治理工作联席会议机制，相关成果获市党政机关调研一等奖。依托全国街道服务管理创新实验优势，全面梳理街道政务信息内容，出台《街道政务信息管理规范杭州市地方标准》（DB 3301/T 0332—2021）。

（胡金辉　何　冰）

大城北开发建设

拱墅区在杭州构建“一核九星”国际大都市空间格局、大城北开发建设两大布局中，位于4个核心城区的中心位置，是“国际大都市会客厅”的重要组成部分和全部示范区、核心区的所在地，在大城北开发建设135.5平方千米的规划范围内，拱墅辖区有83平方千米。2021年，拱墅区以项目建设为引领，围绕“新三年”规划落地、交通路网、水电设施、民生改善、生态修复五场攻坚战，推进大城北基础设施建设，加快实现南北一体化、全域都市化，让大城北繁华起来，将大城北群众的生活品质提高上去。

坚持文化引领，加快国家文化公园建设。根据拱墅区党代会提出的到2023年大运河国家文化公园基本建成的要求，按照“中华民族重要的文化标志”的目标定位，在省内首批出台文化发展规划，与杭州钢铁集团、杭州市运河集团联动，推进实施京杭大运河博物院、大运河滨水公共空间、大运河杭钢工业旧址综保项目等“十大标杆项目”；以大运河文化带建设为牵引，持续擦亮“运河文化看拱墅”金名片，推进大运河文化带建设专项行动，重点推进“十大项目”，即“一址（半山历史文化遗址）两街（祥符桥历史文化街区、运河湾历史文化街区）两园（运河亚运公园、运河中央公园）三馆（运河体育馆、民俗博物馆、拱宸匠人馆）两中心（运河文化艺术中心、运河时尚发布中心）”的建设实施。加快建设祥符桥历史文化街区、武林美术馆等5个历史文化遗存项目及运河亚运公园、运河中央公园等4个生态体育公园，开工建设杭州音乐厅项目，拱墅区成为浙江省大运河文化保护传承利用的重要展示窗口。

聚焦产业发展，升级打造数据产业新高地。围绕建设国际消费中心城市国家战略，发挥拱墅区在区域、生态、政策、平台等方面的优势，坚持发展总部经济与产业优化升级相结合的原则，加快重点项目建设进度，做好杭州首个创新型小镇——智慧网谷小镇统筹开发，以信息经济为引领，制定以“信息电商”为核心的产业发展体系。助力杭钢云计算数据中心成为以“政务云”“健康云”“服务云”为数据源的大数据分析平台，提升和完善大城北区域产业体系。全年推进保障运河财富小镇、上塘电商小镇、智慧网谷小镇、华丰时代城等33个产业园区项目建设，促进产业结构转型升级，助力构建以总部经济为引领，“现代商贸、数字经济、文化创意、生命健康”为核心产业，“节能环保（新材料）、集成电路、人工智能”为多点的“1＋4＋N”现代产业体系，打造拱墅产业金名片。

增进民生福祉，持续提升人民群众获得感。拱墅区主动回应大城北区域群众对美好生活的期盼，以顺应时代发展，保障民生需求，努力让人民群众享有更优质的教育、更健康的生活、更便捷的服务、更宜居的小区为目标，推进安置房、学校、农贸市场、水电设施等民生基础设施建设，全年完成安置房、学校等111个民生设施项目建设。抓好重点、补齐短板、强化弱项，统筹推进城北净水厂进厂管线等供水、供电基础设施建设，保障城市生命线，提高城市韧性。注重大城北绿色发展，按照“四化一示范”要求推进大城北环境整治，实施李佛桥二期等7条河道整治和运河亚运公园等3个公园建设项目，力争大城北开发建设早“出”形象，为老百姓早“增”实惠。

加快路网建设，完善大城北交通基础设施。拱墅区加快补齐北部基础设施薄弱短板，提高城市综合承载能力，把握原“两区”调整和迎亚运契机，借势城市有机更新和区域连片改造，落实交通设施规划，完善城市交通体系，加快跨河道路、跨区道路建设，打通洋湾路、长木路、祥宏路等“断头路”，完善大城北地区交通微循环，重点推进快速路、主次干道、重要支路、停车场库等项目建设，提升路网“骨架”完整度和区域互联互通水平，满足交通出行需求。全年实施21条主次干道、

2021年7月12日，拱墅区重大项目集中开工暨杭州音乐厅项目启动仪式举行（余文华 摄）

28条支小路及10个停车场库项目，萍水东路、康园路等主次干道建成，东新路等区域性道路基本完工。（周雪菲）

大运河国家文化公园建设

2016年12月，时任浙江省委书记习近平在拱墅区考察时明确指示，“要用好运河这张金名片，把运河真正打造成具有时代特征、杭州特色的景观河、生态河、人文河、真正成为人民的运河、游客的运河”。拱墅区位于京杭大运河最南端，大运河文化是拱墅区最鲜明的城市标识，大运河拱墅段是浙江段大运河历史底蕴最深厚、文化遗产最丰富、文旅价值最优越的核心段。拱墅区有3条（段）大运河遗产河道（杭州塘、上塘河和中河），总长近30千米。有拱宸桥、桥西历史文化街区、富义仓3个世界遗产点，有各类博物馆20多个、工艺遗产21处、市级以上非遗项目名录31项。

2021年，拱墅区统筹保护好利用好大运河宝贵遗产，开展大运河国家文化公园建设。建立健全运河文化工作机制。成立大运河国家文化公园建设工作小组，组建工作专班，制订《拱墅区大运河国家文化公园项目群建设三年行动计划》，该计划入选杭州市共同富裕首批试点三年行动计划。加强与杭州钢铁集团、杭州市运河集团等省市属单位沟通对接。开展课题调研和理论研究。由区政协、区委宣传部牵头组织“打造大运河国家文化公园样板区”课题调研，邀请省委宣传部原常务副部长、省大运河国家文化建设专家咨询委员会副主任胡坚等专家学者参加大运河国家文化建设智库。9月15—17日，大运河国家文化公园工作小组召开专家研讨会，学习贯彻中共中央总书记习近平关于打造“人民的运河”“游客的运河”的重要指示精神，围绕三大历史街区整体化提升改造、大运河（拱宸桥—武林段）文化节点设置、上塘古运河夜游项目优化提升、亚运期间大运河文化带亮点展示、京杭大运河博物馆展陈提升、拱墅大运河文化带建设等工作进行探讨。

加快区域文化地标项目建设。运河大剧院、武林之星博览中心、运河体育公园、中国·杭州电竞中心、上塘古运河景区等重量级文化项目建成投用。武林美术馆、大运河紫檀博物馆结顶。杭州音乐厅建设启动，祥符桥历史文化街区、平炼路景观大道、舟山东路步行街、“百县千碗”文旅小镇、武林路改造提升、大运河武林门码头风情街区、武林广场提升等项目建设有序进行。全年拱墅区有运河大剧院、京杭大运河博物院等11个项目被纳入国家文旅项目库，总投资45.6亿元。

加强传统文化传承保护。2021年，拱墅区启动文化基因解码工作，梳理出398条文化元素，形成大运河组团、工业遗存组团、名人组团、非遗组团、红色组团5个门类的36项重点文化元素清单和王星记扇、都锦生织锦技艺等36个重点基因解码报告，“大运河文化（拱墅段）”项目入选首批100项“浙江省文化标识”培育项目名单。半山立夏习俗被列入第五批国家非物质文化遗产保护名录，王星记制扇技艺和张小泉剪刀锻制技艺传承人被认定为第六批省级非遗代表性传承人，手工艺活态馆等7个基地被列入市级非遗体验点。

健全公共文化服务体系。拱墅区按照“需求导向、标准支撑、精准服务、效能评估”总体要求，在全国首创社区公共文化服务绩

2021年6月，运河大剧院建成并投入使用 （余文华 摄）

效评估机制，该机制获评第四批国家公共文化服务体系示范项目。全年全区新建杭州书房7个、社区文化家园27个，新建和更新健身苑点26处，建成百姓健身房3个。区文化馆复评国家一级馆，区图书馆成为首批省“满意图书馆”，京杭大运河博物馆被评为浙江省华侨国际文化交流基地、市科普教育基地联合会先进集体。

推出特色品牌文化活动。全年各类公共文化场馆举办“民星大舞台”“大运河戏曲廊道”“书香拱墅”等线上线下文化惠民活动3360多场次，惠及市民与游客38万人次。区文化馆辅导创作的《那歌声》等35件作品获奖，其中国际性奖项1件、全国性奖项5件、省级奖项17件。举办新年走运、半山立夏节、大运河庙会、第二届大运河沿岸区县合作论坛、中国大运河文化带京杭对话、首届“大运河戏曲廊道”演出季暨长三角戏曲文化走亲、拱墅区旅游推介促消费暨2021AW杭州时尚周、“最江南·杭州味”大运河文化旅游季、长三角水上运动节暨京杭大运河(杭州)运动·文旅嘉年华等活动。其中，6月22日举办的第二届中国大运河沿岸区县合作论坛，以“打造大运河璀璨文化带、绿色生态带、缤纷旅游带”为主题，来自大运河沿岸6个省、2个设区市的18个区县的遗产保护与开发专家学者和有关人员参加，论坛发起并成立首个大运河沿岸区县合作联盟。10月23—25日举办的长三角水上运动节暨京杭大运河(杭州)运动·文旅嘉年华，在开展皮划艇大师赛、青少年赛艇邀请赛等赛事的同时，策划“好酷·运动秀”“好奇·国潮展”“好物·装备集”“好游·新拱墅”“好运·音乐节”“五好”系列板块。运河大剧院推出的“红色足迹”“红船”“只此青绿”等59场剧目，接待观众5万余人次。首部江南古运河文化实景演出《如梦上塘》212场，平均上座率95%。

2021年，大运河国家文化公园建设取得重要进展，大运河文化影响力进一步提升。8月25日，省委书记袁家军专题调研拱墅区大运河文化保护传承利用工作，并给予肯定。（杨于佳）

杭州亚运会拱墅赛区筹办

杭州亚运会和亚残运会拱墅赛区筹办工作是省、市赋予拱墅区的重大历史任务。2021年，拱墅区委、区政府把做好筹办工作作为践行“八八战略”、加快推动亚运城市建设、展现“重要窗口”核心区“头雁风采”的重要抓手，围绕“简约、安全、精彩”的筹办总要求，提高标准，落实责任，加快推进场馆规划、建设、管理、运行和亚运会宣传等工作。把从严落实新冠肺炎疫情防控措施贯彻筹办工作始终，严格把好各个重点关口。以亚运城市行动为纲领，统筹抓好赛区筹办和经济社会发展各项工作。

强化组织领导体系和工作机制。建立健全组织构架。2020年7月27日，拱墅区成立亚运城市行动领导小组，由区委书记，区委副书记、区长分别担任组长、第一副组长，小组副组长12人，小组成员59人，均为职能部门负责人。领导小组下设办公室，具体负责联系协调、清单交办、工作推进和监督考核等工作。2021年6月29日，区级层面组建“一办八组”工作专班，以及运河体育公园场馆群、杭州电竞中心2个核心运行团队，进一步夯实组织架构基础。

开展专项推进活动。为全面联动赛事筹备与改革发展各项工作，2020年7月和11月，拱墅区分别部署“亚运城市行动六大工程”“亚运城市行动”等专项任务，以“迎亚运 我为新拱墅建功立业”六大攻坚行动为抓手，推动辖区公共服务大升级、产业发展大提质、市容环境大改善。2021年6月，拱墅区组织参加全市迎亚运大比武，取得排名第四位的好成绩。11月8日，拱墅区举行亚运城市行动“互看互学”大比武活动，推动全区上下比推进、拼实绩、促赶超，展示新拱墅全面融合、加快发展的新面貌、新气象。

做好迎接检查工作。亚运筹备工作展开后，全国政协副主席刘新成，时任省委副书记、副省长王浩，杭州市市长刘忻，中国乒乓球协会主席刘国梁，亚组委副秘书长、省体育局副局长张亚东等领导、专家先后到拱墅区考察指导，实地查看亚运电竞场馆建设情况，助推拱墅区亚运会筹备工作进度。副市长陈卫强多次带队调研指导，促成拱墅区政府与深圳市腾讯计算机系统有限公司就电竞产业培育开展合作。

加快亚运会场馆和基础设施建设。推进拱墅运河体育公园场馆群建设。拱墅运河体育公园位于拱墅区申花单元，总占地面积46.73公顷，总建筑面积18.5万平方米，工程造价约20亿元。项目自2019年3月启动桩基施工，2021年5月基本建成，10月31日通过杭州亚组委赛事功能验收，获评“省级质量安全标准化示范项目”。该公园既是杭州主城区最大的新建亚运场馆，也是省内首座综合性城市体育公园，由“一场一馆一广场两中心”组成，以育英路为界，分南北两个区域，区域内河道纵横、绿树成荫，体现绿色场馆与城市规划的有机融合。北面区域是体育场，其造型宛若一把油纸伞，设座位约5000个，将承办亚运会曲棍球赛事以及亚残运会盲人足球比赛。南面区域是体育馆，设计灵感源自良渚玉琮，馆内设座位约7000个，系省内首个三星级绿色建筑设计标识体育场馆，将承办亚运会乒乓球、霹雳舞赛事和亚残运会乒乓球比赛。

中国杭州电竞中心基本建成。中国杭州电竞中心是国内第一座按亚运会赛事标准建设的专业电子竞技场馆，将承办杭州亚运会8项电子竞技赛事。项目位于拱墅区灯塔单元内，总用地面积约36万平方米，总建筑面积8.2万平方米，总投资45.86亿元。项目自2020年9月28日开工建设，2021年基本建成，先后获“2021年‘金协杯’第二届全国钢结构行业数字建筑及BIM应用大赛作品二等奖”和“2021年度亚运场馆建设立功竞赛二等奖”。电竞中心建筑设计体现星际涡旋概念，设座位4338个，可满足多种赛事、文艺演出、博览会等综合场馆需求。

杭州市体育馆完成改建。杭州市体育馆改造项目东接浙江日报社，南临体育场路，与浙江省体育中心相望，西边、北边与田家桥小区相邻。主要建设内容为提升主体育馆功能、建设训练馆和赛事功能用房，建成符合第19届亚运会拳击比赛场馆功能要求的一流体育馆。改造建筑面积3.42万平方米，总投资2.4亿元，于2021年9月完成改建，将承担亚运会拳击比赛和亚残运会硬地滚球比赛2项赛事。

精心筹办各项赛事。拱墅区作为2022年亚运会重要赛事的举办地之一，将承办“4+2”个竞赛项目。“4+2”个项目指乒乓球、霹雳舞、曲棍球、电竞4项亚运会项目和乒乓球、盲人足球2项亚残运会项目。其中，电竞和霹雳舞竞赛为新设立的亚运会项目。拱墅区一并承担杭州市体育馆（拳击、硬地滚球）及杭州市游泳馆（训练馆）部分业务领域的属地保障任务。

拱墅区根据承担的主要赛事，编制运行计划，进行各项赛事筹办。组织筹办团队参与市亚组委组织的各类交流、培训活动，学习亚运筹办相关知识；定期组织参与市亚组委亚运筹办工作例会，明确下阶段工作重点及要求。根据会议部署，完成场馆运行计划编制等各相关工作。成立编制小组，开展区内亚运场馆运行计划编制，完成3个亚运场馆（群）1.0版比赛时运行任务单元、风险管理单元、资源计划单元等10个单元的内容编制，涉及每日竞赛活动详细进程表（DCAS）、场馆客户群服务计划等60多项任务。

2021年11月19—21日，拱墅区举办“韵味杭州”京杭大运河沿线城市乒乓球邀请赛暨杭州亚运会乒乓球测试赛。该赛事是首场由区县自行组织的亚运会测试赛。按照“能测尽测、应测尽测”原则，组织70多名P类人员、80多名V类人员、200多名C类人员（含40多名技术官员）集中办公，建立决策指挥、实施执行和服务保障3套体系。测试赛邀请安徽、江苏、上海3个省市及省内11个设区市的148名运动员，举行男子团体、女子团体、男子单打、女子单打4个项目的比赛，完成竞赛技术运行、场馆设施运维、信息技术、反兴奋剂、媒体运行、体育展示与颁奖仪式等49项测试任务，实现既定测试目标，并梳理9个方面问题，为如期、安全、顺利组织亚运会乒乓球赛事奠定基础、积累经验。

持续营造亚运氛围。加强亚运宣传。拱墅区通过简报、专报宣传区亚运筹办工作成效，提高全区对做好亚运筹办工作重要性的认识，扩大亚运筹办工作影响力，通过亚运筹办呈现“千年运河 · 繁华武林”的独特韵味、别样精彩。专报《拱墅区念好“三字诀”，全面提升“迎亚运”城市道路环境品质》获市长刘忻批示。组织媒体对亚运场馆进行集中采访、全方位报道，拱墅区亚运场馆建设被中央广播电视总台《新闻直播间》、《浙江日报》、《杭州日报》等中央及省市主流媒体报道200多次。其中，拱墅运河体育公园场馆群竣工图登上2021年11月2日《人民日报》头版，《中国日报》(海外版)、《杭州日报》头版发文点赞拱墅区亚运筹办速度。

拱墅区以“亚运四进”活动为载体，推进全民健身事业发展，全区累计开展迎亚运系列活动150多场，参与群众超过30万人次。承办、举办“杭州亚运服饰秀”“迎杭州亚运会倒计时一周年”等活动，营造全民参与亚运的浓厚氛围。其中长三角水上运动节，拱墅区5个亚运项目展示吸引3万余人次现场体验，点阅量5000万次，成为展现新拱墅蝶变升级的重要载体。

拱墅区全面推进户外宣传、公共艺术装置、夜景灯光三大类城市亚运景观布置，投放运河上街、嘉里中心、西湖文化广场等31处知名地标点位的景观小品、动画视频。手工艺活态馆等5个拱墅体验点入选“杭州亚运人文体验点”名单，首部江南古运河文化实景演出《如梦上塘》在2021年国庆节期间开演。围绕亚运电竞馆“最后一公里”建设，在180万平方米工业遗存中央活力区内全方位融入亚运元素，通过布局新天地观赛公园，打造“集聚参观”“逛游玩乐”于一体的观赛场地和“网红”打卡地。

加强城市建设管理和环境整治。拱墅区贯彻落实全省数字化改革发展大会精神，以数字智慧赋能专项行动为抓手，打造智慧智能亚运城市。建设数字“新基建”项目，协助5G基站、智能亚运一站通、MOC指挥系统、智能观赛、开闭幕式“黑科技”等项目建设。推动健康码2.0平台建设，深入推进酒店、小区等各类无感验码场景覆盖。推进“综治工作平台模块”与省社会矛盾调处化解协同应用系统双向互通。借助数字化手段提升“武林大妈”“拱宸大伯”志愿者组织的组织动员能力，形成“多跨互通、多元共生、多域联动”的亚运志愿服务动员体系。

拱墅区锚定“办好一个会，提升一座城”总目标，制订《拱墅区亚运城市行动计划任务清单》，8个大类、59项任务进展有序。至2021年年末，辖区内开通地铁3条线18个站点。规划的149条道路，完工27条，开工39条，30个前期项目、53个续建项目进展顺利。14条地铁道路建设有序推进。完成18个公园提升，建设绿道31.45千米。完成8964项无障碍设施整改、33条道路修缮、3个山体生态修复整治。以“美丽杭州”创建暨“‘迎亚运’城市环境大整治、城市面貌大提升”工作为抓手，整改各类城市管理问题7万余个，完成道路地下安全隐患排查、探测553.8千米，确保以最佳面貌迎接亚运“大考”。实施“两区两廊四提升”运河文化八大工程，全力助推24千米大运河滨水公共空间及水岸互动文旅融合提升工程，实现大运河文化和亚运精神完美契合。

拱墅区抓住亚运会举办机遇，实现拱墅城市有机更新，组织老旧小区改造95个。德胜新村成为全省唯一入围住房城乡建设部全国无障碍环境建设优秀案例。未来社区省级试点(瓜山社区)一期投入使用，省级创建点和睦未来社区于2021年12月开工。省、市、区三级民生实事项目28个大项、60个小项总体进展顺利。组建全区应急响应指挥中枢“区城运中心”，提升防范化解重大风险能力和水平。新建各门类健身设施25处，年内全区有92所学校场地对外开放，累计建成百姓健身房19个、健身苑点490处，举办全民健身赛事57场次、体育培训34场。推进30条道路、10座公厕无障碍设施提升改造，完成1957个城市道路交通功能和公厕无障碍服务问题整改；推进邵逸夫医院大运河分院、新华国际医院建设，完成2个社区卫生服务中心新建、6个服务中心提升改造及4个服务站迁建。

(胡　冰)

新冠肺炎疫情常态化防控

2021年，面对新冠肺炎疫情防控形势严峻和改革发展任务艰巨的双重考验，拱墅区贯彻落实中共中央总书记习近平重要指示精神，充分发挥全区各级党组织战斗堡垒作用和广大党员先锋模范作用，做好新冠肺炎疫情防控工作，建立群防、医防、自防、联防相结合的防控体系，努力做到早发现、早报告、早隔离、早治疗，坚决遏制疫情扩散。

采取“党建＋共建”模式，形成一轴多元防控体系。面对疫情，拱墅区上下共克时艰，实现“两手硬、两战赢”。成立由区委、区政府主要领导担任双组长的疫情防控领导小组，并组建疫情防控指挥部，从区委政法委、区委宣传部、区政府办、区卫健局、区市场监管局、区教育局、区民政局、区数据局等部门抽调人员建立专项工作小组集中办公，最大限度地集中调配部门力量及社会资源。统筹公安、城管、卫生健康、市场监管等力量，联合物业公司、业委会、社会组织、志愿者团队和辖区单位，形成党建引领、社区负责，社会协同、公众参与、联防联控、群防群控的防疫格局。针对节假日红白喜事增多的情况，组织街道和商务、文广旅体、公安、卫生健康、市场监管等部门，对社区经济合作社、酒店饭店进行网格化督查指导，确保参加宴席的人员轨迹清晰、防控措施到位。整合多方面资源，组建区委社区建设和治理委员会，在115个小区探索建立党组织，依托“10分钟党群服务圈”提供线上线下防疫服务。区、街道、社区三级实现党建联盟全覆盖，600多个成员单位发挥各自专业、资源、平台等优势，为疫情防控贡献智慧和力量。区集中隔离点、各街道、半山卡口等单位(部位)均成立防疫临时党支部，在疫情防控工作中发挥基层党组织战斗堡垒作用。

建立“物防＋技防”机制，阻断代际传播多重链条。拱墅区严格落实新冠肺炎疫情“人物同防”要求，建立大物防联控工作机制，把物防应急工作纳入24小时值守职责，开展各项疫情防控物防工作。利用科技手段数字赋能疫情防控，提升基层防控“作战”效率和精准度。依靠政务数字驾驶舱“疫情防控数字模块”的大数据，全面构建信息排查网，通过“自主报送＋智能寻呼＋人工补漏”1CALL系统，24小时在线收集、汇总居家观察人员自主报送的当日体温、健康状况及意见建议，智能寻呼机器人自动语音呼叫，居民应答即可收集信息，对其他人员由社区人工补漏核查，有效减轻基层负担。石桥街道采用智能无人机加入一线防疫队伍，开展空中巡逻、红外测温、文明劝导、知识科普等工作，提升防控质效。湖墅街道利用“湖数通·掌上社工”平台的防疫提醒、红黄码销号申请等功能，线上和线下协同发力，发送提醒短信3000多条、红黄码销号24个。街道形成“居民诉求—社区吹哨—部门报到”的疫情闭环应急处置机制，通过“湖墅12345”“一支队伍微治理”模块受理相关需求，确保疫情应急处置“零接触、指尖办”。

推出“重点＋网格”举措，织牢严丝合缝安全密网。拱墅区加强对重点场所、重点人员规范管理，强化对隔离场所硬件规范设置、隔离对象规范管控、工作人员闭环管理、环境消杀规范开展、应急保障规范配置等工作，确保隔离点绝对安全。推进基层哨点建设，完成15个社区卫生服务中心发热筛查诊室和区疾控中心2个实验室标准化改造。严格管控重点人员，建立可疑阳性患者即查即报、采样复核和快速转运机制，对入境人员增加核酸检测和“双采双检”频次。

拱墅区发挥社区网格化党建在疫情防控中的作用，将党建网格与防疫网格有机结合，聚焦居民楼、楼宇、商铺等，实施地毯式管理和精准化服务。实施“一名党员一幢楼”，全区近1万名党员身兼“五员”(即排查员、防控员、宣传员、互助员、信息员)，以“零死角、零盲区、零疏漏”为目标，对重点楼宇、重点居民楼进行分幢包干，联系服务居民近20万户，上报解决实际问题4000多个。东新街道成立26个楼宇临时党支部，实行一个支部管好一栋楼宇的工作机制，形成“一楼三员，一企一人”的联防共管工作新格局。米市巷街道落实商铺主体责任，与商铺店主签订《疫情期间自我管控承诺书》，对出现瞒报、漏报等违法行为的，依法追究相关责任。联合米市巷市场监管所对辖区800多户复工的商户进行全覆盖排查，定时查验商户防控物资配备情况，实时掌握防控动态。定期巡查和不定时抽查农贸市场、果品市场等人流集聚点。康桥街道依托“社区—小区—楼道”三级治理体系，组织机关及红盟单位党员下沉一线，参与核酸检测信息录入、核酸队伍秩序维护、小区巡逻宣传、上门入户走访等工作。石桥街道集中全域力量，拉起严密排查、立体宣传、精密智控、邻里温情“四张网”，建立“统防＋智防＋控防＋联防＋自防”的“五防”模式，全区红色义工社、暖心服务社、连心服务队、益优公益社等志愿者服务组织发挥群防群治作用，开展排查巡查、代买代送、信息录入等服务逾1万次。

“疫苗＋核酸”双线并行，构筑全面防疫强大后盾。拱墅区通过新冠疫苗接种和全民核酸检测，加强常态化疫情防控。全区增设5个疫苗临时接种点、2个方舱式接种点。举办预防接种人员资质培训9场，培训接种上岗资质人员1550多人。按要求配置价值15万元的急救设施、药品等医疗保障物资。建立“基层接种点—省市医院—急救中心”三级联动机制，配备医联体急救医护人员进行现场指导。建立接种服务门诊—区疾病预防控制中心—区卫健局三级数据梳理模式，精准掌握每日接种剂次、疫苗品种、接种时间等情况，分析接种对象的接种时间间隔，确保接种安全。全区日接种量最高达2.5万剂（次），累计接种疫苗231.2万剂（次）。修订完善全区大规模人群核酸检测工作方案，进一步储备防护、检测、消毒等相关物资。按照网格化管理设置社区采样点258个，扩充采样人员至1812人。12月26日，东新园疫情突发时，拱墅区立即启动大规模核酸检测工作，区委区政府主要领导赶往东新园临时指挥部坐镇指挥，连夜协调集结市区两级医务人员1211人，区、街道、社区三级工作人员1203人，民警安保力量330人，各兄弟城区派出医务人员584人支援拱墅，联合开展大规模核酸检测，年内完成43万余人次的核酸检测。拱墅区发挥体制机制优势，动员全区党员干部群众，以科学务实的举措行动，筑牢疫情防控的严密防线，在“大战大考”中彰显拱墅担当。（应　悦）

十件民生实事完成

2021年，区委、区政府坚持以人民为中心的发展思想，在集中力量做好疫情防控工作基础上，加强组织领导，明确目标任务，细化政策措施，完成教育、医疗、文化、养老服务、婴幼儿照护服务、居住环境营造、安置房建设等方面10件重要民生实事，其中超额完成6件。全年投入民生实事项目资金80亿元。通过向公众公开征集、向代表委员专项征集、向区级部门和街道定向征集等方式，开展征集民生实事项目工作。梳理整合下城区、原拱墅区初步遴选的35个民生实事项目，并进行反复研究论证，最终由区人大代表票选出10件民生实事。区政府办每季度在政府门户网站向社会公布民生实事项目实施情况，年末，区人大牵头开展民生实事完成情况满意度测评，10件实事平均得分91.7分。

“百姓安居”回迁安置项目。全年拱墅区建成安置房62.33万平方米（3911套）并全部达到交付条件，完成在外过渡拆迁户安置1296户，安置房建设和回迁安置均超额完成年度目标。全区安置房建设融入“海绵城市”理念，其中半山街道石塘安置房小区的道路设置透水沥青和雨水收集储蓄装置，既解决道路路面积水问题，又使回收的雨水用作绿化灌溉。

“旧貌换新颜”老旧小区综合改造提升、既有住宅加装电梯项目。全年完成长木里、伟华苑等66个老旧小区改造提升，涉及住户7.5万户。完成既有住宅加装电梯165台。勤丰小区改造建立资金共担、家园共建机制，其做法被列入全省“旧改看‘浙’里”城镇老旧小区改造实践典范案例。树园小区搭建居民议事协商平台，19幢楼加装电梯用5天时间完成签约，用35天时间完成加梯施工交付，刷新加装电梯“杭州速度”。潮鸣街道完成121台电梯加装，居全市93个街道加装电梯数首位。

“高品质就学”校园建设项目。全年全区开工5所、竣工10所新校园，新增班级138个、学位8250个，新增学位为年度计划的195%。拱墅区重视项目后续管理，构建现代优质学校评估和督导机制，保证实事项目高质量高品质实施。以“学有优教”为导向，推动优质教育均衡发展，与中国教育科学院、华东师范大学等9所高等院校科研机构建立共建合作关系，全区新筹建名校集团和优质学校10个（所）。

“舒心就医”医疗设施提升项目。拱墅区续建邵逸夫医院大运河分院，建成、迁建4个社区卫生服务站，完成6个社区卫生服务中心配套设施改造，提升卫生服务中心服务功能和居民就医体验感。天水武林、长庆潮鸣、文晖、朝晖、米市巷、大关上塘、康桥、小河湖墅、拱宸桥9个社区卫生服务中心达到国家“优质服务基层行”活动推荐标准。加快探索优质共享的智慧医疗新模式，推进紧密型医联体打造，深化“健康拱墅”建设。

“爱心助残”无障碍环境建设及助残服务提升项目。拱墅区完成学院北路、武林路等38条道路及大兜路（中）等区域30座公厕的无障碍设施提升改造，超额完成86户残疾人家庭无障碍设施改造和小天竺社区、康乐社区等5个省级无障碍社区创建，以及上塘、祥符、长庆、湖墅、石桥、大关6个街道星级“残疾人之家”创建。超额完成浙江大学医学院附属儿童医院等5个残疾儿童康复机构规范提升。在创建省级无障碍社区过程中，拱墅区利用数字科技，推出覆盖全残疾类别、全人群需求的无障碍服务举措。天水街道戒坛寺巷社区在试用“手语姐姐实时在线翻译系统”基础上，引入信息无障碍综合服务系统，打造一整套创新的、数字化的、可复制可推广的无障碍智慧场景。

“温暖掌心”公办中小学、幼儿园温水龙头改造项目。拱墅区实施全域校园温水龙头改造项目，项目成效惠及全区公办中小学、幼儿园所有学生，全年完成杭州市朝晖中学、杭州市长寿桥小学、杭州市星澜小学、浙江省教育科学院附属小学等学校166个校区的温水龙头改造。从系统安全角度出发，温水龙头改造配备漏电保护器、防电墙，并实行水电管线分离，线管外加装护套管，避免电线裸露。为避免出水过热引起烫伤等意外情况发生，温水龙头全部加装恒温阀，确保出水温度恒定在38摄氏度。对建造较久的学校调换感应龙头，确保龙头出水通畅。

“建党百年”文化惠民系列活动。6月，运河大剧院正式启用，全年组织演出及举办文化惠民活动40多场，惠及群众3万余人次，运河大剧院成为运河南端文化新地标。建成运河亚运公园、北景园生态公园一期。建成杭州书房大运河旗舰店等城市书房29个，方便周边群众20多万人在家门口看上新书。以“文化驿站、共享空间”为定位，完成延安新村社区、台州路社区等27个社区文化家园建设。完成26处健身苑点、3个百姓健身房建设，全年文化场馆开展大型文艺会演、文化走亲、展览展演等文化交流展示活动260多场。

“阳光小伢儿”0～3岁婴幼儿照护服务项目。拱墅区建成潮邻伢儿、流水北苑、京杭银墅、和睦新村等16个普惠型托育机构，建成东新园社区、华中社区、阔板桥社区、蒋家浜社区等18个社区成长驿站，实现“阳光小伢儿”站点全域覆盖。坚持幼有善育，以“阳光小伢儿”项目实施为契机，构建“优质均等、就近可及”的“15分钟婴幼儿照护服务圈”，该做法获国务院发展研究中心和国家卫健委人口与发展研究中心肯定，认为此举对全国其他地区破解社区托育服务难题具有参考和借鉴价值。

“阳光老人家”养老服务项目。拱墅区坚持老有颐养，增加养老事业资金投入，建成祥符、朝晖、东新等6个街道级居家养老服务中心，总面积4500平方米；建成杭州馨和园颐养院、北景园养老综合服务中心等4个康养联合体，总面积2.21万平方米；新增养老机构床位379张。完成生活困难老人家庭适老化改造216户，改造标准从省定每户6000元提高到每户1.2万元。将小区综合环境提升与适老化改造相结合，推进硬件设施和软件服务双提升，至2021年年末，拱墅区实现全域“阳光老人家”站点全覆盖，累计建成“阳光老人家”站点157个。该项目所有指标均超额完成。

“放心饮水”供水设施改造项目。拱墅区在完成24个小区二次供水设施改造基础上，加推16个小区二次供水设施改造项目，40个小区惠及居民10多万人。在二次供水设施改造过程中，对住户室外区域表前水管加装保温层，确保居民冬天用水安全。湖墅街道青莎阁克服小区建造年份久、楼道窄、先天硬件条件差等不利施工因素，于7月完成通水改造，让居民喝上放心水。

（於晓萍）

新闻媒体聚焦拱墅

2021年是中国共产党成立100周年，是“十四五”开局之年、新拱墅成立元年，拱墅区新闻宣传工作力度强、频率高、传播广。区委宣传部策划组织“建党百年话初心”“大运河文化带建设”“抗击新冠肺炎疫情”等重大主题宣传。全年拱墅区在中央级媒体刊稿655篇(条),省级媒体刊稿2847篇(次),市级媒体刊稿4034条,其中《人民日报》刊稿21篇、中央广播电视总台播发新闻39条、新华每日电讯等媒体刊稿8篇。

4月,区委宣传部利用大城北记者站的资源,策划、组织、开展“建党百年话初心,‘旗’行运河寻印记”大型融媒体主题行动,记者站记者深入基层一线,寻访拱墅红色印记、城市变迁,挖掘浙江省立第一师范学校旧址(一师风潮)、洋关旧址、杭钢工业旧址等全区红色遗迹、历史文化空间,追寻中国共产党人在京杭大运河南起点留下的红色印记。主题行动推出视频作品25件,绘制“旗”行拱墅“红”运地图等融媒体产品,首发日在微信公众平台获27.33万次点击量。系列作品在央视网、人民日报客户端、浙江新闻客户端、中国蓝新闻客户端、《杭州新闻联播》等各大媒体及“拱墅发布”微信公众号、“今日拱墅”App等区级平台推送,系列作品在全网传播的点击量突破1亿次。8篇短视频被“学习强国”省级及以上学习平台录用。“‘旗’行拱墅‘红’运地图”(H5)新媒体产品获杭州市2021年度创新重大主题报道优秀新闻作品三等奖、“杭州文广星力量新媒体”最佳页面设计奖。

6月21—26日,拱墅区联合杭州日报报业集团拍摄的纪录片《我与大运河》在中央广播电视总台《农业农村频道》黄金时段首播,成为大运河文化带国家战略提出后首部播出的大运河主题纪录片。纪录片分“行运”“栖居”“造物”“寻味”“传艺”“追梦”6集。通过行走和生活在运河两岸的主角,借指尖与舌尖传递古今与未来被运河激发的梦想,体现“大运河是祖先留给我们的宝贵遗产,是流动的文化,要统筹保护好、传承好、利用好”的重要共识,彰显大运河作为世界级遗产的历史价值、科技价值、艺术价值、新时代价值,提升“运河南端是拱墅”的美誉度和影响力。该纪录片被评为2021年第二季度优秀国产纪录片,并获杭州市2021年度创新重大主题报道优秀国际传播作品奖。

10月1—7日,拱墅区对外推出国庆主题报道,各级媒体刊发稿件103篇(条),其中中央级媒体刊发12篇,省级媒体刊发38条,市级媒体刊发53条。10月2日,《人民日报》头版以《鲜亮“中国红”,激扬爱国情》为题,报道拱墅区全国劳动模范孔胜东参加“同升一面旗、匠心共筑梦”主题活动并做交流发言。10月4日,《人民日报》头版《国泰民安,欢度国庆(祖国颂)》专栏报道拱墅区博物馆沉浸式文旅体验活动,吸引市民游客前往打卡。

12月,区委宣传部严格落实对外涉疫新闻稿件审校机制,组建“疫情防控宣传对接”微信群,对18个街道和重点部门落实专人实施点对点信息联络,对外宣稿件的文字、图片、视频进行审核指导、筛选把关后,第一时间推送给区外媒体及区级各媒体平台,营造全区齐心协力抓好疫情防控的氛围。加强对东新园、东新府等区域解除封控的对外宣传,按照“低调平实、专业有序、体现温暖、传递信心”的要求,做细方案预案,做优采访安排,做实组织保障,达到“平台层次高,舆论导向正,传播效果好”的预期宣传目标。年内,各级新闻平台刊发拱墅区疫情防控正面稿件3215篇(条),其中,中央广播电视总台、新华社、《光明日报》等中央级媒体刊发150多篇(条);《浙江日报》、浙江卫视、浙江之声等省级媒体刊发470多篇(条);《杭州日报》、杭州电视台《综合频道》、杭州之声等市级媒体刊发550多篇。 (洪心如)

大事记

1月

5日 区委书记朱建明走访湖墅街道仓基新村小区、大关街道三方管理服务中心，了解街道开展三方协同小区微治理工作情况。

△ 2021年政府投资项目专题会议召开，区委副书记、区长章燕听取区发改经信局、区财政局等部门有关项目谋划、产业发展等情况汇报。

△ 长三角区域首个红色博物馆合作联盟成立仪式在武林之星博览中心举行。中国共产党杭州历史馆、中共一大会址纪念馆、南湖革命纪念馆、渡江胜利纪念馆、渡江战役纪念馆5个长三角区域红色博物馆共同签署成立联盟协议。

△ 中华全国归国华侨联合会通报表彰全国侨联系统助力脱贫攻坚先进集体，下城区侨联为杭州市侨联系统唯一受到表彰的先进集体。

6日 拱墅区召开全区路网建设工作专题会，确定全年全区实施99条、52千米道路建设任务。

△ 拱墅区组织以“开展大规模人群核酸检测”为主题的突发公共卫生事件应急演练。演练围绕“疫情发生”“宣传发动”“采样点外围秩序管理”“信息采集及采样”“样本交接转运”“现场消毒”等环节开展。

13日 第十六届杭州市道德模范(平民英雄)评选结果揭晓。拱墅区浙江老年关怀医院副主任医师王志雄获评杭州市道德模范。

18日 浙江省发布五星级“残疾人之家”名单，潮鸣街道、文晖街道上榜。

21日 拱墅区委教育工作领导小组会议召开，审议通过《拱墅区北部教育提振第三轮三年行动计划(2021—2023年)》。

22日 中国光彩事业促进会第六次会员代表大会暨全国抗击新冠肺炎疫情民营经济先进个人表彰大会在北京召开。拱墅区藏龙面馆店主吴玉兴获评先进个人。

29日 拱墅区电梯加装引入保险机制做法入选住房和城乡建设部《城镇老旧小区改造可复制政策机制清单(第二批)》。

2月

4日 拱墅区打击治理电信网络新型违法犯罪工作联席会议暨打击治理跨境赌博工作会议召开，会议要求清醒认识打击治理工作面临的新形势新问题，进一步提高打防管控能力。

7日 拱墅区投资发展有限公司与杭州热联集团有限公司在智慧网谷小镇签订合作协议，成立杭州拱联供应链服务有限公司。

20日 拱墅区纪委七届七次全体(扩大)会议暨作风建设大会召开，会议强调要深刻领会党的十九届中央纪委五次全会和省市纪委全会精神，持之以恒加强清廉拱墅建设。

26日 拱墅区“六大专项行动”及打造“十一项重大标志性成果”工作动员会召开，部署高质量建设六大产业中心，推进大城北标杆区建设、风貌街区建设、安置房建设管理、数字赋能区域治理等11个方面工作。

3月

1日 浙江中医药大学附属第二医院(浙江省新华医院)康桥分院全科病区启用。

2日 拱墅区妇联举行第111个“三八”国际妇女节主题大会活动。活动分“巾帼风采别样红”“巾帼建功正当时”“巾帼筑梦新时代”3个篇章,展现拱墅女性在追梦路上的风采。

3日 市委常委、杭州警备区政委唐春所到拱墅区人武部新址建设现场、智慧网谷小镇、瓜山未来社区、桥西历史文化街区调研。

4日 下城区党史学习教育动员部署会召开,会议强调要学懂弄通做实习近平新时代中国特色社会主义思想,高水平推进全区党史学习教育。

△ 区检察院举办第四届“检企论坛”,与企业共商应对经营风险问题。

△ 下城区“武林大妈”平安志愿服务项目获评全国巾帼志愿服务“十大优秀项目”。

11日 拱墅区党史学习教育动员部署会召开,会议强调要结合拱墅区实际突出学习重点,切实提高党史学习教育的针对性和实效性。

12日 下城区举行全区老旧小区综合提升改造“互看互学”大比武活动。区领导对全区8个街道的老旧小区改造项目进行点评,对下一步旧小区改造工作进行再部署再推进。

15日 省委统战部副部长张润生,全国政协常委、省知联会会长杜卫一行到拱墅区调研营商环境情况。

18日 拱墅区党建群团工作会议暨社区整体性建设大会召开,会议贯彻落实党中央和省市委关于组织、宣传、统战和群团工作会议精神。

19日 拱墅区一季度重大项目集中开工活动在祥符街道国际体育服务中心举行,全区集中开工项目12个,涉及产业发展、基础设施等领域。

22日 拱墅区政府与浙江浙勤集团有限公司签订合作协议,联手打造胜利河美食街。

24日 湖北省恩施土家族苗族自治州政协副主席、来凤县委书记邢祖训率领来凤县党政考察团到拱墅区考察,市委常委、拱墅区委书记朱建明会见考察团,两地召开东西部协作联席会议。

29日 拱墅区举办线上旅港同乡会周年庆典暨拱港艺术交流基地成立仪式。

△ 由拱墅区政府、浙江省经济建设投资有限公司共同创办的拱墅区—省经投政企合作产业投资中心暨综合交通科创产业基地揭牌仪式在运河万科中心举行。

4月

1日 “我心向党·致敬百年”下城区青年理论宣讲大赛暨党史学习教育宣讲团成立仪式在区行政中心举行,区领导为下城区党史学习教育宣讲团授牌,现场举行青年理论宣讲大赛决赛。

9日 经国务院批准,杭州撤销下城区和拱墅区,设立新的拱墅区,以原下城区、原拱墅区的行政区域为新拱墅行政区域。区政府驻拱宸桥街道台州路1号。省委批准陈瑾为拱墅区委书记。

15日 下城区十五届人大常委会和拱墅区七届人大常委会分别召开常委会会议。根据《杭州市人民代表大会常务委员会关于杭州市部分行政区划优化调整有关问题的决定》,下城区、原拱墅区人民代表大会常务委员会及人民政府、监察委员会、人民法院、人民检察院的职权行使至新的机构依法产生为止。

20日 由“学习强国”杭州学习平台主办,拱墅供稿中心和武林广场管委会承办的庆祝中国共产党成立100周年暨杭州学习平台上线2周年“快闪”活动在武林广场举行。

△ 杭州市委党史学习宣讲团负责人到拱墅区宣讲党史。拱墅区委理论学习中心组成员、区市管以上领导参加宣讲报告会。

23日 省咨询委员会副主任张鸿铭到拱墅区小天竺、知足弄、和睦新村、瓜山未来社区调研,了解旧小区改造工作。

△ 市人大常委会副主任、市总工会主席郑荣胜一行到拱墅区走访慰问省劳动模范,杭州市操作能手特等奖、杭州市“三八红旗手”称号获得者蒋兰花。

28日 杭州亚运会倒计时装置——“城市之眼”在运河文化广场搭建完成。“城市之眼”由杭州各大地标性建筑的轮廓形成水波纹组合而成,中间的镂空构成“眼睛”的造型，左侧安装有杭州亚运主题Logo和倒计时时钟。

5月

3日　首个“杭州市民日”拱墅区新时代文明实践志愿服务活动在西湖文化广场举行。全区66支志愿服务团队、300多名志愿者在现场为市民群众提供自行车修理、爱心理发、免费咨询等特色服务。

5日　第五批国家级非物质文化遗产代表项目“第十届半山立夏节”在运河文化广场开幕。

△“大运河节气文化与旅游融合”高峰论坛在杭州百瑞运河大饭店举行。

6—7日　中国人民政治协商会议杭州市拱墅区委员会会议召开。16个界别的365名区政协委员参会。会议听取政协杭州市拱墅区委员会筹备组工作报告，选举杨国琴为区政协主席。

7—8日　杭州市拱墅区人民代表大会在省人民大会堂召开。357名拱墅区人大代表参会，听取和审查拱墅区政府(筹)工作报告，审查和批准拱墅区2020年国民经济和社会发展计划执行情况与2021年国民经济和社会发展计划草案的报告，审查和批准拱墅区2020年预算执行情况和2021年预算的报告，听取和审查拱墅区人大常委会(筹)工作报告、区法院(筹)工作报告、区检察院(筹)工作报告，大会批准上述报告。选举吴才敏为拱墅区人大常委会主任、冯晶为拱墅区区长，选举产生杭州市拱墅区人民代表大会专门委员会组成人员，票决产生区政府2021年度民生实事项目。

8日　拱墅区委副书记、区长冯晶主持召开拱墅区政府第一次常务会议，研究《杭州市拱墅区人民政府工作规则(审议稿)》等规则制度。

9日　中国共产党杭州市拱墅区委员会、杭州市拱墅区人民代表大会常务委员会、杭州市拱墅区人民政府、中国人民政治协商会议杭州市拱墅区委员会、中国共产党杭州市拱墅区纪律检查委员会、杭州市拱墅区监察委员会揭牌，宣布杭州市行政区划优化调整后的新拱墅成立。

12日　拱墅区开展防空袭人员防护与应急疏散演练。

13日　中共中央政治局委员、中央政法委书记郭声琨调研拱墅区祥符联勤警务站。

18日　由区纪委监委和上塘街道联手打造的全省首个以青年人清廉教育为主题的体验展示馆——青年清廉馆开馆。

19日　拱墅区数字化改革工作推进会暨数字赋能攻坚行动第一次大比武活动举行。

21日　全国政协常委、社会和法制委员会副主任强卫一行到拱墅区调研快递员权益保障工作。

22日　四川省广元市昭化区代表团到拱墅区对接东西部协作工作。

24日　拱墅区在西湖文化广场举行“民呼我为 我为新拱墅建功立业”主题活动暨“三联三领三服务”活动启动仪式。

25日　由浙江省文化和旅游厅，浙江省旅游投资集团，浙江省农村发展集团，拱墅区委、区政府共同主办的“助力乡村振兴·推动共同富裕”百县千碗农都美食小镇重点项目推介活动在拱墅区举行。来自全省的11个设区市和90个县(市、区)相关负责人及餐饮企业代表参加。

△市政协主席潘家玮到拱墅区调研，就市政协“构建国土空间开发保护新格局”课题召开座谈会听取意见。

28日　全省数字就业和用工保障会议在拱墅区召开，拱墅区在会上介绍基层就业服务数字化改革工作。

6月

1日　市委副书记、市长刘忻到拱墅区走访杭州市明珠实验学校，听取学校负责人有关教育改革情况介绍。

△位于拱墅区北部软件园核心区域的城北融创·运河印——融创文旅Ins·park启动试营业，为全市首个“公园上的综合体”。

4日　新疆阿克苏市委副书记、代市长夏帕克提·吾守尔率阿克苏市代表团到拱墅区考察社会治理工作。

5日　杭州市在职党员“进社区亮身份、联群众优服务”活动暨“先锋领杭”双报到系统启用仪式在东新街道东新园小区广场举行。

6日　拱墅区举办的“承平致远”庆祝中国共产党成立100周

年——文蔚书画艺术展在浙江展览馆开幕。

15日 拱墅区运河大剧院试运营，大剧院演出浙江省庆祝中国共产党成立100周年优秀舞台艺术作品京剧《战士》。

△ 第三届“百年礼赞·望宸诗会”在拱墅区半山乡贤文化馆举行。诗会将党建和诗歌两大元素结合，把诗歌融入沙画、舞蹈、情景剧、越剧等表现形式。

16日 扬州广陵现代服务业暨数字经济(杭州)招商推介会在拱墅区举行。拱墅区政府与扬州市广陵区政府签订缔结友好城区合作协议。

△ 杭州市外国人到华工作“一件事”办理暨运河国际青年人才季启动仪式在拱墅区外创园举行。

△ 拱墅区首个价格争议纠纷调解点在小河街道成立，调解点为辖区群众提供民生领域价格争议纠纷调解方面的服务。

18—20日 区委书记陈瑾带队到四川省甘孜藏族自治州泸定县考察对口支援和东西部协作工作。拱墅区和泸定县召开对口支援和东西部协作工作联席会议。会上拱墅区向泸定县捐赠援助资金。

20日 “喜迎建党百年，同走红色绿道”杭州绿道健身月暨浙江省第三届“绿道健走大赛”活动主会场启动仪式在拱墅区半山国家森林公园启动。

22日 以“打造大运河璀璨文化带、绿色生态带、缤纷旅游带”为主题的第二届中国大运河沿岸区县合作论坛在拱墅区举行。

△ 全市首个评话主题公园落成典礼暨庆祝“百姓书场”开讲15周年活动在拱墅区大关街道举行。

24日 “百年风潮红运拱墅，初心不改岁月长青”拱墅区庆祝中国共产党成立100周年展演活动在杭州高级中学贡院校区举行。区委书记陈瑾等区四套班子领导为辖区老党员代表颁发“光荣在党50年”纪念章，在庆祝仪式上，对拱墅区优秀共产党员、优秀党务工作者和先进基层党组织进行表彰。

7月

1日 “旗”行拱墅红运地图发布。地图涵盖拱墅红色遗迹、文化空间、社区企业、产业平台等中国共产党人在京杭大运河南端留下的红色印记。

2日 拱墅区委全体(扩大)会议举行。区委书记陈瑾做题为《高质量建设运河沿岸名区，奋力打造共同富裕示范区拱墅样本》的报告，会议部署实施推动共同富裕创造美好生活十大行动各项工作。

3日 区委书记陈瑾就拱墅区“破茧成蝶、推动共同富裕、创造美好生活”话题接受中央和省、市媒体联合专访。

5日 拱墅区上塘古运河景区夜游秀《如梦上塘》首次演出。夜游秀由106名专业演员及13条演艺船组成，采用“行进式表演、沉浸式观演”方式，展现大运河(拱墅段)的主要景点。

8日 “红色足迹、百年征程”庆祝中国共产党成立100周年暨运河大剧院落成首演仪式在拱墅区运河大剧院举行。

△ 青海省党政代表团到拱墅区考察瓜山未来社区、新天地数字街区数字化治理工作。

12日 拱墅区高质量发展大会暨重大项目开工签约仪式举行，大会集中开工项目41个，集中签约项目44个，总投资433亿元。市委常委、宣传部部长戚哮虎，市委常委、常务副市长戴建平出席。

14日 市委常委、市纪委书记、市监委主任陈擎苍调研半山街道半山清风馆、东新街道数字驾驶舱、拱墅区党员干部交通违法警示教育基地建设情况。

15—16日 区委副书记、区长冯晶带队到四川省广元市昭化区对接东西部协作工作。在两地联席会议上，举行捐款仪式和采购农特产品下单仪式。

20日 省政协主席葛慧君到拱墅区调研城市公共安全风险防控情况。

21日 市政协副主席张仲灿调研拱墅区上塘河美丽幸福河道建设情况，并召开市、区两级“河长制”专题工作会议。

22日 拱墅区工会代表大会召开，正式代表265人。大会审议通过各项决议，选举产生区总工会委员会委员、经费审查委员会委员，选举杨涤为区总工会主席。

23日 副省长徐文光到拱墅区潮鸣街道智慧排水监控中心、杭州地铁2号线凤起路站等地检查防汛抗台工作。

28日 由区妇联、区文广旅体局共同主办的“全民健身日、巾帼迎亚运”万人共跳亚运排舞展演在西湖文化广场举行。

29日 第一届浙江省数字医疗健康产业杭州峰会在拱墅区数字经济产业园举行。市长刘忻、省商务厅厅长盛秋平出席并致辞。

△ 中共浙江省委机关旧址陈列室启用仪式在拱墅区狮虎桥河下2号举行。狮虎桥河下2号是杭州市区范围内经考证确认的唯一一处中共浙江省委机关旧址。

△ 杭州首个产业园区嵌入式托育机构揭幕仪式在杭州北部软件园举行。

△ 省人力社保厅厅长吴伟斌到拱墅区潮鸣街道调研就业公共服务工作，对潮鸣街道通过数字化改革提升就业公共服务水平的做法表示肯定。

31日 区人武部联合区委宣传部在《今日拱墅》和拱墅微信公众号发布拱墅区2021年“八一光荣榜”，5名拱墅籍立功受奖官兵上榜。

8月

3日 大运河国家文化公园建设专家委员会副主任胡坚到拱墅区中国京杭大运河博物馆、拱墅区民俗迹忆馆、大运河亚运公园、祥符老街、小河直街等地考察大运河文化项目。

4日 市人大常委会副主任、市总工会主席郑荣胜调研拱墅区工会工作。

6日 首届“长三角外资金融机构在浙发展机遇”高峰论坛在拱墅区运河财富小镇举行。

9日 省委党史学习教育第一巡回指导组组长朱伟一行到拱墅区北部软件园调研嵌入式托育园项目，实地踏勘托育园建设情况。

12日 省教育厅厅长陈根芳一行到拱墅区调研教育工作，肯定拱墅区聚焦教育优质均衡、助力区域转型升级的做法。

17日 市人大常委会主任李火林一行到拱墅区调研普法工作，了解拱墅区运河法治文化茶馆（老开心茶馆）、善贤社区、区党群服务中心开展普法教育情况。

18日 拱墅区2021年度首场全面从严治党“四责联述”报告会召开。区委书记陈瑾出席并讲话。

△ 市委常委、宣传部部长戚啸虎到拱墅区调研运河文化带建设工作。

25日 省委书记袁家军到拱墅区调研，了解大运河（浙江段）历史文化传承保护与开发情况，并在杭州召开思想理论和文艺工作者座谈会。

△ 市委常委、组织部部长毛溪浩到拱墅区浙江顺丰速运有限公司和美团杭州分公司调研快递企业党建工作。

△ 大运河红色文化资源保护利用暨深化中共浙江省委机关旧址研究座谈会在拱墅区举行。

30日 副省长徐文光到拱墅区调研未来社区建设工作，实地查看和睦未来社区、瓜山未来社区和运河湾未来社区规划情况，并召开座谈会。

9月

1日 拱墅区委教育工作领导小组会议召开，审议通过《拱墅区教育改革发展“十四五”规划》《拱墅区关于推进新时代教育高质量发展的实施意见》《拱墅区关于深化新时代教育评价改革的实施方案》《“拱·有优学”运河新名校集团化2021行动计划》《拱墅区关于新时代教师专业成长和考核激励的实施办法》等文件。

2日 拱墅区人大常委会“一府两院”工作报告会举行。区长冯晶、区法院院长陈奇策、区检察院检察长王晓光分别向区人大常委会报告工作，区人大常委会主任吴才敏主持会议。

△ 浙江省委党史和文献研究室主任刘芸到拱墅区调研省级党史教育基地建设运行情况，实地查看浙江省立第一师范学校旧址，并就全省党史教育基地建设工作听取意见建议。

3日 2020年度浙江省数字贸易百强榜发布，辖区浙江祥源文化股份有限公司、浙江博采传媒有限公司等6家企业上榜。

6日 “‘拱墅online’创客天下、杭向未来”杭州市海外高层次人才创业创新大赛云上对接路演活动在拱墅区国际人才创业创新园举行，美国、意大利、以色列等8个国家派出代表参加。

△ 拱墅区获第七次全国人口普查先进集体称号。

8日 拱墅区“拱·有优学”

教育大会暨第37个教师节庆祝活动在运河大剧院举行。区政府与中国教育科学研究院、中国美术学院、浙江师范大学等科研院校举行合作意向签约仪式，杭州华附教育集团、杭州观成教育集团、杭州上海世界外国语教育集团等10所新筹建名校集团及优质学校授牌成立，并举行教育顾问聘任仪式。

9日 拱墅区运河文化红盟在中国京杭大运河博物馆成立。

16日 区委书记陈瑾率拱墅区代表团到上海考察，学习上海在推进区域数字化改革、国际文化大都市建设、高新技术产业园区打造、城市有机更新等方面的经验做法。

18日 市委常委、秘书长朱建明到拱墅区调研运河文化工作。

△ 市政协主席潘家玮到拱墅区调研河道水生态保护工作，了解河道生态系统构建、水生态治理等情况。

22日 拱墅区重复信访治理和安全生产百日攻坚专项行动动员会召开，区委书记陈瑾主持并讲话，区长冯晶通报全区安全生产和重复信访治理工作情况，并部署百日攻坚专项行动有关工作。

24日 常山县委书记潘晓辉率常山县党政代表团到拱墅区考察，与拱墅区签订年度山海协作共建协议。

28日 市人大常委会主任李火林带队到拱墅区检查《中华人民共和国土壤污染防治法》贯彻执行情况。

29日 诗情浓郁的"声光化蝶·2021大运河国际诗歌节"在中国刀剪剑博物馆开幕。

△ 拱墅区浙江中医药大学附属第二医院中医药传承创新基地项目（新华国际医院一期）举行奠基仪式。项目用地4.1公顷，投资15亿元。

10月

9日 拱墅区选举委员会第一次会议召开，通过《杭州市拱墅区选举委员会工作机构职责》《杭州市拱墅区人大代表换届选举实施方案》《杭州市拱墅区选举委员会办公室各工作机构成员名单》《杭州市拱墅区选举委员会各街道选举办事处成员名单》。

△ 拱墅区举行2021年度退役士兵返乡欢迎仪式暨专场招聘会。

11日 全省市、县（市、区）数字化改革座谈会在杭州召开，拱墅区在会上做交流发言。

12日 国内首个阿尔兹海默症人工智能筛查产品——"老人益智增能智能平台"在拱墅区小河街道发布。

14日 拱墅区政协系统党的建设"两个全覆盖"暨"请你来协商·民生议事堂"工作推进会召开，会上为18个街道的"请你来协商·民生议事堂"进行授牌。

△ 拱墅区政府与中国农业银行浙江省分行签订战略合作框架协议。

15—18日 以"数智生活·休闲天堂"为主题的第五届世界休闲博览会、第二十三届中国杭州西湖国际博览会在拱墅区武林之星博览中心（原杭氧老厂房）举行。

18日 中国杭州国际人力资源峰会在拱墅区开幕。峰会举行京杭大运河沿线国家级人力资源服务产业园协同创新发展联盟成立仪式。

△ 春风里·拱墅区智慧救助服务联合体大关街道服务站即"百姓助联汇"揭牌成立，标志着杭州市主城区首个规范化建设的智慧救助服务联合体落地。

20日 省委组织部副部长、老干部局局长钟关华到拱墅区东新街道东新园社区"金秋驿站"调研老干部工作。

△ 中国红十字会党组成员、副会长孙硕鹏一行调研拱墅区新时代文明实践"红十字'救'在身边"工作。

21日 拱墅区工商联（总商会）第一次会员代表大会召开，听取区工商联（总商会）筹备组工作报告，选举产生拱墅区工商联（总商会）第一届执委会主席（会长）、副主席（副会长）、秘书长，聘任区工商联名誉主席（会长），成立区工商联（总商会）咨询委员会，并向10位企业家颁发聘书。

22日 中国大运河文化带京杭对话活动在拱墅区举行。北京市委常委、宣传部部长莫高义，浙江省委常委、宣传部部长朱国贤，中国新闻社社长陈陆军，杭州市委副书记、市长刘忻出席开幕式并致辞。

23日 "旗开得胜·好运杭州"大运河文化旅游节开幕式暨"运河旗妙夜"活动在拱墅区运河

文化广场举行。活动启动仪式上发布运河沿线城市精品旅游线路及《大运河文化保护(杭州)共识》。

27日 副省长朱从玖到拱墅区调研商贸服务业发展工作。

28日 拱墅区委检察工作会议召开,会议通报全区检察工作,表彰年度"保障法律监督、促进依法行政"工作先进集体和个人,对4个街道的社会治理综合服务中心检察官办公室进行授牌。

11月

1日 杭州市拱墅区人民武装部举行挂牌仪式。杭州警备区司令员朱云忠宣读中央军委关于部分人民武装部调整命令,区委书记、区人武部党委第一书记陈瑾出席并致辞。

△ 拱墅区举行重大产业项目集中签约活动,签约项目44个,总投资412亿元。签约项目主要集中在数字经济、生命健康、商贸金融、文化创意、总部经济等领域。

2日 美团杭州外卖骑手流动党员党支部在拱墅区文晖街道成立,为杭州市首个外卖骑手流动党员党支部。

△ 教育部公示《第三批全国中小学中华优秀传统文化传承学校》名单,拱墅区杭州市半山实验小学、杭州市求知小学榜上有名。

3日 市委副书记、市长刘忻到拱墅区东新园社区"邻聚里"党群驿站调研基层党建工作。

△ 国家科学技术奖励大会在北京举行,拱墅区有5项科技成果获奖。其中,国家科学技术进步奖一等奖1项,国家科学技术进步奖二等奖2项,国家技术发明奖二等奖2项。

5日 拱墅区政府与韩国大邱医疗观光振兴院签署韩国大邱生命健康产业集群项目合作协议,标志着韩国大邱生命健康产业集群项目落户拱墅。

△ 省人大常委会副主任李卫宁到拱墅区东新园人大代表联络站调研县乡人大换届选举工作。

△ "9·26"工匠日杯拱墅区第八届茶艺师技能竞赛在和睦街道和睦剧场落幕。3名获奖选手被授予"拱墅区技术能手"称号,7名获奖选手被授予"拱墅区创新能手"称号。

7日 "拱聚英才·拱赢未来"运河青年人才创新创业节暨高校毕业生就业创业服务活动在拱墅区举行。浙江大学、浙江工业大学、杭州电子科技大学、浙大城市学院4所高校签约成立重点高校协同推进高校毕业生就业创业联盟。

8日 拱墅区第十六届"公民爱心日"活动启动,收到爱心捐款78.04万元、各类书籍3.96万册。

△ 拱墅区亚运城市行动"互学互看"大比武活动举行,辖区18个街道"亚运城市"建设项目推出。

10日 拱墅区"运河建功"青年人才学院开班仪式暨"建功学院"结业典礼举行,66名第三期"建功学院"学员毕业。

△ 省委副书记黄建发调研位于拱墅区狮虎桥河下2号的中共浙江省委机关旧址陈列馆。

△ 市长刘忻到拱墅区戒坛寺巷社区调研市民生实事项目,观看"手语姐姐翻译系统"等助残解决方案演示,对拱墅区数字化改革助力无"碍"社区建设工作表示肯定。

18日 拱墅区领导干部会议召开,会议传达学习党的十九届六中全会精神,部署全区学习贯彻工作。

△ 长三角百强企业新闻发布会在上海召开,发布长三角企业100强、长三角制造业企业100强和长三角服务业企业100强排行榜,拱墅区有10家企业上榜。

22日 拱墅区政府与杭州高新区(滨江)管委会(政府)签订战略合作协议。

23日 拱墅区运河金融学堂成立。

24日 拱墅区领导干部会议召开,会议宣布省委干部任免决定。市委副书记、市长刘忻出席并讲话。市委常委、组织部部长毛溪浩宣读任免文件。李志龙任中共杭州市拱墅区委委员、常委、书记,陈瑾不再担任中共杭州市拱墅区委书记、常委、委员职务。

△ 省军区司令员夏俊友到拱墅区人武部调研。

26日 区委书记李志龙到拱宸桥街道文澜社区走访调研,与街道和社区干部、居民代表交流办好民生实事等工作。

30日 拱墅区委政法委员会全体(扩大)会议暨平安创建攻坚推进会召开。

△ 拱墅区完成86户残疾人家庭无障碍改造,区政府实施的

年度民生实事项目提前完成。

12月

1日 拱墅区大关街道东二社区与中国人民保险集团股份有限公司签订全省首个室内集中充电车库保险合同，为全省非机动车停车库参加保险提供可借鉴、可参考的范本。

2日 拱墅区委常委会召开扩大会议，传达学习省委十四届十次全体（扩大）会议精神，研究部署拱墅区贯彻落实意见。

3日 区委书记李志龙调研大城北开发建设情况，察看康桥健康产业园、浙江云计算数据中心、大运河杭钢旧址公园，并与杭钢集团、市运河集团、半山街道、康桥街道负责人交流，了解项目推进、未来规划等情况。

△ 市教育局公布全市“护校安园”缓解上下学时段校园周边拥堵优秀案例项目遴选结果，拱墅区5所学校上榜。其中，杭州市卖鱼桥小学文汇校区获一等奖，杭州市胜蓝实验小学、杭州市半山实验小学教育集团明德小学、杭州市文渊小学、杭州市育才京杭小学获三等奖。

7日 区委、区政府召开疫情防控领导小组会议和疫情防控工作视频调度会议，传达全国新冠肺炎疫情防控工作视频会议精神和全市疫情防控视频连线会议精神，分析研判拱墅区疫情防控形势，部署全区疫情防控各项工作。

7—9日 区委书记李志龙，区委副书记、区长冯晶到拱墅区疫情防控重点区域督导检查，了解疫情防控措施落实情况，看望慰问坚守一线的防控人员。

10日 省委副书记、代省长王浩，省委常委、市委书记刘捷，市委副书记、市长刘忻到拱墅区东新园小区封控点检查指导疫情防控工作。

△《人民日报》民生版头条《体验·新时代·追梦人·“急难愁盼这样解决”》专栏，刊登题为《浙江省杭州市长庆街道探索普惠托育服务——家门口有了托育园》的长篇报道，介绍拱墅区推进普惠托育服务工作。

16日 拱墅区选举委员会召开第六次会议，选举产生拱墅区第一届人民代表大会代表331名。

20日 杭州禾迈电力电子股份有限公司登陆上海证券交易所科创板。

△ 区检察院“大运河世界遗产保护全省公益诉讼创新实践基地”项目入围第六届“法治政府奖”全国35强。

21日 省委常委、市委书记刘捷到拱墅区调研数字化改革工作，对和睦街道和睦社区乐养中心、和睦街道阳光小伢儿托育中心“一老一小”阳光相伴“应用场景”表示肯定。

22日 浙江省工商业联合会发布“2021浙江民营企业200强、研发投入100强、就业100强”榜单，拱墅区有8家企业上榜。

28—29日 中国共产党杭州市拱墅区第一次代表大会召开。区委书记李志龙代表中国共产党杭州市拱墅区委员会向大会做题为《高水平打造时尚之都数字新城运河明珠，奋力开创拱墅新时代高质量发展共同富裕示范新局面》的报告。会议选举产生中国共产党杭州市拱墅区第一届委员会和纪律检查委员会，选举出席中国共产党杭州市第十三次代表大会代表。

30日 中共杭州市拱墅区委社会建设委员会揭牌仪式举行，区委书记李志龙，区委副书记、区长冯晶共同揭牌，区委副书记、政法委书记沈华锋宣读《中共杭州市拱墅区委社会建设委员会设立批复》。区委社会建设委员会为区委派出机关，与区发改经信局合署办公。

△ 2021年“中国最具幸福感城市”调查推选结果发布，拱墅区获评“中国最具幸福感城区”。

区情概览

自然环境

【地理位置】 拱墅区位于京杭大运河最南端，介于北纬30°15′36″～30°24′17″和东经120°04′51″～120°12′42″之间，为杭州市中心城区之一，曾为杭州市委、市政府所在地，区名以辖区内拱宸桥和湖墅各取一字而得。辖区东与上城区为界，西连西湖区，南接西湖区和上城区，北靠余杭区和临平区，境域东西最大距离16.7千米，南北最大距离24.2千米，总面积119平方千米。古老秀丽的京杭大运河穿境而过，大运河(拱墅段)两岸留下众多的历史古迹和灿烂的文化遗产。

【地貌和植被】 拱墅区辖区地势呈东北高西南低。东北部属天目山余脉，自西南向东北绵延10多千米，主要有半山、黄鹤山、青龙山、凉帽山、老虎山等。半山，又名皋亭山，主峰海拔283.9米。青龙山、凉帽山、老虎山主峰海拔分别为270米、279米和256.4米。全区最高峰为黄鹤山，主峰海拔319.2米。西南部地势平坦。区内京杭大运河、上塘河、余杭塘河、西塘河、备塘河、中河、东河、东新河、古新河、胜利河、南应加河等河道纵横贯穿，常年水位1.35～6米。境域植被丰富，以常绿阔叶林、常绿与落叶阔叶林混交为主，香樟、桂花、蔷薇最为常见。

【气候】 拱墅区地处亚热带季风气候带，温和湿润，雨量充沛，光照充足，四季分明，春秋较短，冬夏较长。2021年，平均气温18.8℃，比上年偏高0.5℃，为偏暖年份；年降水量1937.3毫米，降水偏多；平均日照时数1835.5小时，偏多68.5%。全年天气复杂多变。一月接连遭遇两次寒潮影响；出梅早，平均梅雨量偏少。有4个台风来袭，其中台风“烟花”影响杭州超过100小时。夏季最长，为161天，增加近1个月。夏天高温不明显，平均气温28.0℃。但9—10月初出现“秋老虎”天气，国庆节7天的平均气温为27.2℃；秋冬季出现多次断崖式降温。年低温日数(最低气温≤0℃)平均14天，偏多8天。年高温日数(最高气温≥35℃)平均24天，偏少7天。　　(年鉴编辑部)

历史文化

【历史沿革】 秦王政二十五年(前222年)，秦灭楚推行郡县制，置钱唐县，拱墅境域(下称境域)为其北境。西汉元始四年(4年)，改钱唐县为泉亭县。东汉建武元年(25年)，复钱唐县。三国两晋南北朝时期，钱唐县属吴国，隶扬州，境从。南朝陈祯明元年(587年)，置钱唐郡，境域属之。隋开皇九年(589年)，改钱唐郡为杭州。唐武德四年(621年)，改钱唐县为钱塘县。五代后梁龙德二年(922年)，吴越割钱塘、盐官2县各半及富春(今富阳)县之长寿、安吉2乡置钱江县。境域分属钱塘、钱江2县。北宋太平兴国四年(979年)，改钱江县为仁和县。南宋建炎三年(1129年)，高宗赵构南渡杭州，升杭州为临安府。元至元十四年(1277年)，改临安府为杭州府。民国元年(1912年)2月，废杭州府并钱塘、仁和2县为杭县。民国16年(1927年),划杭县所属之城区、西湖、会堡、湖墅、皋塘、江干6区置杭州市,境域分属城区和湖墅。民国19年(1930年),杭州市划13个区,原隶属城区的境域析为第五区和第六区,湖墅境域析为第十二区和第十三区。民国23年(1934年),杭州市将13个区撤并为8个区,第五区和第六区合并为第三区,第十二区和第十三区合并为第八区。民国26年(1937年)12月,日本侵略军占领杭州,后成立汪伪杭州市政府,全市8个区改为7个区,其中第八区改为第七区。民国34年(1945年)9月,抗日战争胜利后,市辖区划为8个(3个城区、5个郊区),第八区恢复。1949年5月3日杭州解放,第三区更名下城区。第八区与杭县拱宸桥镇合并,成立拱墅区。1950年6月,下城区被撤销。1952年11月,下城区恢复。1959年2月,拱墅区被撤销,成立拱墅区人民公社联社。1960年1月,拱墅区恢复。2月,拱墅区改名拱墅人民公社。4月,分别成立下城区人民公社、拱墅区城市人民公社,下城区人民公社辖区同下城区,拱墅区城市人民公社辖区包含由原拱墅人民公社改名的拱墅农村人民公社。1961年,下城区人民公社复称下城区,拱墅区与拱墅区城市人民公社并存。1962年9月,拱墅区城市人民公社自行消失。1978年8月,成立杭州市半山区。1990年2月,撤销半山区、拱墅区,成立新的拱墅区。下城区成立后,几经区划调整,境域名称未变。2021年4月,国务院批准撤销下城区、拱墅区,成立新的拱墅区,区政府位于拱宸桥街道台州路1号。

【运河文化】中国大运河由隋唐大运河、京杭大运河和浙东运河组成,包括十大河段,地跨北京、天津、河北、山东、江苏、浙江、河南和安徽8个省级行政区。杭州是京杭大运河的最南端和浙东运河的起点,是中国大运河的重要节点,大运河在拱墅境内蜿蜒14.5千米,大运河积淀众多文物古迹,造就运河文化博大精深、灿烂多姿的底蕴。运河文化是一种社会现象,是大运河开凿以来长期创造形成的产物;又是一种历史现象,是运河流域社会历史的积淀物。"运河文化"概念超出单纯的文化概念,包含体育、教育、卫生、科技、旅游等方面的元素。拱墅区是大运河(杭州段)遗产点段最多的城区,拥有富义仓、桥西历史文化街区、拱宸桥3个遗产点。运河文化是拱墅区一张靓丽的"金名片"。

(年鉴编辑部)

【文物保护单位】拱墅区拥有世界文化遗产大运河杭州段及各级文物保护单位(点)49处。其中全国重点文物保护单位11处,分别为大运河—拱宸桥、大运河—祥符桥、大运河—洋关旧址、大运河—富义仓、大运河—通益公纱厂旧址、大运河—高家花园、大运河—欢喜永宁桥、江南运河嘉兴—杭州段(上塘河)、马寅初故居、龙兴寺经幢、仁爱医院旧址;省级文物保护单位6处,分别为香积寺塔、浙江省立第一师范学校旧址、浙江省高等法院及杭县地方法院旧址、天主教堂、司徒雷登故居、毛泽东思想胜利万岁展览馆旧址;市级文物保护单位16处,分别为衣锦桥、桑庐、东新桥、古星桥、里万物桥、国家厂丝储备杭州仓库建筑、岳官巷吴宅、明宅、白衣寺、浙江省人民体育馆旧址、古通济桥、张同泰药店、沙孟海旧居、孩儿巷98号、艮山门侵华日军碉堡旧址、梁宅;市级文物保护点16处,分别为海粟庵、和睦桥、莫家里土墩墓、巧山遗址、吉如遗址、福寿长桥、中心集施茶材会公所旧址、花桥、陈叔通家族墓、梅王阁、钱王井、坝子桥、广安新桥、乐善堂井、杭州纺织机械有限公司厂房和会场、杭州东园婴幼园教学楼。

【历史街区和历史建筑】2021年,拱墅区有历史文化街区3处,分别是大兜路历史文化街区、小河直街历史文化街区、拱宸桥桥西历史文化街区。有显宁寺旧址、姚宅、渡驾桥等历史建筑39处。8月13日,拱墅区文广旅体局增挂拱墅区文物局牌子,拱墅区文物局成立,文物局设文物保护科。11月25日,全区文物工作会议召开。年内,区文物局组织对杭州一棉有限公司离退休人员服务中心卫生所旧址进行保护修缮。该旧址为2011年市政府公布的第六批历史建筑,位于拱墅区桥弄街6号。(白惠磊)

2021年拱墅区历史建筑一览表

表1

序　号	编　号	建筑名称	公布时间	批　次	地　址
1	LSJZ1-5	教场路30号别墅建筑	2004年	第一批	教场路30号
2	LSJZ1-24	安吉路37号别墅建筑	2004年	第一批	安吉路37号
3	LSJZ1-25	安吉路35号别墅建筑	2004年	第一批	安吉路35号
4	LSJZ1-28	清代民居建筑	2004年	第一批	建国北路683号
5	LSJZ1-29	久安里18号民居建筑	2004年	第一批	久安里18号
6	LSJZ1-40	灯芯巷别墅建筑	2004年	第一批	灯芯巷25号市政府机关幼儿园内
7	LSJZ1-4	显宁寺旧址	2004年	第一批	半山镇刘文村
8	LSJZ2-21	竹竿巷社区现中北房管站建筑	2005年	第二批	山子巷24号
9	LSJZ2-23	灯芯巷24号别墅建筑群	2005年	第二批	灯芯巷24号
10	LSJZ2-24	教场路1号建筑	2005年	第二批	教场路1号
11	LSJZ2-25	仁德里12号原下城区教育局文教招待所建筑	2005年	第二批	仁德里12号
12	LSJZ3-3	梅鹤堂	2007年	第三批	临安里4、5、8、9、11、12、14号、教场路2至11号
13	LSJZ3-2	姚宅	2007年	第三批	小河东河下2号
14	LSJZ4-1	达三里建筑	2008年	第四批	达三里1-6号、迪心里5、6号
15	LSJZ4-32	渡驾桥	2008年	第四批	杭州市公安局巡特警培训基地南侧红旗河上
16	LSJZ5-11	浙江麻纺厂建筑	2010年	第五批	湖州路198号
17	LSJZ5-12	崇仁庙遗址建筑	2010年	第五批	大兜路188号
18	LSJZ5-13	杭州丝绸印染联合厂建筑	2010年	第五批	丽水路72号
19	LSJZ5-14	杭州大河造船厂建筑群	2010年	第五批	大石桥10号
20	LSJZ5-15	杭州市土特产有限公司桥西仓库建筑	2010年	第五批	桥西直街84号
21	LSJZ5-16	浙江杭州石油公司小河油库建筑群	2010年	第五批	小河路88、96、112、118号
22	LSJZ6-24	浙江工农速成中学科学馆旧址	2011年	第六批	体育场路178号
23	LSJZ6-25	杭州市工农业生产建设展览馆旧址	2011年	第六批	延安路489号
24	LSJZ6-26	杭州氧气股份有限公司建（构）筑物群	2011年	第六批	东新路388号
25	LSJZ6-27	环西新村1号建筑	2011年	第六批	环西新村1号
26	LSJZ6-32	莫婆桥	2011年	第六批	管家漾河上
27	LSJZ6-33	祥符茧行旧址	2011年	第六批	祥符北街41号
28	LSJZ6-34	杭州张小泉剪刀厂机修车间建筑群	2011年	第六批	大关路33号

续表1

序号	编号	建筑名称	公布时间	批次	地址
29	LSJZ6-35	杭州一棉有限公司离退休人员服务中心卫生所旧址	2011年	第六批	桥弄街36号
30	LSJZ6-36	浙江万马药业有限公司职工宿舍建筑群	2011年	第六批	莫干山路1015号
31	LSJZ7-19	华丰纸业办公楼	2018年	第七批	杭州市拱墅区和睦路555号
32	LSJZ7-20	杭州长征化工厂	2018年	第七批	杭州市拱墅区小河路458号
33	LSJZ7-21	祥符直街48号	2018年	第七批	祥符直街48号
34	LSJZ7-23	祥符桥粮仓	2018年	第七批	祥符北街15号
35	LSJZ7-24	浙江航道建造工程处建筑群	2018年	第七批	通益路700号
36	LSJZ7-22	祥符直街38号	2018年	第七批	祥符直街38号
37	HZZC-LSJZ8-10	珠儿谭10号	2021年	第八批	珠儿谭巷10号
38	HZZC-LSJZ8-12	永宁变电所	2021年	第八批	甘长路42号
39	HZZC-LSJZ8-11	原华丰造纸厂休养所食堂	2021年	第八批	和睦路509号

（区住建局）

【非遗项目】2021年，拱墅区有非物质文化遗产代表性项目131个，其中人类非物质文化遗产代表性项目1个、国家级非物质文化遗产代表性项目6个、省级非物质文化遗产代表性项目16个、市级非物质文化遗产代表性项目31个。有各类非物质文化遗产保护基地67个，其中国家级示范基地2个、省级基地8个、市级基地16个。有非遗代表性传承人101位，其中国家级传承人4位、省级传承人19位、市级传承人29位。

【民族宗教】2021年，拱墅区有回族、满族、土家族、畲族、苗族、壮族等44个少数民族，少数民族人口1.21万人。其中常住少数民族人口5700多人，少数民族流动人口6400多人。全区经登记赋码换证的宗教活动场所16处，其中佛教场所3处、道教场所1处、天主教场所1处、基督教场所11处；有统一管理的基督教聚会点3处。有宗教教职人员46人，其中佛教15人、道教3人、天主教5人、基督教23人。全区经登记的民间信仰活动场所23处。拱墅区民族宗教工作贯彻党的有关方针政策，开展民族团结进步宣传教育和平安宗教活动场所创建工作，推进全区民族宗教和谐发展。（刘雪明）

区划·人口

【区划】2021年4月，经国务院批准，杭州市部分行政区划优化调整，下城区、拱墅区被撤销，成立新的拱墅区。区划调整后的拱墅区辖天水、上塘、武林、祥符、长庆、半山、潮鸣、康桥、朝晖、米市巷、文晖、湖墅、东新、小河、石桥、拱宸桥、和睦、大关18个街道，街道数占全市街道总数的19.4%；全区有社区174个，社区数占全市社区总数的13.7%，其中托管社区4个，均在半山街道。（楼佳莹）

2021年拱墅区街道及社区情况表

表2

街道名称	社区数量(个)	社区名称
天水街道	7	仓桥、灯芯巷、皇亲苑、环北新村、延安新村、戒坛寺巷、胭脂新村
上塘街道	10	拱宸、瓜山（未来）、皋亭、蔡马、善贤、假山路、八丈井、红建河、七古登、绍兴路

续表2

街道名称	社区数量(个)	社区名称
武林街道	7	中北、仙林、长寿、安吉、环西、凤麟、竹竿巷
祥符街道	17	勤丰、庆隆、吉如、新文、星桥、祥符桥、阮家桥、方家埭、花园岗、孔家埭、总管堂、映月、秀水、北星、申悦、申慧、蓝孔雀
长庆街道	6	王马、吴牙、柳营、新华坊、十五家园、浙大御跸
半山街道	16 (其中4个托管)	田园、杭钢西苑、杭钢南苑、杭钢北苑、杭玻阔板桥、半山、金星、石塘、沈家桥、夏意、龙山、春晓(托管)、秋韵(托管)、虎山(托管)、冬景(托管)、云锦
潮鸣街道	9	东园、艮园、体东、东河、所巷、知足弄、刀茅巷、小天竺、艮山门
康桥街道	13	康桥、康桥村、谢村、西杨、义桥、永和、独城、计家、平安桥、蒋家浜、吴家墩、康运、康乐
朝晖街道	12	河东、虹园、华联、黎园、塘南、大家苑、大木桥、玉公桥、老房地、应家桥、稻香园、施家花园
米市巷街道	7	米市、锦绣、沈塘桥、夹城巷、半道红、大塘巷、红石板
文晖街道	8	京都苑、流水东苑、流水西苑、和平苑、打铁关、胜利、现代城、三里家园
湖墅街道	7	双荡弄、卖鱼桥、仁和仓、霞湾巷、长乐苑、珠儿潭、仓基新村
东新街道	16	中舟、杭氧、沁苑、三塘苑、长青苑、富春园、新颜苑、三塘北苑、德胜东村、沈家、三塘、西文、灯塔、东新园、水漾苑、万家星城
小河街道	9	小河、明真宫、大浒路、长征桥、娑婆桥、董家新村、紫荆家园、余杭塘路、塘河新村
石桥街道	10	天堂园、杨家、石桥、华丰、永丰、景荣、景安、景春、华中、华锦
拱宸桥街道	8	桥西、蚕花园、衢州路、温州路、台州路、登云路、永庆路、文澜
和睦街道	4	和睦、华丰、化纤、李家桥
大关街道	8	德胜、南苑、翠玉、东苑第一、东苑第二、西苑第一、西苑第二、香积

(区民政局)

【人口】2021年年末，拱墅区有户籍人口87.68万人，比上年增加3.1万人，户籍人口全部为城镇人口；流动人口64.35万人。户籍人口中，男性42.74万人，女性44.94万人，分别占户籍人口的48.75%和51.25%。总人口性别比95.12。全区出生人口0.67万人，人口出生率7.74‰，出生人口下降9.7%。出生人口中，男性3514人，女性3156人，出生人口性别比111.34。死亡人口0.63万人，增加1916人，死亡率7.30‰。人口自然增长率0.45‰。户籍人口平均每户3.07人。全区迁入人口71342人，迁出人口41099人，人口机械增长30243人，增加7750人。户口迁移态势为持续净迁入。

【流动人口】2021年年末，拱墅区流动人口登记在册64.35万人，比上年增长0.32%。其中：在杭州居住时间1年以下的25.83万人，占流动人口在册数的40.1%；居住时间在1～5年的30.45万人，占流动人口在册数的47.3%；居住时间在5年以上的8.08万人，占流动人口在册数的12.6%。流动人口中，18～50周岁的在册人口44.29万人，占流动人口在册数的68.8%。流动人口男性36.39万人，占56.6%；女性27.96万人，占43.4%。初中及以下学历流动人口27.63万人，占42.9%；高中学历16.55万人，占25.7%；大专及以上学历17.09万人，占26.6%。（陈　军）

经济社会发展

【综合实力和发展质量提升】2021年，拱墅区实现地区生产总值1968.56亿元，比上年增长8.1%。财政收入322.04亿元，增长7.3%；一般公共预算收入179.54亿元，增长6.9%。社会消费品零售总额1273.38亿元，增长11.2%，总量居全省90个区县（市）第一位。金融业增加值625.1亿元，增长6.1%，占地区生产总值的31.8%，绝对值和占地区生产总值的比重均列全市第一位。数字经济核心产业增加值72.4亿元，增长14.4%。实现固定资产投资655.2亿元；工业投资增长85.0%，增速居全市第一位。辖区内杭州禾迈电力电子股份有限公司、浙江卓锦环保科技股份有限公司、浙江出版传媒股份有限公司、杭州顺丰同城实业股份有限公司4家企业上市；物产中大集团股份有限公司、华东医药股份有限公司、杭州钢铁股份有限公司、浙江英特集团股份有限公司、杭州银行股份有限公司5家企业上榜中国500强。

【创新创业生态加快形成】2021年，拱墅区新增国家高新技术企业117家、省科技型中小企业321家、市雏鹰企业57家、市级以上企业研发机构28个、市级孵化器6个。全区专利授权量9771件，其中发明专利授权量2437件；辖区内浙江工业大学、中国水稻研究所、杭州中亚机械股份有限公司获国家科学技术奖5项。拱墅区被中国科学院空间应用中心命名为杭州首个“国家技术标准创新基地”。在全省率先推出外国人来华工作“一件事”办理，落地杭州知识产权交易中心，创建省级知识产权服务业集聚发展示范区。出台“拱聚英才·拱赢未来”人才建设三年行动计划、新“运河英才”高层次人才政策，引进和培育国家级、省市级高层次人才2036名。

【大城北基础设施建设】2021年，拱墅区加快大城北基础设施建设。大城北区域运河亚运公园、杭州电竞中心、杭州体育馆、新天地亚运观赛空间等场馆完工。东新路景观大道南线贯通，21条道路建成投用，洋湾路、长木路、祥宏路等“断头路”被打通，24个地铁站点建设加快推进。新增新能源汽车公共充电桩297个，新增地下空间83.1万平方米，新增公共停车泊位1497个。

【产业主平台加快集聚】2021年，拱墅区谋定商贸金融、数字经济、生命健康、文化产业主赛道和“一核一带一极”空间主平台，集中签约及开工重大项目179个，总投资1322亿元。谋划大武林商圈蝶变升级方案，武林路“女人街”开工，武林广场、大运河武林门风情街区改造启幕，武林商圈、城西银泰城获评首批省级示范智慧商圈。推进恒隆广场、“杭州中心”等重点项目建设，拱墅区入围全省首批现代服务业创新发展区名单。推进大运河国家文化公园建设，运河大剧院启用，杭州音乐厅开工，武林美术馆主体结顶，运河湾国际风情港等文化项目加快实施。开展大运河数智未来城产业专项规划编制，智慧网谷高新技术产业园区被认定为省级开发区（园区），智慧网谷小镇获全省创建类特色小镇考核优秀等次，运河财富小镇入围全省最具综合活力十大特色小镇榜单。

【商贸第一区地位巩固】2021年，杭州首个花园上的商贸综合体——万融城开业。跨年“武林消费季”联动100多个品牌，开展促销活动。武林商圈、运河商圈、新天地商圈加快聚合，彰显创建新型消费中心城市的硬核担当。推进上塘古运河夜游、新天地活力PARK等12个夜消费工程，创建特色街区2条，引进品牌首店60多家；复星消费科技产业基金等项目签约，50亿元规模的三期人民币私募股权投资基金项目落户拱墅。拱墅区商贸第一区地位更加巩固。

【区域数智治理深化】2021年，拱墅区推动一体化智能化公共数据平台与省一体化数字资源系统（IRS）深度对接，率先在全市建成区、街道、社区三级驾驶舱。“跨境电商溯源码”、“工业设计引擎”、“阳光少年”志愿服务等项目被列入省级“揭榜挂帅”项目；“入学一点通”、“墅智养”平台等8个应用场景上线“浙里办”App，“红茶议事会”“湖数通”等7个应用场景上线“浙政钉”App，数字就业改革试点被全省推广。区行政服务中心成为全省“一网通办”示范大厅，全区“一网通办”实现率91.6%；实现企业开办“30分钟办结”“零成本、零见面”，实现“个体工商户开业登记”等9个事项全流程“跑零次”“视频办”。依托“三联三领三服务”，建立完善经济专班和企业服务机制，迭代升级区经济管理服务平台，推出“墅企通”2.0版，走访企业9582家（次），协调解决企业诉求问题2995个。

【绿色生态成效显现】2021年，拱墅区深入开展城市环境综合整治，生活垃圾“定时定点”投放实现全域覆盖，生活垃圾总量连续3年负增长，垃圾资源化率100%，新增生活垃圾分类投放省级示范小区16个。深化“五水共治”工作，辖区建成2个片区省级美丽河湖、11条市级美丽河道，完成塘河片区、康家河及钱家河清淤工程。新建、改造民生公园7个，新建屋顶绿化2万平方米、生态绿道37.8千米，新增绿地82万平方米。

【民生福祉改善】2021年，拱墅区与中国教育科学院、华东师范大学等9所院校建立共建合作关系，新建学校、幼儿园10所，筹建杭州华附教育集团、杭州观成教育集团、杭州上海世界外国语教育集团等名校集团10个。落实教育“双减”（减轻义务教育阶段学生作业负担和校外培训负担）工作，优化创新学后托管、晚自习、暑托班等课后服务。全区三甲医院增至9个，“国之重器”浙江肿瘤医院重离子医学中心项目启动，邵逸夫大运河医院加快建设，新华国际医院动工。完成6个社区卫生服务中心提升改造，组建185支家庭医生团队，全区居民电子健康档案覆盖率超过90%。新建“阳光老人家”“阳光小伢儿”站点40个。拱墅区建立街道级智慧救助服务联合体。省、市、区三级民生实事项目高质量完成，获评“中国最具幸福感城区”。（徐东旭）

生态文明建设

【概况】2021年，拱墅区以中共中央总书记习近平生态文明思想为指引，坚持“环境立区”战略，突出精准治污、科学治污、依法治污，抓住省级生态文明建设示范区复核契机，统筹推进蓝天、碧水、净土、清废行动，推动自然与人文融合发展。完成《拱墅区生态环境保护“十四五”规划》《新时代美丽拱墅建设规划纲要（2021—2035年）》《新时代美丽拱墅三年行动计划（2021—2023年）》编制。开展各级各类生态环境保护督察整改，全面完成第二轮中央环保督察111件交办信访件的整改及销号，辖区生态环境质量进一步提升，为高质量建成运河沿岸名区提供有利环境保障。

【环境综合治理】2021年，拱墅区全面推进“无废城市”建设。以大城北建设为依托，创新管理举措，加大源头减量工作力度，形成无废码头、无废农贸市场、低价值物一站式无偿收运专线、废旧汽车回收拆解、数字赋能垃圾清运、杭钢土壤修复数字监管六大特色项目，全年完成“26+2”个“无废城市细胞”创建，建成“无废医院”8个、“无废学校”9所、“无废工地”8个、“无废工厂”1个。打赢蓝天保卫战。在全省首推错峰加油试点；立足辖区汽车产业优势，建立环保型、数字化、标准化钣喷综合维修服务中心；完成33家印刷行业企业废气处理技术整治提升、29个加油站油气回收管理、27台民用燃气锅炉低氮改造，整治裸土点位151个。开展污水治理攻坚行动，高质量完成朝晖街道53个生活小区雨污分流及石塘工业园区、杭州北部软件园2个工业园区（工业集聚区）“污水零直排区”创建；高标准完成上塘河片区和武林新城片区省级美丽河湖建设及东新河、长浜河、陆家河等11条市级美丽河道创建。

【生态保护修复】2021年，拱墅区完成运河亚运公园生态建设、蔡家河1千米生态缓冲带建设，实现河道生态修复，提高河道自净能力和健康程度，实现“水清岸绿，鱼翔浅底”。实施河道综保工程16个，按要求完成长浜河（东新河—庙桥港）、沈家河（东新河—长浜路）、红西河（香积寺路—绍兴路）、李佛桥河二期（电厂热水河—李佛桥）4个项目建设。完成杭州煤气厂、杭钢旧址公园和新世纪钢材市场B区地块土壤修复。（张晓丽）

中国共产党杭州市拱墅区委员会

综 述

【概况】2021年，区委以习近平新时代中国特色社会主义思想为指导，贯彻中央和省委、市委各项决策部署，深化"八八战略"在拱墅区的生动实践，统筹推进新冠肺炎疫情防控和经济社会发展各项工作，推进共同富裕拱墅样本建设，完成行政区划优化调整，高质量发展取得新进展、新突破。

【习近平新时代中国特色社会主义思想学习贯彻】2021年，区委把学习贯彻习近平新时代中国特色社会主义思想作为最大政治任务，全面抓好学习贯彻工作。以召开区委常委会会议、区委理论学习中心组学习会、工作部署会等方式，传达学习贯彻中共中央总书记习近平重要讲话精神，组织党的十九届六中全会、省委十四届十次全体（扩大）会议精神专题学习，帮助全区党员干部及时跟进学、联系实际学。开展党史学习教育，部署"民呼我为 我为新拱墅建功立业"主题活动，营造"学党史、悟思想、办实事、开新局"氛围。学习贯彻习近平法治思想，专题召开贯彻习近平总书记在中央全面依法治国工作会议上的重要讲话精神任务交办会议、法治拱墅建设推进会议，推动全区各项工作被纳入法治化轨道。学习贯彻习近平总书记打造"人民的运河""游客的运河"重要论述精神，推进大运河理论高地建设，并将学习成果运用到大运河国家文化公园建设的具体实践中，该做法获省委书记袁家军肯定。打造学习典型，全区形成一批学习贯彻习近平新时代中国特色社会主义思想的实践案例。

【共同富裕拱墅样本建设】2021年，拱墅区坚持稳中求进工作总基调，贯彻新发展理念，构建新发展格局。成立区委社会建设委员会，出台《拱墅区推动共同富裕创造美好生活2021十大行动实施方案》和《高质量发展建设共同富裕示范区城市范例拱墅样本行动计划（2021—2025年）》，推进共同富裕拱墅样本建设。开工建设3个省级共同富裕示范项目，8个项目被列入省市长三角地区一体化重大项目。加快培育产业新业态，引入优质产业链项目和企业，优化辖区服务业经济规模和结构。智慧网谷高新技术产业园区（筹）被认定为省级开发区（园区），运河财富小镇入围全省最具综合活力十大特色小镇榜单。承担跨境电商溯源码、工业设计引擎等14项省级重大应用在辖区的试点工作。按照"承接一批、迭代一批、新建一批"的思路，打造区级多跨场景应用45个。加快4个"152"省市县长工程、32个省市重点项目建设。推进运河亚运公园、中国·杭州电竞中心等亚运场馆建设，抓好武林新城、运河新城等重点区块开发建设，推进219个大城北地区规划建设项目和386个主干道路沿线项目建设，打造国际大都市中心城区。以"打造企业家'最幸福'营商环境"为目标，完善经济专班和企业服务机制，构建一个平台、一套制度、一个规范的"三个一"高效能服务新生态，建立从企业落地到发展壮大全生命流程的服务跟踪机制，协调解决经济运行、项目建设、企业发展中存在的“发展大事”“关键小事”，全年走访企业5726家（次），协调解决企业诉求1759个。全区有总部型企业35家、上市企业22家、国家高新技术企业586家，6家企业跻身中国民营企业500强，11家企业入选“准独角兽”企业。

【民主法治建设】 2021年，拱墅区发挥区委总揽全局、协调各方的领导核心作用，致力于发展社会主义民主政治，推进依法治区。支持区人大、政府、政协依法依章履行职能、各司其职、发挥作用。落实中国共产党拱墅区委员会工作规则，完善区委常委会决策程序。建立区政府向区人大常委会报告工作制度。加强区委对法治建设的领导，专题召开贯彻中共中央总书记习近平在中央全面依法治国工作会议上的重要讲话精神任务交办会、法治拱墅建设推进会，深化行政执法体制改革，在全省率先完成股社分离工作。深化基层治理，拱墅区创建成为全国街道服务管理创新试验区、全国社区治理和服务创新试验区。构建大统战工作格局，促进全区政党、民族、宗教、阶层、海内外同胞“五大”关系和谐，凝聚最广泛合力。支持各民主党派为拱墅区高质量发展参政议政、建言献策。

【党的建设】 2021年，区委落实新时代党的建设总要求，围绕管党治党重点领域和关键环节，研究提出落实全面从严治党决策部署的具体举措。坚持从自身抓起，发挥示范作用，引领全区各级党组织和党员干部坚决做到“两个维护”。严明政治纪律和政治规矩，坚决反对“七个有之”。从讲政治的高度推进作风建设，落实中央八项规定精神，完善拱墅区实施办法。深化运用监督执纪“四种形态”，全区运用监督执纪“四种形态”处理336人次，其中前三种形态占90.8%，纪检监察部门立案8件，给予党纪政务处分8人，组织处理140人。

【民生福祉增进】 2021年，区委坚持用心用情惠民生，将教育提质、医疗保障、文化事业发展、养老服务、婴幼儿照护、居住环境改善、安置房建设等列入民生实事项目，投入财政资金80亿元，高质量完成10件民生实事。均衡发展辖区优质教育资源，与中国教育科学研究院、华东师范大学等9所院校建立共建关系，新建学校、幼儿园10所，筹建名校集团10家。稳妥落实教育“双减”，优化学后托管等课后服务。提高医疗服务质量，浙江肿瘤医院重离子医学中心项目建设启动，该中心将装配“国之重器”——由中国科学院近代物理研究所自主研发的重离子治疗装置系统；加快邵逸夫医院大运河分院、新华国际医院等项目建设。完成老旧小区改造提升95个、537万平方米；开工安置房项目3个、40.25万平方米，建成交付5个、62万平方米。新建“阳光老人家”“阳光小伢儿”服务站点40个，“智守e家”智慧养老一站式服务入选国家“人工智能社会实验地区典型案例”。拱墅区获评“中国最具幸福感城区”。

【“三联三领三服务”活动】 2021年4月9日，区委常委会会议研究决定，建立区领导联系街道领衔破难、机关部门联系社区领办项目、党员干部联系群众领跑示范的“三联三领三服务”工作制度。区领导分片包干、组团指导18个街道，组建由区四套班子领导和其他市管干部组成的工作指导组，解决“城市厨房项目的消防验收”等重点难点问题103个。区委直属机关工委联合区委组织部、区民政局等部门，与街道、社区加强协同，57个机关党组织与170个社区结对，开展联建活动258场，签订“契约化”项目170个。机关在职党员干部全员下沉，与1918名困难群众结对帮扶，向困难群众发放慰问金和实物价值90.1万元，开展志愿服务活动时长4361个小时，办理“三服务”事项1.45万件，办结率100%。（王舟舟）

重要会议

【拱墅区第一次党代会】 2021年12月28—29日，中国共产党杭州市拱墅区第一次代表大会召开，实到代表352名。大会回顾总结过去五年的工作，研究确定今后五年的奋斗目标和工作重点，动员全区各级党组织和党员干部群众，从党的百年奋斗历史中汲取智慧和力量，共同开创拱墅新时代高质量发展共同富裕示范新局面。区委书记李志龙做题为《高水平打造时尚之都数字新城运河明珠，奋力开创拱墅新时代高质量发展共同富裕示范新局面》的报告。大会选举产生中国共产党杭州市拱墅区第一届委员会委员39人、候补委员7人，选举产生中国共产党杭州市拱墅区第一届纪律检查委员会委员23人，选出拱墅区出席中国共产党杭州市第十三次代表大会代表34人。大会通过《中国共产党杭州市拱墅区第一次代表大会关于区委报告的决议》《中国共产党杭州市拱墅区第一次代表大会关于区纪委工作报告的决议》。在区委一届一次全会上，李志龙当选为区委书记。

【区委全体(扩大)会议】2021年7月2日，区委全体(扩大)会议召开。会议听取区委书记陈瑾做的《高质量建设运河沿岸名区，奋力打造共同富裕示范区拱墅样本》的工作报告，审议通过《关于制定杭州市拱墅区国民经济和社会发展第十四个五年规划和二〇三五年远景目标的建议》，动员全区上下团结一心、扎实奋斗，高质量建设运河沿岸名区，奋力打造共同富裕示范区拱墅样本。

【区委常委会会议】2021年，下城区委召开常委会会议9次，原拱墅区委召开常委会会议4次。拱墅区委召开常委会会议25次、区委常委会(扩大)会议5次。区委常委会会议就事关全区经济社会发展的重大问题进行研究，具体包括：研究行政区划调整实施、疫情防控、干部人事、执纪审查、党史学习教育、区财政及预算支出安排、区街财政体制改革、对口帮扶及协作、区党代会和区“两会”筹备等工作，研究部署党的十九届六中全会精神“六讲六做”大宣讲行动、“比学赶超”竞赛等工作；听取区委常委会领导班子成员履行“一岗双责”报告。听取重点工作汇报，主要包括：“迎亚运、我为新拱墅建功立业”六大攻坚行动、“三联三领三服务”工作，党史学习教育“民呼我为 我为新拱墅建功立业”主题活动，平安拱墅建设，拱墅区推动共同富裕创造美好生活十大行动实施情况，拱墅区全国县域共青团基层组织改革试点工作，“拱聚英才·拱赢未来”运河沿岸人才向往之区建设三年行动，高质量发展建设共同富裕示范区城市范例拱墅样本行动，对口帮扶及协作工作，社区组织换届“回头看”工作等。

【党史学习教育动员部署会】2021年3月4日和11日，下城区、原拱墅区分别召开全区党史学习教育动员部署会，会议要求深入学习贯彻中共中央总书记习近平在党史学习教育动员大会上的重要讲话精神，根据党中央和省委、市委部署，高标准高质量开展党史学习教育，引导全区广大党员学史明理、学史增信、学史崇德、学史力行，以优异成绩迎接中国共产党成立100周年。

【数字化改革工作推进会】2021年5月19日，拱墅区数字化改革工作推进会暨数字赋能攻坚行动第一次大比武活动举行。省政府副秘书长、省大数据局局长金志鹏受邀出席并就数字化改革工作进行专题授课。区委书记陈瑾出席并讲话，区委副书记、区长冯晶主持会议，区四套班子领导参加会议。会议要求学习贯彻省、市数字化改革大会精神，推动拱墅区数字化改革落在实处、改出亮点、走在前列，为拱墅建设“三个样板区”(产业转型升级样板区、城市有机更新样板区、大运河国家文化公园样板区)，高质量建成运河沿岸名区提供强劲动力。会议分别听取区数字化改革工作专班和小河街道关于全区数字化改革工作整体推进及公共数据平台建设情况、“城市眼·云共治”应用场景建设情况的汇报。

【平安拱墅建设暨数字法治推进会】2021年6月1日，拱墅区平安拱墅建设暨数字法治推进会召开，区四套班子领导参加会议。会议通报2020年度获评“运河平安之星”名单，对2021年全区政法平安工作进行部署。会议要求坚持数智引领，加快深度融合，深化平安拱墅建设，为高质量建成运河沿岸名区保驾护航。

【高质量发展大会】2021年7月12日，拱墅区高质量发展大会召开，市委常委、宣传部部长戚哮虎，市委常委、常务副市长戴建平，区委书记陈瑾，区委副书记、区长冯晶等领导，市、区有关部门主要负责人，各街道和经济合作

2021年7月12日，拱墅区高质量发展大会举行　　（余文华　摄）

社主要负责人，以及200多家企业代表与媒体嘉宾参加大会。陈瑾、冯晶分别讲话。会议在杭州音乐厅项目现场举行拱墅区重大项目集中开工暨杭州音乐厅项目启动仪式。集中开工项目有阿斯利康制药有限公司中国东部总部生命健康产业园、宝马汽车商城等41个项目，总投资超过233亿元。集中签约重大产业项目44个，总投资200.5亿元，项目涵盖拱墅区"1+4+N"主导产业中的多个行业和领域。会议公布产业招引政策，举行中国科学院空间应用工程与技术中心向拱墅区授予"国家技术标准创新基地"仪式，向区科技局、区商务局、区投促局、区市场监管局、区科技工业区管委会颁发年度经济指标分解任务书。

【未来社区、老旧小区改造提升和安置房建设现场推进会】 2021年8月16日，拱墅区未来社区、老旧小区改造提升和安置房建设现场推进会召开，区委书记陈瑾出席会议并讲话，区委副书记、区长冯晶主持会议，区四套班子领导参加。会前，与会人员参观考察文晖街道流水西苑老旧小区改造项目、上塘街道瓜山未来社区和康桥街道西杨C地块安置房项目。会上，区住建局、潮鸣街道、和睦街道、大关街道、东新街道做交流发言。会议要求用心用情、保质保量抓好每一个未来社区创建、每一个老旧小区改造、每一个安置房建设项目，高质量建设共同富裕基本单元，让全体拱墅群众享受拱墅蝶变发展的红利。

【重复信访治理和安全生产百日攻坚专项行动动员会】 2021年9月22日，区委召开全区重复信访治理和安全生产百日攻坚专项行动动员会。区委书记陈瑾主持会议并讲话。区委副书记、区长冯晶通报全区安全生产情况，并就安全生产百日攻坚专项行动进行部署。区委副书记、政法委书记沈华锋通报全区重复信访治理工作情况并部署信访积案化解、重复信访治理百日攻坚专项行动。区四套班子领导，区法院院长、区检察院检察长参加会议。会议要求落实"双百"攻坚专项行动各项工作，营造最优安全稳定环境，为打造共同富裕示范区拱墅样本保驾护航。

【"拱·有优学"教育大会】 2021年9月8日，拱墅区"拱·有优学"教育大会暨第37个教师节庆祝活动在运河大剧院举行。区委书记陈瑾出席并讲话，区委副书记、区长冯晶主持会议，省市有关领导、区四套班子领导参加会议。

2021年9月8日，拱墅区"拱·有优学"教育大会暨第37个教师节庆祝活动在运河大剧院举行　　（余文华　摄）

会上，区政府与9所科研院校举行合作意向签约仪式，授牌成立10所新筹建名校集团及优质学校。举行教育顾问聘任仪式，印发《拱墅区关于推进新时代教育高质量发展的实施意见》等文件。会议要求高质量实施“拱·有优学”发展战略，奋力打造运河沿岸教育名区。会后举行拱墅区第37个教师节庆祝活动。（王舟舟）

重要决策

【机构编制优化】2021年5月13日，区委常委会会议听取区委编办关于区划优化调整机构编制工作情况的汇报，并进行研究。会议认为，区委编办制定的区党政机构设置方案和领导职数核定方案整体成熟可行，要求尽快编制“三定”方案，拟定科级职数消化方案，有序完成各单位科级干部岗位调整。统筹考虑事业单位机构调整，结合实际，合理使用处级事业单位机构限额，提前谋划好指挥部、综合行政执法大队等单位的机构调整工作。加强与上级部门协调沟通，灵活使用好现有职数，盘活用好编制资源，为后续人才引进、干部调整、梯队培养提供编制保障。

【六大攻坚行动实施】2021年5月24日，区委常委会会议审议通过关于“迎亚运、我为新拱墅建功立业”数字赋能、产业振兴、重点道路沿线开发、公共项目建设、美丽拱墅、基层治理六大攻坚行动实施方案。会议强调要统筹协调，做好力量分配、责任分工、任务分解等各项工作；层层压实责任，确保六大攻坚行动各项任务落细落实落到位，确保取得经得起历史和人民检验的实绩。

【发展规划制定】2021年7月2日，区委常委会（扩大）会议深入学习贯彻党的十九届五中全会，省委十四届八次、九次全会和市委十二届十一次、十二次全会精神，分析发展形势，研究拱墅区发展目标任务，提出制定拱墅区国民经济和社会发展“十四五”规划和二〇三五年远景目标建议。建议从高质量建设运河沿岸名区，奋力打造共同富裕示范区拱墅样本；实施产业振兴计划，建设产业转型升级样板区；实施城市更新计划，建设城市有机更新样板区；实施文化引领计划，建设大运河国家文化公园样板区；实施民生优先计划，建设美好生活福地；加强党的全面领导，凝聚强大合力等方面提出具体意见。

【推出共同富裕行动实施方案】2021年6月29日，区委常委会会议审议并通过《拱墅区推动共同富裕创造美好生活2021十大行动实施方案（送审稿）》。十大行动包括老旧小区综合改造提升行动、“家门口的好学校”高质量建设行动、高水平医疗提质行动、“养老托幼”普惠行动、社会救助精准帮扶行动、就业创业双促行动、大运河文化惠民行动、大运河文明实践矩阵行动、夜间经济提振行动、社区治理能力提升行动。会议要求把市委十二届十二次全会精神贯彻落实到推动共同富裕创造美好生活“2021十大行动”中，动员全区上下肩负起省会城市核心城区的使命担当，锚定拱墅发展方位，坚持高质量根本导向，加快实现蝶变升级，把共同富裕落实为群众看得见、摸得着、感受得到的幸福图景。

【共青团基层组织改革试点方案审议通过】2021年8月31日，区委常委会会议审议并原则通过《拱墅区全国县域共青团基层组织改革试点工作方案（送审稿）》，要求统筹推进全区改革试点工作，确保高标准高质量完成改革试点各项任务。团区委要加强与团省委、团市委交流沟通，密切与各部门对接合作，建立健全党建带团建等体制机制，推动团组织工作去行政化，提升团组织和团干部各方面能力，为拱墅发展建功立业。

【《高质量发展建设共同富裕示范区城市范例拱墅样本行动计划》审议通过】2021年9月24日，区委常委会会议审议并原则通过《高质量发展建设共同富裕示范区城市范例拱墅样本行动计划（送审稿）》，成立由区委书记陈瑾，区委副书记、区长冯晶担任双组长的工作领导小组；区委副书记、政法委书记沈华锋担任第一副组长，负责牵头工作；领导小组办公室设在区发改经信局，区委常委、常务副区长王涛兼任办公室主任。会议要求加快搭建组织架构，抓紧落实人员，尽快实施行动计划。要以大运河国家文化公园项目群和全国旧改样板示范区等市级共同富裕试点项目为重点，实行清单式管理，明确相关指标体系，凝聚共识，形成合力推进的良好局面。

【推出运河沿岸人才向往之区建设三年行动计划】2021年9月24日，区委常委会会议审议并原则通过《"拱聚英才·拱赢未来"运河沿岸人才向往之区建设三年行动计划(送审稿)》，会议要求坚持党管人才原则，加大对人才工作支持力度，确保在全区形成良好的人才工作氛围。强调人才政策要与"1+4+N"主导产业政策相结合，与"一核一带一极"发展战略相匹配，把拱墅区打造成为人才向往之地。

【《拱墅区新"运河英才"高层次人才支持计划实施办法(试行)》审议通过】2021年10月28日，区委常委会会议审议并原则通过《拱墅区新"运河英才"高层次人才支持计划实施办法(试行)(送审稿)》，要求提高站位，通过高质量的人才政策广泛汇聚各方英才，推动区域创新发展、良性发展，坚持创业服务和生活服务同步推进，加强人才政策与产业政策、招商政策的匹配，确保引以致用，为拱墅区蝶变发展奠定人才基础。（王舟舟）

组织工作

【概况】2021年，拱墅区有街道党工委18个、区直属机关党委(党工委)12个、党组33个。170个社区党组织中，党委136个、党总支16个、党支部18个。有基层党组织4037个，其中党委221个、党总支162个、党支部3654个。党员75430人(含预备党员918人)，其中女党员32690人，大专以上学历党员46939人，少数民族党员430人。新发展党员710人，其中女党员369人，35岁以下党员435人，大专及以上学历党员667人，生产、工作一线党员533人。申请入党3044人。拱墅区深入贯彻新时代党的组织路线，按照省委"推动干部队伍干部工作系统性重塑"的工作要求，坚持以实干实绩实效论英雄的选人用人导向，打造善于塑造变革、敢于争先创优的高素质专业化干部队伍。推进社区治理，构建以党建引领为主体，以基层治理、数字治理为两翼的"一体两翼"格局。抓住行政区划优化调整契机，加快人才融合，提升人才工作国际化、市场化、数字化水平。

（孙　岩　汪一星　何　东）

【领导班子和干部队伍融合】2021年，区委组织部把区划优化调整作为重塑组织新形态、干部好状态的重要契机，把握"三统三分三坚持"(统盘考虑、统筹安排、统一政策，分级负责、分类指导、分步推进，坚持组织安排为主、坚持平稳高效过渡、坚持有利推进发展)原则，做好政策研判和干部流转，全区进退留转区管干部736人，对外交流干部118人，区内跨条块交流科级干部20人。完成75个街道和区直部门领导调配，并做好科级干部整合优化、公务员职级晋升、干部任用监督、干部档案管理等工作。

【干部体系重塑】2021年，区委组织部健全干部培养链条，制定"双一流"党政人才选拔培养、基层群团岗位负责人配备等制度，建立1985年后、1990年后出生的"双百"优秀年轻干部库，优化年轻干部成长路径。坚持以实干实绩实效论英雄的选人用人导向，全年调整干部6批次、167人次，新提拔区管领导干部18人次，进一步使用区管副职4人次，平职调整干部56人次，晋升公务员职级90人次。拓宽干部来源渠道，谋划新一轮"双一流"党政储备人才招录，完成市委组织部优秀年轻干部下派挂职接收安排任务。打破论资排辈观念，选用优秀年轻干部，新选拔1985年后出生的街道副职干部10人。至年末，全区有1985年后出生的区管干部26人，其中全日制博士7人，干部队伍年龄、专业结构持续优化。区委组织部发挥组织优势，聚焦数字化改革、共同富裕"十大行动"、亚运会筹办等中心工作，统筹调度139名优秀干部到基层和艰苦一线锻炼。选派108名年轻干部紧急增援东新园小区、区疫情防控隔离点等重点区域，助力打赢疫情防控遭遇战阻击战。开展"三联三领三服务、百名干部到一线"活动，选派200名"老中青"干部下沉一线，跟进建立127名"退二线"区管干部联系结对社区工作机制，在实际工作中加快干部队伍融合。

【干部监督管理】2021年，区委组织部加强换届风气监督，和区管干部开展谈心谈话，参加谈话400多人次，组织干部观看换届警示教育专题片《警钟长鸣》，参加观看1103人次；与干部签订遵守换届工作承诺书962份，推进“十严禁”（严禁结党营私、严禁拉票贿选、严禁买官卖官、严禁跑官要官、严禁个人说了算、严禁说情打招呼、严禁违规用人、严禁跑风漏气、严禁弄虚作假、严禁干扰换届）纪律落地。抓好中央和省委巡视反馈问题、省市委“七张清单”问题、省委选人用人专项检查反馈意见整改，对标对表逐项销号，确保15项整改任务落实到位。抓好干部日常监管，制定《领导干部配偶、子女及其配偶工作调动预报告办法》《加强退出领导岗位干部管理办法》等6项工作制度。

【公务员管理】2021年，拱墅区以数字赋能为牵引，重塑工作机制链条，规范提升公务员管理质效。加快推进公务员队伍融合，完成70名退出领导岗位区管干部职级晋升，以及675批次、3686人次公务员转隶。开展年轻公务员成长“助跑”行动，健全日常发现、持续培养、动态管理工作机制，全年新招录选调生10名、公务员49名。加强公务员平时考核，修订《拱墅区公务员平时考核实施细则》，激励公务员勤勉干事，1人被评为“浙江省最美公务员”，4人被评为“杭州市十佳公务员”，6人被评为“杭州市最美公务员”。推进公务员管理数字化改革，加快公务员综合管理平台建设和应用工作。（孙　岩）

【党组织领导三方协同小区微治理】2021年，拱墅区深化住宅小区居委会、业委会、物业三方协同治理工作领导小组办公室（简称三方办）实体化运作、小区党组织统筹领导、小区专员常驻牵头、多元主体协商共治、数字小区指数强基的工作模式，构建“一体两翼”新格局。制定《关于深化党组织领导三方协同小区微治理工作的指导意见》，完善“三级三方办、一小区一支部一专员、一名党员一幢楼”的组织体系，实现全区18个街道、170个社区三方办全覆盖，664个小区专员全配备，5500多名机关在职党员下沉结对小区参与治理。设立小区微治理专项资金，撬动社会各界投入小区微治理资金1500多万元，用于解决小区微实事、举办睦邻节活动等。承办全市党建引领小区治理重点任务推进会。住宅小区三方协同治理相关做法得到时任省委常委、组织部部长黄建发批示肯定。

【新业态、新就业群体党建】2021年，拱墅区根据江苏省灌南县驻杭流动党员管理做法，以浙江顺丰速运有限公司、北京三快在线科技有限公司、T3出行杭州分公司等骨干企业为试点，探索新业态、新就业群体的管理、服务工作。依托企业管理体系成立顺丰创新中心快递产业链综合党委、网约车行业红盟矩阵，出台6个方面30条关心关爱举措。全区以服务新业态、新就业群体为重点，提升改造红色驿站95个，建立骑手先锋指数评价体系，开展专项服务240多场次，惠及“两新”领域员工1200多人次。在快递员集居小区试点成立小哥治家会和小区党支部，打造“小哥之家”党群服务中心，引导快递员及其家庭成员加快融入城市家园。拱墅区出台关爱“小蜜蜂”举措30条，推进新兴领域“两个覆盖”的做法被《中国组织人事报》刊载。

【大运河沿岸城市党建红盟成立】2021年10月21日，“大运河沿岸城市党建红盟”成立暨“新时代运河党建精品示范带”发布仪式在拱墅区西湖文化广场举行。来自河南、河北、安徽、山东、江苏、浙江等大运河沿岸城市代表、专家学者、企业负责人参加，现场游览“新时代运河党建精品示范带”。发布仪式上，区委组织部、浙江共产党员杂志集团等单位，联合江苏党的生活杂志社、中共北京市委前线杂志社，发起开展“强基纽带缔结、时代先锋领航、发展引擎激活、红色根脉守护”党建红盟“四大行动”倡议，促进大运河沿岸城市组织联建、干部联训、产业联兴、文化联荣。推出“新时代运河党建精品示范带”红、绿、蓝三色主题打卡精品线，包括水上党性体检线、工业遗存体验线、走运河健身打卡线、运河名景旅游线、历史文化街区游览线、运河文化遗产博览线6条具体线路。拱墅区在会上介绍党建特色亮点。拱墅区围绕“一核一带一极”建设，建立“武林商圈红盟”“运河文化红盟”“数智未来红

2021年10月21日，拱墅区在西湖文化广场举行大运河沿岸城市党建红盟成立暨“新时代运河党建精品示范带”发布仪式　　（区委组织部　供稿）

盟”三大核心联盟，涵盖各级各领域党建红盟217个，吸纳成员单位3174个，辐射党员5万余人，服务商圈企业700多次，协助企业获得金融机构贷款1.8亿元。

（汪一星）

【人才链建设】2021年，拱墅区聚焦政策融合，出台《“拱聚英才·拱赢未来”运河沿岸名区人才建设三年行动计划》《拱墅区新“运河英才”创新创业项目支持计划实施办法》，实施全球英才引聚、产才融合共促、市场融通聚力、平台能级提升、数字赋能优享五大行动，完善人才引育留用政策体系。启动首批新“运河英才”计划项目评审，全年征集新“运河英才”项目103个。围绕提升人才链工作，引进并落地阿斯利康制药有限公司中国东部总部、韩国大邱生命健康产业集群、中国科学院空间应用工程和技术中心等重点人才项目35个，项目签约总金额102亿元。举办“拱·赢未来”运创集训营，打造汇金国际、阿斯利康、经纬创意园、顺丰创新中心四大重点产业人才驿站，为人才提供联通拓展、成长赋能、发展加速等7类18项创业创新服务，全年服务企业200多家（次），为企业发展融资2.6亿元。年内新引育国家和省市级海内外引才计划人才20名，新获得国家科技进步奖和技术发明奖人才5名，新认定杭州市级高层次人才2016名，新上市人才领衔企业4家，新引进35周岁以下大学生4.8万名，新增大学生创业企业762家。

【人才生态营造】2021年，拱墅区建设国际人才创业创新服务综合体，在杭州国际人才创业创新园建设瀚海国际人才创新创业港、中欧科创平台等国际人才平台。全年杭州国际人才创业创新园入驻国际人才企业48家，园内外籍人才和获区级以上人才计划认定的人才40名。瓜山未来社区以青年人才服务“一件事”联办为切口，构建“数字化青年未来社区”场景，省委书记袁家军到拱墅区考察时给予肯定。试点建设全市首个外国人来华工作许可和居留许可“一件事”办理，在全省率先实现外籍人才来华关键业务“最多跑一次”，全年办理外国人工作许可、居留许可等证明140多件。杭州国际人才创业创新园项目获战略投资5000万元、海外官方资助90万欧元。常态化开展区领导联系走访高层次人才工作，全年区领导走访包括国家科技进步奖和技术发明奖获得者在内的各类高层次人才373人次。加快推进申花地块、三塘地块等5个人才专项租赁房建设。建成“墅人才”微信公众号，“拱聚英才”抖音招聘号、视频号，“拱聚英才”头条号“四位一体”宣传矩阵，解决人才服务事项300多件。举办“人才建功立业、致敬建党百年”红色观影、红色宣讲等系列活动，推出专栏宣传27期。人民日报客户端、《浙江日报》、《杭州日报》等媒体刊发拱墅人才工作报道50多篇。

【人才数字化改革】2021年，拱墅区建设“墅人才”智慧服务管理平台，布局“一脑一端”（电脑、手机端）架构体系，支撑人才工作内部科学研判和外部精准服务。建设人才库、企业库、项目库、平台库4个基础数据库，导入存量数据7000多条。完善党管人才、评审认定、双招双引、政策导航、服务保障等业务应用体系，开发“才企墅配”“墅创直通车”等特色应用场景，推进平台打造与项目申报联动工作，新“运河英才”创新创业项目实现线上申报。

【人才引进活动】2021年，拱墅区连续4年举办中国(杭州)国际人力资源峰会，引进AI Space等国际数字化人力资源机构，成立京杭大运河沿线国家级人力资源服务产业园协同创新发展联盟，发布浙江“共享人力资源·助力共同富裕”行动计划和全球人力资源服务机构50强榜单。举办运河青年人才季活动。承办“杭向未来”长三角博士专场洽谈会，1305名博士到场应聘。举办“拱聚英才·拱赢未来”运河青年人才创新创业节，发布《唱响青春·相约运河》青年人才之歌，上线“拱聚英才”官方抖音招聘号。全年举办“拱墅online”创客天下杭州市海外高层次人才创业创新大赛专场活动、首届浙江省数字医疗健康产业杭州峰会、区块链服务网络全球合作伙伴大会、亚洲设计管理论坛暨生活创新展(ADM)等人才活动24场。

（何　东）

宣传工作

【概况】2021年，拱墅区宣传思想文化工作坚持以习近平新时代中国特色社会主义思想为指导，学习宣传贯彻党的十九届五中、六中全会精神和省委、市委、区委全会精神，扛起“举旗帜、聚民心、育新人、兴文化、展形象”的使命任务，加强理论武装、舆论引导和意识形态工作，为全区经济社会发展提供思想保证、舆论支持、精神动力和文化条件。举办大运河文化系列活动，健全公共文化服务体系，推进大运河文化传承保护利用，打造“拱·兴文明”大运河文明实践矩阵。全年宣传思想文化工作获省、市领导批示10次，大运河国家文化公园项目群建设入选全市共同富裕首批试点，打造“大运河沿岸文化共融圈”工作获评全市宣传思想文化创新奖。

【理论武装】2021年，拱墅区健全区委理论学习中心组和二级理论学习中心组学习制度，贯彻落实浙江省党委(党组)重大决策前专题学习制度，完善巡听旁听机制，提高理论学习效果。完成百年党史、数字化改革等重要专题内容学习，开展“沿着红色基地学党史”主题党日活动，举办拱墅区中国共产党成立100周年展览，举行纪念革命烈士敬献花篮仪式。全年组织区委理论学习中心组(扩大)学习会20次，完成专题学习内容全覆盖、成员参与交流全覆盖。组织二级理论学习中心组理论学习200多次，4000多人次参加。创建“拱墅运河少年说”宣讲新品牌，宣讲员以2000年后出生的为主，组织“老兵宣讲团”，“潮说武林”“墅说心语”青年宣讲团，“武林小名嘴”少先队员宣讲团等，开展进校园、进社区、进楼宇、进机关、进企业、进园区宣讲活动，营造全区知史爱党、学史爱国氛围。组织“六讲六做”专题宣讲，领导干部下基层宣讲党史880多场。全区开展理论宣讲2000多场次，直接受众近20万人次。

（黄　卉）

▶资料：“六讲六做”

讲好党的百年奋斗历程，做红色根脉的坚定守护者；讲好新时代的辉煌成就特别是“两个确立”对新时代党和国家事业发展、对推进中华民族伟大复兴历史进程的决定性意义，做“两个维护”的示范引领者；讲好百年奋斗的宝贵经验，做新时代“重要窗口”的优秀建设者；讲好总书记深厚的为民情怀，做人民至上的不懈奋斗者；讲好总书记在浙江的故事，做“八八战略”的忠实践行者；讲好总书记赋予浙江的重大历史使命，做高质量发展促进共同富裕的先行探路者。

【重大主题宣传】2021年，区委宣传部聚焦区党代会、区“两会”、疫情防控等重要会议和重大事项，组织主题系列宣传报道。融媒体各平台推出专栏专题专版，做好区党代会、区“两会”会前、会中和会后的各项报道，发行特刊100多个版面，新媒体端点击量逾3000万人次。摄制《梦·拱墅》《深化“两河论述”的生动实践，全力打造大运河国家文化公园样板区》等拱墅形象宣传及汇报片17部，制作画册、宣传册、展板、PPT等全区性宣传品10多种。抗击新冠肺炎疫情期间，利用“1+18+N”融媒矩阵，主动回应群众关切，用镜头和文字讲好拱墅抗疫故事。推出系列短视频38个、各类报道280多篇，其中被中央和省市媒体采用150多篇(条)，全网阅读量超过1000万次。策划春节物资保供、棋牌室老板变身抗疫志愿者、给隔离点的月子妈妈送“月子餐”等报道。其中，拱墅女生隔离在家自创自唱歌曲为战“疫”人员加油鼓劲的微信，阅读量超过10万人次，被人民日报客户端、中国新闻社视频号等媒体转发。除夕探访拱墅隔离点、杭州党员干部冲在战“疫”一线等原创报道登上《浙江日报》头版、浙江卫视《新闻联播》头条。在《今日拱墅》报上，推出《热点聚焦》栏目，聚焦疫情防控、城市管理、消防安全等热点难点问题，以新闻的力量推动工作落实。 （洪心如）

【精神文明建设】 2021年，拱墅区聚焦市民美好生活需求，打造“拱·兴文明”大运河文明实践矩阵，依托拱墅新时代文明实践中心全国试点优势，建成174个文化站和600多个文化体验点位的“5分钟文明实践矩阵”。新建社区文化家园27个，开展“我为群众办实事”学雷锋志愿服务活动、大中小学“觅运河足迹、寻幸福生活”主题系列实践活动、大运河美学讲堂和名师书法公益讲座等大运河美育活动，让思想文化建设与文明实践相辅相成。打造“文明帮帮码”新时代文明实践数字服务平台，注册志愿者超过100万人，组织公益活动近14万场；创新推出数字社会“阳光少年”志愿服务应用场景，在“浙里办”App“志愿浙江”平台开设“阳光少年·助力双减”志愿服务专区，发布来自全省各地区助力“双减”活动信息820多条，参与人员1.2万人次，该应用场景在全省推广。培育“文明好礼进千亿商圈”“文明出行·遇见美好”“美好小食光”等“‘礼’运拱墅”文明实践品牌。常态化开展道德模范、身边好人、文明家庭、美德少年等“最美”系列评比，全年涌现“中国好人”“浙江好人”等最美人物200多名。完成中央、省、市文明指数测评迎检，拱墅区文明创建总成绩居全市前列。

【文化事业发展】 2021年，拱墅区以大运河文化为统领，推进全区文化文艺事业发展。印发《拱墅区大运河国家文化公园项目群建设三年行动计划》，大运河国家文化公园项目群建设入选全市共同富裕首批试点。开展运河文化理论研究，完成课题报告《拱墅建设大运河国家文化公园样板区的研究与分析》，邀请中国社科院等单位专家学者考察京杭大运河拱墅段。推进杭州音乐厅、武林美术馆、小河公园、祥符桥历史文化街区、大城北中央景观大道、大运河紫檀博物馆等文化设施建设，完成大运河亚运公园、中国·杭州电竞中心主场馆建设，上塘古运河景区夜游项目《如梦上塘》上演，承办大运河文化带京杭对话系列活动，与北京通州签署友好城区战略合作框架协议；举办大运河文化旅游节、大运河庙会、长三角水上运动节暨京杭大运河文旅嘉年华、大运河诗歌节等“运河”品牌活动，线上线下参与1.3亿人次。大运河文化传承保护工作获省委、省政府主要领导4次批示肯定。

【文化市场检查】 2021年，区委宣传部完成全区240个出版单位年检，受理网络备案、注销等出版业务45件。推进“扫黄打非”基层站点建设，实现全区18个街道“扫黄打非”基层站点建设全覆盖。开展教科书等出版物检查，删除有害信息11条。联合区文广旅体局、区新闻出版局、区图书馆等单位，举办拱墅区第七届全民阅读节暨2021年“绿书签行动”。全民阅读节以“书千年运河，话百年辉煌”为主题，举行声音剧、诗朗诵等节目表演；“绿书签行动”以“护助少年儿童健康成长，抵制有害出版物和信息”为主题，组织20多支红色探索之旅小分队开展“运河书房红色探索之旅”活动。推进全区营业性网吧软件正版化，营业性网吧软件正版率90%。全年征集中华版本资源5493件。

【网络生态环境维护】 2021年，区委宣传部推进中国共产党成立100周年网上重大主题宣传，联合米络星科技(集团)有限公司开展“百年荣光、梦想前行——致敬建党100周年”专题活动，举办答题直播近20万场，15万余人次参与。开展“爱上新拱墅的理由”“美丽拱墅”“国庆in拱墅”微博话题传播活动，讲好“千年运河·繁华武林”拱墅好故事，阅读量超过1亿次。印发《杭州市拱墅区委、区政府全面加强网络舆情安全工作清单》。实施网络生态瞭望哨工程，组建瞭望哨队伍305人。开展“网上训练营”网评技巧培训。优秀网评作品被《人民日报》录用1篇、省级平台“潮评”录用2篇。区委宣传部加强与统战部门、"网络大V"联动，在全省网络人士统战工作会议上就网络生态环境维护工作做交流发言。

（黄　卉）

统战工作

【概况】 2021年，拱墅区加强和改进统一战线工作，发挥行政区划调整后资源集聚、平台拓展、品牌叠加效应，巩固大统战工作格局。实现街道党外知识分子联谊会分会、新的社会阶层人士联谊会分会、乡贤组织和社区侨联全覆盖，促进拱墅区政党关系、民族关系、宗教关系、阶层关系和海内外同胞关系和谐。推进基层统战阵地建设，激发统战团体创新活力。坚持多元化、差异化培育方向，推动新阶层人士统战工作品牌迭代升级。建设浙江省统战工作综合应用系统"三库"（人物库、组织库、场所库）和全省"党外代表人士队伍建设全链条管理系统"子场景。全区培育基层统战工作典型范例10个，打造单项特色示范项目12个。区侨联获评全国侨联系统助力扶贫攻坚先进集体，辖区杭州显宁寺、拱宸堂、香积寺分别获评省级平安宗教活动场所、省级宗教法治宣传教育基地、浙江省宗教活动场所消防安全标准化管理"百优争创"活动优秀单位，祥符街道贤聚堂民族家园、米市巷街道"民悦轩"2个民族工作示范项目被列入省级民族团结进步创建重点培育名单。全区一批高质量创新成果在《人民日报》、中新网、《浙江日报》、《中国统一战线》、《情系中华》等媒体刊载。全年在中央、省、市各级媒体刊发文章198篇。

【党外人士思想政治引领】 2021年，区委统战部加强党外人士思想政治引领，围绕学习贯彻党的十九大、十九届历次中央全会精神和庆祝中国共产党成立100周年大会精神，开展"听党话、跟党走、创新业"学党史主题教育实践活动，支持各民主党派和无党派人士开展"以党为师"党史学习教育。举办"同心讲坛"党史学习教育专场，邀请浙江省社会主义学院副教授陆聂海为全区统战成员代表做题为《党领导统一战线工作的历史经验和现实思考》的讲座。组织辖区民营企业家和新联会会员参观《非凡的心声——浙江现代革命历史陈列》主题展览和中国共产党杭州历史馆。"运河・同心荟"新媒体新青年联盟开展"答题大作战"党史学习专场直播活动20万场，参与用户超过10万人次。举办"同心共绘新拱墅，合力奋进新征程"全区统一战线庆祝中国共产党成立100周年主题活动，采取直播形式，在线观看30万人次。

【基层民主协商机制建设】 2021年，区委统战部加强基层民主协商机制建设。开展"凝心聚力建名区，合心合力兴拱墅"活动，项目化实施8个专项行动21项重点任务，围绕亚运场馆配套工程建设等重点工程和老旧小区提升改造等民生实事项目，组织辖区党派团体开展调查研究，与对口联系部门开展协商议事、建言献策。通过"建言直通车・民情链"向区委、区政府报送建议70多条，形成调研报告19篇并编印成《同心策》。依托党派团体与街道党工委合作共建机制，通过"基层民主协商圆桌会""红茶议事会""康康大家说"等协商议事平台，形成实在管用、易于操作的"金点子"100多条，协助街道、社区解决群众身边急难愁盼问题90多个。文晖街道依托"同心和茶馆"平台，推动解决老旧小区公共泊位少、助残设施不配套、雨水污水未分流等老大难问题。在新的社会阶层人士平台"运河・同心荟"发出"同心'拱・富'看这里，'墅・智'赋能新生活"倡议，举办"新阶层新主张——我为拱墅蝶变献一策"直播论坛，组织新的社会阶层人士为助力共同富裕示范区拱墅样本建设建言献策。

【助力民族地区振兴发展】 2021年，区委统战部创建共富"三家园、三组团"（公羊会帮富家园、米络星网富家园、石榴籽共富家园，武林地e盟帮富团、诚正律师联盟帮富团、三寻同心荟帮富团），利用行业资源优势，在贵州黄平、湖北来凤、吉林南关和浙江常山开展网上公益助学、助农等直播活动，为东西部协作地区和边远地区民族群众销售农副产品，实现销售额近200万元，捐赠价值60多万元图书。发挥拱墅区民族联谊会作用，助推桐庐县大庄乡畲族村用上天然气。开展"双百村结对行动"，对口支援景宁县桃源村，落实帮扶资金80万元，助力民族乡村振兴发展。与浙大城市学院签订合作共建协议，共建“运河石榴籽”家园，探索城市民族工作新路径，助力民族学生就业创业。

【服务民营企业发展】2021年，区委统战部深化“企呼我为”机制，打造“亲清直通车”拱墅2.0版本，全年走访企业230多家（次），举办“亲清直通车·政企恳谈会”活动6场，帮助企业解决困难63个。发挥法律服务平台作用，与区法院签署《关于建立服务保障民营经济健康发展合作机制的实施方案》，建立日常联系机制、信息通报机制、法治服务机制、法治宣传机制和诉调对接制度。与区检察院联合举办第四届“检企论坛”，重点关注互联网、数字经济发展中的法律问题，提升企业应对法律风险能力，保障企业合法权益。与区司法局、市律师协会拱墅分会建立“千所联千会”机制，推动基层商会法律顾问服务全覆盖。印发《关于进一步推进清廉商会清廉民企建设的实施意见》，召开全区清廉商会清廉民企建设推进会，与22个基层商会和行业商会共同签订《拱墅区清廉商会公约》。深化“亲清互联”工商联数字化应用场景建设，提供政企互联、企企互联、企构（企业与第三方服务机构）互联数字化解决方案。通过“红色商盟”微信小程序，组织交流活动19场，发布人才招聘等供需信息880多条，为企业提供“疫苗接种＋核酸检测”疫情防控专场服务。组织辖区民营企业开展助老、助残、助学等扶弱帮困活动，引导企业以项目开发、农副产品采购等方式参与东西部协作、对口支援和乡村振兴，辖区民营企业为对口帮扶地区捐赠资金120多万元。

【新的社会阶层人士“金名片”打造】2021年3月26日，区委统战部印发全市首个《拱墅区推动新的社会阶层人士统战工作创新发展五年规划》，以区新联会（新的社会阶层人士联谊会）为核心组织，成立18个街道新联分会，在条件成熟的新阶层集聚地、特色园区、行业协会和骨干民营企业中成立新联会分会，形成辐射全区的新阶层人士“1＋18＋X”组织架构。建立以“运河·同心荟”为核心品牌，以枢纽型社会组织公羊会为示范的公益引领型联盟、以新媒体新青年联盟为龙头的同行互动型联盟和以“武林地e盟”为纽带的多跨协同型联盟，形成“一核三盟”组织体系。以23个“同心荟”为重要支点，打造“武林地e盟”网络人士学习教育品牌“武林地e课”、协商议事品牌“武林e事厅”、公益活动品牌“武林公e社”、创新创业品牌“武林创e园”等特色品牌，举办“创新创业，我们e起成长”故事会、“同心共富，我们在e起”爱心公益行等特色活动。“运河·同心荟”下属3个“同心荟”公益行项目被评为全市精品项目。在新的社会阶层人士中开展“同心跟党走，同行共富路”专项行动，发挥新阶层人士助推共富的积极作用。在新阶层“贤聚堂”民族家园建成“石榴籽共富家园”，致力于城市民族新阶层人士思想引领，开展民族地区农产品网络销售，促进民族地区共同富裕。7月29日，在全市统战系统数字化改革工作暨新的社会阶层人士“同心荟”精品工程建设推进会上，市委常委、统战部部长陈新华对拱墅区“同心荟”精品工程建设表示肯定。

【党外代表人士队伍建设】2021年，区委统战部按照新任领导班子人选标准和条件，推进民主党派基层组织调整工作，指导7个民主党派和区工商联、知联会（党外中青年知识分子联谊会）、留学人员和家属联谊会及民族团结进步促进会完成组织融合、成立和换届工作。召开协调协商会议8次，走访统战成员200多人，做到底数清、情况明、预案实。重视党外代表人士的政治安排，完成区政协组织调整和换届人事安排，区政协副主席、常委和党外委员的安排均达到上级规定要求。加强党外干部学习教育、培养锻炼、储备选拔和使用管理，吸纳68名优秀党外代表人士加入统战团体，2名党外代表人士被提拔为市管干部。 （冯俊虎　褚鹏凯）

机构编制

【概况】2021年，区委编办利用区划优化调整机遇，盘活机构编制资源，完善机构编制督查体系，推进机构、职能、人员全面融合。牵头开展“大综合一体化”行政执法改革，配合主管部门拟订实施方案，完成综合行政执法队伍建设。妥善解决事业单位历史遗留问题，发挥编制资源使用效益。至年末，拱墅区设党委机构12个，人大机构7个，政府工作部门23个，政协机构1个，群众团体机构12个，街道办事处18个，事业单位378个。有各类行政编制2819名、事业编制1.22万名。

【机构设置】2021年，区委编办根据机构变更实际，梳理机构设置异同、职责分工差异，完成34个党政机构、人大、政协、群团组织等处级职数测算，开展走访调研，明确60多个街道、部门的意见，制定拱墅机构设置方案，印发53个机关单位"三定"规定、163个事业单位"三定"规定。明确13类事项职责交叉问题及13类新业态行业归口管理问题。配合事业单位完成超编整改，重新核定中小学教职工编制总数5500名，对公编民用人员和借调人员进行清退。按照"保民生，强基层"的用编保障要求，在前期增加区疾控中心25名事业编制基础上，结合区划调整再次增加2个事业编名额。

【机构编制管理】2021年，区委编办实施用编和科级干部职数使用"两项预报"制度，从严把握各单位用编和职数使用，形成科级领导职数使用程序的链式管理，全年为2498名行政编制人员办理进编和出编手续，为195名科级干部办理预报审批和任职备案手续。根据《拱墅区机构编制监督检查实施细则》，开展党政机构改革、事业单位改革、行政区划优化调整"回头看"督查。结合第二次全国机构编制核查工作，按照30%的比例对全区机关事业单位编制情况进行实地核查，走访抽查7个街道和16个单位。筹划建立全区编外人员数字化监管库，走访调研18个街道、53个部门，了解各单位编外人数、用工性质、作用发挥等情况，规范编外人员管理。

【权力事项梳理】2021年，区委编办深化机关内部"最多跑一次"改革，迭代升级协同办事系统，实现在线"无感"督查，将部门化服务集合成为"一站式"服务，梳理权力清单，协同办事系统办结门户网站信息发布申报等事项13万余件。聚焦"大综合一体化"行政执法改革，推进执法队伍整合，摸清15个领域所对应的10个区级部门编制配备、人员组成、年龄比例等情况，制订队伍撤并和人员编制划转方案，使事项划转与人员编制划转有效协同。推进监管事项认领、行政检查事项全覆盖，组织30个部门认领监管事项8500多件，其中行政检查事项3400多件，在全市率先完成监管事项认领率、行政检查事项年度覆盖率2个100%。

【事业单位法人登记管理】2021年，区委编办聚焦事业单位法人依法登记意识不强、存在债权债务无法注销等问题，前移服务关口，实地对接指导，克服制约登记工作的难点，完成事业单位法人年度报告462家、事业单位设立登记7家、事业单位变更登记267家、事业单位注销登记35家。开展事业单位法人年度报告公示信息抽查"双随机一公开"工作，抽查天水街道、武林街道、东新街道等10个单位下属的75个事业单位；组织教育、卫生系统事业单位开展章程修订工作，紧扣事业单位主责主业，突出事业单位公益属性，促进事业单位登记管理规范化，全年完成189个事业单位线下章程拟定。（贾清扬）

信访工作

【概况】2021年，区信访局以中国共产党成立100周年信访保障为主线，以"积案化解和访源治理攻坚年"活动为抓手，构建"党建＋信访"工作体系，推行"三色预警"管理办法，实施"百日攻坚"专项行动，开展"三榜联动"（揭榜挂帅、亮榜晒绩、用榜奖惩）晾晒竞赛，积案化解和访源治理取得新的进展，信访形势呈现持续向好态势。全年区信访局受理群众来信、来访和网上信访12.19万件次，比上年上升7.6%。其中来信下降31.4%、来访人次下降30.4%、网上信访下降25.7%、来电上升13.8%。拱墅区获评全国"信访工作三无县（市、区）"、浙江省"无信访积案县（市、区）"、浙江省信访工作先进单位，在全市信访系统"三练三比"岗位练兵比武中获集体一等奖。拱墅区建立矛盾纠纷调解专家团机制做法获省委常委、政法委书记王昌荣肯定。

【"党建＋信访"工作体系建设】2021年，区信访局根据全省"党建+信访"工作体系推进会要求，制订"党建+信访"工作体系实施方案，推进党建统领、领导示范、源头治理、数字赋能、队伍建设5个方面建设，形成依托党建抓信访、抓好信访强治理的工作格局。组织信访干部考察学习宁波市鄞州区"党建+信访"工作，探索把鄞州经验变成拱墅做法的具体路径。各街道研究制订"党建+信访"工作方案，推进信访责任落实。

【信访攻坚"三榜联动"活动】 2021年，区信访局会同区委组织部开展信访攻坚"三榜联动"活动，搭建信访攻坚舞台，激励干部担当作为，推动信访重点工作与干部选育"两手硬"。年内，确定9个信访突出问题，选派28名干部，成立9个访源治理和积案化解工作小组，推动化解信访积案和突出信访问题。

【信访"三色预警"管理】 2021年，区信访局压实街道、社区两级信访工作责任，构建"信访总量降、上访人员少、基层吸附强、重大活动安"和矛盾纠纷10%化解在区级、30%化解在街道、60%化解在社区的良好信访生态，实现"小事不出社、大事不出街、矛盾不上交"的目标。将"三色预警"做法延伸至社区一级，针对集体上访和越级上访问题进行绿、黄、红动态性数字化访源治理。对黄色预警发送工作提醒函；对红色预警报告上级，确定责任领导，建立工作专班，进行挂牌化解销号。对重要访情、突出问题、攻坚进度、工作动态进行日通报、周总结、月分析，关注重点问题化解，推进攻坚进度。

【信访积案化解】 2021年，区信访局推进国家、省、市三级信访积案化解工作。对1282件三级交办信访积案和重复信访件，按照"四个一"(一个信访积案、一个包案领导、一个工作专班、一个工作方案)要求，落实包案区、街道、部门的包案领导、牵头领导和工作专班，压实区、街道领导包案责任。区四套班子包案领导带头攻坚，面对面约访，听取信访人陈述，加强组织协调。开展区领导大接访活动，区主要领导领衔，区四套班子领导轮流带案到区矛盾纠纷化解调处中心值班接访，开展随机接访群众、研究推进包案信访事项活动。全年区领导接待来访160批、401人次，研究包案90多次。发挥区信访工作联席会议统筹协调作用，成立信访攻坚专班、六大类信访问题工作专班、网贷平台处置专班等10个专班，实行"日碰头、周会商、月汇报"制度，做好统筹、协调、分办、指导、跟进工作，重点抓好群体性问题化解处置，确保化解攻坚目标落地落细。全年国家、省、市三级交办信访积案和重复信访化解率99.8%。

【重要节点信访保障】 2021年，拱墅区围绕重大活动、重要会议等重要节点，以"一图一指数"为抓手，健全"党委统一领导、政府组织落实、信访工作联席会议协调、信访部门推动、各方齐抓共管"新时代信访工作格局。区委、区政府召开信访工作专题会议，制订一系列量化服务措施。区四套班子领导结合"三联三领三服务"活动，到结对街道、社区开展接访群众、化解矛盾和信访督查工作。区信访局制订各类重大活动信访服务方案，提出工作目标，明确工作要求，压实各方责任，全力为民解难，完成全年信访保障任务。　　(高举举)

老干部工作

【概况】 2021年，拱墅区有离退休干部9763人，其中，退休干部(含行政事业单位职工)9658人，区属离休干部82人(含安置外地1人)，异地安置在拱墅区的离休干部23人。离休干部中，抗日战争时期参加革命的16人，解放战争时期参加革命的89人。离休干部年龄最大的101岁，最小的88岁，平均年龄93.6岁。外地离休干部居住在辖区内的278人，其中省属需要助老服务的8人、市属居家养老243人、外城区27人。区委老干部局完成机关党支部换届选举。与武林街道仙林社区、湖墅街道双荡弄社区开展"走亲连心三服务"活动，认领"微心愿"27个。局机关工作人员下沉一线，助力社区新冠肺炎疫情防控。创建7+X+N("7"指小区党总支委员，"X"指红色联盟单位和各类社会组织，"N"指在职在地党员和机关离退休党员)实体型小区党建模式，形成"南武林，北运河"离退休干部常态化助力社会治理新格局。拱墅区大运河老年大学接入浙江省老年大学智慧校园系统，推进数字化智慧校园建设，实行招生报名、教学等一体化管理。全年拱墅区老干部工作被“学习强国”杭州学习平台、“浙江新闻”客户端、《浙江老年报》、《杭州日报》、“浙江老干部”微信公众号、“中共杭州市委老干部局”微信公众号等媒体报道36次，拱墅区大运河老年大学（拱墅区老干部活动中心）获评全省老干部工作先进集体。《离退休干部党建融入城市基层党建工作与新退休干部服务管理的思考》文章获评全省老干部系统优秀调研报告，“‘墅养智’一站式居家养老为老服务再升级”做法获评全省老干部工作优秀创新案例。

2021年11月2日，区委老干部局组织离休干部考察运河大剧院
（张陈伟 摄）

【老干部政治思想建设】2021年，拱墅区加强老干部政治思想和党支部“三项建设”，落实老干部政治和生活“两项待遇”，抓好老干部活动中心和老年大学“两个阵地”建设。区委老干部局组织老干部参加拱墅区第一次党代会、“十四五”规划征求意见座谈会，组织老干部开展“学党史、悟精神、建名区”十大系列活动和“看拱墅、助发展、迎亚运”参观考察建言献策活动，老干部在“十四五”规划征求意见座谈会上，就经济社会高质量发展、综合实力提质进位、城市品质全面提升、大运河文化保护传承、民生福祉创新探索5个方面提出意见建议17条。举办老干部区情通报会4次、理论读书会2次、主题党日和红色宣讲活动180场，参加人员5400多人次。组织老干部参加杭州市离退休干部学党史答题竞赛、省市“庆祝建党百年”“我的家风故事”征文、老干部党支部“固定主题党日”活动优秀案例征集等活动。其中征文《不忘初心跟党走》获杭州市“庆祝建党百年”征文活动一等奖，《九旬老党员的红色情怀》《壮丽100年，讴歌新时代》2篇征文获三等奖。

【老干部党建工作】2021年，区委老干部局探索离退休干部党建融入城市基层党建工作。成立离退休干部党建融入城市基层党建试点工作领导小组，印发《关于推进离退休干部党建融入城市基层党建工作的通知》，召开试点工作任务部署会，指导全区各街道、试点工作领导小组成员单位整合优势资源开展试点。召开试点工作座谈会，交流党建综合体、“党建指数”探索创设情况。11月10日，省委老干部局和市委老干部局主要领导到拱墅区专题调研，对试点工作予以肯定。

【老干部作用发挥】2021年，区委老干部局引领老干部发挥优势和作用，为建设运河沿岸名区、打造共同富裕拱墅样本建言献策。组织市管离退休干部考察智慧网谷小镇、大运河亚运公园、运河大剧院等区重点项目，并召开座谈会，听取老干部提出的意见建议。组织老干部参观浙江革命历史纪念馆、中国京杭大运河博物馆，参加上塘古运河“水舞千年、蝶变拱墅”夜游首航开幕式，回顾浙江革命历史，感受拱墅的发展变化。

【老干部志愿服务】2021年，拱墅区成立“运河大妈拱宸大伯志愿者联合会”银宸顾问团暨银宸党小组，组织志愿者联合会、银领先锋队、银宸顾问团等离退休干部团队参与社区事务自治。发动以“武林大妈”为代表的“银耀拱墅”老干部志愿服务队，参与健康码查验、通行证发放、核酸检测协助、现场秩序维护等服务，发挥党支部战斗堡垒和党员先锋模范作用。“银耀拱墅”老干部志愿服务队抗疫事迹被省、市微信公众号刊发。全年全区老干部志愿服务队开展活动830多场，参与活动4100多人次。“武林大妈”“拱宸大伯”等“银耀拱墅”老干部志愿服务队成为助力拱墅区社会基层治理的品牌。

【老干部服务管理】 2021年，拱墅区建立服务保障老干部工作机制，落实为老干部办实事项目，提升养老家园服务功能。完成25户离休干部家庭适老化改造，改善老干部家庭生活环境。推进数字赋能为老服务。建成“墅智养”一站式居家养老模式，满足老年人“康、食、住、行、娱、情、学”需求。区委老干部局组织对全区178名离退休干部走访慰问，关心照顾有特殊困难的老干部。落实老干部体检疗休养工作，组织18名市管离退休干部到浙江省人民医院体检、31名市管退休干部到杭州五云山疗养院体检疗休养、3名离休干部到杭州五云山疗养院进行为期15天的体检疗休养。

【区大运河老年大学招收学员1500多人次】 2021年，拱墅区大运河老年大学统筹做好山子巷、草营巷2个校区教学管理工作，在春秋两季开设班级56个，设置专业课程26门，其中新增手机摄影、英语口语、萨克斯、国学4门课程，招收学员1500多人次。根据新冠肺炎疫情常态化防控要求，制订并实施各类应急预案，维护老年大学日常教学活动。开设线上线下学习课程，每周五线上直播红色旅游文化课，线下实体课内容丰富，形式多样，满足老干部的精神文化生活需求。

（黄　莹）

史志编研

【概况】 2021年，区委党史研究室（区志编研室）坚持以史鉴今、资政育人的职能使命，落实史志编纂及宣传教育、数字化改革、红色资源保护利用等工作。数字化编纂系统启动开发，《下城年鉴（2021）》《拱墅年鉴（2021）》出版，《下城年鉴（2020）》获评浙江省精品年鉴。中共浙江省委机关旧址陈列室建成并启用，被列入杭州市“1+10”经典线路（“1”指“城市之芯”基本线路，“10”指红色记忆、牢记嘱托、美丽城乡、数字经济、杭州制造、特色小镇、文化兴盛、民生关切、社会治理、基层党建10个主题线路）重点参观学习点。浙江省立第一师范学校旧址（杭州高级中学校史馆）入选第四批省党史教育基地。资政课题“从中共浙江省委机关旧址挖掘建设看红色资源保护利用的意义和价值”获省委常委、市委书记刘捷等省市领导批示肯定。全年史志工作获市级以上领导批示9次。党史情景剧《小巷初心》获全国大赛一等奖和优秀组织奖、在杭州市“百年红色故事微宣讲大赛”中获优秀组织奖，宣教工作获杭州市党史地方志宣传教育供稿工作一等奖（先进集体）。

【中共浙江省委机关旧址陈列室建成并启用】 2021年，区委党史研究室（区志编研室）会同省、市相关部门，建成中共浙江省委机关旧址陈列室，并举办守好“红色根脉”系列活动。省委机关旧址位于拱墅区狮虎桥河下2号，为土地革命战争时期的中共浙江省委机关旧址之一。7月29日，拱墅区举行中共浙江省委机关旧址陈列室启用仪式，省、市、区领导及相关部门负责人、党史党建专家、省直属机关党员代表等30多人参加。启动仪式上，中共浙江省委机关旧址陈列室与浙江革命历史纪念馆、浙江省文化会堂（浙江展览馆）、中国共产党杭州历史馆（杭州市方志馆）、浙江省立第一师范学校旧址（杭州高级中学校史馆）、中国京杭大运河博物馆成立大运河红色文化联盟。该活动被《人民日报》、新华网等10多家媒体报道。8月25日，拱墅区举办大运河红色资源保护利用暨深化中共浙江省委机关旧址研究座谈会，省委办公厅、省委组织部、省委党史和文献研究室等省直部门，杭州市、拱墅区有关单位负责人及党史专家20多人参加，与会人员就深入挖掘红色资源的思想内涵和旧址陈列室提升改造等进行探讨。11月10日，浙江省委副书记黄建发，杭州市委副书记、市长刘忻参观调研中共浙江省委机关旧址陈列室。

【杭钢文化展示中心建成并启用】 2021年9月29日，浙江省党员教育培训基地暨杭钢文化展示中心启用仪式在杭州钢铁集团有限公司会展中心举行，省国资委、省委宣传部等省直机关，杭州市、拱墅区有关单位负责人及各界代表参加。杭钢文化展示中心由原杭钢厂史陈列馆改建而成，展厅面积1500多平方米，展陈面积近3000平方米，分为“杭钢赋”“春风化雨”“艰苦奋斗”“创新图强”“荣耀之路”“高质量发展”“@子公司”“党建引领”“文化铸魂”“群星璀璨”10个区块，以图文并茂、实物展陈、声光电相济、视频建模互补等形式，展示杭钢1957年建厂后60多年的发展历程。杭钢文化展示中心集教育培训、文化展示、商务接待等功能于一体，成为大城北地区一座新的红色文化地标。

【浙江省立第一师范学校旧址获评省党史教育基地】2021年3月23日，省委党史和文献研究室公布第四批浙江省党史教育基地名单，位于拱墅区的浙江省立第一师范学校旧址（杭州高级中学校史馆）入选。浙江省立第一师范学校旧址位于杭州高级中学贡院校区内。五四运动时期是浙江新文化运动的中心，1920年省立一师爆发震动全国的“一师风潮”。自此，从“一师”走出的学子——陈望道、俞秀松、施存统等成为中国共产党、中国共产主义青年团创始人和早期领导人，以及杭州地方党、团组织的创立者与领导者。2006年，杭州高级中学校史馆落成，馆内展现“一师风潮”的历史画面和杭州高级中学100多年的发展变迁，成为开展党史学习教育的重要场所。

【建党百年系列宣教活动】2021年，区委党史研究室（区志编研室）围绕中国共产党成立100周年开展宣教活动，服务党史学习教育开展。承办《马克思主义在中国和杭州的传播》图片展开幕暨长三角红色博物馆合作联盟成立仪式。联合浙江省新四军研究会、区教育局举办拱墅区中小学“传承红色文化、争做时代先锋”活动启动仪式。开展“传承红色基因，讲好拱墅故事——百年红色故事微宣讲大赛”，遴选党史宣讲员23人，组建拱墅区党史宣讲团队，开展进机关、进社区、进学校、进企业宣讲活动，把红色故事送到群众身边。区委党史研究室（区志编研室）、长庆街道创作的党史情景剧《小巷初心》，参加全国在嘉兴市举行的“追寻——庆祝中国共产党成立100周年红色故事会大赛”展演，获一等奖和优秀组织奖；参加杭州市举办的“传承红色基因，讲好杭州故事——百年红色故事微宣讲大赛”，获优秀组织奖。推出《中共浙江省委机关旧址纪》《都锦生博物馆》等系列短视频及《千年运河，繁华武林——杭州市拱墅区》等相关历史故事，被“学习强国”全国平台录用2个、浙江平台录用3个。

【数字化编纂系统开发】2021年，区委党史研究室（区志编研室）以数字化改革为牵引，研发数字化编纂系统，以数字赋能助推史志事业高质量发展。以组织史编纂为突破口，完成数智组织史编纂系统开发并进入试运行。结合省、市党史部门建议，形成数智年鉴编纂系统开发方案并实施。数智组织史编纂系统和数智年鉴编纂系统合称为拱墅区数字化编纂系统。该系统集供稿端、审稿端、管理端及数据库、驾驶舱等于一体，具有“在线编、在线存、在线查”三大功能，可实现史志编纂全流程数字化和编纂进度、质量及资料应用情况的一屏掌控。

【《杭州市拱墅区志》出版】2021年5月，《杭州市拱墅区志》由方志出版社出版。该志一套三册，记述时限上至事物发端，下至2015年年末。篇章结构为横排门类、纵述史实，体裁采用述、记、志、传、图、表、录等。全志35篇、205章、743节，地图10幅，彩照92张，总字数330万字。卷首编排彩页、总述和大事记，正文分自然环境、经济、政治、社会、文化五大部类，卷尾置专记、丛录，全面、系统、客观地记述拱墅地区的历史沿革和经济社会面貌，填补拱墅区志编修的空白，对政务决策、信息咨询、科学研究和地方各项事业发展具有借鉴意义。

【《杭州市拱墅区组织史资料第六卷》内部出版】2021年8月，《杭州市拱墅区组织史资料第六卷》内部出版。该卷与《杭州市拱墅区组织史资料第五卷》相衔接，收录自2013年1月至2017年12月期间拱墅区地方党组织和政权组织、地方军事组织、政协组织、群众团体组织，以及部分企事业单位和市属延伸单位的组织史资料，全面反映5年内全区经济社会发展和党的建设、组织发展历史背景、沿革变化过程和机构人事变化等情况。（李　帅）

【《下城年鉴（2021）》《拱墅年鉴（2021）》出版】 2021年10月，《下城年鉴（2021）》《拱墅年鉴（2021）》由方志出版社出版。两部年鉴分别记录2020年下城区、拱墅区经济社会发展的基本情况，全面反映新时代中国特色社会主义在下城区、原拱墅区的生动实践，为各级党政机关、研究机构和社会各界人士了解、研究拱墅区提供丰富、翔实的信息资料。《下城年鉴（2021）》设置类目35个、分目209个，收录条目1014个、随文图照149幅、表格20张，总字数63万字。《拱墅年鉴（2021）》设置类目37个、分目224个，收录条目1380个、图片161幅、表格23张，总字数63万字。

（年鉴编辑部）

【《下城年鉴（2020）》获评浙江省精品年鉴】 2021年12月16日，由区档案馆承编的《下城年鉴（2020）》被省地方志办公室评为2021年度浙江省精品年鉴。该鉴以类目、分目、条目3个层次为框架结构，以条目为主要载体，内容涵盖2019年下城区各领域现状及发展情况，记录下城区2019年新机遇、新发展和新突破。全书设卷首彩页、特载、年度聚焦、大事记、区情概览、政治、经济、城区建设管理、环境保护、科技、教育、文化体育、卫生、人力资源和社会保障、社会民生、街道、人物、统计资料、附录等类目34个、分目203个，收录条目1206个、随文图照174幅、表格27张，总字数63万字。（吴向东）

《下城年鉴（2020）》（摄于2021年）　　（区档案馆　供稿）

综合考评

【概况】 2021年，区考评办围绕中心大局，统筹联动开展综合考评工作。完善综合考评工作机制，调整综合考评办法，制定各单位、各部门考核细则，加强考评全过程管理、月度研判，推动各项目标任务争先进位。突出重点难点工作和社会评价工作考核，提升考核工作实效和群众满意度。开发区数智考评系统，该系统被纳入杭州市城市大脑应用典型案例。年内拱墅区在市对区综合考评中得分91.74分，居各区县（市）第八位，获良好等次。

【考评工作协调推进】 2021年5月，市考评办对拱墅区2020年度市对区综合考评结果进行反馈，并对拱墅的发展提出建设性意见。行政区划调整后，下城区和原拱墅区考评办召开综合考评工作对接会议，对2020年度市对区综合考评情况、原“两区”综合考评的框架体系及方案细则进行分析和讨论，吸收原“两区”综合考评工作特色做法，根据2021年度市对区综合考评办法和拱墅区实际，征求全区各街道、区直属单位、市直延伸单位意见，制订全区综合考评实施方案。加强与市考评办沟通，统筹推进街道、部门的综合考评，把握各单位、各部门目标任务的推进情况和时间节点，以项目化管理为抓手，推动市对区各项考核目标完成。

【综合考评机制完善】 2021年，拱墅区实施区领导领衔推动制、联席会议决策制、月度通报整改制、考评结果汇报制、市区考核联动制、“督、考、评”一体化绩效管理考评六大机制。区考评办会同区委办、区政府办，对可分解量化、有实际抓手、需重点推动的市对区考评指标和目标任务进行梳理、分析与汇总，实施月通报制度，实时把握任务推进和完成情况，对弱项指标及时落实整改举措，全年编制考评工作专报12期。加强过程性监控，定期会同区委办、区政府办、区委组织部、区统计局等单位，围绕考评指标及目标任务进行研究与督办，协同推动指标争先进位。年末市对区考评中，拱墅区考评指标居全市前三位的10项，居前六位的21项，其中民生福祉行动、能源“三控”（控制能源消费总量、强度和煤炭消费减量替代）、“一城一策”执行成效居全市第一位；规模以上工业企业营业收入利润率、工业战略性新兴产业增加值占规模以上工业增加值比重、人均货物和服务贸易总额居全市第二位。

【社会评价管理】2021年，拱墅区以“创一流业绩，让人民满意”为宗旨，发挥《今日拱墅》、“拱墅发布”微信公众号、区政府门户网站等平台作用，加强社会评价意见征集和整改。区考评办根据下城区和原拱墅区征集到的1207条社会评价意见，研究确定8条代表性意见作为重点整改目标、154条评价意见作为一般整改目标，整改结果纳入街道、区直单位年度综合考评。重点整改目标实行区领导联系制度，并通过《今日拱墅》和区政府门户网站公示。一般整改目标分解至18个街道和36个部门，实行整改目标绩效管理。至年末，全区社会评价意见重点整改目标和一般整改目标均完成整改。区本级社会评价采取阶段性测评和年度测评相结合的方式，并发动“两代表一委员”、基层干部、企业代表、群众代表通过各种途径参与监督和评判。年度考核依据社会评价结果进行统计赋分，作为区委、区政府对街道和部门考核、评价、奖惩的重要依据。市对区社会评价采取电子化评价方式，全区参与评价3046人，从各层面参评代表中征集社会评价意见594条，评价意见涉及民生保障、城市管理等方面，区考评办进行分析梳理后，作为下个年度社会评价意见下达至各相关单位整改，实施市区联动考核。

【“数智考评系统”开发】2021年，区考评办运用数字化思维方式赋能综合考评，通过大数据、云计算、人工智能等技术手段，开发“拱墅区数智考评系统”。该系统设置争先创优、督考联动、绩效反馈3个板块和专项工作、六大行动、创新创优、满意度评价、月度通报、通知公告、督查通知、绩效预警、牵头单位绩效、考评结果10个应用场景，实现核心业务指标化、业务指标数字化、数字应用智治化。优化区综合考评数字驾驶舱，加强对重要经济指标、高质量发展、职能目标等的数字化管理，实时监测指标推进情况，根据预警提醒开展督查督办。拱墅区综合考评数字化改革工作被列入杭州“数智考评”应用场景建设区县试点，区数智考评系统入选杭州市城市大脑应用典型案例。

（路　遥）

机关党建

【概况】2021年，区委直属机关工委辖机关党组织221个，其中党委11个、党总支19个、直属党支部27个、基层党支部164个；有党员3892人，其中新发展78人。区机关工会基层联合会辖基层工会44个，有工会会员2619人。区委直属机关团工委辖7个团支部，有团员166人。区委直属机关妇工委辖基层妇女组织33个。区委直属机关工委以习近平新时代中国特色社会主义思想为指导，学习贯彻党的十九届六中全会精神，落实省、市机关党建工作会议精神，围绕中心工作，加强机关党的建设。开展党史学习教育，举办春训“云课堂”、“六讲六做”大宣讲，机关党组织书记、党务干部300多人次分3批参加教育培训，实现机关党员教育培训全覆盖。完成11个机关党委、19个党总支、191个党支部组建工作。落实数字化改革举措，成立机关数字化专班，打造“机关党建数字驾驶舱和多跨协同应用场景平台”，推进“清廉机关、模范机关”创建，组织机关党员参与新冠肺炎疫情防控、防汛抗台等急难险重任务，机关党建工作的政治领导力、基层组织力、党建协同力和服务融合力持续提升。区委直属机关工委党建创新项目《数字赋能“红色引擎”，提升机关服务基层效能》作为浙江省党建创新“六强”中唯一一个区县（市）项目，获评全国第三届党建创新成果“百优案例”，并入选《全国第三届党建创新成果案例汇编》和《杭州市城市大脑经典案例集》。在浙江省基层党建论坛上，区委直属机关工委做题为《提升考评绩效，助力基层治理》的交流发言。调研文章《党建引领城市社区微治理的运作逻辑与实践路径探究》获浙江省机关党建优秀课题研究成果三等奖和杭州市机关党建优秀课题研究成果特别奖；《数字化改革助力基层党组织践行群众路线的研究——拱墅的实践和探索》获杭州市机关党建课题研究成果一等奖。全年省、市机关党建平台刊登拱墅区机关党建工作的报道20多次，省委直属机关工委常务副书记郑才法专题调研拱墅区机关党建工作并做批示肯定。

2021年7月16日，拱墅区举行区直机关基层党组织组建调整工作部署会
（区委直属机关工委 供稿）

【机关党组织建设】2021年，区委直属机关工委立足“围绕中心、建设队伍、服务群众”的职责定位，把党史学习教育成果转化为推进模范机关创建、夯实基层基础的具体行动，开展“两区”合并后区直机关基层党组织组建调整工作。根据各单位“三定”方案，组织走访调研和摸底调查，召开区直机关基层党组织组建调整工作部署会，印发《关于区划优化调整后区直机关基层党组织组建调整工作的指导意见》，对不同类别的机关党组织进行针对性的指导，做好双向对接，把握时间节奏，按程序进行组建调整。至年末，完成54个单位的党组织组建调整。结合党组织组建调整，实施“党建双强”（“最强党支部”“最强领头雁”）工程，落实具体标准化要求，夯实经常性工作基础，推进“一支部一品牌”创建工作。区委直属机关工委支部被杭州市委组织部评为“最强党支部”。

【实施“双建争先”工程】2021年，区委直属机关工委根据省、市委关于“建设清廉机关、创建模范机关”的要求，实施“双建争先”（建设清廉机关、创建模范机关）工程。制定《创建模范机关实施办法》和“清廉机关”5个方面、16类、50个子项目的建设标准，实行项目化管理和考核，并与培育“最强（过硬）支部”相结合。年内，区委办、区检察院、区人力社保局、区审管办、区文广旅体局创建成为“模范机关”“清廉机关”示范点，推荐区委办参加全市“双建”机关展示。拱墅区《建章立制夯实清廉机关建设成效》做法在省纪委省监委网站编发。

【机关党建数智化】2021年，区委直属机关工委推进机关党建数智化建设。根据数字化改革要求，与杭州市城市大脑研究院、浙江大学公共服务与绩效评估研究中心合作，建设具有“汇总、展示、分析、评价、运用”五位一体功能的机关党建数字驾驶舱和多跨协同应用场景平台，平台设置“墅创堡垒”“墅看蝶变”“墅智分析”“墅读组工”4个板块，构建组织体系、项目体系、绩效体系、绩效预警子菜单，设立拱墅“机关党员服务码”，推动服务管理从模糊的定性评价向精准数据画像转变，实现“一屏掌控”靶向发力联动机关服务资源、“一键智达”流程再造提升服务基层绩效、“一码通办”制度重塑实现服务精准管理等效果，提高党建统领党政机关整体智治水平。

【机关党员干部队伍建设】2021年，区委直属机关工委推动全体机关党员干部在党史学习教育中学、思、践、悟，坚定不移做“两个确立”忠诚拥护者，“两个维护”示范引领者。以固定主题党日活动为载体，落实“书记上党课”制度，利用党建管理平台，对党支部“三会一课”“主题党日”等落实情况建立台账，并进行跟踪管理。建立新任党务干部业务培训、岗位练兵等制度，加强机关党务干部队伍建设。区直机关建设健全以日常监督、专项监督为主体的监督体系，引导党员干部自觉隔离防疫。聚焦重大项目推进、窗口服务规范等方面，引导党员干部在服务大局中担当作为，自觉查找组织作风方面问题，推进全区50多个项目按照清单化要求加快实施。

【开展精准服务】2021年，区委直属机关工委作为全省机关党建工作重点联系点和省“六级结对联建”唯一试点，以党建共建为纽带，联合10个省直机关党委、60多个市直机关党组织，共同成立“运河红盟”，把57个区直机关部门的党组织匹配到18个街道、174个社区，区直机关近3000名在职党员担任企业服务专员，下沉小区开展精准服务，助力基层治理。建立“街道吹哨、部门报到，社区组织、小区集合”机制，常态化开展“三联三领三服务”工作，发动机关党员干部在新冠肺炎疫情防控、防汛抗台、结对帮扶、助企服务等工作中发挥先锋模范作用。全年全区参与结对社区服务的在职党员2800多人，服务基层群众3.11万人次。区直机关党员志愿服务队被评为“杭州市机关志愿服务最美典型”。

（童利军）

保密工作

【概况】2021年，拱墅区委保密委员会认真贯彻落实中共中央总书记习近平关于保密工作的重要指示批示和中央、省委、市委保密委会议精神，印发2021年保密工作要点，围绕服务大局，推进保密规范化建设。加强管理监督，做到年初有部署、年终有考核，压实各级各单位责任，推进定密管理、网络保密管理、涉密人员管理。加强业务培训，提升全区党政机关涉密人员业务水平。开展涉密网络测评及风险评估，全年全区未发生泄密失密事件。

【保密教育培训】2021年，拱墅区国家保密局加强保密宣传教育，筑牢反窃密、防泄密思想防线，制作宣传海报，编发季刊《运河保密天天鉴》和案例通报，组织观看警示教育片，开展保密专题培训。全年举办定密责任人、涉密人员培训4批次，52名原涉密人员和15名新涉密人员参加并通过考核。与服务外包人员、技术运维人员签订保密承诺书，压实所有涉密人员责任。

【保密规范管理】2021年，拱墅区国家保密局加强保密基础设施运维管理，确保密码通信渠道安全畅通。定期开展机房运维巡检，排查消防、电力、屏蔽等隐患，确保密码通信主渠道绝对安全、绝对畅通。委托第三方专业服务机构对全区开展保密评估，完成21个重点单位保密评估，检查非涉密计算机618台，排除风险隐患15处。针对微信、钉钉、QQ等通信工具传递国家秘密失泄密事件多发频发的情况，拱墅区开展专项整治，加强常态化保密监管，督促各单位落实定密管理、网络保密管理和涉密人员管理规定，规范定密解密工作。

【重大会议活动保密服务保障】2021年，拱墅区国家保密局加强重大会议活动保密服务保障，将保密工作贯穿会议活动全过程，严格智能电子设备使用保密管理，保障涉密会议线路安全稳定，全年完成涉密会议保障120多场。根据新冠肺炎疫情防控需要，启动突发事件应急预案，对疫情类电报“随到随办”，确保各项指令收发及时高效。协同区教育、卫生等部门，做好全国和省、市各类考试安全保密工作。

（蒋晓音）

档案管理

【概况】2021年，区委办、区档案局印发《关于区划优化调整中加强档案管理规范档案处置的实施意见》《关于做好各搬迁单位档案安全工作的通知》，确保行政区划调整中档案资料的完整、安全和档案工作的连续性，实施档案全过程服务、全方位监管。推进档案数字化转型工作，实现政府行政部门服务事项电子化归档常态化，结合区划调整后分工变动情况，组织档案管理人员业务培训，指导做好档案归档处置，有序完成待归档数据“零积存”。优化数字档案系统，制定系统融合和数据迁移预案，确保系统运行平稳过渡。全年组织档案执法检查14次，掌上执法检查率、行政执法检查事项监管覆盖率、“双随机”执法检查事项覆盖率、“双随机”执法信息公开率均100%。至年末，区档案馆馆藏档案7.41万卷、17.14万件。

【档案服务基层社会治理】2021年，区档案局在祥符街道开展档案服务基层社会治理试点工作，试点构建区、街道、社区三级档案工作管理网络，研发社区数字档案室模块，将17个社区的档案资料全部接入档案管理系统，并落实专人负责系统管理。年内，区档案局完成祥符街道2020年度档案电子归档746件、153卷，内容涵盖社区组织换届、示范创建、社会管理等方面，并完成所有社区档案整理及归档工作，社区档案涉及文书档案14811件、数码照片档案403件、实物档案195件、享受低保家庭档案600卷。优化基层档案公共服务，推进“最多跑一次”“查档不出社区”等服务进一步向社区延伸。全区170个社区均建立社区查档代办员队伍，通过查档引导、查档代办2种方式为居民提供查档便利。

【档案开发利用】2021年，区档案局（区档案馆）建立健全档案开放审核与公布机制，保障档案开放审核工作法治化、规范化、常态化。加大档案数据开放力度。对30年到期档案进行开放鉴定，完成开放鉴定档案12981件。完善窗口服务功能，推动异地查档工作提质增效，推进网上办、掌上办、就近办，促进档案服务均等化、标准化。全年区档案馆提供查档服务3901次，其中线上查档1699次、网上咨询42次、电话咨询764次。

2021年6月9日，区档案馆在运河文化广场举办“百年恰是风华正茂”主题档案展览 （区档案馆 供稿）

【档案接收】2021年，区档案馆完成区委编办、区卫健局、区总工会、区妇联、区发改经信局、区政协办、区委统战部档案资料接收进馆工作，接收进馆文书档案7648件、会计档案1067卷、业务档案68卷、实物档案38卷件、照片档案130卷、光盘档案752卷、印章档案226卷。对暂不进馆单位档案做好清点及移交指导。与区发改经信局、杭州侨丰机电设备有限公司沟通对接，对该公司改制前的部分资料进行整理归档，接收进馆文书档案148卷、特种载体33卷、会计档案1315卷。做好脱贫攻坚档案和疫情防控档案归集工作，收集两类档案1631件，并完成档案整理及数字化工作。

【档案宣传】2021年6月，区档案局（区档案馆）围绕“档案话百年”主题，将宣传党的历史和弘扬兰台文化有机结合，策划形成多样的档案宣传活动。与《中国档案报》合作开设《运河遗梦》专栏，连续12期登载宣传运河文化、深挖“拱墅记忆”的文章。结合史料线索整理汇总，梳理小河街道相关图片资料37张，向省档案馆报送浙江电视台系列节目《跟着档案去旅行》相关材料及策划方案。印发《关于加强红色文物故事征集的通知》，向各单位征集红色文物故事。参与市档案局举办的“‘我们’论坛暨党办系统档案业务能力提升比学赶超活动”获三等奖。举办“家庭档案进社区”活动和“百年恰是风华正茂”主题档案展览，向社区居民发放宣传资料，征集中国共产党成立以来有意义有价值的照片和实物。与有关部门合作，开展献礼中国共产党成立100周年书画作品征集，发起“档案话百年”主题征文活动，书画《红梅颂》、“拱墅党史大型红色宣教片”和宣纸刺绣“荷花芦雁图”3件作品入藏区档案馆。向杭州青少年活动中心捐赠记录拱墅区发展历程馆藏资料。组织党史、档案法知识竞赛和收看国家档案局“6·9”国际档案日线上专题讲座。利用“拱墅档案”微信公众号,举办电子展览,多角度展现拱墅区档案文化。（吴向东）

关心下一代工作

【概况】2021年,拱墅区有各级关工委组织422个、区关工委“五老”(老干部、老战士、老专家、老教师、老模范)团队4个。团队中讲师团23人、关爱团21人、指导团10人、调研团20人。区关工委以中共中央总书记习近平对关心下一代工作的重要讲话精神为指引,以庆祝中国共产党成立100周年为工作主线,突出“红船味”“关工味”,发挥“五老”作用,策划开展青少年主题教育15场。开展“关爱明天、普法先行”青少年普法教育6场,“五老”关爱团开展社会调查、社区矫正工作,构建青少年法制关爱体系。各街道、社区根据自身实际,开办形式多样的“假日学校”,开展各类夏令营活动。全区创建“五好”关工委291个,创建率69.0%。杭州市关工委名誉主任吴键、副主任吴春莲到拱墅区调研,肯定拱墅区关工委工作。辖区华东师范大学附属杭州学校被评为“杭州市关心下一代教育基地”。

【青少年党史学习教育】2021年,区关工委组织开展青少年党史学习教育,发动拱墅区“五老”团队撰写符合青少年认知特点的宣讲稿,采取线上线下相结合方式,鼓励“五老”团队进社区、进企业、进校园、进党员驿站、进“云端”,用亲身经历和深切感受开展宣讲,引导青少年树立知史爱党、知史爱国和传承红色记忆、筑牢信仰之基的政治自觉。“五老”讲师团在杭州汽车高级技工学校、杭州市建新小学等学校开展党史宣讲,以“学党史,欢庆中国共产党百年华诞”“你知道的中国”“听党员爷爷讲故事”等为主题,通过图片、视频等形式,让党史学习更具真实性、生动性和亲历感。康桥街道关工委成立“银龄宣讲团”,以红旗书屋为阵地,面向社区青少年宣讲党史。长庆街道新华坊社区与区“五老”讲师团合作举办“同心守护100年红色藏品展”,组织青少年通过读文字、看图片、听故事的方式重温党史,唤醒“红色记忆”,坚定理想信念。

【青少年普法宣传教育】2021年,区关工委深入贯彻落实中共中央总书记习近平关于未成年人保护工作的重要指示精神,联合政法、教育等部门,做好普法宣传和法制教育工作。开展“创建青少年零犯罪、零受害社区”活动,“五老”关爱团深入学校进行普法宣传,协助拱墅区社区矫正社会服务中心对在矫人员进行帮扶教育,形成并提交《2021年拱墅区未成年人犯罪情况统计分析报告》,增强青少年法制教育工作的针对性和影响力。

【基层关工委品牌创建】2021年,拱墅区各街道关工委、社区关工小组深化“一街一品”“一社一品”活动。区关工委结合开展阶段性评估工作,深化基层关工委品牌内涵,进一步提升品牌影响力。年内,区关工委挖掘、培育康桥街道康乐社区“康乐艺家”青少年俱乐部、上塘街道拱宸社区“宸星璀璨”青少年教育活动基地、半山街道云锦社区“少年派书苑”、小河街道董家新村社区“快乐巴士”青少年青春健康教育基地、大关街道“百姓学堂”教育基地5个新品牌。拱宸桥街道蚕花园社区“生态种植园”、杭州市“花生园”青少年劳动实践教育基地、拱墅区青少年活动中心(劳技科技实践基地)、杭州市现代实验小学“现代三项”劳动教育基地4个品牌项目获杭州市关心下一代基金会资助。

【扶贫助学】2021年,区关工委与区教育局、各街道关工委联合开展第十一届“拱墅奋飞奖”评选活动,对评选出的100名勤奋好学、奋发向上的青少年进行表彰,并资助奖励资金6万元。区青少年活动中心关工委组织教师为湖北省恩施土家族苗族自治州巴东县神农中小学的学生制作祈福红包100个,为孩子们助学圆梦。区教育局关工委选派2名骨干教师赴新疆阿克苏地区开展支教活动。康桥街道关工委与杭州新城实验幼儿园开展“爱心义卖·传递温暖”活动,所获善款2724.5元全部捐给贵州山区贫困家庭的孩子们。

【青少年献礼建党百年活动】2021年5月28日，由杭州市长寿桥小学关工委、杭州市长寿桥岳帅小学关工委主办的“童心永向党，奋斗新征程”献礼中国共产党成立100周年暨庆“六一”活动在省人民大会堂举行。活动由“百年初心”“致敬英雄”“超越梦想”“砥砺奋进”4个篇章组成，并由微党课、微团课、微队课3堂微课串联起整场活动。现场展出孩子和老师为庆祝中国共产党成立100周年制作的蜡染、青花瓷、剪纸、超轻黏土、绘画等艺术作品。

2021年7月19日，“银天书院，让爱发生”2021年银天书院公益夏令营开营仪式在浙江展览馆举行　（区关工委 供稿）

【运河小公民节】2021年6月11日，以“承百年薪火，筑少年之梦”为主题的第十一届“运河小公民节”启动仪式在杭州市新华实验小学举行，节目表演包括情景剧、诗朗诵、“小先锋大擂台”现场赛、“红领巾议事厅”等，通过线下展示+线上直播方式，回顾党的历史，激发小公民对党、对祖国的感恩和热爱。活动历时6个月，全区80多所中小学的10多万名青少年参加。各校与社区结成共建单位，通过开发体育特色项目，展示新时代少年风采。杭州市德胜小学等8所学校分别开展青少年献礼建党百年活动。其中，杭州市德胜小学、杭州市莫干山路小学、杭州市胜蓝实验小学分别以“献礼百年伟业，展现时代少年风采”“红船映初心，立志向未来”“携手小凤凰，传承新丝路，共筑领巾梦”为主题开展“运河小公民节”分会场主题教育，展示拱墅区运河小公民的精神风貌。

【“小候鸟”公益夏令营活动】2021年7月19日，天水街道关工委和杭州银泰商业集团共同开办的“银天书院”在浙江展览馆举办第七届公益夏令营开营仪式，来自全国各地的70多名“小候鸟”在家长陪同下参加。夏令营开设唱红歌、小报制作、武术操、趣味国画、中英文双语朗诵、漫画书签设计、剪纸、魔术等课程及“红色初心”“航空追梦”“小莲清风廉运”“职业体验”等每周一次的外出社会实践活动。“银天书院”创办于2015年，累计为2400多名“小候鸟”提供托管、培训、教育和社会实践服务。　（周　博）

杭州市拱墅区人民代表大会

综　述

【概况】2021年，拱墅区有省人大代表20人、市人大代表79人、区人大代表331人。区人大常委会组成人员34人，其中主任1人、副主任6人、委员27人。区人大设监察和法制司法、财政经济、社会建设3个专门委员会。区人大常委会设办公室及监察和法制司法、财政经济、城建环保、教科文卫和民宗侨、代表、社会建设6个工作委员会。全区18个街道设人大街道工作委员会。区人大常委会认真贯彻落实习近平法治思想和关于坚持和完善人民代表大会制度的重要思想，坚持党的领导、人民当家作主、依法治国有机统一，践行全过程人民民主，依法履行职责。全年举行常委会会议7次、主任会议18次，听取和审议专项工作报告18个，组织开展执法检查、满意度测评、工作评议、专题视察9次，做出决议、决定9个，发出审议意见函16件，依法任免国家机关工作人员255人次。

【人大依法履职】2021年，区人大常委会坚持向区委请示报告制度，做到重大问题、重要事项、重点工作情况向区委请示报告。召开拱墅区人民代表大会会议，完成区政府、区监委、区法院、区检察院及政府组成部门负责人任命，推进行政区划优化调整后政权机关依法、有序、高效运行。围绕“六大专项行动”“十大克难攻坚重点项目”等全区重点工作，加强调研监督，助推区委各项决策部署落实落地。开展新冠肺炎疫情防控专项监督，助推疫情防控和经济社会发展“两战赢”。完善区人大常委会党组议事规则，坚持主任会议和常委会会议的重要审议事项先由党组会议研究讨论，发挥党组把方向、管大局、保落实的领导作用。

【区人大常委会自身建设】2021年，区人大常委会围绕“四个机关”（自觉坚持中国共产党领导的政治机关、保证人民当家作主的国家权力机关、全面担负宪法法律赋予的各项职责的工作机关、始终同人民群众保持密切联系的代表机关）的定位要求，加强自身建设，提升履职能力与水平。坚持区人大常委会党组理论中心组学习制度，运用“线上＋线下”方式开展专题培训，组织50名常委会委员、人大代表、机关工作人员到贵州遵义开展红色教育培训，在杭州市临安区委党校举行共同富裕专题培训。转变工作作风，开展“进社区访民情解民忧”蹲点调研、“三联三领三服务”活动，组织机关党员干部深入基层、社区、企业讲政策、访民情、听建议、办实事，参加疫情防控、防汛抗台、文明执勤等志愿服务。加强常委会及机关制度建设，为常委会依法履职、规范工作提供制度保障。按照政治过硬、作风过硬、本领过硬要求，开展法律法规及人大业务专题培训，健全“调查研究月”“工委领衔年度调研课题”等工作机制，加强机关干部队伍建设，提升干部能力水平。　　（宋玉凤）

重要会议

【区人民代表大会会议】2021年5月7—8日，拱墅区人民代表大会会议举行，应到代表381人，实到代表357人。会议听取和审查拱墅区人民政府（筹）工作报告、拱墅区人民代表大会常务委员会（筹）工作报告、拱墅区人民法院（筹）工作报告、拱墅区人民检察院（筹）工作报告；审查和批准《关于拱墅区2020年国民经济和社会发展计划执行情况与2021年国民经济和社会发展计划草案的报告》，批准拱墅区2021年国民经济和社会发展计划；审查和批准《关于拱墅区2020年财政预算执行情况和2021年财政预算草案的报告》，批准拱墅区2021年区级预算。会议选举区人大常委会主任、副主任，区政府区长、副区长，区监委主任，区法院院长，区检察院检察长，区人大常委会委员；票决确定拱墅区10件民生实事项目。

2021年5月14日，区人大常委会第一次会议举行　　（区人大办　供稿）

【区人大常委会会议】 2021年，下城区第十五届人民代表大会常务委员会举行会议4次，即人大常委会第三十七次至第四十次会议。原拱墅区第七届人民代表大会常务委员会举行会议4次，即人大常委会第三十九次至第四十二次会议。区划优化调整后，拱墅区人民代表大会常务委员会举行会议7次，即区人大常委会第一次会议至第七次会议，完成议题36项，主要议题有：听取和审议《拱墅区国民经济和社会发展第十四个五年规划和二〇三五年远景目标纲要（草案）》、区政府关于《浙江省数字经济促进条例》贯彻执行情况等专项报告18个，审议并表决通过《关于设立区人大常委会代表资格审查委员会的决定（草案）》等决议决定9项，以及人事任免事项。（宋玉凤）

2021年拱墅区人大常委会会议一览表

表3

届　次	时　间	主要议题
拱墅区七届人大常委会第三十九次会议	1月20日	审议并表决通过关于接受马利阳辞去杭州市第十三届人民代表大会代表职务的决定；依法补选杭州市第十三届人民代表大会代表；书面审议区政府关于2020年度法治政府建设情况的报告
下城区十五届人大常委会第三十七次会议	1月22日	做出接受有关代表辞去市十三届人大代表职务的决议；补选市十三届人大代表
拱墅区七届人大常委会第四十次会议	3月16日	听取区人大各街道工委关于2020年工作情况和2021年工作计划的报告；审议并表决通过区人大常委会关于区人大各街道工委工作报告的决议；审议并表决通过杭州市拱墅区人民代表大会常务委员会关于2020年区政府民生实事项目完成情况满意度测评办法（草案）；听取区政府关于2020年民生实事项目完成情况的报告，并进行满意度测评；通报区人大常委会2021年拟安排的重点工作
下城区十五届人大常委会第三十八次会议	4月2日	听取和审议区政府关于法治政府建设情况的报告；听取和审议各人大街道工委2020年工作情况和2021年工作计划的报告，并做出相应决议

续表3

届　次	时　间	主要议题
下城区十五届人大常委会第三十九次会议	4月15日	听取关于补选下城区第十五届人大代表的方案，做出关于补选下城区第十五届人大代表的决定
拱墅区七届人大常委会第四十一次会议	4月15日	听取关于补选拱墅区第七届人民代表大会代表的方案，审议并表决通过关于补选拱墅区第七届人民代表大会代表的决定
下城区十五届人大常委会第四十次会议	4月30日	做出关于接受庞伟民辞去下城区第十五届人大代表职务的决定；审议并表决通过区十五届人大常委会代表资格审查委员会关于终止代表资格和个别代表的代表资格审查的报告
拱墅区七届人大常委会第四十二次会议	4月30日	审议并表决通过区七届人大常委会代表资格审查委员会关于个别代表的代表资格审查报告
拱墅区人大常委会第一次会议	5月14日	审议并表决有关人事任命事项
拱墅区人大常委会第二次会议	7月8日	审议并表决通过区人大常委会2021年工作要点（草案）；听取和审议杭州市拱墅区国民经济和社会发展第十四个五年规划和二〇三五年远景目标纲要（草案）；听取和审议区政府关于2020年政府重大投资项目计划执行情况和2021年政府重大投资项目计划（草案）的报告；听取和审议区政府关于康贤路（康桥路—平炼路）道路工程等6个政府重大投资项目的报告；审议并表决通过关于设立杭州市拱墅区人民代表大会常务委员会代表资格审查委员会的决定（草案）；审议并表决通过杭州市拱墅区人民代表大会常务委员会工作委员会兼职委员名单（草案）；审议并表决通过杭州市拱墅区人民代表大会常务委员会街道工作委员会委员名单（草案）；审议并表决通过有关人事任免事项
拱墅区人大常委会第三次会议	8月31日	听取和审议区政府关于拱墅区2021年上半年国民经济和社会发展计划执行情况的报告；听取和审议区政府关于拱墅区2020年决算草案和2021年上半年预算执行情况的报告；听取和审议区政府关于2020年度拱墅区本级预算执行和其他财政收支的审计工作报告；书面审议区政府关于2020年度环境状况和环境目标完成情况的报告；审议并表决通过有关人事任免事项
拱墅区人大常委会第四次会议	9月24日	审议并表决通过杭州市拱墅区人民代表大会常务委员会关于杭州市拱墅区人民代表大会换届选举有关事项的决定；审议并表决通过杭州市拱墅区人民代表大会常务委员会关于设立杭州市拱墅区选举委员会的决定
拱墅区人大常委会第五次会议	11月4日	听取和审议区政府关于拱墅区国有资产管理情况的报告；听取和审议区政府关于安置房建设工作情况的报告；听取和审议区政府关于《浙江省数字经济促进条例》贯彻执行情况的报告、区人大常委会执法检查组关于《浙江省数字经济促进条例》实施情况的报告；审议并表决通过《关于开展第八个五年法治宣传教育的决议》；审议并表决通过关于确定区法院人民陪审员名额的决定；审议并表决通过有关人事任免事项；听取和审议区政府关于“阳光小伢儿”婴幼儿照护体系建设情况的报告，并进行专项工作评议；听取和审议区政府关于安全生产工作情况的报告，并开展专题询问；听取和审议区检察院关于未成年人检察工作情况的报告，并对部分检察官开展履职评议
拱墅区人大常委会第六次会议	12月23日	审议并表决有关人事任免事项

续表3

届　次	时　间	主要议题
拱墅区人大常委会第七次会议	12月30日	听取和审议区政府关于拱墅区2021年预算调整的报告；听取和审议区政府关于育苗变电站东侧220千伏线路上改下工程政府重大投资项目的报告；听取和审议区政府关于邵逸夫医院大运河分院项目建设进展情况的报告；听取和审议区政府关于2020年度本级预算执行和其他财政收支审计查出问题整改情况的报告；听取和审议区政府关于老旧小区综合改造提升工作情况的报告，并进行满意度测评；审议并表决通过杭州市拱墅区人民代表大会常务委员会关于2021年区政府民生实事项目完成情况满意度测评办法；听取和审议区政府关于2021年度政府民生实事项目完成情况的报告，并进行满意度测评；通报拱墅区第一届人民代表大会代表选举工作情况；审议并表决通过杭州市拱墅区人民代表大会常务委员会代表资格审查委员会关于拱墅区第一届人民代表大会代表资格的审查报告

重大事项决定

【概况】2021年，区人大常委会贯彻中央和省委、市委有关规定，健全人大讨论决定重大事项制度，完善政府重要决策出台前向人大报告的实施办法，围绕区委决策部署和中心工作，依法行使重大事项决定权，实现党的主张与人民意志的有机统一。依法依规界定重大事项的范围和重点，探索创新决定权的行使方法，确保重大事项决定权规范行使和有效落实。

【拱墅区代表资格审查委员会设立】2021年7月8日，根据《中华人民共和国地方各级人民代表大会和地方各级人民政府组织法》第五十条的规定，拱墅区人民代表大会常务委员会第二次会议决定设立杭州市拱墅区人民代表大会常务委员会代表资格审查委员会。组成人员为主任委员1人、委员6人。代表资格审查委员会对拱墅区第21、第45、第46选区分别依法补选的3名代表资格进行审查，确认代表选举符合法定程序，其代表资格有效。

【拱墅区选举委员会设立】2021年9月24日，根据《中华人民共和国全国人民代表大会和地方各级人民代表大会选举法》的规定，区人大常委会第四次会议决定设立杭州市拱墅区选举委员会。组成人员为主任1人、副主任3人、委员22人。区选举委员会下设办公室。区选举委员会在区人大常委会领导下，主持区人民代表大会代表选举工作。街道设立选举办事处，承办区域内选举区人民代表大会代表的具体事务。拱墅区选举委员会组成人员由区人大常委会依法任命，拱墅区选举委员会各街道选举办事处和驻军单位选举工作协调领导小组的组成人员由区选举委员会任命。

【换届选举事项决定】2021年9月24日，根据《中华人民共和国全国人民代表大会和地方各级人民代表大会选举法》《浙江省县、乡两级人民代表大会代表选举实施细则》的规定和省委、市委、区委文件精神，区人大常委会第四次会议就区人大换届选举的时间和代表名额分配等事项做出决定。根据省十三届人大常委会第二十八次会议决定，拱墅区人民代表大会代表名额为341名，代表名额具体分配到各选区；换届选举日为2021年12月15日，选举工作计划、选民登记政策由拱墅区选举委员会统一制订。

【人民陪审员名额确定】2021年11月4日，根据《中华人民共和国人民陪审员法》《人民陪审员选任办法》的有关规定和浙江省高级人民法院《关于深入贯彻落实〈中华人民共和国人民陪审员法〉的通知》等相关要求，区人大常委会第五次会议听取和审议区法院《关于提请审议确定人民陪审员名额的议案》，通过关于确定人民陪审员名额的决定，区法院人民陪审员名额为600名。

【第八个五年法治宣传教育】2021

年11月4日，区人大常委会第五次会议通过关于开展第八个五年法治宣传教育工作的决议。会议肯定拱墅区实施法治宣传教育第七个五年规划取得的成绩。决定从2021年到2025年在拱墅区全体公民中开展第八个五年法治宣传教育工作。该工作由区政府负责实施，区政府统筹抓好“八五”法治宣传教育，并向区人大常委会报告法治宣传教育开展情况。

【年度预决算批准】 2021年8月31日，区人大常委会第三次会议通过关于批准2020年拱墅区决算的决议。会议听取和审议区财政局、区审计局受区政府委托分别做的《关于拱墅区2020年决算草案和2021年上半年预算执行情况的报告》《关于2020年度杭州市拱墅区本级预算执行和其他财政收支情况的审计工作报告》。会议对拱墅区2020年决算草案报告进行审查，同意区人大财政经济委员会提出的审查报告，决定批准2020年拱墅区决算。12月30日，区人大常委会第七次会议听取和审查区财政局受区政府委托做的《关于拱墅区2021年预算调整的报告》，决定批准区政府提出的2021年区财政预算调整方案及政府新增债务预算草案。（宋玉凤）

人大监督

【概况】 2021年，区人大常委会履行宪法法律赋予的职责，依法开展重点工作监督、专项工作监督，加大对“十四五”规划实施、产业发展新格局打造、数字化改革实践、法治拱墅建设、民生事业发展和美丽拱墅建设等工作的监督力度，保障重大规划落地、重点工作落实、重大工程推进，推动拱墅区改革发展行稳致远。

【财经监督】 2021年，区人大常委会听取和审议年度国民经济和社会发展计划执行情况、“十四五”规划和远景纲要（草案）等报告。专题调研制造业、数字经济、商旅文融合情况，组织人大代表建言献策，助推全区经济转型升级、提质增效。推动营商环境持续优化，听取区政府有关部门招商引资、招才引智情况报告，加强对民营经济高质量发展、“最多跑一次”改革等工作监督，促进各类惠企助企政策精准落地。开展区政府“产业振兴”攻坚行动实施情况视察，助力打造拱墅区特色产业优势和核心竞争力。建立健全重大项目全周期闭环监督机制，助推邵逸夫医院大运河分院、杭州音乐厅等重大项目建设提速、质量提高。加强对财政扶持资金使用、招商引资绩效、安商稳商绩效、PPP项目绩效、国有企业投资绩效等工作监督，督促财政资金规范高效使用。动态关注政府债务限额及隐性债务情况，建立国有资产闭环式监督机制，守牢政府性债务风险底线。对审计查出问题的整改情况开展专题询问，推动问题整改取得实质性成效。

【司法监督】 2021年，区人大常委会以法治思维履行职责行使权力，保障司法公正，维护公平正义。组织开展公安专项安保工作视察，维护全区政治安全和社会稳定。依法做出开展第八个五年法治宣传教育工作的决议，听取审议法治政府建设情况报告，推进“最美基层立法联系点”建设。组织人大代表开展防范电信网络诈骗“五个一”（组织一次集中授课培训、发放一封公开信、开展一次反诈集中宣传、安装一个反诈App、组织一次专项检查）主题活动，推动全区完善防范电信网络诈骗工作体系。开展区检察院检察官履职评议，促进司法工作能力水平提升。对《浙江省数字经济促进条例》的施行情况开展执法检查，确保法律法规得到有效实施。坚持党管干部与依法行使任免权相统一，确保党组织推荐的人选经过法定程序成为国家机关领导人员。加大人大信访工作督办力度，全年处理群众来访、来信、来电43件（次）。

【民生工作监督】 2021年，区人大常委会坚持民有所呼、我有所应，推动人大工作紧贴民心、满载民意。围绕教育公平，对拱墅区教育培训机构转型难等问题进行研究探索，提出具有可操作性的意见建议，为区委提供决策参考。关注“三孩”政策实施后辖区人口出生及生育保障、婴幼儿健康服务工作落实情况，专题听取和审议区政府关于婴幼儿照护服务体系建设情况报告，并开展专项评议，进行满意度测评，助力婴幼儿照护服务体系建设规范化、多层次，拱墅区婴幼儿照护服务工作成为全国、全省样本。

【城建监督】2021年，区人大常委会听取和审议区政府关于安置房建设工作情况报告，健全常委会每月一督查、属地人大街道工委常态督查工作机制，助推安置房建设提速提质。开展亚运场馆及基础设施建设情况专项视察，推动东新路整治工程争创全市迎亚运道路整治标杆项目。听取和审议区政府关于老旧小区综合改造提升工作情况报告，创新"问诊式"监督模式，通过人大代表深入一线"把脉"、代表小组集中监督"诊察"、常委会视察审议开"处方"、开展满意度测评做"回访"监督方式，对老旧小区改造提升等工作开展跟踪监督问效，助力拱墅区老旧小区改造提升工作成为全国样板。开展全区环境状况及环境目标完成情况调研分析，助力全区打好污染防治攻坚战。

（宋玉凤）

2021年7月22日，区人大常委会组织代表到大运河亚运公园视察亚运场馆建设情况 （区人大办 供稿）

人事任免

【概况】2021年，区人大常委会加强和改进人事任免工作，坚持拟任命人员任前法律资格考试、任后颁发任命书等制度，开展对拟任命人员任前资格审查和公示，落实新任命的国家工作人员向宪法宣誓制度。全年组织法律知识考试7次，参加人员209人。依法任免国家机关工作人员255人次，其中任免区法院、区检察院工作人员178人次。

【人事任免事项】2021年，区人大常委会第一次至第六次会议任免区人大专门委员会、区人大常委会专门机构及工作机构组成人员19人次，区政府组成部门主要负责人30人次，区监委组成人员8人次，区法院审判人员131人次，区检察院检察人员47人次，人大街道工委负责人20人次。

（宋玉凤）

视察与调研

【概况】2021年，区人大常委会通过组织视察活动，对区委重大决策部署落实情况开展监督。对公安专项安保工作、亚运场馆及配套设施建设情况、"产业振兴"攻坚行动实施情况、公共文化服务体系建设情况、"新时代枫桥式退役军人服务站"建设情况及区级民生实事项目完成情况等开展实地调研、集中视察、集中审议，全年开展视察与调研活动150多次。

【公安专项安保工作视察】2021年6月24日，区人大常委会组织区人大代表对辖区公安专项安保工作情况进行视察，召开汇报审议会，听取并审议区政府关于公安专项安保工作情况报告，提出要进一步压实政治责任，健全组织，落实举措，以安保维稳优异成绩检验党史学习教育和政法队伍教育整顿成效。视察活动由区人大常委会主要领导带队，参加视察人大代表29人。

【亚运场馆建设情况调研】2021年7月22日，区人大常委会组织区人大代表视察亚运场馆及配套设施建设情况，召开汇报审议会，听取并审议相关工作情况报告，提出要抓住机遇，优化环境，推动城市能级提升；加强管理，提高质量，打造优质精品工程；加快进度，确保安全，保障亚运场馆如期建成等建议。要求区政府强化组织领导体系和工作机制，加强亚运场馆和基础设施建设检查考核。年内，拱墅运河体育公园场馆群建成开放，中国·杭州电竞中心基本完工，杭州市体育馆完成改建。

【“产业振兴”攻坚行动实施情况检查】2021年7月30日，区人大常委会组织区人大代表检查“产业振兴”攻坚行动实施情况，召开汇报审议会，听取并审议区政府关于拱墅区“产业振兴”攻坚行动实施情况报告，针对拱墅区产业转型升级任务艰巨、体制机制融合需要加快、政策体系有待进一步完善等问题，提出要聚焦产业中心规划布局，进一步提振产业发展动力；强化扶持政策引导，进一步加大产业发展力度；强化服务要素保障，进一步打造一流营商环境等建议。

【公共文化服务体系建设专题询问视察】2021年9月3日，区人大常委会组织区人大代表专题询问视察公共文化服务体系建设情况，召开汇报审议会，听取并审议区政府关于拱墅区公共文化服务体系建设情况报告，提出要加强融合，统筹构建文化阵地新格局；突出特色，做优做强文化品牌新名片；精准服务，积极探索文化服务新途径等建议。拱墅区加大公共文化服务体系建设力度，首创区公共文化服务绩效评估机制，全区形成“10分钟文化圈”。

【“新时代枫桥式退役军人服务站”建设情况调研】2021年9月28日，区人大常委会组织部分区人大代表视察“新时代枫桥式退役军人服务站”建设情况，召开汇报审议会，听取并审议区政府关于拱墅区“新时代枫桥式退役军人服务站”建设情况报告，提出进一步提高政治站位、进一步发挥站点功能、进一步加强队伍建设等建议。根据区人大常委会视察建议，全区加快构建区、街道、社区三级退役军人服务保障体系，建成“新时代枫桥式退役军人服务站”187个。（宋玉凤）

2021年7月30日，区人大常委会组织区人大代表检查“产业振兴”攻坚行动实施情况（区人大办 供稿）

人大代表工作

【概况】2021年，区人大常委会加强人大代表履职服务保障，尊重人大代表主体地位，支持和保障人大代表依法履职。完善人大代表履职管理考核机制，提升人大代表政治理论水平、法律法规素养和依法履职能力。组织人大代表参与调研视察、执法检查、专项监督等活动，为开创拱墅区新时代高质量发展共同富裕示范新局面建言献策。深化人大代表联络站建设，实施街道居民议事会议制度。全区有线下人大代表联络站43个、线上人大代表联络站18个、被评为杭州市最美人大代表联络站10个。

【人大代表换届选举】2021年，区人大常委会依法做好区人大代表换届选举工作。按照法定程序，加强组织领导和统筹协调，把好人大代表政治关。制定疫情防控各项应急预案，保障换届选举有序进行。12月15日，拱墅区201个选区依法选举产生拱墅区第一届人民代表大会代表331名，选民参选率94.1%，各选区选举均一次成功。

【人大代表履职能力提升】2021年，区人大常委会健全区人大、人大街道工委、代表小组三级培训机制，采取实地考察、线上授课等方式，开展人大代表培训活动，参加培训441人次。常态化邀请人大代表列席区人大常委会会议、参与执法检查和专项工作评议，参加人大代表225人次，人大代表通过形式多样的履职活动助推全区中心工作。开展“最美人大代表”“最美街道居民议事会议成员”等最美系列风采展示宣传活动，提升人大代表履职积极性。

【人大代表主题活动】2021年，区人大常委会开展“民呼我为，人大代表为新拱墅建功立业”代表统一活动日、“833”为民行动等主题活动，做到民情收集全方位、全天候、全覆盖。全年省、市、区三级人大代表参加活动439人次，提出意见建议269条。

▶资料：“833”为民行动

“8”即人大代表通过进社区、进医院、进园区、进企业和经济合作社、进学校、进城管执法中队、进派出所及进市场监管所收集社情民意；第一个“3”指“三路径”，即人大代表通过“八进”、联络站接待选民、设置意见箱及群众来信来访等路径畅通民情民意收集渠道；第二个“3”指“三个一”，即“一月一活动”“一月一交办”“一月一反馈”。

【人大代表联络站建设】2021年，区人大常委会加强代表履职平台建设，规范人大代表联络站工作，实行人大代表联络站“571”工作法（“5”指区域全覆盖、代表全参与、活动全年度、内容全方位、办理全过程；“7”指代表活动有场地、有人员、有制度、有计划、有活动、有记录、有保障；“1”指工作创新），加强人大代表联络站管理、使用和融合工作。全年人大代表联络站开展接待活动258次，人大代表进站接待选民616人次，收集意见建议172条，建议解决率78%。（宋玉凤）

人大街道工委

【概况】2021年，区人大常委会加强对街道人大工作的联系指导，通过配强工作力量、加强工作培训等方式，推进人大街道工委建设。年内，18个街道工委负责人全部到位，各街道落实街道人大办负责人和联络员，打造有担当、有能力、有作为的基层人大队伍。

【人大街道工委制度建设】2021年，区人大常委会及各街道工委贯彻落实《浙江省街道人大工作条例》，邀请省人大常委会有关专家对《浙江省街道人大工作条例》进行解读，研究制定《拱墅区人大常委会街道工作委员会工作规则》，印发《拱墅区人大常委会街道工作委员会工作评估办法（试行）》，从大会期间工作、闭会期间活动、自身建设、信息宣传和加分工作5个方面对街道工委工作进行评估，提升街道人大工作水平。

【人大街道工委作用发挥】2021年，区人大常委会发挥人大街道工委作用，建立健全专项视察、常态督查、代表联络、绩效评价等监督机制，推动各人大街道工委开展民生实事项目“代表监督季”活动。各人大街道工委围绕所监督的民生实事项目开展专项视察，紧盯民生实事项目年度计划、实施进度、工程质量等关键环节开展全过程监督。全年人大街道工委开展民生实事项目视察监督活动21次，参加代表195人次，提出意见建议86条。

【街道居民议事会议制度实施】2021年，区人大常委会深化街道居民议事会议制度，拓宽议事内容，规范议事机制，在18个街道建立“居民议事厅”，成立居民议事财政预决算、国有资产管理和意见建议交办3个监督小组，规范开展议事工作。全区街道居民议事会有成员1313人，其中6人入选市“最美街道居民议事会议成员”风采展示名单。全年召开街道居民议事会议31次，开展监督活动36次，收集意见建议155条。（宋玉凤）

杭州市拱墅区人民政府

综　述

【概况】2021年，区政府坚持以习近平新时代中国特色社会主义思想为指导，贯彻落实中共中央总书记习近平对浙江、杭州的重要指示精神，围绕高质量发展建设共同富裕示范区目标，一手抓区划优化调整，一手抓经济社会发展，实现“十四五”良好开局，拱墅区迈出建设社会主义现代化国际大都市中心城区坚实步伐。全年实现地区生产总值1968.6亿元，比上年增长8.1%；财政收入322.04亿元，增长7.3%；一般公共预算收入179.5亿元，增长6.9%；金融业增加值625.1亿元，增长6.1%，绝对值和占地区生产总值比重均列全市区县（市）第一位；数字经济核心产业增加值72.4亿元，增长14.4%；生命健康产业增加值增长4.1%；完成固定资产投资655.2亿元；实现社会消费品零售总额1273.4亿元，总量居全省县（市、区）第一位。

【区域融合加快】2021年，拱墅以“促融合、谋发展、护平安”为主线，以国家和省市重大战略为牵引，做细、做深、做好各方面融合工作。各街道、职能部门完成挂牌，人事、财政、审批服务等各领域事项有序接转，重大资产处置、政府投资项目管理、留用地开发统筹等124项重大制度和存异机制融合提升。全区议事协调机构裁撤107个、精简优化113个，人员进一步压缩。结合区划优化调整，开展“三服务”活动，年度106项政府工作报告分解任务和10件民生实事全部完成。

【重大领域改革深化】2021年，拱墅区围绕浙江省数字化改革“1512”体系（“1”指一体化智能化公共数据平台；“5+1”指党政机关整体智治、数字政府、数字经济、数字社会和数字法治5个应用系统及1个基层治理独立系统；“2”指构建理论和制度规范2套体系），建成区一体化智能化公共数据平台，完成“区县与省一体化数字资源系统（IRS）对接”试点。“城市眼·云共治”运行中心挂牌启用。拱墅区开发“城市眼·云共治”场景受到省委书记袁家军肯定。以数智体验为特色的瓜山未来社区一期投入使用。深化国企改革，健全现代企业制度，完成区国投集团、区城投集团、区投资发展有限公司等国有平台实体化、市场化转型。深化“最多跑一次”改革，设立区级企业服务中心，上线“墅企通”网上平台，实现开工前审批“最多50天”、商事登记“半小时办结”的改革目标。

【民生实事项目推进】2021年，拱墅区以民生改善为工作重点，政府财力优先用于保障和改善民生，民生支出占一般公共预算支出85%以上。全区10件民生实事高质量完成，其中6件超额完成。拱墅区在全市城中村改造和拆迁安置房建设工作考核中列第一位，“智守e家”智慧养老一站式服务入选国家“人工智能社会实验典型案例”，潮鸣街道电梯加装以单梯35天施工交付刷新“杭州速度”。区政府围绕民生实事工作，加强组织领导，层层落实责任，完善推进机制，强化督促检查，各单位各部门协同配合，各司其职，按照时间节点和工作标准，推进民生实事落地见效。通过全区上下共同努力，省、市、区三级民生实事全部完成。拱墅区获评“中国最具幸福感城区”。

【平安稳定大局维护】2021年，为应对“12·7”新冠肺炎疫情，区疫情防控指挥部建立“一办十二组四专班”指挥体系，在全市率先实行“四个一小时”做法（1小时内完成初步流调，1小时内完成居家隔离管控，1小时内完成转运采样，1小时内完成疑似阳性场所最小单元管控）。关注教育“双减”政策落实情况，推进校外培训机构“两转一注销”，实现159个义务教育阶段学科类校外培训机构100%压减，其中，登记为非营利性机构12个，转型97个，注销终止50个。开展2轮安全生产“百日攻坚战”，完成955条市政道路地下空间安全检测。严厉打击治理电信网络违法犯罪，电信诈骗案发率、案损率实现“双降”。推进互联网金融点对点借贷平台（P2P）金融案件司法处置。开展“平安护航建党百年”等系列活动。拱墅区连续16年获评“省级平安区”。（於晓萍）

重要会议

【区政府全体会议】2021年10月8日，区政府召开第一次全体（扩大）会议。区政府各部门、各街道行政主要负责人和市直各延伸单位主要负责人参加，区委办、区人大办、区政协办、区纪委区监委等部门主要负责人和各民主党派负责人应邀参加。区长冯晶围绕“凝心聚力再出发全力冲刺四季度全力以赴交出新拱墅首张‘硬核答卷’”主题讲话，强调要深入贯彻中央和省委、市委、区委决策部署，重点打好转型升级、亚运会筹办、环境整治、重大改革、民生改善、安全稳定6场“冲刺硬仗”，确保出色完成年度发展目标任务。会上，区统计局、区发改经信局、区公安分局、区住建局、区综合行政执法局、区卫健局、区政府办分别做工作汇报。

【区政府常务会议】2021年，拱墅区政府常务会议召开12次，即七届区政府第五十一次至第五十四次常务会议，新一届区政府第一次至第八次常务会议。主要内容有：传达学习中共中央总书记习近平有关重要讲话和指示批示精神，研究拱墅区国民经济和社会发展第十四个五年规划和二〇三五年远景目标纲要草案，研究全区重点项目建设、工业用地出让、新冠肺炎疫情防控、安全生产和消防等工作。

2021年拱墅区政府常务会议一览表

表4

常务会议届次	会议时间	议题内容
七届拱墅区政府第五十一次常务会议	1月7日	研究与新浪合作共同推进智慧网谷新浪项目、拱墅区民办学校使用国有校舍协议延长合同期事宜
七届拱墅区政府第五十二次常务会议	2月1日	传达学习中共中央总书记习近平关于统计工作重要讲话和指示批示精神，部署防范和惩治统计造假、弄虚作假工作，研究关于加快打造六大产业中心若干政策有关问题、桥西拱宸桥单元创新型产业用地出让、祥符东单元创新型产业项目出让事宜
七届拱墅区政府第五十三次常务会议	2月7日	研究《拱墅区北部教育提振第三轮三年行动计划（2021—2023年）》和教育工作
下城区第四十六次区长办公会议	2月18日	研究浙金地块英特药业项目搬迁及合作开发相关事宜

续表4

常务会议届次	会议时间	议题内容
七届拱墅区政府第五十四次常务会议	3月19日	研究拱墅区“阳光小伢儿”婴幼儿照护服务奖励办法、拱墅区投资发展有限公司组建杭州国悦健康产业有限公司、参与开发沈半路灯具市场地铁上盖物业、新一轮国土空间规划三条控制线方案、杭政工出〔2013〕14号地块工业厂房项目产业复核验收、拱墅区2021年度政府投资项目计划
一届拱墅区政府第一次常务会议	5月8日	研究《杭州市拱墅区人民政府工作规则（审议稿）》等规则制度
一届拱墅区政府第二次常务会议	6月3日	研究2021年度政府投资项目计划、霞湾变电站迁建项目实施主体和建设方式等事宜，听取关于中国科学院空间应用工程与技术中心合作协议有关情况汇报，研究有关区领导分工事宜
一届拱墅区政府第三次常务会议	6月29日	听取全区安全生产和消防工作情况、新冠肺炎疫情防控和疫苗接种工作汇报，研究《拱墅区人民政府关于公布天水街道办事处、武林街道办事处、潮鸣街道办事处、朝晖街道办事处、文晖街道办事处、东新街道办事处、石桥街道办事处相对集中行使行政处罚权事项的通知（送审稿）》、拱墅区高质量发展大会方案、区科技工业功能区创新型产业项目出让事宜，听取关于下城区、原拱墅区债务数据的通报，研究半山田园C2-05地块养老服务用房委托运营有关事宜、区级议事协调机构筹建工作
一届拱墅区政府第四次常务会议	7月6日	研究2021年度区政府重大行政决策事项目录编制有关工作、杭州市拱墅区国民经济和社会发展第十四个五年规划和二〇三五年远景目标纲要草案、关于中国科学院计算技术研究所数字经济产业研究院补充协议事宜
一届拱墅区政府第五次常务会议	8月18日	听取新冠肺炎疫情防控和疫苗接种工作汇报，研究拱墅区财政及预算支出安排事宜、《拱墅区转型升级产业基金管理办法（送审稿）》、拱墅区留用地项目开发统筹管理工作机制，听取拱墅区上半年食品药品安全工作情况汇报，研究申花单元GS0403-24地块项目委托浙江骨伤医院运营打造未来健康服务综合体有关事宜、拱墅区产业投资促进“一企一策”操作细则
一届拱墅区政府第六次常务会议	9月15日	研究《关于进一步规范区政府投资建设项目工程变更管理的通知（试行）》，中秋、国庆促消费工作，《拱墅区政务数字资源共建共享管理办法》和《拱墅区政府投资信息化项目管理办法》，部分创新型产业地块调整用地性质，区科技工业功能区工业用地项目出让指标调整事宜
一届拱墅区政府第七次常务会议	10月15日	研究区街财政体制、韩国大邱生命健康产业集群项目推进、下城老人公寓项目工程建设方式、区科技工业功能区工业用地项目出让工作，听取半山国家森林公园中央生态环保督察整改工作情况汇报，研究瓜山未来社区资金筹措、武林幼儿园孝丰路7号（原孝丰路37号）房产处置问题、长寿重点区块消防改造工程项目转让方案、天水巷小北门1号2号住宅搬迁、转让杭州环北丝绸服装城七楼房产、拟收购东新街道灯塔经济合作社的商业综合用房、投资启明创投杭州医疗基金、专项政策扶持有关事宜
一届拱墅区政府第八次常务会议	11月15日	研究拱墅区关于全面实施“春风常驻”共建共享美好生活的若干规定、建立拱墅区存量工业用地改造提升产业论证和监管工作机制、桥西拱宸桥单元GS0603-M1/A5-27-2及GS0603-M1-28地块工业用地出让、拟出让石塘区块M2-14-2地块、“韵味杭州”2021年京杭大运河沿线城市乒乓球邀请赛、浙江华特装饰股份有限公司股权退出、灯塔单元XC0704-R21/R22-11地块拆迁安置房调整估算概算、拱墅区政府与重庆怡置投资控股有限公司谅解备忘录事宜

【区政府重要专题会议】2021年，区政府分别召开经济形势分析会、高质量发展大会、全区城市环境大整治长效管理暨市容市貌整治推进工作会、民生实事项目推进会、安置房建设及回迁安置工作推进会、大运河数智未来城工作推进会、城市环境大整治长效管理工作双月推进会等重要专题会议，分析研究经济工作形势，研究部署专题工作任务，明确重点节点主要工作，落实推进重点工作举措。（於晓萍）

重要施政

【产业转型升级加快】2021年，拱墅区把推动产业转型升级放在重大战略之首。围绕商贸金融、数字经济、生命健康、文化创意产业主赛道和“一核一带一极”（“一核”指大武林商圈、“一带”指大运河文化产业带、“一极”指大运河数智未来城）空间主平台，举办拱墅区高质量发展大会、首届浙江省数字医疗健康产业杭州峰会，推动阿斯利康制药有限公司中国东部总部、韩国大邱生命健康产业集群、中国科学院空间应用工程与技术中心等一批引擎性项目落地。抓住电子竞技成为2022年杭州亚运会正式项目的契机，与杭州腾娱互动科技有限公司、完美世界互娱（杭州）科技有限公司等达成合作意向，签约及开工重大项目129个，总投资845亿元。浙江云计算数据中心、恒隆广场、“杭州中心”、华东医药生命科学产业园等重大产业项目加快建设，全区在建重点项目154个，总投资2154亿元。出台优化营商环境举措，助推4家企业成功上市，全年全区新设市场主体2.1万家，比上年增长28.4%，注册资本1137.73亿元，增长30.5%。

【区域数智治理推进】2021年，拱墅区按照省数字化改革大会提出的“整体智治、高效协同”要求，推进拱墅区一体化智能化公共数据平台建设，打造以“城市眼・云共治”为中心的多跨场景应用。成立数字化改革领导小组，统筹全区数字化改革工作，组织制订全区数字化改革总体方案，举行全区数字化改革工作推进会暨数字赋能攻坚行动第一次大比武活动，组织赴上海学习考察数字化改革“一网统管、一网通办”经验做法。出台《拱墅区政府投资信息化项目管理暂行办法》《拱墅区应用场景网络数据安全管理规范》等规范意见，构建数字化场景应用全流程闭环管理机制。全年区一体化智能化公共数据平台归集数据17亿条、数据目录1132个、数据项2万多个。社区智治在线“一表通”场景应用在全市推广。数字政府系统初步完成疫情防控、营商环境、科技创新等12个重大任务4个体系门户页面配置，城市治理问题发现效率提高56倍，路面巡查力量节省45%。拱墅区一体化智能化公共数据平台被省大数据局列入“揭榜挂帅”项目，综合得分列全省第一方阵。

【国资国企改革深化】2021年，拱墅区抢抓杭州市区域性国资国企综合改革试点契机，建立健全国企监管体系，谋划国企改革发展新思路，促进国有资产保值增值。优化完善国企监管制度体系，对涉及国企经营管理、考核监督、薪酬管理、内控制度、外部监管等事项予以规制，推进全区国企监管制度体系融合和规范。完善现代企业制度，提升经营绩效，持续发挥区属国企在区域经济发展中的战略支撑作用。至年末，拱墅区完成区投资发展有限公司、区国投集团、区城投集团、区市政公司4家国有企业实体化、市场化转型，4家国有企业实现营业收入42.74亿元，资产总额2270.99亿元，所有者权益742.88亿元。

【拱墅区大运河文化带建设推进】2021年，拱墅区深入打造“千年运河、繁华武林”金名片，活态传承大运河历史文脉。制订《拱墅区大运河国家文化公园项目群建设三年行动计划》，加强对大运河（拱宸桥—武林段）文化节点设置、上塘古运河夜游项目优化提升、亚运会期间大运河文化带亮点展示、大运河文化带建设等重大课题调研。集中实施一批标志性工程。运河大剧院、“武林之星”博览中心、运河体育公园、中国杭州电竞中心、上塘古运河景区等文化项目建成并投入使用。杭州音乐厅建设启动，祥符桥历史文化街区、平炼路景观大道、舟山东路步行街、“百县千碗”文旅小镇、大运河武林门码头风情街区等项目加快建设。全区有运河大剧院、京杭大运河博物院等11个项目被纳入国家文旅项目库。“大运河文化(拱墅段)”项目入选首批100个“浙江省文化标识”培育项目名单。举办大运河庙会、第二届大运河沿线区县合作论坛、中国大运河文化带京杭对话、首届“大运河戏曲廊道”演出季暨长三角戏曲文化走亲、“最江南·杭州味”大运河文化旅游季、长三角水上运动节暨京杭大运河(杭州)运动·文旅嘉年华等活动。其中,“最江南·杭州味”大运河文化旅游季项目推出“运河有戏”“运河有趣”“运河夜游”“运河旗妙夜”等沉浸式场景,展示大运河背景下“最江南”的文化盛景。拱墅区大运河文化带建设成效被省委列为落实“两个维护”的先进典型,中央广播电视总台推出《运河南端,醉美拱墅》系列报道。省委书记袁家军专题调研拱墅区大运河文化保护传承利用工作并给予肯定。

【亚运会亚残运会场馆建设加快】 2021年,拱墅区作为亚运会亚残运会重要赛事的举办地之一,围绕“办好一个会,提升一座城”目标,加快推进场馆规划、建设、管理和运行等工作。拱墅运河体育公园场馆群竣工交付,总建筑面积18.5万平方米,工程造价约20亿元,是杭州主城区最大的新建亚运场馆,获评“省级质量安全标准化示范项目”。中国杭州电竞中心基本建成,总面积8.2万平方米,总投资45.86亿元,是国内首个承担亚运会赛事的专业电子竞技场馆。杭州市体育馆完成改建,改造建筑面积3.4万平方米,总投资2.4亿元,将承办亚运会拳击比赛和亚残运会硬地滚球比赛2项赛事。11月19—21日,拱墅区组织全省首个由属地城区承办的亚运测试赛——“韵味杭州”京杭大运河沿线城市乒乓球邀请赛暨杭州亚运会乒乓球测试赛,148名运动员参加,完成竞赛技术运行、场馆设施运维、反兴奋剂等49项测试任务。全区8类、59项亚运城市行动进展有序。其中在长三角水上运动节上,拱墅区5个亚运项目展示吸引3万余人次现场体验,成为展现拱墅蝶变升级的重要载体。(於晓萍)

2021年11月19—21日,“韵味杭州”京杭大运河沿线城市乒乓球邀请赛暨杭州亚运会乒乓球测试赛在杭州电竞中心举行 (区亚保办 供稿)

【“一件事”办理深化】 2021年,拱墅区持续深化“最多跑一次”改革,推动“一件事”办理。在杭州国际人才创业创新园设立“移民事务服务站”,在全市率先试点外国人工作许可和工作类居留许可“一件事”办理。夯实“数据跑”基础,推动“一件事”全流程“网办”,率先在全市范围内试点推广“购车一件事服务”,纳税人在购车环节可一站式完成交税、保险、上牌、办证等事项,实现“2分钟完成缴税、20分钟验车上牌”。在全省率先实施创新型产业用地“交地即发证”,将土地权籍调查前置,实现建设用地规划许可证、不动产权证同步发放,项目审批时间由原先30天改为即到即办,实现交地交证“零时差”。试行做地地块规划条件审定、用地规划意见核发、建设项目用地预审与选址意见书“三项合办”,受理流程由3个缩短为1个,受理材料由19件压缩为9件,受理时间由6个工作日缩减为3个工作日。

(方　琳)

行政审批服务·公共资源交易

【概况】 2021年,区审管办以区划优化调整为契机,推进数字化改革工作,打造群众和企业一站式智慧行政服务“重要窗口”,促进政务服务从“能办可办”向“好办易办”转变。全年区行政服务中心受理行政许可、便民服务和其他事项175.7万件,办结175.6万件。区公共资源交易中心成交项目174个(笔、宗、次),成交金额81亿元。其中,建设工程项目141个,成交额80.51亿元,节约资金13.58亿元;政府集中采购项目13个(次、笔),成交额3276.24万元;线下房产拍卖20处,成交额1834.29万元。区审管办与省标准化协会、浙江大学医学院附属妇产科医院、省公安厅治安管理总队共同制定浙江省地方标准《出生"一件事"联办服务规范》,助力群众和企业全生命周期"一件事"改革。

【审批服务标准统一】2021年4月,拱墅区对下城区、原拱墅区1648个审批服务事项进行梳理和比对,理出相同审批服务事项1301个,不同审批服务事项347个。区审管办按照"就高调整、同质同标"原则,对审批管理权限和办事标准进行统一,确保过渡期间审批服务不断档。各职能部门对落地执行的权责事项和公共服务事项简化办事流程,并按规范要求在省政务服务网上公布最新权责事项清单和公共服务事项清单。

【承接浙江省政务服务2.0示范大厅建设试点】2021年,区审管办承接浙江省政务服务2.0示范大厅建设试点工作。全年21个部门完成政务服务2.0系统部署,851个上线事项实现"应领尽领",其中694个事项产生办件15.09万件。推进政务服务区、街道、社区"一体化"建设,全区18个街道、18个派出所、170个社区便民服务大厅完成网点开设,实现政务服务2.0系统区、街道、社区三级全覆盖。全区被纳入省政务服务2.0示范大厅受理的政务服务事项占总数的93.1%。拱墅区省政务服务2.0示范大厅建设试点工作在全省推广。

【政务服务深化】2021年,区审管办聚焦老年人行动不便、办事难等问题,将"1 Call"在线咨询系统"视频办"的"口述申请、视频办事、一次不跑"功能应用范围,扩大至行动不便者、不会操作智能设备的老年人等群体,相关举措被《人民日报》报道。区审管办深化"1 Call"在线咨询服务,拓展审批部门为企服务能力,在原"视频办"9个事项基础上,增加业务模块,实现踏勘业务"跑零次"办理。审批人员提前将踏勘需要的视频要求、拍摄点位等注意事项告知申请人,视频连线时按照踏勘内容对审批要件逐一审查,申请人仅需使用手机配合审批人员即可完成业务办理,减少审批部门上门次数,减轻企业负担。

【投资项目审批改革】2021年,区审管办推进一般企业投资项目"最多80天"改革,全年实现"最多50天"项目37个,平均用时1.4天;实现"最多30天"项目9个,平均用时1.5天;完成11宗工业用地"标准地"出让,推行网上批文印签电子化和"标准地"地图数字化;完成模拟审批项目13个,涉及标的额38亿元。对亚运项目和重大项目实行"一对一""店小二"式服务。依托"亲清在线"平台,实行施工图审查和工程建设项目审批"二合一",减少审批环节4个,实现部分工程建设项目"无感智办"。推广应用省中介服务平台,规范中介机构收费行为,完成中介事项评价117项,引导中介机构合同备案19项。全年区审管办完成投资项目立项71个,涉及投资额510.94亿元;签约出让地块24宗,用地面积520万平方米,收取出让金212亿元。

【区产权交易服务云平台升级】2021年,区审管办规范产权交易业务流程,推动房屋残值及废旧

2021年1月,"1 Call"在线咨询系统"视频办"功能应用范围扩大至行动不便者、老年人等群体。图为工作人员正在开展"视频办"工作

(区审管办 供稿)

设备项目进入区产权交易服务云平台进行交易，提升国有资产保值增值能力。拱墅区产权交易服务云平台采取网络竞价方式，实现从竞价受理审核、竞价前资产推介、线上竞价服务到竞价后线下交割的整个交易周期由30天缩短至15天。传统拍卖所需场地、拍卖师、拍卖文件、报纸公告等综合性成本减少50%以上，交易费用从5%降至1.2%～2.5%。拱墅区在产权交易服务云平台首个成功竞价的资产残值类项目——和平地块农展馆和商务酒店房屋残值及废旧设备项目以3505.32万元成交，溢价率846.57%。全年通过产权交易服务云平台拍卖标的140件，成交77件，成交率55%，平均溢价率279.44%，为成交者节省交易成本40.29万元。

【建设工程投标保证金管理】2021年，区审管办启动建设工程投标保证金集中清退工作，对下城区、原拱墅区、拱墅区保证金退付情况分别进行梳理，印发《关于集中开展投标保证金清退的通知》《关于进一步明确建设工程投标保证金退付相关要求的通知》，优化退付方式，明确退付流程，将投标保证金重新细分为未中标单位保证金、中标单位保证金、未关联项目保证金、不予退还保证金、无法退还保证金5类，明确投标保证金退付时限由期限不定压缩至90天，必要资料减至2份，将由中标单位提供退付资料现场办理改为由招标人提供退付资料，实现投标企业保证金退付全程“零跑腿”。全年区审管办退还和处置保证金项目40个，退还保证金322.5万元，账户清退率100%。

（方　琳）

数据资源管理

【概况】2021年，区数据局按照省数字化改革大会提出的“整体智治、高效协同”要求，发扬“调整不调速，改革不停步”精神，围绕数字化改革工作，推进拱墅区一体化智能化公共数据平台建设，高质量打造以“城市眼·云共治”为中心的多跨场景应用，实现城市运行管理流程再造、制度重塑，为高水平打造时尚之都、数字新城、运河明珠贡献“数字力量”。年内，拱墅区《信息技术人工智能术语》《面向分析的数据存储与计算技术要求》2个国家级标准在全国标准信息公布服务平台发布，《基于数字孪生的城市运营中心数字平台能力建设研究》在国家《电子技术》刊物发表，“智守e家”智慧养老一站式服务模式入选全国“2020年人工智能社会实验地区典型案例”，区数据局获市政府“集体嘉奖”。

【数字化改革推进】2021年5月19日，拱墅区举行数字化改革工作推进会暨数字赋能攻坚行动第一次大比武活动，全面部署数字化改革工作。省政府副秘书长、省大数据局局长金志鹏受邀出席，并就数字化改革做专题授课。会议听取区数字化改革工作专班、小河街道关于全区数字化改革工作整体推进及公共数据平台建设、“城市眼·云共治”应用场景建设等情况汇报。会前，与会人员到东新街道新天地街区考察数字化应用场景建设工作。拱墅区坚持以数字化、智慧化推进社会治理现代化，数字化改革工作走在全市前列，“湖墅通·掌上社工”“渣土统管”“防涝智治”特色场景入选省级数字化改革门户优秀案例，瓜山、和睦社区入选全省社区场景运营“最佳实践”优秀案例库，“城市眼·云共治”

2021年5月19日，拱墅区数字化改革工作推进会举行　（区数据局 供稿）

多跨场景应用获杭州市“数字法治”金奖。

【数字赋能减负】2021年3月31日，拱墅区数据局在全市数字化改革暨“数智杭州”建设攻坚年推进大会上，以《以数字化改革推动社工表单减负》为题做经验介绍。区数据局针对基层数据源头多、录入端口多、业务报表多、重复填报多等难点问题，以社区工作报表为切入点，试点探索数字赋能基层减负工作。通过打造“社区智治在线·一表通”平台，实现数据“一头录入，多方共享，多元归一”，实现全区7个条线基层业务报表从113张减至26张，报表减少77%，每星期为社工缩短制表时间约10小时，该做法被《人民日报》、新华社、中新网和中央广播电视总台《朝闻天下》栏目专题报道，并获评“2021年品牌杭州·生活品质总点评年度事件(活动)”。

【首批区县公共数据平台对接省级平台试点】2021年7月29日，拱墅区被省大数据局确定为首批区县公共数据平台对接浙江省一体化数字资源系统试点，按照“以用促建、共建共享”原则，完成区公共数据平台与省一体化数字资源系统对接省级试点任务，实现省市区同源管理。“系统复用整合工作”“渣土统管应用场景”“融入全省运维大体系，推进数据高质量治理”3个案例入选《浙江省一体化数字资源系统(IRS)利用优秀案例集》。至年末，区公共数据平台归集数据17亿条，回流数据2629.24万条。

【三级数据仓建设】2021年，拱墅区加强基层单位数据管理，深化数据开发利用，完成区、街道、社区三级数字驾驶舱建设，实现“省、市、区、街、社”五级数据在统一平台上协同联动、层层穿透。区级层面归集数据780张表10亿余条，利用三实数据库关联人口、法人标签，建立人口数据指标997个、企业数据指标1341个，完成6类、28个条线业务的数据提取。街道、社区层面建成覆盖全区18个街道、174个社区的数据仓，完成538张表、1.2亿条数据拆分入仓工作，为基层新冠肺炎疫情防控和数字化改革提供数据支撑。

【“城市眼·云共治”建设】2021年，拱墅区聚焦主城区在城市运行中存在的感知能力弱、指挥效率低、处置力量散等问题，打造“前端动态感知＋中端智能分析＋末端多元共治”的“城市眼·云共治”新版本，推进全区“一屏统览、一网统管、一域统筹”建设，重塑城市运行管理新模式。至年末，全区集成“渣土统管”“云上坦途”“防涝智治”等子场景29个，接入视频监控、物联感知设备2.2万个、部件信息5.9万条，归集数据8.6亿条。城市事件智能识别效率提高56倍，路面巡查力量节省45%。子场景“城市防涝智治”通过省级“数字孪生”项目验收。10月11日，在全省市、县(市、区)数字化改革座谈会上，拱墅区介绍“城市眼·云共治”场景开发工作。10月18日，《浙江日报》头版刊登《杭州市拱墅区探索城市运行管理新模式——感知一张网，共治一件事》新闻。11月8日，“城市眼·云共治”场景入选全市第二批“重大多跨场景应用推广任务单”。

【安全防护保障】2021年，拱墅区完善公共数据管理工作机制，出台《拱墅区政务数字资源共建共享管理办法》《拱墅区政府投资信息化项目管理办法》《拱墅区应用场景网络数据安全评估办法》等10多项制度规定，从系统、数据、用户、安全和考核5个层面对建设内容进行统一规范。建立从“云”到“端”全链路的安全监测体系及防护体系，提升政务网络安全监测能力和主动防御能力。成立全区各部门、街道共同参与的“网络安全官”队伍，构建“事前、事中、事后，检测、防护、响应”的应急联动安全服务机制。

（潘春炜）

建议和提案办理

【概况】2021年，区政府系统接收承办区人大建议36件，其中城建环保24件、文教卫体旅3件、社会建设9件。承办建议件中，解决或基本解决22件，正在解决或被列入计划解决5件，受条件限制以后逐步解决8件，被留作参考1件。人大代表对政府部门办理效率、办理结果的满意率均为100%。接收承办区政协提案49件，其中经济建设7件、社会建设26件、生态文明建设6件、文化建设10件。受理提案中，全部采纳落实的24件，部分采纳落实的19件，列入计划或留作参考的6件。政协委员对提案办理效率、办理结果的满意率均为100%。接收承办市人大建议8件（2件主办、6件协办）、市政协提案5件（2件主办、3件协办），市人大代表、市政协委员对4件主办件的办理结果均为满意。

【建议提案办理流程规范】2021年，区政府办对市、区两级建议提案办理任务进行分解，要求各主办单位对建议提案逐一明确责任人员、办理时限，规范办理流程，落实主要领导亲自抓、分管领导直接抓、主办科室具体抓、承办人员专门抓的“四级负责制”，做到层层有人抓、案案有人办、件件有落实。针对重大、复杂问题，搭建平台，加强主办、协办单位之间的沟通联系，促使建议提案得到有效采纳。督促主办单位在办理过程中与代表委员开展面商，防止闭门造车，让代表委员直接参与办理，更多地了解有关政策和办理情况，增进代表委员对政府工作的理解和支持。

【建议提案办理路径探索】2021年，区政府组织各单位探索提高建议提案办理质量新路径。区综合行政执法局实行表单式管理，对每件建议提案制定2张表格，其中1张面商表详细记录面商情况，1张回复表对办理情况进行分类，逐条回复，并邀请代表委员深入项目现场，做到建议提案项目化、清单化管理。区住建局实行现场汇报、立整立改的工作方法，向代表、委员面对面汇报情况，听取意见建议，对存在的问题立即明确整改措施和时限。

（於晓萍）

应急管理

【概况】2021，区应急管理局认真贯彻落实中共中央总书记习近平关于要坚持“底线思维”、防范化解重大风险的重要讲话精神，坚持“以防为主、防抗救相结合”工作方针，围绕“大安全、大应急、大减灾”工作体系，加强应急管理人财物保障和综合应急能力建设。建立“双随机”抽检监管机制，依法查处各类安全生产违规行为。推进安全生产社会化服务体系建设，全年出动专家2100人次，服务企业350家（次）。成立区第一次全国自然灾害综合风险普查领导小组，召开区第一次全国自然灾害综合风险普查应急管理系统调查工作推进会，制订普查方案，推进辖区主要自然灾害致灾调查与评估，以及人口、房屋、基础设施、公共服务系统、三次产业、资源和环境等承灾体调查与评估等普查。全年全区安全生产形势总体稳定，发生生产安全事故2起，死亡3人，未发生森林火灾，自然灾害领域未发生人员伤亡。

【安全生产监管】2021年，区应急管理局按照安全生产“1+X”责任体系（“1”指区安全生产委员会，“X”指13个专业委员会），结合安全生产综合治理三年行动，以“遏较大、控一般、减总量”为目标，开展全区综合性安全生产隐患排查整治和重点领域专项整治。为弥补属地监管不力和专业能力不足等问题，采取政府出资购买社会化服务方式，全面强化安全生产协同监管格局，将全区涉及加工制造、危险化学品经营使用等领域的500多家企业纳入社会化服务范围。制定“3+X”领域（“3”指建设施工、消防安全和危化工贸行业，“X”指特种设备、交通运输、城市运行、防汛防

2021年9月18日，拱墅区第一次全国自然灾害综合风险普查应急管理系统调查工作推进会举行
（区应急管理局 供稿）

台等多个领域)隐患暗访督办闭环管理机制,以文件交办、视频曝光等形式,对全区各类风险易发多发行业领域开展暗访曝光行动。加强重大活动和重要会议期间的安全保障,区安委会组织各街道、部门开展安全生产和消防安全督查检查和隐患排查,全年区应急管理局完成454家企业安全风险普查,推进183家企业安全风险管控体系建设,促进35家企业实现三级安全生产标准化。开展重大事故隐患挂牌督办13次,暗访单位(项目)233个,发现隐患805处,发放交办单209份,完成整改759处,隐患整改率94.3%。依托行政执法公示制度、行政执法全过程记录制度、重大行政执法案件法制审核制度,开展重点领域安全生产行政执法检查,全年行政处罚立案192件,处罚金额334万余元。

【自然灾害应对】 2021年,拱墅区建立由行政主要领导负责为核心的防汛责任制,区长为区防汛防台抗旱指挥部指挥,相关职能部门主要负责人为指挥部成员,完善“区领导包街道、街道领导包社区、社区干部包户到人”的责任体系,实行统一指挥、分级负责、部门协作的防汛工作格局。区委办、区政府办印发《关于推进拱墅区基层应急管理体系建设的实施意见》,依托覆盖全区的186张防汛防台形势图,制订基层应急预案,加强辖区洪涝、台风、干旱等灾害事件预报预警预防和应对处置。围绕街道“七个有”(有办事机构、有应急预案、有值班人员、有值班记录、有信息系统、有抢险队伍、有防汛物资)、社区“八个一”(一张责任网格、一本预案、一套监测预警设备、一批避灾场所、一批防汛物资、一套警示牌、一套宣传资料、一次培训演练)的要求,开展防汛防台隐患排查和“双随机”抽查,对完成风险隐患整改的单位实行动态销号。举办防汛防台应急演练及技能竞赛,全年启动防汛防台应急响应7次,其中Ⅰ级响应1次。制定提级管理的值班值守制度,明确日常值班、预警信息发布值班和应急响应值班的职责。加强应急救援力量建设,组建以住建、城管、市政部门及各街道救援人员为骨干力量的防汛防台应急抢险队伍40支、1613人。

【森林防火灭火】 2021年,区应急管理局以强化责任落实、突出源头管控、加强预警监测、提升救援能力、加大宣传力度为着力点,推进半山国家森林公园防火灭火工作。制订森林防火应急预案,实行24小时值班和领导带班制度,实时报告森林防火工作动态。建立森林消防队伍,开展网格化、全天候巡逻。加强对“清明”“冬至”等集中祭扫期间和“五一”“国庆”长假期间及防火高风险时段的森林防火工作,开展野外火源、林区输配电设施火灾隐患等专项治理。组织森林消防员技能培训,普及防火减灾知识,提升自救互救技能。组织护林员、志愿者进入林区、景区及沿山社区开展入户宣传,利用公园LED显示屏滚动播放宣传教育片,提高居民森林防火意识。半山林区设置森林消防监控指挥中心、至高点(望宸阁)瞭望哨、森林景区消控室,在重要点位安装自带火点检测功能的红外报警监控摄像头18个,基本实现林区监控全覆盖。全年排查半山国家森林公园林区入山口20处,封闭未建好景区、游步道入口10处,清理违法种植菜地面积14万平方米。

【防灾减灾宣传教育】 2021年,区应急管理局通过线上线下开展防灾减灾知识宣传。组织“5·12”全国防灾减灾日和“10·13”国际减灾日活动,通过悬挂横幅、发送短信、张贴宣传海报、发放宣传物品等形式,提高市民防灾减灾意识。5月12日,与市应急管理局联合开展杭州市暨拱墅区第13个全国防灾减灾日主题活动,拱墅区组织学生参加地震应急疏散演练、应急消防演练及外伤包扎、心肺复苏等技能培训,普及地震发生时开展自救和互救等应急安全知识。组织辖区企业从业人员参加《中华人民共和国安全生产法》宣传贯彻学习活动。

【应急指挥数字化】 2021年,拱墅区落实“互联网+监管”,对接区司法局、区市场监管局等部门,细化工作任务,将日常履职与监管数据归集、平台应用结合,通过区防汛防台指挥平台、浙江“安全码”、杭州视联网会商系统和杭州城市大脑,对辖区应急管理进行调度指挥。学习上海城运中心、杭州城市大脑研究院研究成果,加深对数字治理的认识。加强数字监管能力建设，更新智慧消防系统等各类数字化平台，完善“城市眼·云共治”平台防汛防台应急指挥功能，推进避灾安置场所可视化建设，全年新建可视化建设点位81个，将重点区域的易积水点及广场、隧道、主干道、大型综合体、河道、工地周边等286个应用子场景实行分类管理，实现对全区自然灾害和生产安全事件的全天候监控和一体化指挥，可视化率100%。

（汪　剑　朱丽娜）

消　防

【概况】2021年，拱墅区消防救援部门在机构名称、编制、组织人事等方面设置过渡期，下城消防救援大队和原拱墅消防救援大队机构名称和职责范围不变。2个大队分别辖朝晖、半山、长庆3个消防救援站和大关、康桥、桥西3个消防救援站。区消防救援部门秉持“全灾种”“大应急”理念，构建防范、救援、救灾一体化运作模式，完善各类救援预案，推进火灾隐患整治，以“遏重大”攻坚战行动为中心，开展合用场所、长租公寓、高层建筑、生命通道、电动自行车等专项治理，提升指挥协调、专业救援、快速反应能力，全年组织开展演练290次，接警出动1504次，出动人员1.6万人次。发生火灾112起，直接财产损失107.71万元，未发生人员伤亡和较大以上火灾事故。

【消防组织架构完善】2021年，区消防救援部门健全消防安全委员会组织架构，落实消防安全委员会研判、会商、协调机制，建立向区委、区政府专题报告全区消防工作制度。区领导对消防工作做出批示20多次，推动行业、部门将消防安全纳入日常管理、检查督办和考核评比，推进教育、民政、住建、卫生健康、文广旅体等行业、部门消防安全标准化管理。完善街道和基层单位建立风险隐患分级管控和闭环整治机制应急消防保障体系，推进应急消防管理站、区域性微型消防救援站和各街道、社区综合性应急救援队伍建设，全年新建应急消防管理站18个。

【消防行政执法模式探索】2021年，区消防救援部门为缓解基层消防监管力量不足，解决基层消防管理“真空”、监管执法“空白”等问题，适度放权，打通执法壁垒，拓宽监管边界，探索消防委托执法“线上＋线下”新模式。通过明确街道委托执法范围、方式、程序、责任等，将部分消防执法权限委托下放至街道综合执法队伍。东新街道试点探索“电子眼”执法模式，通过城市大脑平台新天地应用指挥中心的“电子眼”监控，实现辖区消防隐患发现及时、可视。通过“生命通道”和消防执法App，街道形成完整的执法闭环，防止隐患整改形式化、表面化，全年东新街道综合执法部门处罚消防违法行为16起。

【消防安全隐患治理】2021年，区消防救援部门加强辖区消防安全环境治理，开展消防安全专项整治，坚决遏制重大人员伤亡事故。全年完成3个省级、5个市级重大隐患挂牌督办单位整改销案。对5210个“九小”场所（小商场、小医院、小餐饮店、小旅馆、小歌舞娱乐场所、小网吧、小美容洗浴场所、小生产加工企业等）、694个合用场所开展集中整治，排查整治108个长租公寓消防安全隐患，对3143幢高层建筑进行排查，完成所有高层建筑基本信息和消防安全情况核查。开展打通“生命通道”和遏制“电瓶车违规充电”集中攻坚行动“回头看”。会同区卫健局、区教育局将重点医疗机构、教育培训机构纳入消防检查范围，督促221个重点医疗机构运用消防“蓝码”平台开展日常消防管理、问题自查自改、人员教育培训。全年区消防救援部门检查辖区单位（场所）6400个次，发现火灾隐患和违法行为1736起，督促整改火灾隐患或违法行为1516起，印发责令改正通知书1223份、行政处罚决定书391份、临时查封决定109份，责令“三停”（停止施工、停止使用、停产停业）单位65个，罚款265.81万元，拘留13人。

【“生命通道”治理】2021年，区消防救援部门将打通“生命通道”作为竭诚为民的重要抓手，坚决治理消防车通道占用、堵塞、封闭等突出问题。联合交警、城管部门，整治小区周边道路停车环境，加强现场执法，多措并举解决“生命通道”占用堵塞问题。成立执法宣讲小分队，印发宣传海报5000多份。组织开展消防车通道集中施划、标识设置、障碍清除及登高场地恢复等工作，全年完成仙林苑、国都公寓、浙报公寓3个小区“生命通道”治理。

【消防基础设施建设】2021年，区消防救援部门制订“民呼我为”实事清单，完善消防基础设施，加快智慧消防建设，落实社区微型消防站三年（2019—2021）提升改造实施方案，将该项工作纳入各街道年度目标责任考核体系。区政府多次听取消防基础设施建设情况汇报，推进消防工作落实。全年完成老旧小区消防设施综合提升改造63处，社区微型消防站提升改造33个。全区新增电动自行车集中充电点322处、充电口3127个，安装独立式感烟火灾探测报警器1.11万个。

【数字化社会消防安全监管】2021年，区消防救援部门加快推进辖区火灾智能防控体系建设，创新社会消防治理模式，与区应急管理局共同研发和建设“智慧消防应急管理系统”平台，实现整体性、系统性、精准性数字化消防安全监管。结合基层应急消防管理体系和能力建设，将18个街道微型消防站纳入“钉钉微联”App管理，将智慧用水、智能烟感、阻止电动自行车进电梯等智能系统纳入“智慧消防应急管理系统”平台，实现安全隐患数据化、隐患治理流程可视化、区域安全指数数字化。

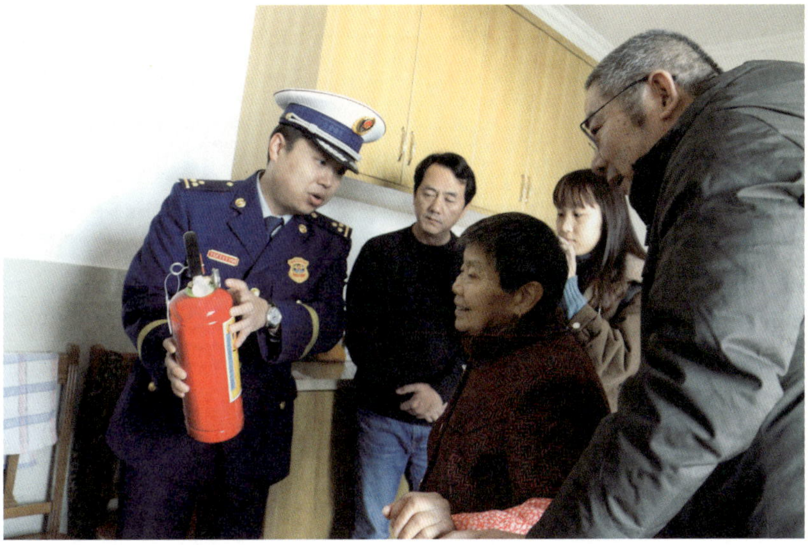

2021年12月8日，区消防救援大队对独居老人开展推门入户式消防安全宣传
（区消防救援大队 供稿）

【消防宣传】2021年，区消防救援部门加强行业推动、场馆开放、线上直播、公益宣传等工作，构建消防宣传新格局，扩大消防宣传覆盖面和影响力。结合消防宣传“十进”（进机关、进学校、进社区、进企业、进农村、进家庭、进网站、进场所、进寺庙、进交通）工作，开展“3·15”消防产品宣传、“5·12”全国防灾减灾日、“安全生产月”、“119”消防宣传月等主题宣传活动。在微信小程序“杭州消防便民服务”推出“消防蓝码”，通过“以测带训、以测检训”形式，引导市民申领“消防蓝码”，全区领取“消防蓝码”16.7万人。全年区消防救援部门举办消防培训648场、疏散演习70次，张贴电动自行车消防安全宣传海报2.74万份。联合消防志愿者、社区网格员等开展消防安全“三清三关”（清厨房、清阳台、清楼道，关燃气、关电源、关门窗）行动，开展推门入户式宣传238次，印发各类宣传资料8万份，增强家庭消防安全意识，提升全民消防知识知晓率。

（李　然　杨　江　钭池静）

中国人民政治协商会议杭州市拱墅区委员会

综　述

【概况】2021年，中国人民政治协商会议杭州市拱墅区委员会（简称区政协）常委会由主席1人、副主席6人、秘书长1人、常委53人组成；设界别16个、界别组8个、街道政协委员活动小组18个；有区政协委员365人。区政协机关设办公室、提案委员会、经济科技委员会、城建和人口资源环境委员会、社会法制和港澳台侨委员会、文史和教文卫体委员会、委员工作委员会，下设杭州市拱墅区政协之友联谊会、杭州拱墅大运河书画院、下城区政协武林书画院、下城区政协之友联谊会4个社团。

【加强理论武装】2021年，区政协把理论学习摆在首位，笃学深悟习近平新时代中国特色社会主义思想，跟进学习中共中央总书记习近平重要讲话和指示批示精神，学习贯彻中共十九大和十九届历次全会精神；组织开展习近平总书记在庆祝中国共产党成立100周年大会上的重要讲话精神专题学习、“新时代人民政协的新样子”专题讨论。以党史学习教育教材为读本，依托各种读书载体，举办“百名委员读百年党史”等主题读书活动和网上专题学习会，推动党史学习教育走深走实。召开党史学习教育动员部署会，强调要提高政治站位，增强党史学习教育的思想自觉和行动自觉，突出学习重点，高标准高质量完成党史学习教育目标任务。全年组织理论学习和党史专题学习30次，参加交流发言1200多人次，线上交流发帖3000多条15万字。6月1日，拱墅区党史学习教育第一巡回指导组进驻区政协机关，指导党史学习教育工作。

【坚持政治引领】2021年，区政协把坚持党的领导落实到行动上，围绕区委全会确定的目标任务，结合实际，制订年度计划，明确工作重点，确保与全区中心工作部署合心合力合拍。深化系统党建工作。9月15日，区政协印发《关于推进全区政协系统党的建设“两个全覆盖”工作的实施方案（试行）》。按照实施方案要求，召开政协系统党的建设“两个全覆盖”工作推进会，在全区18个街道建立政协委员活动小组党支部，扩大政协党的组织覆盖和工作覆盖。通过探索，形成政协党建“五四三”（建立“五有标准”：党员管理有组织、支部建设有制度、年度工作有计划、党的活动有阵地、党建引领有作为；健全“四项制度”：学习制度、履职制度、联系制度、组宣制度；坚持“三化要求”：学习教育常态化、协商议政经常化、服务民生长效化）工作法和“一街道一委员活动小组一党支部一品牌”的党建特色实践成果，相关经验做法在全市交流并得到市政协主要领导批示肯定，《人民政协报》和人民政协网分别刊发报道。

【服务中心大局】2021年是拱墅区实施“十四五”规划的起步之年，区政协融入全区中心大局，开展一系列履职工作。4月9日，区划优化调整启动后，区政协加快融合，高效率完成各项筹备工作。5月6—7日，区政协率先在涉改区中召开政协拱墅区委员会会议，会议达到预期效果。搭建三级履职平台，构建由政协省委员会客厅、市委员工作站、区委员之家、区委员工作室组成的议政建言立体矩阵，汇聚省市区三级委员合力。制定主席会议成员分工和联系制度，广泛走访委员，倾听意见建议。围绕“加快建设大运河国家文化公园样板区，奋力打造共同富裕示范区拱墅样本”“倾力打造‘一核一带一极’，加快推进拱墅区商贸金融和数字经济集聚发展”“老旧小区改造提升”“未来社区建设”“安置房回迁提速”“大运河文化建设”等重大课题，深入基层，听取社情民意，为区委、区政府出台相关政策举措建言献策。全年区政协举行议政协商会39次，掌上履职平台开展主题议政12次。

【数智政协建设】2021年，区政协找准数字化改革路径，坚持“一把手”主抓、专班化运作，加快推进数智政协建设。用好省政协统建通用模块，组织委员参与主题议政，提出意见建议927条，发送各类信息、图片268条次，反映区政协委员履职情况。上线“拱墅政协·码上协商”系统，汇聚议题征集、协商讨论、意见反馈、建议办理、委员评价“五位一体”功能，实现“一事一码、多级多层、线上线下、即提即转”协商议政。统筹“码上协商”系统与基层协商平台建设，创新拓展应用场景，与“米市协商铃”等平台应用对接。建设“拱墅数智政协”专题门户，实现核心业务数据“一窗展示”“一屏掌控”“一览无余”，促进信息互通互联，提高政协履职实效。坚持问题导向、效果导向，紧盯提案质量、办理质量，提高提案工作的针对性和实效性。引导委员关注民生、体察民情，聚焦“小切口”，服务“大民生”，真实反映民情民意。加大交流宣传力度，区政协在省市政协专题会议上交流工作9次，在新华社、中新网、《人民政协报》、“浙江政协同心苑”微信公众号等媒体发稿100多篇，新华社客户端刊发后阅读量超过100万人次。上线“拱墅政协”微信公众号，传递政协动态信息。

【区政协首次常委读书班】2021年9月22—24日，区政协在淳安县委党校举办区划优化调整后首次常委读书班。区政协主席杨国琴，副主席王宏、马彦、周钢、袁雁飞、吴伟和秘书长、政协常委、各界别组召集人及区政协机关工作人员60多人参加。开班仪式上，邀请浙江大学公共管理学院教授、浙江大学社会治理研究院首席专家刘涛为学员做题为《共同富裕——理论实践与中国》的报告，拱墅区人大常委会原主任、区大运河文化研究院顾问洪永跃，杭州市委党校法学与社会学教研部主任、浙江省社会主义学会副会长柯红波应邀分别做“大运河文化”“党史概述和中共中央总书记习近平在庆祝中国共产党成立100周年大会上的重要讲话精神”的讲座。其间，读书班组织学员参观下姜村，感受在中共中央总书记习近平“绿水青山就是金山银山”理念指引下，以下姜村为代表的浙江山村从穷到富、从脏到美、从弱到强的蜕变。

【全国政协社法委调研组到拱墅考察】2021年5月21日，全国政协常委、社法委副主任，江西省原省委书记强卫带队到拱墅区，就“加强快递员权益保障，促进快递行业健康发展”课题进行调研。省政协社法委副主任毛建岳、区政协主席杨国琴、区政府副区长余荣升、区政协副主席马彦陪同。强卫一行观摩祥符街道“饿了么”拱墅站点骑手们出发前的安全教育、消毒等准备工作，与骑手们交谈，讨论快递行业发展趋势及员工权益保障问题。强卫指出，外卖配送员是广大劳动群众中的重要群体，要给予特别关注，探索形成一套行之有效的权益保障制度机制，切实推动企业承担主体责任，共同营造尊重关心外卖行业的社会氛围。（边鸿昌）

重要会议

【政协杭州市拱墅区委员会会议】2021年5月6—7日，政协杭州市拱墅区委员会会议举行。此次会议在杭州市部分行政区划优化调整、设立新的拱墅区的背景下召开。市政协副主席周智林到会祝贺，区委、区人大筹备组、区政府筹备组领导出席会议。365名政协委员听取并审议政府工作报告及其他有关报告，听取并审议批准政协工作报告，选举产生政协杭州市拱墅区委员会主席、副主席、秘书长和常务委员。参会委员以主人翁姿态融入拱墅，围绕拱墅新征程，深入协商议政、建言献策。

【区政协常委会会议】2021年，区政协召开常委会会议2次，就有关问题进行协商。5月19日，区政协常委会会议传达学习中共中央总书记习近平关于“共同富裕”的重要论述，协商通过有关人事事项，强调区政协常委要以身作则、率先垂范，做对党忠诚、勤于学习、精于履职、团结民主、严守纪律的表率。9月23日，区政协常委会会议商通过委员调整有关事项。

【区政协主席会议】2021年，区政协召开主席会议5次，审议通过各项决议（草案）及各委员会意见建议，就有关问题进行研究协商。5月13日，区政协主席会议传达学习区“两会”精神，交流年度调研、协商和监督等重点工作。6月22日，区政协主席（扩大）会议传达学习中共浙江省委全会、市政协常委会和中共拱墅区委有关会议精神，协商讨论《区政协主席会议成员分工和联系制度》、《2021年区政协重点履职计划》、区政协“界别服务月”“界别调研月”活动方案等事项。9月13日，区政协主席会议传达学习全国地方政协秘书长工作交流座谈会精神，协商“拱墅数智政协”项目、《拱墅区政协“请你来协商·民生议事堂”平台建设实施细则》、“界别调研月”各界别调研题目及经费开支、委员调整等事项。11月18日，区政协主席会议传达学习中共十九届六中全会精神，协商讨论区政协近期重点工作、年度经费预算安排、经费使用等事项。12月14日，区政协主席（扩大）会议传达学习中央经济工作会议、中共浙江省委十四届十次全会和全省政协系统党的建设工作推进会精神，各专委会汇报区划优化调整后所做的工作及2022年重点工作思路，协商讨论拱墅区政协一届一次会议筹备工作、经费、人事等事项。

【区政协党建工作推进会】2021年10月14日，区政协召开全区政协系统党的建设“两个全覆盖”暨“请你来协商·民生议事堂”工作推进会，区政协常委和区有关部门主要负责人、街道党工委书记等近200人参加。杭州市政协党组副书记、副主席张仲灿，区委书记陈瑾到会并分别讲话。会前，区政协机关为参会人员准备一份《拱墅区政协系统党的建设“两个全覆盖”工作掠影》画册。该画册展现拱墅区18个街道推进基层政协党建工作的特色和亮点，以及“请你来协商·民生议事堂”平台建设的重要成果。会议为各个街道“请你来协商·民生议事堂”授牌。此前，区委印发《拱墅区政协“请你来协商·民生议事堂”平台建设实施细则》，区政协制定《关于推进全区政协系统党的建设“两个全覆盖”工作的实施方案（试行）》，为政协党建工作和履职工作融合和互相促进提供遵循依据。推进会上，部分街道做交流发言。（边鸿昌）

协商议政

【概况】2021年，区政协深入贯彻落实中共中央、国务院关于大运河文化保护传承利用相关决策部署，聚焦“加快建设大运河国家文化公园样板区，奋力打造共同富裕示范区拱墅样本”开展船上“沉浸式”协商，区委主要领导与委员、专家学者面对面交流，共商大运河文化建设工作，助力打造“人民的运河”“游客的运河”。围绕“倾力打造‘一核一带一极’，加快推进拱墅区商贸金融和数字经济集聚发展”，开展“请你来协商”活动，提出打造产业集群、优化产业生态、打造中国顶级商圈等6个方面、20条建议，区政府主要领导参加协商并给予肯定。围绕大武林商圈、大运河数智未来城、大运河文化产业带建设等区域发展大事开展专题协商，6篇文章在区政协《见闻与建议》内参上录用，提出问题29个、意见建议96条，为推动共同富裕、创造美好生活献计出力。全年区政协开展“请你来协商”活动4场，走访部门和单位30多个，参与协商的政协委员、社会各界代表500多人次；召开分析会、座谈会40多次，发放调查问卷1600多份，撰写各类调研报告10多篇，平均每个协商议题调研用时近3个月，提出意见建议80多条，解决问题50多个，其中“请你来协商”活动现场解决问题20多个，受到市政协主要领导批示1次，区委、区政府主要领导批示8次。8月26日，省政协围绕“推进保障性租赁住房建设”主题举办民生协商论坛，区政协主席杨国琴在拱墅分会场参加并介绍区政协推进保障性租赁住房建设建言献策情况。

【“请你来协商·民生议事堂”平台建设】 2021年，区政协贯彻落实省政协全面推进“请你来协商·民生议事堂”平台建设工作要求，在各街道搭建“民生议事堂”协商平台，区政协主席会议成员及各专委会主任加强与街道联系，政协委员主动参与平台建设及各项协商议事活动，促进政协协商工作进一步向基层延伸。突出“民生议事堂”民生特色品牌，围绕老旧小区改造提升、未来社区建设、安置回迁提速、大运河文化建设等民生实事协商议政，全年开展专题协商活动39次，助推“小微细”民生实事解决。秉持“协商于民”“协商为民”理念，推动“民生议事堂”政协协商平台与“小河红茶议事会”“潮邻议事厅”“和睦议事港”“请你来文晖协商百家事”等基层协商平台有效衔接，其中“红茶议事会”采取“民主协商＋科技支撑”做法获省政协主要领导批示肯定。

【专题协商】 2021年，区政协召开4次协商会议，围绕区委重要决策开展专题协商。

8月6日，围绕“倾力打造‘一核一带一极’，加快推进拱墅区商贸金融和数字经济集聚发展”主题，开展“请你来协商”活动。区委副书记、区长冯晶，区政协主席杨国琴，副区长余荣升，副主席马彦、周钢、袁雁飞、杨俊、吴伟及部分政协委员、企业家代表、有关部门负责人参加。会上，区政协经济科技委员会介绍“加快推进拱墅区商贸金融和数字经济集聚发展的建议”课题调研情况，参会委员和杭州钢铁集团、杭州市运河集团、杭州大厦等企业代表协商建言。冯晶表示，拱墅区重视产业发展，加快“1＋4＋N”产业主赛道和“一核一带一极”空间主平台建设，希望政协委员和企业家为打造共同富裕示范区拱墅样本贡献智慧和力量。

9月17日，区政协开展“加快建设大运河国家文化公园样板区，奋力打造共同富裕示范区拱墅样本”的“请你来协商”活动。区委书记陈瑾出席并讲话，区政协主席杨国琴和其他区领导参加，与市、区政协委员、专家学者、企业代表共同探讨大运河国家文化公园样板区的建设路径。陈瑾强调，全区上下要深入学习贯彻中共中央总书记习近平关于打造“人民的运河”“游客的运河”的重要论述精神，贯彻落实省市部署要求，加快建设拱墅大运河国家文化公园样板区，努力打造人民的新精神家园。

11月3日，区政协“请你来协商·民生议事堂”专题协商会在石桥街道举行。委员们围绕安置房建设的民生实事，与区住建局等部门及街道、经济合作社主要负责人协商互动。区政协主席杨国琴，副区长许雷挺，政协副主席王宏、周钢、袁雁飞、杨俊、吴伟，秘书长吴俊参加。会前，与会人员实地视察半山街道石塘村17号地块安置房、石桥街道华丰地块安置房建设情况。协商会分别就“提高安置房建设品质”“优化公共配套建设”“加强工程质量监管”“前置谋划物业服务管理”等专题协商建言。杨国琴指出，安置房建设及回迁安置工作关乎百姓切身利益，各单位要合力推进，在“提效”“提速”“提质”上进一步攻坚，一体推进基础设施和公共服务配套建设。

11月15日，区政协举行“加

2021年8月6日，区政协开展“倾力打造‘一核一带一极’，加快推进拱墅区商贸金融和数字经济集聚发展”“请你来协商”活动　（区政协办 供稿）

强数字化改革背景下政府执法监督建设”专题协商活动。区政协副主席马彦参加。区公安分局、区市场监管局、区综合行政执法局等12个行政执法单位与政协委员，就政府执法监督存在的困难问题进行协商，提出真知灼见。综合执法部门表示，要把协商成果转化为实际工作举措，完善行政执法监督工作，提升执法质量和水平。（边鸿昌）

民主监督

【概况】2021年，区政协发挥协商式监督特色优势，依托各种履职平台，发动市、区两级政协委员和部分列席人员开展民主监督。全年组成18个专项监督小组，分别由主席会议成员带领，到18个街道和10个区级职能部门开展民主监督，针对存在的短板和不足，提出对策建议。

【美丽大花园建设民主监督推进】2021年5月，区政协组织开展“推进美丽大花园建设、打造美丽中国样本”暨美丽拱墅攻坚行动专项集体民主监督。围绕生态环境全域提质、城市景观整体提升、街道社区“添花扩绿”、历史文化彰显4个方面，组织委员175人次，分赴72个调研点，召开座谈会25次，发现问题63个，提出意见建议131条，意见建议送交区有关部门处理，大部分建议被采纳。其中上塘河夜游项目皋亭坝码头建设方案提前获批。6月3日，专项监督组到上塘古运河景区项目现场召开座谈会，观看夜游项目宣传片，听取上塘街道、拱墅区投资发展有限公司有关项目总体规划、建设进度和招商运营等情况介绍，与会委员踊跃建言，提出“严格上塘古运河无缝监管”“加大景区建设资金保障力度”等监督意见。

【老旧小区改造提升两级政协联动民主监督】2021年8月，根据市政协“深化老旧小区综合改造提升”两级政协联动专项民主监督部署，区政协制订专项民主监督实施方案，组织市、区政协委员102人次，召开座谈会25次，调研老旧小区改造项目45个，发现问题47个，提出意见建议38条，建议意见分别提交区有关部门处理。区政协城建委根据调研情况，形成调研报告，并在市政协老旧小区综合改造提升专题报告会上做交流发言。

【婴幼儿照护品牌打造民主监督】2021年9月10日，区政协副主席杨俊带队视察长庆街道、和睦街道2个国家级3岁以下婴幼儿照护服务示范区项目点，并在和睦街道养老街区召开座谈会，听取区卫健局有关打造全国示范区项目进展情况介绍。委员们从转变照护服务理念、增加示范项目点活动空间、加强全区资源整合等方面提出意见。年内，区卫健局等部门制订整改措施，落实区政协委员的监督意见。

【知识产权综合服务平台民主监督构建】2021年9月15日，区政协组织开展构建知识产权综合服务平台建设情况民主监督，查找拱墅区知识产权保护工作存在的短板和不足，分析制约企业发展的瓶颈问题，推动知识产权引领科技创新先行。政协委员实地考察浙江裕阳知识产权代理有限公司、中国（南方）知识产权运营中心、杭州市知识产权交易服务中心，听取知识产权情况介绍，与企业负责人进行现场互动。区市场监管局介绍拱墅区知识产权综合服务平台建设及下一步工作计划。杭州市知识产权交易中心交易服务部负责人进行知识产权线上交易平台系统应用演示。政协委员围绕知识产权推进、知识产权平台建设和保护等议题建言献策。

【重点产业项目实施情况民主监督】2021年10月28日，区政协开展重点产业项目实施情况民主监督，区政协副主席吴伟参加。委员们实地视察“杭州中心”项目，走访杭州数字医疗创新中心，听取区发改经信局有关重点产业项目推进情况和区投促局关于招大引强工作情况介绍，对视察调研中了解到的问题进行梳理，提出加强招商体系建设、重视信息和资本运用、加快项目达产等意见建议。（边鸿昌）

提案和社情民意

【提案办理】2021年4月，区划优化调整后，下城区、原拱墅区提案委员会成员合并组成新的提案委员会。提案委员会建立微信群，制作通讯录，完善提案上报系统，发文征集提案。编印《拱墅区政协提案汇编》，分发给区四套班子领导、区政协常委、各专委会主任等，并在征求有关部门意见基础上，召开全体会议审查。全年收到以提案形式提交的意见和建议57件，立案52件，不立案5件。立案提案中，经济建设类9件、文化建设类10件、社会建设类27件、生态文明建设类6件。年内，立案提案全部完成办理，涉及主办单位22个。其中，全部被采纳落实的26件，部分被采纳落实的20件，被列入计划实施的3件，被留作参考的3件。提案中，提出建议198条，其中66条建议，完成12条、正在实施36条、列入计划实施13条、暂时无法实施5条。区委、区政府、区政协领导以审核方案、视察调研、座谈协商等形式，对所有提案进行督办。

【提案工作实施细则制定】2021年12月，区政协制定《拱墅区政协提案工作实施细则（试行）》。区政协根据《中国人民政治协商会议章程》和全国、省、市提案工作条例的有关精神和要求，结合下城区、原拱墅区提案工作创新实践，构建提案工作全过程、全链式体系。实施细则分总则、提案的提出、提案的审查和处理、提案的办理、提案的督办、提案办理情况的评价、优秀提案和好提案的评选表彰、宣传和归档管理8编89条。

【社情民意信息】2021年，区政协围绕区委、区政府决策开展调查研究，收集社情民意信息。由主席会议成员牵头，各专委会负责，广泛走访，深入调研，形成加快建设大运河国家文化公园样板区、提升老旧小区居民生活品质、推进数字化改革背景下政府执法监督建设、强化数字赋能提升城市管理智慧化水平、实施“工业上楼”计划、助推大运河数智未来城智能制造业发展等调研成果，得到区委、区政府主要领导批示肯定6次，为党委、政府科学决策、民主施策提供参考。开展“界别调研月”活动，发挥各界别专业优势，形成数字经济赋能拱墅绿色城区、打造区域河岸文化的实践与探索等富有建设性意见建议的调研报告，全年区政协向杭州市政协和拱墅区委报送社情民意15篇。（边鸿昌）

2021年拱墅区政协提案立案情况表

表5

序号	案由	提案人	主办单位	协办单位
1	关于运用创意设计产业平台推进我区运河沿岸名区建设的建议	李　佳	区科技局	区委宣传部（区文创发展中心）、区委人才办
2	关于在新拱墅建设大学科技园（创业园）的建议	王连邦	区科技局	
3	关于进一步提升原下城区夜间经济发展质效的建议	王　斌	区商务局	区卫健局、区城管局、交警下城大队
4	关于推进数字化工程建设的建议	汤武华	区住建局	
5	关于规范“直播带货”平台运营的几点建议	汪丽萍	区市场监管局	
6	关于进一步加强我区年节大型展会产品品控的若干建议	何　佳	区商务局	区市场监管局
7	关于加强关爱拱墅区民营企业家的建议	戴海洋	区工商联	
8	关于“招侨才、引侨智”方面的建议	石旭杲	区委统战部	

续表5

序号	案由	提案人	主办单位	协办单位
9	关于进一步强化我区企业专利申报工作的建议	陈伯川	区市场监管局	区科技局
10	关于做精做强区域文化品牌，助力打造运河沿岸名区的相关建议	陈　洁	区文广旅体局	
11	关于加快挖掘和保护各类非物质文化遗产的建议	周天一	区文广旅体局	
12	关于借助杭州亚运会，全面提升我区电子竞技核心区域文化品牌的相关建议	潘　婕	区数产园管委会	区委宣传部、区发改经信局、区文广旅体局
13	关于法治文化“微景观”与美丽大花园建设有机结合的建议	孔　源	区司法局	
14	关于在上塘古运河沿岸设立“茶文化展播中心”的建议	阮赛琴	区文广旅体局	
15	关于文化旅游融合，助力拱墅大运河文化推动三个样板区建设的建议	李　佳	区文广旅体局	
16	两区合并下文旅产业发展的建议	孙亚青	区文广旅体局	
17	关于做好原下城区相关历史资料保存的建议	潘　飞	区文广旅体局	区档案局、区委党史研究室（区志编研室）、区民政局
18	设立和规范社区图书馆，提升社区综合服务能力	夏亚林	区文广旅体局	
19	关于我区校园足球未来发展的建议	周荣华、潘云山	区教育局	区文广旅体局
20	关于提升突发公共卫生事件监测和应急处置能力，提早谋划防控可能出现的传染病疫情的相关建议	凌　超	区卫健局	
21	关于高水平应对突发公共卫生事件的相关建议	陈卫永	区卫健局	
22	关于在全区特定公共场所增设免费口罩发放机的建议	陈卫永	区新冠肺炎疫情防控指挥部	
23	关于加强后疫情时期学生健康生活方式引导的建议	陈卫永	区教育局	区市场监管局
24	关于在中小学加强学生心理建设的建议	何　舟	区教育局	
25	关于强化儿童青少年近视防治工作的建议	陆　峤	区教育局	区卫健局
26	关于积极应对人口老龄化，促进人口均衡发展的建议	陈卫永	区民政局	区卫健局
27	关于进一步完善居家养老服务的建议	张根富、夏亚林	区民政局	
28	关于居家养老方面的建议	凌　超	区民政局	

续表5

序号	案由	提案人	主办单位	协办单位
29	关于加快推进为老年人居家养老医疗护理方面提供服务的建议	陶玉平、何 敏	区民政局	区卫健局
30	关于推进智能化养老模式的建议	李 青	区民政局	
31	关于在中小学加强“尊老敬老”教育的建议	盛伟敏	区教育局	
32	完善中小企业用工环境，进一步优化我区营商环境	宋桂明	区人力社保局	
33	关于在我区退役军人服务站增设“老兵驿站”平台的建议	陈丽芬	区退役军人局	
34	以杭州2022年亚运会为契机，打造新拱墅志愿者名片，做好新拱墅的融合和发展	付国阳、金 梅	团区委	
35	关于进一步提升我区地铁施工周边设施综合管理的建议	何 佳	交警下城大队	
36	关于优化康桥地区交通畅通的建议	汤建忠	交警拱墅大队	区城管局、拱宸桥指挥部
37	推进城市有机更新，探索核心城区治理现代化——以潮鸣街道为例	汤武华	潮鸣街道	区发改经信局、区数据局、市规划资源局拱墅分局、区旧改办
38	关于加快推进老旧小区电梯加装的建议	姚琪翔	区住建局	
39	关于完善老旧小区地下综合管线档案管理的建议	汤武华	区住建局	
40	关于在祥符桥社区增加农贸市场的建议	陈晓霞	祥符街道	
41	实现三治融合，提升基层治理能力	原拱墅区政协社会法制和港澳台侨委员会集体提案（领衔人：赵毅）	区民政局	区委宣传部、区司法局
42	关于发挥律师调解在平安创建中的独特作用，在社区设立律师调解室的建议	王 伟	区司法局	
43	加强拱墅区社区防灾减灾能力建设的建议	致公党拱墅区基层委员会集体提案（领衔人：倪丽华）	区应急管理局	
44	关于加强辖区内医院等公共场所安检举措的建议	程文丰	区卫健局	区公安分局
45	关于进一步加强环卫工人安全和工资福利保障的建议	汪小含	区城管局	
46	关于推进垃圾分类中“三化四分”工作的建议	凌 超	区城管局	

续表5

序号	案由	提案人	主办单位	协办单位
47	社区垃圾源头分类动力不足背后存在的困境及建议	莫颖萍	区城管局	
48	关于小区垃圾处理问题的相关建议	刘作艺、章继钢	区城管局	
49	关于拱墅区学校生活垃圾分类的若干建议	宣伟强	区教育局	
50	建立健全长效监管机制，助力“污水零直排”顺利运行	田　平	区城管局	区财政局、区数据局、区市场监管局
51	关于修建电厂热水河（科园路—凯旋桥）北侧游步道的建议	汪丽萍	区城管局	
52	关于打通费家塘路“断头路”的建议	孙建民、章鑫森 虞泽东、虞仲华 张军波	区住建局	区城投集团、区城管局、交警拱墅大队、区民政局（区地名办）

专项视察

【概况】2021年，区政协围绕区委、区政府关于推进运河沿岸名区建设、数字化工程建设、营商环境优化、城市有机更新等重点工作开展专项视察。组织委员实地调研，座谈讨论，提出监督性意见和建议30条，推动拱墅区重大项目、民生实事的落实及作风效能的提升。

【亚运会电竞场馆项目视察】2021年6月10日，区政协主席杨国琴、副主席周钢一行到北景园生态公园中国·杭州电竞中心场馆调研，协商加快推进项目建设有关工作。该场馆于2021年2月4日被确定为亚运会电竞场馆。亚运会电竞中心总建筑面积8.2万平方米，建筑高度24米，设计座位4338个。政协调研组察看项目施工现场，与施工单位面对面交流，就提升拱墅标志性项目质量、打造电竞产业新高地等3个方面提出9条意见建议。

【文化新地标视察】2021年7月7日，区政协结合委员“界别服务月”“界别调研月”活动，开展“新拱墅，我为亚运献一策”拱墅文化新地标专题视察。区政协副主席杨俊及文体界、教育界、医卫界50多位委员参加。视察组实地查看北景园生态公园中国·杭州电竞中心场馆、运河亚运公园和杭州运河中央公园，了解电竞场馆、乒乓球馆、曲棍球场、运河大剧院和各个园区绿化景观，听取项目设计理念、建筑构造、建设进度、未来利用等情况介绍，提出“建立场馆使用管理长效机制”“加强对拱墅区亚运项目宣传”“推进拱墅区亚运场馆赛后综合利用”“加快亚运场馆建设进度”等意见建议。

【专题调研市运河集团】2021年4月27日，区政协按照区委“高质量建设运河沿岸名区”的总体部署，聚焦“建设大运河国家文化公园样板区”课题，到杭州市运河集团开展专题调研。市运河集团负责人介绍大运河文化保护传承利用、大运河国家文化公园标志性项目规划建设及标志性品牌活动打造等情况。双方围绕“大运河文化带”和“大运河国家文化公园”等重大战略目标的实施，以及高质量建设好大运河国家文化公园样板区的主题进行深入交流。区政协主席杨国琴表示，要全力助推大运河国家文化公园样板区建设，共同做好大宣传、大招商、大推进工作，精准打造标志性精品，为高质量建设运河沿岸名区贡献力量。（边鸿昌）

委员活动

【政协委员读书月活动】2021年4—5月，区政协组织委员开展以“书香致远，墨卷至恒，我们一起悦读”为主题的读书月活动。读书月期间，结合党史学习教育，举行书籍赠阅、鉴赏读书、品书读、论书分享交流等活动，向每位委员赠送《论中国共产党历史》《人生非若春日蔷薇》《拥抱可能》等书籍，引导委员在体验式的学习中学史明理、学史增信、学史崇德、学史力行，感悟中国共产党的百年光辉历程和宝贵经验，坚定理想信念。

2021年7月30日，拱墅区政协委员读书会暨政情通报会举行

（区政协办 供稿）

【政协委员读书会暨政情通报会】2021年7月30日，区政协召开委员读书会暨政情通报会。区委书记陈瑾到会看望政协委员并讲话，区委副书记、区长冯晶做政情通报，区政协主席杨国琴主持会议，副主席王宏、马彦、周钢、袁雁飞、杨俊、吴伟，秘书长吴俊等出席，区政协全体委员、各民主党派和工商联主要负责人、区政协智库成员等参加读书会。会上传达学习省、市政协有关会议精神，冯晶通报全区上半年经济社会发展情况和下半年主要工作安排。委员分组与各部门负责人进行座谈交流。区政协对下半年政协工作进行部署。

【“界别服务月”和“界别调研月”活动】2021年7—8月，区政协在全区政协委员中开展“界别服务月”和“界别调研月”活动。各界别结合自身优势，聚焦党委政府中心工作大事、改革发展要事、民生改善实事、社会治理难事，选择切点小、关联广、与群众切身利益密切相关的议题开展协商。区政协主席、副主席分别按所联系的界别参加协商活动，相对应的专委会协助做好协商工作安排。7月22日，区政协副主席杨俊带领医卫界别委员开展“界别调研月”活动。委员们实地察看杭州明视康眼科医院、文晖街道社区卫生服务中心和小河湖墅街道社区卫生服务中心的硬件设施，与医务人员就区划调整背景下医疗资源优化布局问题进行座谈，听取意见。8月11日，区政协侨台界委员到小河街道开展“界别调研月”活动，委员和街道、社区相关人员围绕“老旧小区数智消防长效管理”问题深入交换意见。

【参加市政协“千名委员读百年党史”活动】2021年3月15日，拱墅区政协组织委员参加为期1个月的市政协“千名委员读百年党史”活动，活动分4个阶段进行。以《论中国共产党历史》为重点阅读书目，《中国共产党历史（第一卷）》《中国共产党历史（第二卷）》《中国共产党的九十年》《中国共产党简史》为辅读书目。结合各自在拱墅区的履职情况，在“浙政钉”App上参加大会重点交流发言20多人次，一般交流发言4次。（边鸿昌）

中国共产党杭州市拱墅区纪律检查委员会
杭州市拱墅区监察委员会

综　述

【概况】2021年，区纪委区监委优化内设机构和派驻机构设置，增设纪检监察室和派驻纪检监察组各1个。区纪委区监委机关设办公室、干部室（干部监督室）、宣传教育室、党风政风监督室、信访室、案件监督管理室、第一至第五纪检监察室、案件审理室12个内设机构和机关党委。区纪委区监委设派驻（出）机构10个，其中综合派驻6个、单独派驻（出）4个，履行党的纪律检查和国家监察两项职责。区纪委区监委下属事业单位1个，为拱墅区纪检监察事务服务中心，负责监督执纪的服务保障。

【"四责"贯通协同】2021年，区委制定全面从严治党主体责任清单，出台党风廉政建设基础考核细则，督促领导干部正确履职用权。完善"四责同述联考"（"四责"即党委主体责任、党委书记第一责任人职责、班子成员"一岗双责"、纪委监督责任）机制，将"四责"纳入同场汇报联合评议、面对面进行质询提问。8月和9月，区委书记陈瑾，区委副书记、区长冯晶参加区纪委召开的述职评议报告会4场，听取4名党委（党组）书记、4名行政主要负责人、6名分管负责人、2名街道纪工委书记、4名正科级干部、4名社区（经济合作社）"一把手"的履职报告。全年追责全面从严治党"两个责任"落实不力问题11起，涉及相关负责人13人。

【清廉单元建设】2021年，区纪委区监委督促各牵头部门、责任单位加强"1+7"（"1"即清廉拱墅；"7"即清廉机关、清廉社区和经济合作社、清廉学校、清廉医院、清廉"两新"组织、清廉文化、清廉家风）清廉拱墅建设，清单式、项目化实施清廉单元43项年度任务，提升清廉拱墅建设质效。文晖街道社区卫生服务中心获第二届"基层清廉建设（浙江）十大创新经验"优胜奖，杭州市现代实验小学、杭州育才登云小学等6所学校入选杭州市"清廉学校"示范点，上塘街道善贤社区、文晖街道现代城社区获评杭州市"清廉村居"特色样板，浙江建华集团有限公司、鲜丰水果股份有限公司等6家企业入选区首批"清廉民企"示范点，长庆街道御跸社区建成区"清廉家风"示范点，区检察院、区妇联等7个单位通过区"清廉机关"创建评估。联合区工商联和区委"两新"工委制定政商交往"七准""九不准"正面、负面清单2张，出台《关于进一步推进清廉商会清廉民企建设的实施意见》，全区49个党委建制的"两新"组织全部成立纪检组织。

【日常监督项目化管理】2021年，区纪委区监委深化日常监督项目化管理，完善"申报交办、项目抄告、过程管理、问题处置、质效评估、监督专报"六项机制，实施"申报选题、立项交办、监督检查、问题查纠、人员查处、建章立制、质效评估、分析研判"八步工作法，聚合两级纪检监察机构合力，压实党委和纪委两个责任，对日常监督工作进行项目化、标准化、全过程管理。全年区纪委区监委完成日常监督项目111个，督促整改问题407个，推动长效机制建设213项。

【街道权力数字监督平台建设】 2021年，区纪委区监委聚焦数字赋能监督，推进数字纪检监察治理体系建设，建成街道权力数字监督平台。该平台纳入全省公权力大数据监督应用场景“一本账S0”。平台设置工程项目、房产使用、惠民资金、财务信息、人员管理5个专项监督模块和“监督DIY”多跨应用模块，其中“监督DIY”模块可兼容任意数据类型，实时开展比对分析，实现“数据即导，监督场景即建”，提升问题线索排查、处置效率。全年平台录入动态数据540万条，发出预警1719条，转成问题线索144件，办结问题线索118件，立案查处违纪案件20件。

【纪检监察队伍建设】 2021年，区纪委区监委在全系统组织开展“重温入党申请书，砥砺奋进新时代”“跟着总书记学党史”“沿着红色足迹学党史”等系列活动，完成党史学习教育四大专题31项具体任务。组建机关党委、机关纪委，设置4个党支部，发展党员5人。选派45名纪检监察干部到社区蹲点挂职，面对面联系服务群众。全年区纪委区监委走访党员群众209人，调研企业140家，参与解决问题48个，撰写调研文章45篇。深化全员学习、集中轮训、师徒结对、实岗锻炼、擂台比武等做法，组织全员实务培训4批次，参加实训187人次。贯彻

2021年7月22日，区纪检监察干部在朝晖街道华联社区蹲点调研

（区纪委区监委 供稿）

《关于加强新时代纪检监察干部监督工作的意见》，规范纪检监察干部履职用权，加强“八小时”外监管，处置纪检监察干部问题线索4件，党纪处分1人，问责2人。

（金　马　王　淦）

重要会议

【下城区纪委十届六次全体（扩大）会议】 2021年2月25日，下城区纪委十届六次全体（扩大）会议召开。区委书记刘颖出席会议并讲话。会议传达学习中共中央总书记习近平重要讲话精神和中央、省、市纪委全会精神，总结2020年纪律检查工作，部署2021年主要任务，审议并通过区委常委、纪委书记、监委主任沈国祥题为《奋力推进纪检监察工作高质量发展，为争创社会主义现代化国际大都市一流核心区提供坚强保障》的工作报告。区委常委，区人大常委会、区政府、区政协领导，区法院院长、区检察院检察长出席会议；各街道、部门负责人等130人参加会议。

【拱墅区纪委七届七次全体（扩大）会议】 2021年2月20日，拱墅区纪委七届七次全体（扩大）会议召开。会议回顾总结2020年纪检监察工作，部署2021年主要任务。市委常委、区委书记朱建明出席会议并讲话，区委常委、纪委书记、监委主任熊雄做题为《全力推进纪检监察工作高质量发展，为全面高质量建成运河沿岸名区提供坚强保障》的工作报告。会议指出，做好2021年工作，要以习近平新时代中国特色社会主义思想为指导，深入贯彻党的十九大和十九届二中、三中、四中、五中全会精神，增强“四个意识”、坚定“四个自信”、践行“两个维护”，忠实履行党章和宪法赋予的职责，一体推进不敢腐、不能腐、不想腐。区四套班子领导、区直属各单位主要负责人、各街道党工委书记、办事处主任等180

人参加会议。

【区纪委一次全体会议】2021年12月29日，一届区纪委一次全体会议召开，出席会议的区纪委委员有23人。区委常委、区纪委书记熊雄主持会议并讲话。会议选举一届区纪委书记、副书记、常务委员会委员。会议强调，新一届区纪委常委会要提高政治站位，坚决维护党的领导核心；坚守人民立场，以反腐倡廉的实效厚植党的执政基础；牢记职责使命，不断推动纪检监察工作高质量发展；加强班子建设，着力打造强有力的领导集体。

【区纪委常委会、区监委委务会】2021年，下城区纪委监委召开常委会(委务会)8次，原拱墅区纪委监委召开常委会(委务会)9次，区划优化调整后拱墅区纪委监委召开常委会(委务会)35次，就全面从严治党、党风廉政建设和反腐败工作等问题进行研究，要求纪检监察部门充分发挥监督保障机制，促进完善制度优势作用，全力保障各级党委决策部署落地见效，推动纪检监察监督工作高质量发展。

(金　马　王　淦)

纪律审查和监察调查

【概况】2021年，全区各级纪检监察组织坚持"严"的主基调不动摇，始终保持惩治腐败高压态势，突出重点削减存量，零容忍遏制增量，全年处置问题线索374件，立案103件，处分党员和公职人员91人，移送检察机关15人。通过监督检查和审查调查，为国家和集体挽回直接经济损失7500多万元。

【信访举报受理】2021年，区纪委区监委以深化检举举报平台应用为契机，开展信访举报"规范化建设年"活动，实现所有检举控告件线上审批、线上流转、线上留痕。全年区纪委区监委受理群众来信来访266件，比上年下降34.2%；受理涉纪检举控告123件，下降23.1%。推进信访举报"三清"(思想观念"清障"、初次举报"清零"、重复举报"清淤")行动，制订"一案一策"积案化解方案，建立检举控告"二次反馈"机制，办结检举控告113件，增长3.7%；化解重复越级举报10件。

【审查调查】2021年，区纪委区监委开展拆迁拆违、工程建设、医疗、教育、国企等领域专项治理，严肃查处违纪违法案件。坚持标本兼治，抓好反腐败斗争基础性工作，建立"督办＋提醒约谈"督促机制，提高问题线索处置率，助推审查调查提质增效。全年采取留置措施18人，办结浙江广播电视发展总公司窝串案、杭州市公安局交警支队单某某贪污受贿案、区城投集团任某受贿案、大关街道陈某受贿案、康桥街道蒋家浜社区王某某受贿案等典型职务犯罪案件。其中上级纪委指定管辖办理的钱塘区公安分局曹某某受贿案入选全省政法系统教育整顿典型案例。该案剖析材料在新华社《国内动态清样》刊发，获省委书记袁家军批示肯定。

【限额以下工程项目交易管理】2021年，区纪委区监委针对办案中发现的限额以下工程招投标监管盲区问题，督促辖区国有企业开展廉洁风险排查，健全完善廉洁风险排查责任机制。以加强基层公权力监督为着力点，加大群众身边腐败问题查处力度。会同区住建局、区审管办等部门和街道制定《拱墅区街道限额以下建设工程项目发包细则(试行)》《拱墅区街道限额以下建设工程项目交易预选承包商名录管理细则(试行)》，明确工程项目交易范围、标准、方式和责任，推动街道限额以下工程项目交易管理纳入区小额公共资源交易平台，实现全流程数字见证、监管和监督。

【护照管理】2021年，区纪委区监委开展公职人员防逃全覆盖省级试点，推进防逃覆盖、日常管理、监督执纪问责等制度建设，开通"国境一网通"监督平台。至年末，辖区被纳入平台管理的公职人员13208人，登记管理出国(境)证件16893本。其中，普通护照9765本，内地居民往来港澳通行证4562本，大陆居民往来台湾通行证2537本，出国(境)证件29本。　(金　马　王　淦)

巡察工作

【概况】2021年，区委巡察机构把握政治巡察的内涵和重点，坚持有形覆盖与有效覆盖相统一。健全与区纪委区监委、区委组织部、区委政法委、区审计局等单位巡前深度对接、巡中沟通响应、巡后整改协同机制，加强巡察监督与纪律监督、监察监督、派驻监督贯通融合，推动巡察工作向纵深发展。综合运用常规巡察、交叉巡察、巡察街道带动巡察社区等方式，完成对10个区直部门、2个街道、90个社区和经济合作社的政治巡察，以及政法系统、食品安全2个重点领域的专项监督检查，完成党委一届任期内巡察全覆盖。全年区委巡察机构发现问题1229个，提出意见建议512条，移交问题线索55条，立案8件，给予党纪政务处分8人、组织处理140人。

【巡察整改落实】 2021年，区委书记专题会议和巡察工作领导小组会议专题听取巡察整改情况报告，区委巡察机构会同区纪委区监委职能部门、派驻纪检监察组、街道纪工委对整改情况开展联合监督，实行巡察反馈问题报账、交账、转账、查账、销账“五账法”闭环管理。全年区委巡察机构完成106个被巡单位整改报告审核，回访督查30个单位党组织，督促整改问题1082个，完善制度469项。

【巡察成果运用】 2021年，区委巡察机构梳理分析巡察发现的共性问题和倾向性问题，提出堵漏建制、标本兼治的对策建议，督促相关职能部门系统推进问题整改。结合社区（经济合作社）巡察全覆盖工作，助力开展“基层微治理”“基层减负”等重点课题调研，向区委提交专报2份，针对社区（经济合作社）组织换届后“一肩挑”和任期变化的新形势，提出常态化监督意见建议。全年区委巡察机构在区级以上媒体刊登巡查工作信息45次，其中中央级平台19次、省级平台16次、市级平台2次、区级平台8次。

【巡视巡察联动试点】 2021年，区委成立贯彻落实市级巡察机构在上下联动中更好发挥作用试点工作领导小组，结合试点任务与巡察工作，一体谋划、一体部署、一体推进。区委巡察机构建立任务共推、成果共用、经验共享、短板共治、队伍共建的“五位一体”联动机制，制定实施12项试点任务，完成运用推广巡察整改质效监督“十步工作法”（确定对象、拟订方案、听取汇报、问卷调查、查阅台账、个别谈话、延伸走访、会商研究、专题汇报、函告督办）及建立完善巡察干部常态化教育培训机制2项试点领办任务。

（金　马　王　淦）

政治监督

【概况】 2021年，区纪委区监委出台政治监督方案，制订政治监督重点任务清单，具体化、常态化开展政治监督。聚焦贯彻落实中共中央总书记习近平重要讲话和指示批示精神开展监督，督促党员干部把“两个维护”落实在行动上。围绕党的十九届六中全会精神和中央、省市区委重大决策部署落实情况开展监督，实施专项监督24项，推动“国之大者”在拱墅区落地见效。紧盯中央和省委巡视反馈问题整改开展监督，推动完成72个问题整改、25项协办事项。结合换届开展监督，回复党风廉政意见涉及拟任用干部1838人次，提出否决意见3人。

【加强对“一把手”和领导班子监督】 2021年，区纪委区监委贯彻落实《中共中央关于加强对“一把手”和领导班子监督的意见》和省委13项具体实施意见，重点加强对贯彻执行民主集中制、依规依法履职用权、担当作为、廉洁自律等情况的监督。对监督检查、政治巡察、审查调查、信访举报中发现的问题进行梳理分析。全年区纪委区监委约谈各级领导班子成员、重点岗位人员98人，查办“一把手”违纪违法案件3件。

【政治生态可视化评估】 2021年，区纪委区监委坚持问题导向，会同区委组织部、区委宣传部、区委巡察办、区审计局等部门，整合政治生态建设7个方面、28项信息数据，通过点与面相结合、定性与定量相结合，对各单位政治生态进行综合研判、整体画像，绘制政治生态“雷达图”58份，提出针对性建议措施188条，通过“监测—评价—预警—修复”闭环管理，协助党委（党组）准确把握“树木”和“森林”的关系，为落实落细主体责任提供依据、找准路径、把准方向。

【重点工作监督】 2021年，区纪委区监委加强区委、区政府重点工作落实情况监督，发挥监督保障执行、促进完善发展作用。开展亚运场馆建设和运行情况专项监督，推动整改问题52个；开展行政区划优化调整落实情况专项监督，明察暗访551次，检查单位922个次；开展城市环境大整治专项监督，启动直查快办8次，问责22人；开展安置房建设及回迁安置专项监督，提出意见建议4条，推动解决石桥经济合作社出租房拆迁难等问题；开展安全生产“百日攻坚”行动专项监督，推动整改问题190个；开展新冠肺炎疫情防控专项监督，印发监督意见书180份，督促整改问题928个。　（金　马　王　淦）

党风政风监督

【概况】2021年，区纪委区监委坚持以党风促正风带民风，常态化开展正风肃纪，严肃查处顶风违纪行为。用好“两个责任”监管平台，贯通联动党委主体责任、“第一责任人”责任、“一岗双责”和监督责任，统筹推进专项治理和专项监督，全区党风政风监督工作不断向纵深发展，为“十四五”开好局、起好步提供纪律保证。

【“四风”问题整治】2021年，区纪委区监委落实中央八项规定精神，紧盯易发多发的隐蔽性、节令性问题，常态化开展明察暗访，开展“过廉节”专项检查、酒驾醉驾及其背后“四风”问题专项治理、开发区（园区）党风廉政建设专项监督等正风肃纪行动，全年查处享乐主义、奢靡之风问题17起、18人，给予党纪政务处分13起、13人。坚决整治形式主义、官僚主义，深化治理贯彻党中央和省委、市委决策部署不落实、维护群众利益不作为、困扰基层的形式主义等突出问题，督促各级各部门做好线上工作群清理，协调推进“社区智治在线·一表通”平台建设，巩固基层减负成果，全年查处形式主义、官僚主义问题3起3人，给予党纪政务处分1起、1人。

2021年9月27日，区纪委区监委联合区市场监管局在杭州世纪联华庆春店开展国庆节前正风肃纪专项检查　（区纪委区监委 供稿）

【群众身边腐败和作风问题整治】2021年，区纪委区监委聚焦漠视侵害群众利益问题，协调开展回迁安置慢、校外培训机构违规办学、侵占集体资产等15个项目整治。常态化推进扫黑除恶“打伞破网”工作，处置问题线索4件，组织处理3人。深入推进清廉社区（经济合作社）建设，开展政治监督巡察“赋能”、社区履职事项“减负”、规范管理服务“完善”、突出典型问题“治理”、基层监督能力“提升”5项行动，完成清廉社区（经济合作社）建设16项具体任务。协助做好社区组织换届“回头看”，对224名新任社区（经济合作社）“一把手”开展全覆盖廉政提醒谈话。全年区纪委区监委查处群众身边不正之风和腐败问题10起、12人。

【“四种形态”执纪监督】2021年，区纪委区监委坚持严管厚爱结合、激励约束并重，以事实为依据，做好线索处置、谈话函询、初步核实、审查调查、案件审理等工作，把握违纪违法问题性质、情节及造成后果等，分类施治、分层施策，依规依纪依法做出处置，运用监督执纪“四种形态”处理336人次，其中第一、第二、第三、第四种形态分别占70.8%、15.8%、4.2%和9.2%，实现政治效果、纪法效果、社会效果相统一。落实“三个区分开来”（把因缺乏经验先行先试出现的失误与明知故犯行为区分开来，把国家尚无明确规定时的探索性试验与国家明令禁止后的有规不依行为区分开来，把为推动改革的无意过失与为谋取私利的故意行为区分开来)要求,为2名干部实施容错免责,为5名受到失实检举控告的干部进行澄清,对3名诬告陷害人进行查处。（金 马 王 淦）

廉政宣传教育

【概况】 2021年,区纪委区监委拓展线上线下并行、点线面结合的廉政教育矩阵,宣传全区党风廉政建设和反腐败工作新进展、新成效,提升群众对全面从严治党的获得感和满意度,在全区形成正气充盈、氛围浓厚的宣传环境。全年在中央和省、市主流媒体(含纸质报纸、电视台、新闻网站)刊发拱墅区党风廉政建设报道400多篇,在"运河清风"微信公众号推送清廉拱墅建设动态信息206期、447篇,在"运河清风"门户网站和《今日拱墅》刊发反腐倡廉新闻稿244篇。

【廉洁文化阵地建设】 2021年,区纪委区监委营造具有拱墅特色、运河特征的廉洁文化环境,建成浙江省首个集艺术创新、清廉文化于一体的青年清廉主题体验展示馆——青年清廉馆,启用全市首个清廉书房——杭州书房武林清风书屋,建立拱墅区党员干部交通违法警示教育基地,推出中国京杭大运河博物馆清风专线,整合半山清风馆、陆游纪念馆、杭州都锦生织锦博物馆、青年清廉馆、杭州市胜蓝实验小学党风廉政教育基地、王星记清廉文化扇艺体验馆等14个廉洁文化点位,推出"见贤思齐""留廉忘返""清力青为""品学监优""扇清水秀"5条清风之旅线路。全区廉洁文化阵地接待党员干部群众参观学习3万余人次。

【廉洁文化宣传】 2021年,区纪委区监委联合区文明办、区委直属机关工委、区妇联,在全区开展寻访大运河"勤廉好作风、清廉好家风"活动,收集广大党员工作中敢于担当者、无私奉献者、勤廉为民者、清廉干事者的作风事例,评选出十佳优秀"清廉好家风"事迹(故事)。举办"勤廉好作风 清廉好家风"清廉拱墅主题晚会,线上线下观看观众达22万人次。推进清廉公益广告"乘"公交、"坐"地铁,在辖区7条公交线路18辆公交车和4个地铁站点,集中展示清廉拱墅建设成果。

【廉政警示教育】 2021年,区纪委区监委将警示教育贯穿违纪违法案件办理全过程,在"运河清风"微信公众号推出专栏"清风说纪""警钟60秒""云上廉音"等警示教育载体,制作警示教育片《坚守"六慎"扼贪祸》,组织全区各街道、区直属各单位党员干部观看。组织党员干部和监察对象旁听或"云旁听"犯罪嫌疑人案件庭审。区纪委区监委根据真实案例改编拍摄的微电影《人无再少年》获第三届"玉琮杯"全国清廉微电影大赛银奖。（金 马 王 淦）

2021年11月23日,"勤廉好作风 清廉好家风"清廉拱墅主题晚会举行
（余文华 摄）

民主党派 · 工商联

中国国民党革命委员会杭州市拱墅区基层委员会

【概况】2021年，民革拱墅区基层委员会有支部8个、党员172人（含新发展12人），主要成员和所联系对象为原中国国民党有关系人士、与民革有历史和社会联系人士、与中国台湾各界有联系人士和其他中上层人士，以及社会和法制专业人员中的代表性人士。民革党员中有市人大代表1人、市政协委员2人、区人大代表3人、区政协委员9人。民革拱墅区基层委员会完成区划调整后的组织和人员融合工作。开展庆祝中国共产党成立100周年系列活动。以中国共产党成立100周年、辛亥革命110周年、民革作风建设年“三个年”为契机，以“湿地水城”打造和大运河文化带建设为抓手，推进建言资政、服务社会等重点工作，为拱墅区高质量发展贡献智慧和力量。

【民革拱墅区基层委员会成立】2021年6月15日，民革拱墅区基层委员会成立大会召开。民革市委会副主委王慧中，区委常委、统战部部长黄飞等出席。会议听取并审议民革拱墅区基层委员会筹备工作报告，选举产生由11名委员组成的民革拱墅区第一届基层委员会，吉莉当选主委，沈忱、蒋汉波、陈美丽、奕琴当选副主委，王慧中为民革拱墅区新一届基层委员会授印。民革市委会有关部门负责人、区委统战部有关负责人、民革拱墅区基层委员会全体党员等107人参加会议。

【参政议政】2021年，民革拱墅区基层委员会履行参政议政职能，在区“两会”上，提交《关于做好地名保护等相关工作的建议》《关于推行城市信息监测系统，为生态城市建设提高基础保障的提案》《关于做精做强区域文化品牌，助力打造运河沿岸名区的相关建议》。区“两会”期间，与会人大代表、政协委员听取并审议区政府工作报告和区政协常委会工作报告，开展协商议政。

【交流联谊】2021年3月30日，民革拱墅区基层委员会二支部与民革西湖区基层委员会一、三支部共同开展“水相通、人相亲”主题联谊活动。组织民革党员参观拱墅区桥西历史文化街区、桥西党建示范点、大城北规划展示馆，开展市“两会”精神及杭州市“十四五”规划专题学习交流活动。7月23—24日，民革拱墅区基层委员会一支部、二支部联合组织党员到上海参观学习，与民革上海市委会联合一支部、四支部开展“不忘初心同路前行，同心合力共绘沪杭”共建活动，助推民革上海、杭州两地组织间的工作交流与合作。8月26日，民革拱墅区基层委员会组织调研组到建德市“民革党员之家”走访调研，双方就活动组织和履职参政等方面合作进行交流。

【学习教育】2021年7月2日，民革拱墅区基层委员会召开“庆建党百年·学党史悟初心”专题理论学习会，邀请省委党校研究员孙蔚做题为《百年来中国共产党发扬斗争精神的基本历程和基本经验》的专题讲座。会议传达学习区委全体（扩大）会议精神，研

2021年7月9日，民革拱墅区基层委员会组织全体党员到浙江省档案馆参观“观百年潮涌·悟初心使命——庆祝中国共产党成立100周年”展览

（民革拱墅区基层委员会 供稿）

究部署下一步重点工作。7月9日，民革拱墅区基层委员会组织全体党员到省档案馆参观“观百年潮涌·悟初心使命——庆祝中国共产党成立100周年”展览，感受党的百年征程和辉煌成就。

（常利洁 沈光明）

中国民主同盟杭州市拱墅区基层委员会

【概况】2021年，民盟拱墅区基层委员会有支部7个、盟员127人（含新发展5人），主要成员和所联系对象为文化教育界及科学技术界的知识分子。盟员中有区人大代表2人、区政协委员9人。新一届民盟拱墅区基层委员会围绕区委、区政府中心工作，开展参政议政、民主监督和民主协商等工作。民盟拱墅区基层委员会被民盟市委会评为“先进基层组织”。

【民盟拱墅区基层委员会成立】2021年6月21日，民盟拱墅区基层委员会成立大会召开。民盟市委会主委宦金元、专职副主委申屠敏出席，区委常委、统战部部长黄飞到会并讲话。会议听取并审议民盟拱墅区基层委员会筹备工作报告，选举产生由9名委员组成的民盟拱墅区第一届基层委员会，袁雁飞当选主委，张浩亮、付国阳、胡剑慧当选副主委。袁雁飞代表新一届领导班子做表态发言。民盟市委会有关部门负责人、区委统战部有关负责人、全体盟员等80人参加会议。

【提案成果】2021年5月6日，民盟拱墅区基层委员会有15名盟员参加政协拱墅区委员会会议，盟员提交《以杭州2022亚运会为契机，打造新拱墅志愿者名片，做好新拱墅的融合和发展》联名提案，提交《关于加快推进宠物无害化处理行业规范化的建议》《关于在拱墅建设大学科技园（创业园）的建议》个人提案。民盟拱墅区基层委员会向区政协提交《让中医药服务体系成为大运河国家文化公园样板区的一张金名片》等调研报告。

【思想政治建设】2021年，民盟拱墅区基层委员会按照新时代中国特色社会主义参政党建设标准和要求，加强自身思想政治建设。组织盟员参加杭州市“歌声飘扬，同心向党”庆祝中国共产党成立100周年、中国民主同盟成立80周年主题歌咏比赛。举办专题党史学习会，重温中国共产党的光辉历程和新中国发展史。开展以“礼赞新中国，奋进新时代”为主题的“庆国庆·学盟史”活动，引导盟员从中国民主同盟的光辉历程中汲取精神力量。全年7个支部、120多名盟员参加中国共产党党史学习教育。盟员梁勇获“杭盟榜样人物”称号，盟员潘志华获“杭盟榜样人物”提名奖。

【中医药工作调研】2021年4月14日，区政协提案委员会主任、民盟盟员张浩亮一行到拱墅健康大厦、方回春堂拱宸桥国医国药馆开展基层中医药工作专题调研，召开座谈会并进行实地访谈，了解拱墅区“十三五”时期基层中医药服务工作开展情况，听取基层中医医务人员意见建议，形成可操作性强的调研报告，提出完善投入保障机制、加强人才队伍建设、开展中医药健康文化普及、推动中医药传承创新等建议。

【送文艺进工地活动】2021年5月14日，第四届“同心·大城北”党盟协同送文艺进工地活动在大城北莫干山路提升改造现场举行。活动以“中国梦，同心圆，工

2021年5月14日，第四届“同心·大城北”党盟协同送文艺进工地活动在大城北莫干山路提升改造现场举行 （民盟拱墅区基层委员会 供稿）

会情”为主题，表演“不忘初心、携手前进”诗朗诵、“天耀中华”大合唱等节目，节目内容贴近群众、贴近生活。莫干山路提升改造工程项目部、良渚大学生汽车产业创业园等单位员工500多人观看演出。 （潘志华 沈光明）

中国民主建国会杭州市拱墅区基层委员会

【概况】2021年，民建拱墅区基层委员会有支部14个、会员363人（含新发展8人）。会员中担任市、区人大代表14人，担任市、区政协委员29人，担任特约职务4人。全年召开基层委员会全体会议4次，撰写、报送宣传稿件100多篇。民建拱墅区基层委员会被民建省委会评为为全面建成小康社会作贡献成绩突出集体、2016—2020年度民建浙江省先进集体、2021年度杭州民建参政议政先进集体。

【民建拱墅区基层委员会成立】2021年6月19日，民建拱墅区基层委员会成立大会召开。民建省委会副主委、市委会主委郭清晔，市委会副主委、市会员企业家联谊会会长刘政奇，区委常委、统战部部长黄飞等出席。会议听取并审议民建拱墅区基层委员会筹备工作报告，选举产生由11名委员组成的民建拱墅区第一届基层委员会，沈燕翔当选主委，楼晓光、潘云山、陈琳、王必松当选副主委。沈燕翔代表新一届领导班子做表态发言。民建市委会有关部门负责人、区委统战部有关负责人、民建拱墅区基层委员会会员代表等100人参加会议。

【系列主题活动】2021年3月12日，民建拱墅区基层委员会二支部开展集体认养树木活动，区政协副主席、民建拱墅区基层委员会主委沈燕翔等参加。全体会员在墅园集体认养1棵树龄70年的香樟树，并将其命名为“同心树”，区住建局向二支部发放树木认养证书。3月19日、4月9日，二支部、三支部、五支部分别召开以“同心路·民建情”为主题的学习会，组织会员集体观看《百炼成钢：中国共产党的100年》纪录片，学习领会中共中央总书记习近平在2021年党外人士新春座谈会上的重要讲话精神、全国“两会”精神，并开展重温入会誓词、赠送“政治生日”贺卡、发表生日感言、分享生日蛋糕等活动。5月18日，民建拱墅区基层委员会开展“学党史、强信念、跟党走”红色主题教育，组织会员观看庆祝中国共产党成立100周年暨杭州民建

2021年5月18日，民建拱墅区基层委员会开展“学党史、强信念、跟党走”红色主题教育 （民建拱墅区基层委员会 供稿）

成立70周年纪录片《同心筑梦跟党走，砥砺奋进踏新程》，回顾杭州民建走过的70年历程。

【领导班子会议】2021年3月18日，民建拱墅区基层委员会召开领导班子民主生活会。民建市委会主委郭清晔出席，民建拱墅区基层委员会主委沈燕翔主持，民建拱墅区基层委员会领导班子全体成员参加。会议围绕理论学习、参政议政、社会服务等方面内容，查摆存在问题，分析问题产生原因，提出具体整改措施，领导班子成员开展批评和自我批评。7月7日，民建拱墅区基层委员会召开领导班子（扩大）会议，学习领会中共中央总书记习近平在庆祝中国共产党成立100周年大会上的重要讲话精神，传达贯彻区委全体（扩大）会议精神，交流学习心得体会，明确班子成员职责分工，部署下半年重点工作。

【议政建言】2021年，民建拱墅区基层委员会组织会员撰写议案、提案。会员撰写的《关于发展乡村旅游、助力乡村振兴、推动共同富裕示范区建设的建议》被民建省委会录用。《香港自贸港发展对海南的启示》《发展杭州市校园冰雪运动的建议》《规范地方政府人才引进，促进经济协调持续发展》《关于开放性校园建设、进一步健全学生人格养成的建议》《深化“放管服”改革，破除制约新经济加速发展的体制机制障碍问题的相关建议》《大城北核心区工业遗存保护与利用》《关于壮大我省节能环保产业的相关建议》被民建市委会录用。《打造城市大脑“应用超市”，推动杭州市深化数字化改革的建议》《关于提升数字化改革项目（应用场景）质量的若干建议》被区委统战部录用，并被选作区政协大会发言材料。《关于进一步强化我区企业专利申报工作的建议》等提案被评为2021年度区政协优秀提案。

（潘云山　陈　琳　沈光明）

中国民主促进会杭州市拱墅区基层委员会

【概况】2021年，民进拱墅区基层委员会有支部8个，会员211人（含新发展8人），会员主要由从事教育文化出版工作的高、中级知识分子组成。会员中有市政协委员3人、区人大代表3人、区政协委员9人。民进拱墅区基层委员会开展庆祝中国共产党成立100周年系列活动。完成行政区划调整后的组织融合、机构成立和基层换届工作。推进履职能力建设，完善社会服务体系。民进拱墅区基层委员会被民进省委会评为2017—2021年度先进集体。

【民进拱墅区基层委员会成立】2021年5月31日，民进拱墅区基层委员会成立大会召开。市政协副主席、民进市委会主委谢双成，区委副书记、组织部部长沈华锋，区委常委、统战部部长黄飞等出席。会议听取并审议民进拱墅区基层委员会筹备工作报告，选举产生由11名委员组成的民进拱墅区新一届基层委员会，房雪峰当选主委，王刚、刘志华、陈建华、王泉当选副主委。黄飞肯定民进原“两区”基层委员会的工作，对新一届民进拱墅区基层委员会领导班子提出希望。会议传达学习中央和省、市、区有关会议及文件精神，参加会议120多人。

【参政议政】2021年，民进拱墅区基层委员会聚焦中心工作和民生问题，组织会员开展调查研究、建言献策。在区政协一届一次全会上，提交立项课题“加快建设市场化的国际一流营商环境——基于中小企业的实证分析”，该课题获区委统战部调研成果优秀奖。《尽快出台装配式建筑施工员培训国家标准，优化绿色建筑产业末梢环节》提案被民进中央录用；《关于在政府投资项目工程结算中推行“信用付”的建议》被市政协录用。民进拱墅区基层委员会上报的《中国机床产业急需政府引导扶持》《关于开展网络销售客服职业技能培训的建议》等11篇社情民意被民进市委会录用。

【社会服务】2021年，民进拱墅区基层委员会发挥骨干会员作用，开展多种形式的社会服务。会员陈海者帮助淳安县枫树岭镇下姜村与杭州市各旅行社对接，助力下姜村特色旅游业发展。10月12日，开展以“爱满民进　情暖重阳”为主题的重阳节活动，邀请部分退休会员在拱宸桥桥西“老开心茶馆”制作重阳糕、品茶、畅聊，共叙美好未来。三支部会员李南希、周继祥等到萧山区进化镇敬老院慰问孤寡老人，送上米、面、食用油等慰问品，并为老人剪

2021年10月12日，民进退休会员参加“爱满民进 情暖重阳”重阳节活动
（民进拱墅区基层委员会 供稿）

指甲、理发。二支部会员、区青少年活动中心教师陈莹作为杭州市首批专业技术人才，到四川省广元市昭化区支教，帮助当地教师提升职业素养和教学能力。协助社区开展新冠肺炎疫情防控工作，组织参与社区人员摸排、信息登记、卡口值守、居家服务等工作。（王　泉　沈光明）

中国农工民主党杭州市拱墅区基层委员会

【概况】 2021年，农工党拱墅区基层委员会有支部6个、党员152人（含新发展7人）。党员主要以医药卫生、人口资源和生态环境领域的中高级知识分子为主。党员中有市人大代表2人、区人大代表3人、区政协委员12人。农工党拱墅区基层委员会依托农工党组织专业特色和党员专业特长，组织党员参与脱贫攻坚行动。农工党拱墅区基层委员会被农工党中央评为脱贫攻坚工作先进集体，被农工党省委会评为“庆祝中国共产党成立100周年”活动先进集体、2021年度社会服务工作先进集体。一支部、三支部、四支部、五支部、六支部获评杭州市2020—2021年度先进支部，其中五支部被评为杭州市“五星级支部”，四支部被评为杭州市“四星级支部”，一支部、三支部、六支部被评为杭州市“三星级支部”。

【农工党拱墅区基层委员会成立】 2021年5月28日，农工党拱墅区基层委员会成立大会召开。市政协副主席、农工党省委会副主委、农工党市委会主委周智林，农工党市委会专职副主委兼秘书长倪晓娟，区委副书记、组织部部长沈华锋，区委常委、统战部部长黄飞等出席。钱塘区人大筹备组副组长、农工党钱塘区基层委员会主委李红，区工商联党组书记、主席舒健代表民主党派团体到会祝贺。会议听取并审议农工党拱墅区基层委员会筹备工作报告，选举产生由10名委员组成的农工党拱墅区第一届基层委员会，方友青担任主委，赵霞、刘莉莉、毛雪梅、骆芳、张智武担任副主委。农工党拱墅区基层委员会下属第四、五、六支部同时进行换届选举。农工党市委会有关部门负责人、区委统战部有关负责人、农工党拱墅区基层委员会党员等86人参加会议。

【建言献策】 2021年，农工党拱墅区基层委员会聚焦“十四五”规划实施、助力大城北发展，组织党员开展调查研究、建言献策。全年上报调研报告8篇，《借亚运契机、重疫情防控，强化餐饮食品安全的建议》被农工党省委会评为重点课题，并获农工党浙江省2021年度参政议政优秀成果二等奖，《补短板强治理，建立健全我区基层消防安全“精密智控、综合治理”体系》获2021年度拱墅区统一战线“同心共富”建名区课题调研成果优秀奖；《打造“世界丝绸文化中心”，深度推进“一带一路”战略枢纽建设》获农工党浙江省2021年度参政议政优秀成果三等奖。全年上报社情民意64篇，《园林绿化废弃物量大面广，建议实行资源化利用》《盲盒营销火爆背后存在三方面乱象亟需监管跟进》社情民意被农工党中央录用，《对全国人大常委会年度工作报告的反映》《以“四个关注”探索互联网企业去金融化、准本土化，一以贯之保障国家信息安全的建议》《DRGS医保付费模式实施的几点意见和建议》《中草药饮片成本与限价“倒挂”带来三方面问题》《关于〈刑法修正案（十一）（草案）〉第二十八条的立法建

议》被市政协录用,《财产保全制度滥用宜及时规范》被市委统战部录用。市"两会"期间,《关于加强小蔬菜门店监管的建议》获评市人大代表优秀建议。

【主题活动】2021年3—5月,原农工党拱墅区总支部围绕庆祝中国共产党成立100周年主题,开展中共党史学习教育和"四史"(中共党史、新中国史、改革开放史、社会主义发展史)宣传教育,巩固"不忘合作初心,继续携手前进"主题教育成果,开展"同心筑梦跟党走"庆祝中国共产党成立100周年系列活动。通过"学党史・说故事""访前辈・谈感受""探足迹・讲收获",增强党员坚定不移地接受中国共产党领导的信念。原农工党拱墅区总支部拍摄的"农工'墅说'百年史・同心筑梦跟党走"微视频在农工党市委会开展的"微视频献礼100周年"展评中获一等奖。开展"访红色基地、墅说红色情怀"主题教育,组织50多名党员到绍兴诸暨,踏寻红色足迹,畅谈学习收获。开展"访老党员,墅说未来发展"走访活动,农工党拱墅区基层委员会班子成员走访慰问13位70周岁以上退休老党员,送去组织上的关怀和问候,与老党员共同探讨新拱墅的未来发展。开展"访党员企业、墅说心路历程"自我提升活动,组织参观农工党党员创办的企业,学习企业家党员的创业精神、管理经验及社会服务情怀。

【公益服务】2021年6月1日,农工党拱墅区基层委员会副主委张智武牵头开展的"同心・悦读助跑"项目在桐庐窄溪小学收官。项目运行10年期间,累计捐赠图书1.41万册,价值35.1万元。农工党拱墅区基层委员会副主委赵霞依托个人创办的杭州明视康眼科医院资源,启动"护眼爱目"公益项目,带领眼科医护团队到杭州市西溪中学等25所学校进行眼健康科普宣传,并为学生提供免费专业眼部检查,服务学生1万余人次。四支部党员在拱宸桥市场监管所开展的"1+1调解工作室"社会服务项目中,参与较为复杂的消费纠纷调解工作5件,其中调解成功4件。五支部推进与小河街道长征桥社区的"助力长征、共创佳园"结对活动,发挥党员专业优势,开展专家义诊,为社区老人检测血糖、测量血压、讲解保健知识。六支部根据结对的半山街道金星社区未成年子女暑期照护需求,举办公益暑托班,为社区小朋友开设"儿童体能游戏""科学实验"等系列课程,助力社区未成年人健康快乐成长。

(骆　芳　沈光明)

2021年5月8日,农工党拱墅区基层委员会在第二季"访前辈・谈感受,'墅'说前辈故事"主题学习活动中,重温老一辈革命先烈的英雄事迹

(农工党拱墅区基层委员会 供稿)

中国致公党杭州市拱墅区基层委员会

【概况】2021年,致公党拱墅区基层委员会有支部8个、党员137人(含新发展3人),基层组织由归侨、侨眷中的中上层人士和其他有海外关系的代表性人士组成。党员中有省人大代表1人、省政协委员1人、市人大代表1人、市政协委员6人、区政协委员18人。致公党拱墅区基层委员会围绕中心大局,学习贯彻中共十九届六中全会精神,开展庆祝中国共产党成立100周年系列活动和调研、视察、监督工作,完成行政区划调整后的组织融合、机构成立和基层换届工作。

【致公党拱墅区基层委员会成立】2021年6月18日,致公党拱墅区基层委员会成立大会召开。致公党市委会专职副主委吴静，区委常委、统战部部长黄飞出席。致公党高新区（滨江）总支部主委许利萍、九三学社拱墅区基层委员会主委马彦代表各民主党派、统战团体到会祝贺。会议听取并审议致公党拱墅区基层委员会筹备工作报告，选举产生由9名委员组成的致公党拱墅区第一届基层委员会，杨俊担任主委，颜纯华、叶高敏、贾顺波、倪丽华担任副主委。吴静代表致公党市委会向新一届基层委员会表示祝贺。致公党市委会有关部门负责人、区委统战部有关负责人、致公党拱墅区基层委员会党员等70多人参加会议。

【“百年征程，百年初心”党史学习主题教育】 2021年3月，致公党拱墅区基层委员会围绕“百年征程，百年初心”党史学习教育，开展内容丰富、主题鲜明、形式多样的党史学习教育。推出“百年党史天天读”线上学习党史活动，利用互联网小工具，将学习内容按日在网上更新，引导党员利用碎片化时间打卡，研读思考学习内容，并在评论区分享学习体会。组织党员到嘉兴市南湖区开展“学党史、悟初心”红色主题教育，实地参观南湖革命纪念馆并瞻仰“南湖红船”，其间，与致公党南湖区支部党员进行座谈交流。二支部组织党员到浙江美术馆参观“回望之眸·红船女儿：献礼中国共产党成立100周年艺术特展”。

【中共拱墅区委全体（扩大）会议精神学习会】 2021年7月9日，致公党拱墅区基层委员会召开中共拱墅区委全体（扩大）会议精神学习会，传达学习区委书记陈瑾在中国共产党拱墅区委全体（扩大）会议上的报告，并研究部署下半年重点工作。致公党拱墅区基层委员会班子成员及各支部主委参加。会议提出要以学习实践活动推动下半年各项工作，在参政议政、民主监督、宣传联谊和制度规范化建设等方面取得新的成效。

【重点工作民主监督】 2021年，致公党拱墅区基层委员会开展企业纾困政策措施落实情况民主监督。组织党员参加区政协组织的“推进美丽大花园建设、打造美丽中国样本”集体民主监督活动，查看拱宸桥街道小区环境整治、老旧小区改造、垃圾分类、公共设施提升等工作。组织党员对辖区内亚运场馆开展“建言助共富，同心迎亚运”专题民主监督，营造“融入杭州亚运，迎接全民盛会”社会氛围。组织党员到“杭州中心”项目现场、阿斯利康制药有限公司中国东部总部了解重点项目实施情况。

【议政建言】 2021年5月6日，致公党拱墅区基层委员会参加政协拱墅区委员会会议，听取并审议《政府工作报告》及其他有关报告，围绕新拱墅新发展进行协商议政。其间，致公党拱墅区基层委员会提交《加强拱墅区社区防灾减灾能力建设的建议》集体提案，党员提交《关于规范和促进我市直播电商经济健康发展的建议》，党员的发言稿《完善“三纵一横”路网框架，打通大城北毛细血管》上报区政协。全年向有关部门提交《拱墅区河道水质数字化精细化管控对策》《城市货运车辆新能源化对策议题》等调研报告10篇。其中《加快大运河国家文化公园建设》调研报告获全国政协和省政协肯定，被人民网、《联谊报》等媒体平台转载。10月16日，致公党拱墅区基层委员会举行领导班子扩大会议暨“议政日”活动，围绕“助力共同富裕，共谋城市发展”主题，开展议政研讨。会议研究确定落实致公党市委会“建言助共富，同心迎亚运”主题系列活动主要安排。议政会上，

2021年10月16日，致公党杭州市拱墅区基层委员会2021年度“议政日”活动举行
（致公党拱墅区基层委员会 供稿）

对《打造大城北数字经济新高地的意见和建议》《关于进一步提升大运河杭州段文旅融合的建议》等10件党派提案和个人提案进行审议，提出意见建议，丰富提案内容。

【服务活动】2021年1月，致公党拱墅区基层委员会组织党员在朝晖街道开展“留杭多喜乐、健康过大年”新春送“福”活动，为留在杭州过年的外来务工人员送上慰问品。党员律师发挥专业特长，开展《中华人民共和国民法典》宣讲活动，为米市巷街道社区新任妇联干部解读民法典中有关婚姻家庭关系和妇女儿童权益的内容。与区市场监管局联合开展以“放心消费在杭州，优化营商环境迎亚运”为题的“3·15”特别直播活动，观看直播1万余人。致公党拱墅区基层委员会联合市社会服务委员会在杭州市社会福利中心开展“孝亲敬老嘉年华”专场服务活动，邀请市二医院医生为福利中心老人讲解口腔卫生知识并提供免费检查和医疗建议。

（叶高敏　沈光明）

九三学社杭州市拱墅区基层委员会

【概况】2021年，九三学社拱墅区基层委员会有支社8个、社员165人（含新发展2人），社员中高级技术职称比例为86.5%。九三学社具有政治联盟特点。社员中有市人大代表3人、市政协委员2人、区人大代表12人、区政协委员14人。九三学社拱墅区基层委员会围绕中心工作，开展课题调研和参政议政工作，人大代表、政协委员在区“两会”上建言献策，提出意见建议。开展庆祝中国共产党成立100周年系列活动，完成行政区划调整后的组织融合、机构成立和基层换届工作。九三学社拱墅区基层委员会被九三学社省委会评为纪念九三学社创建75周年暨浙江建立组织65周年先进基层组织、社会服务先进基层组织，被九三学社市委会评为社务工作先进集体。

【九三学社拱墅区基层委员会成立】2021年6月9日，九三学社拱墅区基层委员会成立大会召开。市人大常委会副主任、九三学社市委会主委罗卫红，区委常委、统战部部长黄飞等出席。九三学社西湖区基层委员会主委马冬娟，农工党拱墅区基层委员会主委方友青代表各民主党派、统战团体到会祝贺。会议听取并审议九三学社拱墅区基层委员会筹备工作报告，选举产生由9名委员组成的九三学社拱墅区第一届基层委员会，马彦担任主委，陈安、王善华、傅佳婧担任副主委。黄飞在讲话中肯定九三学社原“两区”基层委员会的工作，马彦代表新一届班子做表态发言。九三学社市委会有关部门负责人、区委统战部有关负责人、九三学社拱墅区基层委员会全体社员等120人参加会议。

【“观百年建党史，行美好同心路”主题系列活动】2021年4月16日，九三学社拱墅区基层委员会组织开展主题为“观百年建党史，行美好同心路”的系列活动，系列活动延续半年多，主要有“七一迎七一”“筑九三同心梦”“讲历史风云录”等7项活动。各支社组织开展社史社章专题学习活动，收看省、市庆祝中国共产党成立100周年大会实况。在九三学社中央举办的“五史”（中共党史、新中国史、改革开放史、社会主义发展史、多党合作史）知识竞赛中，九三学社拱墅区基层委员会二支社、六支社、七支社获“九三学社‘五史’知识竞赛优秀组织奖”。

2021年4月16日，九三学社拱墅区基层委员会组织开展以“观百年建党史，行美好同心路”为主题的系列活动　（九三学社拱墅区基层委员会　供稿）

【职能履行】2021年拱墅区“两会”上，九三学社拱墅区基层委员会20多名人大代表及政协委员参加会议，提交建议6篇、提案13篇。其中《关于完善老旧小区地下综合管线档案管理的建议》被评为拱墅区优秀提案，6个参政议政招标课题被九三学社市委会立项。全年撰写调研报告和各类信息稿件40多篇。其中32篇稿件被九三学社省委、九三学社市委会、市委统战部录用。录用稿件有《警惕电子烟侵袭青少年，建议构建青少年无烟环境》《建议利用好大数据，更新迭代全国性普查工作方法》等。注重宣传报道工作，各类网站、公众号、媒体平台刊发九三学社拱墅区基层委员会参政议政成果相关稿件30多篇。其中《九三学社拱墅区三支社数字化建设探索》《庆祝中共100周年，九三学社同心服务入社区》等10多篇报道刊登于九三学社市委会门户网站、公众号；《盘点杭州无障碍建设新动向》刊登于“浙江在线”新闻网站；《九三学社杭州市委会：走进陈望道故居，感悟“真理的味道”》刊登于“学习强国”杭州学习平台。（傅佳婧　沈光明）

拱墅区工商业联合会（拱墅区总商会）

【概况】2021年，区工商联有会员2818个，其中企业会员2793个、个人会员3个、团体会员22个。有基层商会19个、行业商(协)会3个、新生代企业家联谊会1个。区工商联围绕“两个健康”建设工作主线，出台《促进“两个健康”助力高质量发展打造共同富裕示范区拱墅样本行动方案》，实施强化政治引领、助推高质量发展、营商环境优化提升、勇担社会责任“四大专项行动”。开展调查研究和建言献策，促进民营企业高质量发展。成立区工商联书画院，定期组织文化交流、书画培训、书画展览及采风写生等活动，推进民营企业家在共同富裕行动中展现“精神富足”新风尚。区工商联被评为全国“五好”县级工商联、全省民营企业调查点工作先进单位、杭州市工商联系统服务“两个健康”单项工作贡献单位；“推进‘双走进’，服务助亲清”“统筹推进，注重规范，不断激发基层商会活力”2个案例获评浙江省工商联“两个健康”优秀案例。

【理想信念教育】2021年，区工商联以党史学习教育和庆祝中国共产党成立100周年活动为契机，开展民营经济人士理想信念教育。6月24日，区工商联在东新街道党群服务中心举行庆祝中国共产党成立100周年暨商会党建联盟成立与“红色商盟”数字化应用场景上线仪式。推进“‘党建三人行’固定党日进民企”品牌建设，与会员企业开展“学党史·增共识·创新业”“我心向党学党史谈体会”党建共建活动。在区工商联微信公众号开办《跟党说句心里话》专栏，开展“同心筑梦跟党走”作品征集，组织30多位民营企业家讲述创业故事，倾诉爱国爱党情怀。

【“企呼我为”机制深化】2021年，区工商联完善政企交流平台，开展“三联三领三服务”活动，深化“企呼我为”机制，打造“亲清直通车”拱墅2.0版本。全年走访企业280多家(次)，联合区科技局、区税务局、区商务局等单位举办“亲清直通车·政企恳谈会”活动6场，收集各类意见和建议70多条，帮助解决企业困难63个。与全区23个部门联合建立民营企业发展顾问制度，常态化开展“亲清直通车·政企恳谈会”和企业走进部门、部门走进企业“双走进”等活动。在“同心苑”打造“民营经济人士之家”，搭建民营企业发展交流、互动提升新平台。开展民营企业政策落实情况和企业运行状况等专题调研，调研企业500多家(次)。参加全国工商联组织的民营企业500强调研，华东医药股份有限公司、杭州东恒石油有限公司、海外海集团有限公司、泰地控股集团有限公司、浙江建华集团有限公司5家企业入围全国民营企业500强榜单。完善法律服务平台，与区法院联合出台《关于建立服务保障民营经济健康发展合作机制的实施方案》，建立健全信息通报、法治服务和诉调对接等机制；与区检察院联合主办“检企论坛”，总结互联网、数字经济发展中的法律新问题，提高企业应对法律风险能力。

【区工商联第一次会员代表大会】2021年7月，区工商业联合会(区总商会)开展第一次会员代表大会筹备工作。由区委统战部牵头成立筹备工作领导小组，实地走访区直部门、街道(园区)、基层商会,做好人选推荐提名工作。10月21日,区工商联(区总商会)召开第一次会员代表大会,会议选举执委会主席(会长)1名、副主席21名、副会长27名、秘书长1名、常务委员61名、执行委员189名,执委企业涵盖区民营企业500强、优质浙江总部企业、上市企业、"独角兽"企业、行业骨干企业及中小企业,并首次在执委中纳入港澳工商界人士、个体工商户代表及新业态、新就业群体代表。

【清廉商会、清廉民企建设】2021年,区工商联发挥商会为企业服务平台作用,联合商会、企业共结清廉民企"廉盟",制定《关于进一步推进清廉商会、清廉民企建设的实施意见》,召开全区"清廉商会、清廉民企"建设推进会,与22个基层商会和行业商会会长共同签订《拱墅区清廉商会公约》,构建"亲""清"新型政商关系。选树浙江建华集团有限公司、杭州万华控股集团、海外海集团有限公司等6家企业为拱墅区首批"清廉民企示范点"。梳理政商交往"正面清单"与"负面清单",明确列出16项政商交往准则。区工商联推进"清廉商会"建设做法被新华社、《中华工商时报》、《杭州日报》等媒体报道。

【"数智工商联"建设】2021年,区工商联落实数字化改革工作部署,推进"数智群团"平台建设。通过企业家微信群交流、实地走访等形式,向各基层商会和会员企业解读"数智群团"平台"集市"主要功能,扩大平台使用覆盖面。至年末,"数智群团"平台线上发布风采展示推文49篇,举办活动集市7次,参与企业1900多家(次)。建设"亲清互联"工商联数字化应用场景,提供政企互联、企企互联、企构(第三方服务机构)互联数字化解决方案。通过导入职能部门、各商会、会员企业和第三方服务资源,建立会员企业身份画像标签,为会员企业提供即时咨询链接服务。利用大数据算法推送惠企政策、相关活动、企业上下游产业链等信息。"亲清互联"子应用场景"红色商盟"上线,设置"商会地图""党建中心""清廉民企"等应用模块,推动各基层商会、行业商(协)会及辖区异地商会党建工作线上互联互学。

【社会公益活动】2021年,区工商联组织企业家参与"助力山区26县跨越式发展专项行动",助力"万企兴万村"。长庆街道商会与四川省甘孜州泸定县得妥镇马列村签署结对帮扶框架协议,落实对口帮扶爱心捐赠资金40多万元。潮鸣街道商会开展"蔚蓝爱心"行动,筹集捐赠资金100多万元。春节期间,区工商联发动会员企业做好员工安心留杭过年工作,1300多家企业推出包吃包住、错峰休假、红包补贴等暖心举措,并为新冠肺炎疫情防控捐款捐物价值100多万元。浙江建华集团有限公司、杭州天和建设集团有限公司、圣都家居装饰有限公司被省工商联评为抗击新冠肺炎疫情做出优异成绩的先进浙商企业,圣奥集团股份有限公司、鲜丰水果股份有限公司被市工商联评为责任杭商(脱贫攻坚卓越贡献企业)。

【优秀企业和企业家受表彰】2021年,拱墅区围绕商贸金融、数字经济、生命健康、文化产业主赛道和"一核一带一极"空间主平台,助力企业加快发展,推动非公有制经济做大做强。一批经济效益好、纳税贡献大、管理工作上水平的辖区企业及优秀企业家受到表彰。浙江元谷文创产业发展有限公司、杭州丰安电力建设有限公司获"杭州市五一劳动奖状";华东医药股份有限公司和浙江英特集团股份有限公司入选2021年《财富》中国500强;华东医药股份有限公司、杭州东恒石油有限公司、海外海集团有限公司、泰地控股集团有限公司、浙江建华集团有限公司、品融控股集团有限公司、浙江凯喜雅国际股份有限公司、杭州天和建设集团有限公司入选"2021浙江民营企业200强";圣都家居装饰有限公司获评"2021浙江省服务业百强企业""2021浙江省成长性最快百强企业";鲜丰水果股份有限公司董事长韩树人获评"2020年度风云浙商";杭州中亚机械股份有限公司总经理史正获评"2020年度风云杭商";拱墅区工商联副主席、杭州米洛星科技(集团)有限公司董事长兼总裁刘琼,区工商联执委、杭州拱墅区藏龙面馆店主吴玉兴获评"2021浙江省新时代中国特色社会主义事业优秀建设者"。(俞哲超 徐婷)

群众团体

拱墅区总工会

【概况】2021年，拱墅区有基层工会2278个，其中新建385个；基层工会中，街道（园区）总工会19个，系统基联会和直属工会13个。有工会会员30.7万人，其中新发展1.05万人。区总工会把开展党史学习教育与为职工服务常态化结合起来，与落实区委、区政府各项重点工作结合起来，加强职工思想政治引领，深化工会改革创新。辖区浙江光越传动科技有限公司职工之家获评“全省模范职工之家”，4个单位获“杭州市五一劳动奖状”。全区获评“省级优秀工会工作者”1人，获“杭州市五一劳动奖章”11人，被评为“浙江工匠”4人、“杭州工匠”2人、“拱墅工匠”20人、“拱墅新锐工匠”3人，获“拱墅工匠”提名奖5人。

【“9·26”工匠日系列活动】2021年，区总工会开展“9·26”工匠日系列活动。举办“筑匠心、树典范、助蝶变”主题征文比赛，以“劳模精神、劳动精神、工匠精神”为主题，展示全区干部职工在特殊年代的精神风貌和难忘故事，评选优秀作品23件；在武林夜市开展“千仞匠心、传承非遗”武林夜市匠心市集集中展示活动，组织工匠开展中医推拿、剪纸理发、刺绣教学、瓷画展示等技艺展示服务活动；举办“拱墅工匠”认定发布会，认定“拱墅工匠”“拱墅新锐工匠”“拱墅工匠”提名奖28人。

【工会自身建设】2021年，区总工会开展党史学习教育，通过个人自学、集中共学等方式，引导工会党员干部在学、思、践、悟中提高思想认识。选派机关干部在杭州来益物流有限公司、杭州银耀百货有限公司开展“当一周工人、体工会初心”活动，为企业送政策、送法律、送保障、送服务，增强服务基层责任意识。各级工会组织自觉接受监督指导，落实“三重一大”“谈心谈话”等制度，加强清廉机关建设。开展基层工会干部培训，完善工会工作者年度述职、测评和考核体系，细化工会每项

2021年9月16日，区总工会在武林夜市开展“千仞匠心、传承非遗”武林夜市匠心市集集中展示活动。图为活动一角 （区总工会 供稿）

重点工作完成情况在考核中的权重，激发工会工作者干事积极性和主动性，确保职业化工会工作者队伍“能说会写、善思实干”。

【职工权益维护】2021年，拱墅区各级工会组织发挥在劳资纠纷源头治理中的基础性作用，及时化解劳动关系中出现的矛盾和问题。深化矛调中心仲裁工会派出庭工作，派出庭受理劳资纠纷326件，结案319件，调解成功率89.0%，惠及职工319人，挽回经济损失387.49万元。基层工会参与城市管理、妥善处置企业破产等做法获市人大常委会副主任、市总工会主席郑荣胜批示肯定。开展“遵法守法·携手筑梦”服务农民工公益法律行动，举办劳动法律宣讲15场，工会维权服务窗口为职工释疑解惑340多次。“拱墅区总工会发布”微信公众号推送普法案例48个。各级工会开展法律服务100多场，受惠职工7500多人次。组织“墅工阳光志愿者”进街道、进社区、进广场开展法律讲解、政策宣传等服务。

【新时代产业工人队伍建设】2021年，区总工会牵头新时代产业工人队伍建设改革工作，成立改革工作协调小组，制定任务清单，召开现场推进会，实施“农民工学历与能力提升行动”，工会系统初步建成职工教育平台。坚持政治引领，按照“推动一批、成长一批、辐射一批”的思路，推荐3家非公有制企业、2个街道参加市级产业工人队伍建设改革试点，发动全区37家非公有制企业先行先试。完善基层工会“推优入党”机制，全年向同级基层党组织推荐优秀产业工人178人。辖区企业浙江顺丰速运有限公司“以‘四有’建设开创职工权益维护新局面”做法，被作为非公有制企业产业工人队伍建设改革典型案例在全省推广。

【和谐劳动关系构建】2021年，区总工会发出工资集体协商集中要约书724份，涵盖企业3721家；签订工资集体协商合同204份，培育“工资集体协商提质增效试点单位”28个。开展夏季、冬季劳动法律和农民工工资支付专项监督行动，排查企业897家，涉及职工6.69万人次。发动企业参加社会责任建设评估，其中：6家企业获评“杭州市企业社会责任建设A级企业”，5家企业获评“杭州市创建和谐劳动关系先进企业”。选树鲜丰水果股份有限公司、杭州君尚物业管理有限公司等劳动关系监测预警样本企业9家，定期监测集体合同履约、薪酬福利发放、带薪休假制度执行等情况，提高工会分析研判劳动关系智能化、科学化水平。至年末，全区有劳动关系样本企业19家。

【“数智群团”建设】2021年，区总工会开发建设特色场景“蓝领E家”。该场景聚焦以新业态为代表的蓝领人群，集合“E家房源”“E家求职”“E家政策”“E家服务”4个功能板块和1个综合服务“E地图”，为租房者提供便捷、真实的蓝领房源信息；通过“E家求职”板块，为有需要的蓝领提供可靠的就业发展渠道；与“群团集市”关联互通，蓝领们通过该场景，可以就近找到相亲交友、技能培训等群团活动。推进“数智群团”建设，围绕“红色、实干、数智、为民、品牌”5个群团建设目标，构建区数智群团驾驶舱，实现12个区级群团组织核心指标、特色品牌工作一屏全览。全年“群团集市”总用户12.5万人，访问量超过225万人次，发布群团活动风采1369条，组织线上线下活动828场，4万余人参加。

【工会关爱慰问】2021年，区总工会深化“助企业、稳就业、促创业”专项服务。为337家小微企业返还工会经费398万元。举办网上就业招聘周、就业技能培训、心理卫生讲座和情感沙龙等活动。开展职工医疗互助保障、体检、疗休养工作。14万名职工参加重大疾病医疗互助保障，2000名一线职工参加免费体检，1800名一线职工参加疗休养，杭州海外海百纳大酒店、杭州半山国家森林公园、浙江三立开元名都大酒店被认定为“市职工（劳模）疗休养基地”。开展“送清凉”等慰问活动，慰问职工2.06万人。开展“农民工学历与能力双提升行动”，110名农民工获助学奖励金5.5万元。开设“小候鸟爱心班”及夏令营30个班（次），参加爱心班和夏令营活动留守儿童840人，杭州“银天书院”小候鸟暑期爱心托班入选省总工会“爱心托班”。

【职工技能比武】2021年，区总

工会探索符合拱墅区重点产业发展导向的新业态新就业群体项目，以“红心永向党、匠心展风采”为主题，投入资金150万元，开展包括“9·26”工匠日杯拱墅区宾馆酒店餐饮业服务技能竞赛在内的餐饮服务、养老护理员、传染病防控等职工技能竞赛比武96场，参与职工6500多人，获评“拱墅区技术能手”12人、“拱墅区创新能手”19人，其中餐饮服务、茶艺师2项技能竞赛被认定为“全省百场最受好评的乡镇（街道、园区、产业集聚区）特色职工职业技能竞赛”。全区获评“杭州市工人先锋号”7个，有省和市职工高技能人才（劳模工匠）创新工作室各1个、“杭州市职工创新成果奖”1项。

【职工活动阵地建设】2021年，拱墅区建成“妈咪暖心小屋”服务站点27个、“爱心驿家”服务站点8个、职工文化活动点22个。获评“全国职工书屋”“浙江省级职工书屋”各1个、“杭州市级职工书屋”4个。杭州中大银泰城“妈咪暖心小屋”被认定为省级五星级“妈咪暖心小屋”，浙江中禄财务咨询有限公司获评“全国工会职工书屋示范点”，杭州绿地运河商务中心“爱心驿家”入选全国首批“最美工会户外劳动者服务站点”。（肖佳佳）

共青团拱墅区委员会

【概况】2021年，拱墅区有共青团组织1372个，其中团委56个、团工委25个、团总支13个、团支部1146个、毕业生团组织132个，35岁以下户籍青年21.2万人，共青团员1.69万人。团区委成立基层组织改革试点工作领导小组，印发《拱墅区全国县域共青团基层组织改革试点实施方案》，围绕4个方面10项内容推进基层团组织改革。瓜山未来社区基层团组织建设工作在全省重点领域改革推进会上做专题介绍。团区委会同区委组织部、区委编办印发《拱墅区团干部管理实施办法》《拱墅区共青团工作评价实施方案》，提出加强团干部储备、选用、培养、管理、使用工作和建立各级团干部任期目标责任制的具体任务及要求。

【团组织党史学习】2021年，团区委以“学党史、强信念、跟党走”为主题，开展“读、训、讲、赛、干”5项活动，推动党史学习教育走深走实。全区基层团支部举办培训讲座、专题讨论、参观见学、主题团日等学习活动6000多场，撰写学习心得体会200多篇。举办杭州红色博物馆联盟“大联展·大联讲”暨“踏寻红色足迹，绘就时代新图”主题实践活动，发动辖区内青少年到全市40个红色博物馆打卡。开展“三联三领三服务”走访活动，团区委组织走访结对社区、企业、学校。各直属团组织在五四青年节期间以青年毅行、红歌合唱、党史竞赛、朗诵论坛等形式开展“新拱墅·新青年”主题团日活动。

【数字化平台建设】2021年，团区委上线“大运河青年动力汇”数字化平台，打通“运河建功”青年人才线上教学管理分析系统、社区青年专属App等数字管理服务平台，在武林商圈、新天地街区、瓜山未来社区等5个区域开展“动力圈”试点。通过大数据分析、系统整合，推进团组织共建中“资源、需求、项目”的对接整合，实现团组织一键联动、任务一键直达。研发拱墅红领巾开放互联

2021年7月8日，“9·26”工匠日杯拱墅区宾馆酒店餐饮业服务技能竞赛在杭州海外海皇冠大酒店举行（区总工会 供稿）

平台——“假日小队，轻松助手”小场景，并在杭州市“数智群团”小程序上线。

【“十四五”青年发展规划编制】2021年，团区委围绕“拱富”“墅智”主题，打造“一带一地两圈”（大运河青年文化带、运河青年产业发展集聚地、运河青年社区实践生态圈、运河青年生活品质活力圈）的“运河青年”品牌，争创全省“青年发展示范区”。根据全区青年工作特点，会同浙江公共政策研究院编制《杭州市拱墅区青年发展“十四五”规划》，该规划由区委、区政府印发。规划主要面向14～35周岁群体，从青年教育、青年就业创业、青年交流合作等重点领域提出具体发展任务，并制定相应扶持举措。团区委召开区青年工作联席会议2次，专题研究规划实施工作。

【“迎亚运”青年志愿服务】2021年，团区委联合浙大城市学院承办亚运会赛会志愿者全球招募启动仪式，开展“韵味杭州”2021年京杭大运河沿线城市乒乓球邀请赛志愿服务活动。组织招募亚运场馆志愿者59人，负责技术运行、竞赛综合事务、体育展示与颁奖仪式等8个类别的赛会志愿服务工作。国庆期间，以“志愿亚运、青春礼运”为主题，开展专项志愿服务，在武林商圈打造优“礼”6个场景，营造文明亚运氛围。发挥“武林大妈”“拱宸大伯”志愿服务品牌号召力，开展亚运文明宣传、亚运知识普及等活动500多场。推出首批限量版“志愿盲盒”（含防疫物资、迎亚运文创产品）120个，投放在杭州银泰百货武林店。

【防疫志愿服务】2021年，团区委组织团干部到辖区胜利社区、华丰社区、万家星城社区，参加测温亮码、数据核对、社会面巡逻管控等工作。组织300多名青年志愿者为浙大城市学院方舱式临时接种点提供值勤保障服务，服务时长1440小时，服务市民1.25万人次。（江　芬）

拱墅区妇女联合会

【概况】2021年，拱墅区有基层妇联组织202个，其中街道妇联18个、社区妇联170个、区委直属机关妇工委1个、部门妇联13个；区妇联内设机构2个，为办公室和妇女儿童工作部；其直属事业单位为拱墅区妇女活动中心。区妇联做好“引领、服务、联系”广大妇女的工作，全区妇女儿童工作取得新的成效。下城区妇联系统举行庆祝中国共产党成立100周年暨纪念“三八”国际妇女节111周年主题宣讲活动，命名全区“最美家庭”“巾帼创业带头人”“巾帼文明岗”，开展“巾帼心向党，奋斗新征程”主题宣讲。原拱墅区以直播方式，召开纪念第111个“三八”国际妇女节主题大会，开展巾帼先锋重温入党誓词、分享巾帼建功故事、致敬留杭亚运建设者家庭等活动，在线参与直播互动9万人次。年内，拱墅区妇联入选2021年度全国妇联宣传舆论阵地建设优秀榜，“武林大妈”志愿服务项目被授予全国巾帼志愿服务“十大优秀项目”称号，区妇女儿童工作委员会办公室获评“浙江省实施妇女儿童发展规划成绩突出集体”。

【妇联组织建设】2021年5月17日，拱墅区召开妇联全体干部会议，宣布区划优化调整后妇联党组成员及区管干部的任免决定。调整区妇联执委会组成人员，选举产生新一届执委会主席、专职副主席、挂职副主席各1人，兼职副主席4人，执委47人；执委中常

2021年3月8日，下城区妇联系统举行庆祝中国共产党成立100周年暨纪念“三八”国际妇女节111周年主题宣讲活动（区妇联　供稿）

委18人。年内，新成立区财政局、区文广旅体局妇联。完成全区170个社区妇联换届，选举产生新一届社区妇联执委1527人，社区妇联主席170人、副主席300人，社区妇联主席全部进入社区"两委"班子。推进女职工人数50人以上企业建立妇女组织工作，浙江静博士美容科技有限公司、中文在线数字出版集团股份有限公司杭州分公司等"四新"领域企业建立妇联192个，其中新媒体、互联网企业建立妇联12个。区妇联联合杭州市妇女活动中心举办新一届社区妇联干部、执委履职能力培训"云课堂"，将执委"四必访"婚姻家庭纠纷排查化解等要求列入社区妇联干部和执委培训内容，区妇联机关干部，各街道、部门、社区妇联主席和执委近700人参加。

【"数智妇联"建设】2021年，区妇联成立工作专班，组建18个街道妇联在内的"数智妇联"微信群，开设街道级数智群团"五共协同管理平台"，即组织共建系统、阵地共拓系统、活动共推系统、资源共享系统、风采共展系统，实现妇联系统基层管理员全覆盖。全区街道、部门、社区妇联干部在"群团集市""数智妇联"管理平台的注册率均为100%，2000多人在线并保持良好活跃度。线上推送"拱墅区妇联带您打造职场多面女神""迎亚运，礼仪素养必修课"等活动26场次，1400多人参加；推出"运河女儿说党史""疫情防控中的她身影"等风采展示信息52篇，浏览量5万余人次；在"服务集市"发动1100多人向淳安县留守儿童捐赠图书936本、玩具262件、文具65件。

【妇女权益保护】2021年，拱墅区各级妇联组织通过日常宣传与节点宣传、线上宣传与线下宣传相结合，推进《中华人民共和国反家庭暴力法》《中华人民共和国妇女权益保障法》等法律法规普及宣传，营造浓厚法治氛围。全年举办广场宣传、公益讲座等普法宣传活动217场。组建"巾帼义警"队，开展"巾帼反诈进万家"专项活动1600多次。区妇联与浙江三道律师事务所共建"拱小爱·三道工作室"，搭建集矛盾纠纷调解、诉讼援助等功能于一体的公益法律服务平台，开展普法宣讲公益咨询36次，调解个案6个，"拱小爱·三道工作室"被评为拱墅区第一批"民呼我为"十大优秀案例。建立家暴案件"危机—紧急—普通"三级分级处理机制和跟踪回访机制，加大对家暴典型案件、高危家庭的关注和跟踪力度，最大限度地减少因婚姻家庭纠纷引发的"民转刑"案件发生。全年区妇联通过社会应急联动平台收到家暴报警1380件，接处妇女维权信访117件，答复率、结案率均为100%。

【家庭文明建设】2021年，区妇联在全区选树100户"绿色家庭"，推出"优环境、促环保、迎亚运"巾帼系列活动，举办"生活环保变变变——拱墅区亲子手工IDEA大征集"活动，在线指导家庭生活垃圾分类。举办"庆国庆迎亚运 我为河道做保洁"清水毅行系列活动，发动11所学校、50户家庭及志愿者等1万余人参加探秘运河文化、垃圾分类宣传、游步道清洁等活动。举办"奔跑吧家人，亲子家庭齐运动"亲子迎亚运、"巾帼头雁迎亚运，舞动运河展风采"广场舞展演等活动，营造共庆百年华诞、喜迎亚运氛围。依托家庭教育指导服务站和社区家长学校，针对家长和儿童需求，开展家教巡讲8场，举办"智慧家长大讲堂"10期，在"拱墅丽人"微信公众号开设《智慧家长荟》专栏，举办"分享·家"空中育儿课堂17期，宣传普及科学的家庭教育知识。

【"清廉家风"建设】2021年，区妇联组织全区妇联干部学习《习近平关于注重家庭家教家风建设论述摘编》，参观长庆街道"三和家风馆"、浙江"红船女儿"献礼中国共产党成立100周年艺术特展、上塘街道青年清廉馆等清廉文化场所，加强清廉家风宣传教育。线上开展巾帼志愿红色家风宣讲9场，推出"赓续红色基因，树立清廉家风"等宣传海报2期，宣传老一辈共产党人的红色家风家规；线下组织老党员、老干部、老红军谈初心感言、讲红色家风故事、说守廉感悟，引导党员干部及其家庭立好家规，树好家风。举办"诵读红色经典，传承优秀家风"——献礼中国共产党成立100周年亲子朗诵大赛，引导家庭传承红色清廉家风，激发爱国爱党情怀。区妇联联合区纪委、区文明办、区委直属机关工委开展寻访大运河“清廉好家风”、晒清廉家书、述家风故事、集家训家规等活动，从收到的近100例事迹（故事）中，编印十佳事迹突出、感召力强、生动可学的“清廉好家风”事迹（故事），引导妇女党员干部及其家庭廉洁修身、廉洁齐家，营造崇廉尚德、向上向善、见贤思齐的社会风尚。

【“我为群众办实事”活动】2021年，区妇联开展“我为群众办实事”活动，组织区妇联机关党员干部参与社区清洁家园、抗击台风、疫情防控等工作。全区各级妇联干部、执委走访妇女群众9450人次，走访家庭1.66万户，为群众办实事56件。区妇联推动顺丰速运（集团）有限公司员工宿舍——丰乐公寓建立“儿童之家”，并结合快递小哥子女的年龄、陪伴群体等实际情况，开展送课、陪伴等服务，将专业课程以亲子阅读、亲子绘画等形式送进“儿童之家”。丰乐公寓“儿童之家”为杭州市首个建在快递员工宿舍、专门面向快递小哥家庭子女的儿童休闲娱乐区。

【考察慰问活动】2021年“六一”儿童节期间，市委副书记、市长刘忻，市委常委、组织部部长毛溪浩到杭州市明珠实验学校走访慰问。刘忻察看学生食堂、教师办公室等生活学习设施，叮嘱有关负责人要进一步改善学校软硬件环境，提升整体办学水平，让随迁子女享受更加公平、更有质量的教育，市、区两级妇联、教育局等主要负责人参加慰问。区妇联负责人与爱心女企业家汪娅平、邓珍桂走访杭州市健康实验学校、杭州市湖墅学校两所特殊教育学校，为孩子们送去节日礼物。

（李赏霜）

拱墅区科学技术协会

【概况】2021年，区科协有基层科协19个、企业科协5个、区本级科协4个、科普教育基地35个，建有市级及以上院士和专家工作站9个，其中院士工作站6个、专家工作站3个。区科协贯彻落实省市群团工作会议精神，以提高全民科学素质工作为重点，加强科普教育阵地建设，开展各种形式的科普教育活动。全年立项重点科普项目4个类别41个，拨付项目补助资金63.98万元。

【科协组织体系建设】2021年，杭州市实施部分行政区划优化调整，下城区科学技术协会与原拱墅区科学技术协会进行合并。3月11日，拱墅区科协五届二次全委（扩大）会议召开。会议讨论通过《拱墅区科学技术协会全委会工作制度》，并设立专门工作组4个。区科协加强基层科普服务体系建设，举办科协系统干部能力提升培训3次。其中科普工作者政治素养和专业能力双提升培训在建德航空小镇举行，100多人参加。培训班邀请专家进行授课，传授新知识、新技能。

【全区公民科学素质建设】2021年，区科协以“大群团、大协作、大科普”理念为引领，以科技活动周、科普宣传周为活动主载体，结合反邪教宣传月、世界环境日、节能宣传周等主题活动，开展各类科普益民活动120多个，发放科普资料1万余份。注册推广“科普中国”App，利用各类终端推送优质资源，为公众提供科普服务。推进科普基础设施建设，全年实施街道社区科普画廊提升改造8处，新建“科普e站”2个，新增市级科普教育基地1个。开展优秀科普工作品牌创建活动，提升区域科普能力，推动科普社会化。

【浙江（杭州）全国科普日主场活动】2021年9月10日，区科协会同省科协等单位举办主题为“向光而行、逐梦未来”的浙江（杭州）全国科普日主场活动。活动以“碳达峰、碳中和”发展为契机，推出“科普市集”，让公众边互动边了解碳排放等相关知识。其间开展项目活动50个，其中区级项目活动10个、街道和社区项目活动40个，参加活动单位40个、科技人员120多人、市民2万余人。主场活动展出科普画板240多块。中央广播电视总台、浙江青年教育网等媒体追踪报道科普周活动。

【常态化科学普及活动】2021年，区科协结合“我为群众办实事”活动，多方、多级联动，通过“菜单式点课”模式，邀请行业专家进学校、进社区，围绕前沿科技热点及民生领域焦点问题开展常态化科普活动180多场，并向居民推广“科普中国”App，让科普真正走进百姓生活。结合新冠肺炎疫情防控，开展“破解疫苗犹豫”科普专项行动，推出“揭秘新冠病毒入侵人体真相”科普讲座，倡导科学防疫。结合教育“双减”工作，邀请中国科学院教授夏青为杭州市长阳小学学生讲解航天和气象科学知识。

【“银龄跨越数字鸿沟”专项行动】2021年，区科协聚焦老年人智能手机运用能力提升问题，组织21名科技志愿者成立“银龄跨越数字鸿沟”科普讲师团，实施“银龄跨越数字鸿沟”科普专项行动，开展智能手机老年应用教学系列活动。通过讲座培训、趣味问答、“游戏通关”等老年人喜闻乐见的形式，让社区老年人足不出社区便可学到智能手机基础操作技能。全年科普讲师团举办讲座活动300多场，2.9万人次参与。

【反邪教科普宣传活动】2021年，区科协利用法定节假日等时间节点，组织开展形式多样、内容丰富的反邪教宣传活动。联合区委政法委等单位举办“前世今生，梵钟悠扬”——《科学与人》走进显宁寺的科学反邪教网络直播宣传，观看线上直播市民7.8万人。推进反邪教科普宣传进校园活动，举办全区青少年“迎亚运”反邪教绘画大赛及“朝夕爱阅读、童心映春晖”反邪教警示教育，增强青少年识别邪教、抵制邪教的能力。

【学术交流】2021年，区科协邀请院士专家参与科普工作，组织院士工作站参与全区科技创新工作，为行业创新发展“把脉”。举办“5G数字经济·5G改变生活”科普沙龙，开展产学研交流，召开首届“涂层材料产业科技峰会暨产学研用对接会”网络直播会议，全国各地1万余名专家、企业家在线参会。在全区建成的9个市级及以上院士和专家工作站中，5个获考核优秀等次。

2021年9月26日，“银龄跨越数字鸿沟”科普专项行动——“桑榆金辉 数智生活”志愿服务活动在拱墅区党群服务中心举行 （区科协 供稿）

【基层科普基地建设】2021年，区科协加强科普场馆建设，利用辖区内街道社区、大中小学、科技企业和科研院所的既有资源，建设科普体验馆、科学活动室、科普教育基地，全年新增VR科普体验馆、科学活动室、市级和区级青少年科普教育基地4个，全区累计有各级科普教育基地35个。加强社区科普画廊管理，对辖区96个社区科普画廊的科普展板进行定期更新。 （潘吟吟）

拱墅区归国华侨联合会

【概况】2021年，拱墅区有基层侨联181个，其中区本级侨联1个、街道侨联分会18个、社区侨联分会153个、楼宇社区侨联分会3个、小镇（园区）分会6个。区侨联履行服务经济发展、依法维护侨眷权益、拓展海外联谊、参政议政、弘扬中华文化、参与社会建设等职能，坚持“党建带侨建”，推动侨联改革和基层组织建设。

【市侨联领导到拱墅区调研】2021年4月1日，杭州市侨联党组书记、副主席裘建平带队到拱墅区走访调研，参观侨企浙江天平投资咨询有限公司，听取公司主要负责人关于企业历史沿革、发展现状、转型升级等情况介绍，要求公司抓紧建立侨联组织，利用好企业归国留学人员资源。随后到杭州城西银泰城侨联参观党群服务中心、“侨胞之家”，听取祥符街道侨联工作汇报。街道侨联以“为侨服务”为目标，采用制度规范化、人才精英化、阵地共享化、沟通立体化、服务多元化、作用实质化"六化"工作举措，健全基层侨联"社区—小区（写字楼）—联络员"三级组织架构，配备小区侨务联络员，加强侨胞、留学生等管理。市侨联领导肯定祥符街道侨联工作。

【"侨心向党，追寻红色足迹"党史学习教育】 2021年6月11日，区侨联组织侨联委员、留学人员和家属联谊会骨干到浙东（四明山）抗日根据地旧址开展"侨心向党，追寻红色足迹"党史学习教育。其间，到浙东抗日根据地、中共浙东区委、浙东行政公署等旧址参观，追寻红色足迹，传承革命精神，进一步引领归国华侨、侨眷、海外侨胞学党史、感党恩、听党话、跟党走，不忘初心。

【区侨联主席（扩大）会议】 2021年7月7日，拱墅区侨联召开主席（扩大）会议，学习贯彻中共中央总书记习近平在庆祝中国共产党成立100周年大会上的重要讲话精神及省、市、区相关会议精神，杭州敦煌饭店有限公司董事长张昊辰、浙江泰普森控股集团副总经理范诚青、区三胞亲属联谊会会长张利平、杭州简色文化创意有限公司总经理肖恬、趣探路（杭州）网络技术有限公司联合创始人熊伟参加会议并发言，围绕高质量建设运河沿岸名区、奋力打造共同富裕示范区拱墅样本工作建言献策。会前，区侨联班子成员和区留联会班子成员参观360花创科技中心和智慧网谷城市客厅并进行调研。

【"送健康、送服务"系列公益活动】 2021年，祥符街道阮家桥社区侨联以金邻汇社会组织服务中心为载体，邀请杭州电视台《健康朋友圈》栏目组进社区开展"送健康、送服务"公益活动。活动包括会同杭州金象影城组织侨眷观看《古田会议》《烈火英雄》等爱国主义影片；推出爱心公益服务市集活动，每月为小区居民提供爱心理发、健康义诊、教育咨询、侨法宣传等服务；举办"月月生日会"，每月邀请高龄、困难侨眷参加集体生日会，提升侨眷归属感与幸福感。

2021年6月11日，区侨联组织侨联委员、留学人员和家属联谊会骨干到浙东（四明山）抗日根据地旧址参观学习　（区侨联 供稿）

【中国京杭大运河博物馆获评"杭州市华侨国际文化交流基地"】 2021年4月21日，市侨联领导到中国京杭大运河博物馆进行巡视检查，实地查看并听取博物馆负责人申报华侨国际交流基地情况介绍，肯定博物馆所做的工作，正式授牌博物馆为"杭州市华侨国际文化交流基地"。中国京杭大运河博物馆分序厅和"大运河的开凿与变迁""大运河的利用""大运河浙江段申遗展示""运河文化"4个展厅，是集展现运河特性、收藏运河文物、研究运河文化、展示申遗成果等功能于一体的综合性运河历史文化中心。

（徐　丹　褚鹏凯）

拱墅区文学艺术界联合会

【概况】 2021年，区文联有戏剧家协会、舞蹈家协会、摄影家协会、书法家协会等专业协会。区文联围绕高质量建设运河沿岸名区、奋力打造共同富裕示范区拱墅样本目标，以塑造运河文化品牌为着力点，推进大运河文化建设和文艺人才队伍建设，引导和鼓励文艺工作者创作反映时代主题的文艺作品，开展大运河主题系列文化惠民活动，发挥文联作为党联系文艺工作者的桥梁和纽带作用。

【运河文化品牌建设】2021年，区文联加强与京杭大运河流域城市的交流互动，联合承办中国大运河文化带京杭对话系列活动，以“走向共同富裕的千年运河”为主题，开展“1＋N”（“1”指“走向共同富裕的千年运河”文化展，“N”指庙会、诗歌节、研讨会、文旅周等）系列活动，邀请国内外嘉宾共同为中国大运河文化带和大运河国家文化公园建设建言，为保护好、传承好、利用好大运河世界文化遗产贡献智慧。联合举办“大运河国际诗歌节”“京杭对话文艺雅集”“魅力北京浙江周”“大运河庙会”等大型文化活动，开拓群众文化视野，丰富百姓文化生活。挖掘大运河拱墅段文化资源，在保护、传承和弘扬中将其转化为创新发展的文化动力。编制《拱墅区全域旅游发展规划》《大运河文化传承生态保护区规划》，制作《千年运河·繁华武林》宣传画册，编撰《浙江文史记忆丛书·拱墅篇》，为拱墅区高质量发展提供文化滋养和智力支持。

【文化惠民活动】2021年，区文联结合庆祝中国共产党成立100周年，举办“盛世清音——庆祝建党一百周年文蔚书画艺术展”“百年风潮红运拱墅，初心不改岁月长青——拱墅区庆祝中国共产党百年华诞展演”“红色足迹——百年征程庆祝中国共产党成立100周年暨运河大剧院落成首演”“奋斗百年路·启航新征程——党旗下的诵读”“寻红色印记，讲革命故事摄影比赛”等系列文化惠民活动，弘扬革命精神，传承红色基因。区戏剧家协会与杭州陆游纪念馆联合开展“小楼戏语”文化惠民活动，推动戏曲活态化传承，传播中国传统文化；区舞蹈家协会联合承办第三届“浙江风格、江南舞韵”舞蹈作品展演；区摄影家协会举办“薪火传承守初心，凝心聚力担使命”摄影展；区美术家协会开展助力巴东教育捐赠百幅艺术作品进校园公益活动。全年区文联组织开展文化培训、送演出进基层、文化走亲、讲座展览等文化服务活动528场，参加活动80多万人次。

【文艺精品创作】2021年，区文联加强文艺创作方向引领，激发文艺工作者创作热情。推出报告文学《“重要窗口”看头雁：中国城市发展和治理的杭州样本》、电视剧《泳往直前》、亲子剧《你是数学家》、越剧《荣华·越剧印象》等优秀文艺作品。区文联创作的舞剧《我们的祖国是花园》入选2021年杭州市文艺精品创作扶持工程项目。诗歌《立春，一颗思乡的种子发芽了》获浙江省乡村诗歌大赛一等奖，《海山，架起了攀登天堂的梯》《爷爷是个农学家》获并列二等奖。原创歌曲《那歌声》获杭州市第二十六届“三江”歌手大赛创作歌曲金奖。昆曲芭蕾《河》、小热昏《陪你到拱墅看一看》、红色戏曲小品《运河的记忆》、越歌表演《一条天河走运来》《寻味运河·夜》、舞蹈《花朝》参加公开演出。区文联定期举办“文化大讲堂”活动，培养并提升全区文艺工作者和文艺爱好者的文艺水平。

2021年9月29日，“声光化蝶·2021大运河国际诗歌节”在中国刀剪剑博物馆开幕　（舒　羽　供稿）

【助力运河地标建设】2021年，区文联整合资源，凝聚合力，发挥文化阵地和文艺人才的影响力，助推全区文旅融合。编制完成《拱墅区大运河国家文化公园项目群建设三年行动计划（2021—2023年）》，参与谋划重大项目清单及重大文化活动清单内容。启用运河大剧院，组织大型演出20场，接待观众1.5万人次。推出上塘古运河景区项目——中国首部江南古运河文化实景演出《如梦上塘》，接待游客1.4万人次。大运河亚运公园、武林美术馆、中国·杭州亚运电竞中心场馆建设进度加快，大运河杭钢工业旧址综保项目公共区域一期建设启动，全市首个评话主题公园建成并投入使用。（黄　卉）

拱墅区残疾人联合会

【概况】2021年，拱墅区有街道残疾人联合会18个，社区残疾人协会168个。有持证残疾人2.06万人，其中肢体残疾8036人、智力残疾2178人、视力残疾2387人、精神残疾2528人、听力残疾4537人、言语残疾195人、多重残疾745人。全年新办残疾人证1079本，完成1284名残疾人残疾情况鉴定、86户残疾人家庭无障碍改造，按规范化要求建成残疾儿童康复机构5个。区残联完成换届，选举产生新一届区残联理事会。

【残疾人社会保障】2021年，区残联推进原“两区”残疾人各项保障政策融合，按照“就高”原则，制定操作性强、符合区域特点的惠残助残政策。区政府办印发《拱墅区关于全面实施“春风常驻”共建共享美好生活的若干规定》，将残疾人帮扶政策纳入区政府民生保障工作。全年区残联为生活困难残疾人和重度残疾人发放生活补贴、护理补贴4452万元，为残疾人发放重要节日、高温季节慰问金62.34万元。对残疾人参加养老保险、医疗保险给予补贴，为2.12万名持证残疾人购买212.5万元意外伤害险。

【残疾人就业】2021年，区残联举办残疾人职业技能培训、残疾人就业援助等活动，培训残疾人152人，新增就业106人，残疾人大学生就业率100%。开展用人单位安置残疾人审核，用人单位通过“亲清在线”平台申报和线下申报2种方式，申报安置残疾人就业，通过审核的用人单位964个，安置残疾人3149人次。对513个安置残疾人单位进行岗位补贴和超比例奖励，全年审核发放补贴和奖励577.88万元。

【残疾人康复】2021年，区残联根据《浙江省残疾儿童康复服务制度工作细则》和市残联实施“光明工程”要求，优化残疾儿童参加康复训练补助审核流程，提升家长让孩子参加康复训练的意愿。全年为182名残疾儿童审核发放康复救助金，完成年度任务的2.4倍。开展残疾人辅助器具适配工作，适配助听器299台、轮椅275辆，安装假肢12具，发放髋（膝）关节置换手术补贴11例、人工耳蜗手术补贴1例。为自行购买各类辅助器具残疾人发放补贴29.93万元，配发其他小额辅具185件，惠及残疾人245人次。推进残疾儿童康复机构规范提升工作，全区有4个民办儿童康复机构和1所公办学校被纳入省政府民生实事项目，5个机构（单位）对标省、市规范提升标准进行基础设施配套和康复场地建设，总投资245.3万元。

【残疾人权益保障】2021年，拱墅区全面落实无障碍环境建设规划，立足区域特色，推进信息化无障碍关怀工作。区残联参与政府建设项目设计和竣工验收，配合区无障碍办推进全区无障碍设施问题整治。区无障碍环境促进会对辖区82个项目进行无障碍体验，并提交《无障碍环境试用体验报告》。组织137名残疾人参加机动车驾驶培训和考核，为通过考核者购买残疾人机动轮椅车。加强残疾人信访工作，及时受理残疾人来访、来电和上级交办件。对重点信访件采取“信访干部＋法律顾问”、领导接访、信访协调等形式共商会诊后提出处理意见。全年处理上级交办信访件186件，接待群众来访240人次，信访件办结率100%，信访满意率99%。

【省级无障碍社区创建】2021年，区残联会同各街道、区城管局、区卫健局、区教育局等单位，开展无障碍社区创建工作。无障碍社区创建以建设覆盖全类别残疾人、满足各类人群无障碍需求的信息无障碍社区样板区为标准。年内，天水街道戒坛寺巷社区、潮鸣街道小天竺社区、大关街道德胜社区、康桥街道康乐社区和祥符街道蓝孔雀社区通过省级无障碍社区验收。戒坛寺巷社区引入“手语姐姐实时在线翻译系

2021年，天水街道戒坛寺巷社区引入“手语姐姐实时在线翻译系统”
（区残联 供稿）

统”，并在武林商圈引进信息无障碍综合服务系统，人民网、中国新闻社、《浙江日报》、《杭州日报》等媒体予以报道。该社区无障碍创建工作入选全国信息无障碍创新成果案例。德胜社区打造的“社区信息无障碍”应用系统，通过专业采集无障碍环境数据，构建无障碍地图，实现为视障人士智慧导盲。

【“圆通·圆梦家园”项目试点】2021年，区残联探索“产业助残”合作新模式，助力拓宽残疾人就业渠道，推动残疾人更高质量就业。依托朝晖街道“残疾人之家”场地资源，设立“圆通·圆梦家园”项目残疾人就业服务点。项目依托圆通速递股份有限公司有关方面资源及快递网络优势，共同建设圆梦家园项目点。圆通公司按照独立经营要求，负责对场地进行装修改造，添置货架、出库仪等设施设备，并设置就业劳动岗位、开展残疾人岗位技能培训等，为残疾人打造“快递＋商贸”新业态就业平台与渠道。年内，拱墅区有5名残疾人被圆通公司录用。（刘宗蔚）

拱墅区红十字会

【概况】2021年，拱墅区有基层红十字会组织281个、成人会员1.66万人，注册红十字志愿者452人。全年接收捐款280.93万元，支出捐款236.06万元，主要用于河南郑州水灾救援、辖区新冠肺炎疫情防控等；接收物资价值139.8万元，全部调拨给区疫情防控指挥部。开展应急救护培训304场，参加培训36.4万人次；培训红十字救护员4500人。开展“红十字博爱送万家”活动，走访慰问困难家庭196户，发放慰问金23万元。为坚守岗位留在杭州过年的319户困难家庭发放慰问品价值17.92万元。开展红十字志愿服务89场，组织194人加入中华骨髓库、20人捐献遗体、4人捐献人体器官。联合区教育局开展“校园守护、救在身边”应急救护培训直播活动，宣传普及应急救护知识，吸引32万人在线观看。全区建成社区博爱家园10个，其中：和睦街道和睦社区博爱家园为省财政资金支持项目，长庆街道王马社区博爱家园、康桥街道康乐社区博爱家园为杭州市“未来社区博爱家园”示范点。区红十字会组织救护培训师资团队参加市红十字应急救护培训师教学技能大赛，获团体二等奖。区红十字会获评浙江省红十字工作进步单位、杭州市红十字工作优秀单位。

【区红十字会与蓝天救援队冠名合作】2021年1月19日，拱墅区红十字会与蓝天救援队签订冠名合作协议，成立拱墅区红十字蓝天救援队，加强在自然灾害、事故灾难、公共卫生事件等突发情况下的应急救援能力，协助政府推进防灾减灾能力建设，实现公共救援事业可持续发展。签约仪式后，双方就共同建立资金使用监管、信息互通、培训合作、能力互助机制等方面进行沟通。全年蓝天救援队出动救援130次，参与杭州屏基山失踪人员搜索、中国共产党成立100周年庆祝活动会演备勤、抗击台风“烟花”、杭州失联女孩搜索、钱塘江遗体打捞等应急救援活动。

【区红十字会理事会（扩大）会议】2021年11月10日，拱墅区

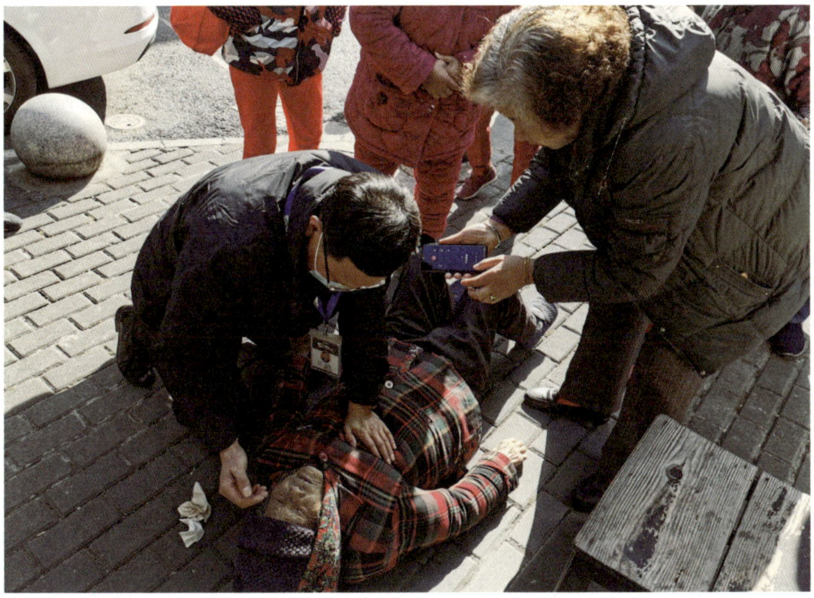

2021年1月20日，天水街道仓桥社区党委书记赵乃刚（左一）为102岁老人实施心肺复苏 （区红十字会 供稿）

红十字会理事会（扩大）会议召开。会议审议并表决通过调整会长、副会长、理事、常务理事的决议，审议并通过区红十字会2020年度工作报告和捐赠款物情况报告。区委副书记沈华锋出席会议并讲话，肯定区红十字会在扶危济困、应急救护、生命关怀、抗击疫情等方面做的工作，强调要在体现主责主业上有新的作为，更好地展示红十字会的新形象。

【红十字应急救护培训基地建设】2021年，区红十字会以康桥街道社区卫生服务中心为主体，联合康桥街道、区市场监管局康桥市场监管所、交警大队康桥中队、区消防救援大队康桥中队等6个单位，在应急救护培训基地开发区消防安全体验、食品安全体验、交通安全体验等体验模式，建设集救护培训、安全体验、人道传播功能于一体的现场体验式培训基地，打造全民应急救护网。天水街道仓桥社区党委书记赵乃刚凭借从街道红十字应急救护培训中学到的知识，为一位晕倒在地的102岁陈奶奶实施心肺复苏，成功挽救老人的生命，其事迹被中国新闻网、央广网、杭州新闻、《杭州日报》等媒体报道。

【“数智红会”建设】2021年，区红十字会围绕“大群团、开放式、直达性”群团组织建设要求，推进“数智红会”建设，全区有193家企业申请加入“五共”（组织共建、资源共享、网格共管、人才共联、活动共办）平台，建立红十字阵地3个；“数字驾驶舱”“博爱邻里互助”2个场景通过专家评审。11月16日，在“百年传承、红心向党”纪念杭州市红十字会成立110周年宣传活动中，区红十字会向与会人员介绍“数智红会”建设成果，并演出小品《爱在指尖》，展示红十字数字化平台应用中的感人故事。

【“红十字救在身边”示范点建设】2021年，区红十字会推动“红十字救在身边”示范点建设。示范点被中央精神文明建设指导委员会确定为重点工作项目基层联系点。全区有11个单位被纳入示范点建设名单。其中：康桥街道为杭州市新时代文明实践“红十字救在身边”示范街道，长庆街道王马社区、石桥街道天堂园社区、赛孚城杭州馆为杭州市新时代文明实践“红十字救在身边”示范点。年内长庆街道王马社区成立以社区为依托的红十字救护e站、以长庆派出所为依托的红十字急救站、以长庆潮鸣街道社区卫生服务中心为依托的“救”在身边李君芳名师工作室、以新时代文明实践中心为依托的急救技能自主学习点，助推急救培训进社区、进小区、进楼道，推进拱墅区红十字急救培训形成场馆化运行、基地化培训、多元化服务的特色。10月20日，中国红十字会副会长孙硕鹏一行考察拱墅区新时代文明实践“红十字救在身边”工作推进情况，肯定拱墅区示范点建设工作。 （李 未）

外事 · 侨务 · 港澳台事务

外　事

【概况】2021年，拱墅区外事工作聚焦新冠肺炎疫情防控和对外工作大局，无差别开展疫情防控，加强外资项目服务码管理，严格控制因公出访，推进外国人才创业创新园建设，举办“运河国际人才节”“区块链服务网络（BSN）合作伙伴大会”等涉外活动，全区外事工作有序开展。

【涉外疫情防控】2021年，区外办加强外资项目服务码管理，督促全区116个外资项目负责人通过“疫情打卡”功能，定期上报外资项目疫情防控措施落实情况。根据外国人来华邀请函审核管理规定，为有需要的企业提供“绿色通道”服务。8月，区外办协助辖区赛事运营企业，以最快速度办好外国人来华申请手续，确保2名斯洛文尼亚籍教练如期入境，与跳台滑雪国家青年集训队（杭州组）队员一起备战北京冬奥会。协调有关部门和金融机构，为外资企业恢复生产和引进项目早日开工提供服务。会同区卫健局、区公安分局及各街道，加强来华人员管理，全面落实数据共享、信息通报机制，确保疫情防控工作无缝对接。组织小语种翻译人员为区卫健局等部门提供小语种翻译服务，帮助解决医护人员与外籍人员之间的沟通障碍。

【涉外活动管理】2021年，拱墅区完善部门联动机制，把因公出国（境）审批纳入内部“一件事”联办事项，简化办理程序，采取全流程网上办理，实现因公出国（境）审批“最多跑一次”。开展运河文化广场等公共场所外文标识排摸，摘除公共场所有问题标识，换上准确规范的外文标识。落实疫情期间省、市外事部门有关出访要求，对全区出访计划进行调整，全年未安排因公出国（境）自组团组。做好区教育系统教师赴迪拜进行教学活动的服务管理，为出访教师普及自我保护知识，提高风险防范能力。

【运河国际青年人才季活动】2021年6月18日，杭州市外国人来华工作“一件事”办理暨运河国际青年人才季启动仪式在拱墅区外创园举行。启动仪式现场，开展外国人来华工作“一件事”办理，举行“外国专家书屋”赠送、杭州全球青年人才中心拱墅分中心揭牌、运河国际青年人才双创联盟成立等活动。拱墅区外创园作为杭州市外国人来华工作“一件事”办理首批受理点，当天为来自比利时、亚美尼亚的2名外籍人士完成多个证件办理。活动现场成立运河国际青年人才双创联盟，由浙江大学国际联合商学院与区委人才办合建的外籍留学生校外实训基地、瀚海国际创业创新港与中国人民大学校友会合建的国际青年人才创业创新基地、中欧科创合作平台与G20青年企业家联盟（G20 YEA）合建的国际青年企业家联络基地发起成立，旨在整合政府、高校、国际引才机构等资源，为到华创新创业的国际青年人才带来更多便利。运河国际青年人才季举行运河青创联盟“创业拓训营”“就业实训营”“运河实践营”等活动，与全球国际青

年人才一起，共同探讨创新创业新路径，打造“千年运河·繁华武林”的国际营商环境。（周玲娜）

侨　务

【概况】2021年，拱墅区凝聚侨界智慧和力量，保障侨胞、归侨、侨眷权益。开展党的十九届五中和六中全会精神、《中国共产党统一战线工作条例》、省市侨联代表大会精神学习宣传，举办庆祝中国共产党成立100周年文艺会演、追寻革命足迹红色之旅、“侨界人士说‘习’语”直播等活动。创新“侨联＋侨群”方法，推进侨联组织参与社会治理。围绕凝侨心、汇侨智、聚侨力，推出系列暖侨惠侨举措，开展侨联委员走基层活动。加强侨联组织建设，杭州银泰城、杭州天阳地产有限公司等成立侨联。社区侨联组织实现全覆盖。成立拱墅区留联会，完成原“两区”留联会整合。至年末，全区有街道侨联18个、社区侨联153个、园区（小镇）侨联6个、楼宇侨联3个、企业侨联8个，有街道级侨界志愿服务队伍4支。

【侨界党史学习教育】2021年4月9日，区留联会组织成员单位参观临安民族日报社旧址，寻访红色印记，重温百年党史。根据“学党史、悟思想、办实事、开新局”要求，研究确定下半年工作思路。4月22日，石桥街道“景韵·金侨之家”组织辖区侨眷参观中国共产党杭州历史馆、浙江革命历史纪念馆，开展以“忆党史、知党情、铭党恩”为主题的庆祝中国共产党成立100周年活动。6月11日，组织侨联委员、留联会骨干到浙东（四明山）抗日根据地旧址参观学习，分别参观浙东抗日根据地、中共浙东区委、浙东行政公署等旧址；在四明山第一党支部旧址，参观革命先烈遗物展，听取革命先烈感人事迹介绍。

【涉侨服务】2021年，区侨办按照“最多跑一次”改革要求，做好各项涉侨政务工作。建立区领导与侨资企业沟通联系机制，为侨胞解难、为侨企解困。开通区、街道侨联24小时咨询服务热线，为返乡侨胞提供心理疏导、生活保障等暖心服务，做好出国留学生和华人华侨疫苗接种工作。开展“夏季送清凉”“冬季送温暖”活动，慰问侨界群众60多人。完善困难侨界群众帮扶机制，为29名困难归侨侨眷发放慰问金4.6万元。

【侨联阵地建设】2021年，拱墅区加强侨联阵地建设，建成面积300平方米的集海内外文化交流展示、新侨创新创业企业孵化等功能于一体的“侨之窗”阵地。全年区侨办在“侨之窗”开展以侨引侨、交流联谊等活动4场，参加活动80人次。乐富·智汇园和拱港青少年科创文化交流中心获市侨联侨界创新创业基地称号，中国京杭大运河博物馆和杭州王星记扇业有限公司获市华侨国际文化交流基地称号。

（冯俊虎　徐　丹）

港澳事务

【概况】2021年是区三胞亲属联谊会成立32周年，区委统战部创新工作举措，拓宽联络联谊渠道，加强与香港、澳门交流，维护港澳同胞眷属合法权益。联谊会会员发挥桥梁纽带作用，围绕建成运河沿岸名区和大城北崛起建言献策。

【区三胞亲属联谊会庆祝中国共产党成立100周年活动】2021年5月31日，拱墅区三胞亲属联谊会举行庆祝中国共产党成立100周年活动，全区港澳同胞、海外侨胞及家属等200多人参加，共同回顾中国共产党成立100周年的峥嵘岁月。庆祝活动举行文艺演出，节目有民乐合奏《我的祖国》、舞蹈《西湖春天》《映山红》《党啊，亲爱的妈妈》、歌曲《我爱你中国》《红星照我去战斗》《跟着共产党走》、诗朗诵《我骄傲，我是中国人》、大合唱《没有共产党就没有新中国》。

【旅港同乡会活动】2021年2月20日，杭州拱墅区旅港同乡会举行“金牛献福心连心，元宵佳节献才艺”活动，同乡会理事及会员在线上共贺新春佳节。线上新春联欢会演出独唱、合唱、朗诵、插花表演等节目30多个。3月29日，拱墅区举办线上旅港同乡会周年庆典暨拱港艺术交流基地成立仪式，拱墅旅港同乡会负责人在香港通过视频连线参加庆典。与会嘉宾听取拱港艺术交流基地成立情况介绍。区委统战部负责人向在港乡亲介绍拱墅区经济社会发展情况。现场展示拱墅区和香港两地艺术家制作的《“宸”遇香江》画作视频，画作象征着两地相融与共、源远流长的深厚情谊。庆典仪式上，在港乡亲用朗诵原创诗《放歌大运河》表达对故土的眷恋和乡愁；演出的大合唱《明天会更好》唱出乡亲们对祖国、对香港未来的期待与信心。

【港澳嘉宾参观拱港青少年科创文化交流中心】 2021年3月19日，香港贸易发展局驻浙江代表处市场推广中心主任朱烨一行参观拱港青少年科创文化交流中心，听取中心开展文化交流活动情况及2021年香港青年到内地交流计划，并进行座谈交流。朱烨表示香港贸易发展局将尽力支持拱墅区企业到香港开展业务往来，希望双方共同探索两地企业融入国际国内双循环的新模式。3月23日，澳门直播协会会长徐其蓓一行到拱墅区拱港青少年科创文化交流中心参观，察看星汇直播小镇，了解拱港中心飞地网红直播基地建设情况及未来发展规划，对拱港中心促进拱墅区与香港青年交流做的工作表示肯定。（冯俊虎）

台湾事务

【概况】 2021年，拱墅区有台资企业58家，其中服务业企业21家、餐饮业企业13家、制造业企业8家、批发零售业企业6家、其他企业10家。台资企业以轻资产、服务业为主，总体经营情况良好。有台湾在杭州就读学生19人，赴台湾就读大陆学生42人。拱墅区贯彻落实中央、省、市对台工作会议精神，引领党员干部加深理解国家对台大政方针。夯实基层对台工作基础，通过学党史、上党课和举办培训班等形式，加强对台政策宣传。组织有关街道、社区干部参加全市对台工作业务培训，提升基层对台干部业务水平。

【涉台交流】 2021年，拱墅区创新工作方法，提升服务水平，推进多领域合作交流，推动台胞台企融入共同富裕场景。区台办撰写的《数字化改革精准服务，杭州拱墅助力台胞子女就近入学》《台胞就医更健康！杭州拱墅设立首家惠台特约医疗服务门诊》2篇简讯被“浙台微讯”刊登。文晖街道京都苑社区举办“两岸邻里节”，组织在杭州台胞参加夜游古运河、划船游西湖、参观台资企业、种植亲情树等活动，拓展交流载体外延，该社区党委书记王晓燕获“全市基层对台交流能手”称号。年内，拱墅区对湖墅街道珠儿谭社区涉台基层交流活动基地进行改造提升，活动基地展示内容更加丰富、展示形式更加多样。

【台胞家庭医生签约】 2021年9月22日，拱墅区文晖街道社区卫生服务中心与杭州市台湾同胞投资企业协会签订特约医疗合作协议，在拱墅区设立社区医院台胞特约门诊，成立专门的台胞家庭医生签约服务团队，团队成员有业务科室负责人、业务骨干、护士，服务中心设1名联络员，具体负责工作联系与落实，方便在杭州的台胞就诊。全年服务中心接诊近200人次。

【涉台服务】 2021年，拱墅区办理大陆企业商务赴台审批6件（次）。开展中秋、国庆、春节等传统佳节走访慰问活动，为辖区177名台湾同胞家属送去节日问候，对患有疾病的台属台胞进行上门探望。建立拱墅区台企线上“三服务”群，传递各级政府支持台企复工优惠政策，发放“健康包、春节包”等防疫物资，分批为100多名台胞接种疫苗。拱墅区文晖社区卫生服务中心集中疫苗接种点收到杭州市对台工作协会赠送的“防疫守护、惠我台胞”锦旗，中国新闻网予以报道。春节期间，为留杭过年的台胞申领红包，惠及台胞21人次。区台办为辖区台胞利用居住证办理小客车更新、台胞子女根据同等待遇就近入学、被拆迁台胞在杭重新购房等提供方便，把各项惠台措施落到实处。

（杨　萍）

法 治

政法委与综治

【概况】2021年，区委政法委强化责任担当，深化平安建设，深入开展党史学习教育、政法队伍教育整顿。重要会议、活动、节日期间，启动维稳安保和社会面管控等级响应。健全风险研判机制、决策风险评估机制，在区矛盾纠纷调处化解中心设立实体化运作的指挥中心，全区防范化解重大风险能力提升。年内完成各级“两会”和庆祝中国共产党成立100周年等重要会议、重大活动维稳安保任务，为高质量建设共同富裕示范区拱墅样本贡献政法力量。中共中央政治局委员、中央政法委书记郭声琨及公安部治安局领导调研拱墅区祥符联勤警务站，中央广播电视总台《新闻直播间》、《中国社区报》等中央媒体报道拱墅区防范电信网络诈骗、精准数字治理、为基层减负增效等工作。拱墅区连续16年被省委、省政府命名为“平安区”。

【平安建设机制完善】2021年，拱墅区用好平安考核指挥棒，推进平安、法治、队伍和智能化建设。全区召开区级平安创建工作会议7次，对平安重点工作再细化再部署。制定区级平安建设考核办法，突出差异化考核、激励关键项目、盯牢过程管控、实施“复杂系数”（根据各街道人口数量、面积大小、刑事治安警情、重点场所等确定“复杂系数”，对各街道平安考核成绩加权赋分）。健全深化平安机制，坚持平安督查制度，加强“平安督”App的使用，全区使用“平安督”活跃度、主动自查整改问题数均排名全市第一位。坚持平安例会制度，召开月度平安例会，通报成绩排名，协调解决问题。区委政法委根据区委“三联三领三服务”工作要求，帮助街道分析研判区情，制定风险防范措施，共同抓好社会共建共治共享工作。坚持约谈制度，区领导约谈扣分较多、排名靠后的7个部门和2个街道分管负责人，推进平安建设走在全市前列。全面推行街道政法工作联席会议制度，组织区法院、区检察院等78名中层干部下沉到18个街道，共同商讨问题44个，街道“双减”涉稳、老旧小区路段交通综合整治、商业综合体周边环境整治等基层痛点堵点问题得到妥善解决。建强政法新媒体宣传平台，推出拱墅区政法微信公众号、“武林大妈”官方微信公众号、“武林大妈”抖音号，发布抖音短视频119条，获72.5万人关注。政法新媒体宣传平台列全省政法系统微信影响力排行榜前十位。抖音平台利用工作在市委政法委宣传工作会议上做介绍。

【社会稳定维护】2021年，全区政法系统围绕持续巩固社会稳定目标，加强重点问题处置。杭州天地和家装有限公司装修业务引发的矛盾、杭州永富大厦办证引起的纠纷等25件纳入市项目化监管的涉稳问题得到化解或缓解。区委政法委协助省、市有关部门妥善处置“学院转设”不稳定问题。稳妥处置浙江执御有限公司客户两次到杭州聚集维权事件。组建“双减”工作维稳专班，高效处置校外培训机构出险等问题。严防非法组织插播广播电视和户外电子屏幕等音（视）频设备。全区47起网贷案件中，法院判决26起，尚在审理11起，累计追回赃款163.27亿元，追赃挽损率41.9%。

【市域社会治理深化】2021年，拱墅区推进市域治理工作。印发“问题、责任、整改”3张清单，梳理问题95个，提出整改举措124项。深化基层治理攻坚行动。围绕“七个减下来”（提速诉源治理，把面上纠纷减下来；提速积案治理，把突出矛盾减下来；提速隐患治理，把安全风险减下来；提速三方治理，把社区杂音减下来；提速治安治理，把警情发案减下来；提速乱象治理，把群众怨言减下来；提速数字治理，把数字运用低效减下来）主线，推进提速溯源等7项治理，全年完成治理1.57万项，完成率99.9%，区法院一审民商事案件收案数等22个核心指标下降18个。党组织领导三方协同小区微治理做法获省委书记袁家军批示肯定，拱墅区城市住宅小区三方协同治理标准化列为全国试点项目。开展重点地区和突出问题挂牌整治，将市、区两级挂牌整治工作纳入区基层治理攻坚行动，开展双月“比学赶超”竞赛。全年受理电信网络诈骗案件3577起，比上年下降17.2%。启动社会风险心态预警指标体系建设，落实全省政法工作现代化创新引导项目，以青少年心理健康为重点，联合区爱心科技体验馆，开展“智慧家长成长营活动”。10月22日，拱墅区被认定为浙江省平安校园心理健康教育基地。

【数字法治建设】2021年，区委政法委围绕“数智拱墅建设”，召开数字法治理论研讨会21次，梳理一级核心业务问题14个，组织数字法治业务培训7次。牵头推进政法一体化办案应用，全年单轨制协同办案比例上升至90.7%。开发“城市眼·云共治”“司法拍卖辅助事务综合集成”等特色应用场景，“城市眼·云共治”场景获市数字法治金奖，“司法拍卖辅助事务综合集成”项目获市数字法治银奖，区法院“司法数字服务站”被列入全省试点，区检察院“法治地图”在全省检察系统推广应用。（陈　磊）

法治政府建设

【概况】2021年，拱墅区以习近平法治思想为指导，推进全区法治政府建设各项工作，为打造共同富裕示范区拱墅样本提供法治保障。“红色引擎＋品牌动能”助推纠纷预防化解工作获评省委依法治省委员会年度乡镇（街道）法治化综合改革试点“最佳实践案例”；“打造公安数字化执法监督样板”被省政府办公厅评为年度县乡法治政府建设“最佳实践案例”；“运河法治文化带”重塑工程、检察信息情报中心暨数智魔方监督平台、区域法律监督工作年度报告制度全国样板3个项目入选杭州市年度有辨识度有影响力法治建设成果名录。拱墅区用“四镜法”（指架稳“望远镜”、聚焦显微镜、运用“多棱镜”、借鉴“广角镜”）推进基层依法行政做法获副省长高兴夫批示肯定。拱墅区被评为年度法治浙江（法治政府）建设先进单位、法治杭州考核建设成绩突出单位。

【“法治拱墅”建设】2021年3月24日，拱墅区委全面依法治区委员会召开第三次会议，总结2020年“法治拱墅”建设工作，部署2021年全面依法治区主要任务。会议审议通过《2021年法治拱墅建设工作要点》《法治拱墅建设六大专项工作方案》，“法治拱墅”建设力度进一步加大。区委全面依法治区委员会制定《拱墅区贯彻落实习近平总书记在中央全面依法治国工作会议上的重要讲话精神任务清单》，并与全区各责任单位签订《2021年法治拱墅（法治政府）建设任务书》，压实法治建设工作责任。按照法治浙江、法治杭州建设信息考核有关规定，做好法治拱墅建设信息宣传工作。长庆街道开展全省首批街道法治化综合改革试点，并被选为杭州市乡镇（街道）法治化综合改革推进会现场教学参观点。东新街道、米市巷街道被市委全面依法治市委员会列为市级改革试点培育街道。区司法局配合区委巡察办开展法治巡察，制定《法治拱墅建设专项巡察实施方案》，采取单位自查、实地监督和座谈交流相结合方式，完成对58个法治拱墅建设责任单位实地监督检查，发现问题17个，提出4个方面意见建议，着力补齐法治建设问题短板，相关经验做法被《法治浙江简报》刊发。11月30日，拱墅区召开全区社会评价和法治建设群众满意度测评工作推进会。12月，开展2021年度法治拱墅（法治政府）建设考评工作，全面检验全区法治政府建设成果。

【重大行政决策管理】2021年，拱墅区开展重大行政决策审议评估，旨在吸纳民意民智，推进重大行政决策法治化。年内，经事项征集、立项论证、区政府常务会议集体审议、区委同意等程序，区政府完成《杭州市拱墅区国民经济和社会发展第十四个五年规划和二〇三五年远景目标纲要》制定、《拱墅区既有住宅加装电梯工作实施意见》等3个年度重大行政决策事项目录编制，并对外公布。区市场监管局、区统计局、区卫健局等部门按照相关规定，向社会公布《拱墅区市场监督管理局行政执法公示实施办法（修订）》《杭州市拱墅区统计普法“八五”规划》等5个重大行政决策目录。区司法局聘请第三方评估机构对区民政局制定实施的《拱墅区老旧小区“阳光老人家”社区居家养老服务体系建设实施意见》进行后评估。完善政府法律顾问制度，全年政府法律顾问参与政府法律事务处理220多次。

【规范性文件管理】2021年，拱墅区发挥法学专家、公职律师和法律顾问等专家作用，开展区级文件政策公平竞争审查，完成区政府文件前置审查40多件，准予备案部门行政规范性文件3件。对152件区政府行政规范性文件进行清理。开展“烦企扰民”等事项清理工作3次。对施行满1年的17个行政规范性文件开展后评估。完成政府合同审查1050件、其他政府涉法事务审查110件。对《下城区人民政府关于公布天水街道办事处、武林街道办事处、潮鸣街道办事处、朝晖街道办事处、文晖街道办事处、东新街道办事处、石桥街道办事处相对集中行使行政处罚权事项的通知》进行合法性审核。

【行政执法监督】2021年，区司法局会同区人大、区检察院对应急领域执法开展监督。会同区监委、区检察院对水利系统执法质效进行评议，评议得分98.56分，属优秀档次，评议结果全市排名靠前。建立行政执法检查监督机制，对17个单位有关环保、安全生产、市场监督等58件案卷开展集中评查。对长庆、武林、潮鸣等8个街道开展综合行政执法改革工作专项监督。结合法治巡察，对石桥、潮鸣2个街道综合执法改革工作提出评估意见。利用浙江省执法监督平台开展“数字监管”，完成2轮在线督办高风险案件1001件、中风险案件120件。发挥监督员作用，组织监督员参与重点案件执法检查。为46个行政执法主体换发执法证1689张，换证完成率100%。

【行政争议化解】2021年，区政府收到行政复议案件178件，受理115件，不予受理12件，审结包括结转案件119件，经调解后结案46件，综合协调率36.2%；撤销、确认违法或责令履行案件5件，纠错率4.2%。全区行政机关新收一审行政案件160件，审结案件171件，败诉13件，败诉率7.6%；经调解原告自愿撤诉66件，调撤率38.6%。建立行政应诉工作责任制，落实行政机关负责人出庭应诉备案通报制度，全区一审行政诉讼开庭审结77件，行政机关负责人出庭75件，平均出庭率97.4%。深化行政调解与人民调解、司法调解协调配合等机制。全年全区各级行政调解组织受理行政调解案件4.08万件，调解成功3.51万件，调解成功率86.0%，涉案金额4752.5万元。（潘韵之）

公　安

【概况】2021年，区公安分局按照“分局统领、统分结合、逐步融合”原则，有序推进下城区、原拱墅区两区公安分局队伍及业务融合工作。围绕中国共产党成立100周年安保维稳主线，统筹“六大工程”（“风险防控”筑底工程、“扫黑除恶”攻坚工程、“基层基础”固本工程、“智慧警务”一号工程、“改革攻坚”增效工程、“规范执法”提升工程）建设，精密智控新冠肺炎疫情风险，深化队伍教育整顿、党史学习教育和“三能”（平常时间能看得出来，关键时刻能冲得出来，危急时刻能豁得出来）主题教育，营造社会大局稳、业务推进稳、队伍状态稳、治安秩序好的“三稳一好”局面。全年完成省市区“两会”、亚运会测试赛等安保及警卫任务110多场次。受理有效刑事、治安警情1.78万起，比上年下降20.6%；刑事拘留1250人，移送起诉2113人，逮捕511人，行政处罚5421人，行政拘留2889人。区公安分局被评为“全省平安建设先进

2021年12月，区公安分局东新派出所民警、辅警24小时驻守执勤在东新园社区核酸监测点　　（区公安分局　供稿）

集体”“全省公安机关执法质量优秀单位”“全省‘护航2021’打击侵害企业利益经济犯罪专项行动成绩突出集体”，长庆派出所获评“全国优秀公安基层单位”，拱宸桥派出所创建成为省级“枫桥式公安派出所”，区巡特警大队获评“浙江省青年文明号”，58个集体、387名个人获得表彰。

【扫黑除恶专项斗争】2021年，区公安分局围绕扫黑除恶常态化斗争部署，持续做好线索核查、大案要案攻坚等重点工作。全年对9个大类240名涉黑恶人员采取刑事强制措施，其中恶势力犯罪团伙4个、27人。抓获公安部督办的“2·1”专案历年在逃人员，实现中央督导组线索、公安部线索、全国举报平台线索全部清零。

【电信网络诈骗犯罪专项整治】2021年，区公安分局以打击预防电信网络诈骗犯罪“百日攻坚战”为重点，加强预警反制和核查劝阻工作，全年摧毁犯罪团伙50个，采取刑事强制措施457人，实现全区诈骗金额100万元以上案件全部被侦破，电信诈骗发案率下降，立案数及案损分别比上年下降27.6%、29.7%，通过民警现场、电话劝说等方式成功劝阻181人，止损金额3349.5万元。结合专项整治，加强基层反诈宣传，联合辖区银行、电信运营商及企事业单位等开展社会面宣传；采用“双微一抖”等新媒体阵地及线下宣传形式，推出“快板哥”“戏精小姐姐”“小河蛋警官”“田警官与警犬嘿燕”“融媒体反诈制作人”“运河骑警”“警花手记”等宣传品牌。4月27日，区公安分局在远洋乐堤港CGV影院召开新闻发布会，向公众推出“反诈制作人”团队并播放反诈音乐短片《猜猜我是谁》。

【毒品犯罪打击整治】2021年，区公安分局采取专案经办、合成作战办法，开展打击合成大麻素毒品收网专项行动，摧毁以祝某某、陈某某、周某为首的特大贩卖合成大麻素毒品团伙，抓获涉案人员106人，其中采取刑事强制措施33人、行政处罚46人，缴获大麻素290.36克。全年破获毒品犯罪3～5人团伙案件3起、6人以上团伙案件1起。采取刑事强制措施71人，治安拘留157人。

【传统刑事案件侦破】2021年，区公安分局秉持“大案速破、小案多破、快侦快破”理念，保持对严重暴力犯罪、盗抢骗及各类传统违法犯罪高压严打态势，侦破公安部、省公安厅督办案件46起，命案、“五类案件”、妨害国（边）境管理案件全破。3月，区公安分局侦破全国首起利用假冒数字货币钱包实施“钓鱼”新型跨国犯罪案件，刑事拘留犯罪嫌疑人5人。

【公安融入社会治理】2021年，区公安分局主动融入社会治理格局。试点“警源治理”，探索“为企服务警务站”“神经元”建设，打造拱墅区公安机关优化营商环境工作亮点。米市巷派出所“神经元”建设试点取得初步成果。该所全面梳理7个大类基础工作任务、20多个具体场景，出台工作流程14项，形成感知、行动和传导“三张清单”，实现任务指令可视化、标准化、实用化，派出所管理模式从“盲目、粗放、被动、单兵”向“精准、精细、主动、协同”转变。

【队伍专业化建设】2021年，区公安分局多措并举，加强公安队伍专业化建设。探索建立非警务类警情分流处置机制，“警网协同”治理工作在辖区4个街道试点。制定全区街道版“小脑＋手脚”工作方案，化解矛盾纠纷1.1万起。对全区防控网格进行优化调整，形成50个防区，建成联勤警务站6个。以数字化改革为统领，实现原“三码”智慧警务系统向“一码＋多指数＋众应用”模式转型，推动“拱墅码”与“数字街道”酒吧治理、“协商铃”、“E智办”等街道综合治理应用场景集成。建立为企服务站、防范经济犯罪教育基地宣传教学点。在杭州国际人才创业创新园设立“移民事务服务站”，开展外国人工作许可和工作类居留许可“一件事”办理，相关工作获省公安厅、市公安局肯定。为适应区划优化调整新形势，区公安分局对全区警力进行分流调配，并加强练兵比武，拱墅区公安干警在全市公安系统执法技能大比武、电子数据取证分析大比武中均获团体第一名。

【环食药实验室建成投用】2021年11月9日，区公安分局举行局环境食品药品实验室成立揭牌仪式。为提升环境食品药品领域犯罪打击成效，区公安分局将有关职能转移集中至实验室。实验室负责掌握食品药品、生态环境、生物安全等领域犯罪动态，有助于拓展案源、打击要案、提升工作实效。全年实验室配合侦办假冒“西湖龙井”等典型案件44起，采取刑事强制措施163人。

【基础管控中心成立】2021年10月13日，区公安分局基础管控中心挂牌成立。基础管控中心联动区平安办重点开展流动人口实名制登记、重点人员管控、校园安全、出租房消防安全等专项检查，对安全隐患问题分门别类抄告区相关部门及属地街道，并将隐患整改落实情况纳入对职能部门和街道的年度平安考核。全年发布基层基础“四晒”（晒实绩、晒短板、晒能力、晒精神）月通报8期、旬督查通报18期，下达指令任务2687条，发现基础管控漏洞隐患482个。

【长庆派出所“初心之路”视频直播】2021年6月30日，《人民公安报》、中国警察网进行全国公安12小时大型视频直播，区公安分局代表浙江省公安机关开展接力直播活动，以长庆派出所的“初心之路”为题，向网友们讲述该所20年来“初心不改为民心、初心不改践嘱托、初心不改显忠诚、初心不改创满意、初心不改促实干”的生动事迹，展示新时代枫桥式派出所的“初心之路”和城市样板，1200多万人次观看直播。

（陈　军）

检　察

【概况】2021年，区检察院抓住行政区划优化调整契机，加快检察履职融合创新，全力护航新拱墅运河沿岸名区建设。全年受理提请逮捕刑事案件688件、1041人，受理审查公诉案件1781件、2640人，其中10件公诉案件获评杭州市级及以上优秀案（事）例，2件公诉案件获评最高人民检察院典型案例。官方微博“拱墅检察”获评全国检察微博二十佳。市级以上重点课题立项18个，22篇文章被《检察工作》《人民检察》等期刊录用，拱墅区获批成立浙江省大运河流域综治保护检察理论研究基地。2名干警获杭州市“最美检察人”称号，单位及个人获得区级及以上荣誉100多项。

【区委检察工作会议】2021年10月28日，区委召开检察工作会议，学习贯彻中共中央总书记习近平对政法工作的重要指示精神，贯彻落实《中共中央关于加强新时代检察机关法律监督工作的意见》，专题研究检察工作、法律监督工作，并部署“十四五”期间拱墅区检察工作。

【维护大局稳定】2021年，区检察院聚焦庆祝中国共产党成立100周年大会、第19届杭州亚运会赛前维稳等大事，排查化解涉检信访、矛盾纠纷突出问题，其中化解省检察院交办的重复访10件。助力金融风险防范化解，审慎办理全省首例涉私募基金的“金诚集团”集资诈骗案，第二批11名被告人被提起公诉，该洗钱案入选最高人民检察院、中国人民银行联合发布的惩治洗钱犯罪典型案例。打好扫黑除恶“常规战”，加快涉黑恶犯罪案件办理。以深化综合治理为目标，妥善办理敏感案件，区检察院分析上报的有关信息被最高人民检察院采编。聚焦群众反映强烈的电信网络诈骗，主动参与司法环节追赃挽损等工作，守好群众“钱袋子”。完成63件民生公益诉讼案件办理，推动对“舌尖安全”、公民个人信息、残疾人权益等方面的保护。

【护航企业发展】2021年3月4日，下城区检察院举办第四届“检企论坛”，以精准服务为落脚点，关注数字经济转型背景下企业在电子商务中遭遇的恶意“薅羊毛”（指电子优惠券被恶意侵占事件）问题。论坛邀请中国银泰投资有限公司、杭州联华华商集团、浙江集商优选集团等20多家企业代表与学者、律师、行政机关工作人员共商对策，助力企业应对好法律风险。区检察院根据相关案件及论坛反映问题撰写“薅羊毛”问题信息专报经省检察院报送省委。开展“转供电环节违规加价”专项整治，督促违规主体为500多户小商户退还电费1500多万元。加大对科技创新、知识产权保护力度，依法办理假冒“西湖龙井”商标、窃取淘宝公司数据等案件，维护企业合法权益。

【关爱未成年人成长】2021年，区检察院完善对未成年人全程、全面司法保护格局，坚持将教育感化贯彻办案始终。对未成年人开展跟踪帮教、心理疏导、亲职教育等帮扶38人次。开展“法治教育进校园”活动，组织青少年体验模拟法庭、心理咨询中心，参观法治教育基地，打造服务未成年人的优质法治产品。儿童节期间，会同区教育局举办首届法治主题文艺会演，全区37所学校1000多名师生参加。立足区域融合新特点，推出以“绿树”为主要元素的全新未检品牌，旨在共同做好未成年人保护工作。

【服务基层民生】2021年10月，区检察院融合多方优势，在东新、天水、半山、祥符4个街道挂牌设立派驻检察官办公室，派驻办公室在区委检察工作会议上进行授牌。基层检察室作为区检察院派出机构，在矛盾纠纷化解、社会综合治理、平安拱墅创建中发挥重要作用，年内帮助街道盘活已征未退“僵尸地块”，解决周边居民停车难等问题10多个。以群众的操心事、烦心事、揪心事为监督要点，对销售有毒有害食品、假冒伪劣口罩及侵犯个人信息等行为提起公益诉讼，推动小区二次供水安全隐患消除、农贸市场“冷鲜禽”“一证两标”规范佩戴。3月，区检察院完成《中华人民共和国民法典》实施后全国首例个人信息保护民事公益诉讼案办理，该案获中央广播电视总台、最高人民检察院官方微信和微博及《检察日报》等媒体报道。

【“数字检察”开启】2021年，区检察院构建“区域法治地图”，研发“流程监控扫地机”，打造“数据研判、融合监督、类案治理”的检察监督模式。上线“数智监督云平台”，推出“虚假注册公司治理一件事”，形成一体化融合监督新机制，破解检察监督线索难、成案难、查办难问题。该机制从骗领大学生人才补贴刑事案件、冒用身份信息虚假注册公司行政争议等个案入手，打通数据壁垒，推动70多家虚假注册公司被依法吊销、200多家异常企业进入监管名录，实现个案办理向类案治理转变。区检察院“数字检察”创新成果被市检察院数字平台吸收集成，并在全省检察系统和区相关部门交流分享。

【公开听证】2021年10月15日，区检察院作为全省检察系统唯一代表，受邀在全国第三届新时代检察工作论坛上就检察听证工作做交流发言。区检察院举行的公开听证会既有对无障碍设施改进、个人信息保护等群众“身边小事”的关注，也有直面社会治理漏洞，推进企事业单位、行政单位补漏建制的监督类案件。公开听证的常态化开展，推动法律监督从“不被理解”到“获得认可”、由“单打独斗”向“群策群力”转变。

【法律监督】2021年，区检察院立足法律监督主责主业，持续推动辖区司法环境优化、依法行政规范。落实宽严相济刑事政策，会同区公安分局、区法院一体落实“少捕慎诉慎押”刑事司法政策，全年依法不批捕549人、不起诉781人。坚持“在办案中监督，在监督中办案”，监督侦查机关立案10件、撤案13件，追捕、追诉漏犯8人，提出刑事抗诉4件。深化“监检协作”，办理区监委移送职务犯罪案件14件、18人。强化民事权力监督与权利救济，通过与区公安分局、区法院通力协作，办理虚假诉讼监督案件41件，对1

起标的2900多万元的民间借贷虚假诉讼案提出再审检察建议。综合运用检察支持起诉、联合调查处置等方式，促成1起老年人赡养纠纷案件妥善解决。发挥行政检察在促进法治政府建设中的督促作用，年内办理行政检察监督案件96件，行政检察办案团队被评为浙江省检察机关优秀办案团队。推进行政争议实质性化解，对1起由千年古郡遗址保护引发的群众安置纠纷，通过召开跨地区行政争议案公开听证会、搭建一站式沟通化解平台，促成行政争议问题一揽子解决，为行政检察支持文物保护工作提供有益借鉴，此项工作成效和经验获省检察院检察长贾宇肯定，并入选最高人民检察院典型案例汇编。

【检察队伍建设】2021年，区检察院开展政法队伍教育整顿，邀请人民监督员、人大代表、政协委员参加座谈会，征求整改意见建议。开门整顿期间，找人谈话250多人次，评查案件4100多件。排摸干警及其配偶、子女违规从事经营活动情况，推进防止司法干预“三个规定”落实。主动接受人大监督，配合区人大常委会做好对未成年人检察工作的专题审议、对员额检察官的履职评议。深化共同价值观引领作用，组织干警参加“百载初心，诵承五四”诗歌朗诵会、“忆党史·颂党情”演讲比赛、“我为七一献热血”、“学党史·唱红歌”等活动，促进检察人员“并心并力”、检察队伍“并大并强”。深化“支部强基”工程，打造过硬检察队伍，16人在省、市业务竞赛中获标兵能手称号，3名干警获评省级标兵能手、业务专家。

【公益诉讼创新实践基地入围“法治政府奖”全国35强】2021年12月20日，区检察院“大运河世界遗产保护全省公益诉讼创新实践基地”项目入围第六届“法治政府奖”全国35强。该项目是区检察院以法治力量、检察力量守护千年运河的探索和创新。项目集成公益诉讼保障体系优势，与杭州市运河综合保护中心建立协作机制，在线索移送、专业咨询、联合调研等方面开展合作。通过常态化水质检测、无人机沿岸巡航等举措，落实对自然遗产、环境资源、城市文脉的全方位保护。根据护航亚运会和亚残运会需要，开展运河沿岸无障碍环境建设专项监督行动，推动杭州武林门客运码头、杭州运河大剧院等场所无障碍环境建设。年内区检察院申报成为全省公益诉讼观察员试点单位，并与团区委建立公益诉讼观察员制度。

▶资料：典型案例

案例一：倪某某申请信息公开监督案

2018年1月，辖区村民倪某某的农房改造安置地块经相关部门勘察属于某故城遗址，为此向浙江省文物局申请公开涉案地块勘探文物和确认文物的依据。因对公开信息内容存疑，倪某某向区法院提起诉讼。但因超过起诉期限，法院裁定驳回起诉。2020年11月，倪某某向区检察院申请监督。区检察院实地调查核实案情，了解案外情况，并以检察公开听证形式，邀请人大代表、政协委员、文物专家、法学教授、基层群众代表担任听证员，从当事人实质诉求出发，开展行政争议化解工作。听证各方从法理、情理、事理多角度释法说理，化解倪某某对考古工作的质疑，促使其彻底解开“心结”。在得到相关部门保障其尽快安置的承诺后，倪某某接受听证结果，纠纷彻底化解。2021年8月，该案入选最高人民检察院首批“检察为民办实事——行政检察与民同行系列典型案例”。

案例二：民法典实施后全国首例个人信息民事公益诉讼案

2019年2—9月，孙某先后8次将从网络购买、互换获得的4.5万条含姓名、电话号码、电子邮箱的公民个人信息出售给他人用于虚假外汇业务推广，获利3.4万元。2020年11月24日，区检察院根据《中华人民共和国民法典》中个人信息保护相关法律规定，依法对孙某提起民事公益诉讼。2021年1月8日，区法院判决被告人孙某按照其非法获利金额承担赔偿责任，并在省级以上新闻媒体公开赔礼道歉。

（朱兰兰）

法　院

【概况】2021年，区法院认真贯彻习近平法治思想，坚持公正司法、司法为民，为打造共同富裕示范区拱墅样本提供司法保障。面对繁重的办案任务，自觉拉高标杆，健全制度机制，完善工作举措，创新方式方法，各项工作取得新的进展。全年受理各类案件3.02万件，比上年下降8.0%。其中：一审民商事案件收案1.28万件，下降23.8%；结案3.23万件，上升5.7%，正常审理时限内结案率107.0%。一线法官人均结案430.6件，超过全省平均数116件；未结案4690件，下降30.9%。全区实现“八升五降”（结案率、正常审理期限内结案率、民事刑事一审当庭宣判率、民事可调撤率、自动履行率、服判息诉率、有财产可供执行案件法定期限内实际执结率、终本合格率8个指标提升；一审民商事收案数、一审判决案件改判发回瑕疵率、月均存案工作、12个月以上未结案数及占比、执行案访比5个指标下降），质效指标实现“五升四降”（结案率、民事刑事一审当庭宣判率、民事可调撤率、有财产可供执行案件法定期限内实际执结率、终本合格率5项指标上升，一审民商事收案数、一审判决案件改判发回瑕疵率、月均存案工作、12个月以上未结案数及占比4项指标下降）。区法院获浙江省文明单位、杭州市法院系统集体三等功等市级及以上集体荣誉5项，获评全省政法系统执法办案成绩突出个人、全省法院党建工作先进个人等优秀个人20人次。

2021年7月8日，杭州市拱墅区人民法院成立　（区法院　供稿）

【推进新拱墅区法院融合】2021年，按照行政区划优化调整工作统一部署，有序推进新拱墅区法院筹备工作。7月8日，新拱墅区法院正式挂牌。8月，机关党组织、各部门、人员调整到位，行政编制人员完成转隶。第六批7名员额法官遴选工作完成。加强后备办案力量培养，将全体法官助理调整到诉前调解和执行一线进行轮岗锻炼，帮助其尽快适应各类审判执行工作。坚持“支部建在庭上”，区法院设立13个庭（室）党支部，党组织覆盖至执法办案基本单元，党支部书记原则上由部门党员负责人兼任，促进党建工作与审执业务加快融合。

【执法办案】2021年，区法院审理涉黑恶案件3件、10人，执结涉黑恶案件71件，财产刑执行到位率97.7%，追缴没收违法所得执行到位率100%，核查省、市有关部门交办督办的重点线索26条。优化法治环境。在环北小商品市场转型升级、老旧小区改造等重点项目中主动作为，深入重点项目指挥部，联合属地街道建立征迁调解机制，派驻资深法官开展现场调解，源头“过滤”征迁矛盾。出台服务保障共同富裕25条司法意见，护航经济高质量发展。开通买卖合同纠纷“绿色通道”，探索建立企业合同送达承诺制度，全年办结买卖合同纠纷4102件。加快破产案件审结，年内审结16件，出清土地8.47公顷、房产277套，盘活资产13.47亿元。通过破产重组，盘活1家网约车经营企业，职工工资清偿率提高到47%。审结知识产权案件191件。建立行政案件败诉风险预警机制，全年审理行政案件206件，败诉率6.5%，比上年下降2.4个百分点；行政纠纷调撤率38.2%，上升17.2个百分点。

【诉源治理】2021年，区法院推进全区184个“微法庭”实质化运行，法官团队入驻矛盾纠纷调处化解中心，做好点对点（指法院驻区矛调中心“微法庭”对全区各街道矛调中心、社区“微法庭”、行业“微法庭”的“总对点”）法律指导和调解工作。加快“微法庭”向

“共享法庭”迭代升级，区委成立“共享法庭”建设工作协调小组，区委政法委出台实施方案，召开“共享法庭”建设动员部署会2次、工作协调会4次，制定建设标准及运行规则。全区设立街道“共享法庭”11个、社区“共享法庭”127个。年内，乐堤港、北部软件园“共享法庭”开展实质性工作。完善金融纠纷多元化解机制，引入杭州市银行业保险业人民调解委员会开展驻点调解。召开3次高频率案件诉讼主体座谈会，对涉及房地产、教育培训、预付式消费等类型化案件，采取“示范审判＋引导调解”模式，将大部分案件化解在诉前。抽调法官助理充实诉前调解力量，严格落实每月绩效考核管理，全年完成诉前纠纷调解1.52万件，诉前纠纷化解率比上年提高16.9个百分点。

2021年2月4日，下城区法院召开高频率案件诉讼主体座谈会，推广“示范审判＋引导调解”模式 （区法院 供稿）

【数字法院建设】2021年，区法院会同9个部门制定数字法院建议行动方案及工作指引等规范性文件，协同各方创新打造司法拍卖辅助事务综合集成模式。研发“数智拍辅”系统，设立综合集成馆、“司法数字服务站”，打造“线上＋线下”智能连通的司法拍卖创新模式，为法拍车买受人提供“最多跑一次”的“一条龙服务”。探索异地法院之间协作处置法拍车的新机制，协助嘉兴法院远程查控、就地挂拍涉案车辆，提高涉案财产变现效率，该做法被纳入浙江省法院系统“执行一件事”改革应用子场景，并获评全省法院“十佳执行创新项目”，获杭州市“数字法治”银奖。全年成交法拍车374辆，成交额3992万余元，平均成交耗时比上年减少48天，溢价率59.6%。推广移动微法院、浙江法院网、浙江解纷码等网上诉讼服务平台，推进无纸化办案办公，为群众提供高效、便捷的在线诉讼服务。

【民事诉讼改革】2021年2月，下城区法院推广“示范审判＋引导调解”模式。区划优化调整后，拱墅区法院开展民事诉讼程序繁简分流改革试点，扩大小额诉讼程序合意适用范围，提升简易程序和独任制普通程序适用率，民事诉讼案件平均审理时间缩短14.34天。完善综合治理执行大格局，全年执结案件1.21万件，执行到位资金30.83亿元。加大失信拒执行为打击力度，将失信被执行人纳入黑名单6079人次，限制高消费7878人次，罚款2144人次、1255.82万元，拘留1191人次，以涉嫌拒执犯罪移送公安机关立案侦查3人次。聚焦“六稳”“六保”工作，开展“鲲鹏风暴”“冬日拾薪”等涉及民生案件专项集中执行行动，营造和谐稳定的社会环境。

【加强队伍建设】2021年，区法院学习贯彻中共中央总书记习近平重要讲话精神，以“院长论坛”、“三会一课”、固定主题党日为学习载体，组织专题学习33次、领导班子成员上党课20次。制定《绩效考核管理办法》等规章制度，推进考核精准化。加强以案释法，组建“亲青法官”宣讲团，做精《5分钟法律故事》栏目及“法治夏令营”“学典剧场”等普法品牌，该做法被人民网、“学习强国”学习平台、“今日说法”、《钱江晚报》、《杭州日报》等媒体转载。全年区法院在市级以上媒体刊发稿件253篇，举办公众开放日12次，官微发布普法内容1000多条，制作普法短视频23个。 （叶麟儿）

司法行政

【概况】2021年，区司法局完成区划优化调整后的人员、职责、任务等整合工作。全年以依法治区工作为统筹，全面履行行政执法、公共法律服务等职能，着力做好固根基、扬优势、补短板、提能力工作。祥符司法所被司法部评为“全国模范司法所”，并作为全省唯一的司法所代表，受到中共中央政治局委员、中央政法委书记郭声琨的接见。潮鸣司法所被省司法厅命名为“枫桥式”司法所。文晖司法所、朝晖司法所被市司法局命名为市级“文明规范公正”司法所。全区5个全国民主法治示范社区通过复评，3个社区创建成为省级民主法治社区。

【公共法律援助】2021年，区划优化调整后，区司法局按照全区同标提质要求，通过与律师事务所签订“法律援助服务协议”“法律援助服务机构承诺书”等方式，组建高标准、高起点、高素质的法律援助律师团队，全区有107个律师事务所的756名律师参与。全年提供免费法律咨询服务6643人次，开展认罪认罚法律帮助1528件；指派律师办理法律援助案件613件，其中刑事446件、民事157件、行政10件，挽回经济损失1189.9万元。在市对区综合督导中，拱墅区案卷归档率和服务满意度均为100%。全年报送典型案例10个，开展专项服务8次，组织律师、律师事务所行政人员业务培训4次，29名律师入选杭州市法律援助案件质量评估专家库，10名援助律师被杭州市律师协会通报表扬。从9月中旬起，拱墅区定期在全区人流量比较大的广场、社区、公园、商场、小区开展法律援助流动服务，安排资深律师志愿者在不同服务点开展法律援助，接受法律咨询，解读即将施行的《中华人民共和国法律援助法》。

【法治宣传教育】2021年，拱墅区根据“谁执法谁普法”方针，动态更新重点单位“谁执法谁普法”责任清单。全年完成全区领导干部和公务员近4000人网上学法用法考试，组织辖区3500多名国家工作人员参加浙江省公民法治素养问卷调查。开展新提拔任用区管领导干部法律知识考试，30多名新任区管干部参加。开展《中华人民共和国宪法》、《中华人民共和国民法典》、反电信诈骗等主题普法宣传610场，制作宣传折页10.2万份。打造瓜山未来社区法治长廊、拱墅宪法主题公园、“运河普法号”水上巴士等10多个法治文化阵地。在杭州武林门码头举办以“运河淌千年，宪法在我心”为主题的拱墅区“宪法宣传周”活动暨“八五”普法启动仪式，约50人参加，中华网、国际在线、网易新闻、浙江在线等媒体相继进行报道。区司法局围绕日常网络用语和《中华人民共和国宪法》、《中华人民共和国民法典》、反电信诈骗等普法重点内容，上线“普普法法”运河法治主题表情包。“开通普法水上巴士，构筑法治运河普法带”普法项目从100多个申报项目中胜出，获2021年度全省“十大普法影响力事件”提名奖。“运河法治文化带”重塑工程被评为市“2021年度有辨识度有影响力法治建设成果”。法治沙画《普法日记之网络风波》获市“阿普杯”普法创意大赛二等奖。杭州杭天信公益法律服务中心获评省第三批社会大普法“六优”培育行动计划优秀普法公益性组织。米市巷街道创新“数智普法”，探索商街“数智米管家”模式，有关做法获杭州市人大常委会副主任陈红英批示肯定。

【特殊人群管理】2021年，拱墅区接收社区矫正对象383人，解除社区矫正对象294人，年末在册社区矫正对象580人，全年无

2021年12月3日，拱墅区“运河普法号”水上巴士开通　（区司法局 供稿）

社区矫正对象涉嫌重大恶性案件和影响社会稳定的重大事件发生。加强社区矫正对象管理，联合有关机构开展社区矫正安全稳定工作督查。建立归正人员信息及材料交接机制，确保辖区所有归正人员不漏管，实现辖区服刑人员核查率100%，重点人员回执率100%。开展“易帮矫”名家讲堂活动，邀请美国耶鲁大学博士后卢晓东为社区矫正对象讲授新冠肺炎病毒防治知识。组织社区矫正工作者到台州市黄岩区司法局、丽水市仙居县司法局学习考察部级“智慧矫正中心”创建工作，并启动部级“智慧矫正中心”创建。珠儿潭巷8号（原政法楼）办公用房作为拱墅区创建部级“智慧矫正中心”办公场所。区司法局对831份社区矫正对象重点案卷予以自查评查。开展社区矫正漠视群众利益教育整顿活动和“平安护航建党100周年”活动。组织社区矫正工作者参加司法部举办的《中华人民共和国社区矫正法》实施1周年主题征文活动，区司法局推选的《论“个别化矫正”工作中存在的问题和对策》论文入选司法部社区矫正优秀论文集。年内，区司法局社区矫正中心智慧矫正信息化建设项目通过区信息化建设专家评审。

【人民调解】2021年，拱墅区加强人民调解工作。印发《拱墅区加强调解工作实施意见》，对拱墅区人民调解专家库成员进行调整，重新组织区人民调解委员会，聘请34人为四级人民调解员。成立拱墅区法在民商事纠纷调解中心、拱墅区和协调解服务中心、拱墅区城院调解中心、拱墅区助民调解中心4个民办非营利性调解组织。梳理更新全区213个人民调解委员会备案登记信息，制发人民调解员证件1055张。对原“两区”人民调解“以奖代补”制度、标准进行整合规范。开展人民调解工作质效提升专项行动，全区人民调解法治指导员制度实现18个街道全覆盖。开展全区优秀调解案卷评选，6个案卷被评为优秀。组织全区人民调解员线上业务培训，225名调解员参加。推荐5名优秀调解员参与杭州市调解能手大比武，调解员雷云雨获杭州市“2021年人民调解能手”称号。拱墅区人民调解协会金剑纠纷调解工作室被评为“省级金牌人民调解工作室”。全年各人民调解组织参与调解案件3959件，调解成功3956件，成功率99.9%，调解协议涉及金额5511.77万元；发放调解“以奖代补”案件补贴17.48万元。

【律师管理】2021年，拱墅区新设立律师事务所5个，累计142个，执业律师2181人。区司法局加强律师队伍管理，开展“法雨春风”法律服务月活动，为民营企业提供“法治体检”，服务企业4700多次。开展“打造共同富裕示范区‘运河律师’在行动”活动，通过服务高质量发展、助力零距离纠纷化解、民生公益法律服务3个专项行动，助力高质量建设运河沿岸名区。“运河律师”专项行动信息专报获省司法厅副厅长徐晓波、市政府副市长柯吉欣等领导批示肯定。全年全区律师事务所办理各类案件4.7万件，担任党政机关、企业、社会团体（组织）、事业单位等法律顾问单位5086个，业务收费10.36亿元。法律服务所和基层法律服务工作者办理各类案件620件，担任法律顾问单位41个，业务收费879万元。各级行政调解组织受理行政调解案件4.08万件，调解成功3.51万件，调解成功率86.0%，涉案金额4752.5万元。浙江宏昊律师事务所律师朱虹被司法部评为全国优秀律师，浙江杭天信律师事务所律师汪红妖被中华全国总工会、司法部、中华全国律师协会联合评为2017—2020年“尊法守法·携手筑梦”服务农民工公益法律服务行动成绩突出个人，2个律师事务所党支部、2名律师分别被浙江省律师行业党委评为“先进基层党组织”“优秀共产党员”。

【政法队伍教育整顿】2021年3月，区司法局开展政法队伍教育整顿。其间，开展“四项教育”23场次，谈心谈话183人次，组织填写《个人自查事项报告表》172份。开展社区矫正、律师领域专项治理，评估督查个案案卷968件，调查评估案卷987件，开展智能化数据排查460人次。区司法局走访律师事务所61个，与律师事务所党组织负责人谈心谈话182人次；律师事务所行政负责人与2439名律师开展面对面谈心谈话。（潘韵之）

军　事

区人武部

【概况】2021年，拱墅区人民武装部（简称区人武部）坚持以习近平强军思想为指导，贯彻落实新时期强军目标，紧贴军队使命任务和形势发展变化，加强思想政治建设，抓紧抓实军事斗争准备，坚持抓基层打基础、抓班子带队伍、抓机关做表率、抓安全促稳定，较好地完成年度军事训练、国防动员、国防教育、民兵整组、兵员征集等工作任务，人武部全面建设稳中有升、持续向好。

【政治建设】2021年，区人武部坚持以习近平新时代中国特色社会主义思想引领建设发展，围绕高举旗帜、听党指挥的根本，以党委中心组理论学习为主平台，以党委导学、个人自学为补充，抓紧抓实理论武装工作。以开展党史学习教育和学习贯彻党的十九届六中全会精神为主线，抓好纪律教育和安全保密教育，干部职工保持政治上坚定和思想上纯洁，“两个维护”更加自觉。注重抓好专武干部和民兵队伍思想教育，结合专武干部例会、民兵整组点验、民兵骨干集训、民兵应急连集中备勤等时机，组织集中授课、观看红色电影，因地制宜开展思想政治教育，增强民兵责任意识。

【兵员征集】2021年是全军“一年两征”政策实行的第一年，区人武部与区公安分局、区卫健局、各街道、辖区高校协同努力，加强组织领导，周密筹划部署，落实兵员征集宣传、体检、政审、防疫、廉洁等规定，如期完成年度兵员征集任务。

【民兵整组】2021年，区人武部着眼夯实力量，抓实民兵整组。按照“压规模、调结构、提质量”工作思路，深化民兵调整改革，优化民兵队伍结构，完成应急、专业、特殊三类力量的民兵组织整顿。依托辖区高等院校及高新技术企业，完成新质队伍（新型质效的应急应战力量）编组，民兵队伍新质力量比例达30.8%，新质队伍点到率、到点率均为100%。

【练兵备战】2021年，区人武部着眼能打胜仗，加强实战化练兵备战，结合实际组织快速动员、支前保障等课题研究和演练，完成在编民兵分队的训练任务。5月，杭州警备区组织重点民兵分队骨干集训，区人武部获综合成绩第一名。7月，杭州警备区组织第四届岗位练兵比武，区人武部取得1个单项第一名、2个单项第三名、总评第二名的成绩。10月，杭州警备区组织全市专职武装部长考核，区人武部取得2个单项第一名、2个单项第二名、1个单项第三名、总评第一名的成绩。

【应急处突】2021年，区人武部在疫情防控、防汛抗台、维稳安保、突发事件应对等急难险重任务中主动作为。台风“烟花”登陆杭州期间，全区民兵、退役军人志愿者全力投入抗台，抽调民兵应急队伍支援临安、余杭抗台。12月7日，杭州遭遇新冠肺炎疫情，在区疫情防控指挥部统一指挥下，区、街道两级人武干部立即响应，组织民兵分赴一线参与社区排查、社会面管控和志愿服务等

2021年7月25日，拱墅区民兵紧急出动，跨区支援临安区天目山镇防抗“烟花”台风 （区人武部 供稿）

工作，助力打赢疫情防控硬仗，履行民兵“急时应急、守土尽责”的任务使命。

【安全工作】2021年，区人武部采取日常灌输和集中学习相结合、警示教育和制度教育相结合的方法，加强安全保密教育。落实党委研究安全工作、分析安全形势等制度，传达学习上级文件，探索“人防、技防、物防、联防”相结合的管理模式，突出人员、车辆、枪弹、水电、保密、防疫等重点，定期进行实地检查，抓好安全风险评估和隐患问题整治，全年部队保持安全稳定。

【双拥工作】2021年，区人武部会同区退役军人事务局举办“拱墅区退役士兵欢迎仪式暨专场招聘会”，推动社会形成“让军人成为全社会尊崇的职业”的风尚，为退役军人解决就业等后顾之忧。拱墅区为驻军单位和军人家属解决实际困难，安排军人子女入学。区人武部与淳安县新合乡、王阜乡“联乡结村”帮扶，开展看望慰问贫困户、结对助学贫困生等活动。

【新拱墅区人武部挂牌】2021年11月1日，为适应杭州市部分行政区划优化调整的需要，新拱墅区人民武装部挂牌成立，拱墅区武装工作翻开新的一页。杭州警备区司令员朱云忠、拱墅区委书记陈瑾共同为新拱墅区人武部揭牌。区四套班子主要领导，区人武部全体干部、文职人员、职工，各街道武装部部长参加挂牌仪式。 （朱超峻）

国防动员

【概况】2021年，区人武部加强国防动员准备，推进后备力量建设，打牢战备、训练、作风基础，履行军事机关协助地方开展国防教育职责，推动拱墅区国防教育工作深入开展。按照中共中央总书记、国家主席、中央军委主席习近平关于“我们的国防是全民的国防”的重要指示，实施国防教育“三进”（进机关、进学校、进社区）工作。结合地域实际，探索创新街道、社区国防教育形式和方法，增强干部群众国防意识、大局意识，营造全社会关心国防、热爱国防、建设国防的浓厚氛围，为完成兵员征集、民兵整组、备勤训练、演习保障等任务营造良好环境。

【“八一光荣榜”发布】2021年7月31日，区人武部联合区委宣传部在《今日拱墅》和“拱墅发布”微信公众号发布拱墅区2021年“八一光荣榜”，叶强、刘萌萌、张润泽、郑攀、周晓博5名拱墅籍立功受奖官兵上榜。推进街道、社区、中小学“军人荣誉墙”设置，推动在军队荣立二等功以上人员载入地方综合年鉴，营造全社会崇军尚武浓厚氛围。

【学生军训】2021年，区人武部根据省、市下达的学生军训任务，与相关学校成立军训工作领导小组，区人武部主要领导到杭州第十四中学，为参加军训的学生授课。8月下旬至9月上旬，区人武部选拔民兵教官64人，为辖区杭州市艮山中学、杭州市源清中学、杭州第十四中学和杭州第十四中学附属学校4所学校开展军训，2855名参训学生完成为期5天、12个课目的军事训练。

【全民国防教育日系列活动】2021年9月18日为第二十一个全民国防教育日，区人武部围绕“迈向强国新征程，军民共筑强军梦”主题，在区政府机关、浙大城

2021年9月18日，区人武部在大关街道红盟广场开展国防教育活动

（区人武部 供稿）

市学院和大关街道红盟广场开展国防教育活动，拱墅区机关干部、辖区高校师生、社工和居民群众500多人参加。各街道同步开展多种形式的国防教育活动，扩大国防教育覆盖面和影响力。

（朱超峻）

人民防空

【概况】2021年，区人防办做好下城区和原拱墅区人防部门人员、职能、思想融合工作，坚持疫情防控和人防工作同部署、同落实，推进人防数字化改革、专业队伍建设、人防宣教、行政执法等工作。根据市人防办要求，开展全区人防工程数字赋能工作，结合结建人防工程检查，对工程数据进行校对和调整，完善人防工程信息管理系统数据。完成“地下隐患智防应用体系”建设空间要素报送，完成武林广场区域“三区一线”试点区等区域人防工程测绘。原“两区”人防指挥所按照工程维护管理规范，加强指挥工程维护管理。编制完成拱墅区人防警报覆盖和安装人防警报三年行动计划。推进投资全流程系统运行工作，完善人防系统后台建设，所有人防审批事项均依法依规进行网上申报、网上审批。进一步梳理审批事项法律依据及办事材料，压缩办理时限，实现审批提速。组织专业骨干按照实兵实装要求参加人民防空专业队战备点验。

【人防数字化改革】2021年9月，区人防办完成“地下隐患智防应用体系”建设空间要素报送工作，完成公用人防工程测绘，实现人防工程数据测绘、建模和入库。启动人防工程可视化检测管理体系建设，对备选工程实施数字化改造，落实终端安装和数据对接、调试。完善人防工程信息管理系统，结合结建人防工程大检查，进行人防工程数字赋能，并完成数字校对和调整。创新早期人防工程实时动态监测管理模块建设，通过建设杭州市拱宸中学早期人防地下坑道实时感知监测系统，解决监测早期人防工程的安全隐患难题。

【人防建设】2021年，区人防办完成竣工验收备案和新增结建人防地下室工作。人防审批合并提速，全年办理各类人防审批事项360件（次）。其中：建设项目方案或初步设计会审88项，包括新建防空地下室战时功能区域和防护等级确认、地下空间兼顾人防项目审批、人防工程易地建设核实、人防工程测绘区域确认等。编制区人防警报覆盖和安装人防警报三年行动计划，加快消除人防警报盲区和音响弱区，完成人防警报器新装。

【演练活动】2021年5月12日，拱墅区开展防空袭人员防护与应急疏散演练，辖区街道、社区、学校、企业代表200多人参加。此次演练，省、市、区级人防指挥部均开设指挥所，在上塘、东新等10个街道设置演练点，现场画面在线同期实时传送至省、市人防指挥部和区分会场。市人防办副主任宋肖锋到拱墅区现场督导，区人民防空指挥部成员单位参加观摩。米市巷街道演练点首次开设战时防空袭心理疏导科目，该场景被选为省参演项目在全省人防演练观摩现场播出。举行演练前，全区进行警报试鸣。

（潘　超）

经济管理

发展与改革

【概况】2021年，拱墅区坚持稳中求进工作总基调，集中精力做好产业振兴、项目建设、数字化改革等重点工作，以高质量建设推进经济社会发展。实施重大战略，推进“迎亚运 我为新拱墅建功立业”六大攻坚行动、“共同富裕创造美好生活”十大行动。完善“十四五”规划，编制共同富裕拱墅样本5年行动计划及配套4张清单。开展大运河数智未来城专项规划编制，优化产业发展新布局，打造“1+4+N”现代产业体系和“一核一带一极”高能级平台。大武林商圈入选全省首批现代服务业创新发展区，智慧网谷小镇获全省创建类特色小镇考核优秀等次，运河财富小镇入围全省最具综合活力十大特色小镇榜单。

【共同富裕样本建设】2021年，拱墅区高质量建设运河沿岸名区，打造共同富裕示范区样本。成立区委社会建设委员会，出台《拱墅区推动共同富裕创造美好生活2021十大行动实施方案》《高质量发展建设共同富裕示范区城市范例拱墅样本行动计划（2021—2025年）》。建立4张清单工作机制，集中开工杭州师范大学文晖实验学校等3个省级共同富裕项目，建设大运河国家化公园项目群、高标准打造旧改样板示范区2个项目入级共同富裕试点。推进区化发展，浙江省农都农产通产业园等8个项目被列市长三角区域一体化重大深化

年12月，区发改经信局组织完成数智未来城专项规划编制
（区发改经信局 供稿）

与四川省泸定县、昭化县等结对地区的对口帮扶及协作，巩固拓展脱贫攻坚成果，推动乡村全面振兴。

【产业发展布局优化】 2021年，拱墅区开展“建设产业转型升级样板区”课题调研和大运河数智未来城产业专项规划编制，谋划康桥、石塘等园区低效用地改造提升工作。制定发展总部经济规划，推动海外海集团有限公司、华东医药股份有限公司等19家总部企业产业转型升级。引入杭州顺丰同城实业股份有限公司、杭州中奥科技有限公司、杭州杭钢世联云科技有限公司、浙江航美互娱商业管理有限公司等优质企业，促进服务业结构优化升级。智慧网谷高新技术产业园区(筹)被认定为省级开发区(园区)，智慧网谷小镇获评国家AAA级旅游景区，运河财富小镇入围全省最具综合活力十大特色小镇榜单。

【数字化赋能经济社会发展】 2021年，拱墅区以数字赋能推动数字经济和数字社会两大领域改革，全区规模以上工业企业数字化覆盖率100%。区发改经信局联合区商务局申报的“跨境电商溯源码”应用场景被纳入省数字化改革“揭榜挂帅”第一批榜单，“工业设计引擎”应用场景被纳入省数字化改革“示范试点”榜单，杭州中美华东制药有限公司入选省“未来工厂”试点企业名单、市第一批“聚能工厂”培育名单。系统谋划拱墅区数字社会系统建设工作方案，收集相关部门服务事项49条、跨部门多业务协同应用场景8个，应用场景涉及子场景33个。“阳光少年”志愿服务、“墅智养”平台等7个应用场景上线“浙里办”App，“数字就业”“小区协商铃”等8个应用场景上线“浙政钉”App。

【重大项目建设】 2021年，拱墅区坚持“大抓项目、抓大项目”，紧盯4个“152”省市县长工程、32个省市重点项目，加快重大项目建设。开工华东医药生命科学产业园、宝马汽车商城等重大项目53个，总投资410多亿元。推行“每周走访、半月汇报、定期例会”模式，加强对重大项目建设关键节点的监管，形成全链条、全周期、全责任的联动闭环，解决杭州音乐厅加固工程立项、浙金产业园一期项目赋码等22个重大项目难题。推进运河亚运公园、中国・杭州电竞中心等亚运场馆建设，做好武林新城、运河新城等重点区块开发，加快道路、地铁、停车场等公共服务设施建设。围绕“交通畅达、生态文化彰显、幸福保障、产业腾飞”四大行动，推进219个大城北地区规划建设项目和386个主干道路沿线项目建设，打造国际大都市中心城区。

【营商环境优化】 2021年，拱墅区依托“三联三领三服务”活动，完善经济专班和为企服务机制。围绕塑造一个平台、一套制度、一个规范的高效能服务新生态目标，建立从企业落地到发展壮大全生命流程服务跟踪机制，及时解决经济运行、项目建设、企业发展中存在的问题。全年区直属部门走访企业5726家(次)，协调解决阿斯利康制药有限公司中国东部总部有关诉求等问题1759个。加强产业政策统筹，出台引进运河英才人才政策，兑现产业政策资金15.08亿元。实施强基增效工程，对华东医药股份有限公司、杭州汽轮动力集团有限公司2家企业实施“一企一策”培育。助力杭州华普永明光电股份有限公司、浙江托普云农科技股份有限公司、中建材智能自动化研究院有限公司入选国家级重点“专精特新”小巨人名单，组织杭州中亚机械股份有限公司申报国家级制造业单项冠军。（徐东旭）

国有资产监督管理

【概况】 2021年，杭州拱墅投资发展有限公司、拱墅区国有投资控股集团有限公司、拱墅区城市建设投资发展集团有限公司、拱墅区市政园林工程有限公司4家国有企业总资产2270.99亿元，所有者权益742.88亿元。区财政局制定国有企业经营管理、薪酬考核等7项制度，推进国有企业归并整合，做大做强企业规模。全年国有企业实现营业收入42.74亿元。

【国有企业监管】 2021年，区财政局优化国有资本经营布局，组建投资类、城市建设类、市政工程类区属国有企业平台公司4家。通过注入经营性国有房产等优质资产，做大区属国有企业资产规模，提高企业核心竞争力。推进

6家全民所有制企业改革，实现完善法人治理结构、推进现代企业制度建设等改革目标。建立统一监管和分类授权、分级管理相结合的决策机制，除少数涉及企业设立注销、战略调整、重大投资等事项外，企业其他重大事项及市场化投资等经营事项均授权董事会决策，提高决策效率，释放企业竞争活力。建立企业内控制度清单，加强企业内部监督机制建设，形成覆盖全面、分工明确、协同高效、制约有力的区属国有企业内控体系。出台《区属国有企业负责人年度经营业绩考核办法》，实施业绩导向和结果导向相结合、负面约束与正面激励相结合的考核监管机制。出台《区属国有企业监事会外派专职监管人员绩效考核与薪酬管理办法》，实行外派监事会年度目标责任制，规范专职监管人员晋升管理。推进国有企业工资决定机制改革，组织企业编制工资总额预算，规范区属国有企业薪酬制度。

【行政事业单位国有资产管理】 2021年，区财政局组织行政事业单位完成资产清查工作，重点核对资产“账、卡、实”一致情况，理清资产底数。印发《关于进一步加强行政事业单位办公用房调整期间固定资产管理工作的通知》，明确区划调整过程中涉及搬迁单位办公用房及资产管理等工作要求。完成全区“资产云2.0”系统升级工作，对全区资产管理人员进行系统操作培训，提升行政事业性资产管理数字化水平。拟定行政事业性国有资产处置、资产配置等政策性文件，明确管理要求，理顺管理机制，确保行政事业性国有资产管理有据可依。

（叶　青）

自然资源管理

【概况】 2021年，市规划资源局拱墅分局转变自然资源利用与管理方式，加强重点建设项目用地保障，做好“双清”（回迁安置“清零”、重点项目征迁“清零”）、土地收储、节约集约用地、林业资源管理等工作，为拱墅区经济社会发展提供资源保障。全年全区出让经营性地块17宗、73.89公顷，工业用地7宗、6.31公顷，创新型产业用地5宗、11.05公顷。受理征地项目65宗，征收集体土地51.8公顷。办结不动产登记业务3.91万件、大宗地权调业务126件。推进“迎亚运”生态修复景观提升专项行动，完成半山国家森林公园3块裸露山体点位整治。推进“新增百万亩国土绿化行动”，新增绿化38.73公顷，完成率居全省首位。完成第二轮中央生态环保督察半山国家森林公园问题整改，启动区划调整后新拱墅区森林督查暨森林资源“一张图”动态更新工作。加强安全生产管理，组织对森林消防、地质灾害防治、土地收储、拆房工地的安全生产巡查。依法履行土地执法职责，开展卫片遥感执法，发现违法占地、用地行为6起并进行处罚。印发《关于全面推行林长制的实施细则》，建立区、街道、社区三级“林长制”管理体系，构建森林湿地资源片区化管理格局。完成第三次全国国土调查，市规划资源局拱墅分局获评浙江省第三次全国国土调查成绩突出集体。

（徐　峰）

【做地收储出让】 2021年，市规划资源局拱墅分局围绕增强区域土地资源有效供给、服务新拱墅经济高质量发展重点任务，推进做地收储出让工作，全年完成经营性用地出让17宗、73.89公顷，完成率162%；收储土地14宗、66.62公顷，完成率122%。经营性用地年度做地考核获上城区、拱墅区、西湖区、滨江区组别第一名。工业用地出让7宗、6.31公顷，收储10宗、12.47公顷，创新型产业用地出让5宗、11.05公顷。

（施潇潇）

【土地节约集约利用】 2021年，市规划资源局拱墅分局开展全区低效工业用地调查及批而未供、供而未用和低效利用土地清查等工作。通过整体统筹、清单管理及强化监管等举措，完成存量土地盘活任务。全年盘活存量工业用地16.93公顷，消化利用批而未供土地57.93公顷，盘活用地完成率151%；开工供而未用土地282.73公顷，完成率142%；完成低效用地再开发151.8公顷，完成率142%。

（崔　娜）

【耕地保护】 2021年，市规划资源局拱墅分局结合第三次全国国土调查工作，落实耕地质量等别年度更新评价成果和耕地质量调查评价与监测相关成果的编制，加强与各建设单位衔接，梳理占补平衡指标需求情况，落实建设用地耕地补充方案，保障建设项目指标占补及农转用手续报批。全年全区录入自然资源部耕地占补平衡动态监管系统库存耕地指标105公顷（其中水田32.35公顷）、产能指标126.33万千克。年内，拱墅区落实补充建设项目占补平衡指标11宗地，用地面积7.56公顷。（胡慧英）

【征地拆迁和回迁安置】2021年，市规划资源局拱墅分局受理征地项目65宗，征收集体土地面积51.8公顷。其中：涉及农转用项目32宗，征收集体土地面积32.46公顷；农用地面积15.54公顷；耕地面积11.03公顷。全年组件上报农转用5个批次30宗项目，存量4个批次21宗项目，新增指标上报率100%。完成第一批撤村建居项目审批5宗。推进年度“双清”工作，完成7个重点项目征迁“清零”，完成2户（10人）5年以上在外过渡户的回迁安置。加强集体和国有土地房屋拆迁管理，与有关街道签订《集体所有土地房屋拆除施工安全和扬尘污染防治责任书》，明确拆房工地施工和扬尘污染防治工作职责，落实拆房工地全面巡查制度，全年巡查拆房工地110多次，送达抄告函7份、整改通知书6份。（李　敏）

【不动产登记高效模式推出】2021年，市规划资源局拱墅分局开启不动产登记“分钟制”办理模式，10类高频事项承诺办结时间由1个小时提速至45分钟。预购商品房预告登记、预购商品房抵押权预告登记等8个类别线上预告登记，预购商品房抵押权预告登记、个人不动产抵押权注销登记、单位不动产抵押权注销登记等4个类别线下高频不动产登记事项实行45分钟办结。开通实体端、移动端、自助端和网页端“四端联动”的“云查”功能，实现宗地图、权属信息、办证进度、电子票据、权证核验等自助查询、按需打印，依托“浙里办”App，实现权利人随时随地可查询，并可下载不动产登记信息。全年受理办结不动产登记业务3.91万件、大宗地权调业务126件。在市规划资源局组织开展的“2021年度杭州市不动产登记和规划资源技能大比武活动”中，市规划资源局拱墅分局获个人第一名和团体第一名。（林荣锋）

2021年1月26日，拱墅区不动产登记中心在米市巷街道开展不动产登记现场服务（市规划资源局拱墅分局 供稿）

【土地执法】2021年，市规划资源局拱墅分局依法履行土地执法职责，开展卫片遥感执法，通过内外业核实和系统填报，将自然资源部下发的262个卫片监测图斑分割为324个，其中：合法图斑242个，其他图斑82个，无违法图斑。通过摸排信访、上级转达等渠道收集违法线索，发现违法占地、用地行为6起，通过调查取证，按照查处程序进行行政处罚，其中“杭州七古登经济合作社违法占地案”查处被省自然资源厅评为全省优秀案卷。制定《关于开展自然资源领域扫黑除恶常态化整治的工作方案》，全面摸排违法犯罪线索，坚决遏制规划和自然资源领域违法犯罪活动。（刘倩倩）

【国土变更调查】2021年，市规划资源局拱墅分局开展2020年度国土变更调查，全面掌握全区范围内国土利用变化情况，维护更新第三次全国国土调查成果，保持国土调查成果现势性。全年

2021年3月8日，市“迎亚运”专项行动领导小组到半山刘文村钢渣厂废弃矿察看景观修复提升工作 （市规划资源局拱墅分局 供稿）

调查核实辖区内疑似变更图斑313个，涉及土地面积340.47公顷。至2020年年末，全区耕地面积54.02公顷，城镇村及工矿用地面积8721.09公顷。 （陈文达）

【森林资源状况清查】2021年5月，市规划资源局拱墅分局开展新拱墅森林督查暨森林资源“一张图”动态更新工作。于10月查实全区森林、林地和林木资源的种类、数量、质量与分布情况，并更新拱墅区森林资源“一张图”数据库。监测结果显示全区林地面积2451.87公顷，占全区面积的24.9%；非林地面积7401.13公顷，占75.1%。全区林地中，乔木林2371.87公顷，占林地面积的96.7%；竹林地17.33公顷，灌木林地16.33公顷，均占0.7%；迹地4.73公顷，占0.2%；未成林造林地7.67公顷，占0.3%；宜林地35.73公顷，占1.4%。全区乔木林、竹林、特殊灌木林和一般灌木林面积2405.53公顷，森林覆盖率24.4%。林木总蓄积量21.15万立方米，其中：乔木林蓄积量19.64万立方米，占92.9%；散生木蓄积量414立方米，占0.19%；四旁树蓄积量10456立方米，占6.95%。

【“迎亚运”山体生态修复景观提升】2021年，市规划资源局拱墅分局根据市“迎亚运”生态修复景观提升专项行动部署要求，对半山国家森林公园可视范围的山体裸露开展全面排查，并将半山刘文村钢渣厂废弃矿、石塘采石场废弃矿、老虎山1号石矿3块裸露山体点位纳入整治任务清单，指导实施单位对裸露山体进行整治，整治以消除地质灾害隐患、确保治理后裸露山体植被效果为前提。整治采取补植为主、封育为辅的方式，因地制宜对裸露山体实施生态复绿，恢复自然景观。

【半山国家森林公园范围调整】2021年，半山国家森林公园经实地调查、资源评估和可行性分析，按照国家林业和草原局国家级森林公园改变经营范围审批管理办法，结合自然保护地优化调整要求，调入林相保存完整、景观资源丰富、集中连片区域100.1公顷作为扩面区域，其中临平区50公顷、上城区50.1公顷。经过专家现场考察和评审，取得国家林业和草原局准予改变经营范围行政许可决定书，公园面积增加到852.91公顷。强化自然保护地监管，市规划资源局拱墅分局参与制定《半山国家森林公园长效监管机制》，监管机制包括巡查机制、上报机制、监督会商机制等，以利于半山国家森林公园的规范管理和保护，严防违法违规行为发生。

【野生动植物保护系列活动】2021年，市规划资源局拱墅分局加大野生动物保护管理力度，通过世界野生动植物日、爱鸟周、世界地球日等主题宣传活动，加强对《中华人民共和国野生动物保护法》的宣传普及。与拱墅区韵来宠物医院丽水路分院开展合作，建立区野生动物救护站，进行日常巡查，落实110应急联动响应，及时处理群众举报。全年开展野生动物救护70多次，救护白鹭、雀鹰、苏卡达蜡龟、夜鹭等动物75只。 （李　静）

财　政

【概况】 2021年，区财政局聚焦全区中心工作，抓住区划调整重大机遇，深化财政职能，为高质量发展建设共同富裕示范区提供财政保障。全年全区实现生产总值1968.56亿元，比上年增长8.1%。按常住人口计算，人均生产总值

17.37万元，增长6.8%。实现财政收入322.04亿元，增长7.3%。其中，一般公共预算收入179.54亿元，增长6.9%。完成一般公共预算支出118.79亿元，增长3.4%。全年财政收支平衡。

【组织财政收入】2021年，区财政局加强财政收入管理，开展月度分析和重点税源企业调研，确保财政收入平稳增长。优化收入结构。全年一般公共预算收入占财政收入的55.8%，其中，税收收入168.27亿元，比上年增长7.0%，占一般公共预算收入的93.7%。开展非税收入征收测算，加强非税收入目录清单管理。年内实现政府非税收入11.27亿元，增长6%。

【区划调整经费保障】2021年，区财政局开展区划调整财权、事权事项梳理，加强区划调整经费保障。6月18日，印发《关于进一步加强行政事业单位办公用房调整期间固定资产管理工作的通知》，对行政事业单位资产进行清查核实。加强原“两区”财源情况调研、分析和预测，掌握财政收入管理主动权。加快原“两区”金库、国库集中支付及财政专户衔接整合，推进财政融合运作，确保财政支出平稳有序。分类梳理预算标准，统一公用经费、编外用工等预算支出标准体系；梳理涉及经济、民生各项政策，配合主管部门进行政策整合、衔接及优化。

【重点产业财政扶持】2021年，区财政局强化产业扶持，加大对商贸金融、数字经济、生命健康、文化创意等行业财政扶持力度，出台财政资金配套扶持政策，全年兑现企业扶持资金8.67亿元。投入科技资金5.7亿元，促进企业创新发展，优化创业创新环境，提高区域创新能力。采取政府采购跨区域远程异地评标模式，拱墅区亚运公园、湖墅单元GS0201-18幼儿园、三塘单元XC0508-R22-16地块12班幼儿园等项目入选政府采购支持绿色建材试点，拱墅区成为全市入选采购绿色建材试点项目最多、种类最全的城区。修订产业基金管理办法和实施细则，推进政府产业基金实质性运作，拱墅区国有投资控股集团有限公司、杭州拱墅投资发展有限公司分别与复星（杭州）汉兴私募股权投资基金合伙企业（有限合伙）、杭州中奥科技有限公司等企业基金项目达成合作。加快政府性融资担保体系建设，推动“投贷保担”协同创新，缓解中小企业融资困难。

【民生事业投入】2021年，拱墅区一般公共预算用于民生保障支出101.18亿元，比上年增长5.4%，占一般公共预算支出的85.2%。全年投入教育经费30.79亿元，推进教育优质均衡发展，加快构建“运河名师、名班主任、名校长”的教师梯队结构，助推公办初中提质强校，促进教育“双减”（减轻义务教育阶段学生作业负担、减轻义务教育阶段学生校外培训负担）任务落地见效。投入社会保障和就业资金16.72亿元，用于社会公共事业改善、困难群体救助兜底保障、省级无障碍社区创建、人才引进。加强养老保险基金库建设、退役军人服务工作等资金保障。投入文化旅游体育与传媒资金1.27亿元，完善公共文化服务体系建设，支持举办长三角水上运动节等活动，推动文旅数字平台应用场景落地、桥西历史文化街区打造、传统文化传承保护。

【财政体制改革】2021年，区财政局推进区街财政体制改革。完善“核定收支、超收分成、政策激励、收支平衡”的新区街财政体制，加强对街道财政运转绩效和“招大引优”工作考核，调动街道发展经济、培植税源、增收节支积极性。推进预算一体化改革，完成业务梳理、数据归集等工作。深化罚没领域非税征管数字化改革，实现罚没事项线下缴费，开启移动端非税征缴新模式。推进重大项目绩效目标实质性审核，该做法入选全省深化预算绩效管理改革重点突破事项试点。开展项目绩效自评，建立部门整体绩效自评共性指标体系，全年完成自评项目1830个，涉及资金54.8亿元。

【财政支出监管】2021年，区财政局加强财政支出管理，通过清理结转结余资金，盘活沉淀资金5283万元、统筹存量资金1.88亿元，推动财政资金有效配置。从严安排政府部门人员因公出国（境）经费、公务车购置与运行经费、公务招待经费，一般性项目经费比上年压减30%，部门政府投资建设项目压缩20%，促进全区集中财力保障重点项目支出。开展预决算、街道财政资金和内控建设项目监督检查。加强“两直”资金（直接到达市县基层、直接惠企利民的财政资金）管理，发挥直达资金惠企利民实效。完善审价管理制度，规范项目运作流程。实行项目复核把关及交叉审核，提高项目审核准确性、规范性。全年落实中央、省、市各级老旧小区综合提升改造项目补助资金5.66亿元。防范政府债务风险，通过土地出让金偿还、核销政府购买服务等路径落实化债工作。加强融资合规性审查，对国有企业融资实行源头把关。通过发行债券资金，降低融资成本，缓解城建资金压力，全年落实各类政府债券资金30亿元。

（袁文彬）

税　务

【概况】　2021年，区税务局履行税费征收职能，落实各项税费优惠政策，全年组织各项税费收入551.96亿元，比上年增长22.7%。其中：税收收入357.86亿元，增长13.9%；非税和社保基金收入194.1亿元，增长42.8%。一般公共预算收入中，税收收入（税务部门的口径，下同）173.99亿元，增长9.96%；非税收入8.35亿元，增长2.5%。区税务局年度绩效考评获杭州市税务系统第二名；区税务局纳税服务科（办税服务厅）获评全国巾帼文明岗、浙江省税务系统先进集体。

【办税缴费服务】2021年，区税务局创新推出“运河小税滴直播间”，线上发布“运河税滴”微课堂视频12期和“运河税滴”办税服务指南7期，阅读量20多万人次；通过浙江税务征纳沟通平台，“点对点”向纳税人推送各类优惠政策13万余户（次）。深化税收征管改革，持续优化营商环境。推行“网上办理”“预约办理”“智慧办理”模式，构建“二级集中处理中心”，拓展远程可视化办税平台远程约谈功能应用场景，试点“税务专邮”办税资料传递服务，推行“咨询辅导办理”一体化服务，“智能机器人＋人工客服”为纳税人、缴费人提供全天候咨询服务。建立“同屏共享”通道进行远程办税辅导，全年网上综合办税率98.3%。

【依法治税】2021年，区税务局建立“联络员＋专人审核”“深度体检”等制度，提升行政执法规范化水平。完善涉税争议处理流程，搭建行政争议调解框架，推行联动调解网络模式。开展税企协调工作，区税务局在全市税务系统依法治税工作会议上介绍“化解行政争议”做法。拓展税务司法协作共治格局，加强不动产定向询价协作、不动产处置产生的税费查询与征缴协作、参与民事执行分配个案协作等税务司法协作，全年办理不动产定向询价协作案件12件。

【税收风险防范】2021年，区税务局加强风险分析和内部联动，提升多税种风险应对能力。完成各类风险应对任务，涉及企业595家（次），查补税款25435.22万元、滞纳金593.23万元；核实跨区域风险任务37条，补缴税款84.68万元；完成稽查发票协查任务涉及企业4161家（次），查补税款入库1600.36万元、滞纳金647.94万元。落实数据共享工作，与区公安分局、区法院等部门开展数据交换220次。

【税收管理创新】2021年，区税务局通过税种联动分析，推出“房

2021年9月13日，区税务局在“运河小税滴直播间”进行纳税服务宣传

（区税务局　供稿）

地产行业全周期税收”创新管理项目，搭建多税种风险指标库，识别企业所得税、增值税、土地增值税风险，开展第一批指标扫描，查补税款1627万元。承接浙江省税务局“巡游出租车发票”试点任务，落实巡游出租车电子发票开具实现情况，首批试点上线出租车411辆，涉及驾驶员490人。配合市税务局加强“智联智治”增值税电子发票风险防控工作，建立增值税风险快速反应机制，规范纳税申报比对管理，全年认定推送异常凭证9349份，解除异常凭证2125份，核实处理11058户(次)申报疑点数据，落实5258户(次)政策疑点数据。开展企业所得税票税联动风险防控体系创新项目试点，应对风险用户639户(次)、风险发票金额7.44亿元。

【个人所得税汇算服务优化】2021年，区税务局优化个人所得税汇算服务举措，由网格化管理员对扣缴单位办税人员进行“一对一”宣传培训，向扣缴义务人、纳税人提供“驻点解答服务”“现场培训服务”“错峰预约上门服务”等特色服务，完成个人所得税汇算工作。全区个人所得税汇算期内受理申报25.61万人，其中，退税申报20.85万人，补税申报8274人，豁免申报7000人，应补税款为“零”的申报3.23万人。

【增值税专用发票电子化】2021年，区税务局实施网格化服务，对辖区内增值税专用发票电子化试点纳税人进行政策解读、办税辅导，对确定试点的新办纳税人实行“应推广尽推广”，并加强增值税电子专用发票票种核定、最高开票限额审批、发票发放等重点环节监管。全年确定增值税专用发票电子化试点纳税人7422户，推行比例99.8%。

【非税收入征管职责划转】2021年，拱墅区多项非税收入转交税务部门征收，划转的非税收入包括水土保持补偿费、地方水库移民扶持基金、防空地下室易地建设费、排污权出让收入4项，以及由自然资源部门负责征收的国有土地使用权出让收入、矿产资源专项收入、海域使用金、无居民海岛使用金、土地闲置费和由住建部等部门负责征收的按行政事业性收费管理的城镇垃圾处理费等6项。区税务局加强与区财政局、区城管局、区住建局(区人防办)、市规划资源局拱墅分局等部门的对接沟通，细化多部门在线办理流程，开展缴费人线上操作辅导。全年完成水土保持补偿费征缴166万元、防空地下室易地建设费征缴219万元、自然人土地出让金征缴1.34亿元。

(徐财鑫)

创投基金管理

【概况】2021年，区国投集团围绕“高质量建设运河沿岸名区，打造共同富裕示范区拱墅样本”目标，加强各类创业投资基金管理。根据区政府产业基金合并要求，发挥转型升级产业基金的资本引导作用，利用集团优势资源，以子基金投资、股权直接投资的方式助推产业落地。完成合并拱墅区内政策性融资担保机构任务，确保业务平稳对接，促进业务融合，助推小微企业发展。创新推出“园区＋基金＋平台”运作模式，打造风栖谷健康产业园品牌。

【政府产业基金合并】2021年，区国投集团根据《拱墅区转型升级产业基金管理办法》，将下城区和原拱墅区政府产业基金整合为拱墅区政府产业基金，基金规模50亿元。基金管理采取“1+2”模式，在1个母基金下面设立“产业发展基金”和“产业引导基金”2个模块，通过基金合理投放，助推总部经济、商贸金融、数字经济、文化创意、生命健康等重点产业和领域发展。年内，“产业发展基金”重点支持具有引领示范效应的重大产业项目做精做强，“产业引导基金”重点支持初创期中小企业创业和技术创新。为发挥产业基金杠杆作用，加强产业基金与社会资本、金融资本合作，采取“子基金投资”“直接投资”的方法进行运作，吸引高端资源要素集聚，推动全区创业创新和产业转型升级。

【政策性担保公司合并】2021年12月，区国投集团完成拱墅区中小企业融资担保有限公司(简称区中小保公司)整体移交工作，区中小保公司与区国投集团下属企业杭州劢程融资担保有限公司合并，成为区国投集团履行全区政策性融资担保职能的全资子公司，注册资本1亿元。公司设业务、财务、风控等岗位，通过配备

2021年11月12日，“凤皇汇”中医数字化闭门路演专场在凤栖谷·序章健康产业园举行　（区国投集团 供稿）

专职人员、完善业务制度、建立激励机制、加强与银行合作等，提高政策性融资担保业务专业化水平，为全区小微企业融资提供优质担保服务。

【凤栖谷健康产业园品牌打造】2021年，区国投集团依托区生命健康产业平台和人才资源等优势，打造凤栖谷健康产业园品牌。产业园分为“序章”“蕴章”“华章”3个区域，总面积14.76万平方米。产业园实行“园区＋基金＋平台”运作模式，引入浙江求是共创投资管理有限公司，设立凤栖谷一期配套基金，基金规模1.15亿元，为拱墅区生命健康产业提供产业创新和发展承载空间。针对园区企业不同需求提供物理空间、资本培育、产业引导等对接与服务，加快上下游企业集聚，打造全省领先的生命健康产业格局。全年引入30多家企业在产业园孵化、培育、成长，举办“凤皇汇”中医数字化闭门路演等医疗健康项目路演，对接项目50多个，开展路演项目40多个，参与品牌活动投资机构和企业130多家。　（姜煌俊）

市场监督管理

【概况】2021年，拱墅区新设企业1.26万家，比上年增长24%；新增小微企业9120家，其中“八大万亿产业”小微企业3039家。企业和个体工商户参加年报比例分别为94.7%、97.2%。区市场监管局落实“僵尸企业”出清工作要求，吊销市场主体2200户，强制注销企业5167家。出台《拱墅区信用修复办事指南》，完成企业信用修复14家，对27个自然人提前解除法定代表人任职限制。公示AAA级“守合同重信用”企业65家、AA级“守合同重信用”企业57家、A级“守合同重信用”企业49家。深化“证照分离”改革，完成“证照分离”改革事项5739件。深化注销“一件事”便利化改革，办理企业注销申请4838件。推动“浙江公平在线”“浙江外卖在线”等重大应用场景落地。创建杭州中国丝绸城、叶青兜农贸市场等“五化”（便利化、智慧化、人性化、特色化、规范化）市场25个，全区“五化”市场总数居全省90个县（市、区）第二位。

【放心消费环境创建】2021年，区市场监管局制定《进一步深化放心消费建设工作方案》，借力“三比一讲”（比快、比好、比贡献、讲大局）竞赛，推进放心消费创建工作。打造“放心餐饮”品牌，创建“放心餐饮特色街区”，设立“胜利河美食街食安驿站”，通过“商街介绍”“美食导航”“食安在线”“特色推荐”“最新活动”5个模块，集中展示美食街全貌，动态公示商户经营情况。建立街区管理主体自治、餐饮企业自律、政府部门监管的“三位一体”全方位综合管理模式。街区21个餐饮单位实现“阳光厨房”全覆盖、“外卖在线”全接入、“放心消费单位”全创建。全年全区新增学校食堂“阳光厨房”106个、学校智能“阳光厨房”183个、全程可追溯的食品生产经营主体34个；新建“放心肉菜示范超市”2个、“示范小蔬菜门店”11个。启动“放心工厂”创建，创建“放心工厂”133个。创建放心消费商户5799户、放心消费商圈（街区）10个。

【首张学科类培训机构转登营业执照核发】2021年，区市场监管

2021年10月13日，杭州领越文化艺术有限公司负责人在区行政服务中心办理全区首张学科类培训机构转登营业执照 （区市场监管局 供稿）

局落实“双减”工作要求，协助区教育局开展培训机构转登工作。自10月起，全区不再审批新设面向义务教育阶段学生的学科类校外培训机构及面向学龄前儿童的校外培训机构，引导既有的存量学科类培训机构主动转登为非营利性机构或非学科类培训机构。10月13日，杭州领越文化艺术有限公司在区行政服务中心拿到全区首张学科类培训机构转登营业执照，完成由学科类培训机构转变为非学科类培训机构登记。年内，辖区有13个营利性学科类校外培训机构完成转登。

【首张“自动制售”食品经营许可证核发】 2021年，区市场监管局加强利用自动售货设备从事食品制售经营许可的监管工作。6月，市市场监管局确定拱墅区为杭州市“利用自动售货设备从事食品制售许可监管”试点区、确定瑞幸咖啡(杭州)有限公司为首个试点单位。区市场监管局派专人与该公司进行对接，解答有关政策，助力自助售货设备“智慧监管二维码”上线。10月13日，区市场监管局为瑞幸咖啡(杭州)有限公司发放全市首张“利用自动售货设备从事食品制售”的食品经营许可证。

【肉类经营者“浙食链”应用试点】 2021年6月，区市场监管局根据《杭州市肉类经营者落实“浙食链”无纸化追溯凭证应用试点工作方案》，建立农贸市场“浙食链”微信工作群，组织辖区农贸市场对从杭州五和肉类交易市场进货的猪肉经营户进行集中摸排，指导农贸市场管理方组织相关经营户注册、使用“浙食链”系统，落实专人联系应用无纸化凭证溯源试点单位，对市场内经营主体激活、扫码交易等工作进行具体指导。针对经营户反映使用“浙食链”系统遇到的问题，与技术人员对接，确保经营户完成“浙食链”系统激活。全年全区使用“浙食链”系统农贸市场43个、经营户1886户。

【“浙江e行在线”应用落地】 2021年，区市场监管局推进电动自行车综合治理集成改革，成立专项领导小组，制定《拱墅区电动自行车综合治理集成改革工作方案》，多部门协同推动“浙江e行在线”应用落地。根据省有关部门提供的电动自行车相关市场主体基础清单，对辖区715个电动自行车相关单位开展摸排，重点关注电动自行车及蓄电池生产、销售、维修、回收单位等信息，做到底数清、数据准、情况明。在排查基础上，选择177户实际经营电动自行车商户进行应用试点，指导其完成“浙江e行在线”应用注册上线，并做好签订承诺书、上墙公示、实施赋码等工作。

【计量惠民进社区活动】 2021年5月18日，区市场监管局联合大关街道，在大关小区为民服务点举办主题为“测量守护健康”的“5·20”计量惠民服务进社区活动。现场接待居民咨询210多人次，发放宣传资料及“5·20”世界计量日宣传卡片300多份(张)，免费检测血压计80多台、珠宝首饰30多件、人体秤30多台，修理、清洗眼镜120多副。

【平台企业约谈】 2021年，区市场监管局组织辖区内10家平台企业开展经营合规性约谈，了解各平台企业在主营业务、经营规模、平台运营中遇到的困难问题及政策需求，结合“浙江公平在线”拱墅区平台监测发现的问题，根据《网络交易监督管理办法》，对平台义务和责任、消费者权益保护、不正当交易行为防范等方面做出明确规定，并开展各平台企业商家治理，为消费者营造安全放心的网购环境。

【“1＋1”调解工作室成立】2021年1月8日，区市场监管局拱宸桥市场监管所与浙江杭天信律师事务所合作，成立律师介入消费纠纷调解的“1＋1”调解工作室。工作室由“公益律师＋市场监管人员”组成调解团队，采取“行政调解＋民间调解”方法，探索将矛盾化解在基层的新模式。通过“1＋1”调解工作室第四方介入调解困难较大的矛盾纠纷，为消费者、经营者提供专业、高效的法律咨询服务和法律保护。2月20日，在“1＋1”调解工作室的介入下，消费者董某某与拱墅区某教育培训机构的消费纠纷得到调解，培训机构为消费者退回报名费5000元。

【疫情期间市场监督管理】2021年，区市场监管局以农贸市场、沿街餐饮店、沿街药店等公共场所为重点，加强社会面新冠肺炎疫情防控。全年出动执法力量2960多人次，检查农贸市场817个(次)、餐饮店1.45万个(次)、连锁药店2615个(次)、其他商户8865户(次)，发现6个连锁药店遗漏下架药品13种，责令整改问题企业596家，协助关停有关场所267个。建立“属地所每日检查＋科室巡回检查＋线上远程检查”机制，确保全区43个农贸市场和32个专业市场严格落实疫情防控举措。做好进口食品“浙食链”信息上传、进口食品检查等工作。启动涉疫投诉三色分类应急处理机制，对67件涉疫投诉事项进行研判，有关涉疫纠纷得到妥善解决。（赵庆华）

食品药品监管

【概况】2021年，区市场监管局以数字化改革为引领，推进食品安全“一件事”改革，推动食品生产经营企业上线“浙食链”，建设“阳光工厂”，实现食品生产销售全过程可追溯和食品生产环节风险隐患闭环管理。全区“浙食链”系统激活主体2740个，上链产品品种610种，通过“浙食链”系统赋码入库产品137.3万批次，扫码出库产品136.35万批次。其中，22家食品生产企业全部建成“阳光工厂”。在全省“三比一讲”争先创优竞赛中，拱墅区食品生产企业“阳光工厂”建设、“样样赋码”统一食品赋码两项指标均居全省第一位。

加快推进民生药事服务站培育，全年建成民生药事服务站8个，服务周边居民22.39万人次；其中获评“五星级”民生药事服务站2个。开展家庭过期药品定点回收工作，回收点从定点投放到集中销毁实行闭环管理。全区建立回收点105个，分布在辖区社区卫生服务中心、社区卫生服务站、大型医院和药店。全年集中销毁家庭过期药品1200千克约3万盒(瓶、支)。

（徐　俊　朱　宏）

【食品安全专项治理】2021年，区市场监管局开展农贸市场及周边食品安全专项治理行动，出动执法人员610人次，检查经营主体495个(次)，发现并责令整改问题18个。通过浙江省行政执法监管平台和“掌上执法”系统，对辖区农贸市场开展全面监督检查、抽样检验和风险排查，重点检查食用农产品合格证、产地证明或购货凭证、合格证明文件、检验检疫合格证明等相关证明材料完整性及不合格食品处置等情况。

【进口食品物防把控】2021年，区市场监管局根据疫情防控“人物并防”要求，加强进口冷链食品物防工作。全年激活重点冷链单位1111个，其中首站经营者(进口冷链食品进入浙江后落地第一站的食品生产经营单位)63个。检查进口冷链食品经营主体2544个(次)。应用“浙冷链”食品追溯系统，对进口冷链食品外包装加贴“溯源码”，实现进口冷链食品供应链首站“进赋码、出扫码”，全区形成“源头可溯、质量可控、风险可防”的安全“物防”体系。全年应用“浙冷链”系统赋码进口冷链食品产品98.39万件，入库105.42万件，出库66.73万件，赋码率、扫码率均保持100%。

（徐　俊）

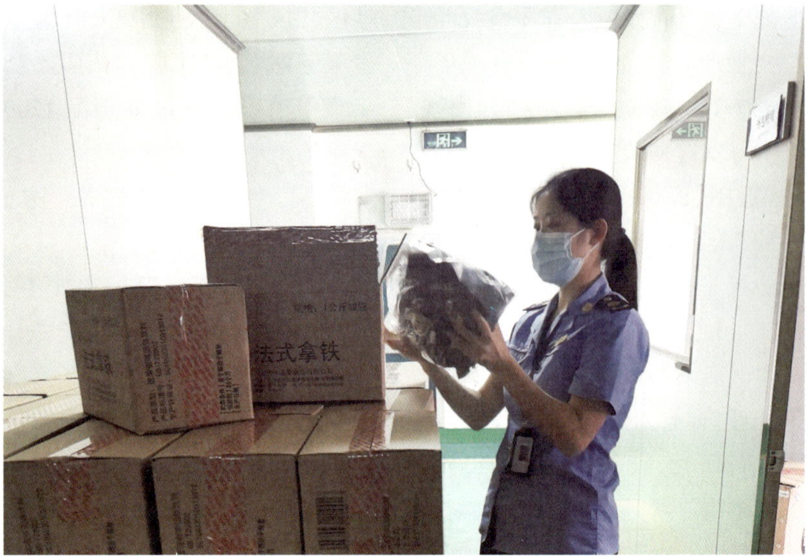

2021年8月31日，区市场监管局工作人员在辖区内食品工厂进行食品抽检（区市场监管局 供稿）

【亚运测试赛食品安全保障】2021年11月19—21日，“韵味杭州”京杭大运河沿线城市乒乓球邀请赛暨杭州亚运会乒乓球测试赛在运河体育公园举行。区市场监管局做好邀请赛期间食品安全保障工作，针对运动员、技术官员、志愿者、媒体记者、团队工作人员等人员的用餐方式、食材要求等，与组委会精准对接，逐项核查，并提出合理化建议，对餐饮提供单位——杭州海外海纳川大酒店开展早介入、全覆盖的食品安全监管。测试赛食品安全保障任务全面完成。（聂苏红）

【“链上点检”专项食品监督】2021年，区市场监管局推进食品安全全流程监管集成改革，对注册在“浙食链”中的生产单位记录在册生产批次进行随机抽检。使用“互联网+”手段，建立生产企业、生产小作坊、往年抽检不合格食品信息库，随机选取单位抽检，提高抽检公平性与高效性。对辖区内20个抽检单位生产的5个大类20多个细类食品，开展烘焙类食品水分检测、酒类产品总酸检测，实现生产单位生产食品检测项目全覆盖。（金双文）

【校园食品安全】2021年，区市场监管局规范校园及周边餐饮食品安全，开展“开学季”食品安全检查行动。安装校园“明厨亮灶”及智能“阳光厨房”，并与“企业健康码”推广使用相结合，学生家长或其他社会群体可利用手机直接扫描“企业健康码”，实时查看食堂食品加工情况。加大校园食品抽检力度，开学季抽检餐饮具150批次，重点检测大肠杆菌项目；抽检食品300批次，涉及食用农产品、调味品、粮油、豆制品等9大类食品，防范学校食材采购风险。（聂苏红）

【药品医疗器械监管】2021年，区市场监管局加强药品医疗器械管理，严守药品医疗器械安全底线。全年检查新冠疫苗使用单位225个（次）、疫苗340批次，检查新冠病毒核酸检测试剂经营和使用单位34个（次）、试剂抽样1批次。推动杭州中美华东制药有限公司参与药品安全智慧监管“黑匣子”应用试点。区药械不良反应监测站联合杭州市药品不良反应监测中心，在杭州市红十字会医院开展药械不良反应相关知识宣传活动，现场发放宣传资料800多份。加强日常监管，按大型医院组、社区卫生服务中心组、民营医疗机构组、医疗器械生产企业组、医疗器械经营企业组，分别组建全区性微信群，进行线上监管情况通报，对医疗器械不良事件发生单位组织线下约谈，并发送医疗器械相关法律法规及MDR汇编等电子资料供报送单位学习、参考。（陈建新）

质量技术监督

【概况】2021年，区市场监管局以“抓质量、保安全、促发展、强质检”为工作主线，推进品牌强区建设、标准强区建设，加强产品质量监管、特种设备安全监管、民生计量监管。全年出动执法人员1265人次，监督抽查产品485批次，合格485批次，合格率100%。其中抽查62家企业的电线电缆、电动自行车、灯具、儿童玩具、学生文具等重点产品145批次，合格130批次，合格率89.6%。完成电动车整车赋码4220台、电池赋码1060节、计量器具赋码4586件；完成“浙品码”赋码企业544家。（郑丽虹 章 俊）

【特种设备安全监察】2021年9月，区市场监管局开展特种设备安全“百日攻坚战”专项行动和特种设备“隐患清零”专项行动，加强特种设备安全隐患问题排查，严厉打击特种设备领域违法行为。全年出动执法人员739人次，检查特种设备使用单位394个，检查特种设备72台，查封特种设备18台，发出特种设备监察指令书50份，立案查处特种设备案件3起，处理存量隐患问题373个、增量隐患问题94个。各街道（园区）出动检查人员1328人次，检查特种设备使用单位1067个，发现并整改隐患问题416个。推广应用电梯智慧监管装置、电瓶车阻梯系统等“电梯物联网”技术手段，安装电梯智慧监管装置3784套、电瓶车阻梯系统2659套。

【头盔类产品质量监管】2021年，区市场监管局加强对辖区内摩托车乘员头盔、电动自行车乘员头盔等头盔类产品质量监管。印发《关于开展头盔类产品专项整治工作的通知》，按照“快”部署、“细”排查、“严”监管、“重”指导的要求，开展头盔类产品专项整治。出动执法人员230人次，检查头盔类产品经营户91户，发现存在问题经营户2户并完成整改，头盔类产品合格率100%。

（章　俊）

【民生计量执法检查】2021年1月，区市场监管局围绕金银饰品、贵重药材、高档农（水）产品等产品计量器具，开展为期1个月的民生计量专项执法检查。组织专业人员检查超市、商场、眼镜制配场所等51个（次），查处使用不合格的计量器具、使用以欺骗消费者为目的的计量器具或破坏计量器具准确度、伪造数据，以及在未按照规定申请检定、超检定有效期或检定不合格情况下继续使用计量器具的违法行为。其中，抽查电子秤352台（件），发现涉嫌计量违法案件4起。开展“5·20”世界计量日主题宣传活动，为农贸市场在用计量器具进行免费检定。

【医疗计量监管】2021年4月19—26日，区市场监管局会同区卫健局成立专项检查小组，对辖区内公立医院、社会办医疗机构、社会卫生服务机构、街道医疗机构等270个医疗机构开展医疗计量专项检查，按照“双随机”工作要求，重点检查杭州天瑞医院、杭州维恩维可口腔诊所、杭州全日医康中医诊所、杭州魏尔啸医学检验实验室等各类医疗机构30个，检查强制检定计量器具75台（件），受检率100%。（杜阳杰）

【首张浙产特种设备“安全码”生成】2021年，拱墅区首张浙产特种设备“安全码”在液化空气（杭州）有限公司生成，实现特种设备全生命周期信息化监管。特种设备“安全码”类似于每一台特种设备的“身份证”。生产制造单位将设备的产品合格证、设备数据和信息输入“浙江特种设备在线”系统，按照特定算法自动生成设备“安全码”。特种设备出厂时，生产企业将“安全码”印制在设备的铭牌上或张贴在设备显目位置，特种设备使用单位、检查人员、检验人员和公众通过扫描“安全码”，便可查询特种设备信息，办理设备生产告知、使用登记、检验检测、上岗作业、维护保养、监督检查、公众监督、故障上报、隐患预警、报废注销等全生命周期应用事项，构建“物防＋技防＋人

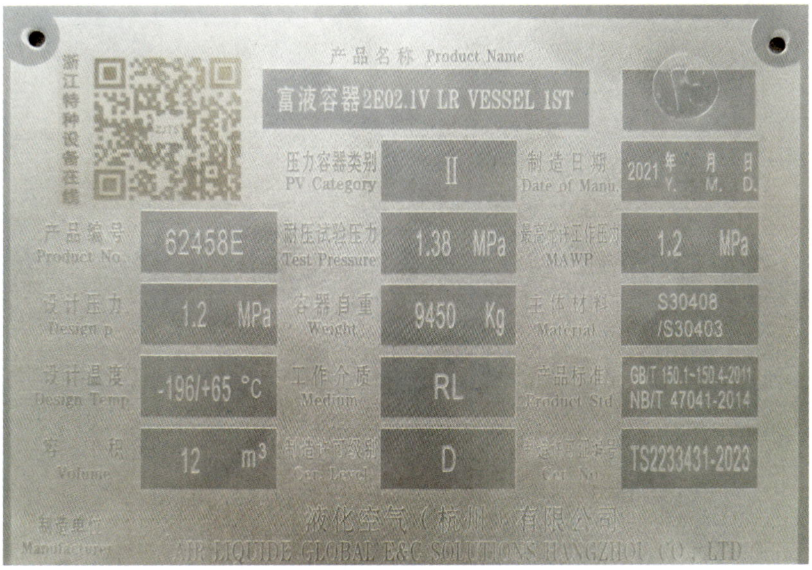

2021年8月27日，拱墅区首张浙产特种设备“安全码”在液化空气（杭州）有限公司生成

（区市场监管局 供稿）

防”并重的特种设备全周期追溯管理体系。（章　俊）

知识产权保护

【概况】2021年，拱墅区构建知识产权运用平台，“一站式管理”有效发明专利企业上线应用282家，科技型企业上线率100%，“一链条保护”知识产权案件办结率100%。全区有专利授权量9771件，比上年增长43.2%，其中发明专利授权量2437件，通过专利质押融资9.23亿元。专利许可262件，其中1件为辖区浙江工业大学公开的全市首个免费专利许可。全年新增商标申请21145件、商标注册17014件，有效注册商标11.65万件，其中马德里国际商标注册数5件。完善区内4个品牌指导站建设，指导站优化软硬件设施、人员配置，强化维权、联络、培训、指导等功能，上门服务企业20多家次，指导企业完成商标注册15件。

【知识产权保护专项行动】2021年，区市场监管局开展知识产权保护专项行动，推进“双随机、一公开”（在监管过程中随机抽取检查对象、随机选派执法人员，抽查情况及查处结果及时向社会公开）监管，规范专利代理机构执业行为，维护专利代理行业运营秩序。加强专利法、商标法、地理标志等法律法规宣传，联合市场主办方制作宣传资料9000多份，发放《知识产权保护工作倡议书》5000多份，通过微信、订阅号、LED大屏、告示栏等渠道推送知识产权相关政策，营造尊重知识产权氛围。联合有关部门成立专项检查组，出动执法人员278人次，检查武林夜市、武林路时尚女装街、钱江服装小商品市场、杭州中国丝绸城、环北丝绸服装城等商户5120个（次），责令整改问题企业271家，立案查处企业8家。对10个专业市场进行约谈，通报知识产权检查情况。各市场主办方出动工作人员600人次，检查摊位1.6万次，涉及从业人员5000多人，查处问题800多个，暂扣物品200多件。

2021年5月21日，区市场监管局工作人员在商场检查商标侵权行为情况
（区市场监管局　供稿）

【知识产权发展示范区创建】2021年，拱墅区引入杭州知识产权交易服务中心，建成省级知识产权服务业集聚发展示范区。示范区实施知识产权全链条保护集成改革，打通知识产权创造、保护、运用、管理、服务各个环节。全年全区有效发明专利拥有量10515万件，每万人高价值发明专利拥有量93.8件。发放省、市、区级知识产权资助1966.5万元。全区专利和商标质押融资金额13.33亿元，其中通过专利质押融资9.23亿元，惠及创新主体62个；通过商标质押融资4.1亿元，惠及创新主体47个。（田宇弘）

【企业知识产权规范管理】2021年，区市场监管局发挥知识产权保护监管职能，引导企业贯彻《知识产权管理规范》国家标准，提升企业知识产权规范化管理水平，推进知识产权高质量发展。指导企业开展国家知识产权标准化管理认证，全区有18家企业通过知识产权贯标认证。建立政府质量奖创建企业培育库，推进政府质量奖创建工作，浙江英特集团股份有限公司、浙江凯喜雅国际股份有限公司等5家企业分别获省政府质量奖、区政府质量奖。浙江省建设工程机械集团有限公司、杭州罗莱迪思科技股份

有限公司2家企业完成塔式起重机等3个产品的浙江制造“品字标”认证。 （应　瑶）

价格管理

【概况】2021年，区市场监管局依法履行物价监管职能并进一步完善行业协会商会收费监管机制。开展春节、端午节、中秋节等节日期间高档礼盒市场价格专项检查，发挥社会价格监督作用。全年出动执法人员570多人次，对商场超市、沿街店铺进行价格巡查958次，收到价格类投诉举报191件，办结价格类行政处罚案件43件，罚没款699.9万元，按时反馈率和办结率均100%。受理行政机关提供的涉案物品价格认证102件，涉项163项，标的金额118.8万元，未出现行政复议和重新认定的情形。

【转供电行业电价整治】2021年，区市场监管局对大型商业综合体降低企业用电成本政策落实情况开展全面检查及“回头看”工作。核查省市场监管局印发的转供电主体名单是否纳入监管范围和区发改经信局移交的5G基站高电价事宜，报送专项整治转供电主体名录清单、转供电价格行为违规问题清单、转供电价格行为整改任务清单3张清单。与杭州城北供电分公司、杭州城南供电分公司进行数据对接、协同配合，构建转供电环节价格行为“风险预警＋精准监管＋案件查处”常态化整治闭环。全年办结转供电环节不执行政府定价案19件，罚没款516.18万元。

【培训机构专项整治】2021年4月，区市场监管局配合市市场监管局综合执法队开展校外培训机构价格行为专项整治，立案调查校外培训机构违法行为4起，罚没款25万元。整治检查组对教育培训机构提出企业不得对外招生收费、不得对外开展招生宣传、稳妥处理服务对象的合理诉求等监管要求。9月29日，区市场监管局牵头会同区数据局等单位，对辖区内校外培训机构落实“双减”情况进行检查，核查杭州黎米妞文化创意有限公司等5家培训机构的培训收费、培训合同等情况。

2021年8月14日，区市场监管局工作人员在商场检查商品明码标价情况
（区市场监管局 供稿）

【价格监管】2021年，区市场监管局选择5家具有代表性的企业新设企业缴费负担监测点，监测企业涉及制造、商贸流通等行业，对监测发现涉企违规收费行为进行严厉查处。加强涉企收费政策宣传，帮助企业了解各项惠企政策。联合区民政局、区发改经信局部署行业协会商会乱收费问题专项清理工作。按照“双随机、一公开”工作要求随机抽查5个单位，未发现乱收费问题。通过采取减免、降低会员会费等举措，减轻企业负担96.5万元。
（陈登科）

审　计

【概况】2021年，区审计局完成审计项目32个，审计总金额1753.73亿元，查出主要问题金额25.21亿元，其中违规金额3482万元、管理不规范金额22.54万元。审计处理处罚金额8.30亿元，审计促进整改落实有关问题金额6973万元，审计后挽回（避免）损失5372万元。出具审计报告和专项审计调查报告31篇，被各级领导批示和有关部门及新闻单位采

2021年9月22日，区审计局在区数据局进行经济责任审计
（区审计局 供稿）

纳17篇；审计提出建议91条，被采纳90条；促进被审计单位制定、完善规章制度22项；提交审计信息117篇，被批示、采用98篇。区审计局立足“审计监督首先是经济监督”定位，聚焦财政收支、风险防范、领导干部权力运行等关键环节，依法履行监督职责，变革工作方法，提升审计效能。

【预算执行审计】2021年，区审计局对2020年度区本级预算执行和其他财政收支情况进行审计。结合区划优化调整实际，采取下城区、原拱墅区双向开展的“双主审”模式。围绕区域经济统筹发展与安全问题，突出对重大政策、重大项目、重要资金的审计监督。8月，区审计局向区人大常委会报告2020年度原拱墅区本级预算执行和其他财政收支审计情况，提出加快财政管理模式融合、规范债务风险化解、加强工程建设管理专业化水平等有针对性和可操作性的建议，助推全区财政经济秩序稳定、财政资金使用绩效提升。

【经济责任审计】2021年，区审计局完成领导干部经济责任审计及自然资源审计项目14个，对朝晖街道、区信访局、区民政局、区数据局等12个单位18名领导干部开展经济责任审计。修订《全面落实“三个区分开来”审计容错纠错免责实施办法（试行）》，明确容错纠错免责适用情形及程序步骤，营造鼓励创新、宽容失败的良好环境。加强对领导干部权力运行轨迹和主要职责履行、重大政策措施落实、财政资金提质增效、国有资产管理使用等内容的审查，核查履职尽责不到位、国有资产损失浪费、存在重大风险隐患等问题，客观评价领导干部任期内履职尽责情况。

【政府投资建设项目审计】2021年，区审计局完成杭州音乐厅、老旧小区提升改造、“三村”连片改造、东新路综合整治等重点项目审计9个，项目投资总额342.22亿元。注重政府投资项目审计监督关口前移，深入施工现场，关注重大项目建设全过程。通过定期编制和发布共性问题清单、风险防范清单、典型案例、同类问题整改标准等方式，为各单位开展审计监督工作提供指导，发挥投资审计“治已病、防未病”作用。坚持审计质量立信理念，加强项目质量把控。区审计局按照审计准则，出台《审计业务会议制度》《审计项目复核审理办法》等制度，规范区划优化调整后审计行为，提升项目审计质量。建立政府法律顾问制度，择优选聘律师事务所专业律师为行政执法、重大决策及日常合同审核提供专业法律意见，政府法律顾问工作贯穿行政决策全过程。年内，老旧小区综合改造提升跟踪审计项目获评“杭州市优秀审计项目”。

【大数据审计】2021年，区审计局以“数据分析＋现场核查”的数字化审计模式，对业务数据和财务数据进行多部门、多领域综合比对分析，提高发现重大违法违纪问题的能力和效率。根据工程审计业务实际需要，开发区政府投资建设项目跟踪审计平台，对全区重点项目进行全过程动态监控，降低审计风险，实现“阳光审计”。根据跟踪审计发现的典型性、普遍性、倾向性问题建立问题库，形成问题清单；

对存在风险隐患问题及时披露并剖析原因，做到早发现、早预防、早纠正、早整改。区审计局报送的“企业拆迁安置审计之大数据应用”“大数据审计让停车收费搭车现象无所遁形”2个案例获评市优秀大数据审计分析案例，“自动化审计在调查项目中实现涉调单位、内容全覆盖”案例获评市先进计算机技术（方法）应用审计案例，科技强审及审计数字化改革项目获省市审计调研组肯定。

【专项审计调查】2021年，区审计局完成区内审委员会组织运行情况、政府投资建设项目工程管理情况、政府购买服务、区财政局信息系统、数字化转型5个专项审计项目和审计调查项目。政府购买服务专项审计调查首次尝试非现场审计，运用SQL Server、Excel等数据分析软件进行综合分析，编写5000多条数据分析语句，生成中间表135张，获疑点数据4万条；首次应用计算机编程语言Python技术，实现半自动化编制审计取证单530份，提高审计效率。

【内部审计】2021年，区审计局完善内部审计体制机制，促进内部审计与国家审计协同发展，内部审计报告获区政府领导批示肯定。以区划优化调整为契机，加强内审机制建设，在原拱墅区既有44个内审会员单位基础上，新增下城区8个街道和5个平台的内审机构，基本实现内审机构全覆盖。修订《拱墅区内部审计优秀项目评选办法（试行）》《拱墅区内部审计工作考核办法》等内审工作制度，梳理内审流程规范、考核措施及工作制度，为全区实施内审工作提供遵循。开展审计业务交流培训、优秀项目参评和课题研究，区审计局选送的“突发事件对国家审计的影响和策略——以COVID-2019为例”课题获省审计厅优秀审计论文二等奖，“浅议新形势下政府投资项目审计监督”等5个课题获评市优秀审计科研课题，《行政事业单位内部审计的统筹发展与安全理念》等3篇论文获评市优秀审计论文。

【审计问题整改】2021年，区审计局制定《关于重大审计问题清单工作机制》，为全区审计问题清单整改工作提供制度保障。建立主审项目负责制，加强对关键业务环节整改的指导把控和审核把关，就问题整改、报告格式、材料报送等事项提出明确要求，并提供具体指导，协调解决整改中遇到的问题。通过“重大审计问题清单”和省市县审计整改一体化智能管理系统，提升审计发现问题整改成效。

（翁云婷）

统　计

【概况】2021年，区统计局以全面深化统计改革为重点，推进统计改革创新，筑牢统计工作基础，为高质量建设运河沿岸名区提供统计保障。聚焦主要经济指标完成情况，梳理对比主要经济指标完成进度、发展趋势。加强高质量发展监测考核，做好新经济业态统计。加强对街道、企业统计人员的教育培训，防范统计造假。区统计局获评“第七次人口普查国家级先进集体”，拱墅区国家统计督察迎检工作获省、市统计局肯定。

【统计服务综合能力提升】2021年，区统计局发挥统计部门职能，做好“15＋7”（15项主要经济指标和7项转型升级指标）和高质量发展等主要经济指标监测分析和预警，编报统计分析报告22篇（次）。在“浙政钉”App平台上线“数据拱墅”，实现拱墅月报数字化、便捷化、高效化。全年推送“拱墅统计”微信142条，阅读量2.81万人次。聚焦全区产业主赛道，完成总部经济情况分析报告及4个产业课题报告，获区主要领导批示肯定。主动对接相关部门，对全区企业进行摸排，将406家符合条件企业纳入“准规上”监测库。开展“走亲连心三服务”活动，主要领导带队走访19个街道（园区），会同街道（园区）分析研判主要经济指标变动情况及新的增长点，梳理对比主要经济指标运行所处的位次及优势劣势，助力街道（园区）做好经济工作。全年区统计局走访企业404家（次），为重点企业发展和重点项目推进解决融资难等问题。

【国家统计督察迎检】2021年，国家统计督察组对拱墅区开展延伸检查。迎检准备阶段，区统计

2021 年 7 月 20 日，区统计局组织调研半山街道经济运行情况
（区统计局　供稿）

局全面核查规模以上企业数据，对相关部门及街道开展督导服务。抽检督察期间，区统计局指定专人担任联系部门和街道的督导专员，协助做好迎检材料准备。局领导班子成员分别担任驻点联络员和现场检查组引导员，负责与国家统计督察组和省、市统计局的对接，督察迎检工作达到预期要求。

【统计法治宣传】 2021 年 7 月 14 日，区统计局召开防范和惩治统计造假、弄虚作假专题部署会，部署依法治统工作。印发《2021 年全区统计法治建设（依法行政）工作要点》《2021 年全区统计法治宣传工作要点》，利用统计年报、业务培训、数据核查、走访调研等机会，开展统计法治宣传教育。利用“拱墅统计”微信公众号定期推送统计普法内容。借助“9・20”中国统计开放日，开展为期 3 天的“赓续红色血脉、奋进统计未来”线上答题活动，将统计法知识和党史学习教育应知应会内容作为必答题，让社会各界了解知晓统计法的主要精神，营造良好统计法治氛围。

【统计执法检查】 2021 年，区统计局采取“数据核查”与“指导监测”相结合的方式，推进统计数据质量核查工作。完善统计数据质量管控机制，定期梳理重点企业名单，会同街道开展数据自查核查，多维度构筑“统计数据质量防控网”。按照市统计局下达的统计执法监督检查任务，制订统计执法监督检查方案，完成“双随机”统计执法监督检查。全年对 96 个单位开展统计执法检查，其中“双随机”抽查单位 94 个，查处存在统计违法行为的企业 5 家。

【专项统计调查】 2021 年，区统计局推进第七次人口普查后续工作，印发《关于扎实做好人口普查后续工作的通知》，开展人口普查技术业务问题分析，从普查组织、普查表式、数据处理等方面进行总结和归纳，撰写普查情况分析文章 30 篇。5 月 18 日，《拱墅区 2020 年第七次人口普查主要数据公报》发布。围绕全区中心工作和民生实事，区统计局配合市统计局和国家统计局杭州调查队开展相关民情民意调查，完成浙江省营商环境调查等 11 项调查和部分主题调查报告撰写。组织调研半山街道经济运行情况，完成月度劳动力抽样调查、城镇住户调查、5‰ 人口变动情况抽样调查等专项调查。其中人口变动情况调查户数总量及完成质效均居全市第一位。

【统计网格化建设】 2021 年，区统计局按照“建特色网格带一流队伍和建一流平台促过硬数据”目标，探索统计治理模式创新工作，推进统计网格化建设，建成统计工作驿站 19 个，实现全区街道（园区）网格化建设和运行全覆盖。全年开展统计线下网格活动 101 场，将统计网格打造成信息咨询、增进合作的服务平台，展示自我、政企沟通的交流平台，业务培训、经验交流的学习平台及政策解读、统计普法的宣传平台。通过网格化管理，推进基层基础建设，夯实源头数据质量。

（江瑶红）

特色产业

数字经济

【概况】2021年,拱墅区以“三化融合”(数字产业化、产业数字化和城市数字化协同融合发展)为主线,聚焦数字赋能实体经济,加快推进数字产业平台建设,促进全区既有产业与数字技术融合,提升产业核心竞争力。全年全区数字经济核心产业增加值72.4亿元,比上年增长14.4%,占全区生产总值的3.7%,数字经济核心产业规模以上企业营业收入331.5亿元,增长22.9%。

【数字经济产业培育】2021年,拱墅区以产业招大引强为引领,聚焦电子竞技、算力经济等数字经济主赛道,根据数字经济产业基础、产业平台建设、资源配套等情况,明确重点招引方向,实行精准招商,年内引进注册资本金100万元以上数字经济企业1663家。加强为企服务,完善区领导联系重点企业制度、新注册及新迁入企业首次服务工作制度、企业诉求限时流转交办制度等制度,优化数字经济产业发展政策环境。培育数字经济新产业、新业态、新模式,建立优质数字经济小微企业培育库,做大做强拱墅数字经济产业链。全年新增规模以上数字经济核心产业企业29家。组织企业申报市级技术中心,浙江上青元电力科技有限公司、杭州罗莱迪思科技股份有限公司、浙江省建设工程机械集团有限公司3家企业的技术中心入选杭州市企业技术中心认定名单,全区市级以上企业技术中心增至29家。（计 凯）

【数据中心项目建设】2021年,拱墅区加快数字基建项目建设,辖区省重点工程浙江云计算数据中心项目和杭钢云计算数据中心项目建设按预期进度推进。浙江云计算数据中心项目采用阿里巴巴集团设计的标准体系,建有2个绿色数据中心,可供20万台服务器同时运行,总投资158亿元,年内一期工程完成工程量68%。杭钢云计算数据中心项目建成机柜1.12万个,主要用于数据存储、加工和生产,年内一期建成的1653个机柜投入运营。

【5G基站建设】2021年,拱墅区加快推进5G移动通信基础设施建设,成立5G产业发展工作领导小组,制订5G基站建设工作方案,针对5G基站建设过程中遇到的公共资源共享难、基站用电收费高、疑难基站攻坚慢等问题,加强与有关部门沟通,建立进度通报和问题协调机制,全年建成5G基站368个,全区5G基站增至2358个。（赵逸凡）

【人工智能应用场景项目征集】2021年,区发改经信局向辖区企业公开征集人工智能应用场景项目,征集项目包括人工智能新技术、新产品、新模式。人工智能新技术包括面向制造业、物流商贸、教育、文旅等行业提供的融合赋能解决方案等。经过遴选,基于人工智能的数字化旅游服务管理融合平台、杭州亚运会赛事景观设计AI合规性检查&图形搜索应用等16个人工智能应用场景项目被列入市级重点建设名录。（计 凯）

楼宇经济

【概况】 2021年，拱墅区构建“1+4+N”现代产业体系（即建立以总部经济为引领，商贸金融、数字经济、生命健康、文化创意为4个重点产业，人工智能、新材料、集成电路等战略新兴产业为多点的现代产业体系），加速总部企业、4个重点骨干企业、优质企业和战略新兴产业向高品质楼宇集聚，全区面积3000平方米以上、纳入拱墅区楼宇智慧平台监测系统统一管理的商务楼宇210幢，总建筑面积1045万平方米；商务面积601万平方米，可招商面积89万平方米，楼宇入驻率85.1%，在建楼宇70幢，总建筑面积704万平方米。发挥楼宇经济对拱墅区经济发展的核心承载作用。全年全区商务楼宇实现属地纳税口径税收139.08亿元，占全区总税收的44.8%。商务楼宇中，全口径税收超过1亿元楼宇75幢，属地纳税口径税收超过1000万元楼宇152幢，属地纳税率（属地注册率）84.3%。

汽车互联网产业基地（摄于2021年） （祥符街道 供稿）

【楼宇经济发展布局】 2021年，拱墅区楼宇经济发展形成“一圈两廊四片区”的布局。“一圈”指包含天水、武林、长庆、潮鸣、米市巷5个街道的大武林商圈，有商务楼宇93幢，入驻企业2693家，商务面积176.2万平方米，全年实现属地纳税口径税收51.47亿元，占全区属地纳税口径楼宇税收的37.0%。其主要产业为高端商务服务、总部经济、区域金融中心和时尚消费。“两廊”为沿石祥路楼宇经济走廊和沿莫干山路楼宇经济走廊。沿石祥路楼宇经济走廊串联北部软件园、智慧网谷小镇、汽车互联网小镇、石桥街道、东新街道，由52幢商务楼宇组成，入驻企业9538家，商务面积240万平方米，全年实现属地纳税口径税收35.35亿元，占全区属地纳税口径楼宇税收的25.4%。主要产业为数字经济核心领域、生命健康与生物医药研发应用、智能汽车及汽车电商、汽车互联网产业。沿莫干山路楼宇经济走廊贯穿武林、米市巷、湖墅、小河、祥符5个街道，由36幢商务楼宇组成，入驻企业1618家，商务面积63万平方米，全年实现属地纳税口径税收17.11亿元，占全区属地纳税口径楼宇税收的12.3%。主要产业为新型商贸零售业、文创设计业、金融及科技服务业。“四片区”包括运河财富小镇片区、申花产业集聚区片区、“两晖”（文晖街道和朝晖街道）片区和上塘电商小镇片区。运河财富小镇片区有楼宇9幢，入驻企业1005家，商务面积43万平方米，全年实现属地纳税口径税收8.28亿元，主要产业为现代金融产业、数字文创产业、高端中介服务业。申花产业集聚区片区有楼宇10幢，入驻企业707家，商务面积35万平方米，全年实现属地纳税口径税收11.12亿元，主要产业为商贸商务服务业、数字创意产业。“两晖”片区有楼宇25幢，入驻企业1227家，商务面积67万平方米，全年实现属地纳税口径税收19.12亿元，主要产业为建筑设计、文化创意、商贸流通产业。上塘电商小镇片区有5幢楼宇，入驻企业274家，商务面积7.2万平方米，全年实现属地纳税口径税收4.76亿元，主要产业为电子商务、直播经济、数字内容、数字供应链产业。

【特色产业楼宇分布】 2021年，拱墅区特色产业楼宇布局呈“百花齐放”态势。全区有金融楼宇34幢，入驻省级以上金融机构总部62家，外资金融机构9家，形成“一区一镇”（“一区”指武林金融集聚区，“一镇”指运河财富小镇)金融产业空间布局。大武林商圈现代商贸产业创新发展区以杭州国大城市广场、杭州大厦、银泰百货(杭州武林店)、杭州百货大楼等繁华区域为中心,提升恒隆广场、"杭州中心"、嘉里数创港等高端综合体建设水平,成为国际消费中心城市建设主阵地。在拱墅区规划打造的大运河数智未来城范围内,北部软件园、智慧网谷小镇、数字经济产业园、杭州运河新城,以及北城·智汇园、原天子岭静脉小镇等园区有商贸楼宇159幢,承载新浪产业园、联想科技城、奇虎360产业园、顺丰创新中心、阿斯利康投资(中国)有限公司、杭州中美华东制药有限公司、韩国大邱生命健康产业集群项目等数字经济、生命健康等重点项目、企业。 (王晓斌)

2021年拱墅区税收超过1亿元楼宇一览表

表6

楼宇所在区域	楼宇数(幢)	实现税收(亿元)	楼宇名称
合 计	34	90.43	
区科技工业区	3	12.23	杭州运河广告产业大厦、顺丰创新中心、中国(杭州)智慧信息产业园三期
天水街道	2	4.17	杭州中大广场、杭州标力大厦
上塘街道	4	6.77	运河(国际)跨境电子商务园、杭州锦昌大厦、杭州鹏龙商务大厦、杭州港航大厦
武林街道	3	11.55	杭州嘉里中心、杭州天和大厦、浙江物产大厦
祥符街道	3	7.94	丰元国际大厦、杭州中粮·大悦城、城西银泰城
长庆街道	2	4.53	汇金国际大厦、杭州永通·信息广场
潮鸣街道	2	8.87	浙金广场、金龙财富中心
康桥街道	1	2.34	杭州康华大厦
朝晖街道	4	7.64	武林时代商务中心、中国电建集团华东勘测设计研究院有限公司科研综合楼、浙江省交通集团大楼、钛合国际大厦
米市巷街道	1	2.04	华浙大厦
文晖街道	2	5.80	广源科技大厦、野风·现代中心
湖墅街道	1	1.08	杭州绿地中央广场一期
东新街道	4	8.69	杭州三立大厦、杭州新天地·世嘉金座、星火智造园、中国(杭州)人力资源服务产业园
小河街道	2	6.78	杭州远洋国际中心写字楼、杭州万通中心

说明:税收收入统计口径系属地纳税口径

金融服务业

【概况】 2021年,拱墅区有金融机构1397家,其中银行289家,证券机构70家,保险机构218家,地方金融组织99家,私募基金公司129家,股权投资公司190家,其他类金融公司402家。打造金融机构集聚效应,辖区有省级(含)以上金融机构总部62家,市级(含)以上金融机构总部90家。全年全区实现金融业增加值625.12亿元,比上年增长6.1%,占地区生产总值的31.76%,在杭州市各区县(市)增加值中列第一位。

【融资环境优化】 2021年,拱墅区金融机构围绕"六稳""六保"工作要求,加强金融支持,优化金融

2021年7月23日，拱墅区辖区企业浙江出版传媒股份有限公司在上海证券交易所挂牌上市　　（区金融办　供稿）

环境。9月、10月，区政府分别与杭州银行、中国农业银行浙江省分行签订战略合作协议，两家银行未来5年将分别提供1500亿元的融资支持。整合组建拱墅"金融联盟"，构建"企业按铃、政府响应、银行对接"的快速服务反馈机制，"金融联盟"有成员企业43家。区金融工作部门举办汽车互联网产业融资服务会、"稳外贸、促发展"外贸企业金融服务"芯"微沙龙、"外汇走势研判与产品策略"主题沙龙等专题活动7场，搭建政府、银行、企业信息沟通平台，为辖区内企业提供融资方便。发挥"杭州e融"平台拱墅专区融资作用，全年新增授信98.15亿元、放款73.33亿元。至年末，"杭州e融"平台拱墅专区入驻企业1.23万家，授信6987笔，总授信额203.42亿元；放款6337笔，总放款额160.62亿元。9月，拱墅区"知识产权金融服务平台"在杭州市数字经济场景建设"路演周"活动中获评"浙企创新"优秀项目。

【企业上市推进】2021年，拱墅区加大既有企业上市政策扶持力度，全年兑现奖励资金325万元。成立拱墅区"运河金融学堂"，以实地走访、举办研讨培训班等形式，为企业提供全方位、专业性上市服务100多次。建立区级重点拟上市企业库，形成"一企一档"，全区上市后备库企业增至120多家，其中进入上市辅导备案阶段企业10家，纳入市级重点拟上市企业名录24家。全年全区新增上市企业4家，分别为浙江出版传媒股份有限公司、浙江卓锦环保科技股份有限公司、顺丰同城控股有限公司、杭州禾迈电力电子股份有限公司；新增报会（上市申报材料上报中国证监会并获受理）企业3家，分别为杭州楚环科技股份有限公司、杭州碧橙数字技术股份有限公司、杭州市路桥集团股份有限公司。全区有境内外上市企业22家，"新三板"挂牌企业22家，浙江股权交易中心挂牌企业320家。

【金融风险防范】2021年，拱墅区围绕压缩总量、控制增量、检测预警、排查化解等方面开展金融风险防范工作，贯彻《防范和处置非法集资条例》，加强开展网络贷款、私募投资基金等重点行业领域金融风险防范和处置。深化常态化宣传和非法集资源头治理，全年开展防范金融风险宣传活动138次，参与群众1.7万人次，发放宣传资料5万余份；利用城市LED屏幕、地铁、公交、出租车等宣传平台，播放防范非法集资公益广告2000多次。梳理地方金融组织实际存量情况，聘请第三方机构开展小贷监管评级、典当行年审、融资担保分类监管预评级、融资租赁处置排查等专项检查，在风险集中度降低、监管比例达标、内管管理制度健全等方面重点落实整改举措。发挥省金融风险天罗地网监测防控系统作用，加强辖区企业金融风险预警研判，推动打赢防范化解重大金融风险攻坚战。　　（陶梦娜）

文化产业

【概况】2021年，拱墅区文化产业管理部门抓住大运河文化带建设机遇，统筹推进全区文化产业发展。全区有规模以上文化企业235家，准规模以上文化企业22家，特色文化企业16家。全年实现文化产业增加值102.5亿元，占全区生产总值的5.2%，总量居全市13个区县（市）第四位。规模以上文化企业营业收入709.76亿元，增长5.9%；利润总额16.04亿元，增长4.1%。

【文化产业政策扶持】2021年，拱墅区文化产业管理部门按照全区构建“1+4+N”现代产业体系和“一核一带一极”产业中心的部署，研究细分赛道，制定文化产业政策，加大对骨干企业、园区（街区）培育扶持力度，鼓励社会力量参与大运河文化挖掘、保护和利用。编制区文化产业“十四五”规划，提出“十四五”时期打造“数字运河打造工程、文化品牌彰显工程、人才引进培育工程、企业主体壮大工程、平台融合促进工程、国际开放合作工程”六大工程，加快数字内容、创意设计、文化休闲、影视传媒等重点行业发展。开展年度省文化产业专项扶持资金项目申报和评审工作，全年文化产业立项项目17个，总投资2.3亿元，获扶持资金985.6万元。推荐12个文化产业项目申报杭州市文化创意资金区县（市）竞争性分配扶持项目，5个项目入选，获扶持资金150万元。落实区级文化产业项目扶持政策，为33家文化企业发放扶持资金395.15万元。

【文化企业融合发展】2021年，区委宣传部梳理下城区、原拱墅区文化产业发展情况，包括各园区、街区招商项目、可用空间、入驻企业等信息，产业扶持政策、文化品牌等情况，制定两区文化产业融合政策举措，建立文化产业发展数据库。完善文化产业统计制度，规范文化产业统计工作。建立规模以上文化企业名录库和准规模以上文化企业、特色文化企业培育储备库，推进全区各类文化企业融合发展，提升拱墅演艺数字化水平。

【文化产业新业态培育】2021年，区委宣传部用好用足各类招商资源，创新招商引资手段，通过活动招商、敲门招商、以企引企等方式，为企业和文化产业园区、楼宇牵线搭桥，促成文化企业入驻，引进技术含量高、发展前景好、社会影响大、带动能力强、税收贡献大的优质文化企业落户拱墅。全年引进注册资金500万元以上的文创类企业100多家，重点企业有浙江蓝城蓝润控股集团有限公司、浙江匠传传媒科技有限公司、杭州一门心思文化传媒有限公司等。加快推进文化和科技融合发展，重点发展数字阅读、电子竞技、创意设计、短视频等新型文化业态。构建网格化服务网络，对重点文化企业、文化产业项目实行定人定责动态管理。开展“政策上门宣讲、融资上门服务、项目上门对接、困难上门帮助”等精准服务活动，助推文化产业新业态发展。

【文化产业项目建设】2021年，拱墅区推进辖区文化产业重大项目建设，实行重大项目每月通报制度和年度考核制度，促进重大项目提速增效。杭州电竞中心基本建成，该中心将承接杭州亚运会8项电子竞技赛事。武林美术馆完成土建结顶并启动内部装修。“大船亲子云剧场”项目加快建设。“武林之星”博览中心（城市之星）竣工。浙江省大运河紫檀博物馆主体工程建成。浙江数字出版印刷大楼项目主体结构通过验收。杭州LOFT49创意产业园投入使用，产业园文

杭州LOFT49创意产业园（摄于2021年）　　（区委党史研究室 供稿）

2021年5月24日，拱墅区举办以“国之万物，风起东方”为主题的“国风新象”活动 （区委宣传部 供稿）

化企业入驻签约率80%，入驻企业有浙江安道设计股份有限公司、思库（浙江）文化传播有限公司、丽尚国潮（浙江）控股有限公司等创意企业。

【文化品牌活动丰富】2021年，拱墅区开展各类文化产业活动10次，为辖区企业搭建宣传展示、招商推介平台，提升产业发展活力。依托“运河文创会客厅”平台，举办论坛类活动5次，以人物专访、沙龙、论坛、线上直播等形式，聚焦数字赋能文化产业发展主题，探讨文化产业发展路径，网上浏览论坛活动人数80.2万人次。举办拱墅区“十大文创新势力”评选活动，通过路演的方式进行项目展示，全拓科技（杭州）股份有限公司等10家企业获评“拱墅区十大文创新势力”。推动5家文化企业加入杭州文创青云榜，3家文化企业获杭州文创新势力创新潜力奖，3家文化企业入选杭州十大文创新势力榜单。组织9家文化企业参加亚洲设计管理论坛暨生活创新展（ADM），单独开设“因河而生·文脉承古今”“拱墅新象·文旅大发展”“传艺造物·文创新活力”3个特色展区，从文脉、文旅、文创3个侧面展现运河文化产业特色。首次举办华东DOUTalk大会暨“潮起运河·与美好同行——抖音运河之夜”活动，推出“新拱墅、大运河”宝藏文旅地图，点击量超过100万次，“打卡如梦上塘”热门词汇居抖音杭州同城热榜第一位。举办“国风新象”活动，以“国之万物，风起东方”为主题，分为宋潮·运河巡游会、国风腔势展、国风新象·华服盛典3个板块，推进传统文化融入现代生活。组织5家文化企业参加杭州市文化创意产业博览会，利用“抖音”“东家”2个平台，展示文创精品，引流主播带货，推动文化消费。协助浙江大船文化发展有限公司举办“让艺术在春天发芽”大船文化年度剧目发布会暨亲子剧运营交流会，推出“杭州制作”精品亲子剧目，展示拱墅特色演艺。

【文化企业培育成果丰硕】2021年，拱墅区文化产业培育和发展成果丰硕。浙江出版联合集团有限公司入选国家文化出口重点企业并完成股改和上市。浙江出版联合集团有限公司、浙报传媒控股集团有限公司蝉联全国文化企业30强。杭州海天蛟龙传媒有限公司拍摄制作的电视剧《和平方舟》获中央文化产业发展专项资金扶持。杭州新天地文化创意街区获评省级文化创意街区，杭州火石品牌策划有限公司、浙江出版传媒股份有限公司获评省级重点文化企业，浙报数字文化集团股份有限公司、杭州米络星科技（集团）有限公司、浙江博采传媒有限公司获评省数字文化示范企业，杭州乐富·智汇园获评省重点文化产业园区，杭州意汇文化艺术有限公司、杭州胡须先生文化创意有限公司、浙江盘石信息技术股份有限公司、杭州纳视文化创意有限公司等9家企业获评第五、六批浙江省成长型文化企业。 （程细雨）

智能制造业

【概况】2021年，拱墅区以“高端化、智能化、绿色化、服务化”为发展目标，打造数字经济与制造业“双引擎”。围绕数据驱动、融合带动、重点突破、特色发展等方向，加快既有产业与数字技术的融合，提升产业核心竞争力。开展制造业规模以上企业数字化水平自查工作及信息化、工业化融合发展水平评估工作，全区规模以上工业企业数字化覆盖率

100%。推荐6家企业申报浙江省首台(套)装备认定,其中中建材智能自动化研究院有限公司的“一种新型高效的下片铺纸系统”被认定为省级首台(套)装备。全年新增省级重点技术改造项目4个、“机器换人”项目5个,新增工业机器人40台。

(赵逸凡　鲁　剑)

【数字化改造攻关项目申报】 2021年,拱墅区以实现生产智能化、产品智能化、服务智能化为重点,围绕需求精准响应、要素动态配置、业务高效协同、能力开放共享等目标,鼓励制造业企业应用物联网、大数据、人工智能等信息技术,对产品、制造、服务等环节进行数字化改造,并面向辖区制造业企业征集数字化改造攻关项目,申报杭州市制造业数字化改造攻关项目。经系统审查及纸质材料核查,区发改经信局向市经信局推荐攻关项目5个。全年杭州中亚机械股份有限公司“基于MES系统的生产智能化管控集成平台”、杭州罗莱迪思科技股份有限公司“基于MES系统的LED灯具数字化改造项目”、杭州思源信息技术股份有限公司“综合运维管理SAAS云平台”、杭州英普环境技术股份有限公司“基于物联网技术的智能水务运维管理平台建设”和杭州慧灵控制工程有限公司“生产管理信息化改造”项目被纳入市数字化改造攻关项目培育库,其中“基于MES系统的LED灯具数字化改造项目”通过验收。

【“未来工厂”体系建设】 2021年,拱墅区依托5G、大数据、人工智能等数字技术,加快制造业数字化发展,推进“数字化车间”建设和“智能工厂”培育,加大对“未来工厂”建设试点项目的支持力度。向企业宣传和解读市委、市政府《关于加快建设“未来工厂”的若干意见》等文件精神,以制造方式创新、企业形态重构、要素资源重组为重点,深化数字赋能制造业转型,推动制造业向高端化、智能化、绿色化发展。全年助推9家企业进入杭州市“未来工厂”培育体系。其中,杭州中美华东制药有限公司入选省“未来工厂”试点名单、市“聚能工厂”培育名单,杭州中亚机械股份有限公司入选省、市“智能工厂”培育名单,杭州汽轮机股份有限公司入选市“智能工厂”培育名单,浙江省通信产业服务有限公司、浙江永联民爆器材有限公司、杭州人本轴承有限公司和杭州罗莱迪思科技股份有限公司入选市“数字化车间”培育名单,杭州捷配信息科技有限公司、浙江大冲能源科技有限公司入选杭州市“云端工厂”培育名单。　(赵逸凡)

【制造业企业技术改造】 2021年,拱墅区以智能化改造为引领、新产品研发为重点、设备投入为支撑,推动规模以上工业企业技术改造全覆盖,推进既有产业技术升级、产能扩增。全年辖区工业技术改造在库项目7个,总投资额13.85亿元。新增杭钢云计算数据中心项目110千伏用户变工程、罗氏印刷技术改造项目、布顿钢丝绳技术改造项目,总投资额1.2亿元。竣工杭州中美华东制药有限公司制剂大楼3及配套工程技术改造项目、固体制剂平台建设项目。其中制剂大楼3及配套工程技术改造项目位于拱墅区莫干山路866号,在公司预留场地建设制剂大楼3生产楼。制剂大楼3为生产楼,占地面积约1900平方米,通过引进先进设备,建成自动化、智慧化多产品综合生产车间。该项目完成投资3.75亿元。　(鲁　剑)

特色小镇(园区、街区)

拱墅智慧网谷小镇

【概况】拱墅智慧网谷小镇为杭州市首个创新型用地数字经济小镇，有“浙江版中关村”小镇之称。小镇北至金昌路，南至石祥路，西至拱康路，东至上塘河，占地面积3.4平方千米，核心区面积1.8平方千米。以数字产业为主导，拥有人工智能、数字传媒、数字健康、数字生活4个产业板块。

2021年，小镇完成固定资产投资14.04亿元，实现财政收入9.38亿元，财政收入比上年增长23.9%。13家规模以上企业实现营业收入110.61亿元，其中特色产业营业收入28.61亿元，占比25.9%。小镇有税收超过1000万元的企业12家、市级及以上高新技术企业16家。

【杭州市知识产权交易服务中心落户智慧网谷小镇】2021年4月25日，由杭州市市场监管局(杭州市知识产权局)、杭州市中级人民法院、拱墅区政府、浙大城市学院主办的“杭州市知识产权宣传周”活动在拱墅智慧网谷小镇·城市客厅举行。活动现场进行《杭州市知识产权交易服务中心四方合作协议》签约，标志着杭州市知识产权交易服务中心落户拱墅智慧网谷小镇，成为杭州市知识产权和创新资源优化配置的重要平台。拱墅区把知识产权工作摆在重要位置，持续加大知识产权保护力度，提升知识产权创造、管理及运用能力。至该中心落户前，全区拥有中国专利金奖2件、中国专利优秀奖13件、有效发明专利8410件，万人发明专利拥有量76.1件。

【智慧网谷小镇获评国家AAA级旅游景区】2021年5月7日，经杭州市旅游景区质量等级评定委员会认定，拱墅智慧网谷小镇景区达到国家AAA级旅游景区质量标准，被文化和旅游部认定为国家AAA级旅游景区。小镇景区曾是典型的“城中村+老工业基地”，集聚20多家省市属国有企业、60多家集体企业、700多户

2021年4月25日，“杭州市知识产权宣传周”专利权保护行政司法对接机制框架协议签约仪式在拱墅智慧网谷小镇·城市客厅举行

(区市场监管局 供稿)

农户。拱墅区围绕“产业立区”战略，在大城北区域内谋划低成本集聚的发展模式，在老工业基地转型过程中，以优美的景观建筑为基础，借势造景，打造核心景点，建成“智慧之脉”“智慧之种”“智慧之核”等核心景点。

【“智慧之核”中央广场项目获省级金奖】 2021年9月，拱墅智慧网谷小镇“智慧之核”中央广场项目被省风景园林学会授予“优秀园林绿化工程”金奖。该项目为小镇商务配套先行区环境综合提升改造工程，项目北靠沈康路，南临瓜东文教产业园，东至热水河，西贴崇康路，建筑面积1.8万平方米，设计为绿岛、水池相结合的广场，包括标志性雕塑、大面积静水池、水上休闲厅、运河沿线休闲步道等。

【智慧网谷小镇获评省创建类小镇优秀等级】 2021年11月4日，拱墅智慧网谷小镇获评“浙江省命名和创建特色小镇2020年度考核”创建类小镇优秀等级。拱墅智慧网谷小镇是浙江省首个利用大范围创新型产业用地打造的数字经济小镇，依托引入的新浪集富科技发展（杭州）有限公司、杭州丰泰电商产业园管理有限公司、杭州联智博泓科技有限公司等数字经济企业，打造浙江省数字经济产业高地。小镇相继创建成为杭州市第二批特色小镇、浙江省第四批特色小镇。

【浙数文化产业园获评“浙江省智慧工地示范项目”】 2021年11月，浙数文化产业园凭借“智能建造”的融合创新和深度应用，在省建筑业行业协会主办的全省智慧工地示范项目评选活动中，经初审、终审和项目现场抽查后，获评“浙江省智慧工地示范项目”。浙数文化产业园位于拱墅智慧网谷小镇，园区引进“智慧工地”管理平台，通过物联网、大数据、人工智能等技术与施工现场深度配合，实现施工现场可视化、精细化和智能化管理。2021年，产业园对管理平台进行全新升级，新增智能物料系统、临边防护等硬件系统，“智能建造”水平进一步提升。（沈依玮）

运河财富小镇

【概况】 运河财富小镇位于杭州主城区中北部，东至上塘路，南至胜利河，西接湖墅路、小河路，北至湖州街，环境优美，水系丰富，交通便利，配套成熟，总面积3.3平方千米，核心区面积1平方千米。以金融为特色产业，集聚银行、证券、保险、期货、私募基金等金融机构392家和金融服务机构30家，基本形成金融全产业链生态圈。2015年，小镇入选浙江省第二批特色小镇，是承载拱墅未来发展的核心区域。至2021年，小镇入驻的金融企业累计投资企业419家，其中投资上市企业37家、“新三板”挂牌企业32家、其他企业304家。2021年，运河财富小镇实现税收8.77亿元、营业收入201.94亿元。小镇管委会借助“两区”融合契机，调研走访拱墅区范围内31幢商务楼宇，了解89个金融机构经营情况，为政府部门规划沿运河金融产业合作发展提供基础信息。年内，安盛天平财产保险有限公司浙江分公司、杭州杭实友创九智创业投资合伙企业（有限合伙）落户小镇，其中安盛天平财产保险有限公司浙江分公司为浙江省引进的首家国际独资保险机构500强分公司。

【运河财富小镇综合活力指数跻身全省前十位】 2021年5月18日，省发展改革委召开全省特色小镇高质量发展和数字化改革培训会议，会上发布由浙江大学中国新型城镇化研究院联合第三方权威机构提交的《基于大数据的浙江省特色小镇活力评估报告》，评估报告公布全省特色小镇活力指数评估结果，运河财富小镇被评为浙江省最具综合活力的十大特色小镇之一。评估报告表明，运河财富小镇的产业聚集趋势向好，小镇访客人口聚集度提升。小镇通过产、城、人、文结合，环境更加适宜创新创业。

【“创联汇”第19期项目路演在运河财富小镇举行】 2021年5月28日，“凤凰行动”科技金融服务——“创联汇”第19期项目路演活动在运河财富小镇举行。路演由浙江省科技厅指导，浙江省创业投资协会主办，拱墅区运河财富小镇、杭州枫惠六和桥创投科技有限公司承办。活动现场，来自新材料、新能源、人工智能、数字化平台领域的4个路演项目分别上台推介。与会投资机构代表针对各项目特点，与项目代表进行互动交流。整场活动采取“零距离”问答方式，专门安排自由交流时间，有利于提高投融资对接效率。

【“长三角外资金融机构在浙发展机遇”高峰论坛在运河财富小镇举行】 2021年8月6日，由区政府主办的首届“长三角外资金融机构在浙发展机遇”高峰论坛在运河财富小镇举行，以“全球经验 服务中国 服务浙江”为主题，邀请32个投资机构的代表参加。活动设置专家分享与圆桌会谈两个环节，围绕新拱墅蝶变跃升、发挥长三角外资金融机构优势作用、打造浙江财富高地等议题进行交流，旨在搭建沟通交流平台，为更多金融机构提供与政府部门、行业伙伴直面对话机会，推进区域金融产业发展。

【杭州英蓝中心项目竣工】 2021年8月12日，位于运河财富小镇的杭州英蓝中心项目完成竣工验收备案。该项目西邻运河，与香积寺和大兜路历史街区一线之隔，东临长乐路，并与在建的地铁3号线连通，是地铁上盖综合体项目，占地面积4.38万平方米，建筑面积22.42万平方米，集住宅、写字楼、商业等多功能业态于一体，由北京英蓝集团投资建设并自持运营。

【运河财富小镇通过国家AAA级旅游景区复核评定】 2021年11月9日，杭州市旅游景区质量评定委员会通报全省AAA级旅游景区第一批复核结果，拱墅区运河财富小镇景区经核查保持AAA级标准。该景区于2019年被批准为国家AAA级旅游景区，享有优质的人文、自然环境，主要旅游景点有运河财富小镇展厅、运河文化发布中心、胜利河美食街、运河之水雕塑等。

【党建引领联盟发展】 2021年6月，运河财富小镇金融财富联盟成员单位开展在线党史知识学习打卡等庆祝中国共产党成立100周年活动，推进“学党史、悟思想、办实事、开新局”各项工作。9月，安盛天平财产保险有限公司浙江分公司成立党支部，为小镇内第一个世界500强公司独资子公司区域总部党支部。小镇扩大党建联盟“朋友圈”，共同开展党建理论学习交流，共同关注支持小镇平台建设，发挥好党建促发展、聚人心、解难题、办实事作用。

（许依播）

2021年8月6日，首届“长三角外资金融机构在浙发展机遇”高峰论坛在运河财富小镇举行

（运河财富小镇管委会 供稿）

上塘电商小镇

【概况】 上塘电商小镇位于杭州市城北副中心门户位置，规划范围东临上塘河，西至上塘路，南与绍兴路交界，北与石祥路接壤，总规划面积2.85平方千米，拥有千年古运河历史人文底蕴，水陆交通便捷，区位优势明显。小镇以数字生活为产业发展主线，以数字文娱、数字供应链为两大细分产业，以多个数字生活科技场景应用为产业生态圈，依托“直播＋为企业赋能”，集聚国家级数字声音产业基地央广“云听”、杭州顺丰同城实业股份有限公司、杭州碧橙数字技术股份有限公司、杭州子默网络科技有限公司等数字生活类及直播电商类重点企业。2021年，小镇完成产业投资4.46亿元，其中特色产业投资占81.5%；实现营业收入76.2亿元、税收5.5亿元。引进、培育国家级和省级人才4人、高技能人才1359人。

【数字生活发展高地建设】2021年，上塘电商小镇在原有电子商务、直播经济、数字经济融合发展基础上，推动产业进一步转型升级。小镇以“校区、园区、社区”三区联动为理念，以“数据供应链、产业创新链、线上服务链、物资配送链和应用场景示范”融合为路径，谋划数字生活发展高地建设，把上塘电商小镇打造成大城北数字生活创新策源地、浙江省数字生活集聚新高地、长三角校镇企合作共建示范区。

【上塘电商小镇配套服务优化】2021年，上塘电商小镇推进生产、生活、生态一体化，优化小镇营商环境。加快小镇内上塘河风情小镇建设，引入专业运营商将历史悠久的上塘河打造成可看、可玩、可逛的风景区。完善基础设施配套，实施台州东路、衢州路等道路整治项目，配合拱墅区“三纵一横”道路沿线提升改造，完成沈半路沿线景观提升。完善生活服务配套，小镇内中小学、幼儿园、安置房等配套设施建设加快，小镇入驻企业、职工、居民归属感和幸福感普遍提升。

【上塘电商小镇影响力扩大】2021年，上塘电商小镇举办电商沙龙、平台招商、特色产品直播等活动近50场，营造发展电商产业的浓厚氛围。小镇内运河（国际）跨境电子商务园区被评为杭州市服务贸易示范园区，杭州市拱港青少年科创文化交流中心入选第一批“杭州市侨联侨界创新创业基地”名单。星汇直播联盟协助承办“浙江消费券发布暨拱墅区O2O电商节”，并与区商务局和中国联通集团杭州分公司签订电商战略合作协议。小镇内企业杭州卓湃生物科技有限公司与中央广播电视总台举行战略合作签约仪式，小镇国际国内影响力提升。

【“运河·星汇直播·同心荟”被确定为市级统战基地】2021年4月15日，市委统战部在上塘电商小镇举行第四批市级新的社会阶层人士统战工作实践创新基地授牌仪式，拱墅区“运河·星汇直播·同心荟”被确定为“杭州市新的社会阶层人士统战工作实践创新基地”。小镇星汇直播联盟依托辖区高校资源和产业优势，吸纳杭州翔天供应链管理有限公司、环世通（杭州）网络科技有限公司、杭州旭航网络科技有限公司等29家企业的代表人士为首批联盟成员，下辖供应链中心、人才创业创新中心、全链路服务中心和网络营销中心，基本覆盖直播行业全产业链条，包含直播电商、MCN机构、新媒体运营、广告策划、供应链管理。“运河·星汇直播·同心荟”发挥联盟人才荟萃、智力密集优势，推进高校与企业融合，打造“网络直播产教融合基地”，赋能拱墅直播产业发展。

（倪家伟）

拱墅汽车互联网小镇

【概况】拱墅汽车互联网小镇成立于2017年，位于拱墅区北部，东临通益路，南接湖州街和石祥路，西至莫干山路和丰庆路，北靠祥泰街、三墩路，规划面积3.0平方千米，核心区面积1.1平方千米。小镇围绕汽车智能研发、汽车电子商务、汽车互联网出行和汽车互联网后市场4个领域，构造四轮驱动产业体系，形成“一核三园，一城多点”（“一核”指万科汽车互联网产业园核心园区，“三园”指运河汽车互联网产业园、运河汽车电商园、创新谷汽车互联网产业园，“一城”为海外海汽车城）的空间布局，小镇累计入驻汽车互联网企业220多家。2021年，小镇实现营业收入125.7亿元、税收4.88亿元。

【政企合作产业投资中心揭牌】2021年3月31日，拱墅区政府与浙江省经济建设投资有限公司联合成立的政企合作产业投资中心及综合交通科创产业基地揭牌仪式在运河万科中心举行，揭牌仪式由拱墅区政府、浙江省经济建设投资有限公司共同主办。中心成立标志着双方合作取得重要进展。年内，中心以综合交通科创产业基地为载体，聚焦智慧交通、智能网联汽车、新能源、新材料、高端装备制造等领域，在政策、资金、平台等方面开展合作，助力打造千亿元级的综合交通产业“拱墅样板”。

【承办中小微企业创新创业大赛杭州赛区总决赛】2021年8月3日，由杭州市经信局主办，拱墅区政府协办，杭州市中小企业服务中心、拱墅区祥符街道办事处、拱墅汽车互联网小镇管委会、拱墅汽车互联网产业创新服务综合体承办的“创客中国”暨“浙江好项目”中小微企业创新创业大赛杭州赛区总决赛在杭州海外海国际酒店举行。大赛以“围绕产业链·部署创新链·配置资金链”为主题，聚焦数字科技、新能源和新材料、先进制造、生命健康、汽车产业链5个领域，征集参赛项目260个，经过角逐，百明信康生物技术（杭州）有限公司的“新型蛋白技术在过敏免疫治疗中的应用”项目夺得桂冠。

【重点项目建设】2021年，汽车互联网小镇加快重点项目建设。万科汽车互联网核心产业园二期、祥符大厦、汽车城提升改造等重点项目竣工。小镇核心产业项目万科汽车互联网核心产业园三期项目外立面施工完成工程量的50%，渡驾桥股份经济合作社商业综合用房三期主体施工完成工程量的30%，宝荣地块项目桩基施工达到施工进度要求，华东医药生命科学产业园扩面、祥符老街南改造等项目有序推进。（金晓鹏）

北部软件园

【概况】北部软件园成立于2001年，位于拱墅区祥园路99号，东至通益路，南至石祥路，西至莫干山路，北至余杭界。总面积3.07平方千米。拥有杭州国际人才创业创新园（拱墅园区）、“国家级众创空间”北软众创空间等创新创业平台，以及智慧信息产业园、网新智慧立方、泰嘉园、乐富·智汇园、万达综合体等成熟楼宇集群。软件园被评定为“国家级运河广告产业园”“中国（杭州）智慧信息产业园”“国家电子商务示范区”。2021年年末，园区有纳税企业2328家，其中规模以上企业135家。全年实现财政收入9.1亿元，比上年增长22.2%。

【潜力企业培育】2021年，北部软件园重点培育潜力企业，对重点企业予以政策扶持，协调金融机构与重点企业对接，园区重点企业运行良好。杭州楚环科技股份有限公司专注废气恶臭治理，集研发、设计、制造、工程、维保于一体，被评为中国水网市政领域臭气处理年度标杆企业。浙江托普云农科技股份有限公司是一家集“智能装备＋软件平台＋数据服务”于一体的数字农业综合解决方案服务商，聚焦智能感知、图像识别、算法模型等技术领域，2021年实现总产值5.6亿元，比上年增长46.4%。杭州罗莱迪思科技股份有限公司根据智慧道路、智慧文旅、智慧照明、智慧运维等城市智慧建设需求，推出“一体式全场景城市智慧服务平台”，为城市智慧照明提供智能化物联网解决方案，2021年公司产销两旺。浙江盘兴数智科技股份有限公司基于可持续的合作伙伴关系，通过数字化及智能化手段为客户提供高效、可定制的单项或综合性技术服务，是行业内最具竞争力的民营企业。泛城设计股份有限公司主营各类建设项目的设计业务及EPC工程总承包业务，具有工程类设计甲级资质及建筑工程总承包一级资质，为浙江省EPC工程总承包试点企业、国家高新技术企业，业务涵盖商业办公、住宅公寓、学校酒店、文旅小镇等各类业态。

【产业项目支撑】2021年，北部软件园围绕拱墅产业体系战略布局，推进大运河数智未来城建设，丰富园区数字经济生态圈内涵。加强园区基础设施建设和公共服务数字化改造，提升园区数字化管理水平。加强金融赋能，依托10亿元集成电路产业基金，吸引

2021年8月3日，“创客中国”暨“浙江好项目”中小微企业创新创业大赛杭州赛区总决赛在杭州海外海国际酒店举行（祥符街道 供稿）

并引导社会资本向园区在孵企业聚集，为入驻的创新型创业企业提供股权投资支持和增值服务。依托中国科学院计算技术研究所数字经济产业研究院、中国科学院空间应用工程与技术中心，园区加快形成“科技＋孵化”的产学研用协同发展机制。软件园依托杭州国际人才创业创新园（拱墅园区），集聚国际顶尖人才、海外留学人才、高技能人才、大企业高级管理人员、优秀青年人才等创办企业，全年引进各类人才167人，促进“人才＋孵化”的智力转化。（何　飞）

数字经济产业园

【概况】数字经济产业园位于拱墅区核心区，成立于2019年8月，规划面积6平方千米，由原跨贸小镇和原电竞数娱小镇整合组建，是杭州市第一个以数字经济命名的产业园区。园区拥有四通八达的交通辐射力。作为全国跨境电商的发源地、杭州亚运会电竞赛事的承办地、拱墅区省级高新区的主平台，产业园重点发展以总部经济为引领，以电竞数娱、生命健康为核心的主导产业，打造拱墅区亚运新窗口和产业新高地。园区获“中国侨联新侨创新创业基地”“浙江省重点进口展商平台”“浙江省参与中国国际进口博览会突出贡献集体”“杭州市服务贸易示范园区”等称号。

【招商引强】2021年，产业园围绕新拱墅“1＋3”现代产业体系，聚焦园区核心产业赛道开展精准招商，为园区产业腾飞积蓄新的动能。年内引进世界500强企业吉利德科学公司项目、阿斯利康制药有限公司中国东部总部及其生命科学创新园项目，总投资250亿元的韩国大邱生命健康产业集群项目落地。抓住电子竞技纳入亚运会竞赛项目的机遇，主动出击，签约落户深圳市腾讯计算机系统有限公司、网易（杭州）网络有限公司、完美世界控股集团有限公司3个全国电竞领域头部企业。产业园创新产业招商做法被评为浙江省优秀案例。

【项目拉动产业】2021年，产业园抓住项目“牛鼻子”，紧盯目标、强力攻坚，用土地资源和重点项目拉动产业集聚，为园区持续发展打开新的空间。提前谋划18宗、32.4公顷地块开发建设，完成石桥单元6宗、9.4公顷地块征地等前期审批及场地平整，其中3宗地块完成收储。推进七大重点项目建设，完成投资额近11亿元。其中，以全球总部标准装修的阿斯利康制药有限公司中国东部总部大楼项目，仅用3个多月时间完成，保障总部大楼按计划投用。“天空之城”武林美术馆项目完成主体结构，并提前启动招商。原杭州叉车厂厂区智能制造产业园提升改造项目取得施工许可证。

【营商环境优化】2021年，产业园坚持产城人文融合，借助亚运新机遇，优化提升营商环境，为园区升级蝶变注入新的活力。产业园管委会以党史学习教育为契机，开展“三联三领三服务”活动，走访服务园区企业近200家次，解决融资等困难问题40多个，兑现扶持资金1120多万元。高质量举办第一届浙江省数字医疗健康产业杭州峰会、区块链服务网络（BSN）全球合作伙伴大会和浙江省高校电子竞技联赛等活动。加快打造新天地核心区金名片，新天地中央活力区夜经济成为全省标杆，新天地文化创意街区获评省级文化创意街区，新天地观赛公园成为杭州最大亚运会观赛空间。

【亚运电竞场馆建设】2021年，产业园以“世界一流、中国顶尖”标准，围绕数字化、智能化、专业化要求，克服新冠肺炎疫情影响和场馆建设缺乏技术标准等困难，坚决打赢场馆建设攻坚战，历时15个月建设，基本完成亚运电竞场馆主体工程。作为国内首个专业电子竞技场馆和最大的异型曲面阳极氧化铝板单体建筑，项目获国家及省内建筑行业多个金奖。结合场馆建设，制定电子竞技类场馆行业技术标准10多个，亚运电竞场馆成为该领域可示范推广的标志性项目。（徐娇娇）

康桥新能源产业园

【概况】康桥新能源产业园成立于2001年，位于拱墅区北面，南接康桥路，西靠杭宣铁路，北与临平区相邻，东面为原杭州钢铁集团厂区，园区紧靠320国道、绕城高速公路、半山公园。规划面积1.87平方千米，建筑面积105万平方米，是以发展新能源、节能环保产业为主的现代产业集聚区。至2021年，累计入驻企业3388家，其中新引进企业338家，注册资本26.37亿元。有隽维中心产业园、杭州恒山钢贸产业园、杭开科创园等园中园42个。全年园区实现主营收入93.2亿元、税收4.01亿元；税收收入中，新能源企业税收8579.81万元，比上年增长15.5%。

【重点企业培育】2021年，康桥新能源产业园重点企业"引""育"并重，通过招商引资为园区集聚"源头活水"，通过整合要素资源，为有发展潜力的企业拓展生产、办公场地。全年园区新增杭州中开电气有限公司、杭州现代彩色印刷有限公司"小升规"企业2家，新增杭州嘉业印务有限公司、杭州中开电气有限公司、杭州现代彩色印刷有限公司"上云"企业3家，产业园18家规模以上工业企业100%"上云"。

【园区首个科技孵化器诞生】2021年1月，杭开科创园被市科技局认定为"杭州市标准化科技企业孵化器"，标志着园区首个科技孵化器诞生。杭开科创园位于拱墅区康明路，由杭开(杭州)创新创业园区有限公司运营，重点培育新制造业产业，是一个具有现代气息、创业氛围浓厚的空间环境。至2021年，累计引进孵化企业43家，入驻率75%。全年举办"杭开创新创业大讲堂"活动15场，1000多名创业者参加。

【华普永明公司入围国家"专精特新"小巨人企业支持名单】2021年5月10日，工业和信息化部发布"建议支持的国家级专精特新'小巨人'企业(第一批第一年)"名单，杭州华普永明光电股份有限公司入围榜单。该公司是园区入驻企业中的标杆性企业，主要从事户外大功率LED灯具的研发和生产，致力于成为全球户外大功率LED照明行业的领军企业。全年公司实现工业总产值5.25亿元。

2021年12月20日，杭州禾迈电力电子股份有限公司登陆上海证券交易所科创板
（区科技工业区管委会 供稿）

【禾迈股份公司科创板上市】2021年12月20日，杭州禾迈电力电子股份有限公司登陆上海证券交易所科创板，成为园区首家科创板上市企业，实现园区IPO上市"零"的突破。杭州禾迈电力电子股份有限公司股票简称"禾迈股份"，代码为688032，首次公开发行股票1000万股，发行后总股本为4000万股；发行价每股557.8元，刷新A股最高发行价纪录；开盘价为每股633.66元，年末总市值253.46亿元。（李　捷）

北城·智汇园

【概况】北城·智汇园成立于2007年1月，为拱墅区十大产业平台之一，位于杭州主城区北部的320国道与绕城公路半山隧道交会处西北角。园区包括石塘区块、沈家桥区块，总面积0.61平方千米，有产业用房0.33平方千米。园区初步形成以新制造业、智慧物流、建筑规划和生物医药产业为主，部分电商平台及进出口贸易企业为辅的产业格局。2021年，园区实现营业收入54.3亿元，比上年增长35.8%；实现税收1.53亿元，亩产税收达70万元。有年纳税50万元以上企业23家、1000万元以上企业5家。完成固定资产投资3.66亿元，增长83.1%。年内，62号天丰电源地块挂牌出让，顺丰国际生鲜电商供应链基地主体建筑结顶。杭州市路桥集团股份有限公司、话机世界通信集

团股份有限公司、浙江来益医药有限公司3家企业被列入“大树”企业名单，浙江建工幕墙装饰有限公司被列入“小巨人”企业名单。

【地块出让】2021年12月31日，北城·智汇园内62号天丰电源地块在拱墅区公共资源交易中心挂牌出让。地块东至临一街，南至杭州华威砼构件有限公司，西至规划绿化带，北至杭州广银建设有限公司，出让面积1.24公顷，为二类工业用地，容积率不大于2.2，建筑密度不大于50%，绿地率不小于20%，建筑限高不大于50米，出让年限50年。拟引入通用设备制造业类企业，投资强度为每亩600万元。

【顺丰生鲜电商供应链基地主体建筑结顶】2021年11月，顺丰杭州北城·智汇园项目——顺丰杭州国际生鲜电商供应链基地主体建筑结顶。该项目规划用地6.79公顷，建筑面积11.55万平方米，由4个单体及附属的配套设施组成，主营生鲜电商、冷链网络、供应链金融三大板块业务，集合顺丰集团冷链网络、大物图冷链电商平合及金融服务等优势，整合社会资源，为全市生鲜贸易企业、品牌生产企业、优质供应企业和农产品基地提供集电商、物流、金融于一体的平台服务。（沃　瑾）

中国杭州人力资源服务产业园

【概况】中国杭州人力资源服务产业园建于2012年，位于白石路318号，北临西文街，西临白石巷，南临善贤路，东临中粮方圆府。占地面积1.4公顷，总建筑面积8万平方米。2014年12月，成为全省第一个、全国第五个国家级人力资源服务产业园。2016年10月，成为全国首个国际人力资源产业园。园区以立足杭州、服务浙江、融入长三角、辐射全国、链接世界为目标，全力打造人力资源配置高地。至2021年，园区集聚浙江中智经济技术服务有限公司、爱才集团有限公司、杭州千汇人力资源开发有限公司、杭州钱江人才开发有限公司等各类机构195个，其中新引进杭州科之锐人力资源有限公司、浙江翰文人力资源开发有限公司、杭州八斗信息科技有限公司、杭州锐致商务咨询有限公司、杭州新博企业管理咨询有限公司等人力资源机构26个，业务类型涵盖人力资源服务全产业链。2021年，园区实现产值151.3亿元。

2021年10月18日，“2021中国杭州国际人力资源峰会”在拱墅区举行
（区人力社保局 供稿）

【杭州国际人力资源峰会】2021年10月18日，“2021中国杭州国际人力资源峰会”在拱墅区举行。峰会深入贯彻中央人才工作会议精神，聚焦京杭大运河经济带建设，为行业发展对接人才所需。政府部门代表、国内从事人力资源管理与研究的专家学者、上规模人力资源企业负责人800多人参会。人力资源社会保障部有关部门负责人、拱墅区委书记陈瑾等出席开幕式并致辞，区委副书记、区长冯晶为奥的斯中国人力资源副总裁Jordi Casas颁发国际引才大使聘书。开幕式上，北京、天津、石家庄、济南、苏州、杭州6个国家级产业园成立京杭大运河沿线国家级人力资源服务产业园协同创新发展联盟。峰会期间发布浙江“共享人力资源，助力共同富裕”行动计划、全球人力资源领军企业“征集令”、“2021全球人力资源服务机构50强榜单”。峰会由浙江省人力社保厅指导，杭州市委组织部（市委人才办）、杭州市人力社保局、拱墅区委区政府主办。

【“杭州人力资源服务机构招才引智群英榜”发布】 2021年11月7日，“杭州人力资源服务机构招才引智群英榜”发布暨人力资源服务和产品创新创优路演在杭州国际博览中心举行。杭州有20个人力资源服务机构上榜，拱墅区内杭州科之锐人力资源有限公司、浙江海业必达人力资源有限公司、锐仕方达人才科技集团有限公司杭州分公司、杭州汇智东方人力资源服务有限公司、浙江爱才人力资源股份有限公司5个人力资源机构入围群英榜，数量占全市四分之一。入围榜单的机构主要在引进高层次人才、海外人才、技能人才、博士后研究人员、大学生、海内外创新创业项目等方面拥有突出业绩。发布会期间举行的人力资源服务和产品创新创优路演，评选出10个重点项目和优秀项目，辖区杭州悟空薪享科技有限公司“农经纪——基于农垦农场灵活就业的服务平台”项目、杭州青塔科技有限公司“星云——高层次人才引进数字化解决方案”项目、杭州中昂企业管理咨询有限公司“海智——国际人才引进和成果转化服务”项目入选优秀项目榜单并获资助，入选项目数为全市第一位。活动揭晓首批获杭州人力资源服务机构参与重大发展战略项目资助的5家企业名单，辖区浙江中智经济技术服务有限公司获得资助。

（舒西龙）

中国(杭州)互联网影视产业园

【概况】 中国(杭州)互联网影视产业园位于拱墅区沈家路150号，由浙江清华长三角研究院杭州分院、杭州市文化广播电视集团、下城区政府共同发起成立。园区面积1.9万平方米，主楼层高5.7米，户型有大、中、小3种，适合不同类型、不同规模的影视企业入驻。2021年，产业园以行政区划调整为契机，发挥产业培育优势、资源渠道优势、机制体制优势，按照“突出特色、创新发展、政府引导、集群发展”思路，构建影视文化产业生态圈，形成互联网影视产业公共服务平台、互联网影视文化专家智库中心、互联网影视文化短视频制作中心、互联网影视人才培训中心“一平台三中心”，为企业提供全方位配套服务。全年产业园吸引社会投资15亿元，完成固定资产投资6800万元，促成影视人才就业700多人，实现营业收入近1亿元。园区被认定为浙江省文化产业专项资金扶持项目，入驻企业增至210家，入驻率92%。

中国(杭州)互联网影视产业园(摄于2021年)　　（姜开心 供稿）

【短视频内容生产基地建设】 2021年，中国(杭州)互联网影视产业园凭借产业链优势，加快推进短视频内容生产基地建设。基地集多功能发布厅、影视产品展演厅于一体，为企业提供涵盖资源投入、人才培养及产品产出的全套服务。抗击新冠肺炎疫情期间，产业园为入驻企业免除6.5个月的房租和孵化服务费，并对园区环境进行循环净化。园区涌现浙江允中也文化传媒有限公司、杭州三马为闯文化传媒有限公司、杭州天阅文化传媒有限公司、杭州小唱文化创意有限公司、杭州非线性文化创意有限公司等优质企业。举办短视频作品展演50多场，上线有声作品40多部，开播大型直播项目65个，参与《你好，亚运》杭州亚运主题系列剧、电影《龙门阵》摄制。

【数字内容产业发展】 2021年，中国(杭州)互联网影视产业园推进数字化改革，加强创新驱动，加快新旧动能转换。通过实施“腾笼换鸟”行动，使工业遗存变为文化创意胜地。利用自身空间、政策、资源优势，打造产业孵化基地3万平方米及场景式电商直播间、多功能直播间20多间，设置创客拍摄专区及可同时容纳200人的培训会议室，为企业提供更优服务。产业园重点引进、支持文旅人工智能视频、体育赛事直播、小剧场戏剧线上平台等项目，采取线下线上相结合的方式，培养数字经济专业人才。

【产业融合】2021年，中国（杭州）互联网影视产业园建成中国互联网影视产业公共服务平台，在影视版权服务、影视人才服务、影视广告服务、影视金融服务等方面取得新的进展，形成以“影视旅游”“影视制作”“影视院校”等为主体框架的影视服务体系，为创新要素聚集夯实基础。至年末，产业园入驻企业拥有知识产权100多项，引进国家一级编剧、国家一级播音员、浙江卫视一级导演3人，通过为社会输送高质量人才带动就业。入驻企业杭州非线性文化创意有限公司联合杭州师范大学钱江学院、杭州万影科技有限公司成立数字媒体学院，以校企合作办学为基础，为社会培养高技能人才，为学生提供就业实践岗位。浙江清华长三角研究院杭州分院将杭州启征基金管理公司迁址到园区，投资孵化杭州嘉楠耘智信息科技有限公司、杭州老爸评测科技有限公司、见闻录（浙江）半导体有限公司等拟上市、高税收、高估值企业。（姜开心）

武林路女人街

【概况】武林路女人街位于大武林商圈核心区域，以武林路为轴，南起庆春路，北至体育场路，全长1.68千米。2021年，武林路女人街聚焦直播电商产业、新零售产业，推进街区消费新场景营造和夜间经济品质提升。通过对武林夜市、武林路9号音乐街区、皇后公园等节点的打造，全面提升街区商业环境。年内，武林路9号音乐街区完成股权转让，实现项目最优化。推出武林夜市“数字夜市”，激发市民消费活力，全年夜市单店直播平台关注者超过330万人次。

【“城市青年音乐角”建成】2021年3月，武林路女人街在武林路9号音乐街区建成“城市青年音乐角”。音乐角设置现代民乐演奏区，从3月起到年末，每月安排两场有特定演奏主题的演出活动。音乐角活动与拱墅区文旅线路深度融合，以构筑全国时尚文艺高地为目标，促进武林路女人街“商旅文”一体化融合发展。下城区为杭州市“城市青年音乐角”建设的试点区，从2020年开始，逐步在全区公园、广场等青年集聚或人流量大的地点，建设不同音乐风格的“城市青年音乐角”，音乐角给市民游客带来新鲜的体验感，助推女人街消费新场景打造。

【“红动武林、匠心传承”工匠作品主题展】2021年6月21日，为庆祝中国共产党成立100周年，武林街道总工会、武林路（国际商业街区）楼宇社区党委、武林夜市党支部、武林夜市联合工会共同举办“红动武林、匠心传承”工匠作品主题展，主题展在武林路国际商业街区党群服务驿站开幕，展期1个月，以“传承红色基因，延续精神血脉”为主题，突出“红色收藏、精品收藏”。来自武林夜市的18名草根匠人展出庆祝中国

2021年6月21日，“红动武林、匠心传承”工匠作品主题展在武林路国际商业街区党群服务驿站开幕（武林街道 供稿）

共产党成立100周年红色代表作品19件，展品涉及刻瓷、壁挂、烙画、烧玻璃、书画、手作等。

【武林路提升改造】2021年12月，武林路提升改造工作启动，改造工程分两期进行，一期为提升改造武林路及周边景观，二期为优化调整商业业态，把久安里作为商业群落开放。提升改造专题会议要求围绕商业步行街的功能定位，优化规划设计，加强周边道路交通组织，细化调整武林路商业业态，将武林路打造成为标志性精品工程。（陆力舟）

2021年11月7日，杭州中国丝绸城举办宋韵文化节暨金秋购物节。图为参加购物节活动的演员在丝绸城牌楼下合影（杭州中国丝绸城 供稿）

杭州中国丝绸城

【概况】杭州中国丝绸城成立于1987年，位于拱墅区长庆街道十五家园，占地面积2万平方米，有签约商户407家。丝绸城是国家特色商业街、全国有影响的丝绸专业批发零售市场。2021年，丝绸城完善"一心、双街、多区"结构布局，加快发展体验式消费，致力于提升商户直播电商运营能力。全年举办电商直播知识讲座和实务培训等活动20多场，组织80多家商户在"淘宝""抖音""快手""拼多多"等平台参与直播带货，实现营业收入15.3亿元、税收749.21万元。

【"五化"市场创建】2021年，丝绸城围绕"五化"（便利化、智慧化、人性化、特色化、规范化）市场创建，推进环境、品质提升。完善街区标识标牌，在健康路、西健康路等主入口，增设引导路标、引导牌、公告栏；街区配备除颤仪等专业急救设备，并投放300把爱心雨伞等公益共享用品，为商户和市民游客提供购物便利。配合省市场监管局开展放心消费单位创建工作，发动有条件的商户申报放心消费单位培育对象，年内丝绸城有103家商户申报。街区建立"先行赔付""服务承诺"等放心消费制度，所有商户承诺七天无理由退换货，让市民、游客购物更加放心。

【知识产权保护】2021年，丝绸城成立由市场监管执法人员、律师、丝绸城管委会工作人员组成的知识产权保护巡查队伍，不定期开展执法巡查，加强对商品商标、专利、地理标志等知识产权的执法保护。管委会印发《致丝绸城全体商户保护知识产权的倡议书》，开展"4・26"知识产权宣传，为商户提供相关业务咨询、申请专利权质押融资贷款讲解，通过微信群解读知识产权相关政策，提高商户知识产权保护意识。

【文化赋能消费】2021年，丝绸城管委会与区城投集团联合，以新消费为引领，推广商业新模式，发展新业态、新产业，营造体验式消费场景。举办新年民俗文化节、"夜猫集市周"丝绸夜市、"雅乐舞丝、国风赏绸"宋韵巡游、"丝绸嘉年华・金秋GO不停"丝绸城宋韵文化节暨金秋购物节、"清平乐市"及"有丝有终"探寻生命的奥秘等系列活动20多场，通过传播新国风，弘扬新思想，促进优秀传统文化的延续和发展，提升丝绸城人气。

【丝绸城商会桥梁纽带作用发挥】2021年，丝绸城商会发挥桥梁纽带作用，组织会员企业参加杭州市丝绸行业协会四届三次会员大会,学习先进经验,拓展经营思路,提振发展信心。助力社区疫情防控和社区建设,为十五家园社区捐赠防疫物资和慰问品。协助丝绸城管委会开展"3・15"质量监督检查、广告法及特种设备知识讲解等活动。引导商户加大对店铺硬件设施投入,全年有25家商铺进行升级改造。商会在主动作为中提升自身影响力。(顾清清)

中国(杭州)汽车文化精品街区

【概况】中国(杭州)汽车文化精品街区位于拱墅区东新街道绍兴路,南起德胜路,北至香积寺路,毗邻上塘河,全长960米,占地面积0.46平方千米,拥有保时捷、奔驰、宝马、奥迪、凯迪拉克、丰田、大众、别克、雪佛兰、比亚迪等10多个知名汽车品牌4S店和20多家汽车销售服务企业,为客户提供购车、上牌、维修、检测、租赁等业务。街区于2004年12月29日开街,以"经济立街、精品强街、文化兴街、休闲活街"为宗旨,全力构建现代、精致、时尚的汽车文化精品街区。自2009年起,连续12年年税收超过1亿元,被全国步行街商业委员会评为"中国特色商业街"。2021年,街区销售品牌汽车2.7万辆,实现销售额72.43亿元、税收1.57亿元。

【街区品质提升】2021年5月,为打造街区整体形象,促进汽车消费全面提升,街区进行新一轮升级改造,改造内容包括杭州卓越汽车销售有限公司(比亚迪4S店)、浙江奥通奥迪官方认证二手车公司、杭州全通丰田汽车4S店等展厅内外立面整治、景观绿化提升和购车氛围营造,并配套建设停车场和增设共享车位、共享充电桩,对街区资源进行整合重组,实现腾笼换鸟、布局迭代。通过街区品质提升,卓御比亚迪、宝通、奥通汽车销量增加,销售额分别比上年增加4.84亿元、2.15亿元和2.1亿元。

【奔驰新零售中心引进】2021年7月28日,街区引进奔驰新零售中心,梅赛德斯—奔驰官方授权经销商——浙江元通之星汽车有限公司入驻精品街区,专注奔驰整车销售、维修保养、二手车置换等业务。新零售中心秉持"以客户为中心"的服务理念,对4S店进行单店提升改造,设立独立式镂空欢迎台、立体点阵式氛围灯,并增设星徽大使和体验专家,通过设施更新和服务提升,增强客户购车舒适度。

【"车享节"销售方式创新】2021年,东新街道、区商务局在精品街区举办2次"车享节",采取线上购车与线下办展结合的方式,拓宽汽车销售渠道。通过现场展示热门汽车品牌款式、尖端科技应用和卓越的汽车性能,结合车展推出各种促销服务,包括向抗疫工作者推出的特别感恩礼,为消费者营造独特的购车氛围。"车享节"上,东新街道、汽车街商会设立街区"云平台",消费者只需用手机扫一扫二维码进入街区"云平台",即可浏览街区各4S店的实景展厅,体验"云咨询"等服务并领取现金"车享券"。"车享节"助推新能源车销售,卓御比亚迪专卖店销售新能源车3959辆,销量比上年增加2579辆。

【街区商会为企服务】2021年,东新街道汽车街商会开展"走亲连心三服务"活动,组织街区党员骨干走访企业,了解需求,帮助解决街区企业经营管理、物资采购等方面困难。按照"三问三办"(问困难立即办、问需求承诺办、问长远想着办)服务标准,为企业办成实事40多件。街区商会注重资源整合,梳理组建10个"复工资源库",并以"小程序"形式推送至街区企业,帮助街区企业订购口罩1.1万只,协调人员流动较大的汽车展厅安装ETC pro设备,帮助汽车4S店提高"健康码"核验效率和精准度。

(姚雪雅)

工　业

综　述

【概况】2021年，拱墅区应对各种压力和挑战，持续推进产业转型升级。深化“均亩论英雄”改革，用好企业亩均效益综合评价结果，促进企业提质增效。实施工业企业绿色低碳化改造，加强能源“双控”目标管理。推进小微企业园建设，提升小微企业园综合实力。全年规模以上工业（指年营业收入在2000万元及以上的工业企业）实现增加值110.8亿元，比上年增长5.1%。全区在库工业投资项目16个，其中制造业投资项目14个，实现工业投资11.7亿元，增长85.0%，工业投资增幅高于全市平均增幅。实现数字经济核心产业增加值72.4亿元，增长14.4%，增幅居全市第七位。

【企业技术创新加强】2021年，拱墅区坚持创新驱动战略，引导企业加快技术中心建设，提升科研创新能力，实现新技术的搭载和应用。组织企业公开征集人工智能应用场景，促进人工智能新技术、新产品、新模式落户拱墅。拱墅区数字化旅游服务管理融合平台、杭州亚运会赛事景观设计AI合规性检查&图形搜索应用等16个人工智能应用场景被列入市级人工智能应用场景建设清单。辖区浙江上青元电力科技有限公司、杭州罗莱迪思科技股份有限公司、浙江省建设工程机械集团有限公司3家企业的企业技术中心被认定为杭州市企业技术中心。

【开展“亩均效益”评价】2021年，拱墅区以要素资源市场化配置为手段，推进工业企业“亩均论英雄”改革。以碳达峰碳中和及能耗“双控”为重点，结合区域产业结构和企业规模特点，综合考虑亩均产出、亩均税收、单位能耗、单位排放等指标，制订“亩均效益”评价办法，组织相关部门和属地街道核对、补充拱墅区工业企业综合评价指标相关内容。依据综合评价结果，加大企业亩均效益综合评价结果的运用，建立电力等资源要素与“亩均效益”绩效挂钩的激励约束机制，通过正向激励和反向倒逼双向发力、综合施策，推动企业高质量发展。区发改经信局制定《拱墅区存量工业用地改造提升产业论证和监管工作机制》，规范存量工业用地集约利用和改造提升工作，年内完成浙江杭叉集团股份有限公司石桥厂区存量工业用地项目审核。组织开展永丰工业园项目（半山旧货市场区块）、中力机械石桥厂区项目控规单元修编及信联产业园项目（信联钢材厂文创园区）、诚信研发大楼项目（湖墅单元GS0201-42-2地块）产业论证。全年完成98家规模以上工业企业“亩均效益”综合评价，评出A类企业25家、B类企业49家、C类企业24家。规模以上工业企业亩均税收、亩均增加值分别下降17.8%和2.3%。

【节能降耗】2021年，拱墅区实施绿色低碳产业化改造，提升产业创新能力和发展能级，推进绿色低碳技术与制造业深度融合。完成杭州轴承集团有限公司、杭州英普环境技术股份有限公司、杭州海外海皇冠大酒店清洁生产审核验收，杭州轴承集团有限公司被评为市级绿色工厂。开展省、市级节水型示范企业复评工作，指导企业加强节水管理，加快转变工业用水方式。推进杭州中美华东制药有限公司、杭州轴承集团有限公司等重点企业实施节能降碳技术改造，鼓励企业对标先进能效水平，运用先进节能技术、工艺、装备，提高资源能源利用效率。（鲁　剑）

小微企业园建设

【概况】 2021年，拱墅区有小微企业园14个，其中生产制造类1个、生产性服务类13个。小微企业园中，乐富·智汇园被评为省级四星小微企业园，杭州经纬国际创意产业园被评为市级三星A档小微企业园，杭开科创园、运河汽车电商园、杭州建华文创园、天堂e谷电子商务产业园、博济滨江智谷5个园区被评为市级三星B档小微企业园。

【杭州经纬天地创意产业园】 杭州经纬天地创意产业园位于拱墅区石桥路279号，东临石桥快速路和秋石高架快速路，北临石祥路石大线，南临新天地街，与杭州新天地紧密相接，是2010年由杭州纺织机械制造厂转型而成的产业园。园区占地面积10万平方米，入驻企业近300家，入驻企业以工业设计、文化创意、科技创新、广告会展等为核心业态。园区有中国丝绸工业有限公司、杭州火石品牌策划有限公司、上德大象（杭州）文化发展有限公司、杭州影泰文化创意有限公司等企业。2021年，创意产业园实现营业收入27.1亿元，比上年增长8.0%。

【乐富·智汇园】 乐富·智汇园位于拱墅区北部软件园内，北至祥园路，南至祥盛路，东至祥茂路，西至祥兴路。园区占地面积2.8万平方米，拥有2幢5层联体办公大楼、8幢独栋总部型商务办公别墅、1幢16层的商务中心，总建筑面积10.59万平方米。园区以文创、科技业态为主。入驻企业有浙江辉驿网络科技有限公司、杭州子午舞台设计有限公司等文创、科技类企业，亩均产出近200万元。2021年，乐富·智汇园实现营业收入1.53亿元，比上年增长3.0%。

【杭开科创园】 杭开科创园是一家由浙江杭开控股集团有限公司（简称杭开集团）运营的以装备制造业为基础的综合型生产制造类园区，位于拱墅区康景路18号，占地面积6.16万平方米。园区内有办公楼、标准厂房各4栋，并配有体育馆等文化体育活动设施，建筑面积6.61万平方米。杭开科创园拥有专业研发中心、制造业生产基地和境内外分支机构，员工近3000人。杭开集团前身是1958年成立的杭州开关厂。集团致力于产业转型，引进国内外高端人才，投资发展新能源、新材料、生态环境、生物医药等高端产业，企业发展多元化。2021年，杭开科创园实现营业收入12亿元，比上年增长33.3%。（鲁　剑）

重点企业选介

【杭州中美华东制药有限公司】 杭州中美华东制药有限公司成立于1992年，是一家集中药、西药、生物技术、原料药药品研发、生产和销售于一体的综合性制药企业，获国家高新技术企业、国家级创新型企业、国家知识产权示范企业、中国医药工业50强等荣誉。员工近6000人，其中专业技术人员近3600人。拥有国家博士后工作站、首批浙江省重点企业研究院、首批浙江省企业重点技术创新团队——微生物制药创

杭州经纬天地创意产业园　（区发改经信局 供稿）

杭州中美华东制药有限公司 （区发改经信局 供稿）

新团队等机构，有有效发明专利73件。主要产品通过药品生产质量管理规范（GMP标准）、ISO 14001环境管理认证，重点产品通过美国食品药品管理局（FDA）、澳大利亚医疗用品管理局（TGA）、欧洲药典适用性认证（CoS认证）等认证，在中药（国内肾病）、内分泌、器官移植、消化系统等领域的中西原料药及制剂技术处于国内领先水平。2021年，公司实现工业产值93.26亿元、销售收入96.24亿元。

【杭州华电半山发电有限公司】 杭州华电半山发电有限公司前身为杭州半山发电厂，始建于1959年，1999年完成公司制改制，2008年成为华电国际电力股份有限公司控股企业。公司总装机容量241.57万千伏安，2005年建成国家西气东输工程最大配套发电项目——半山燃机一期工程，其中1号机组成为国内首台MS9001FA重型燃气轮机。2013年燃机二期工程建成投产。公司致力于清洁能源生产，获"浙江省文明单位""华电集团五星级发电企业""华电集团'三清'企业创建先进单位"等称号。2021年，公司发电49.7亿千瓦时；实现工业产值31.06亿元，比上年增长24.3%。

【液化空气（杭州）有限公司】 液化空气（杭州）有限公司是液化空气集团重要的工程与制造中心，成立于1995年，有员工近500人。公司从事空分设备、合成气纯化装置、制氢装置及其他工业气体装置的设计、制造和安装。公司设计并制造制氧量为15万标方/小时的超大型空分设备，是中国低温领域的领先制造商。2021年，公司实现工业产值16.52亿元，比上年增长31.0%；实现销售收入17.83亿元，增长29.0%。

【杭州中亚机械股份有限公司】 杭州中亚机械股份有限公司成立于1992年，是一家集研发、制造和服务于一体的液态食品智能包装装备企业，有员工近1000人。拥有现代化总装车间、精密零件加工车间及研发、培训、运营中心。公司于2016年在深圳证券交易所创业板上市。公司作为国内最大的乳品机械装备制造商，拥有11个大类自主知识产权产品，产品应用于乳品、饮料、油脂、调味品、日化、医疗健康等行业，远销53个国家和地区，与全球乳品行业排名前15位的企业开展长期合作。ZHONGYA牌乳品包装机械市场占有率连续6年国内第一。2021年，公司实现工业产值7.48亿元，比上年增长20.5%；实现销售收入9.34亿元，增长69.8%。

【杭州人本轴承有限公司】 杭州人本轴承有限公司是专业的轴承制造商，成立于2003年，有九大轴承生产基地，生产内径1毫米至外径6000毫米范围内各类轴承3万余种，年轴承产量超过18亿套。产品应用于汽车、家电、电机、摩托车、工程机械、电动工具、农林机械、纺织机械、工业机器人、风电、医疗器械等行业。公司拥有国家认定企业技术中心，技术中心通过ISO 17025实验室认证，有各类检测、分析和试验仪器1万余台（套），其中精密仪器1350台（套）。参与制定、修订国家及行业标准27项，有专利和授权发明专利2023件。2021年，公司实现工业产值3.04亿元，比上年增长28.3%；实现销售收入2.77亿元，增长27.0%。

【浙江托普云农科技股份有限公司】 浙江托普云农科技股份有限

公司成立于2008年，是致力于用科技改变传统农业的数字农业综合服务商，公司人工智能、物联网、大数据、区块链等数字技术在赋能农业信息化建设方面形成综合性优势。公司确立以信息技术与农业专业深度融合、软硬件协同发展的双轮创新驱动战略，为国家“专精特新”重点小巨人企业、国家高新技术企业、杭州市准独角兽企业、杭州市重点拟上市企业，获省级以上科学技术奖6项。2021年，公司实现工业产值2.1亿元，比上年增长10.0%；实现销售收入2.9亿元，增长20.0%。

【杭州华普永明光电股份有限公司】杭州华普永明光电股份有限公司致力于为全球户外专业照明领域搭建完善的、批量化的定制服务体系，拥有国际领先的节能照明技术，可针对中国户外专业照明领域的海量场景进行“一对一”量身定制，是LED照明行业中可提供大规模定制化服务的生产制造企业。成立于2011年，有员工600多人，创始人陈凯系科技部科技创新创业人才、LED行业专家。公司为国家“专精特新”小巨人企业。有专利686件，其中发明专利55件。参与制定国家标准、团体标准、行业标准和地方标准130多项。2021年，公司实现工业产值5.25亿元，比上年增长4.1%；实现销售收入5.07亿元，下降1.9%。

【中建材智能自动化研究院有限公司】中建材智能自动化研究院有限公司成立于2000年，隶属于中央管理企业中国建材集团(世界500强)，是一家集科研、开发、生产、经营于一体的综合性科研机构。公司为国家重点扶持的高新技术企业、国家级“专精特新”重点小巨人企业，建有省级企业研究院、市级企业技术中心。公司拥有研发特种玻璃智能化生产线装备及深度融合智能制造与“互联网＋”等技术，为用户提供集“制造执行系统MES、能源管理系统EMS、仓储物流管理系统WMS、质量管控系统QMS、生产视频监控系统PVS等智能系统＋装备＋生产线＋检测”于一体的智能自动化整体解决方案。2021年，公司实现工业产值2.16亿元，比上年增长67.3%；实现销售收入2.13亿元，增长65.5%。

【杭州禾迈电力电子股份有限公司】杭州禾迈电力电子股份有限公司成立于2012年，前身为浙江大学电力电子国家重点实验室，是一家以电力电子技术为核心，专注新能源发电和智能电网设备领域，集研发、生产、销售、技术服务于一体的高新技术企业。有员工近500人，下辖杭州杭开电气科技有限公司、浙江禾迈清洁能源有限公司、杭州里呈进出口贸易有限公司等子公司。公司研发团队在电力电子变流技术、光伏并网逆变技术、智能电网技术等领域取得重要科研成果。有有效知识产权68项、国家专利31件。2021年，公司在上海证券交易所上市。全年公司实现工业产值7.95亿元，比上年增长60.6%。

【利尔达科技集团股份有限公司】利尔达科技集团股份有限公司是一家提供物联网解决方案的高科技企业，在物联网无线通信领域拥有5G、窄带物联网、无线通信技术等成熟通信方案。公司开发的智慧照明、智慧教室、无线四表集抄、智能电动车、定位追踪等系统方案被广泛应用。公司有发明专利47件、外观设计专利70件、实用新型专利215件、软件著作权306项，并参与5项国家、4项行业标准起草。公司被认定为国家重点领域高新技术企业、国家火炬重点高新技术企业、国家电子信息产业基地实训中心。2021年，公司实现工业产值2.05亿元，比上年增长70.8%；实现销售收入5.44亿元，增长44.3%。

【杭州天丰电源股份有限公司】杭州天丰电源股份有限公司成立于2002年，从事高品质聚合物锂电池的研发、生产和销售，是国家重点领域高新技术企业，占地面积近6万平方米，下辖全资控股湖州天丰电源有限公司。2015年，公司在全国中小企业股份转让系统(新三板)挂牌。天丰电源产品主要应用于汽车、摩托车、发电机起动与电动自行车等领域，其中摩托车起动锂电池开创锂电池替代铅酸电池的先河，产品可与摩托车厂配置的铅酸蓄电池无障碍替换。2018年，公司起草《摩托车起动用锂离子电池通用技术条件》汽车行业标准。2021年，公司实现工业产值1.89亿元，比上年增长100.7%；实现销售收入1.92亿元，增长69.4%。(鲁 剑)

商贸服务业·旅游

综　述

【社会消费品零售总额1273.38亿元】 2021年，拱墅区实现社会消费品零售总额1273.38亿元，比上年增长11.2%，总量排名全省90个区县(市)第一位，增速并列全市第七位；实现网络零售额876.23亿元，增长0.4%，增速排名全市13个区县(市)第八位。从消费形态看，批发业实现零售额9051.14亿元，零售业实现零售额889.71亿元，住宿业实现零售额7.84亿元，餐饮业实现零售额50.07亿元，均比上年增长。居民基本生活类商品平稳增长，其中，汽车类商品零售额增长11.1%，石油及制品类商品零售额增长32.4%，服装、鞋帽、针纺织类商品零售额增长21.0%，粮油、食品类商品零售额下降6.9%，日用品类商品零售额增长4.2%。全年开展"新拱墅·新消费5月数字消费嘉年华"、"潮玩武林"系列活动、"拱墅车享节"等促销活动220多场，拱墅区获评首批省级夜间经济样板城市。

【消费平台升级】 2021年，拱墅区加快推进商务领域数字经济和数字化应用场景建设。星汇直播联盟等企业申报省级直播电商基地，中国联合网络通信集团有限公司(中国联通)申报市级直播电商园区(基地)。大武林商圈和城西银泰城商圈通过省级智慧商圈试点创建验收，商圈智慧停车、智慧金融、智慧物流、共享服务等功能进一步升级。银泰商业(集团)有限公司打破传统商业线下壁垒，发挥"线上+线下+数据"的整体优势，实现商品的高速流转和顾客购物需求的全面对接，成为杭州首个完全架构在"云上"的百货公司。　（唐晶珍）

【家政服务业发展】 2021年，区商务局加强"安心找家政"场景建设宣传推广工作。年内，全区有34个家政企业在"安心找家政"场景中注册上线，有注册家政服务人员1.59万人，申领家政信用"安心码"3171人。支持家政服务业做大做强，提升服务质量，通过专家评审，对符合补助条件的10家家政服务企业兑付补助资金138万元。　（李旻煜）

【大武林商圈拉动消费作用明显】 2021年，拱墅区深化大武林智慧商圈建设，发挥大武林商圈拉动消费能级作用。以大武林商圈南部传统繁华区域为中心，实施"三圈三街三站"("三圈"：湖滨商圈、武林商圈、吴山商圈；"三街"：南山路、延安路、东坡—武林路；"三站"：机场、地铁站、火车站)融合发展，加快恒隆广场、"杭州中心"、嘉里数创港等高端综合体建设，提升"两广两路"("两广"：武林广场、西湖文化广场；"两路"：延安路、武林路)环境品质，推进核心商圈国际化、数字化、品质化，打造国内一流商圈IP，商圈内杭州大厦、武林银泰、国大城市广场、嘉里中心、银耀百货5个商业综合体全年实现营业总额197.55亿元，比上年增长39.1%。大武林商圈被列入全省首批现代服务业创新发展区名单。　（唐晶珍）

【单用途商业预付卡管理】 2021年，区商务局制定《拱墅区单用途商业预付卡标准化处置流程》，完善建立信息共享和协同联动机制，通过"一个口子登记、N个口子归档"的"1+X"工作架构，经过访件甄别、登记流转、纠纷化解、线索移交、整理归档等流程，实现处置标准化、制度化、规范化。全年全区通过12345公开电话、110联动等平台接到预付卡投诉1817件，按期办结率100%；投诉调解成功998件，调解成功率54.9%；移交违法线索案件2件。区商务局加强与街道、部门协作，健全消费信用体系，营造让消费者放心、安心的消费环境。

（李旻煜）

【"拱·创繁华"夜间经济提振行动】 2021年，拱墅区将"拱·创繁华"夜间经济提振行动列入"推动共同富裕创造美好生活十大行动"，通过线上赋能、线下发力，形成业态丰富、各具特色、极具品质的夜间经济发展格局。培育上塘古运河景区、运河湾国际风情港、胜利河美食街区、"烟火武林·匠心夜市"、融创文旅Ins·park潮流商业街、杭州大厦"潮武林不夜城"等12个夜间经济重点项目，打造"夜宵""夜嗨""夜游""夜购""夜娱"等具有鲜明特色的"拱墅夜地标"。拱墅区被评为首批省级夜间经济样板城市。

【"船说·大运河老字号"系列活动暨"浙夜好生活"消费季】 2021年7月16日，由省商务厅指导，拱墅区政府、省老字号企业协会主办的"船说·大运河老字号"系列活动暨"浙夜好生活"消费季启动。消费季围绕"老字号"和"夜经济"两条主线，助力打造数字消费强省、品质消费领先省。启动仪式上，推出北京景泰蓝、天津仁达堂、江苏戴春林、浙江王星记等大运河老字号，发布"船说·大运河老字号"宣传预告片，北京、上海、天津、浙江、江苏、安徽六省（市）老字号协会签订战略合作协议，拱墅区政府与浙江省老字号协会签订老字号数字产业园落户拱墅意向书。

（唐晶珍）

2021年7月16日，"船说·大运河老字号"系列活动暨"浙夜好生活"消费季活动在拱墅区运河文化广场启动

（区商务局 供稿）

【旅游数字化建设】 2021年，区文广旅体局构建"全域覆盖、共建共享、自游自助、快行慢旅"旅游公共服务体系，推进"多游一小时"拱墅行动，提高旅游数字化水平。开发文旅服务百度小程序，通过更新梳理平台项目、优化调整界面布局、专人输送宣传推文等方式，提高平台服务质量。全年"30秒入住"覆盖酒店122个，新型入住方式使用率71%；"20秒入园"覆盖文化场馆和景区17个，使用率100%。11月，杭州市文广旅系统开展数字化改革应用场景第二次比学赶超活动，拱墅区文旅"云游运河、数治拱墅"数字平台排名全市第三位。

（朱楚楚）

批发和零售业

【概况】 2021年，拱墅区有限额以上批发企业748家，实现销售额9051.14亿元，比上年增长20.9%。重点企业有杭州正才控股集团有限公司、汇孚集团有限公司、物产中大元通实业集团有限公司等。有限额以上零售企业202家，实现销售额889.71亿元，增长10.1%。重点企业有中石化碧辟（浙江）石油有限公司、杭州大厦有限公司、杭州联华华商集团有限公司等。社区便民商业体系完善，有大中型超市（营业面积2000平方米以上）21家。

【消费升级促进】 2021年，拱墅区扶持新零售业态发展，引导传统商贸零售企业实施数字化改

2021年3月19日，第八届杭州汽车置换节暨拱墅数智汽车消费节启动仪式在杭州中粮·大悦城户外广场举行 （区商务局 供稿）

造，鼓励各类创新业态首个门店入驻拱墅，推进线上线下批发零售融合。推广联华华商数字超市、国美数字卖场等零售模式，提升全区商贸行业数字化水平。将节庆活动作为促消费的重要手段，全年开展拱墅数智汽车消费节、“新拱墅·新消费5月数字消费嘉年华”、“潮玩武林”系列活动、“拱墅车享节”、“拱墅O2O电商节”、“船说·大运河老字号”系列活动暨“浙夜好生活”消费季等大型活动10多场，通过搭建平台、环境营造、宣传推广等社会化、市场化手段，促进消费升级，培养消费热点，实现消费驱动。

（唐晶珍）

【再生资源回收体系建设】2021年，拱墅区探索再生资源回收“政府＋国企”运营模式，加快再生资源回收体系建设，全区建成规范化再生资源回收网点392个，覆盖18个街道、174个社区。完成杭州宸运环境工程有限公司、浙江正信环保有限公司、杭州市拱墅金锐分拣中心公司、杭州连环物资回收有限公司、杭州轻松环品科技有限公司、杭州市拱墅区市政园林工程有限公司6个再生资源综合分拣中心提升改造，改造面积3.32万平方米。对再生资源回收体系建设项目实行补助，涉及综合分拣中心项目1个、标准化回收网点项目197个。全年从生活垃圾中回收利用废弃物19.51万吨，生活垃圾回收利用率61.2%。 （李旻煜）

住宿餐饮服务

【概况】2021年，拱墅区推进住宿餐饮业模式创新、特色餐饮店发展和品牌骨干企业培育，推动住宿餐饮业与文娱旅游业融合发展，组织实施“诗化浙江·百县千碗”工程。全年限额以上住宿业实现零售额7.84亿元，比上年增长9.2%；限额以上餐饮业实现零售额50.07亿元，增长23.5%。住宿餐饮消费占社会消费品零售总额的4.5%。

【住宿业管理】2021年，拱墅区有宾馆、酒店465个，其中五星级酒店4个、四星级酒店14个、三星级酒店4个、二星级酒店3个。区文广旅体局加强宾馆和酒店卫生、消防、安全、服务质量管理，对突出问题开展综合整治，线上清理与线下治理同步展开，暗访检查与严肃查处同步进行，出动执法人员600人次，检查宾馆、酒店206个（次）。坚持整治与创建两手抓，引导杭州五洋宾馆创建树叶级绿色旅游饭店，推进杭州国大雷迪森广场酒店、杭州星都宾馆、杭州喜德宝大酒店实施无障碍设施提升改造。 （胡晓君）

【餐饮业品牌建设】2021年，拱墅区注重餐饮业品牌建设和业态引领，加快发展特色餐饮，引进蔡澜港式点心、小大董等餐饮品牌首店，辖区餐饮品牌美誉度提升。拱墅区在2021年度杭州餐饮业“六名”工程评定中，天香楼、冠江楼河东路店、浙江大酒店静余轩中餐厅、杭州五洋宾馆中餐厅4家企业入选名店名录，胜利河美食街入选名街名录，浙江大酒店厨师吴景平入选名厨名录，国大城市广场雷迪森酒店服务员董冰入选名服务师名录，天香楼“江南文火小牛肉”、新白鹿“蛋黄鸡翅”、957街坊菜“杭式酥鳕鱼”及“南宋桂花鳖烧羊”、杭州城北文澜大酒店“聚品萝卜丝汤圆”、浙江大酒店“鱼头黄米粿”、康桥李丽芬烧鸡“康桥烧鸡”7道菜入选名菜名录。

【外卖餐饮发展】2021年，拱墅区餐饮外卖产业链完善，市场趋向成熟，网络外卖平台成为消费

2021年11月8日，市商务局在桐庐举办"舌尖上的杭州"厨神争霸赛第八季——金牌"虾兵蟹将"美味争霸赛，拱墅区辖区青菁酒家凭借参赛作品"蟹粉瑶柱配豉油江虾"获"评审团特别奖"（区商务局 供稿）

者订餐第一选择，"美团""饿了么"在用户中使用率最高。消费升级对外卖配送服务要求更高，辖区外卖平台加强配送服务体系建设。在外卖餐饮中，午餐订单最多，下午茶、夜宵增加趋势明显。推广"浙江外卖在线"系统应用。以大型商业综合体、美食餐饮街区为重点应用对象，以周边零散商户为补充，聚焦食品健康，实现网络餐饮的全链条闭环管理。

【厨神争霸赛】2021年3月31日，市商务局主办的"舌尖上的杭州"厨神争霸赛第七季——金牌笋美味争霸赛在临安开赛。赛事以临安春笋为主要食材，来自杭州13个区县（市）和西湖风景名胜区的60位厨师参赛。拱墅区冠江楼晋级第二轮比赛。11月8日，市商务局主办的"舌尖上的杭州"厨神争霸赛第八季——金牌"虾兵蟹将"美味争霸赛在桐庐开赛。赛事以江虾、铁壳蟹为主要食材。杭州13个区县（市）参赛选手进行烹饪技艺比拼，拱墅区青菁酒家获金牌"虾兵蟹将"美味争霸赛"评审团特别奖"。

（唐晶珍）

货物贸易

【概况】2021年，拱墅区做好"六稳"工作，落实"六保"任务，培育和拓展外贸新的增长点，货物进出口稳中有进、稳中向好。全年实现货物进出口总额883.08亿元，比上年增长26.8%，进出口总额列全市第七位。其中：出口总额401.40亿元，增长31.3%；进口总额481.68亿元，增长23.3%。全区有进出口实绩企业1387家，其中进口实绩企业550家，出口实绩企业1207家。落实外贸扶持资金2579.67万元，其中，中央进口贴息52.45万元，中国外贸前200强工业企业贴息52.62万元，浙江省进口贴息403.78万元，集装箱补助133.23万元，中小企业开拓市场补贴88万元，市级信保补助941万元，园区配套信保补助47.64万元，区级配套信保补助502.95万元。组织20多家外贸企业举办"外惠季"活动，免费为外贸企业提供"清库存、去样品"场地，减轻外贸企业负担。

【进出口规模扩大】2021年，拱墅区通过实时联络走访和标签化管理，全面厘清核心外贸企业和贸易结构层次。全区有进出口总额1亿元以上企业77家，其中：出口1亿元以上企业50家、进口1亿元以上企业33家。有进出口1000万元以上企业239家。加强政策引导和重点服务，境外工程承包、大宗商品、轻工业品等行业领域形成集聚效应。加强招商引资工作，新增外贸备案企业349家、进出口实绩企业139家。

【出口商品结构优化】2021年，拱墅区外贸企业优化出口产品结构，形成以钢材等大宗商品、纺织服装、医药化工、机电设备等商品为主的出口结构。扩大自主品牌产品出口比重，新增杭州市出口名牌企业1家，全区有省、市出口名牌企业15家。

【出口风险防范】2021年，拱墅区加强对重点外贸企业走访，帮助外贸企业解决实际问题100多个，落实出口信保补贴1406万元，发放参加境内外展会补贴128万元，助力企业开拓国际市场。组织企业申报全省"货运白名单"，协调海运舱位10多个批次。指导企业应对经贸摩擦，区内企业获得反倾销"零"税率，成

2021年6月23日，拱墅区辖区企业浙江西域户外用品有限公司的美国印第安纳仓被认定为省级公共海外仓 （浙江西域户外用品有限公司 供稿）

为美国对华钢铁类产品反倾销调查中少有的成功范例。

【外贸平台创新】2021年，拱墅区组织企业参加中国进出口商品交易会、第四届中国国际进口博览会、第二届中国—中东欧国家博览会暨国际消费品博览会、“海外杭州”中国—阿拉伯国家博览会、浙江出口网上交易会等展会，发挥进出口互促效应，线上线下助力企业开拓国际市场。依托商圈能级和活动品牌等优势，搭建线上线下出口平台，常态化开展优质外贸产品展销活动，助力外贸主体开发国内市场，畅通国内国际双循环通道。

【外贸新业态培育】2021年，拱墅区健全“区、街道、企业”三级联动工作机制，发掘特色项目，探索外贸新业态新模式，培育浙江融易通企业服务有限公司和浙江众融企业服务有限公司2个“全省示范试点外贸综合服务平台”，杭州热联集团股份有限公司、浙江国贸轻工业品贸易有限公司、浙江悦和科技有限公司、杭州翔天供应链管理有限公司4家省级内外贸一体化“领跑者”企业和浙江融易通企业服务有限公司1家数字贸易百强榜企业。全区有杭州中亚机械股份有限公司和人本集团2家国家发明技术奖企业、杭州华普永明光电股份有限公司1家省科技进步奖企业、浙江西域户外用品有限公司美国印第安纳仓1家省级公共海外仓。

（章　薇　杨顾寒俊）

服务贸易

【概况】2021年，拱墅区深化服务贸易创新，全年实现服务贸易出口11.88亿美元，比上年下降14.0%，服务贸易市场主要涉及美国、日本等国家和地区。全年承接服务外包合同签约金额4.71亿美元，服务外包合同执行额3.73亿美元，其中离岸服务外包合同签约额4.67亿美元，离岸服务外包合同执行额3.67亿美元，分别下降44.1%、28.0%。通过国际服务贸易统计直报系统报送服务贸易出口额8.21亿美元。至年末，拱墅区有商务部服务外包业务管理系统备案企业348家，服务外包企业从业人员4.27万人。有服务贸易出口额1000万美元以上的服务外包企业21家，500万～1000万美元的服务外包企业18家，服务贸易企业整体规模提升。

【服务贸易企业政策扶持】2021年，拱墅区根据《杭州市加快服务贸易创新发展实施意见》，支持壮大市场主体，组织企业申报服务贸易创新发展资金，全年获得创新发展资金185.29万元。集聚对外工程承包、国际货代物流等重点领域产业，提升服务贸易专业化、规模化和品牌化水平。组织3家企业参评服务贸易示范园区（企业）和成长型企业。运河（国际）跨境电子商务园区（运河汇）获评杭州市服务贸易示范园区，浙江西域户外用品有限公司、杭州华普永明照明电器有限公司获评杭州市服务贸易示范企业。

【服务外包发展】2021年，拱墅区服务外包入库企业348家，比上年新增3家。区有关部门综合施策，扶持企业做大做强，拉动全区服务外包出口量。全年主要承接来自50多个国家和地区的离岸服务外包业务，其中市场规模位列前三位的是美国、文莱和印度尼西亚，占全区离岸执行额的50.6%。全年完成服务外包离岸执行额3.67亿美元，其中中国电建集团华东勘测设计研究院有限公司离岸执行额4900万美元，占全区总离岸执行额的13.4%，列全区第一位。（俞美芳 章 薇）

对外经济合作

【概况】2021年，拱墅区以科技与贸易为侧重点，扩大境外投资合作。项目投资地包括美国、新加坡、日本、西班牙等国家和开曼群岛地区，投资领域涉及医疗美容业、医药制造业、金属制品业、科技推广和制造服务业、进出口贸易、批发零售业、户外用品研发与销售等。全年实现境外企业总投资额1.96亿美元，境外企业中方投资额1.57亿美元。其中，新批境外投资项目8个，总投资1542.15万美元。新批境外投资增资项目7个。

【参与"一带一路"建设】2021年，拱墅区对标"重要窗口"新目标、新定位，深入实施标志性工程，加快融入"一带一路"建设。杭州热联集团股份有限公司加大对新加坡(热联)钢铁有限公司的投资，物产中大欧泰有限公司加大对物产中大欧泰新加坡有限公司的投资。2家公司主要从事钢铁、橡胶等产品的生产和销售。

【重点领域投资增长】2021年，杭州华东医药股份有限公司在西班牙并购设立高科技产品有限责任公司，在美国并购设立阿斯梵特医疗公司；浙江西域户外用品有限公司在美国独资设立美国西域户外有限公司；杭州源星昱瀚股权投资基金合伙企业（有限合伙）在开曼群岛设立常青藤爸爸教育集团。（陈 俊）

电子商务

【概况】2021年，拱墅区实现网络零售额876.23亿元，在杭州市排名第六位，比上年增长0.4%。全区重点监测第三方电子商务平台上有网络零售网店1.2万家，占注册零售网店总数的28.0%，活跃网络零售网店总数分别在全省排名第十位、全市排名第六位，电子商务末端服务网络实现全覆盖。网络零售直接解决就业岗位3.5万个，间接带动就业岗位9.3万个，成为助推经济社会发展的新引擎。

【电子商务骨干企业发展】2021年，拱墅区加强对电子商务骨干企业的服务和分类指导，推进骨干企业创新发展模式，强化承载能力。开展专业电商人才培训，区商务局邀请杭州银盒宝成科技有限公司创始人彭小飞为全区18个街道和园区电商人员做《打造数字消费场景，助力区域经济增长》的主题授课，提高电子商务从业人员业务水平。全区创建新零售企业2家[瑞幸咖啡（杭州）有限公司、十足集团有限公司]、新零售服务企业1家（杭州爱琴嗨购供应链管理有限公司）、新零售示范企业6家（浙江云之涞网络科技有限公司、浙江国美电器有限公司、杭州联华华商集团有限公司、杭州肯德基有限公司、浙江银泰百货有限公司、浙江金拱门食品有限公司）。（朱天龙）

【跨境电商出口增长】2021年，拱墅区推进跨境电商产业健康发展，完成跨境电商进口总额4.3万美元、出口总额13.4万美元，跨境电商出口居全市13个区县（市）第四位。发挥骨干企业集聚效应，通过政策引导和服务优化，引进跨境电商企业69家，其中重点跨境电商企业有浙江西域户外用品有限公司、浙江融易通企业服务有限公司等22家。组织杭州翔天供应链有限公司、杭州均冠信息技术有限公司等18家企业申报省、市级跨境电商扶持项目，获省、市扶持资金561.84万元。（许慧灵）

【参加中国（杭州）国际电子商务博览会】2021年10月15日，区商务局组织星汇直播联盟、央广云数（浙江）文化传媒有限公司、杭州旭航网络科技有限公司等辖区重点电商企业（项目），参加第八届中国（杭州）国际电子商务博览会，通过实物、图片展示拱墅区电子商务产业发展成果。电子博览会以"新机遇、新发展、新格局"为主题，举办1场展览、1场主论坛、4场产业论坛，并配套N场精准型、高端型活动。拱墅区在电子博览会上开展现场直播，促进供需双方产销对接。（朱天龙）

商业综合体

【概况】2021年，拱墅区有杭州大厦购物城、银泰百货（杭州武林总店)、杭州嘉里中心、杭州国大城市广场、杭州中大银泰城、新天地购物中心杭州店、银泰百货(西湖文化广场店)、万达广场(拱墅店)、远洋乐堤港、运河上街购物中心、水晶城购物中心、天阳D32时尚街区、杭州银泰城(城西银泰城)、杭州中粮·大悦城、杭州融创Ins·park商业综合体15个。其中:年营业额100亿元以上综合体1个,年营业额10亿元以上综合体6个。

2021年拱墅区商业综合体经营情况表

表7

综合体名称	商业建筑面积(万平方米)	年经营收入(亿元)
杭州大厦购物城	20.5	125.0
银泰百货(杭州武林总店)	8.7	45.0
杭州嘉里中心	9.3	14.0
杭州国大城市广场	6.0	8.0
杭州中大银泰城	8.3	6.7
新天地购物中心杭州店	10.7	3.2
银泰百货(西湖文化广场店)	3.0	5.6
万达广场(拱墅店)	9.8	9.4
远洋乐堤港	8.1	12.0
运河上街购物中心	3.5	1.1
水晶城购物中心	6.0	3.9
天阳D32时尚街区	5.5	1.8
杭州银泰城(城西银泰城)	19.0	47.0
杭州中粮·大悦城	20.0	14.0
杭州融创Ins·park	7.0	1.0

【杭州大厦购物城】杭州大厦购物城位于杭州商业核心区域——武林广场,总建筑面积20.5万平方米,呈"Z"字形形态分布,西起D座华浙店,东至C座坤和店,横跨环城北路至B座、A座,均用空中走廊连接。购物城集购物、美食、休闲娱乐、会议展览、住宿、办公写字楼于一体。2021年,实现经营收入125亿元。

【银泰百货(杭州武林总店)】浙江银泰百货有限公司成立于1998年,位于杭州延安路530号,建筑面积8.73万平方米,是一家全面架构在"云上"的互联网百货公司。浙江银泰百货有限公司立足全国,以创新为血脉,线上线下齐头并进,以"让天下没有难做的生意"为使命,致力于成为大数据驱动的消费解决方案提供商。2021年,银泰百货(杭州武林总店)实现经营收入45亿元。

【杭州嘉里中心】杭州嘉里中心位于杭州延安路和庆春路的交界处,2016年11月29日开业,商业建筑面积29万平方米,为综合型购物商场。商场五层,有百老汇Premier影院、全新餐饮概念的Olé超市、首次入驻杭州的Hard Rock Café、港式饮茶文化先导的翠园餐厅等品牌。2021年,实现经营收入14亿元。

【杭州国大城市广场】杭州国大城市广场位于市中心武林广场对面,2017年5月27日开业。为杭州首个趣味生活购物中心，广场位于地下五层至地上十层，总建筑面积6万平方米，拥有200家店铺，主要业态分为艺术（艺术里）、美食（食物恋）、购物（好东西）、社交（嬉游记）和学习（阶梯教室）。2021年，实现经营收入8亿元。

【杭州中大银泰城】杭州中大银泰城位于拱墅区东新路822号，2014年12月31日开业，集餐饮、休闲、娱乐、文化、购物于一体，总建筑面积33万平方米，业态为购物中心、酒店式公寓、写字楼等。其中，购物中心建筑面积8.3万平方米，以城市家庭型消费为主力客群，引入国际快销潮牌、时尚影院、流行KTV、亲子童教、特色餐饮等知名品牌200个。2021年，实现经营收入6.7亿元。

【新天地购物中心杭州店】新天地购物中心杭州店位于拱墅区长浜路718号，2017年11月24日开业，总商业建筑面积10.7万平方米，主打差异化体验。中心利用自身品牌库优势，汇集知名品牌240多个。2021年，实现经营收入3.2亿元。

【银泰百货（西湖文化广场店）】银泰百货（西湖文化广场店）位于杭州市中心地标建筑——西湖文化广场环球中心地下一楼至五楼，2012年6月22日开业，总营业面积3万平方米。文化广场店秉承“传递新的生活美学”的经营理念，为省内第一个以高性价比商品与暖心服务为经营特色的百货会员店，主要面向银泰百货在杭州的VIP会员，以年龄为20～40岁、有较强品牌消费意识、注重商品性价比的年轻人及家庭为主力客群。拥有300个品牌、40多万种高性价比商品组合、36家餐饮店以及休闲娱乐会所。2021年，实现经营收入5.6亿元。

【杭州银泰城（城西银泰城）】杭州银泰城（城西银泰城）位于拱墅区丰潭路380号，2013年9月8日开业，商业建筑面积19万平方米，由高层现代建筑及低层商业建筑、广场、空中休闲公园等建筑形态组成。购物广场部分采用独特的内街外街相结合的构造，拥有银泰百货、喜悦真冰场、传奇奢华影院、孩子王、唛歌时尚KTV、舒适堡健身中心、BLT精品超市、神采飞扬电玩城、正格运动城等10个主力店。2021年，实现经营收入47亿元。

【运河上街购物中心】运河上街购物中心位于拱墅区金华路80号，2014年3月开业，商业建筑面积3.5万平方米。东西“街”长350米，南北“街”宽60米，中间为12米宽的内廊，被称为“室内的步行街”。该中心是杭州首条以低碳概念打造的、以家庭型时尚休闲购物中心为定位的商业步行街，集购物、美食、娱乐、休闲、旅游于一体。2021年，中心引进杭州市首家盒马鲜生新零售店，实现经营收入1.1亿元。

【水晶城购物中心】水晶城购物中心位于拱墅区上塘路458号，2014年12月开业，商业建筑面积6万平方米。由浙江建华集团全资子公司杭州水晶城购物中心有限公司负责运营，是拱墅区唯一的开展个体户联营模式的综合体，与钱江商贸城等商业组成“大钱江”商圈，以“主力店＋快时尚＋品牌集成店＋人气餐饮＋休闲娱乐”为业态组合。水晶城购物中心内有国际快时尚巨头H&M、万达影院、银乐迪KTV及新华书店城北旗舰店。落户水晶城的新华书店城北旗舰店，弥补城北文化用品市场的空白。2021年，实现经营收入3.9亿元。

【万达广场（拱墅店）】万达广场（拱墅店）位于拱墅区杭行路666号，2014年12月开业，商业建筑面积9.8万平方米。万达广场涵盖大型商业中心、休闲娱乐中心、室内步行街、杭州金街商铺、投资型写字楼等业态，拥有万达百货、万达IMAX国际影院、大玩家超乐场、大歌星KTV等主力店，从商业、休闲、娱乐、文化、商务等方面满足消费者一站式生活需求。2021年，实现经营收入9.4亿元。

【天阳D32时尚街区】天阳D32时尚街区位于杭州市登云路与小河路交叉口，2016年10月开业，商业建筑面积5.5万平方米。街区建筑获同济大学设计研究创作奖。天阳D32时尚街区打造休闲、轻松、开放的商业空间，集中餐饮、购物、休闲、娱乐等综合生活服务功能。2021年，实现经营收入1.8亿元。

拱墅区运河商务区六个商业综合体之一的远洋乐堤港 （区商务局 供稿）

【远洋乐堤港】 远洋乐堤港是远洋商业独立运营的首个大型综合体项目，位于拱墅区大关路与丽水路交叉口，2017年开业。项目总建筑面积57万平方米，其中商业面积8.1万平方米，拥有零售、餐饮、休闲、娱乐等中高端购物中心，以及24小时YEAH街区以及文化创意、智力碰撞多维互动的特色体验区三个区块，品类涉及文创、餐饮、家居、艺术等。2021年，实现经营收入12亿元。

【杭州中粮·大悦城】 杭州中粮·大悦城位于杭州市拱墅区隐秀路1号，2018年8月28日开业，总建筑面积50万平方米，其中商业面积20万平方米，含3000多个停车泊位，总投资80亿元，入驻商户规模330～400户。有四种体验业态及三个主题街区，整体定位为“快时尚、酷生活，首座体验式水岸潮圣购物乐园”，是集购物中心、滨水街区、商务办公、酒店式公寓、高品质住宅、文化艺术中心于一体的“商业驱动型”城市综合体，综合体内有各类首个门店91家。2021年，实现经营收入14亿元。

【杭州融创Ins·park】 杭州融创Ins·park于2021年6月25日开业，作为大型商业综合体的万融城项目中的商业业态，位于拱墅区城北商圈核心地带，东接杭州运河湾，毗邻大运河桥西板块。以“杭城潮场首店”为商业定位，吸纳“场景化”理念内核，构建一个开放式潮流商业街，在7万平方米的空间里以潮流文化为主题线索，聚集当代潮玩文化、美食体验、娱乐社交等多业态需求，演绎跨界“Z世代”生活图景。2021年，实现经营收入1亿元。

（唐晶珍）

旅 游

【概况】 2021年，拱墅区有旅行社208家，其中纳入市旅游统计平台统计的旅行社197家。全年接待国内游客21.76万人次，比上年增长54.6%；组织国内出游64.33万人次，增长3.13倍；实现经营总收入11.77亿元，增长124.2%。纳入市旅游统计平台统计的58家宾馆、饭店接待游客132.09万人次，增长119.9%；客房入住率52.8%，增长19.9个百分点，实现营业收入14.83亿元，增长113.2%。景区接待国内外游客1264.7万人次，增长32.4%。区文广旅体局聚焦文旅融合，打造运河文旅品牌，推动文旅数字化建设，全区形成“一街多店”美食产业发展格局。

【旅游景区管理】 2021年，区文广旅体局定期对A级旅游景区开展安全巡查，在“五一”劳动节、“十一”国庆节等节日期间开展疫情防控检查，落实景区内扫码测温、预约限流等措施，并建立节假日值班制度和信息上报机制。推荐京杭大运河·杭州景区旅游驿站、拱墅智慧网谷小镇旅游驿站参评等级旅游驿站，提升各景区驿站旅游咨询服务功能。指导半山街道、拱宸桥街道、小河街道、湖墅街道开展景区镇创建工作，年内，拱宸桥街道、小河街道被认定为AAAA级旅游景区镇，半山街道、湖墅街道被认定为AAA级景区镇。区重点文旅提升项目——上塘古运河景区完成主体部分建设。智慧网谷小镇创建成为国家AAA级旅游景区。鉴于杭州跨贸小镇、静脉小镇天子岭景区产业功能调整，经复核确定退出国家AAA级旅游景区名单。至年末，拱墅区有旅游咨询点4个、A级及以上旅游景区3个。

【旅游宣传推广】2021年，区文广旅体局整合拱墅全域旅游资源，编制《拱宸古韵、墅里繁华》旅游服务指南宣传册，旅游宣传突出“运河·印、运河·红、运河·味、运河·潮”四个主题；通过拍摄拱墅宣传片《拱墅不一样》，全方位展现拱墅山水、人文、历史、非遗等方面旅游资源；组织区内文旅企业参加第三届大运河文化旅游博览会、都市圈春季大联展活动、杭州文旅国内重点客源地营销、大运河文化旅游节等宣传推介活动，其中大运河文化旅游节吸引30万人次游览拱墅旅游景区景点，6000多万人次通过线上参与活动。

【运河旅游线路开发】2021年，区文广旅体局围绕“到拱墅怎么游、游什么”的热门话题，系统梳理大运河非遗、演艺、“文保”、休闲等文旅资源，推出“探寻运河文化基因，体验杭州传统技艺”“走读街巷遗迹，品味运河市井”“赏工匠技艺，品传统民俗”三条精品旅游线路，推动遗址、街区、建筑、遗存等大运河文化精品形成大运河文化集群，擦亮大运河文旅金名片。以庆祝中国共产党成立100周年活动为载体，整合拱墅红色工业研学资源，开发三条红色旅游线路。12月，拱墅区三条精品旅游线路入选浙江省诗路精品旅游线路。

【旅游产业投资与培育】2021年，拱墅区有运河大剧院、京杭大运河博物院等11个项目被纳入国家文旅项目库，投资金额45.6亿元，文旅投资推进综合评价指数列全省第十位。加快推进旅游景点“微改造、精提升”工作，完成富义仓艺术中心、大关街道百姓书场、武林书房（杭州书房）等58个项目提升改造，总投资1.45亿元，推进区内旅游吸引物打造，提升市民游客幸福感。对旅游全域化重大休闲项目、特潜行业重点项目和旅游特色休闲示范点进行专项资金补助。其中：2个重大休闲项目获补助113.6万元，4个特潜行业重点项目获补助121万元，4个旅游特色休闲示范点获补助16万元。桥西历史文化街区入选首批浙江省旅游休闲街区。新天地活力PARK街区获评省级夜间文化和旅游消费集聚区。

【“百县千碗”工程实施】2021年，区文广旅体局参与实施“诗画浙江·百县千碗”工程，加快形成拱墅“一街多店”美食发展格局，打造最具烟火气的旅游目的地。9月，组织“运河·百县千碗”特色美食展评活动，从各大饭店选送的3个大类42个菜品中评出拱墅十大菜肴、拱墅十大小吃和拱墅十大冷盘。10月，“百县千碗·杭州味道·运河美食汇”活动在胜利河美食街举办，拱墅有11道菜品入选杭州市100道“百县千碗”金牌美食。11月，开展拱墅区第三批特色美食示范店、体验店创评工作，确定天香楼、马可波罗花园酒店2家饭店为特色美食示范店。胜利河美食街入选“诗画浙江·百县千碗”美食街区（镇）名单。（朱楚楚）

建筑业·房地产业

建筑业

【概况】2021年，拱墅有区属建筑业企业803家，其中规模以上企业219家；企业各类资质1598项，其中施工总承包资质215项、专业承包资质1128项、施工劳务资质255项。在建建筑工程项目407个，其中：房屋建筑工程297个，建筑面积2171万平方米；市政工程项目110个，造价19亿元。全年实现建筑业总产值679.76亿元，比上年增长4.2%；实现建筑业增加值67.19亿元，增长2.8%。受理各类工程质量、安全生产和文明施工投诉1485起，及时处理率和反馈率均为100%。

【装配式建筑推广】2021年，拱墅区新开工装配式建筑项目59个，建筑面积457.3万平方米，完成年度目标任务的120.3%。其中：新开工装配式住宅和公共建筑项目49个，建筑面积397.3万平方米；钢结构装配式住宅项目8个，建筑面积10.5万平方米；住宅全装修项目13个，建筑面积127.08万平方米。完成2020年建筑工业化项目奖补工作，下达建筑工业化项目以奖代补资金890万元。拱墅区连续5年获评浙江省建筑工业化优秀县（市、区）。

【绿色建筑发展】2021年，区住建局加强与区财政局及建设单位对接，按照《杭州市试点项目绿色建筑和绿色建材应用全流程实施指南（试行）》，推进支持绿色建筑发展，促进建筑品质提升。全年完成公共建筑节能改造12.75万平方米、居住建筑节能改造174.21万平方米，立项区级高星级绿色示范项目5个，创建省级绿色施工示范工程3个，申报市绿色建筑和建筑节能示范项目7个，完成绿色建筑示范项目验收6个。完成绿色建筑标识评价项目5个，其中三星级1个、二星级4个。完成区第一批公共建筑能效提升奖补资金发放，发放市、区两级财政奖补资金323万元。完成可再生能源应用面积174.21万平方米，实施可再生能源应用面积236.56万平方米。

【绿色文明施工】2021年，区住建局对拱墅区建筑工地进行动态巡查，通过责令整改、通报曝光、约谈警示、信用扣分、行政处罚等方式，督促责任主体落实扬尘污染整治管理责任。全年全区建筑工地覆盖裸露土方103万平方米，配置车辆自动清洗装置152台、洒水车71辆、雾炮机281台，新增各类塔吊、基坑、外架喷淋等设施868处，安装扬尘在线监控系统项目228个。

【安全生产监管】2021年，区住建局加强建筑工程领域安全风险防控工作，对重点项目及深基坑、模板支撑、起重机械、大型机械设备等重点场所、环节、设备开展专项检查。全年组织“随机”检查62次，签发责令整改通知书1237份、停工通知书157份，整改安全隐患3897处。区起重机械监督抽测单位对辖区工地在用塔吊、升降机、人货梯进行检测，累计检测起重机械233台，其中塔吊146台、施工升降机71台、物料提升机16台；发现并消除保证项安全隐患135处、一般项安全隐患231处。

【项目质量监管】2021年，区住建局开展钢筋、海砂、预制管桩、混凝土质量等专项排查治理行动，并加大日常巡查监督和重点项目抽查检测力度，确保工程质量。全年抽测混凝土实体强度构件3494个，合格率97.7%；抽测钢筋保护层厚度3590处、构件空间几何尺寸2787个，合格率均为100%；未发现钢筋材料、保温材料、预制管桩等不合格与违规使用海砂等行为。对辖区内53条总长11.5千米的市政道路进行联合检测68次，抽检各类指标点位340多处，合格率94.1%。建立健全留档备查制度，实现道路检测“一路一档”。

【建设工程招投标监管】2021年，区住建局配合市招标造价服务中心，开展市级评标办法后评估、执行案件梳理等工作。印发《关于进一步规范区政府投资建设项目工程变更管理的通知》《关于进一步规范街道限额以下工程项目交易管理的通知》，对限额以下工程建设项目交易管理进行规范，提高政府资金使用效益。全年核准房屋建筑和市政基础设施类招标项目345个，实施信用惩戒、通报不尽责评标专家和不良行为7人次，对有关企业实施书面告诫2次，并约谈业主代表评委和3个投标单位。年内，拱墅区启用新版省级施工招标文件范本，确定主城区首个采用拟派项目负责人陈述和答辩流程的工程招标类项目，推进工程建设招标投标管理从“全市一盘棋”向“全省一盘棋”转变。

【建设项目审批制度“五减”】2021年，区住建局围绕优化营商环境、提升建筑许可便利度要求，落实减环节、减事项、减材料，减时间、减费用“五减”工作，先行办理底板以下施工许可项目9个，大关经济合作社商业商务综合用房等留用地项目采用模拟审批办法。开展全过程图纸数字化改革，通过“亲清在线”数字平台，安排专人对接项目、跟踪流程，工业项目施工许可办结时间从7个工作日缩短到3小时。全区79个开工建设项目、52个竣工验收备案项目全部达到“五减”要求；通过线上线下融合、开展“三服务”活动，一般企业投资项目和政府投资项目审批均实现最多80天办结。 （翁晨燕）

房地产市场

【概况】2021年，拱墅区新建商品房交易增长，二手房交易回落，市场出现“冷热不均”。全年全区新建商品房成交19295套，成交面积218.4万平方米，分别比上年增长134.7%和150.4%。其中：住宅成交15036套，成交面积181.5万平方米，分别增长198.4%和180.6%；非住宅成交4259套，成交面积36.9万平方米，分别增长33.8%和63.8%。新建商品房批准预售15117套，预售面积192.6万平方米，分别增长20.7%和40.9%。其中，住宅批准预售11525套，供应面积141.4万平方米，分别增长28.2%和29.6%。全年新建商品房批准预售面积和成交面积的比例为0.78。

【二手房交易】2021年，拱墅区二手房成交11662套，成交面积92.1万平方米，分别比上年下降18.8%和16.0%，二手房成交均价上涨1.9%。分月度看，自3月起成交量逐月下降，出现“七连降”，至11月止跌回升。

【土地出让】2021年，拱墅区住宅用地出让实行分类调控，全年组织3轮集中供地，累计出让地块30宗，总面积126.3万平方米，成交金额647.6亿元。其中：5月出让4宗，面积18.0万平方米，成交金额97.0亿元；10月出让2宗，面积10.4万平方米，成交金额61.0亿元；12月出让12宗，面积69.8万平方米，成交金额362.1亿元。 （王佳佳）

住房租赁市场

【概况】2021年，拱墅区加快推进蓝领公寓建设，实现交付租赁房源1777套；全区累计有交付运营的租赁房源5821套，实际出租4496套，出租率77.2%。推动住房租赁向规范化发展，完善住房租赁市场监管机制，加强租赁资金监管，推行租赁合同网签备案，全年办理住房租赁备案6.05万件，网签率78.1%。检查租赁市场153次、租赁企业183家，处理租赁市场信访投诉651件，对10家高风险住房租赁从业企业进行整顿。

【蓝领公寓交付运营】2021年，拱墅区按照单身、夫妻、两代同居等不同家庭特点，设计不同装修标准的户型，满足蓝领人员个性化需求。全年交付租赁房源1777套，超额完成蓝领公寓筹措任务。至年末，拱墅区累计筹集蓝领公寓6984套，交付运营5821套，实际出租4496套，出租率77.2%。简化住房租赁备案手续，通过政务2.0系统受理租赁住房登记备案，年内租赁住房网签率由63.6%上升至78.1%。

【住房租赁市场整顿】 2021年，区住建局联合街道工作专班，对全区住房租赁从业企业和网络信息平台进行整顿，加强对高风险租赁从业企业检查监督，通过约谈等方式重点监管10家高风险租赁企业(实际为5家，系同一涉事主体、关联企业)。其中：2家企业变更经营范围，不再经营租赁业务；1家企业在市住房租赁监管平台完成所有房源登记和网签备案，并冻结资金19.65万元；2家企业在市住房租赁监管平台开户，并完成部分房源的录入和网签备案，不再新增租赁业务。全区租赁市场舆情稳定。(王佳佳)

物业管理

【概况】 2021年，拱墅区有物业企业260家，确认物业服务用房1.07万平方米。区住建局对物业服务企业进行定期检查考核，全年考核物业管理项目611个，引入专业化物业老旧小区考核评分细则140项，约谈物业服务企业32次，开展物业管理项目隐患排查，督促整改外墙脱落、电梯停运脱检、消防安全隐患等问题78个。组织开展《杭州市物业管理条例(修订版)》培训，培训物业从业人员520多人。加强物业纠纷矛盾化解工作，受理物业问题信访投诉1160件，比上年下降43%。发挥拱墅区物业协调中心作用，对辖区内物业管理纠纷进行诉前调解，全年化解汀澜府、依锦苑、米兰公寓等小区物业纠纷500多起。年内大河宸章、联合畔上居、湖墅观邸等8个小区物业管理入选省级“红色物业”项目，其中蔡马人家物业管理工作入选住房和城乡建设部“加强物业管理、共建美好家园”典型案例。七古登公寓、万和玺园小区物业管理获评杭州市优秀物业管理项目。杭州广银物业管理有限公司员工朱桂林获评全国住建系统“最美物业人”。

【22个小区获评杭州市“美好家园”】 2021年，拱墅区根据杭州市“美好家园”住宅小区建设实施方案，从改造基础设施和提高物业综合管理水平两方面着手，推进“美好家园”住宅小区建设。经市、区两级物业管理部门验收评审，全区有22个小区被评为杭州市“美好家园”住宅小区，分别为嘉里桦枫居南区、星都嘉苑、东新府、平安居、清宸公寓、尚景二期水岸御庭、望澜府、景湖苑、贡院、盛德嘉苑、阔板桥小区、董家新村小区、化纤新村、德胜新村、左家新村、安林小区、麒麟街小区、潮鸣苑北区、朝晖三小区、阮家桥公寓、康晓人家、香兰名院。

【物业经营性收支信息公示扩面】 2021年，拱墅区在全区范围内实施物业经营性收支信息公示工作，根据市对区信息公示扩面要求，有322个物业管理项目在杭州市经营性收支信息公示平台开户，其中295个项目在平台录入收支信息，业主可通过手机随时查询物业经营性收支情况。拱宸桥街道辖区内23个小区的物业经营性收益情况统一由专业会计机构集中记账，以便业主对小区经营性收支情况进行监督。

(沈倩寅)

2021年，拱墅区大关街道德胜新村小区被评为杭州市“美好家园”住宅小区。图为德胜新村小区主入口 (区住建局 供稿)

招商引资·帮扶合作

招商引资

【概况】2021年，拱墅区聚焦打造“六大产业中心”目标，立体化推进招商引资工作。完善全区招商引资体系，发挥街道、部门、企业、产业园招商引资主力军作用。压实各单位招商引资责任，优化招商引资方式，推出“线上＋线下”“云端＋实体”招商办法，扩大招商引资规模。突出重大产业项目招商，提高招商引资质量。推进“三联三领三服务”主题活动，定期走访辖区外资企业，帮助荷兰皇家壳牌集团、广州市宜维爱科技有限公司、深圳中欧科技创新中心等外资企业解决生产经营、人员签证、资本金账户开设、生活设施配套等方面问题，协助外资企业做好员工接种新冠肺炎疫苗工作。联合香港贸易发展局举办以“新时代经济下，企业如何把握机遇应对挑战”为主题的“拱港”两地企业家经济圆桌沙龙，增进合作互信。召开“新拱墅、新机遇”拱墅区地块招商推介会，为外资企业搭建与政府对接平台。全年组织外出招商活动80多次，客商接待400多次。引进企业（项目）4348个，注册资本591.29亿元，其中引进注册资本1亿元以上企业（项目）89个，总投资359.7亿元。实际利用境外资金8.63亿美元。

【项目引进】2021年，拱墅区围绕商贸金融、数字经济、生命健康、文化产业4个方面，成立工作专班，开展招商引资工作。盯引碧迪医疗、物产中大元通汽车、厚无生物研发中心等项目114个，总投资2318亿元。其中：75个项目实现签约落地，总投资1401亿元；32个项目实现投入运营，总投资236亿元。金融领域引进摩根士丹利三期基金、中国信达基金、中金阿斯利康生物医药产业基金、启明创投医疗基金等重要税源性项目。提升生命健康产业优势，举办首届浙江省数字医疗健康产业杭州峰会，推进阿斯利康制药有限公司中国东部总部及杭州国际生命科学创新园落户拱墅，韩国大邱生命健康产业集群在第四届中国国际进口博览会上签约，引进浙江肿癌重离子医学中心、海王生物浙江总部等项目。推进数字经济领域招商，以举办亚运会为契机，盯引国内重点电竞企业，引进中科院空间应用中心、京东方数字经济创新平台、T3出行浙江总部等项目并实现投入运营。文化产业招商取得新的进展，引进项目包括中南建筑设计区域总部、浙江数字版权交易平台等。

【重点地块招商出让】2021年，拱墅区围绕连片开发地块及重点优质地块实施“一地一方案”式精准招商。落实“产业投资标准地”工作，根据工业用地需求，优先保障浙江省国际贸易集团、浙江杨林生物科技有限公司、芯空间（浙江）科技发展有限公司、浙江新亚医疗科技股份有限公司、金印科技有限公司、杭州楚环科技股份有限公司等重点产业项目用地。开展地块招商，制作地块招商手册，依托“投资拱墅”微信小程序上线“VR看地”功能，加大拱墅地块招商宣传力度。全年全区出让地块41宗，总面积145.72万平方米。其中区属地块28宗，面积88.66万平方米，收取土地出让金374.35亿元。出让地块中，住宅地块9宗（含专项人才住房用地），面积31.75万平方米；商业地块3宗，面积6.76万平方米；商住地块3宗，面积29.28万平方米；留用地1宗，面积3.51万平方米；创新型产业用地5宗，面积11.05万平方米；工业用地7宗，面积6.31万平方米。

2021年11月1日，拱墅区重大产业项目集中签约活动在运河大剧院举行
（区投促局 供稿）

【第一届浙江省数字医疗健康产业杭州峰会在拱墅区举行】2021年7月28—29日，第二十三届中国浙江投资贸易洽谈会暨第一届浙江省数字医疗健康产业杭州峰会在拱墅区举行。大会以“拥抱数字新经济、创领医疗新未来”为主题，为数字医疗产业搭建交流与合作平台。会上签约上海深至信息科技有限公司、杭州药成医药科技有限公司、杭州泽桥健康科技有限公司等5个项目，战略引进中金阿斯利康生物医药产业基金、杭州惠众科技有限公司、北京聚陆医疗管理咨询有限公司等11个项目，“一对一”盯引45个产业项目，其中包括碧迪医疗、启明创投医疗基金等重大产业项目。峰会现场，阿斯利康制药有限公司中国东部总部及由杭州市政府、拱墅区政府与阿斯利康制药有限公司中国东部总部共同打造的生命科学创新孵化平台——杭州国际生命科学创新园启用。

【重大产业项目集中签约】2021年11月1日，拱墅区举行重大产业项目集中签约活动，现场签约项目44个，涵盖数字经济、生命健康、商贸金融、文化创意等产业，总投资412亿元。数字经济产业项目有网易（杭州）电竞数娱中心、华数（浙江）科技有限公司等；生命健康产业项目有韩国大邱生命健康产业集群、启明创投杭州医疗基金等；商贸金融产业项目有浙江供富冷链、浙江中大元通海西电缆、中国信达资产基金等；文化创意产业项目有新盟港数智产业园、天泱雅筑项目、善道·豪斯福无印空间等；总部经济项目有中南建筑设计院华东总部、美团杭州总部等。

【韩国大邱生命健康产业集群项目落户拱墅】2021年11月5日，在第四届中国国际进口博览会浙江省重大项目签约会上，韩国大邱生命健康产业集群项目落户拱墅区数字经济产业园区，总投资250亿元。产业集群项目第一期入驻企业（机构）42家，包括大邱Medi-City城市展厅1个、韩国上市公司14家、各类科技公司27家，企业群总市值超过1万亿元。

【外资利用】2021年，拱墅区制定积极有效利用外资推动经济高质量发展具体举措，参加第四届中国国际进口博览会、第二十三届中国浙江投资贸易洽谈会等重大招商活动和展会，殷隆置业（杭州）有限公司、浙江杭钢数字科技有限公司、融轩房地产开发有限公司等外资项目实现到资，全年实际利用外资8.63亿美元，到拱墅区投资的国别和地区30个。全区新设外商投资企业79家，总投资额16.29亿美元。（周玲娜）

帮扶合作

【概况】2021年，拱墅区对口帮扶地区为四川省甘孜藏族自治州（简称四川省甘孜州）泸定县、广元市昭化区；山海协作地区为省内淳安县、常山县；对口合作地区为吉林省长春市宽城区、南关区；对口支援地区为重庆市涪陵区清溪镇。拱墅区坚持以民生支援为龙头、以产业支援为支撑的帮扶思路，制定对口帮扶及协作工作计划，召开全区帮扶工作会议，分解落实具体任务，明确帮扶责任单位，将帮扶协作工作纳入年度综合考评。全年全区在资金、产业、人才、劳务等方面开展对口帮扶、区域合作，落实财政和社会帮扶资金8127万元，帮扶协作工作完成考核评价和实地核查。

【对口帮扶工作交流】2021年6月、7月，区委书记陈瑾，区委副书记、区长冯晶分别带队到四川省甘孜州泸定县和广元市昭化区对接对口帮扶工作，分别考察援建项目和乡村振兴先行示范村建设项目，向两地捐赠帮扶资金400万元，采购名优特农产品价值600万元，并走访慰问困难家庭。5月、11月，昭化区委书记刘自强，泸定县委副书记、县长王蕾分别带队到拱墅区考察，双方进行对口协作工作座谈交流，商定年度帮扶协作任务的具体事项。

【人才支援和劳务协作】2021年，拱墅区派出4名挂职干部到四川省甘孜州泸定县、广元市昭化区，开展为期3年的帮扶挂职。选派26名专业技术人员到两地任职。其中教师11人、医护人员15人，任职时间为半年和一年以上2种。拱墅区帮助两地开展业务培训，培训基层干部及专业人才2070人次。拱墅区与广元市昭化区签订《拱墅·昭化东西部劳务协作行动计划框架协议》，建立业务沟通、信息共享、人力资源合作机制，细化帮扶内容，创新帮扶方式，提高当地农民工转移就业精准化程度。年内，拱墅区帮助四川省农村劳动力在当地就近就业2035人，到其他地区就业635人；为四川省培训农村致富带头人1610人。至年末，四川省在拱墅区稳定就业8156人。继续加强与贵州省黔东南苗族侗族自治州黎平县、黄平县和湖北省恩施土家族苗族自治州巴东县、来凤县开展东西部劳务协作，全年实现转移就业1.2万人。

【产业合作和消费帮扶】2021年，拱墅区与对口结对地区开展产业合作和消费帮扶，帮助四川省甘孜州泸定县、广元市昭化区名优特农产品进入浙江市场，全年实现销售收入8000多万元。拱墅区重新整合原有消费帮扶平台，保留位于绍兴路的"凤凰出山"农特产品展示馆，把下城区展销中心改为广元·甘孜东西部协作和对口支援城市旅游展厅，利用信息化技术营造当地旅游场景，宣传推广特色旅游景点、路线，激发消费者综合消费需求。根据杭州消费帮扶平台建设布局，协调有关街道在拱墅区大悦城附近免费提供300多平方米商铺，作为全区消费帮扶"进社区"旗舰店基地，打通对口地区名优特农产品与社区居民"最后一公里"。引导辖区9家企业在帮扶地投资7.4亿元，通过新建企业吸纳农村劳动力275人。其中，浙江信德农业有限公司投资2亿元，在昭化区打造"林下生态循环示范园"，着重发展"林禽＋林菌"特色产业。杭州好兴星网络科技有限公司投资12亿元，在昭化区建设智慧科技园。

【社会帮扶】2021年，拱墅区新增29家企业和3个社会组织与对口合作区域结对，举办帮扶项目对接会和招商引资推介会，帮助受援地发展特色产业，促进劳动力就地就近就业和转移就业，并带动农产品销售，推进当地农民增收。开展"万企帮万村"活动。引导社会力量捐资捐物价值841万元，用于结对地区民生工程建设和产业项目实施，最大限度发挥社会帮扶资金的作用。

【山海协作】2021年，拱墅区加强与省内常山县、淳安县山海协作，与常山县何家乡何家村、临岐镇五庄村两个乡村振兴示范点结对。区发改经信局与两地签订年度山海协作共建协议、卫生领域合作框架协议、科技领域合作框架协议；拱墅区各街道（园区）分别与常山县各乡镇签订友好街道（乡镇）合作协议。全年全区落实帮扶资金430万元，支持结对村加快基础设施、产业项目和群众增收项目建设。拱墅区援建的项目包括常山县何家村沿江公路竹海扩展、娘娘庙周边环境整治、竹海景观大道提升及淳安县临岐镇五庄村美丽乡村颐居乐园建设等。建立山海协作援建项目资金监管平台，援建资金通过托管账户进入监管平台，为规范使用援建资金提供保障。 （季加佳）

城区建设管理

城区规划

【概况】2021年，市规划资源局拱墅分局以行政区划优化调整为契机，围绕新拱墅特点，统筹区域城市空间资源配置。完成区划调整论证和新一轮国土空间总体规划“三区三线”（“三区”指城镇空间、农业空间、生态空间三种类型的国土空间；“三线”指城镇开发边界、永久基本农田、生态保护红线三条控制线）试划。完成3个控制性详细规划局部调整、953件建设项目规划行政许可。对328个在建项目开展规划批后监管，监管总建筑面积2276.5万平方米。完成规划验线79件，核实竣工规划项目66个，复核验收用地项目59个。（徐　峰）

【规划编制】2021年，市规划资源局拱墅分局立足自然资源本底，统筹优化规划编制，协同完善国土空间规划体系。推进“三区三线”试划工作，整合、调整新拱墅区城镇开发边界，优化国土空间发展格局。细化落实市级国土空间总体规划及各类专项规划目标，统筹安排实施拱墅区发展战略和“十四五”重大项目及各类民生工程，启动《拱墅区国土空间分区规划》研究工作。落实上位分区规划和城市设计相关要求，提升控规编制质量，优化城区产业布局。协助市规划资源局开展上塘单元、华丰单元、石桥单元、灯塔单元控规修编并启动半山单元控规修编。加强规划精细化管理，年内完成铁路北站单元GS1104-14地块、运河新城单元运河湾片区、GS1003-06拱康公交停保基地等项目控制性详细规划局部调整。推进以公共交通为导向的（TOD）综合开发，开展轨道交通规划研究。完成“拱墅区重点交通节点综合开发及周边用地优化研究”课题，挖掘重要交通节点周边用地土地价值，综合提升城市开发和建设品质，并从土地利用管控角度提出全区土地出让和开发时序建议。（徐靖璐）

【建设项目行政审批】2021年，市规划资源局拱墅分局推进“告知承诺制”审批、模拟审批、“多规合一、多审合一”改革等工作，实行“两书合一”“书证合办”改革，结合“三联三领三服务”工作，做好辖区内建设项目审批服务及办理，全年完成承诺制审批68件、投资项目规划资源业务审批953件。业务审批事项中，选址意见及用地预审、规划条件250件，用地规划许可证（含划拨供地）97件，建设工程规划许可证（含临时工程证）161件。全区规划许可建筑面积996.9万平方米。

（周宁宁）

【建设项目批后监管】2021年，市规划资源局拱墅分局加强批后监管，确保建设工程按照规划许可进行建设，保障城市规划有序实施。全年完成规划验线项目79个，建筑面积436.2万平方米。核实竣工规划项目66个，建筑面积420.5万平方米，其中亚运会项目1个、产业平台建设项目12个、公共服务建设项目36个、留用地项目7个、商品住宅项目10个。完善批后监管项目清单，完成监管项目328个，建筑面积2276.5万平方米。完成11个开（竣）工

2021年9月23日，市规划资源局拱墅分局组织核实北景园生态公园亚运电竞场馆按规划建设情况　（市规划资源局拱墅分局 供稿）

延期项目处置，复核验收用地项目59个，土地面积119.2万平方米。对北景园生态公园亚运电竞场馆按规划建设情况进行核查。

（张哲琦）

【数字化建设】2021年，市规划资源局拱墅分局推进辖区高精度倾斜摄影实景三维数据建设。年内，完成地质数据采集汇交，包括地质数据数字化、标准化处理及建库、三维建模等，并将三维数据纳入省自然资源厅、市规划资源局打造的国土空间智治平台，推动实现拱墅区国土空间信息化、数字化管理。开展全区城市地下市政基础设施普查，制订《拱墅区城市地下市政设施普查实施方案》。（周思佚）

城市投资建设

【概况】2021年，区城投集团推进征迁回迁、土地利用、开发建设、资产运营、产业布局等工作，优化城市空间，提升城市品质，加快城市重塑。深化“一党员一项目”机制，“一对一”精准联系重点项目，助推集团主营业务发展。按照“突出重点，全面推进”要求，加快国有土地上企业签约、腾房进程，促进规划区域内土地征迁清零。开展高质量做地专项行动，全年出让土地5宗。29个安置房建设项目、12个学校项目建设进度达到预期目标。实施精准招商，完成重大项目签约4个。深化“数字城投”平台二期建设，提升集团经营管理水平。完善蓝领公寓统筹管理，保障国有资产保值增值。年末，区城投集团资产规模达808.34亿元，其中流动资产663.44亿元、净资产146.33亿元。新冠肺炎疫情期间，加强重点区域疫情防控，统筹项目管理，确保城市投资建设有序进行。

【征迁回迁】2021年，区城投集团根据征迁清零目标，完成“七村”范围内5家国有土地上企业签约腾房，杭汽轮机股份有限公司厂区全面移交，其中南厂区拆除面积7.9万平方米；完成东新公寓、“四村”城中村改造总指挥部等集体土地上建筑物拆除，拆除建筑物面积6.8万平方米。完成原杭州重型机械厂宿舍区块936户居民搬迁及下城区住建局、新颜苑社区等国有土地上房屋签约腾房，拆除建筑物6.8万平方米，并完成201户居民现房选房。

【土地利用】2021年，区城投集团围绕“多做地、快做地、做优地、配套全、管好地”思路，开展高质量做地专项行动，推进“毛地”变“净地”、“净地”变“优地”，全年完成地块收储9宗，土地面积19.36公顷，主要收储地块为杭氧北、省工业品市场3号、回龙路东侧、大润发西等；地块出让5宗（杭氧北、费家塘路2号、区行政服务中心、8号老厂房、大润发西），土地面积18.96公顷，收取土地出让金85.3亿元。东新园北、浙江商业机械厂有限公司、杭汽轮机股份有限公司东南角、杭汽轮机股份有限公司西南角等30宗、61.07公顷地块完成做地前期准备。

【民生项目建设】2021年，区城投集团推进民生项目建设，全年完成项目投资额49.91亿元。在建项目中，安置房项目29个，年内完成主体结构结顶12个，其中杨家跨贸园安置房结顶最早；学校项目12个，交付、竣工验收、竣工结算8个；配套设施建设

2021年1月22日，杨家跨贸园安置房项目举行主体工程封顶仪式
（区城投集团 供稿）

项目4个，3个为新开工项目；道路河道项目21个，完工5个；自营项目7个，竣工1个。区城投集团坚持项目建设整体化思路，结合杭锅工业遗存—和平区块整体规划，加快杭州音乐厅项目建设。8月，杭政储出〔2017〕93号地块商业和商务用房项目获评“杭州市建设工程施工安全生产标准化管理优良工地”。

【住宅管理】2021年，区城投集团管理安置房小区14个，有安置房源710套，面积6.15万平方米；管理非住宅房源139套，面积2.75万平方米。有经营性房产346套，面积27.77万平方米。有蓝领公寓3274套。其中：王马里蓝领公寓344套，华丰·悦居蓝领公寓880套，石桥南苑蓝领公寓2050套。集团房产总规模42.31万平方米，全年房产租金收入1950.23万元（不包括蓝领公寓），租金收缴率96.3%；王马里、华丰·悦居、石桥南苑蓝领公寓出租率分别为89.8%、98.3%和72.2%，实现租金收入1126.6万元，租金收缴率93.2%。集团完成2020年度中央财政专项资金奖补及杭州市专项资金奖补申请、审计等工作，获奖补资金5590.91万元。

【产业招商】2021年，区城投集团依据“1+4+N”的产业定位，绘制产业地图，实施精准招商，赴北京、上海、成都、深圳等地对接中科生物制药股份有限公司、北京国泰创投集团、浙大网新集团、华润置地有限公司、中电光谷联合控股有限公司、招商局蛇口工业区控股股份有限公司等企业，为区域发展积蓄新动能。全年实际利用外资2000万美元，招引和签约重大项目5个，落地总投资1亿元以上产业项目4个、优质产业链项目2个。

【“数字城投”建设】2021年，区城投集团根据实际业务和经营管理需要，深化“数字城投”平台二期建设，完善驾驶舱系统平台、智慧工地数字监管平台、进度管理系统平台、资产管理系统平台、数字造价平台等13个信息化系统，新增重点数字监管平台App、视频中心平台、应急管理平台、疫情防控等场景应用，开发设计功能模块350多个，完成业务系统接口对接70多个，在防汛抗灾、安全检查、协同防疫、环境整治等工作中发挥数字赋能作用。

【城建融资】2021年，区城投集团发行首期20亿元和15亿元的定向债务融资工具（PPN），以当期同品种中最低的发行利率，补充集团资金。申报获得安置房棚改资金9.8亿元，为项目建设提供资金保障。12月，区第三次重要财政事项专题会议审议通过集团降低负债方案，集团资产负债率比上年下降5%。（张 蓉）

公共基础设施建设

【概况】2021年，拱墅区加快推进公共基础设施建设，优化公共服务供给。按照“打通主动脉、完善支小路、加强区际道路联通”的总体目标，加快莫干山路、萍水东路、洋湾路、沈康路、莫衙营、兴业街等149条、91.5千米路网建设，东新路景观大道南线贯通。推进辖区电网建设，提升电力供应能力。加快杭州地铁三期3、4、10号线及机场快线站点建设，推动规划地铁四期站点落地，并开展节点综合开发及周边区域优化。启动辖区内14条、2.3万米“迎亚运”地铁周边道路恢复重建，完善道路交通配套，年内2条重建道路竣工。开展重点区域地铁出入口综合提升改造，打造国际化地铁出入口环境。开工及续建公共停车泊位7142个，建成公共停车泊位1497个。依托杭州城北净水厂日处理污水20万立方米的规划，推进320国道、东新路、石祥路等主干管网和核心泵站建设，提升大城北纳污能力。

【城区道路建设】2021年，拱墅区优化城区路网结构，加快推进城区道路建设。全年实施149条道路建设，总长91.5千米。其中开工短浜路、长乐路（香积寺路—霞湾巷）等道路28条，建成康园路（金昌路—北秀街）、长木路、塘中路、洋湾路（拱康路—石前港）等道路35条，总长21.1千米。打通长木路、洋湾路、祥宏路、萍水东路4条“断头路”。加快推进58条安置房周边道路及学校周边道路建设，确保道路与民生项目同步设计、同步实施、同步交付。统筹莫干山路、沈半路、拱康路、康桥路、东新路及新天地街区沿线开发建设。完成开发建设项目312个，其中收储项目6个、出让项目8个。（周雪菲）

【电网建设】2021年，拱墅区根据《2021年度杭州市地下空间、综合管廊、电网设施项目建设计划》，加快辖区变电站建设，助力高新产业项目落地。围绕“双碳”目标，加快光伏发电、智慧电务、电动汽车等重点领域发展，促进能源供给绿色转型、能源消费绿色低碳。提升“获得电力”服务水平，为拱墅区优化营商环境提供支撑。发展算力经济，推进浙江云杭钢云大数据中心建设。制订拱墅区亚运场馆保电方案，完善应急供电体系。拱墅区范围内7个电网设施项目由国网杭州供电公司实施建设。年内，立项扩建桥西110千伏3号主变电站和小河110千伏输变电站2个工程。

【公共停车库建设】2021年，拱墅区实施运河亚运公园等9个地下空间开发项目，开发面积90.87万平方米，完成市对区年度考核目标。开工及续建公共停车库项目27个，设计停车泊位7142个。完成桥西公园等7个公共停车库项目，新增公共停车泊位1497个。其中，桥西公园地下公共停车库位于文岚街与后横岗巷交叉口东北角，设计公共停车泊位96个。该停车库投入运行后，周边信步闲庭、银树湾、锦绣文澜阁等小区停车难问题得到缓解。拱宸桥单元FG08-B1/B2-03地块西北侧绿化带地下公共停车库位于上塘路与湖州街交叉口东南角，占地面积8266.7平方米，建筑面积9824平方米，设计社会公共停车位288个，为崇盛里、崇庆里、蚕花园等周边老小区居民提供停车服务。（陈凯丽）

2021年建成的拱宸桥单元03地块西北侧绿化带地下公共停车库

（区住建局 供稿）

城区更新

【概况】2021年，拱墅区加快推进城中村改造和安置房及配套设施建设。全年开工安置房项目3个，开工面积40.25万平方米；竣工安置房项目5个，竣工面积62.33万平方米；53个续建安置房项目按进度计划推进。完成1298户征迁农户安置。完成杭州市地方标准《拆后地块管理规范》、浙江省团体标准《征迁安置全生命周期建设管理规程》制定。拱墅区老旧小区改造3年行动计划提前1年完成，实施老旧小区改造95个，面积537万平方米。以老旧小区改造为基础，推进未来社区建设。探索海绵城市建设路径，统筹推进海绵城市建设。拱墅区获杭州市"城中村改造和拆迁安置房建设工作考核"第一名。

【安置房建设】2021年，拱墅区加强安置房建设审核把关，规范安置房建设招投标行为，健全项目合同管理制度、工程质量监督管理制度，把好建筑材料质量关。全年开工杭钢单元01地块安置房、原杭州重型机械厂宿舍区块拆迁安置房、三塘单元26地块拆迁安置房3个安置房建设项目，规划建设安置房2334套，建筑面积40.25万平方米；竣工上塘单元03地块安置房、祥符东单元新文区块14地块拆迁安置房、桃源单元17地块拆迁安置房、桃源单元18地块拆迁安置房、铁路北站单元2地块拆迁安置房5个安置房项目，交付安置房3911套，建筑面积62.33万平方米，竣工安置房项目均获杭州市建设工程"西湖杯"优质工程奖。半山单元R21-01A地块安置房项目、东新单元XC0604-R21-10地块安置房等53个续建拆迁安置房项目均达到年度建设进度要求，总投资57.03亿元；锦绣嘉苑、望宸名邸、新文和苑、孔家埭和府安置房项目获评杭州市"最美安置房"。

【回迁安置】2021年，拱墅区针对征迁户在外过渡时间长、回迁安置情况复杂、群众信访诉求多等问题，抓住"品质为先、平衡为要、节奏为重、稳定为基"四大关键环节，精心做好征迁户回迁安置工作。年内，完成安置康桥街道金桐雅园、上塘街道蔡马人家、半山街道望宸名邸等安置房回迁安置，安置征迁户1298户，提前1年完成"在外过渡5年以上征迁户全部安置"的目标。拱墅区安置房小区三方协同治理工作成为全省回迁安置工作样本。（章　斌）

【老旧小区改造】2021年，拱墅区围绕共同富裕现代化基本单元建设，对标对表省市关于老旧小区改造的总体要求，推动老旧小区打造全国样板示范区。建立民间监理员等居民监督机制，加强老旧小区改造工程的日常监督管理。全年投资22亿元，完成95个老旧小区改造，涉及住宅1584幢、住户7.5万户，改造面积537万平方米。同步实施雨污分流小区改造75个，建设排水管网4.5万米。新增垃圾分类收集设施65处、安防智能感知设施及系统1190套、停车泊位163个。新增文化休闲场所、体育健身场地、公共绿地等面积1.8万平方米。盘活区级行政事业单位、国有企业存量用房1.02万平方米，用于社区配套服务。拱墅区"高标准打造全国旧改样板示范区"做法被列入杭州市争当浙江高质量发展建设共同富裕示范区首批城市范例试点名单。

【未来社区建设】2021年8月，区发改经信局将未来社区建设工作移交至区住建局。区住建局把未来社区建设与老旧小区改造、城市有机更新紧密结合，加快形成可持续、可复制、可推广的拱墅未来社区建设模式，推进"百社示范、千社提升"工作。会同有关部门完成瓜山、和睦、所巷、善贤、万家星城、蓝孔雀6个未来社区项目建设实施方案评审及和睦未来社区建设项目联审，配合做好瓜山未来社区建设项目省市专班验收，跟踪新颜苑社区有关项目推进情况，定期梳理上报工作月报和双月工作总结。瓜山社区、和睦社区被列入省级未来社区场景运营"最佳实践"优秀案例。

（钱　亮）

上塘街道瓜山未来社区　　（区住建局 供稿）

【海绵城市建设】2021年，拱墅区打造“大海绵格局丰富、小海绵设施高效、江南水网特色突出”的拱墅特色海绵城市。结合老旧小区改造，借力大城北开发和城市有机更新契机，推进辖区海绵城市连片化建设。以运河亚运公园（原城西公园）、运河中央公园、北景园生态公园等大型公园为纽带，辐射引领区域项目共同发挥海绵功能。全区2856万平方米建成区达到海绵城市区域化目标要求，占建成区总面积的33%。全年完成运河亚运公园、运河中央公园（二期）等11个海绵城市建设项目。东新单元10地块拆迁安置房、北景园生态公园（一期）景观绿化、杭政储出〔2017〕72号地块商业兼容商务用房项目和运河亚运公园4个项目获海绵城市中央财政资金补助1800万元。大关街道老旧小区综合改造工程、运河亚运公园、运河中央公园（二期）、桃源单元02地块48班小学及社会停车库4个项目入选杭州市海绵城市建设优秀项目名单。（赵　阳）

2021年9月，区住建局组织创作的的花事作品“盛世花宴”获杭州市园林艺术精品展特等奖（区住建局　供稿）

城区绿化

【概况】2021年，拱墅区围绕美丽拱墅建设，以管养建设促进绿化品质提升，全区呈现道路、滨水、公共绿地及各类景观、活动（赛事）节点高品质绿化、彩化景观效果。建成运河亚运公园、运河中央公园、运河景观带公园绿地3个，新增绿地面积82.58万平方米，完成年度目标的103.2%。新增屋顶绿化面积1.3万平方米，完成年度目标的130%。新建、改建绿道37千米，完成7个民生小公园建设及3个公园改造提升。做好重要节日花卉景点布置工作，花事作品“盛世花宴”作为杭州市“盛世花盛开、百花庆百年”花展活动开幕式主景获杭州市园林艺术精品展特等奖，环境小品“福牛迎春”、“五一”花境“梦之蓝”“花之韵”获全市花事竞赛活动一等奖。（白惠磊　毛志良）

【公园建设】2021年，拱墅区从提升基础设施、改善景观环境、完善便民服务、提升智慧化水平、注重人文关怀、加强文化建设、规范公园管理7个方面入手，打造“颜值高、气质好、特色足”的城区公园。建成杭氧北村公园、环城西路道侧街心公园、运河景观带公园、运河文化公园、大关科普公园、霞湾公园、大关路口街心公园7个民生小公园，完成以紫荆、八仙花等紫色系为主题的紫荆公园、以喷雪花（雪柳）、红花檵木为特色的城东公园和以临水特色景观为亮点的草荡生态公园3个公园改造提升。

【绿道建设】2021年，拱墅区实施品质绿道建设，打通绿道盲区、断点。全年新建和改建绿道37千米，完成省市民生绿道建设任务。建设运河亚运公园绿道、上塘河绿道等绿道，绿道种植乔木、灌木、地被等苗木，配置景观小品。推进杭州市首个都市户外运动综合体建设。推荐上塘河绿道、运河亚运公园绿道参与全市民生绿道“品质绿道大比武”，举办“我和我的祖国·杭州绿道”民生体验暨参加浙江省第一届“绿道健走大赛”、“全民健身共享亚运”杭州毅行大会暨拱墅区绿道毅行等系列活动，提升辖区绿道景观品质。（白惠磊）

【景观工程建设】2021年，为迎接第19届亚运会赛事，区城管局推进绿化景观系列工程建设，全域提升城区园林绿化景观。全年完成绿地景观提升项目9个，涵盖“迎亚运”道路景观提升、“口袋公园”改造、行道树树穴扩容三大类工程。其中“迎亚运”道路景观提升工程包括市民公园、湖墅路密渡桥路口、上德立交道路、德胜路道侧、湖州街道侧、萍水东街道侧、通益路道侧、申花路等绿地，绿地栽植紫薇、江户彼岸樱、鸡爪槭等315株，改造提升绿地面积10.1万平方米。

▶资料:“口袋公园”

“口袋公园”指面向公众开放、规模较小、形状多样、具有一定游憩功能的公园绿化活动场地，面积一般在400～10000平方米，包括小游园、小微绿地等。

（毛志良）

【绿化养护】2021年，拱墅区加强绿化养护管理，制订全区绿化养护工作要点，统筹做好绿地养护。印发《道路绿化树木修剪指引》《园林绿化突发事件应急预案》，规范全区绿化养护工作。向街道、社区绿化管理人员普及绿化养护知识，提升绿化养护操作技能。对辖区主要道路绿地养护实行“一路一方案”，对彩化特色绿地进行精细化养护，通益路被评为“省级绿化美化示范路”，丽水路、瓦窑头河、丰潭路、大关路等道路（绿地）获评“杭州市最佳（优胜、示范）道路、滨水绿地”。加强台风、暴雨天气期间的绿化养护，养护断枝树木644株，处理断枝41.4吨。加强辖区绿地巡查，完成树木保洁、补植补造、树干涂白和白蚁、天牛等病虫防治。（白惠磊　毛志良）

【义务植树】2021年，区住建局为发挥树木生态效应，结合植树节活动，公布4处认建认养基地。组织开展杭氧北村公园、独城公园树木认建活动和紫荆公园、墅园绿地认养活动，拓展、创新“直接参加绿化劳动”和“间接履行植树义务”的实现形式。全年全区推出认建树木200株，品种有海棠、美人梅、紫薇、樱花等，认养面积1.2万平方米。参加义务植树1.3万人次，义务植树尽责率100.8%。开展“书香换花香”活动，用闲置书籍换取爱心绿植，营造“爱绿、护绿、植绿”氛围，提高市民爱绿护绿意识。（白惠磊）

垃圾分类工作

【概况】2021年，拱墅区抓好垃圾减量控量、垃圾分类规范、垃圾闭环治理等工作，推出生活垃圾分类特色模块。全区新增省级垃圾分类示范小区16个、省级垃圾分类示范预备小区70个；完成92个生活垃圾集置点改造、3万平方米垃圾分拣中心建设，引入易腐垃圾就地处置设施，“就地减量”倒逼“前端分类”，形成垃圾治理闭环模式。全年全区清运生活垃圾56.65万吨，日均1442吨，清运总量比上年下降1.1%。

【再生资源网络构建】2021年，拱墅区构建全域“1+3+N”三级垂直管理体系，即拱墅区生活垃圾“三化四分”工作领导小组下设推进再生资源回收体系工作专项小组，做好顶层设计工作。依托3个垃圾分拣中心，分步骤打造玻璃回收清运专线、餐饮店低价值再生资源回收专线、商业综合体及商业街区清运专线。根据不同再生资源回收的难易程度、属地实际情况，以150个前端分类站点为工作基站，吸纳条件成熟的社会站点，纳入统一管理，最终辐射全区18个街道174个社区，实现生活垃圾再生资源回收体系全域覆盖的目标。

【垃圾分类设施改造】2021年，拱墅区围绕辖区生活垃圾分类设施提升，规范小区生活垃圾集置点的设置，打造“优美、干净、有序、和谐”的城市环境。通过全覆盖拉网式排查，全区18个街道92个生活小区的生活垃圾集置点被确定为待提升改造点位。针对集置点数量不足问题，通过采购成品垃圾集置房、新建垃圾房等办法增加集置场所；针对沿街垃圾清运接驳难题，开通生活垃圾收集驳运定制服务专线，点对点进行短接驳转运；针对集置点面积不足、设施陈旧等问题，结合老旧小区改建，对小区内原有集置场所进行扩容或重新整理。年内，全区完成48个小区生活垃圾集置点提升改造、接驳方案优化等工作。（吴晓靖）

市政管理

【概况】2021年，拱墅区通过精准定位，推动市政工程建设精品化；通过数字赋能，推动城市运维精细化、长效化;通过深化品牌建设,推动老旧小区物业标准化、品质化。全年实施“迎亚运”道路修缮项目36个、道路加固项目6个,完成加固、修缮道路42条。推进“云上坦途”智慧化巡查管控系统运用,该系统识别道路病害21.89万处。完善智慧化道路和排水管网设施养护监管体系,完成道路养护97.54万平方米、排水管网养护242.72万米。围绕市政管理服务为民,加强在建工地4C管理。区城管局实施“拉链马路”智慧管理做法被省建设厅在全省推广,装配式井盖施工工艺被省建设厅编入《城镇道路检查井建设及改造技术导则》。区市政园林工程有限公司获评杭州市市容环卫先进作业集体。

【市政工程实施】2021年,拱墅区围绕民生需求,实施辖区老旧小区改造、背街小巷提升改造、电梯加装管线迁移、雨污分流、低洼积水改造等项目,提升区域人居环境。主要工程项目有长木里、柳营巷(长宁片一区)、长德公寓、三塘南村、锦园、流东6个老旧小区改造,胭脂新村6幢1单元、青园7幢1单元等203个电梯加装雨污水管线迁移,长木里、柳营巷2个背街小巷提升,褚家河等5条智慧化美丽河道建设,环西新村、朝晖七区等252幢房屋雨污分流,回龙路沿线、新杨路沿线等19个低洼积水改造。完成区政府大院道路、武林广场站地铁口、凤起路站地铁口、西湖文化广场站地铁口、龙鼎大厦室外等区域景观改造提升,以及艮山农贸市场西侧道路整治和河罕上环境优化等项目。完成城市道路无障碍环境提升工程13个、道路无障碍设施改造项目28个、民生实事工程30个。

【市政设施及河道维护管理】2021年,拱墅区坚持高标准、严要求、高质量做好辖区内道路、桥梁、雨污水管网等市政设施及河道日常维护管理。全年完成382条市管道路及3389条区管道路养护作业,修复车行道9.3万平方米、人行道2.4万平方米,修复桥梁设施647处,疏通雨水管243万米、污水管86.7万米。完成49条主次干道、155万平方米的道路保洁、环卫设施维护。完成窨井提升752座,更换窨井468座,灌缝、封边道路43.76万米,更换道路指示牌372块;完成排水管网养护242.72万米、污水井疏挖4.66万座、淤泥外运3960多吨、桥梁养护维修30座。推进区管城市道路第三方检测工作,消除路面沉降隐患。委托8个第三方道路勘测专业单位开展空洞检测,完成辖区836条、34.9万米道路地下勘测检测。发现、整改道路空洞问题12个、脱空问题26个,疏松土体225处,确保城市道路完好。加强中河、东河、古新河、贴沙河、南应家河、古新河日常养护,出动保洁人员4210多人次、巡查人员1070多人次,打捞处理河道、河岸垃圾570多吨。

(陈韵奕　赵　强)

2021年7月10日,半山区域杭玻街养护班组对“云上坦途”智慧化巡查管控系统发现的道路病害问题进行养护处理　(区综合行政执法局 供稿)

【市政运维指挥中心成立】2021年10月,区市政园林工程有限公司围绕数字化改革工作,自主研发成立市政运维指挥中心,中心下辖数智应急、数智直运、数智物业、数智养护、数智工程等模块,涵盖应急抢险响应、垃圾清运实时跟踪优化、小区物业服务、道路河道养护、工程建设管理等方面。通过数字赋能,提升垃圾直运、物业管理、应急抢险、市政养

护、工程建设等工作的精准度，年内首个“数智直运”1.0版本上线并投入试运行，助力提升城市运维水平。（陈韵奕）

【“探地雷达系统”和“CCTV管道检测系统”引进】2021年，拱墅区引进“探地雷达系统”，运用集成阵列雷达、高清视频采集、差分GPS、车载DMI定位等技术，对路面及地下进行全方位“CT”扫描检测，排查城市道路地面塌陷、沉降、空洞等隐患。针对难以实行人工检测的管道，引进QV潜望镜及机器人TAP roboCam1 CCTV管道检测系统，组织日常常规检测及突发应急抢险，推动城市管道检测智能化。全年完成CCTV雨水管网检测89.3万米、污水管网检测21.9万米。

（陈韵奕　赵　强）

2021年，区市政公司采用“探地雷达系统”对路面及地下进行检测

（区市政公司　供稿）

【老旧小区物业管理】2021年，拱墅区市政园林工程有限公司（简称区市政园林公司）深化老旧小区红色物管“145”工作机制，深入探索党建引领物管工作，以“保洁、保序、保安、保绿”“四保”模块细化职责分工，提升服务精准度，优化服务品质。组织搭建物业管理平台，助力社区、街道等社会各方力量联动。通过党群联心、文明联创、网格联动、数据联通、问题联治，破解小区治理中的突出矛盾，推进居住小区治理体系和治理能力现代化。全年区市政园林公司开展专题服务活动50多场，排查、处理社区物业管理隐患问题300多个，处理居民困难求助700多件（次）。拓展杭州中国丝绸城等街区的物业管理业务，提升公司物业管理服务能力和水平。（陈韵奕）

【道路建设审批和验收】2021年，区城管局完善道路审批和验收程序，受理行政审批310件，其中：挖掘城市道路审批50件，临时占用城市道路审批8件，排水接管技术审查83件；完成污水排入排水管网许可证核发146件、污水排入排水管网许可证变更5件、市政设施接收管理界定登记17件、城市桥梁架设各类市政管线审批1件；参与验前检查、回访检查、消项检查40次；移交接管道路25条、桥梁12座。做好建设工程项目相关市级审批和管理权限下放工作的对接，参加市、区财政投资建设类项目初步方案和初步设计“二合一”联合审核41件，道路施工图审查19件。完成排水户水质监测713点（次），新接管道路检测49条、桥梁结构性检测29座。

【在建工地4C管理】2021年，区城管局加强地铁建设工地监管，按照4C管理诚信体系模式对在建工地进行项目前期、施工过程、竣工验收、移交接收4个过程的全面介入综合管理。建立“三合一”联络网，加强对临时道路、临时排水项目的审批管理，并严格按照规划部门批复的文件进行验收。加强在建工地周边道路与地铁开放式施工便道的长效管理。全年联合检查在建工地项目52个，并建立在建工地诚信管理工作档案。抄告地铁开放式施工便道问题26次，督促整改开放式施工中出现的安全隐患问题1762个。（赵　强）

【应急处置】2021年，拱墅区做好突发天气防汛、防台、防冻、防雪、抗旱、保绿等应急抢险工作。全年出动应急抢险人员3.8万人次，完成各类应急响应125次。在抗击台风“烟花”期间，连续6天开展应急抢险，发现处理各类

问题400多个，确保城区生产生活正常运行。开展各项应急演练，区城管局和区市政园林公司分别在杭州市城市桥梁护栏景观美化青年技能大比武和杭州市城管系统抗雪防冻应急比武演练活动中获二等奖。

（陈韵奕　赵　强）

交通管理

【概况】2021年，拱墅区坚持“以人为本、生命至上”理念，构建“党政主导、部门协调、社会联动、群众参与”的市域道路交通安全现代化治理体系。加大对交通安全违法行为查处力度，实行隐患“发现、交办、整改、督查、销号”全过程闭环管控。压实道路隐患治理责任和交通安全综合治理属地责任，建立滚动挂牌摘牌整治机制。加强科技对市域道路交通安全和治堵的支撑，整合各部门数据和资源，提升道路交通安全管理智能化水平。全区设立视频监控1104个、交通诱导屏73套，安装电动车物联网感知设备82套。全年全区发生一般道路交通死亡事故9起，比上年下降55%。交警拱墅大队获评全国优秀公安基层单位、全国第二批执法示范单位、省市公安机关执法示范单位，荣立集体三等功。

（桑　超　许天民）

【交通违法治理】2021年，交警拱墅大队聚焦开车接打手机、人行横道未让行、货车右转不让行、电动三轮车违规驾驶（包括超载超员、乱停乱放、无牌无证、非法载客等）、酒驾失驾等影响交通安全的违法行为，开展专项整治行动。针对工程车超速超载等问题，督促工程车企业落实自律措施，并建立常态化视频巡查、巡逻管控机制，组织工程车驾驶员安全驾驶教育培训，开展“大车帮小车”（工程车驾驶员给电动自行车驾驶人讲解工程车特性，帮助电动自行车驾驶人有效避免工程车事故）行动。针对电动自行车违法行驶问题，在交通路口、严管道路安装电动自行车智能感知设备，织密电动自行车违法行驶布控网。在重点路口安装喊话设备，通过远程喊话提醒交通违法者遵纪守法。发动平安网格员参与电动自行车管理，守好小区、学校小门。全年查处工程车违法行驶行为5944起、电动自行车违法行驶行为76.2万起、开车接打电话问题11万起、机动车不礼让行人行为4.7万起。

【交通隐患治理】2021年，交警拱墅大队坚持人防、物防、技防相结合，全面排查城区道路交通隐患，对辖区76个路口路段实施微改造、微整治。加强死亡事故道路隐患溯源，发现、治理事故道路隐患4000多个，梳理需要其他部门协助治理的问题600多个，上报区政府挂牌治理。全年优化斑马线设置174条，增加绿化隔离护栏34处（约5000米），实现交通事故死亡人数零增长。

【交通治堵】2021年，交警拱墅大队通过优化交通组织、科学信号配时、完善交通设施，保障辖区道路交通正常运转。打通大关苑路、德胜巷等50条“毛细血管”，实施娑婆桥、三宝路单行线，盘活道路资源，提高道路通行效率。合理安排迎亚运道路修缮施工，避免集中施工造成大面积拥堵。严格控制占道红线，加强施工道路交通组织，处理违法占道施工和非法施工130多起。调整47个路口的信号配时，新增信号配时方案200多个。坚持集中整治与长效管理相结合，严管重罚与源头管理相结合，加强协作配合，开通1103M路社区微公交与地铁接驳线路和杭州市卖鱼桥小学湖墅校区2条求知专线特色公交路线，相关区域的道路交通拥堵情况得到改善。

【交通安全宣传】2021年，交警拱墅大队围绕重要节日、重要时间节点，组织、指导辖区单位开展交通安全宣传，普及交通安全常识，倡导安全文明出行。辖区重点货车企业各类货车驾驶员“入职宣、常态宣、重点宣”完成率97%。63家“四客”（旅游客运、公路客运、出租客运、公交客运）企业、15个网约车平台建成交通治理工作站。推进辖区18个街道交通治理中心、174个社区交通治理工作站建设。建立事故警情和交通安全提醒机制，对事故警情、交通违法行为高发的社区实施挂牌治理，压实社区属地责任。针对事故高发时段人员出行特点，交警拱墅大队通过分析事故形态和伤害类型，开展有针对性的防御性出行技巧宣传。

根据全市死亡事故案例，在受害者居住场所、工作单位及存在相似特性的群体中进行“举一反三”宣传教育，提升辖区居民交通安全意识。

【交通保障服务】2021年，交警拱墅大队加强协同，强化措施，全力做好交通安保工作。完成第五届世界休闲博览会、长三角水上嘉年华、运河美食节、大运河庙会等大型活动安保和警卫任务，以及省、市、区“两会”交通安保工作。加强道路交通指挥疏导，保障亚运场馆、瓜山未来社区、武林广场改造提升等重点项目建设。组织参加防汛抗台及灾害事故应急抢险和处置工作，群众满意度普遍提高。（桑 超）

【智慧停车管理】2021年，拱墅区有停车收费工作点174个，总停车泊位8733个，包月车辆8982辆。区综合行政执法局完成2000多个地磁升级或更换，利用地磁的有效感应，合并收费工作点，实现减员增效。以保障服务亚运会为契机，推进拱墅区亚运场馆周边1千米范围内社会停车场无障碍设施改造提升。推进“先离场后付费”便捷停车功能应用，开通“先离场后付费”功能停车场（库）533个，其中社会资金投资建设停车场（库）303个、政府投资建设停车场（库）18个、道路停车泊位212个。会同交警拱墅大队、区教育局通过数字赋能，将杭州观成中学地下社会公共停车库纳入统一管理。

【地铁口非机动车停放泊位管理】2021年，区综合行政执法局加强地铁口非机动车停放序化管理，新施划地铁口非机动车停放泊位1750个，在醒目位置设立标志标牌，组织人员进行合理疏导，促进非机动车有序停放。利用地铁站口周边场地和综合体地下空间，设立非机动车临时停放点，缓解地铁1号线打铁关站、地铁2号线萍水街站及和睦路站、地铁5号线拱宸桥东站出入口非机动车停放难问题。（许天民）

2021年，拱墅区“先离场后付费”便捷停车系统投用。图为区综合行政执法局工作人员向驾驶员宣传便捷停车系统功能（区综合行政执法局 供稿）

综合执法

【概况】2021年，拱墅区成立综合行政执法指导办公室，统筹推进全域综合行政执法改革，全区形成“综合执法＋专业执法”整体事项清单和“大综合一体化”行政执法体系。加强对市容环境卫生、市政公用设施、公共交通、生态环境等重点领域行政执法指导，实现全域“一支队伍管执法”。全年开展执法检查3937次，其中“双随机”检查242次、专项检查167次、即时检查3528次。加强案件审核监督，年内实施行政处罚7.6万件，处罚金额1964.42万元。创新渣土码头“门禁式”管理，实现建筑垃圾产生、运输、消纳利用全过程闭环智能监管。推进政务服务数字化转型，梳理政务服务权力事项81项，其中许可43项、征收5项、确认2项、其他权力事项29项、公共服务事项2项，“最多跑一次”事项实现网上办、掌上办、“跑零次”均100%。

【“大综合一体化”行政执法改革】2021年，拱墅区组建执法改革专班，开展基层赋权改革。长庆街道深化“一核六堡”（“一核”指党建，“六堡”指一支队伍管执法、一个网格全覆盖、一个平台提效能、一个体系抓落实、一套制度重保障和一个窗口强示范）新模式，获市领导批示肯定。东新、武林等7个街道以街道名义开展执法工作。米市巷、上塘等10个街道实施派驻执法。全区30个部门认领权利事项库中的8100多条监管事项，认领率100%。依托“互联网＋监管”平台和“掌上执法”系统，推行多领域“综合查一次”，较好地解决重复检查、多头执法问题。其中：长庆街道实现小餐饮企业非现场执法，东新街道实现“建筑工地”综合查一次组团执法。

【餐饮油烟整治】2021年，区综合行政执法局围绕中央、省环保督察餐饮污染信访件涉及的224个餐饮店及年内信访涉及的1669个餐饮污染点位，组织实施“自查自纠＋边督边改”攻坚行动，对全部点位进行反复核实，采取销号制“回头看”办法，确保投诉问题整改到位。全年开展执法检查1050多次，检查餐饮店2772家（次），对各餐饮店油烟排放情况、净化设施情况建立台账，要求餐饮店按时上报，确保实时掌握辖区内每个餐饮店的油烟净化设施运行情况、油烟排放指标控制情况。结合执法检查对餐饮店进行宣传教育，对问题餐饮店进行行政处罚。全年立案查处油烟排放超标案件9件，罚款3.4万元。推广安装油烟在线监测系统，建立“空中油烟”数字监管体系。全区安装在线油烟监测系统商家435个，督促整改问题880个，餐饮油烟问题市民投诉量比上年下降19.7%。

【燃气安全管理】2021年，区综合行政执法局根据全省城镇燃气安全排查整治动员部署会议精神，对燃气安全管理推行“常态化管理＋专项整治”模式，将燃气使用单位分为餐饮企业、机关食堂、企业食堂三类，建立“一类一梳理、一类一分析”工作机制，重点对餐饮企业进行定期安全排查，全年出动执法人员9810多人次，排查使用燃气餐饮企业8126家（次），发现隐患485处，收缴暂扣违规钢瓶125只。开展瓶装燃气实名制销售检查，属地执法中队检查辖区内8个燃气场站实名制销售登记情况。加大对管道燃气第三方违法行为执法查处力度，全区发生燃气管线第三方违法案件25件，其中立案查处16件。

【渣土治理】2021年，区综合行政执法局制定《拱墅区工程渣土处置专项整治方案》，各属地中队落实日常巡查工作，围绕9条重点道路和3个渣土码头出入口开展集中整治，打击车辆违法运输、车身不洁、抛洒滴漏等行为。探索渣土智慧化管理模式，通过“拱墅区渣土统管场景平台”，实现智慧统管和非现场执法。对平台的11个大类54个小类功能进行细化完善，解决渣土管理手段单一、执法力量不足等问题。区工程渣土消纳场地经营单位开展堆体稳定性评估并报备，推动工程渣土消纳场地持续、稳定、安全运行。全年开展渣土日常巡查558次，检查渣土车辆9730多辆（次），集中整治渣土乱倒等问题122次，立案查处违法行为676件，渣土问题市民投诉量比上年下降11.3%。

【数字化执法】2021年，区综合行政执法局围绕惠民服务便捷、数字办公高效、执法能力提升等重点方向，加快执法数字化改革，为全市城管领域改革提供拱墅方案。探索执法监管“一件事”集成应用，执法事项从过去“多部门查多次”转变为家门口“综合查一次”组团式执法，减少重复执法和执法扰企扰民情况发生。加大“城市眼・云共治”智慧平台在执法领域的应用，实现对车辆占道、违停、出店经营等行为的“非接触式”执法。配置单兵执法、移动执法等信息化装备，实现移动端一体化执法办案。开发“云上坦途”场景及渣土统管、防涝智治等29个符合城区实际的子场景，借助2.2万个物联网感知设备、8.6亿条数据搭载前端动态感知“一张网”，在城区管理方面发挥积极作用，城市事件智能识别效率提高56倍，路面巡查力量节省45%。

（胡荣华　孙旭华）

生态环境

综 述

【概况】2021年，拱墅区深入践行“绿水青山就是金山银山”理念，统筹推进“蓝天、碧水、净土、清废”行动，加强环境监督管理，全区绿道建设、“污水零直排区”创建、扬尘废气治理、餐饮油烟整治等工作取得新成效。全年辖区市控以上断面水质均值稳定在Ⅲ类以上，创建省级美丽河湖片区2个、市级美丽河道11条、市级绿色学校6所，完成半山国家森林公园景区标准化改造。全区细颗粒物（PM2.5）平均浓度为30.2微克/立方米，比上年下降9.8%。完成原杭州煤气厂、杭钢工业旧址公园和新世纪钢材市场B区3个地块土壤修复效果评估。

【环保督察问题整改】2021年，拱墅区通过多种形式，全力抓好环保督察问题整改。开展第一轮中央环保督察信访件和2019年省生态环境保护督察信访件“回头看”工作，由主办单位对所办信访件逐一进行现场复查；完成第二轮中央环保督察111件信访件和2021年省委环保督察交办的13件信访件整改并销号。加快整改老旧小区垃圾接驳点和特殊垃圾临时堆放点布局不合理、15个河道排水口动态排污不畅等问题，全区完成34个生活垃圾接驳点、特殊垃圾堆放点的设施提升。

【“五水共治”工作】2021年，拱墅区以“五水共治”河长制“六大比拼、十大行动”为主线，层层分解，对标销号，推进“五水共治”和“河长制”各项工作。高标准完成53个生活小区雨污分流设施建设、2个重点工业园区（工业集聚区）“污水零直排区”创建。结合大运河沿线10条支河环境治理，实施河道综合保护项目16个。加强城市内涝治理，完善防汛预案和闸站汛期运行方案，建立抢险救灾队伍信息资料库，加大雨污水管网巡查、检测及长效清疏力度，确保城市管网设施安全运行。全年全区创建节水型单位2个、节水型居民小区11个、节水型标杆居民小区4个，完成24个高层住宅小区二次供水改造。

（张晓丽）

环境质量

【水环境质量】2021年，拱墅区有河道88条，其中省控断面2个、市控断面4个、交接断面5个。全年市控以上断面水质均值达到考核目标，水质均值稳定在Ⅲ类以上，其中古新河（体育场路）、田园一号港（半山东路）水质类别为Ⅱ类，运河（义桥）、上塘河（半山桥）、余杭塘河（勤丰桥）、上塘河（映月桥）水质类别均为Ⅲ类。5个交接断面水质均达到考核目标，其中：东河（环城北路桥）、东河（庆春桥河）、运河（石祥路运河桥）、运河（德胜桥）为Ⅲ类，中河（庆春桥河）为Ⅱ类。全区整体河道水质均值稳定于Ⅱ～Ⅴ类。其中：Ⅱ类水质河道2条，占总监测断面的2%；Ⅲ类水质河道27条，占总监测断面的31%；Ⅳ类水质河道45条，占总监测断面的52%；Ⅴ类水质河道12条，占总监测断面的14%。

【环境空气质量】2021年，拱墅区有区消防救援大队和和睦小学2个国控环境质量监测自动站，其中：区消防救援大队站点PM2.5浓度为30.4微克/立方米，比上年下降9.8%，下降率全市排名第四位；PM10浓度为58.0微克/立方米，下降6.5%，下降率全市排名第三位；空气指数优良率83.7%，下降3.8个百分点。和睦小学站点监测到PM2.5浓度为29.9微克/立方米，下降9.7%，下降率全市排名第五位；PM10浓度为64.5微克/立方米，下降1.4%，下降率全市排名第四位；空气指数优良率81.9%，下降7.9个百分点。

【声环境质量】2021年，拱墅区声环境质量状况良好，环境噪声的主要来源为交通和社会生活噪声。区域环境噪声为57.1分贝，质量等级为一般，各类标准适用区昼间、夜间噪声均达标，道路交通噪声为68.8分贝，质量等级为较好。（张晓丽）

生态环保督察

【概况】2021年，市生态环境局拱墅分局牵头制定《拱墅区贯彻落实第二轮中央生态环境保护督察报告整改方案》，全区通过举办“促人与自然和谐共生，护美丽拱墅你我同行”运河新城“公益行”等活动，营造推进环保督察问题整改落实氛围。年内，第二轮中央环保督察交办的111件信访件全部完成整改并销号验收。省委生态环境保护专项督察交办的13件信访件同步完成整改并销

2021年6月4日，拱墅区在康桥街道举行“促人与自然和谐共生，护美丽拱墅你我同行”运河新城“公益行”活动（市生态环境局拱墅分局 供稿）

号验收。建立生态环境问题发现和整改60日闭环机制，常态化开展明察暗访，变“被动改”为“主动查”“源头防”。

【环境问题信访办理】2021年，市生态环境局拱墅分局完善环境问题信访办理工作机制，加强环境信访问题数据统计分析，建立疑难案件、重复投诉案件办理会商制度，提高信访问题办理质量，推动重点难点问题化解。全年受理环境问题信访投诉846件，其中政务平台受理753件、“12369”环保举报微信平台受理92件、来信1件。信访回复率、满意率均100%。

【长江经济带生态环境问题整改】2021年，区发改经信局牵头制订《拱墅区长江经济带生态环境问题排查整改方案》，针对非法排污、化工污染严重、生态敏感区破坏等问题，落实责任分工，加强部门联动，做好排查整改。全区完成34个老旧小区垃圾接驳点规范设置、特殊垃圾临时堆放点设施提升。组织开展“灭口”（消灭排污口）专项行动，梳理河道动态排污点位清单，完成15个河道排水口动态排污问题整改。

【疫情防控环境安全管理】2021年12月7日，面对突发的新冠肺炎疫情，市生态环境局拱墅分局以“零死角、零盲区、零疏漏”为目标，按照“每日地毯式过筛一遍”的频次，组织对辖区所有隔离点进行排查巡查，督促相关单位做好隔离点污水处理和涉疫垃圾管理相关工作。加强对重点场所管理，规范开展环境消杀。年内，检查隔离点位130多次，上报发现并解决实际问题24个，发出抄告函4份，确保隔离点的生态环境安全。（张晓丽）

环境综合治理

【大气污染防治】2021年，拱墅区大气污染防治领导小组发挥牵头作用，制订大气污染防治实施计划，统筹推进“五气”综合治理各项工作。召开裸土覆绿专项工

作会议，编制48个地块裸土治理任务书，完成151个裸土点位专项整治，其中绿化84个、硬化5个、覆盖62个。组织交警拱墅大队、区住建局、东新街道城管中队对建筑工地夜间施工审批、占道施工、扬尘、环境噪声等40多个指标进行"综合查一次"。其中东新街道检查辖区在建工地63个，发现问题357个。开展渣土车辆滴漏问题整治、安全生产"百日攻坚"、工地围挡与临时工棚整治等专项行动，督查工地118个，发现并整改扬尘污染问题点位200多个。协调推动辖区加油站开展夏季夜间加油优惠活动，选择打铁关和石桥路加油站先行试点，降低白天臭氧(O_3)及挥发性有机物(VOC_S)污染。建立钣喷中心，改进汽车喷涂工艺，控制作业过程VOCs排放。完成33家印刷行业企业废气处理技术改造、10个加油站油气三级回收装置安装、35台民用燃气锅炉低氮改造。推进智慧治气，全区建立大气自动监测站20个、建筑工地扬尘在线监测点位236个、重点道路扬尘在线监测点位26个、餐饮油烟在线监测系统点位193个，依托杭州市扬尘在线检测综合管理平台、拱墅区政府数字巡防新平台等管理系统，实现对大气环境的实时监测、预警预告和精准管控。

【水环境治理】2021年，拱墅区推进"污水零直排区"建设。采取封堵、截流等方式，减少入河污水。实施雨污分流，建成污水管网8.13千米、雨水管网8.87千米。朝晖街道创建成为"污水零直排街道"，该街道53个生活小区完成雨污分流建设。石塘工业园区、杭州北部软件园创建成为"污水零直排区"。东新、上塘、祥符3个街道创建成为"污水零直排区"示范街道，并落实第三方长效养护单位。推进"美丽河道"建设。上塘河片区和武林新城片区创建成为省级美丽河湖，东新河、陆家河等11条河道创建成为市级美丽河道。加强河道断面水质自动监测，推进古新河体育场路、上塘河映月桥、田园一号岗半山东路3个自动监测站建设。加强重点河道监测和巡查，对河道水质实行动态研判分析。完成上塘河(半山桥)、余杭塘河(勤丰桥)断面移位，落实"一河一策"治理措施。

【土壤污染与固体废物治理】2021年，拱墅区按照省、市土壤污染治理要求，建立污染地块开发利用部门联动监管机制，对相关企业进行基础信息采集，督促指导重点监管企业开展检测，组织有关地块污染状况评估，实施污染地块土壤修复。年内，完成原杭州煤气厂、杭钢工业旧址公园和新世纪钢材市场B区3个地块土壤修复效果评估。辖区杭钢地块完成修复，新增绿地208万平方米；16个地块加快修复进度。严格执行危险废物登记申报等制度，完成危险废物产生企业危险废物管理审核650家(次)，企业、园区超期储存的危险废物全部清零。

【"无废城市"创建】2021年，拱墅区从管理创新、源头减量等方面推进"无废城市"创建。全年完成28个"无废细胞"创建，即创建无废工厂、无废农贸市场、无废码头各1个，无废医院、无废工地各8个，无废学校9所，形成"无废码头"、"无废农贸市场"、低价值物一站式无偿收运专线、废旧汽车回收拆解、数字赋能垃圾清运、污染土壤修复数字监管六大特色项目。杭州港谢村渣土中转码头成为杭州市"无废码头"建设样本，日均中转建筑渣土9万吨、泥浆2万立方米。（张晓丽）

环境监督管理

【概况】2021年，市生态环境局拱墅分局坚持环境问题导向，将辐射环境安全监管、建筑工地巡查、河道巡查、危险化学品和废物监管列为工作重点，严格环境管理执法，运用行政处罚、限期治理等手段，对各类环境违法行为"零容忍"。修订企业和园区突发环境案件应急预案，78个企业和园区完成应急预案备案。

【建设项目环境管理】2021年，拱墅区环评审批事项实行全程代办，百分之百落实"跑零次""网上办"，办理建设项目环评审批15件、"零土地"技改项目3个，完成区域环评备案企业2家，企业联动平台事前处理反馈问题2208个。办理建筑施工排污许可70件、夜间建筑施工审批4708次。

【环境执法监管】2021年，市生

态环境局拱墅分局开展涉危险废物环境违法行为专项执法、环评与排污许可监管专项执法、“百日攻坚”专项执法、危险废物交叉执法等各类执法检查，组织执法人员2766人次，专项执法检查企业1256家(次)，立案查处环境违法行为18件，处罚金额110.85万元。与区城管局、区住建局等部门联合开展违法排污执法检查，加强对夜间、雨天、双休日等时段的执法频次。全年开展涉水执法行动2390次，发现并处置问题84个，罚款27.3万元。加强建筑工地扬尘管控，约谈施工企业项目负责人17次，集中曝光工程项目107个，实施行政处罚101起、信用惩戒48起。区城管、公安、交警、运管等部门，开展渣土运输车辆抛洒滴漏等违法行为专项整治180次，检查渣土车辆7300多辆，立案查处各类渣土案件353件，罚款208万元。（张晓丽）

环保宣传

【概况】 2021年，市生态环境局拱墅分局围绕“6·5”世界环境日“人与自然和谐共生”主题，开展环境保护宣传活动。组织生态环境满意度调查，提高生态建设工作知晓率和满意度。开展“绿色系列”创建和“环保小卫士”推荐。全区创建6所市级绿色学校、21所区级绿色学校、18户市级绿色家庭、100户区级绿色家庭，推出4名市级“环保小卫士”。拱墅区有关生态环境保护政务信息被生态环境部录用14篇，被省生态环境厅政务网录用66篇。

【世界环境日活动】 2021年世界环境日期间，拱墅区在全区范围内开展各种形式的环境保护宣传活动。印发《公民生态行为规范》《保护生物多样性》手册2000册。市生态环境局拱墅分局联合杭州市长青小学开展主题为“我和绿水青山的约会”科普活动，组织学生参观杭州半山国家森林公园植物和昆虫展览，邀请专家为学生讲解“我们的生态系统”等环境保护基础知识。全区在康桥街道举行“促人与自然和谐共生，护美丽拱墅你我同行”运河新城“公益行”等活动，区机关44个部门、18个街道210多人参加，“公益行”活动在杭州电视台一套《新闻60分》栏目播出。半山街道田园社区联合杭州市环境集团“肖信飞党团员志愿服务队”，开展生态环境保护志愿者服务活动。

【护水“绿水币”推广活动】 2021年，拱墅区整合“小河长”“民间河长”等护水力量，形成公众治水护水合力。推广护水“绿水币”活动，引导市民通过问题上报、巡河护河、建议点评、经验分享、河湖治理成效展现等方式，获得相应的“绿水币”积分，推动社会各界参与治水护水爱水。全区举办公众护水“绿水币”推广活动10多场，印发“绿水币”活动宣传册3000多份，公众护水注册3.54万人，注册人口占全区常住人口的3.2%，月均活跃度34.8%，在“绿水币”活动中上报处理问题3646个。（张晓丽）

2021年6月2日，市生态环境局拱墅分局联合杭州市长青小学开展主题为“我和绿水青山的约会”科普活动（杭州市长青小学 供稿）

科学技术

综 述

【概况】2021年，拱墅区以行政区划优化调整为契机，深入实施创新驱动发展战略，加快转变政府科技管理职能，全区创新活力增强。辖区41个“双创”平台以统建、单建、联建、共建等方式，建立平台党组织，拱墅区在杭州市科技企业孵化器和众创空间党建联盟成立大会上介绍党建联盟工作。全年全区高新技术产业实现增加值89.51亿元，占全区规模以上工业增加值的80.8%，高新技术产业增加值居全市13个区县（市）第四位；工业战略性新兴产业实现增加值75.14亿元，占规模以上工业增加值的67.8%，占比居全市13个区县（市）第二位。高新技术产业完成投资27.38亿元，比上年增长12.5%。

【“双创”平台建设】2021年，拱墅区加大对科技型企业和“双创”平台建设的扶持力度，成立由孵化器、众创空间组成的“运创联合体”，举办智慧物流应用创新大赛、运河科创大学“科创领航”等“双创”活动。全区推荐国家备案众创空间2个，新培育智慧网谷孵化器等市级孵化器6个，其中拱墅区智慧物流创新中心被认定为专业孵化器，专业孵化器数量列全市第二位。

【科技人才培养】2021年，拱墅区加强科技人才引育，出台科技人才政策，并将科技人才新政纳入全区人才三年行动计划、新“运河英才”高层次人才支持计划，落实一揽子激励扶持政策。中美华东人才团队申报省领军型创新创业团队，华东勘测设计研究院等单位4名人才入选杭州市首批科技创新创业人员名单，杭州芯河光电科技有限公司等单位10个项目入选杭州市“115”引智计划。

【外国人来华工作“一件事”办理】2021年，拱墅区作为省市外国人来华工作“一件事”办理数字化改革试点单位，率先开展外国人来华工作、居留“一件事”办理。联动有关部门对审批流程进行重塑，设置全市首个外国人来华工作许可证区级制证窗口，申请人办理来华工作许可业务由原先跑4次减少为跑1次，A类外籍人才办结时限从25个工作日缩短至7个，办理工作做到“线上一网通办、线下一窗受理、材料一次申报、‘两证’一次办结”，整体效率提升70%，全年办理外国人来华工作许可业务893件。该项工作被《杭州日报》头版报道，并入选区第二批“民呼我为”十佳案例。区科技局与市科技局、市公安局等部门对接，以市出入境管理局派遣方式，在拱墅区设立外国人居留许可受理点，受理点成为除国家移民管理局批准的签证点以外首个区级受理点。

【浙江（杭州）全国科普日主场活动承办】2021年9月10日，拱墅区承办的浙江（杭州）全国科普日主场活动在浙江省科技馆开幕。拱墅区围绕科普主题，举办各类科普益民活动100多项，包括启动“碳达峰碳中和”科普专项行动、线上播放“双碳”科普视频、推出用“双千”服务“双减”等场景。开展“破解疫苗犹豫”科普活动，

2021年5月27日，区科技局组织开展“破解疫苗犹豫”科普专项行动
（区科技局 供稿）

提高公众对新冠肺炎疫苗的知晓度等。新建及提升改造社区科普画廊10个，新增市级青少年科普教育基地和区级科普教育基地各1个。（金信军）

产业技术创新

【概况】2021年，拱墅区完善高新技术企业培育政策，推进企业与高等院校、科研院所联合驱动，加大科技研发经费投入力度，全区形成以企业为主体、市场为导向、产学研融合的产业创新体系。全年投入科技研发经费19.98亿元，绝对值全市排名第八位，比上年增长7.3%。研发经费投入强度为1.11%，提高0.02个百分点。规模以上工业企业研发经费投入8.11亿元，占主营业务收入的2.4%，占比居全市第二位。鼓励科技企业技术创新，将企业创新券使用范围扩大到长三角地区，实现创新券支持范围全覆盖，全年为32家企业兑现创新券补助166万元。以产业发展为导向，邀请院士、专家参与科技创新工作，全区新增市级院士工作站5个、市级专家工作站2个，年内2个市级专家工作站通过复核，评定等级为优秀。

【新一轮“双倍增”计划实施】2021年，拱墅区落实企业主体地位，实施新一轮国家高新技术企业和省科技型中小企业“双倍增”计划，通过分层辅导，加快企业梯队培育。全年新培育国家高新技术企业118家、省科技型中小企业321家，均超额完成年初制订的培育计划。全区新入选市“雏鹰计划”企业57家，杭州中美华东制药有限公司、杭州汽轮动力集团有限公司入选省高新技术企业创新能力百强名单。至年末，全区有国家高新技术企业586家、省科技型中小微企业1602家、市“雏鹰企业”489家。加强与中国科学院、浙江大学、上海交通大学等高等院校合作，推进企业建立省、市研发机构，全年新增省级研发中心12个、市级研发中心13个、省重点企业研究院1个、省级新兴研发机构1个。

【28个项目入选省“尖兵”“领雁”研发攻关计划】2021年，拱墅区揭榜浙江省“尖兵”“领雁”研发攻关计划项目28个，其中“尖兵”“领雁”研发攻关计划由省级财政资金设立，并推行“揭榜挂帅”等科研攻关模式，吸引高校院所和企业揭榜开展联合攻关。全年拱墅区张榜攻关项目87个，张榜金额2.16亿元；揭榜7个，揭榜金额2355万元。年内，拱墅区在高端制造、生命健康、生物育种等前沿领域突破一批“卡脖子”技术，其中包括中国科学院计算技术创新研究院承担的国产汽车控制处理器芯片研发及应用项目、杭州中奥科技有限公司承担的面向智慧交通的关键技术研究及应用示范项目、杭州华普永明光电股份有限公司承担的用氮化物荧光材料与白光光源器件关键技术研发的项目。（金信军）

科技成果转化

【概况】2021年，拱墅区引导企业加快专利技术转化，发挥科技创新的市场导向作用和技术市场的资源配置作用，推动科技成果向高端转化。全年签订技术合同2433项，完成技术交易额48.48亿元，交易额比上年增长63.8%。技术交易额列全市第六位，平均

每项技术合同成交额193万元。其中：技术开发合同1544项，成交金额20.49亿元；技术转让合同151项，成交金额24.92亿元；技术服务合同738项，成交金额3.07亿元。

2021年拱墅区产业化授权发明专利清单一览表

表8

专利名称	产业化单位
奥利司他细粉及组合物	杭州中美华东制药有限公司
一种全自动光伏背板玻璃生产线	中建材智能自动化研究院有限公司
一种车用组合开关	杭州人人集团有限公司
一种模块式拼接弧形盖板的成型方法	杭州楚环科技股份有限公司
一种可以自动上载LED控制系统布线参数的实现方法	杭州罗莱迪思科技股份有限公司
一种保障全球UDP音视频流远距离实时传输流畅的方法	杭州米络星科技（集团）有限公司
发光模组间的连接结构、安装方法及LED照明装置	杭州华普永明光电股份有限公司
一种基于时域特征和小波分析的电缆故障自动测距方法	咸亨国际（杭州）电气制造有限公司

【科技成果】2021年，拱墅区辖区浙江工业大学、中国水稻研究所、杭州中亚机械股份有限公司获国家科学技术奖项5个。辖区所属企业获浙江省科学技术奖项37个，其中自然科学奖三等奖3个；浙江省技术发明奖一等奖、二等奖、三等奖各1个；科学技术进步奖31个，其中一等奖4个、二等奖9个、三等奖18个。获奖成果有“超高产专用早籼稻品种中嘉早17等的选育与应用”“高性能滚动轴承加工关键技术与应用”“包装食品杀菌与灌装高性能装备关键技术及应用”等，科技成果主要涉及前沿生物技术、高端智造业等领域。

【科技成果转化实施】2021年，拱墅区加强与浙江工业大学、浙大城市学院等高校对接，加快科技成果转化实施工作。全年组织企业申报专利产业化项目13个，主要有杭州中美华东制药有限公司、中建材智能自动化研究院有限公司、杭州人人集团有限公司、杭州楚环科技股份有限公司、杭州罗莱迪思科技股份有限公司；推荐企业与浙大城市学院、中国计量大学等高校合作，共同申报市科技成果交易转化项目2个，其中商标信息数据管理系统和基于lonworks网络的电梯分布式监控系统合作金额110万元。

【知识产权运营培训】2021年11月11—12日，由杭州市科技局、拱墅区政府、浙大城市学院、浙江工业大学主办，拱墅区科技局、杭州市知识产权交易服务中心承办的杭州市高校科研院所科技成果转化与知识产权运营培训班在拱墅区举行。来自高校科研院所科技成果转化部门、技术转移机构、科技中介和知识产权服务

2021年11月11—12日，杭州市高校科研院所科技成果转化与知识产权运营培训班在拱墅区举行（区科技局 供稿）

机构代表50多人参加。培训邀请浙江知识产权交易中心董事长赵荣祥等7位专家学者及相关从业人员开展授课，内容涉及高校科技成果转化管理、专业化技术转移机构建设、科技合同签订中的知识产权问题、风险防控等。

（葛俊锋）

科技服务平台建设

【概况】 2021年，拱墅区加快科技服务平台建设，推进产业链、创新链、要素链、服务链等多链融合，吸引阿斯利康制药有限公司中国东部总部等优质医药企业落户拱墅，韩国大邱医疗健康产业集群及摩根士丹利（中国）股权投资管理有限公司、中国信达资产管理股份有限公司、中国科学院空间应用中心等高层次、高能级重大产业项目在第四届中国国际进口博览会上签约，与数娱电竞头部企业网易公司、完美世界网络技术有限公司达成合作意向。加强与浙江工业大学、浙大城市学院等高校对接，中国科学院计算技术创新研究院、曙光信息产业股份有限公司与浙大城市学院合作，建立人工智能与现金计算产业学院。杭州智慧网谷高新技术产业园区被认定为省级开发区（园区）。全区创新创业生态加快形成。

【拱墅区创业交流平台“运河科创大学”成立】 2021年4月28日，拱墅区区校合作创办的“运河科创大学”在浙大城市学院科技园CC梦工场成立。该校是区科技局搭建的创业交流平台之一。揭牌仪式上，政府部门、创新创业平台、金融机构的代表与创客进行交流互动，并举行“运河科创大学”首场活动暨科技园“暖阳行动”开幕讲座，杭州一统科技有限公司董事长、科技园签约导师钱迅雷做“浅析大学生创业项目评价趋势”的专题分享，70多名大学生创业企业、创业团队负责人参加。

【杭州市科技企业孵化器和众创空间党建联盟在拱墅区成立】 2021年10月15日，杭州市科技企业孵化器和众创空间党建联盟在拱墅区北部软件园党群服务中心成立，联盟行动计划及徽标（logo）一并发布。市科技局局长周扬，拱墅区委常委、组织部部长张立，以及市级以上孵化器、众创空间代表100多人出席现场活动。党建联盟理事长、银江孵化器董事长徐理虹介绍杭州市科技企业孵化器和众创空间党建联盟行动计划。年内，联盟单位开展联学政治理论、联办“双创”等活动，联盟单位党组织互帮互学、共创共赢、引领双创领域生态建设的新机制初步建立。

【新增市级科技企业孵化器6个】 2021年，市科技局公布杭州市科技企业孵化器认定名单，认定拱墅区数字经济创新基地、智慧网谷孵化器等5个孵化器为杭州市标准化科技企业孵化器；认定智慧物流创新中心为杭州市专业化科技企业孵化器，该中心由杭州丰泰电商产业园管理有限公司运行。上述6个企业孵化器孵化面积4.44万平方米，在孵企业125家，创造就业岗位1059个，孵化器培育的企业主要涉及电子信息、生物医药、智慧物流等领域。

2021年10月15日，杭州市科技企业孵化器和众创空间党建联盟在拱墅区北部软件园党群服务中心成立（区科技局 供稿）

2021 年拱墅区新增市级科技企业孵化器一览表

表 9

序　号	孵化器名称	运营单位
1	聚兴科创园	杭州玫创物业管理有限公司
2	浙大网新・永佳数智产业园	杭州网新中创科技发展有限公司
3	智尚汇・创立方	杭州智尚汇创立方科技有限公司
4	数字经济创新基地	杭州中科领睿信息科技发展有限公司
5	智慧网谷孵化器	杭州智慧网谷经济发展有限公司
6	智慧物流创新中心	杭州丰泰电商产业园管理有限公司

【聚兴科创园】科创园位于拱墅区石祥路59号，管理运营面积1.5万平方米。园区交通便利，配套设施完善齐全，2019年10月投入运营。园区以数字经济、物联网等科技产业为基础，打造科技产业孵化器，扶持中小企业快速成长。至2021年年末，园区入驻企业有南京领行科技股份有限公司、重庆长安汽车股份有限公司、杭州惜诺丝绸科技有限公司等100多家。

【浙大网新・永佳数智产业园】产业园位于拱墅区康宁街25号1号楼，园区运营单位为浙大网新集团旗下的杭州网新中创科技发展有限公司，2021年运营面积6004平方米。园区依托浙江大学创新资源、浙江大学校友圈，立足网新集团四大科技产业和20年科创服务沉淀，助力园区企业降低经营成本。

【智尚汇・创立方】该园区位于拱墅区科祥街199号智尚汇商业中心2幢，由万科杭州产城与创立方联合发起，项目定位为以电商实体企业创新驱动及电商信息技术创新升级为基础的新电商・数字公社，2021年运营面积9921.69万平方米。智尚汇・创立方聚焦以"互联网＋"为核心的数字经济，打造国内5G极速办公社区，以技术创新升级赋能新零售。

【数字经济创新基地】基地位于拱墅区祥园路108号D座，创建于2019年9月。为中国科学院计算技术创新研究院服务社会功能的有机外延和推动科技成果转化的重要平台。2021年基地运营面积5060平方米，有公共展厅，供孵化企业进行企业介绍和产品展示；建有智能计算公共试验服务平台，为孵化企业提供共享开放的人工智能开发和测试环境；建立科学完善的孵化制度体系，重点孵化高新技术企业。

【智慧网谷孵化器】该孵化器位于拱墅区储鑫路17-1号5号楼，由智慧网谷小镇与招商局蛇口工业区控股股份有限公司共同打造，2021年孵化器运营面积4554.94平方米，内设联合办公空间、分区办公空间和整层办公空间。空间场景类别丰富，功能全面，配备咖啡区、接待区、共享客厅与共享会议室，以满足企业在日常办公中所需的展示、会客、办公、会议、洽谈、茶咖等。

【智慧物流创新中心】中心位于智慧网谷小镇，是浙江大学科技园与顺丰创新中心联合共建的产业创新平台和专业孵化器，2021年孵化运营面积6902.94平方米。中心以"四创・四融"为宗旨，依托"一校""一园"和"智诚"平台，面向智慧物流行业发展主战场，坚持科技成果产业化导向，共同集成海内外创新资源，致力于发展智慧物流产业。

（郑丹丹）

教育

综述

【概况】2021年，拱墅区加快原“两区”教育系统工作融合，追求区划优化调整带来的“1+1>2”效应，打造人民满意的教育。年末，全区有各类教育机构207个，其中，职业高中1所，完全中学1所，高中3所，初中27所，九年一贯制学校12所，小学49所，幼儿园112所（含民办、部门办、街道办幼儿园），特殊教育学校2所。在校学生139307人，教师11368人。全年地方教育经费总投入36.44亿元，其中国家财政性教育经费投入34.59亿元。全区3～5周岁幼儿毛入园率122.8%，6～15周岁学龄儿童入学率100%。中小学名校集团覆盖率、省等级幼儿园覆盖率均100%，优质学前教育资源覆盖率95%。

深化书记校长任职体系改革，全区实行“党组织领导下的校长负责制”做法入选中国基础教育典型案例，《中国教育报》予以专题报道。开展“民呼我为”主题实践活动，《“学区一点通”实现教育供需精准对接》案例获评区“民呼我为”十佳案例。完善“一岗双责”责任校（园）联系点制度，出台《拱墅区“清廉学校”建设示范点创建标准》，4所学校被评为杭州市“清廉学校”示范点，10所学校获评杭州市“清廉学校”优秀案例。

出台《关于推进新时代拱墅区教育高质量发展的实施意见》等文件，提出“四区一窗口”打造杭州现代化国际大都市美好教育样板区、国家县域基础教育优质均衡发展示范区、国内基础教育改革创新引领区、国内县域智慧教育先行区，把拱墅区建设成为运河沿岸教育名区和共同富裕示范区拱墅样本的总体目标和实现路径。推进“拱·优”成长共同体建设，组建21个中小学成长共同体、12个幼儿园成长共同体，开展系列主题式和项目化活动。深化中小学提质工作，组织中小学教育质量奖评选，与杭州师范大学（浙江省教育现代化研究与评价中心）合作，开展拱墅区现代优质学校第三方评价，建立符合新时代特征的教育督导体制，实现优质教育资源全覆盖。

围绕构建德智体美劳“五育并举”教育体系，创新课后服务管理机制，对学生手机、作业、睡眠、体质、读物等“五项管理”进行督导，推进159个营利性学科类校外培训机构转登转型（指营利性培训转为非营利性培训，营利性学科类培训转为非学科类培训），减轻义务教育阶段学生作业负担和校外培训负担。构建“运河五好少年”评价体系并开展相关试点，落实学生体能素质达标工作和学校特色体育发展工作，全面提升学生综合素养。区教育局获2021年度“浙江省教育工作业绩考核优胜奖”。杭州市拱宸桥小学读物管理工作在全国中小学“五项管理”落实推进视频会上做交流发言。杭州市现代实验小学、杭州市卖鱼桥小学代表在全国“劳动教育与综合实践活动”成果展示研讨会上进行经验分享。拱墅区教育局与中国美术学院、浙江音乐学院达成共建“美育示范区”“音乐艺术教育示范区”意向。26所学校创建成为省级、市级文明校园。

组织市、区两级教坛新秀评选，加强名特教师、名特校长工作室管理，统筹安排教师学时培训，组织新教师入职、教师信息技术应用能力、幼儿园保育员专项培训等系列常规培训，优化青年教师校本培养机制，开展2021学年校本研修立项申报与评审工作。全年推出“运河标兵”100人、区“春蚕奖”20人、区优秀教师和优秀教育工作者445人。5人获省“春蚕奖”，30人获评杭州市优秀教师，12人获评杭州市优秀教育工作者。

加大教育经费投入，年内竣工学校15所、开工10所，杭州市观成武林中学、杭州市桃源小学、杭州市京都实验幼托园（嘟堡园区）等10所校园投用，新增学位11070个。加快智慧校园建设，推出“拱墅教育疫情管控人员动态管理平台”、“学后托管”课后服务平台。拱墅区教育发展服务中心“学区一点通，数智来帮忙”课题被省教育技术中心认定为“教育领域数字化改革”课题。

杭州市长乐幼儿园小朋友毕业留念 （区教育局 供稿）

【现代化学校（幼儿园）创建】 2021年，区教育局制订浙江省现代化学校（幼儿园）创建计划，在杭州市蓓蕾幼儿园（小河园区）举行以“让儿童站在教育的正中央”为主题的创建研讨活动。年内，通过各级各类学校网上申报、区教育局初审、省教育督导室评估、承办单位网上审核、专家实地督导评估等程序，杭州市安吉路幼儿园（慧兰园区）、杭州市东园婴幼园（东园园区）、杭州市东新实验幼托园、杭州市贾家弄幼儿园（大浒园区）、杭州市童星幼儿园、杭州市现代实验小学、杭州市长阳小学、杭州市大关小学教育集团（申花校区）、杭州市朝晖中学、杭州市拱宸中学10所中小学、幼儿园创建成为现代化学校，至2021年年末，全区省级现代化学校增至23所。

2020—2021年拱墅区省级现代化学校（幼儿园）情况表

表10

单　位	批　次	办学理念	特　色
杭州市朝晖幼儿园	2020年第一批浙江省现代化学校（幼儿园）	绿藤悦芽，润泽生长	“绿藤”园本课程
杭州市人民政府机关幼儿园（灯芯园区）		生活教育之园，快乐成长之源	足球、博物馆课程
杭州市红缨幼儿园（西岸园区）		快乐生活	“快乐生活”园本课程
杭州市文华幼儿园		悦读、悦玩、悦幸福	“悦读童年”园本课程
杭州市蓓蕾幼儿园（小河园区）		自然心、自由情、自主行	玩科学
杭州长江实验小学		全·视·界（办学理念与日常教育教学全过程融合，在构建多平台开拓大视野的过程中，追求高境界）	小班化

续表10

单 位	批 次	办学理念	特 色
杭州市求知小学	2020年第一批浙江省现代化学校（幼儿园）	为每个孩子的成长服务，让每个师生的生命更精彩	丝绸扎染、足球、科技、古瓷（古陶瓷，瓦当，古城砖等的鉴赏、拓印）
杭州市卖鱼桥小学		尊重差异、赏识个体、因材施教、多元发展	光谱教育（助力学习方式变革，成就每一个孩子的更多可能）
杭州市拱宸桥小学		为每一个师生的成功奠基	“童蒙养正”课程体系
杭州市景成实验学校		崇德尚美，启智行健	足球
杭州市大关实验中学		让每一个生命都收获成功	STEM教学
杭州市文澜实验学校		尊重差异、赏识个体、因材施教、多元发展	大任务课堂、劳动教育德育品牌
杭州市拱宸桥街道社区学校		弘扬运河文化，促进社区和谐发展	“在拱宸读懂大运河”系列课程
杭州市安吉路幼儿园（慧兰园区）	2021年第一批浙江省现代化学校（幼儿园）	诗意教育	怡乐课程
杭州市东园婴幼园（东园园区）		和乐教育和谐发展	“诗意发现”园本课程
杭州市东新实验幼托园		开启多彩教育，奠基幸福人生	“多彩生命”园本课程
杭州市贾家弄幼儿园（大浒园区）		健康·生活	“健康·生活”课程
杭州市童星幼儿园		童心、童趣、童玩	“童心、童趣、童玩”课程
杭州市现代实验小学		民族情怀·国际视野·现代品质	棋类、皮影、民乐、儿童诗、创客、快乐体操、啦啦操
杭州市长阳小学		我是一束阳光	“运动天地”“悦动世界”“生活乐园”“科幻工场”拓展性课程
杭州市大关小学教育集团（申花校区）		以美育人，让每个孩子拥有更多可能性	美育、足球
杭州市朝晖中学		让生命自由舒展	青春健康教育
杭州市拱宸中学		努力开发每一位学生的潜能，促进学生差异发展	“排球文化”“宸星志愿”“宸绿环保”品牌

【“一办四室”教育督导机构成立】 2021年11月9日，区政府教育督导委员会办公室、区教育局联合发文成立拱墅区“一办四室”教育督导机构。“一办”即区政府教育督导委员会办公室，“四室”即学前教育督导办公室、小学教育督导室、中学教育督导室、校外教育督导室。区政府教育督导委员会办公室设主任、副主任各1人，分别由局长、分管副局长担任，办公室下设副总督学1人。各教育督导室设主任督学1人，负责组织指导开展相应类别学校的督学工作。

【“一校一案”保障“护校安园”】 2021年，拱墅区实施“一校一案”，持续开展校园周边交通秩序综合治理工作。对有地下停车场库的学校，建立学生地下接送系统。挖掘周边资源，通过设立机动车上学放学专用通道区域、利用周边公共停车场、优化调整学生专线公交、设置“即停即走”路段、放学时段采取道路单边限时停车等措施，解决校园周边道路拥堵问题。杭州市卖鱼桥小学

（文汇校区）治堵案例获杭州市“护校安园”缓解上学放学时段校园周边拥堵优秀案例第一名，杭州市胜蓝实验小学、杭州市明德小学、杭州市文澜小学、杭州市育才京杭小学4所学校获优秀案例三等奖。区政府投入650多万元，推进“智安校园”建设，全年完成122所学校校园视频监控、周界报警装置和人证核验访客机的新增和改造，校园安全防范从“被动应对”向“主动防范”转变。

【10所新校舍投用】2021年，拱墅区完善义务教育学校布局规划，深入实施《拱墅北部教育提振行动计划》，将重点实施的学校建设项目列入省、市、区民生实事，加快推进学前教育、义务教育补短板工作。全年开工建设10所学校（幼儿园），竣工15所学校（幼儿园），投入使用10所新校舍，新投用校园面积30多万平方米。

（陈秀芳）

2021年拱墅区投入使用的新校舍情况表

表11

校(园)名	地理位置	规　模
杭州市观成武林中学	学校位于白石北路以北，规划漾河弄以南，西文公园以东，规划XC0501-R22-27地块以西	用地面积23559平方米，总建筑面积39842平方米，其中地上建筑面积23560平方米，地下建筑面积16282平方米，办学规模为中学30个班
杭州市星澜中学	学校位置东至规划道路六，西至祥宏路，南至星桥街，北至祥园路	用地面积47900平方米，总建筑面积88228平方米，其中地上建筑面积47900平方米，地下建筑面积40328平方米，办学规模为中学42个班
杭州市永正实验学校	学校位置南起三墩路，北至祥符单元GS0905-R21-02地块，东靠大吉路，西达花园桥路	项目分两期实施，一期为小学部48班（2020年竣工）；二期为中学部24班。工程用地面积51150平方米，总建筑面积80325.17平方米，其中地上建筑面积50477.29平方米，地下建筑面积29847.88平方米
杭州市桃源小学	学校位置东至桃源街，南至下塘河，西至康园路，北至金星街	用地面积33298平方米，总建筑面积60708.81平方米，其中地上建筑面积33298平方米，地下建筑面积27410.81平方米，办学规模为小学48个班
杭州市运河幼儿园（祥茂园区）	学校位置东至规划祥茂路，西至规划祥兴路，南至石祥路绿化带，北至红旗河绿化带	用地面积4805平方米，总建筑面积6227平方米，其中地上建筑面积4151平方米，地下建筑面积2076平方米，办学规模为幼儿园12个班
杭州市东新实验幼托园（新悦园区）	学校位于东新单元，西至十号支路，北至XC0606-A33-11地块，东至XC0606-R22-10地块，南至东园北路	用地面积5100平方米，总建筑面积7845平方米，其中地上建筑面积5134平方米，地下建筑面积2711平方米，办学规模为幼儿园15个班
杭州市京都实验幼托园（嘟堡园区）	学校位于三塘单元内，东至珠埠漾，南至杨六堡路，西至珠埠漾西路，北至XC0508-R21-01地块	用地面积4670平方米，总建筑面积6508平方米，其中地上建筑面积4670平方米，地下建筑面积1838平方米，办学规模为幼儿园9个班
杭州市北秀幼儿园	学校位置东南至秀锦路、西南至G2-18地块，西、北至R21-07地块	用地面积4668平方米，总建筑面积7740.01平方米，其中地上建筑面积4497.1平方米，地下建筑面积3242.91平方米，办学规模为幼儿园9个班
杭州下城区闻首幼儿园	学校位于单元内，东至珠埠漾西路，南至兴新路，西至XC0506-B1/B2-25地块，北至XC0506-R21-26地块	用地面积3738平方米，总建筑面积6398平方米，其中地上建筑面积为3738平方米，地下建筑面积2660平方米，办学规模为幼儿园12个班
杭州市霞湾幼儿园	学校位置东临八丈井新村，西至长乐路，北至规划支路，南至绿地集团项目	用地面积5633平方米，总建筑面积7526平方米，其中地上建筑面积5290平方米，地下建筑面积2236平方米，办学规模为幼儿园15个班

学前教育

【概况】2021年，拱墅区有各级各类幼儿园112所(159个园区)，其中公办69所(117个园区)、部门办5所(6个园区)、民办36所。学前教育班级1410个，比上年增加52个。在园幼儿38385人，3～5周岁幼儿入园率99.9%。幼儿园教职工6202人，其中专任教师3428人(含园长96人)。专任教师大学专科及以上学历占99.9%。有省一级幼儿园园区66个、省二级幼儿园园区83个、省三级幼儿园园区10个，省等级园覆盖率100%，省一级、省二级优质学前教育资源覆盖率95%。有普惠性幼儿园91所，其中公办69所、部门办5所、民办17所，普惠率90.1%。

【国家县域学前教育普及普惠评估工作交流会代表到拱墅调研】2021年4月16日，国家县域学前教育普及普惠评估工作交流会代表到拱墅区幼儿园调研，拱墅区副区长包晓东陪同。调研组参观杭州市京杭幼儿园、杭州市实验幼儿园、杭州市东方明艺幼儿园和杭州市祥符中心幼儿园专用活动室、户外游戏区等场所，考察幼儿园环境和设施设备，听取幼儿园负责人对办园历史、课程改革等情况介绍，并与孩子们互动，对拱墅区学前教育工作给予肯定。

【幼儿园等级评审】2021年，拱墅区开展区域幼儿园办园行为和幼儿园等级评审工作，助推补齐学前教育短板工作。4月，杭州市长阳幼儿园、杭州市大关苑实验第二幼儿园、杭州市新城实验第二幼儿园、杭州市文锦幼儿园、杭州市宸新幼儿园、杭州市红缨第二幼儿园、杭州市安吉路幼儿园(锦绣园区)、杭州市申花实验幼儿园(杭州师范大学附属园区)、杭州市西园实验幼儿园(白石园区)、杭州百乐美幼儿园、杭州观成幼托园11所幼儿园被市教育局认定为浙江省二级幼儿园。5月，杭州市紫荆幼儿园、杭州市拱墅区海贝艺欣幼儿园分别通过浙江省一级幼儿园、二级幼儿园复核实地评估。11月，杭州市康桥幼儿园、杭州市花园幼儿园、杭州市文澜幼儿园(碧玺园区)、杭州市绿洲花园幼儿园(文晖园区)4所幼儿园通过省一级幼儿园评审，杭州市左岸幼儿园通过省一级幼儿园复核评估。　(陈秀芳)

杭州市安吉路幼儿园大班孩子玩自己折的纸飞机　　(区教育局 供稿)

义务教育

【概况】2021年，拱墅区有小学49所、初中27所(不含九年一贯制)、九年一贯制学校12所、完全中学1所。中小学在校学生99844人，其中中学31285人、小学68559人。教职工7692人，其中中学3826人、小学3866人。普通中学、小学专任教师大学本科毕业及以上学历占97.1%。中小学成长共同体21个，高中名校集团覆盖率100%，辖区符合条件的流动人口随迁人员子女全部入学，九年义务教育完成率100%。打造中小学生思想政治教育阵地，深入开展“运河公民节”活动，出台《“拱·有优学”运河新名校集团化2021行动计划》，推进作业赋能、课堂提质、管理增效等方面改革。开展多样化课后服务，举办新拱墅首次中小学生田径运动会，承办浙江省中小学生艺术节，开发创造劳动教育的场域和课程。

【“五项管理”督查】2021年，教育部印发《关于加强中小学生作业管理、睡眠管理、手机管理、读物管理、体质管理的通知》。区教育局按照教育部和省教育厅要求，向全区各中小学、九年一贯制学校发布《关于进一步明确“五项管理”具体工作要求的通知》，并成立“五项管理”督查专班，召开“五项管理”专项督导部署工作会，对辖区公办、民办中小学“五项管理”工作落实情况进行全面检查督查，针对发现的问题，提出整改意见和建议。6月8—9日，拱墅区代表杭州市参加国务院教育督导办“五项管理”浙江督查组实地督查，并在国务院教育督导办“五项管理”浙江督查汇报会上做工作汇报，督查组对拱墅区“五项管理”工作落实情况予以肯定。

【杭州市中小学心理活动月开幕式在拱墅区举行】 2021年5月12日，杭州市中小学心理活动月开幕式在杭州市卖鱼桥小学举行，活动月主题为“联家校心、暖彼此情”。活动现场，市教育局宣布杭州市学校心理健康教育20个重点研究项目。杭州市卖鱼桥小学教育集团总校长介绍该项探索公办学校全纳教育的创新做法和研究成果。中国心理卫生协会、杭州市第七人民医院有关专家分别做“心理疏导普及”“家校医协作提升”的专题讲座。其间，举办心理论坛，交流分享小学初中、高中心理健康教育家校协作的新理念、新举措和新经验。

【“晚风行动”课后服务】 2021年7月，拱墅区成立以10个部门和18个街道为成员单位的区工作专班和区教育局专班，发布多部门联合实施的“晚风行动”课后服务实施方案。全区分设16个暑托服务点，开设62个暑托班，参加课后服务学生1738人次。区教育局挖掘属地和校内资源，邀请校内外教师参与课程设计、教学与管理，打造“1+X”（“1”为基础性托管，以看护和指导作业为主；“X”为拓展性课程，为学有余力的学生拓展学习空间）托管服务模式，开展音乐、美术、科技、体育、阅读、劳动等个性化服务，全区开设基础性托管班1395个、拓展性托管班1905个，累计开发体艺、劳技、科技类等10个大类132门拓展性课程，小学段课后服务参加学生占83.4%，初中段课后服务参加学生占76.3%。

2021年6月2日，拱墅区召开“五项管理”专项督导部署工作会
（区教育局 供稿）

【浙江省首个平安校园心理健康教育基地揭牌】 2021年8月，杭州大关实验中学编印完成《青少年心理及家长应对手册》（简称《手册》）。《手册》基于教师的工作经验，梳理青少年的心理特征，提出亲子关系、沟通艺术、手机游戏、考前和考后紧张等每个家庭遇到的常见问题，提供150多条相应建议。10月22日，区教育局在该校举行浙江省首个平安校园心理健康教育基地揭牌暨《手册》首发仪式。11月，《手册》通过家长会分发到全校2000多位家长手里，并通过讲座、线上视频等方式，指导家长如何及时了解孩子的心理变化及根据孩子的心理特征进行应对。 （陈秀芳）

高中教育（职业教育）

【概况】 2021年，拱墅区有普通高中3所，完全中学和职业高中各1所，在校学生3655人，教职工385人。学校占地面积12.56万平方米，校舍建筑面积10.8万平方米。拱墅区高中教育、职业教育坚持“立德树人”“以德立身”“为党育人”方针，加强素质教育，促进学生全面发展。其中，高中教育课程设置规范，最大限度满足学生选课需求，大课间保量多样；职业教育注重职业规

划，重视“以技立业”，开展面向人人的技能竞赛，帮助学生掌握专业技能。

【高中阶段教育质量提升】2021年，拱墅区实施高中阶段教育质量提升计划，完善高中学生综合素质评价管理体系，健全高中教学备考工作指导制度。年内，杭州市长征中学纯文化一段上线占66.5%，专业文化双上线率81.3%，31人被国内各大重点音乐院校录取。杭州市艮山中学一段率超出省平均一段上线率22个百分点，艺术类一段上线率近90%，日语美术班一段上线率100%。杭州市拱墅区高级中学《创美工坊：数字影像专业学生核心素养修炼载体的建构与实践》项目获省职业院校产教融合项目认定，2名学生获国家奖学金，1名教师获第三届全国美发美容行业大赛单项冠军称号，1名教师获评杭州市教坛新秀，2名教师入选拱墅区“运河名师”，辖区学校获80多项各项赛事荣誉。

【省级教学展示活动在长征中学举行】2021年9月29日，主题为“普通高中教学转型的浙江实践”的省级音乐学科展示活动在杭州市长征中学举行。活动聚焦课程改革、教材建设，推动新课程、新教材背景下的音乐教学更加贴近实际。活动现场，宁波市宁海县正学中学、杭州高级中学钱江校区2名教师以长征中学高二音乐班学生作为展示课的学生，分别进行课堂展示；温州市音乐教研员、杭州市音乐教研员做专业点评。杭州市长征中学音乐教研组长在活动现场解读学校“熏陶普及·素养落地·升学达成”特色教学目标与实施策略，并从实施背景、实施举措、教学成果、实践反思4个方面做“双新”（新课程、新教材）改革交流。（陈秀芳）

特殊教育

【概况】2021年，拱墅区有特殊教育学校2所，分别是杭州市湖墅学校、杭州市健康实验学校，在校学生198人，教师79人。其中，杭州市湖墅学校在校学生112人，教师49人；杭州市健康实验学校在校学生86人，教师30人。拱墅区坚持“特教特办”，重视“普特融合”，完善布局合理、学段衔接、普职融通、医教结合的特殊教育体系，推动特殊教育向学前、高中两头延伸，并加大特殊教育投入力度，提升特殊教育质量。全年义务教育段残疾儿童入学率100%，随班就读残疾学生5人及以上的普通中小学专兼职教师配置率100%。杭州市健康实验学校为重度和极重度残疾少年儿童送教150多人次，并为家长提供家庭教育方法、心理疏导方法等服务。

杭州市湖墅学校校长郜玲亚“30年特殊教育让每个孩子拥抱美好生活”的事迹被“学习强国”杭州学习平台报道。在陕西省宝鸡市举行的全国第十一届残疾人运动会暨第八届特殊奥林匹克运动会上，杭州市健康实验学校4名学生代表浙江省参加特奥滚球项目，获4枚金牌、2枚铜牌，2名学生分别获男、女运动员个人体育道德风尚奖。《中国教育报》以《用爱与专业拓展生命的宽度》为题报道杭州市湖墅学校特殊教育高质量发展的做法。

【职业教育实训基地“塑梦坊”启用】2021年5月13日，拱墅区残疾人就业创业基地和杭州市湖墅学校职业教育实训基地“塑梦坊”在拱墅健康大厦启用。“塑梦坊”是杭州市湖墅学校职业高中学生

2021年5月13日，拱墅区残疾人就业创业基地和杭州市湖墅学校职业教育实训基地“塑梦坊”在拱墅健康大厦启用　（区教育局 供稿）

职业体验、职前适应及就业的基地，拱墅区智力障碍青年职业训练、就业安置的形象窗口。该基地活动在《杭州日报》、杭州电视台综合频道等媒体刊播，并入驻西湖先锋党建“微心愿”基地，拱墅区职业高级中学、拱墅区教育研究院、《浙江日报》等单位参与认领微心愿活动，助力残障学生实现就业梦。

【“双班主任制”实行】 2021年9月，杭州市湖墅学校与杭州市人民小学联合，首次实行两校共同管理的“双班主任制”，具体做法由湖墅学校教师到人民小学对该校有特殊教育需要的学生进行语文、数学学科教学，并担任班主任。其他课程仍由人民小学教师执教并纳入学校普通班级管理，班主任为该校教师。年内，“双班主任制”的实践探索取得初步成效。

【社交主题课程开发】 2021年，杭州市健康实验学校开发促进学生社交能力发展的社交主题课程，将社交内容纳入日常教育教学，围绕“谢谢你”和“很高兴见到你”两个社交主题，开设社交主题教学公开课8节，其中省级名校长培训2节、市教研室组织教研课3节、区级思政微队课及语文学科评比3节。改革课程评价方法，实施游园活动与校本课程针对性评价、其他课程渗透式评价相结合的方式，提升学生社交能力。社交主题的“三源四途五阶：培智学校开放式社交课堂的建构与实施”被立项为杭州市规划课题；“基于主题统整式的视频教学提升自闭症儿童社会规则认知能力的实践研究”作为杭州市基础教育教研课题结题；“志愿者融合活动提升智力障碍学生社交能力的实践研究”获杭州市教育学会课题三等奖；“新集体教育背景下融合活动培养培智学校社交礼仪的实践研究”获评区新集体课题优秀项目；“志愿融合活动提升智力障碍学生亲社会行为的实践研究”被立项为区第二届孵化课题。

（陈秀芳）

校外教育

【概况】 2021年，下城区青少年活动中心与原拱墅区青少年宫进行整合，合并成立拱墅区青少年活动中心，下设杭州市朝晖路166-3号、杭州市湖墅新村42幢、杭州市兴学弄1号、杭州市回龙路139号4个办公场所。区青少年活动中心发挥公益培训、组织活动、指导服务等功能，开展红领巾奖章争章活动、“争做新时代好队员”主题队日活动、“请党放心、强国有我”主题中队会等社会实践活动。推进“红领巾学院”建设，承办“新时代、新少年、童心向党话百年”第四届杭州武林小名嘴选拔活动、浙江省中小学生艺术节及闭幕式晚会、新拱墅区首届中小学生田径运动会等活动，根据少年儿童对校外教育需求，开办各类培训班，参加培训2.9万人次。

【“红领巾学院”建设】 2021年3—4月，拱墅区开展“致敬百年伟业，争做‘真善美’好队员”第二届区“红领巾学院”思政微队课大赛。6月10日，由浙江省少工委、浙江省少先队工作协会、浙江省辅导员培训中心举办，在杭州市文澜小学开展的第二届省“红领巾学院”思政微队课大赛中，文澜小学1名大队辅导员获一等奖和最佳展示奖；区红领巾学院1名校外辅导员获二等奖。年内，拱墅区组织参加首届杭州市“红领巾学院”课例评比获一等奖3节、二等奖1节、三等奖2节，3名辅导员获评杭州市“红领巾学院”优秀辅导员，拱墅区红领巾学院获优秀组织奖。组建区“红领巾学院宣讲团”和“红领巾讲师团”，举办拱墅区红领巾学院队干部培训班2期，并开办“红领巾小领袖班”“红领巾队长学校”。

【承办第四届杭州武林小名嘴选拔活动】 2021年4月，区教育局、区少工委承办第四届杭州武林小名嘴选拔活动，拱墅区组织全区小学一至五年级的少先队员参加初选。少先队员以视频方式分享学习中国共产党百年历史的感受，视频含2分钟口才展示和1分钟才艺展示。经过评审、复选，拱墅区选出20名选手参加决赛，最终评出“武林小名嘴”10人、“武林小名嘴”提名奖10人。拱墅区有3人获“武林小名嘴”称号，3人获“武林小名嘴”提名奖。选拔产生的20位武林小名嘴成为杭州市红领巾宣讲团成员。

【浙江省中小学生艺术节展演在运河大剧院举行】 2021年11月15—19日，以“民族魂·中国梦——阳光下成长”为主题的浙江省中小学生艺术节展演在拱墅区运河大剧院举行。展演组织声乐、器乐、舞蹈、戏剧和朗诵5个专场77个节目演出、闭幕式晚会展演及13个艺术实践工作坊展示。拱墅区教育局、拱墅区青少年活动中心、杭州市大关小学、杭州市卖鱼桥小学、杭州市青蓝青华实验小学、杭州市文澜实验学校、杭州市长征中学作为承办单位获浙江省中小学生艺术节组织贡献奖。在中小学生艺术节期间，区教育局举办“拱·有优学，‘艺’彩纷呈”中小学生艺术周。选取运河沿岸的艺术类场馆和具有艺术教育特色的学校为展示点，采取馆校融合、艺术周快闪、少儿美术作品展的方式，推出拱墅区艺术教育最具影响力的团队。其中，杭州半山实验小学教育集团梨园之星越剧社团在拱宸桥边开展越剧快闪表演，杭州市明珠实验学校蒲公英行进管乐团在西湖文化广场演绎行进打击乐快闪，拱墅区26所学校学生的美术作品在浙江省博物馆展出。

2021年11月20—24日，拱墅区在杭州市文澜中学等3个校园举行“阳光运动，未来有我”中小学生田径运动会 （区教育局 供稿）

【首届拱墅区中小学生田径运动会】 2011年11月20—24日，拱墅区在杭州市文澜中学、杭州市文澜实验学校、杭州市体育中心3个场地举行“阳光运动，未来有我”首届中小学生田径运动会。全区51所小学、31所初中、4所高中的1500多名运动员参加比赛，产生金牌70枚，打破拱墅区纪录50多项。杭州市长征中学、杭州市拱墅区职业高级中学分别获高中组第一、第二名；杭州市拱宸中学、杭州市大关实验中学、浙江省杭州康桥中学分别获初中组第一、第二、第三名；杭州市莫干山路小学、杭州市大关中学附属小学、杭州市文澜实验学校分别获小学组第一、第二、第三名。

（陈秀芳）

2021年11月19日，拱墅区承办的浙江省中小学生艺术节举行闭幕式晚会 （区教育局 供稿）

社区教育

【概况】 2021年，拱墅区行政区划优化调整，下城区社区学院与原拱墅区社区学院合并，成立新的拱墅区社区学院。至年末，拱墅区有社区教育机构193个，其中社区学院1个、街道社区分院18个、市民学校174所。拱墅区实施新一轮“1050”工程(指10个民师民家工作室和50个民星学习型社团)，举办全民终身学习活动周，完善“享学网”“享学拱墅”“享学云”等智慧学习平台，成立社区教育"智慧助老帮帮团",打造区域终身教育品牌。参与中国成人协会"区域终身学习发展共同体项目",与上海长宁区、江苏南京玄武区和苏州市、安徽合肥市、省内宁波市和台州市开展区域协作。组织民办机构负责人资质培训,推动民办教育培训机构健康发展。推进社区教育系列课程开发与课题研究,提升科研管理服务水平。全年"百课惠民"和智慧助老线下培训开课420节,服务市民6300多人次。区社区学院"'百课惠民'市民学习公益项目"和康桥街道壹心家庭教育工作室"至要莫若教子"课程设计分别获评杭州市"终身学习品牌项目"。"享学网"发布文章970篇;"享学拱墅"推出52期,发布文章352篇;"享学云"在线学习近5万人。推出"网上办事""走进银行""医疗健康"三大场景微课和第二期社区教育读本《健康学堂、玩转智能手机》,创建首批"拱墅·运河名匠"系列课程22门。开通"终身学习资源供需平台",50多个组织机构参与资源发布,1500多册《终身学习资源手册》免费发放到全区社区学校、文化家园、新时代文明实践中心、党群服务中心、街道老年学堂、养老机构、未来社区教育空间等基层学习点。在全国社区教育微课比赛中,由拱墅区社区学院、杭州市市民健康生活馆、文晖街道联合选送的"心肺复苏'救命神器'AED的使用"微课获比赛二等奖,区社区学院获优秀组织奖。

【课题研究】2021年,拱墅区加强社区教育探索研究,区社区学院撰写的《未来社区视域下城市老旧社区教育场景实现路径初探——基于杭州市拱墅区市民学习空间站建设的思考》课题、区社区学院教师撰写的《基于"回生"现象的老年人非遗手作数字化教学研究》和《基于阳光老人家品牌探索"共学养老基地"建设》课题获杭州市级课题立项;区社区学院设置的"老年朋友轻松玩转智能手机"课程在杭州市老年人智能技术应用视频、纸媒教材及优秀案例征集评选活动中获纸媒教材类一等奖;区社区学院、浙江小巷三寻文化创意发展有限公司联合制作的案例《城市社区教育服务乡村振兴的实践与探索——基于杭州市拱墅区的个案》获浙江省社区教育规划课题的重点课题立项;基于"行走的工匠"课程体系案例《行走的工匠:非遗数字课堂助推乡村振兴的创新与实践》获杭州市职业教育改革发展典型案例一等奖,并获评全省成人教育类唯一的"浙江省职业教育改革发展典型案例"。"行走的工匠"系列课程被纳入长三角终身学习云视课堂平台,扩大终身教育的覆盖面和受众群。

【全民终身学习活动周】2021年11月26日,以"千年运河,繁华武林,百年征程,拱有优学"为主题的拱墅区全民终身学习活动周开幕。开幕式上,拱墅区政府与浙江开放大学签约开展第三轮战略合作;启动"区终身学习资源供需·享学链"项目;建立"终身学习资源供需平台",编印"终身学习资源手册";拱墅区吴家墩社区开展省未来社区教育场景试点,和睦社区、所巷社区开展区"未来社区教育空间"试点。

【终身学习团队建设】2021年4月,拱墅区开展区级"民星学习型社团""示范学习型社团(学习共同体)""运河终身学习品牌项目""运河百姓学习之星"评选及"民家工作室"评选、年度考核工作,经推荐评估、现场评审、微信大众投票等环节,评出新一轮"民家工作室"10个,分别为半山街道"金德意·绿色田园工作室"、小河街道"谢小英·谢大姐民乐工作室"、祥符街道"章旭明·太极拳工作室"、拱宸桥街道"吴理人·民俗艺术工作室"、拱宸桥街道"毕瑞棠·巩式通臂拳工作室"、湖墅街道"李秀英·十字绣坊工作室"、朝晖街道"程麟华·京胡工作室"、长庆街道"张燕萍·枫丰文化艺术工作室"、武林街道"朱玉琴·誉嘉手鞠工作室"、康桥街道"吴抒芳·壹心家庭教育工作室"。评出"民星学习型社团"、"示范学习型社团(学习共同体)"、"运河终身学习品牌项目"、年度优秀"民家工作室"、"运河百姓学习之星"各10个。7个社团获评杭州市示范社区学习共同体。拱墅区获评杭州市社区学习共同体建设先进区,"1050工程"获评长三角地区社区教育特色地方品牌项目。

【老年学堂建设】2021年,拱墅区加快发展区域老年教育事业,

2021年6月2日，杭州佰乐时光老年学堂学员与大学生志愿者一起制作衍纸作品 （区教育局 供稿）

扩大老年教育供给，完善终身教育服务体系。擦亮浙江老年开放大学拱墅学院“武林银杏”老年学堂教育品牌，满足老年人多样化学习需求。5月，拱墅区社区学院与朝晖街道、金成康养·佰乐时光敬老院合作，在朝晖街道增设佰乐时光老年学堂，打造“康、乐、学、为、养”融为一体的特色老年教育样板。全区3个老年学堂由区教育局主管并划拨社区教育专项经费进行运作。

（陈秀芳）

教师队伍建设

【概况】 2021年，拱墅区教育系统有教职工11368人，其中在编教职工9192人，含普通高中200人，职业高中102人，初中2416人，小学4450人，幼儿园1736人，特殊教育学校78人，直属事业单位147人。全区普通高中专任教师199人，职业高中专任教师97人，初中专任教师2390人，小学专任教师4443人，幼儿园专任教师1736人，特殊教育专任教师78人。拱墅区面向全国引进优秀管理人才与学科拔尖人才，公开招聘优秀毕业生充实教师队伍，统筹区域内教师流动，调整区级各类评优评先奖项和评选人次，组织开展市教坛新秀、市优秀教师、市优秀教育工作者、省教坛新秀、省春蚕奖等各类省市级先进教师评选，加强名特教师、名特校长工作室管理（名特指名师、省特级教师），优化新教师、青年教师培养机制，对全区新入职的822名教师进行“校—群（集团）—区”三级联动式培训，提升教师整体水平。至年末，全区有省特级教师26人，运河名特校（园）长58人，省市教坛新秀744人，省市各类领军教师1100多人，27人入选“杭州市中小学名校长培养工程”第一期培养名单。选派36名挂职干部、支教教师到对口支援地区挂职、支教，1人被评为国家级先进个人，3人被评为市级先进个人。

【参加全市“作业设计”比赛获奖】 2021年9月，拱墅区教育科学研究院按照杭州市公办初中提质强校试点学校“基于单元教学的作业设计”评比活动要求，组织区内学校参加全市“作业设计”比赛。来自语文、数学、英语、科学、社会五门学科的教师经过学校初赛、联盟复赛，最终在55所联盟学校中选拔75名选手参加杭州市决赛。11月，在选手抽题、1小时作业设计准备、10分钟展示答辩的决赛中，拱墅区有13名教师获奖，其中一等奖3名、二等奖6名、三等奖4名。

【“运河之声”课程教学节线上联播】 2021年11月30日至12月23日，拱墅区“运河之声”课程教学节线上联播。教学节围绕“学生立场·深度学习”“课程建设”“作业改革”专题进行7场研讨，研讨内容包括132项成果汇报、59堂展示课、32名专家报告，其中25场次在线教研活动连线区内外3万余人。拱墅区教育系统坚持“学有优教”理念，加强教师教学能力提升工作，教学节推出的课程被推广到全省。

【挂职、支教工作】 2021年，拱墅区选派23名教师到湖北省巴东、来凤，贵州省黎平、黄平，四川省泸定、昭化6个地区挂职、支教。选派7名干部和教师赴阿联酋中国迪拜学校担任教学工作；承担新疆阿克苏市、青海德令哈市两地部分中心学校与杭州学校“校校结对”任务，有5所校（园）与阿克苏市的校（园）结对、7所校（园）与德令哈市的校（园）结对；11名教师赴新疆阿克苏市、青海德令哈市开展支教、送教活动；阿克苏市4名校长到拱墅区中小学跟岗学习。

推进与上海市教育合作。拱墅区政府与华东师范大学、上海世界外国语教育集团分别签订教育合作框架协议，聘任两校知名专家为教育顾问。打造杭州上海世界外国语学校、杭州市福山外国语小学、华东师范大学附属杭州学校等教育品牌。选派3名干部和骨干教师到上海张人利名校长工作室学习。推进与黄山市学校结对。杭州风华中学、杭州大成实验学校、杭州青蓝青华实验小学3所学校与安徽省黄山市学校签约结对。拱墅区组织13人次赴结对学校开展教育学习交流活动。推进“山海协作”、区县协作。拱墅区接收江山市教育系统3名干部和骨干教师到杭州观成实验学校跟岗学习。杭州市长寿桥小学与桐庐县文正小学、杭州市拱宸桥小学教育集团与桐庐县科技城未来学校建立结对帮扶关系，4校之间开展交流互访10多次；拱墅区在桐庐县文正小学和桐庐县科技城未来学校成立4个名师工作室，发挥拱墅骨干教师引领、示范和指导作用。

（陈秀芳）

驻区学校

【概况】2021年，拱墅区有各级各类驻区学校16所。其中，高等院校有浙江工业大学等5所，普通高中有浙江省杭州高级中学等4所，职业高中有杭州市中策职业学校等5所，技工院校有杭州轻工技师学院等2所。

2021年拱墅区驻区学校情况表

表12

学校类别	学校名称	学校地址
高等院校	浙江工业大学	朝晖校区：杭州市潮王路18号
	浙大城市学院	杭州市湖州街51号
	浙江树人学院	拱宸桥校区：杭州市树人街8号
	浙江商业职业技术学院	德胜校区：拱墅区上塘街道德胜路238号
	浙江邮电职业技术学院	杭州校区：杭州拱墅区莫干山路130号
普通高中	浙江省杭州高级中学	贡院校区：杭州市凤起路238号
	浙江省杭州第十四中学	凤起校区：杭州市凤起路580号
	杭州市源清中学	杭州市拱墅区湖州街69号
	浙江省杭州第十一中学	杭州市拱墅区大关南苑八丈井东路150号
职业高中	杭州市中策职业学校	杭州市拱墅区卖鱼桥霞湾巷65号
		杭州市拱墅区龙腾路388号
	杭州市人民职业学校	杭州市建国北路回龙庙前32-1号
		杭州市绍兴支路29号
	杭州市开元商贸职业学校	杭州市朝晖路169号
		杭州市德胜东村长德弄212号
	杭州市交通职业高级中学	杭州市德胜新村44栋
	杭州市美术职业学校	莫干山路校区：杭州市莫干山路142号
技工院校	杭州轻工技师学院	杭州市莫干山路102号
		杭州市环城北路6号
	杭州汽车高级技工学校	杭州市莫干山路558号

浙江工业大学朝晖校区存中楼　　（浙江工业大学 供稿）

【浙江工业大学】 2021年，浙江工业大学有朝晖、屏峰、莫干山3个校区，其中朝晖校区位于辖区内，地址潮王路18号。学校设二级学院26个、独立学院1个（之江学院）。开设本科专业66个，其中国家级一流本科专业建设点38个。有教育部第四轮学科评估A－学科1个、B＋学科2个，浙江省一流学科A类10个、B类8个。有博士学位授权一级学科13个，博士专业学位授权点2个，硕士学位授权一级学科29个，一级学科未覆盖硕士学位授权二级学科3个，硕士专业学位授权点22个，建有博士后科研流动站9个。学校建有国家级2011协同创新中心、省部共建协同创新中心、国家级大学科技园（牵头建设）、国家工程技术研究中心、省部共建国家重点实验室（筹）各1个，国家地方联合工程实验室（研究中心）2个，国家级国际科技合作基地3个，国家级实验教学示范中心5个，国家级虚拟仿真实验教学中心2个；教育部重点实验室（工程研究中心）、浙江省重点实验室等省部级科研平台55个。浙江工业大学有全日制在校本科生1.98万人、各类硕士研究生1.17万人（其中全日制硕士研究生9878人）、博士研究生1026人、学历留学生1049人。在职教职工3410人，其中正高级专业技术人员533人。学校新增国家级一流本科专业建设点23个、省级一流专业建设点10个。新增省级一流课程68门。获批首批国家级课程思政示范课1门、首批国家级课程思政教学团队1个，入选首批“全国高校毕业生就业能力培训基地”，被批准为省级课程思政示范校。获全国首批优秀教材奖（高等教育类）二等奖1项，教育部首批现代产业学院1个。教师获首届全国高校教师教学创新大赛二等奖1项。新增一级学科博士学位授权点4个、博士专业学位授权点2个、硕士专业学位授权点3个。学校学生在各级学科竞赛中获国际一等奖7项、国际二等奖2项，国家级特等奖1项、一等奖16项。与4所海外高校新建立合作关系。新增国家级领军人才17人、省部级拔尖人才19人。

全年投入科研经费10.32亿元。获国家重点研发计划专项项目4项、政府间国际科技创新合作项目1项；获国家自然科学基金项目167项，其中重点项目5项、优青项目2项、海外优青项目2项；获国家社科基金项目31项，其中重大、重点项目5项。获2020年度国家科技进步奖二等奖1项；获2020年度教育部高等学校科学研究优秀成果奖（科学技术）一等奖2项，获浙江省技术发明奖一等奖1项，获中国石油和化学工业联合会科学技术奖一等奖2项，获其他省部级科技创新奖一等奖及以上奖励4项；以第一完成单位获浙江省科学技术奖6项，获浙江省第二十一届哲学社会科学优秀成果奖一等奖4项。获中国专利优秀奖2项。新增1个ESI全球排名前1%学科。学校被批准为世界知识产权组织技术与创新支持中心。

学校服务国家战略和区域发展成效明显。新增地方实体研究院1个、地方虚拟研究院4个、校企联合研发中心59个、省域治理现代化研究平台5个。亚运板球场建设项目通过基础及主体结构验收。学校出台《浙江工业大学中长期发展规划纲要（2021—2035年）》，全面开启新时代建设区域特色鲜明、国内一流的研究型大学的新征程。高质量开展党史学习教育，深入贯彻落实中共中央总书记习近平主政浙江期间致学校建校五十周年贺信精神。省委第十巡视组进驻学校开展巡视工作。2个学院党委入选第二批“全省党建工作标杆院系”，5个党支部入选第二批“全省党建工作样板支部”。学校支撑内涵式发展的办学条件持续改善，高质量完成莫干山校区整体搬迁。

【杭州高级中学】 杭州高级中学为浙江省首批重点中学、首批一级特色示范学校、首批现代化试点学校、新课程新教材实施国家级示范校。2021年，有贡院校区和钱江校区2个校区，其中贡院校区位于辖区内，地址为凤起路238号。学校前身为1899年由杭州知府林启创建的养正书塾，后几经变迁，于1945年8月改名省立杭州高级中学，1951年7月与杭州市立中学合并改名为浙江省杭州市第一中学，1988年3月改为现名。两个校区占地面积15.32万平方米，校舍建筑面积17.11万平方米，教学及辅助用房面积6.14万平方米，行政办公用房1.54万平方米。在校学生3791人，教职工360人，其中专任教师324人、特级教师11人、正高级教师8人。年内，培养正高级教师2人，公开招聘优秀教师及大学毕业生12人。杭高教育集团包括杭高贡院校区、杭高钱江校区、杭州钱塘学校、杭州市夏衍中学、杭州启正中学、杭州启成中学及杭高国际部，形成大学预科、高中、初中、小学及中外合作办学等多年段、多元化的办学格局。

学校推进“五育并举”的育人举措，实现课业提质增量。2021年，学校获全国数学联赛二等奖7人、三等奖8人。语文学科赛事获全国及省市级奖项200多项，英语学科赛事获全国及省市奖项100多项。学校作为西安交通大学少年班预科基地，完成两届招生，生源逐年上升。

学校举办“名校联动 双新赋能 高水平建设‘美好教育’论坛”，9个省的国内名校与会。学校获评“浙江省教科研优秀集体”“杭州市第十二届优秀教科研集体”，学校教师在杭州市11个新教材研究小组中担任5个学科组长。

【杭州市中策职业学校】 杭州市中策职业学校创建于1979年，是教育部认定的国家中等职业教育改革发展示范学校、首批国家级重点职业学校、国家级职业院校数字校园建设实验学校、浙江省现代化学校、浙江省首批中等职业学校创新创业试点学校和理事学校、浙江省高水平职业学校建设单位，获全国职业技术教育先进单位、全国教育系统先进集体、全国首届黄炎培职业教育奖优秀学校、全国“家校共育”数字化示范学校等称号。2021年，学校有霞湾和康桥2个校区，占地面积14.33公顷。其中霞湾校区位于拱墅区卖鱼桥霞湾巷65号，康桥校区位于拱墅区龙腾路388号。

学校实施“名校＋名企”的集团化办学战略，与浙江省餐饮行业协会、杭州知味观、海外海集团有限公司等企业开展校企合作；与浙江大学、华东师范大学、浙江工业大学等院校合作开展教育教学研究；与浙江科技学院合作开展“中本一体试点”七年制人才培养；与浙江机电职业技术学院、浙江旅游职业学院、浙江商业职业技术学院等院校合作开展“中高职一体化”五年制人才培养。

学校以立德树人为根本，以“培养有价值感、幸福感的中策人”为目标，坚持“适合的就是最好的”办学理念，构建富有特色的核心素养方案，实施匠星培养工程，开设中餐烹饪、西餐烹饪、中西面点、高星级饭店运营与管理等11个专业。2021年招收新生1279人，在校生3506人；教职工273人，高级职称占50%，其中正高级教师4人，国家“万人计划”教学名师1人，特级教师4人，杭州市“131”工程培养人才2人，杭州市高层次人才40人，国家级教师教育教学创新团队1个，省市名师、大师工作室7个。

学校全面修订章程，制定《杭州市中策职业学校教师职称自主评聘方案》，开展“清廉学校”创建工作，深入推进依法治校和现代学校制度建设，建成中策职校校史厅。浙江电视台《今朝看浙江》栏目以《鸿雁领航向未来》为题，向全省、全国推广中策经验和中策模式。全年教师在各级各类课题、论文、教材、教案评比中获奖23项。出版教材、专著3本，新增省级申报课题3项、市级课题11项，教科研实绩名列省市前茅。全校师生参加各级各类技能竞赛夺得12枚金牌、30枚银牌、25枚铜牌。组队参加"中国机器人及人工智能大赛——Aelos小型人形全自主挑战赛(高职组)"获全国二等奖,环境检测技术专业教师团队入选全国职业院校第二批教学创新团队。

发挥资源优势,服务就业民生。学校开展职业技能培训,受惠4335人次。与建德航头镇中心小学及寿昌二小开展无人机教学互助合作,推动城乡学校科技教育协同发展。学校党委和拱墅区湖墅街道党工委等10个单位成立党建联盟,共促党建发展。履行名校职责,发挥示范引领作用,承担长三角地区及绍兴市教育局、湖州市教育局等多所学校名师、名校长跟岗实践工作,开展大都市区教育合作,带动城乡教育统筹协调发展。

【杭州汽车高级技工学校】 杭州汽车高级技工学校创建于1975年,是杭州市交通运输局所属的公办全日制国家重点技工学校,杭州市创办最早的汽车类技工学校,省级文明单位。2021年,学校有北大桥校区、良渚校区2个校区,北大桥主校区位于拱墅区辖区内,地址为杭州市莫干山路558号。学校秉持"崇德正行"的校训,以"和谐、博爱、勤奋、开拓"为校风,以"敬业、进取、乐教、善导"为教风,以"学求实、技求精、行求善"为学风,培养能熟练掌握从事现代交通和现代制造业所必需的文化基础知识和素质、专业基础知识和技能,满足经济社会发展需要,身心健康,具有良好思想品德和工匠精神的中高级技术技能人才。学校重点打造汽车和机械两大专业群。学校开设汽车运用与维修、汽车检测(智能网联汽车方向)、新能源汽车检测与维修、汽车技术服务与营销等12个专业,其中汽车检测、汽车技术服务与营销是浙江省品牌专业,新能源汽车检测与维修是浙江省特色新兴专业、浙江省重点扶持专业、杭州市品牌专业,汽车维修是杭州市示范专业。学校实训场地总面积超过9000平方米,教学仪器设备总值超过7000万元。汽车专业建有10多个理实一体化教室(指既能上理论课也可上实际课的教室)。汽车专业实训中心是浙江省技工院校品牌实训基地、杭州市示范实训基地、杭州市公共实训基地(分基地)。学校与在杭州国内知名汽车销售服务、汽车制造、智能制造企业建立良好合作关系,实行"订单式""现代学徒制""工学交替"等培养模式,与本地100多家企业共建校外实训基地,与德国陆科思德教育集团签署"中德(杭州)新能源汽车培训与认证中心"项目合作协议。有在校生1916人;教职工210人,其中副高级专业技术人员67人。

全年师生在校外各级各类大赛中获得奖项69个,其中国家级一等奖7个、二等奖2个、三等奖1个,省级一等奖16个。学校承办省、市级专业技能竞赛4次,整合推出第一届教师技能大赛,举办第十四届"面向人人"学生技能运动会。

校属交通培训考试中心派驻在杭州出租车服务大楼,年内组织交通行业培训考试6.95万人次。校属职业技能培训鉴定中心开展社会学员各工种职业技能培训与认定2202人,发放技能等级证书1067本;组织实施全日制学生汽车维修工、车(铣)工各等级技能等级认定825人,发放技能等级证书706本;协办开展区域级、区级各类高级工竞赛,参赛3067人;开办企业新型学徒制培训班4个,培训学员176人。

(陈秀芳)

文 化

综 述

【概况】2021年，拱墅区有公共文化设施面积43.8万平方米。其中：区图书馆面积1.1万平方米，区文化馆面积0.95万平方米，中国京杭大运河博物馆面积1.07万平方米，运河大剧院面积6.97万平方米。18个街道均建立综合文化站，其中米市巷、石桥、朝晖、文晖、东新5个街道综合文化站为特级文化站，其他13个街道综合文化站为一级文化站；174个社区均建立综合性文化服务中心。全区有基层文化团队724个，其中市级星级团队20个。拱墅区推进大运河文化特色品牌打造，举办首届“大运河戏曲廊道”演出季暨长三角戏曲文化走亲、社区文化月、首届“运河杯”杭州青少年书画大赛作品展、第七届全民阅读节、第九届“运河好声音”声乐大赛等活动。构建“文化下派员”制度，推进全民艺术普及。全年区、街道、社区三级举办演出、展览、讲座、培训等活动6268场次，线上线下参与8667万人次，下基层演出297场次，演出内容和形式包括文艺欣赏、知识普及、艺术培训、书法绘画、文化赛事等。

【非遗数字化宣传】2021年，区文物和非遗保护中心依托下辖场馆浙江省非遗文献馆，开展数字化宣传工作。完成《大运河文化带建设研究——文献推荐》《非物质文化保护工作研究——文献推荐》《非物质文化资源探寻与整理——文献推荐》3本（6册）参考文献资料汇编，以及《民俗风情视角看新拱墅——阅读推荐》《浙东古运河研究动态介绍》2本专题资料汇编，专题资料有书目数据917条、报媒数据279条、学位论文数据401条、期刊论文数据1345条、专利数据34条。开发H5和百度拱墅文旅小程序2个非遗数字化应用场景，促进传统非遗文化技艺与数字科技相结合。《浙江省非物质文化遗产文献馆参与非遗信息传播的路径及启示》论文获浙江省非遗展示场馆建设及展

中国京杭大运河博物馆　　（年鉴编辑部　供稿）

陈设计研究成果二等奖。

【文旅融合高峰论坛】2021年5月5—6日，拱墅区举行“大运河节气文化与旅游融合”高峰论坛。中国农业博物馆、中国旅游研究院、浙江大学、中国美术学院等传统文化保护研究单位的80多位专家出席，就推动节气文化内涵更多更好地融入生产生活展开讨论。论坛为期2天，拱墅区围绕“非遗传承保护的拱墅实践”主题，分享传统文化活态传承的新思路和新实践。论坛闭幕式上，《人类非物质文化遗产代表作二十四节气科普丛书——半山立夏》电子书发布。

【文旅融合系列活动】2021年，区文广旅体局依托大运河AAAA级旅游景区资源，举办文旅融合系列活动，实现文化活态传承。定期举办大运河花伞集市；立足“运河·百县千碗”特色美食街区创建，打造非遗小吃体验馆；开展非遗酒店、非遗民宿、非遗旅游线路评估；推进非遗进商场、进景区、进社区、进学校。下城区文广旅体局组织西泠印社书法家走进石桥南苑蓝领公寓，开展“留杭过大年，文化迎新春之蓝领知书香·温暖过大年”活动，手书春联“福”字400副赠送给留在杭州过年的公寓蓝领。开办篆刻公益课堂，授课22课时，结业学员42人；开设区非遗项目作品“云展示”“云课堂”10期。举办红色剪纸线上展示、线上“风华国乐·古韵雅集”新春国乐雅集、“非遗传承越千年·琴韵箫声庆百年——端午雅集”、“箫和天下”中国首届洞箫艺术线上音乐会等活动。组织陈氏肝病诊疗法传承人开展“关爱健康·服务百姓”中医(非遗)名家下基层义诊活动。

【承办大运河文化旅游节】2021年10月20日，区文广旅体局承办的“最江南·杭州味”大运河文化旅游节系列活动在拱墅区运河广场举行。活动囊括运河旗袍嘉年华、“百人百匠”非遗市集、“百县千碗”运河美食汇等10多项子活动和100多项文化旅游优惠活动，为市民、游客献上运河文化大餐。活动期间，参与市民、游客29.5万人次，其中非遗市集销售额超过120万元。有188.7万人次通过抖音、“快手”等新媒体平台观看直播，7251.8万人次关注“杭州大运河文化旅游节”“千年运河观非遗看杭州”等市集话题。 （陶 键）

公共文化

【概况】2021年，拱墅区有公共文化机构428个，其中：区级文化馆1个，区级公共图书馆总馆1个、分馆20个、亚分馆145个、24小时街区微型图书馆3个、城市书房29个、共建公共阅读服务平台37个，街道综合文化馆18个，社区文化活动室174个；有各类文化团队724个。博物馆中中国京杭大运河博物馆建筑面积1.07万平方米，展陈面积5520平方米。全年围绕庆祝中国共产党成立100周年主题，举办各类公共文化活动359场次，参与群众14.1万人次。区图书馆举办的“百年党建报纸展”，将图书馆的书架打造成时光走廊，向读者展示中国共产党百年奋斗历程，获省“建党百年红色主题展览”优秀展览奖，并获评第一批浙江省“满意图书馆”。

【公共文化服务】2021年，拱墅区完善公共文化服务体系和公共文化服务标准，创新公共文化“线上+线下”服务模式，为群众提供个性化、智慧化的文化惠民服务。区图书馆发挥官方微信公众号功能，发布场馆开放信息，解答后台读者留言，架起与读者云端沟通桥梁。对11台自助借还机进行硬件改装与软件适配，实现长三角地区社保卡在区图书馆的便捷使用。完善视障阅览室的软硬件设备，开展多样化阅读推广活动，满足特殊群体的阅读需求。少儿服务区块设图书借阅、儿童自修、儿童阅读、儿童绘本等区域，藏书18.6万册，全年少儿读者借阅图书43.2万册(次)。围绕庆祝中国共产党成立100周年主题，线上线下开展少儿活动210场，参与6.6万人次。区图书馆获“童心向党·‘魅力声音之寻找家乡的红色印记’”浙江省少儿音频征集大赛优秀组织奖和“书香杭州系列选树”“十佳阅读品牌”荣誉。

【运河探索之旅活动】2021年，中国京杭大运河博物馆举办线下运河探索之旅体验活动15场。2月，会同北京郭守敬博物馆等10个博物馆举办“我来啦，大运

瓜山未来社区杭州书房·清风书吧　　（区文广旅体局 供稿）

河”寒假冬令营，通过创新博物馆社会教育形式，丰富青少年假期文化生活，运河沿线城市青少年1000多人参加探寻运河知识活动。5月，推出“童心向党·党的光辉照耀我心——我与运河共成长”活动，并为京都教育集团学生举办成长礼。9月23日，承办浙江省博物馆研学协会第一场研讨会，以博物馆研学课程开发与实施为主题，探索利用博物馆资源开展中小学生研学实践教育工作，全省20多个博物馆参加。

【中国京杭大运河博物馆】2021年，中国京杭大运河博物馆完成场馆内容、场馆形象、场馆安全、场馆无障碍设施改造提升，场馆服务功能更加完善。该场馆建筑面积1.07万平方米，展陈面积5500平方米。全年举办浙江年俗主题展、“因运而彩”征集作品展、首届“运河杯”杭州青少年书画大赛作品展、“追寻红色印记，献礼建党百年”儿童书画创作征集等活动154场次，接待观众38.5万人次。推出运河微课程之国产动漫系列课程，通过手工制作立体绘本的形式让观众了解中国传统文化。在杭州拱宸桥小学和杭州京都小学开设以“红色印记”为主题的社团体验课，课程以体验手工互动为授课模式，每节课1个独立内容。通过微信公众号推出“运河百问”专栏，专栏内容包括中国大运河沿线佛教遗存、中国大运河遗产监测预警系统、中国大运河法规保护、中国大运河遗产区边界划分等。

【阅读推广活动】2021年，区图书馆围绕庆祝中国共产党成立100周年主题，依托线上线下方式，开展阅读推广活动359场次，参与读者14.1万人次。4月18日，拱墅区举行以“书千年运河，话百年辉煌”为主题的第七届全民阅读节，在阅读节启动仪式上，演出歌曲《南泥湾》、声音剧《永不消逝的电波》、朗诵《可爱的中国》等节目。4月18日，由20多个家庭组成的红色探索小分队到辖区老开心茶馆、梦画公场、运河主题图书馆、瓜山未来社区杭州书房·清风书吧等5个书房，开启运河书房探索之旅，体验红色阅读意境。创新走读阅读方式，开展“读城记——运河篇”活动，组织市民参观高家花园、富义仓和江墅铁路遗址公园，感受大运河畔城市发展历史变迁。区图书馆通过官方微信开设“运河绘本”故事、“智绘亚运”艺术课堂、拱图有声等线上阅读栏目，全年为读者推送文章587篇，阅读量14.3万人次。

【数字资源库建设】2021年，区图书馆采购中华诗词库、云看展等移动端5个、区工业遗产数据库1个。区工业遗产数据库汇集区工业遗存相关的图书、期刊、报纸、图片、音视频、网络资源等资料，内容包括运河工业概况、工厂遗产介绍、工厂遗产相关文献等文字10万字、图片500幅、视频100分钟和音频20分钟。全馆10个数据库对全市开放，数字资源总容量9TB（万亿字节）。

（焦　明　沈丽红）

文学艺术

【概况】2021年，拱墅区建立重大文艺创新“揭榜挂帅”机制，加大对文艺精品创作的投入力度，鼓励文艺工作者创作具有传播度、辨识度和美誉度的文艺作品。区文化馆创作音乐作品3

个、舞蹈作品2个、文学作品30个、小品1个和视觉艺术作品10个。收集以中国共产党成立100周年为主题的剪纸作品参加2021“山花烂漫”——杭州民间美术作品展。开展文艺精品工程扶持项目申报，报送各艺术门类创作项目29项。其中，2项入围杭州市主题创作重点扶持项目，3项入围杭州市文艺精品创作扶持项目。全年全区文艺作品获市级以上奖项35个。

【文艺精品创作】2021年，拱墅区文学作品创作取得丰硕成果。在浙江省第十二届“中国梦·故乡情”乡村诗歌大赛中，蒋叶花作品《立春，一颗思乡的种子发芽了》获一等奖，张建青作品《爷爷是个农学家》和黄德荣作品《海山，架起了攀登天堂的梯》获二等奖；在浙江省“庆建党百年·享美好生活”歌词大赛中，张建青作品《中国书法》获金奖，卢成咏作品《梦里梦外桃花开》获银奖；在“美丽浙江”网络文学大赛中，倪晓芳作品《青山·江湖·红尘·随风》和张晓云作品《外婆家的那条路》获二等奖，卢成咏作品《运河华屋庆团圆》和蒋叶花作品《爹娘的皱纹》获三等奖；在浙江省第十五届新故事作品征文大赛中，倪晓芳作品《刘奶奶“直播”记》获二等奖，顾文琪作品《古怪的小偷》和蒋叶花作品《路遇》获三等奖；在“童声朗朗献给党”——“我们靓·杭州靓”杭州市第十一届新童谣大赛中，田峻榕作品《爷爷练兵》获二等奖；在杭州市第十二届网络故事大赛中，梁易作品《迟到的荣誉》获一等奖；在杭州市第二十八届群众文化论文比赛中，刘德骏作品《延续运河文化根脉，推动区域文化发展》获二等奖；在深圳市“童心向党·我的童年我的歌”儿歌童谣创作与传唱大赛中，张建青童谣作品《喜鹊报喜》获优秀奖；在“浙江省新时代文化馆理论体系构建”征文大赛中，陆菁作品《县级公共文化馆社会化发展的几点思考》获入围奖；在浙江省新时代公共文化服务高质量发展主题征文大赛中，陆菁作品《城市县级文化馆总分馆服务体系建设初探》获三等奖；在“庆建党百年，享美好生活”浙江省“三团三社”（艺术团、合唱团、民乐团、书画社、摄影社、文学社）示范交流系列活动中，蒋叶花散文《露天电影》获文学类优秀成果奖。

2021年拱墅区部分文艺作品获奖（入展）情况表

表13

艺术门类	作品名称	作者（获奖者）	获奖情况	主办单位
音乐艺术	《圆梦此生》	作曲：陆建江	“红船颂·永远跟党走”浙江公安原创歌曲征集活动一等奖	浙江省公安厅
	《那歌声》	作词：顾　攻　陆　菁 作曲：方群菁　陆建江	第二十六届“三江”歌手大赛原创歌曲组金奖	杭州市文化广电旅游局
戏剧艺术	《平凡岁月》	导演：王霆君 剧本：黄晓冰	纪念徐玉兰100周年诞辰暨“杭州有戏”戏剧大赛中，获表演、创作银奖。	杭州市文化广电旅游局
视觉艺术	《樱》	金　斌	第四届骑士奖国际摄影大赛中，获艺术组优秀奖	欧洲摄影学会
	《非遗——下潘提线舞狮》	金　斌	第二届“郎静山杯”大美兰溪全国摄影大展	中国摄影报社
	《恒》	金　斌	第五届中国凤凰民俗摄影双年展——大美中国主题展	中国数码摄影网、河南省民俗摄影协会
	《拳拳之心共织一面旗》	金　斌	杭州市红色印记摄影展	杭州市委宣传部
	《古城韵律》	金　斌	杭州市第二届国际摄影艺术邀请展	杭州市摄影艺术学会、杭州图书馆

续表13

艺术门类	作品名称	作者（获奖者）	获奖情况	主办单位
视觉艺术	《手艺》	金　斌	"百年芳华，红色钱塘"市直机关美术书法摄影大赛优秀作品展	杭州市委直属机关工委、杭州市文学联合会
	《芽芽二班》	王　磊	"美艺求美"浙江省女画家作品展中获学术提名	浙江省文化和旅游厅
	《雪之四重奏》	杨晓静	"美艺求美"浙江省女画家作品展	浙江省文化馆

【"运河文化走亲"活动】2021年，区文化馆举办静态类"运河文化走亲"活动、动态类"运河文化走亲"活动各5场。其中与沈阳市和平区、深圳市宝安区、贵州省黎平县联动举办的《唱支山歌给党听》"云合唱"活动视频，被"学习强国""国家公共文化云"等平台展播。9月22—24日，区文化馆在四川省广元市举办"东西部协作·文化走亲"活动，活动以与广元市昭化区文化馆共同表演的舞蹈《盛世花朝》开启，拱墅区文化馆的表演唱《寻味运河·夜》将千年运河与繁华武林的融合蝶变完美呈现，并演出小合唱《那歌声》、独唱《兄弟抱一下》、独舞《芳华》等充满拱墅元素的节目。活动现场设置拱墅、昭化两地特色文创产品展销台，作为文旅宣传推广和文艺创作交流的平台。

【第九届"运河好声音"声乐大赛】2021年5月29日至6月5日，庆祝中国共产党成立100周年系列活动第九届"运河好声音"暨杭州市第二十六届"三江"歌手大赛拱墅区选拔赛活动在运河上街举行，大赛评委从参赛选手中评选出20组选手进入"三江"歌手大赛决赛。7月31日，大赛举行决赛。区文化馆选送的歌手傅映波获歌手大赛中年组金奖，曹兵获中年组银奖，运河音团获组合组铜奖，徐翌凯获美声组铜奖，赵宁宁获青年民族组铜奖和网络最受欢迎青年女歌手奖，林丹铄获青年流行组铜奖，林方明获老年组铜奖。区文化馆获大赛优秀组织奖。

2021年7月31日，运河音团在杭州市第二十六届"三江"歌手大赛总决赛中获组合组铜奖　　（区文广旅体局 供稿）

【公益培训】2021年，区文化馆开展春、秋季成人公益培训、暑期少儿公益培训。培训课程包括成人国画、成人剪纸、成人舞蹈、成人越剧、成人声乐、成人素描、成人书法、成人篆刻、民族乐器（阮、柳、二胡）、成人主持表演及少儿跆拳道、少儿编程、少儿围棋、少儿漫画、少儿舞蹈、少儿素描、少儿戏曲和少儿武术等24个门类，全年开设班次248个，参训7170人次。（黄晓冰）

历史文物保护

【概况】2021年，拱墅区有不可

移动文物72处。其中文物保护单位33处、文物保护点16处。文物保护单位中，全国重点文物保护单位11处，省级文物保护单位6处，市级文物保护单位16处。有尚未定级的不可移动文物23处。全年投入历史文物保护专项资金193.4万元，其中市级专项资金36.7万元。完成灯芯巷24号别墅建筑群、杭丝联建筑、崇仁庙遗址建筑等36处历史建筑挂牌、测绘和建档。建成梅鹤堂、达三里、环西新村1号建筑3处"智慧消防"系统，实施小河油库、祥符直街48号等5处历史建筑修缮。

（白惠磊　葛松松）

【文物安全管理】2021年，区文广旅体局加强历史文物日常安全检查和执法巡查，抓好隐患排查整治、安全设施运行、应急演练处置、安全责任落实等工作。实施"文物平安"工程，运用"人防＋物防＋技防"手段，完成17个文物保护单位"智慧消防"系统建设。常态化开展不可移动文物安全评估及监测。实施历史建筑修缮，防止发生因维修不及时造成损坏等情况。运用"云计算"、大数据、"互联网＋"等现代信息技术，开展不可移动文物安全监测和巡查，提高安全监管科技化水平。将文物保护规划纳入城市建设规划，把各级各类不可移动文物保护范围和建设控制地带、地下文物埋藏区域等纳入紫线管理和国土空间规划"一张图"管理，实施历史文物的源头保护。重视城市历史风貌保护，推进文物本体和周边环境协调发展，防止发生拆真建假、拆旧建新等行为。

（葛松松）

【3处历史建筑被列入杭州市第八批保护名录】2021年11月23日，市政府公布第八批历史建筑保护名录，拱墅区珠儿潭巷10号建筑、原华丰造纸厂休养所食堂、永宁变电所宿舍3处历史建筑被列入。其中珠儿潭巷10号为民国居士徐行恭旧居，建筑面积300平方米，室名又叫"梅花填词研斋"。主楼是一幢两层五开间、青砖黑瓦、红漆门窗、四坡屋顶的西式花园洋房，前有花园，后为天井，环境清幽，景色宜人，是拱墅区辖区为数不多的西式花园别墅之一。

【历史建筑修缮】2021年5月19日，区住建局召开祥符桥粮仓、祥符直街48号、祥符茧行旧址3处历史建筑修缮方案评审会，全面评估建筑物的沉降、倾斜、开裂程度及修缮方案可行性。3处历史建筑均位于拱墅区祥符桥风貌街区，是祥符桥周边历史文化、社会变迁的实物见证。针对3处建筑整体保存较差，存在不同程度的屋盖坍塌、山墙局部鼓凸、墙体受潮粉刷脱落、木构件腐朽开裂等问题，与会专家对修缮方案总体思路、修缮内容和技术措施等方面进行专业评估。7月，根据"修旧如故"原则，对3处历史建筑进行保护性修缮，按照原有的特色风貌，修复破损的墙体、屋面，加固房屋自身结构，满足后续活化利用的新增荷载及功能要求。年内实施修缮的历史建筑完成部分修缮项目。

【杭州氧气股份有限公司建（构）筑物群整饬工程通过验收】2021年6月22日，杭州氧气股份有限公司建（构）筑物群历史建筑保护整饬工程通过市园文局验收。该建（构）筑物群是市政府公布的第

修缮后的杭州氧气股份有限公司建（构）筑物群　（区委党史研究室　供稿）

六批历史建筑之一，有厂房7幢，建筑面积4.37万平方米，建于20世纪50年代，具有鲜明的工业时代特征，是中华人民共和国成立后杭州工业建筑发展历史的缩影。由于长期用于工业生产及缺少必要的维护，各栋建筑均存在不同程度的破损。2016年12月，杭州旅游投资发展有限公司对该建（构）筑物群进行全面保护修缮，内容包括老厂房外立面门窗、墙体、屋架的加固整修，以及内部空间格局调整、相应配套设施增设和场地环境修整，总投资1.7亿元。修缮工程于2020年12月完工。（白惠磊）

非物质文化遗产保护

【概况】2021年，拱墅区有非物质文化遗产代表性项目131个，其中，人类非物质文化遗产代表性项目1个，国家级非物质文化遗产遗代表性项目6个，省级非物质文化遗产代表性项目16个，市级非物质文化遗产代表性项目31个；有非物质文化遗产代表性项目代表性传承人105位，其中国家级4位、省级20位、市级32位；非物质文化遗产生产性保护示范基地59个，其中国家级2个、省级8个、市级15个。拱墅区以创建“省级文化传承生态保护区”为引领，推进大运河文化传承生态保护工作。“半山立夏习俗”项目被列入第五批国家级非物质文化遗产代表性项目名录。区文广旅体局设立区文物和非物质文化保护中心，具体实施非物质文化遗产保护工作。全年组织开展6个省级非遗项目、2名省级非物质文化遗产代表性项目代表性传承人评估；完成第六批省级非遗代表性传承人、杭州市首批非遗体验点和第二批非遗体验点培育名单、首批“杭州非物质文化遗产主题旅游线路”、全国“非物质文化遗产进校园”实践案例征集展示活动申报。以浙江省非物质文化遗产文献馆作为拱墅非遗宣传展示主阵地，加强数字化宣传工作。开展“非遗进校园：基于小学非遗教育课程建设和实践研究”课题研究，开发小学非遗教育课程。完成传统工艺工作站拱墅站升级改造，推进非遗创新转化。区文广旅体局获第四届“少年非遗说”浙江传说故事讲述大赛优秀组织奖。

【文化传承生态保护区创建】2021年，拱墅区推进大运河文化传承生态保护区创建，联合余杭区、临平区，完成《大运河文化传承生态保护区规划》《大运河文化传承生态保护区创建分规划》《大运河文化传承生态保护区创建实施方案》编制并印发。建立省级文化生态保护区创建联席会议机制，成立大运河文化传承生态保护区创建工作专班，召开联席及专班会议13次，参加省创建主题会议2次。成立专家咨询委员会，开展11次保护区创建论证指导活动。5月，省文化和旅游厅公布2020年度浙江省非物质文化遗产保护发展指数评估结果，拱墅区发展指数在全省90个县（市、区）中排第三位。7月，区文物和非遗保护中心以省级文化传承生态保护区创建为主题，召开全区非物质文化遗产保护工作培训会议。9月，与余杭区、临平区文广旅体局联合，在浙江师范大学举行大运河文化传承生态保护区创建工作培训。年内，拱墅区完成保护区创建工作中期自评、陈述和答辩。

【“半山立夏习俗”被列入国家级非遗名录】2021年6月10日，国务院公布第五批国家级非物质文化遗产代表性项目名录，拱墅区“半山立夏习俗”被列入扩展项目名录。“半山立夏习俗”是“二十四节气”知识与实践体系地方性传承保护的重要组成部分，作为“二十四节气”之一，立夏习俗于2016年被列入人类非物质文化遗产代表作项目名录。立夏习俗内容包括蚕花会、立夏祭祖、娘娘诞庙会、送春迎夏仪式等节令信俗仪式活动，称人、烧野米饭、绘泥猫、跑山等节令游艺习俗，乌米饭、蚕豆、健脚笋、立夏饼、七家茶等节令饮食活动，以及江南农桑产品交易集市等节令商贸活动。“半山立夏习俗”集信俗活动、社会交往、游艺习俗、节令饮食、集市活动等于一体，推动传统知识和地方文化脉络传承。

【非遗项目及传承人评估】2021年，区文广旅体局开展非遗项目和传承人评估工作。完成浙江省非遗保护中心指定的6个省级项目和2名代表性传承人评估。建立动态评估机制，完成新拱墅131个非遗代表性项目、105名代表性传承人评估；认定非遗代表性项目优秀等级44个、合格等级49个；申报非遗濒危项目16个；评定非遗代表性传承人优秀等级61人、合格等级30人。

【非遗传承人申报和非遗体验点申报】2021年，区文广旅体局根据《省文化和旅游厅关于开展省级非物质文化遗产代表性传承人推荐工作的通知》，经个人申请、组织推荐、专家审核，推荐5名杭州市级非遗项目代表性传承人参加申报。“王星记制扇技艺”传承人潘春年、“张小泉剪刀锻制技艺”传承人陈伟明被认定为第六批省级非物质文化遗产代表性传承人。根据《市文化广电旅游局关于开展杭州市非物质文化遗产体验点评估工作的通知》，下城区和原拱墅区非遗保护中心推荐上报10个基地，其中天竺筷业体验实践基地、老开心茶馆、手工艺活态馆、王星记文化创意产业园、十竹斋“木版水印技艺”体验点、小巷三寻土布生活体验馆、杭州都锦生实业有限公司（杭州织锦技艺体验点）7个基地被认定为杭州市非物质文化遗产体验点。根据《关于推荐报送第二批杭州市非物质文化遗产体验点培育名单的通知》，区文广旅体局推荐上报9个基地为杭州市非物质文化遗产体验点培育名单，传统工艺工作站杭州拱墅站、霞影琴馆、百姓书场、杭州刺绣体验实践基地、百姓戏园5个基地入选。

【非遗访谈文集出版】2021年5月、7月，《非遗在拱墅》《运河南

都锦生织锦博物馆　　（区文广旅体局 供稿）

端话非遗·拱墅非物质文化遗产传承人口述史》非遗访谈文集由杭州出版社出版发行。原拱墅区于2019年组建调研团队，对92个非遗代表性项目、55位传承人进行访谈。访谈突出非遗传承的主题，对原拱墅区非遗代表性项目形成的历史和传承人的传承活动进行追踪、挖掘，累计搜集文字22万字、图片1000多幅，并进行梳理编撰。《非遗在拱墅》通过手工百艺、民间习俗、健体娱乐等5个章节，将非遗调研成果奉献给读者。

【文化遗产保护活动】2021年，区文广旅体局开展“非遗进校园：基于小学非遗教育课程建设和实践研究”课题研究，与区教育局协作，立足现行国家课程教学内容，开发小学非遗教育课程，实现非遗进校园的课程化、体系化和常态化。非遗课程涵盖传统技艺、民俗和传统音乐等多种门类。完成“全国传统工艺工作站·拱墅站”改造升级和重新开放，实现“展陈天天有，活动周周办”。开展传承人与设计师联合创作机制研究，助力非遗创新转化。举办“运河妙荟·非遗花伞市集”“小雨说非遗”“杭州奇妙夜·阑珊夜运河”等主题系列活动40个，为30多个项目提供创新转化思路。联合辖区高校开展“一河串百艺”非遗创意设计大赛，11所高校设计专业学生提交作品233件。开展“指津·非遗谭大运河非遗讲坛”活动，每月在浙江省非物质文化遗产文献馆开讲，邀请12位主讲嘉宾分享研究成果和转化案例，讲坛通过杭州网直播，每场线上观看近10万人次。承办“文化和自然遗产日”杭州系列活动，该活动配套进行杭州市传统体育类非物质文化遗产项目展演，展出非遗项目20个、互动项目8个，其中土布纺织技艺是拱墅区省级非物质文化遗产项目。（徐雪清）

文化市场管理

【概况】2021年，拱墅区有文化

市场实体经营单位743个，其中，娱乐消费场所210个，新兴文化企业326家，旅行社总社182个，旅行社分支机构25个。全年组织126个持证机构参加“广播电视节目制作经营许可证”和“电视剧制作许可证(甲种)”年度业绩审核。文化市场管理部门受理信访件1460件，其中体育类1350件、文化类60件、旅游类50件。出动执法人员1.57万人次，检查文旅经营场所6565家(次)，“双随机”抽查文旅经营场所806家(次)，对有问题的经营场所责令其限期完成整改。

【文化市场疫情防控】2021年，区文广旅体局健全“源头查控+硬核隔离+精密智控”机制，落实各阶段文化市场疫情防控工作要求，通过行业管理群发布疫情动态信息100多条。会同综合行政执法机构对饭店、旅行社、体育健身场所等单位进行督查指导，推进各单位严格实施防控措施。动态梳理途经中高风险地区的旅行社组团情况，协同市旅行社协会加强旅行社组团出行监管。动员行业单位从业人员按规定接种疫苗，年内从业人员完成疫苗接种5070人。

【政务服务便利化改革】2021年，区文广旅体局推进政务服务便利化改革，按照浙江省政务服务2.0要求，将所有政务服务事项纳入网上办理，并完善办理标准和流程。对变更法人、延续许可证、注销许可证等简单事项，实行“一窗采理、一表填写、集成服务、一次领取”等便利化措施。对材料较多、环节复杂、涉及需要现场勘查的歌舞娱乐场所、高危体育项目开业审批等事项，引导申请单位使用行政中心2.0自助办平台，在网上发起申请，实现业务办理“跑零次”。全年区文旅窗口审批类事项网上办结率80%。

【文化经营场所安全管理】2021年7月10日，区文广旅体局召开文化经营场所安全生产工作会议，研究部署安全生产风险防范工作。开展企业员工安全培训工作，举办培训2场，培训人员200人次。对全区网吧、歌舞娱乐场所、营业性演出场所、体育健身场所、酒店、景区等公共场所开展集中排查，重点检查疏散通道畅通、消防设施完备、应急预案可行性等情况，并督促各单位落实好测温、亮码、戴口罩、人员信息登记等疫情防控措施。修订《拱墅区旅游突发公共事件应急预案》，提高旅游行业应对突发事件能力。针对台风、强降雨等极端天气，通过微信群发布旅游安全警示信息，对景区、旅行社等单位提出防范要求，对游客进行安全提醒。

【文体类培训机构转型】2021年，区文广旅体局成立“双减”工作领导小组，开展落实“双减”工作调研，排查文化艺术体育类培训机构516个。探索建立完善非学科类校外培训机构审核管理办法，与区教育、市场监管、民政、政法委、公安等部门协同，按照“应收尽收、规范接收、先收后管”要求，做好从学科类培训机构转型为文化艺术类培训机构的接收工作。全年接收营利性学科类校外培训机构58个，并全部完成转型。（胡晓君）

媒体传播

【概况】2021年，拱墅区新闻宣传系统对标“建党百年、‘十四五’开局之年、新拱墅成立元年”高质量宣传要求，创新宣传品牌，讲好拱墅蝶变故事，呈现拱墅发展速度，做大做强拱墅官方融媒IP。全年在中央级媒体平台刊发稿件655篇(次)、省级媒体平台2847篇(次)、市级媒体平台4034条，其中《人民日报》21篇、中央电视台39条、新华每日电讯等新华系媒体8篇。融媒体建设工作在市“五力”(支撑力、传播力、服务力、聚合力、持续力)提升考核中全市排名第三，为开创拱墅区新时代高质量发展共同富裕示范新局面提供新闻舆论支撑。

【媒体平台整合】2021年，区委宣传部助推“两区”融合发展，加快内部机构改革，完成报纸、网络、微信、视频等媒体平台整合。建立完善编委会负总责、“一办五组”联动、内外宣传贯通、图片文字视频协作的运转体系，催生1+1>2的宣传效应。策划推出《爱上新拱墅的理由》《你好，新拱墅》等全媒体系列宣传产品，《新拱墅：当“千年运河”遇上“繁华武林”》短视频微信发布当天点击量

13万人次,成为全市涉改城区融合宣传的典型案例。

【矩阵式传播体系构建】 2021年,区委宣传部推出"拱墅发布"视频号,发布短视频183条,总阅读量近300万人次。推进"学习强国"学习平台供稿工作,全国"学习强国"学习平台月均录用稿件50条,月均录用数量比上年增长150%。街道级微融媒体中心实现18个街道全覆盖,文晖街道"新闻厨房"成为数字化改革典型。区委宣传部与杭州钢铁集团、杭州市运河集团等省市属国有企业及辖区有关企事业单位联合成立"大运河宣传同盟",推出"我的运河故事""千年运河换新生"2个系列深度报道,累计阅读量300万人次。

【宣传模式创新】 2021年,区委宣传部结合中国共产党成立100周年主题宣传工作,聚焦群众身边的人、事、物,制作25个视频及"旗"行拱墅红运地图。立足大运河国家文化公园样板区建设,分别与《人民日报》《浙江日报》《杭州日报》联合推出《"中国大合唱"大运河国家文化公园篇》《我与大运河的故事》《共同富裕拱墅篇》主题宣传栏目。《今日拱墅》推出《民呼我为 我为新拱墅建功立业》《推动共同富裕、创造美好生活》等专栏并组织"国庆in拱墅""金秋运河 · 十分拱墅"等系列宣传活动。打响"蚊子姐姐""左生"两大本土网红记者品牌,"打卡武林路""探营瓜山未来社区"等系列短视频点击量超过10万人次。

【"建党百年话初心、'旗'行运河寻印记"大型融媒体主题行动】 2021年4月,区委宣传部利用大城北记者站资源,策划、组织、开展"建党百年话初心、'旗'行运河寻印记"大型融媒体主题行动,寻访拱墅红色印记、城市变迁,挖掘杭高"一师风潮"、洋关旧址、杭钢工业旧址等全区红色遗迹、历史文化空间。主题行动推出视频作品,绘制"旗"行拱墅红运地图融媒体产品。系列作品在央视网、人民日报客户端、浙江新闻客户端、中国蓝新闻客户端等媒体平台及"拱墅发布"微信公众号、"今日拱墅"App等区级平台推送,在全网传播的点击量突破1亿次。8篇短视频被"学习强国"省级及以上学习平台录用。"旗"行拱墅红运地图获杭州市创新重大主题报道优秀新闻作品三等奖及"杭州文广星力量新媒体最佳页面设计奖"。

【6集纪录片《我与大运河》播出】 2021年6月21—26日,区委、区政府联合杭报集团拍摄的6集纪录片《我与大运河》在中央电视台17频道黄金时段首播,每天1集,主题分别为"行运""栖居""造物""寻味""传艺""追梦"。通过行走和生活在大运河两岸的主角,借由指尖与舌尖经运河创造的生活,传递古今与未来被大运河激发的梦想,展示拱墅、杭州和大运河沿线其他城市的人物故事,呈现大运河的历史、科技、艺术、新时代价值。该片于大运河申遗成功七周年之际播出,成为大运河文化带国家战略提出后首部播出的大运河主题纪录片。纪录片被评为2021年优秀国产纪录片,并获杭州市创新重大主题报道优秀国际传播作品奖。

【国庆主题系列报道】 2021年10月,拱墅区对外国庆主题系列报道成果丰硕,全区国庆主题活动新闻被中央级媒体采用12篇、省市级媒体播发91条。10月2日,《人民日报》头版刊登《鲜亮"中国红"激扬爱国情》,报道拱墅区全国劳动模范孔胜东参加"同升一面旗、匠心共筑梦"主题活动并做交流发言。10月4日,《人民日报》头版头条《国泰民安 · 欢度国庆(祖国颂)》专栏报道区博物馆沉浸式文旅体验活动。(洪心如)

社会科学服务

【概况】 2021年,拱墅区有社会科学普及基地20个。其中:省级社会科学普及基地2个,分别是中国京杭大运河博物馆、文晖街道打铁关社区;市级社会科学普及基地9个,分别是东新园社区科普基地、朝晖文化综合体、潮鸣街道综合文化服务中心、杭州市市民健康生活馆、小河街道小河社区、拱宸书院、拱墅区图书馆、杭州郎朗艺术世界交流中心、马寅初纪念馆;区级社会科学普及基地9个,分别是5G智慧体验馆、杭州城市建设陈列馆、杭州高氏照相机博物馆、老开心茶馆、杭州米络科技有限公司、杭州水文水资源科普展厅、单向空间、剑瓷视界艺术馆、吴理人民俗艺术。区社科联围绕区委、区政府中心工作，发挥桥梁纽带作用，组织全区社会科学工作者开展理论研讨、社科普及、文化研究交流等活动，其中立项课题研究2个。“提升大运河文化带(杭州段)文旅融合的对策研究”专项课题获杭州市社科联立项资助；“独立书店在浙江传统文化传播中的创新应用——以晓风书屋为例”专项课题获杭州市社科联立项；“红色印记——家门口的运河故事”项目获评杭州市社会科学普及基地重点项目。

【社会科学普及活动】2021年，区社科联和区大运河文化研究院举办“浙江人文大讲堂·大运河讲堂”党史主题讲座1场，听众近100人。市社会科学基地东新园社区联合杭州新四军历史研究会，采用线上与线下相结合的形式，组织社区党员开展“学党规、读党史，做一名有信念的共产党员”主题活动。区社会科学基地陆游纪念馆组织开展“寻找红色足迹”征文、摄影等活动，并与区文联合作开展“小楼戏语”系列活动。市社会科学基层宣讲点和睦街道“墅说心语·和学堂”采用老百姓喜闻乐见的宣讲方式，宣讲中共中央总书记习近平重要讲话精神、法律法规、传统文化等内容。全年组织开展讲座报告、理论研讨、成果分享、知识竞赛等社会科学普及活动60多场。

【市科普周活动】2021年，区社科联在市科普周期间，开展丰富的社科知识普及活动。10月29日，科普基地单向空间举办汉唐装束复原分享会，现场复原盛唐时期古人的衣着妆容。杭州市市民健康馆通过线上线下联动，举办健康公益讲座3场。潮鸣街道推出共同富裕政策宣讲、经典红色故事讲座、绿色游园争霸会等活动。中国电信5G智慧厅、拱墅区文化馆、高氏照相机博物馆3个基地分别开展智慧研学、传统文化知识讲座、照相机里的红色故事分享等科普活动。

(张兰芳)

2021年4月13日，由拱墅区社会科学界联合会和拱墅区大运河文化研究院举办的“浙江人文大讲堂·大运河讲堂”第一期开讲

(区社会科学界联合会 供稿)

大运河文化研究

【概况】2021年，拱墅区大运河文化研究院遵循“保护好、传承好、利用好大运河文化”的总要求，加强对大运河文化内涵的挖掘和提炼，提出打造“大运河第一街”(拱宸桥历史文化街区)、建设大运河(拱墅段)生态廊道等建议，该建议被写入拱墅区第一次党代会报告和区政府工作报告。开展大运河文化建设专题研究，向区委报送《关于成立拱墅区大运河文化带建设办公室的建议》。

【开展专题研究】2021年，区大运河文化研究院围绕大运河国家文化公园建设，开展专题研究。组织开展上塘河夜游项目专题研究并提出建设性意见。与区检察院公益诉讼部门研讨大运河生态廊道和大运河保护基地建设工作。完成对江南运河、浙东运河10处遗产河道、20个遗产点的实地踏勘和影像实录。参与“拱墅建设大运河国家文化公园样板区的研究与分析”课题研究，参与制定《共同富裕大运河文化公园项目群三年计划》《拱墅区大运河国家文化公园样板区建设重点项目实施方案》。开展“人民的运河、游客的运河”“两河”论述专题研究。

【专业文库建设】 2021年，区大运河文化研究院建立大运河文献资料库，编印大运河相关刊物。梳理大运河（拱墅段）历史文化资料，编撰“大运河文化带建设・拱墅丛书”，完成《墅说大运河・文化旅游》《墅说大运河・山河新颜》《墅说大运河・生态廊道》编撰。完成6期简报、5期专报、2期《拱墅区大运河文化研究》杂志及《大运河规划汇编》《拱墅区大运河文化研究院2020年度年刊》编印。收集运河相关书籍300多种、1000多册，并开展视频、电子书及图片等数字资料整理。牵头实施“浙江文史记忆丛书”（拱墅分册）编撰项目，完成《西溪源村更名纪实》编印。

【交流互动】 2021年，区大运河文化研究院加强与大运河沿线城市交流。派出研究人员参加扬州世界运河古镇合作机制会议、山东省第七届运河论坛。接待飞天奖优秀编剧奖得主、国家一级编剧马继红一行考察大运河（拱墅段），接待世界运河历史文化城市合作组织、扬州市广陵区考察团到拱墅区考察。加强与浙大城市学院传媒与人文学院沟通，在论坛举办、大运河文化研究、大运河文化宣传等方面加强合作。

2021年5月7日，区大运河文化研究院顾问洪永跃为市委党校学员做大运河保护专题讲座　（区大运河文化研究院 供稿）

【运河文化宣传】 2021年5月7日，区大运河文化研究院顾问洪永跃为市委党校学员做大运河保护专题讲座。全年区大运河文化研究院举办专题讲座13场。研究院设立大运河现场教学基地，推出“四看一听”研学路线，接待学员16批900人次。在《今日拱墅》上开设《大运河之窗》专栏，全方位、多角度地介绍大运河历史文化知识。年内刊出《世界运河系列》《中国大运河遗产河道系列》《江南运河系列》专栏38期。研究院网站发布有关拱墅区大运河文化带建设、大运河沿线运河文化保护工作、大运河数据库信息等动态新闻40多篇。

【第二届中国大运河沿岸区县合作论坛】 2021年6月22日，以“打造大运河璀璨文化带、绿色生态带、缤纷旅游带”为主题的第二届中国大运河沿岸区县合作论坛在拱墅区举行。来自大运河沿岸8个省市的区县代表、运河研究机构专家学者等200多人参加，探讨大运河国家文化公园建设和发展。其间，举行大运河国家文化公园建设高峰论坛，成立大运河沿岸区县合作联盟，为运河沿岸各区县搭建交流合作平台，共同打造好“人民的运河、游客的运河”。　（周　佳）

体　育

综　述

【概况】2021年,拱墅区有区级体育总会1个,单项体育协会23个,街道体育分会18个,区级体育社会组织32个,体育类民办非企业9家。区体育工作围绕完善全民健身公共服务体系、提高竞技体育水平、推动群众体育运动发展开展。加快全民健身体育设施建设,打造"15分钟健身服务圈",全区18个街道均达到健身服务圈建设标准。全年各级各类体育协会举办和承办赛事活动332场次,涉及运动项目32个,参加比赛9.36万人次。推进体育产业政策落地,全区体育健身服务产业和体育用品批发零售类产业实现产值119.6亿元。拱墅区获浙江省竞技体育突出贡献奖、浙江省参加第十四届全国运动会群众赛事活动突出贡献奖。

【亚运城市行动实施】2021年,拱墅区把亚运筹备与城市建设有机结合,实施"迎亚运　我为新拱墅建功立业"亚运城市行动,高标准、高质量推进亚运场馆建设、配套设施建设、赛事筹办、体育设施运营维护等工作。东新路景观大道南线贯通,35条21.1千米道路建成投用,24个地铁站点建设加快推进。杭州市规模最大的亚运观赛空间——拱墅区新天地观赛公园在新天地建成。11月19—21日,拱墅区举办"韵味杭州"京杭大运河沿线城市乒乓球邀请赛暨杭州亚运会乒乓球测试赛,测试赛完成49项测试任务,实现既定测试目标,为"如期、安全、顺利"组织亚运会乒乓球赛事奠定基础。　　(姚靖雯　徐　现)

【拱墅区运动员参加全运会获优异成绩】2021年9月15—27日,第十四届全国运动会在陕西省西安市举行。拱墅区参加比赛的运动员叶诗文获游泳女子4×200米混合泳接力金牌、女子200米个人混合泳和女子200米蛙泳银牌、女子4×100米混合泳接力铜牌,张昕晨获游泳男子4×100米自由泳接力金牌,黄雅琼获羽毛球比赛女子双打银牌,黄雅琼、王心缘、倪博文获羽毛球女子团体第四名,李晨赫获游泳男子400米自由泳第七名。　　(何　超)

群众体育

【概况】2021年,拱墅区优化公共体育设施布局,加强公共体育设施建设与管理。以品牌赛事为带动,推进全民健身活动常态化开展,全区经常参加体育锻炼的人口(不含学生)占比30%。开展全民体质监测,参加体质监测3460人次,全区群众体育均衡发展。举办中国(杭州)新年祈福走运大会暨拱墅区第十五届"新年走运·香积祈福"健走活动、长三角水上运动节暨京杭大运河(杭州)运动·文旅嘉年华、杭州市第十六届桥牌联赛(拱墅站)、"拱墅区全民健身日"系列活动、"迎亚运·运河南"拱墅区第七届"杭开集团杯"篮球联赛、"全民健身·共享亚运"杭州毅行大会拱墅分会场等活动250多场,参加活动50多万人次。

【中国(杭州)新年祈福走运大会】2021年1月1日,中国(杭州)新年祈福走运大会暨拱墅区第十五届

2021年1月1日，中国（杭州）新年祈福走运大会暨拱墅区第十五届“新年走运·香积祈福”活动在香积寺广场举行　（区文广旅体局 供稿）

“新年走运·香积祈福”健走活动在香积寺广场举行，健走步道全程6.66千米。健走活动以健身为目的，采取快速竞走、在大运河边漫步两种形式，分两个阶段开展，第一阶段为“123，走运啦”徒步打卡挑战赛，为期22天；第二阶段为“走运会好运”中国（杭州）新年祈福走运大会。走运大会安排非遗展示、艺术演绎等体验活动，宣传大运河世界文化遗产和本土新年民俗。市、区领导与全市各城区健走爱好者等1000多人参加。

【青少年公益体育夏令营】2021年7月12日至8月16日，浙江省全民健身中心青少年公益体育夏令营在区文化体育中心开展。区文化体育中心作为此次夏令营活动培训点，分两期开展培训活动，每期10天，每天训练时长2小时。两期有383名学员参加。按照年龄段和参训者体质将参训青少年进行分组，每组安排不同的专业老师带训，培训内容有篮球、羽毛球、体能训练及击剑等。通过公益活动，培养青少年对体育运动的兴趣和爱好，提高青少年身体素质。

【承办杭州市棋类交流活动】2021年9月24—25日，杭州市第九届老年人体育健身运动会棋类交流活动在浙江省委党校文欣校区举行，活动由市体育局、市卫健委、市体育总会主办，市老年人体育协会、区老年人体育协会承办。来自全市的9支代表队、100人参加比赛。拱墅区代表队获围棋团体第一名、象棋团体第二名，并包揽围棋个人前三名。

【群众体育赛事】2021年9月12日，杭州市全民健身大联动（拱墅赛区）在区体育中心体育馆举行，全区16个街道的400多名选手参加。活动以趣味大挑战模式展开，设置亚运知识问答、跳绳、投壶、开合跳、俯卧撑、高抬腿和鸭子步等项目，考验参赛者灵敏度、反应力、体能耐力、平衡性、柔韧性。通过全民参与、全民共享，让社区居民“零”距离感受亚运文化、亚运精神。12月4—10日，“运河杯”全民健身迎亚运系列体育赛事在拱墅区举行，拱墅区参赛选手624人。赛事设置棋类、射击射箭、武术、羽毛球、篮球5个项目。区教育局代表队、区公安分局代表队、大关街道代表队获棋类比赛团体前三名；射击射箭比赛中，裴旭东获男子射击组个人第一名，李子欣获女子射击组个人第一名，黄剑斌获男子射箭组个人第一名，毛丽芳获女子射箭组个人第一名；祥符街道太极队、运河广场教练站、都市水乡教练站获武术比赛团体前三名；区教育局代表队、区综合行政执法局代表队、祥符街道代表队获羽毛球比赛团体前三名；城市之光篮球队、育人先锋篮球队、米市巷街道篮球队获篮球比赛团体前三名。　（姚靖雯）

竞技体育

【概况】2021年，拱墅区完善全区业余训练项目布局建设，加大竞技体育的保障力度。在做好新冠肺炎疫情防控的前提下，分批恢复体育训练活动，实时调整赛事计划，打造各类体育品牌赛事。全区有市竞技体育后备人才训练基地（市队联办）6个，省级体育特色学校1所，市级体育传统项目学校4所。全年参加市级以上比赛获冠军78个、亚军76个、第三名90个。其中拱墅区输送的运动员黄雅琼在第三十二届夏季奥林匹克运动会羽毛球比赛中获女子双打银牌1枚；叶诗文在全国游泳冠军赛暨东京奥运会选拔赛中获银牌1枚、铜牌2枚。根据国家体育总局《运动员等级制度》和《运动员技术等级标准》规定，区文广旅体局授予张诗瑞、孙楷琪2名围棋项目运动员国家三级运动员称号。

【区中小学生棋类比赛】2021年9月3日，拱墅区中小学生棋类比赛在浙江省钱江棋院举行。比赛由区教育局、区文广旅体局主办，区青少年活动中心承办，浙江省钱江棋院协办，主要为杭州市中小学阳光体育棋类锦标赛选拔参赛选手。比赛设围棋、象棋、国际象棋、国际跳棋4个项目。全区有29所学校的328名选手参加，参赛单位、参赛人数均创历史纪录。经过6轮比赛，选拔出32名小学生棋手代表拱墅区参加杭州市中小学生阳光体育棋类锦标赛。

【区青少年击剑锦标赛】2021年4月5日，拱墅区青少年击剑锦标赛暨参加市中小学锦标赛选拔赛在杭州伊犁万国体育国际击剑馆（德胜中心）举行。比赛由区文广旅体局主办，伊犁万国天骐体育文化发展有限公司杭州第二分公司承办。全区13所中小学、幼儿园的98名运动员参赛。通过17轮比赛，选拔出56名运动员代表拱墅区参加杭州市中小学生阳光体育击剑锦标赛和杭州市第二十届运动会青少年部击剑比赛。

【区青少年跆拳道锦标赛】2021年5月2日，拱墅区青少年跆拳道锦标赛在杭州拱墅万达广场举行。比赛由区文广旅体局主办，浙江共创体育发展有限公司承办。全区12所中小学的137名运动员参加。比赛首次在户外广场举行，经过多轮比拼，选拔出参加杭州市第二十届运动会青少年部跆拳道比赛运动员29名。

【区中小学生中国式摔跤比赛】2021年11月21日，拱墅区中小学生中国式摔跤比赛在杭州市文渊小学新城校区举行。活动由区文广旅体局、区教育局主办，区中国式摔跤协会承办。全区有中小学、体育俱乐部等11支代表队、387名运动员参赛。比赛以弘扬武德为目的，将中国式摔跤蕴含中华哲学的竞技精神发扬光大。浙江省教育科学研究院附属小学、杭州市文渊小学、杭州市德胜小学获小学组团体总分前三名，浙江省杭州康桥中学、杭州第十四中学附属学校、华东师范大学附属杭州学校获中学组团体总分前三名。

【体育赛事取得好成绩】2021年，拱墅区选送56名运动员参加杭州市中小学生阳光体育击剑锦标赛，获第一名5个、第二名3个、第三名4个。选送15名运动员代表杭州市参加浙江省青少年摔跤锦标赛中国式摔跤比赛，获第一名1个、第二名1个、第三名7个，团队总分列全省第二名。选送38名运动员参加“迎春杯”浙江省青少年（儿童）游泳锦标赛，获第一名17个、第二名23个、第三名16个。区体育代表团参加杭州市第二十届运动会青少年部举重、柔道、蹦床、乒乓球、空手道、跆拳道、击剑、皮划艇等19个项目比赛，有404名运动员参赛。全年，拱墅区在各类省市体育赛事中累计获得金牌53枚、银牌44枚、铜牌61枚。（何　超）

学校体育

【概况】2021年，拱墅区有体育传统项目学校14所，体育传统项目学校在训学生3000多人。优化校园“三大球”（足球、篮球、排球）队伍，全区有中小学生（幼儿）“三大球”爱好者6000多人，注册青少年运动员2123人。拱墅区严格执行学校体育课程标准，引进体育社团组织参与学校服务，提高“学生每天锻炼1小时”活动质量。开展学生体质健康监测，全区学生体质健康达标率、优良率分别为99.2%、81.3%，学生健康水平总体提高。全年组队参加市级中小学生阳光体育比赛12项，获冠军10项，其中杭州求知小学、杭州市景成实验学校分别获杭州市“市长杯”小学生校园足球联赛男子乙组、女子乙组冠军，杭州市大关中学、杭州第十四中学附属学校分别获杭州市中学生篮球比赛男子组和女子组冠军。杭州市文澜实验学校（小学）、杭州市风帆中学（初中）获评全国青少年校园足球特色学校，杭州市朝晖新村五区幼儿园获评全国青少年校园足球特色幼儿园，杭州市长青小学获评浙江省青少年校园足球特色学校，杭州市朝晖幼儿园、杭州市东新实验幼托园、杭州市桃源第二幼儿园获评浙江省青少年校园足球特色幼儿园。

【区中学生足球比赛】2021年4月17日至5月15日，拱墅区原西北片区中学生足球比赛同时在杭州市行知中学、杭州市长阳中学举行。比赛由区教育局、区文广旅体局主办，区少年体育学校承办。全区有9所学校15支队伍、240多名运动员参赛。联赛采用8人制，设中学男子组、中学女子组2个组别。经过循环赛和淘汰赛2个阶段38场比赛，杭州市行知中学男队、杭州市长阳中学女队分别获2个组别的冠军，其中杭州市行知中学、杭州市长阳中学、杭州市启航中学获代表拱墅区参加杭州市中学生足球比赛的资格。9月16—18日，拱墅区原东南片区中学生足球比赛在杭州糖果和体育主题公园足球场举行。比赛由区教育局、区文广旅体局主办，区青少年活动中心承办。全区有9所学校11支代表队、145名运动员参加。联赛采用8人制，设中学男子组、中学女子组2个组别。经过循环赛和淘汰赛2个阶段20场比赛，杭州市胜蓝中学男队、杭州市景成实验学校女队分别获2个组别的冠军，其中杭州市胜蓝中学、杭州市朝晖中学、杭州市景成实验学校获代表拱墅区参加杭州市中学生足球比赛资格。

【区中学生篮球比赛】2021年4月10日至5月23日，拱墅区原西北片区中学生篮球比赛在杭州大关中学郭家厍校区举行。比赛由区教育局、区文广旅体局主办，区少年体育学校承办。全区有14所学校24支代表队、280多名运动员参加。比赛设中学男子组、中学女子组2个组别，经过小组赛和决赛2个阶段77场比赛，杭州市大关实验中学男队、杭州第十四中学附属学校女队分别获2个组别的冠军。其中杭州市大关实验中学、杭州市北苑中学、杭州第十四中学附属学校获代表拱墅区参加杭州市中学生篮球比赛资格。9月22—23日，拱墅区原东南片区中学生篮球比赛在青牛少年篮球馆举行。比赛由区教育局、区文广旅体局主办，区青少年活动中心承办。全区有12所学校16支代表队、218名运动员参加，比赛设中学男子组、中学女子组2个组别。经过小组赛和决赛2个阶段31场比赛，杭州市安吉路实验学校男队、杭州市风帆中学女队分别获2个组别冠军。其中杭州市安吉路实验学校、杭州市风帆中学、杭州市景成实验学校获代表拱墅区参加杭州市中学生篮球比赛资格。

【区小学生“三跳”比赛】2021年12月4日，拱墅区小学生“三跳”比赛在杭州观成实验学校举行。比赛由区教育局、区文广旅体局主办，区青少年活动中心承办，杭州观成实验学校协办，全区有31所小学950多名学生报名参赛。比赛设单跳绳、单踢毽、双摇跳等项目12个，分属于踢毽子、跳绳2个类别。杭州市北秀小学代表队获团体总分第一名。

【杭州市第二十届运动会青少年部足球比赛(男子组)在拱墅区举行】2021年11月17日至12月3日，杭州市第二十届运动会青少年部足球比赛(男子组)在区体育中心举行。赛事由市政府主办，市体育局、区文广旅体局承办，市足球运动管理中心、区体育中心联合协办。全市12支区县(市)队伍、652名队员参加。比赛采用11人制，分甲、乙、丙3个组别，采取单循环赛制。经过20多天比赛，桐庐县队、上城区队、滨江区队分别获甲、乙、丙3个组别的冠军。 (何 超)

体育产业

【概况】2021年，拱墅区有体育产业单位750个。其中：体育健身服务产业单位348个，占全区体育产业单位的46.4%；体育用品批发零售类产业单位234个，占31.2%；体育活动策划服务产业单位144个，占19.2%；体育场地和设施管理类产业单位24个，占3.2%。全年体育健身服务产业实现产值71.5亿元，体育用品批发零售类产业实现产值48.1亿元。完成拱墅区体育产业发展专项资金项目申报，落实省、市级奖补资金30万元。组织区内18个体育商户参与“8·8”全民健身日体育场馆免费或低收费开放活动，4个公共体育场馆参与春节期间优惠开放活动，2个公共体育场馆推出延长体育场馆夜间开放时间1小时计划。

【体育产业发展资金项目申报】2021年，区文广旅体局开展全区体育产业发展规模和结构布局调查，更新体育产业基本单位名录。组织杭州南博万文化体育发展有限公司的“弹刻体育”项目和浙江武羚科技发展有限公司的“打造休闲体育商业街区”项目申报浙江省体育产业发展资金项目库项目，其中杭州南博万文化体育发展有限公司项目通过市体育局评审，获体育产业扶持资金30万元。

【体育健身市场管理】 2021年，区文广旅体局加大对体育健身、体育培训等经营活动场所的安全监管力度，联合区市场监管局开展体育健身市场专项督察，引导体育健身机构规范、诚信经营。加强高危险性体育项目经营场所管理，规范审批流程，依法完成45个高危险性体育项目经营场所的行政审批。全年对220个游泳场馆进行安全检查，开展现场技术指导。成立拱墅区冰雪轮滑运动协会1个，新增拱墅区中国式摔跤协会AAA级社团1个。完善市场准入制度，规范经营主体资格，推动体育健身市场健康发展。（陆　婷）

体育设施

【概况】 2021年，拱墅区有各类体育场地3295个，其中室内体育场地1465个、室外体育场地1830个，全区体育场地总面积261.6万平方米，每万人拥有体育场地28.8个，人均体育场地面积2.3平方米。体育场地中，总面积排名前三位的为步行道、小运动场和篮球场。其中：步行道面积107.5万平方米，占场地总面积的41.1%；小运动场面积46.6万平方米，占17.8%；篮球场面积13.1万平方米，占5.0%。完成拱墅运河体育公园体育场、拱墅运河体育公园体育馆、中国杭州电竞中心、杭州市体育馆4个亚运会比赛训练场馆建设，按照“绿色、智能、节俭”的要求，提升场馆及设施智能化、自动化、精细化水平。注重功能性与人文性的统一，将杭州韵味融入场馆设计。拱墅区体育场馆服务中心举办公益性培训、观摩等群众体育活动3场，参加活动1800人次。

改造提升后的拱墅运河体育公园　（区文广旅体局 供稿）

【公共体育场馆服务提升】 2021年，区文广旅体局完善全民健身公共服务体系，促进体育公共服务均等化，丰富公共体育产品供给，提高基层体育场馆开放使用效益。根据《杭州市公共体育场馆服务大提升行动方案》，完成潮鸣街道刀茅巷社区百姓健身房、石桥街道临丁路永丰社区文化活动中心百姓健身房、上塘街道七古登社区多功能运动场、祥符街道运河体育公园等公共体育场馆服务提升项目7个。投入公共体育设施建设经费71.9万元，完成对52个社区406个健身苑点的改造提升。新建居住区配套建设体育设施12处，完成1474.1平方米室内体育用房、3538.1平方米室外体育场地的预移交。通过提高公共体育场馆开放频率、扩大开放覆盖面、优化和延长开放时段等手段，实现群众健身便利化。

【区体育中心场馆升级改造】 2021年，拱墅区根据《国家体育总局关于公共体育场馆开放使用综合试点工作方案》《关于推进全省公共体育场馆服务大提升的实施意见》，明确各场馆服务提升的工作目标和任务，完成区体育中心场馆升级改造工作。建设环保塑胶护栏划分快慢跑道、少年儿童运动娱乐专区，设立共享站点，放置自助寄存柜、共享充电设备及共享雨具，并提供自助售卖机、免费直饮水和应急伤病救助等便民服务。在快捷、便民、硬件、公益、运营管理、环境改造、文化氛围、智慧建设8个方面为群众提供便利。

（姚靖雯　徐　现）

卫生健康

综述

【概况】2021年，拱墅区有户籍人口87.68万人，比上年增加3.1万人。全年出生婴儿5117人，无孕产妇死亡，婴儿死亡率1.22‰，5岁以下儿童死亡率2.44‰，国家免费孕前优生健康检查率91.2%。辖区有医疗卫生机构700多个，其中公共卫生单位3个、区中西医结合医院及所属门诊部（诊所）5个、社区卫生服务中心15个、社区卫生服务站81个、社会办医院64个、门诊部诊所474个，其他医疗机构包括学校卫生室136个。全区有卫生工作人员30192人，其中卫生技术人员25014人，平均每千人有卫生技术人员22.31人。其中：执业（助理）医师9464人，每千人拥有执业（助理）医师8.44人；注册护（士）师11876人，每千人拥有注册护（士）师10.59人。有卫生医疗床位20586张，平均每千人18.36张。各社区卫生服务中心门（急）诊患者就诊471.83万人次，门（急）诊均次费用215.5元。全区居民健康素养综合水平41.3%。

【卫生行业清廉建设】2021年，区卫健局加强卫生行业清廉建设，开展庆祝中国共产党成立100周年和“8·19”医师节系列活动，引导卫健系统全体党员传承红色根脉，守护健康职责。组建行业党建联盟7个，成立“武林郎中”、“健康五进”星火列车等志愿服务队，开展进社区楼道、进商务楼宇、进企业车间等“十进”系列服务。完善清廉医院常态化运行机制，落实行业廉政建设巡查整改和持续监督工作。召开清廉系统建设推进会，畅通医德医风问题投诉举报渠道。开展“十个廉”（廉示范、廉内助、廉二代、廉制度、廉警示、廉评比、廉大会、廉典型、廉数智、廉宣传）专项行动，深化医药购销领域专项整治，完善规章制度9项，整改问题5个。辖区浙江骨伤医院（杭州詹氏中医骨伤医院）党总支获评浙江省

2021年7月16日，拱墅区“武林郎中”志愿者小分队开展义诊志愿服务活动
（区卫健局 供稿）

先进基层党组织，拱墅区疾病预防控制中心党支部获评杭州市先进基层党组织，祥符街道社区卫生服务中心党支部、石桥街道社区卫生服务中心党支部获评拱墅区先进基层党组织。

【人口监测预警机制建立】2021年，区卫健局建立人口监测预警机制，以数字化改革为牵引，做好人口监测预警和年报数据分析工作。完善人口基础信息采集体系，及时采集并上报初婚、出生、人口迁移等信息，数据质量和采集效率进一步提高，全员人口信息覆盖率、准确率均90%。加强人口信息互通共享，开展人口情况动态监测调查。

【无偿献血】2021年，拱墅区开展"献礼建党百年、热血传递爱心""红心永向党、热血守初心""建党百年爱先行、热血浓情践初心""同心礼赞爱国情、热血汇聚迎国庆"等主题无偿献血活动11次，参加献血1500人次，献血成功1243人次，献血量36万毫升，其中6月10日在元通西溪汽车产业园、元通汽车申通时代大院等4个献血点进行的无偿献血活动，参与献血员工200多人，献血量4.46万毫升。年内，采血点为医院临床分别提供红细胞、血浆、血小板49.2万毫升、50708.9个治疗量、1839.9个治疗量。（应　悦）

数智卫健

【概况】2021年，区卫健局建立数字化改革工作推进机制，推进卫健领域数字化改革。成立区卫健局数字化改革工作领导小组，下设数字化改革办公室，负责推进卫健系统各个条线的数字化建设，拓展并优化卫健系统业务数字化应用场景；组织研究全局数字化改革政策、方案和措施，提出卫健系统数字化改革重大项目和相关重大问题处理意见，协调推进"数智卫健"建设。全年"数智卫健"建设投入319.29万元，投入使用的"智慧卫生"模块（平台）运行高效，服务门（急）诊341.39万人次。

【"阳光小伢儿"监管服务平台建成】2021年，拱墅区有0～3岁婴幼儿2.47万人，婴幼儿照护服务需求旺盛。年内建成"阳光小伢儿"智慧妇幼监管服务平台，入驻托育机构32个，服务婴幼儿5.5万人次，提供体检预约服务1.2万人次，利用线上流程节省排队等候时间1.8万小时。平台提供8个育儿阶段9种类型的线上育儿课程，累计点击量超24万次。"阳光小伢儿"平台被纳入全省数字化改革重大应用"一本账S1"，作为浙江省"浙里善育"基层试点单位，入选浙江省卫生健康委基层创新项目储备库、浙江省改革创新最佳实践案例、杭州市卫健委和杭州市发改委首批揭榜挂帅榜单。"托育一件事"项目获评浙江省卫生健康数字化"十佳"案例。

【浙江"健康云"5G试点】2021年，区卫健局推进浙江"健康云"的5G专网试点工作，通过建立一张以5G为主、有线为辅、覆盖全区的5G技术网，将诊疗数据、防病数据实时采集至数字"健康云"，进行常态化智能防控和分析预警。建设区域疾病防控预警平台，提高公共卫生应急响应能力。构建"5G＋健康管理"体系，通过数字赋能，提供更便利的智慧健康服务。该项目入选国家卫生健康委、工业和信息化部"5G＋医疗健康"应用试点项目名单、浙江省卫生健康委基层创新项目储备库。

【卫生健康信息化平台融合】2021年4月，区卫健局整合区域内各级各类医疗机构信息系统，实现全区医疗信息互联互通、共享利用，提升居民健康获得感和幸福感。8月，区卫健局向区数据局提交原"两区"医疗机构信息系统融合方案，规划投资1505万元。11月，原"两区"医疗机构信息系统融合项目通过区数据局评审。年内，拱墅区完成第三代市民卡、国家医保贯标、医保电子凭证、检验检查互认共享、"互联网＋健康"、电子票据改革试点等项目接口改造与应用推广工作。

【卫生健康信息安全建设】2021年，原拱墅区部分单位购置准入控制器等设备，并结合既有安全边界设备、终端安全软件等设备，进行区级安全运营平台统一接入，构建统一安全运营中心，实现数据共享、整体建模观测、风险通报、应急处置的安全闭环效果。基于"钉钉"平台，搭建拱墅智慧医疗安全运维流程体系，促进各社区卫生服务中心、区卫健局信息中心、开发商、运维商等多方协同办公。“拱墅区基层医疗机构安全体系建设实践”案例获评杭州市数字化改革安全优秀案例，并入围浙江省数字化改革安全案例评选。（应　悦）

疾病防控与卫生应急

【概况】2021年，区卫健局规范处置突发公共卫生事件10起，均为诺如病毒感染暴发疫情（丙类传染病事件），发病106例，涉及341人，无死亡病例报告。全年有4个月份报告发生突发公共卫生事件。全区各级各类医疗卫生机构报告法定传染病25种、9520例，报告艾滋病病毒（HIV）感染者及艾滋病（AIDS）病人197例，无甲类传染病疫情，乙类传染病19种、2099例，丙类传染病6种、7421例，报告发病率849.25/10万人，其中乙类传染病年报告发病率187.25/10万人、丙类传染病年报告发病率662.01/10万人。辖区有预防接种门诊15个，其中五星级预防接种门诊10个、三星级预防接种门诊2个、规范化预防接种门诊3个。开展突发事件公共卫生风险月度评估18次，提交风险评估月度报告18期。开展冬春季和春节期间新冠肺炎疫情专题评估，并完成专题风险评估报告。

【慢性疾病综合防控】2021年，区卫健局持续推进“全国慢性病综合防控示范区”建设，开展减盐、减油、减糖及健康口腔、健康体重、健康骨骼“三减三健”专项行动，组织“全国肿瘤防治宣传周”“全民健康生活方式日”“全国高血压日”“联合国糖尿病日”等卫生主题宣传日慢性病防控宣传活动，参加中国疾病预防控制中心举办的“第六届‘万步有约’健走激励大赛”。开展辖区重点人群结直肠癌筛查，完成结直肠镜检查1934例，肠镜检出异常870人。全区各街道“现代结核病控制策略（DOTS）”覆盖率100%。全年高血压患者登记86615人，规范管理61303人，规范管理率70.8%；控制高血压患者61535人，控制率71.0%。糖尿病患者登记28221人，规范管理19901人，规范管理率70.5%；控制糖尿病患者17580人，控制率62.3%。

【精神卫生管理】2021年，拱墅区加强对重点管控人员随访管理，区社会心理服务指导中心开展形式多样、内容丰富的科普活动，采取线上线下相结合的方式，向群众普及心理健康知识。对严重精神障碍患者家庭，邀请专家传授家庭康复技能，提高监护人监护能力。开展社会心理服务人才培训，18个街道社区工作人员及中小学班主任、心理健康教师等200多人参加。组织各部门联络员、工疗站管理人员、精神病防治医生等120多人进行精神卫生工作综合业务培训。至年末，全区在册在管严重精神障碍患者5168人，发病报告率4.68‰；规范管理患者5164人，规范管理率99.88%；规范服药患者4997人，规范服药率96.65%。财政支付精神障碍患者医疗救助费用12.42万元。（应　悦）

中医中药

【概况】2021年，拱墅区有中医医疗机构156个，其中社区中医馆14个。全区有中医类执业（助理）医师2123人，其中区直属医疗机构有中医类执业（助理）医师258人。全年社区卫生服务中心中医诊疗129.42万人次，占门诊总诊疗人数的38.7%。区卫健局设立中医科教科，负责管理和指导全区中医药工作，拟定全区中医药（中西医结合）事业中长期发展规划。开展“武林郎中十进百场”志愿服务、“武林郎中”中医药防疫、“首届大运河中医药文化节暨义诊服务进企业活动”，派出“武林郎中”中医药志愿服务队为杭州联华华商集团有限公司、万向信托股份公司等企业员工送上中医问诊、防疫宣教、中医体质辨识等中医药特色服务。加快中医药服务体系建设和桥西中医特色文化街建设，对辖区内中医馆实施提升改造。

【“看中医到拱墅”品牌打造】2021年，拱墅区加强基层中医药服务工作，深入打造“看中医到拱墅”品牌。《打造“看中医到拱墅”金名片，“三坚持三优先”建设基层中医的“拱墅模式”》案例入选首批“健康浙江行动示范样板”。推进基层中医药工作，扩大“杏林联盟”，新增成员15个。拱墅区中医药健康馆建成并投入使用，红石板数字化社区中医馆基本建成，新华国际医院一期工程（国家中医药传承创新基地）开工建设。推进“看中医到拱墅”品牌向外省延伸。10月17—19日，米市巷街道社区卫生服务中心（浙江省社区中医药服务研究中心）承办的华东地区基层中医药大会年会在江西省樟树市举行，米市巷街道社区卫生服务中心负责人在年会上做交流发言。10月20—26日，拱墅区从杭州市红十字会医院、米市巷街道社区卫生服务中心、文晖街道社区卫生服务中心、天水武林街道社区卫生服务中心、拱宸桥街道社区卫生服务中心抽调5名中医专家到四川省广元市昭化区开展中医药适宜技术培训，举办“中医药就在你身边”中医药讲座10多场。昭化区新闻媒体以《四川昭化有“痛点”，杭州拱墅来“扎穴”》为题进行报道。

【中医人才建设】 2021年，拱墅区医疗卫生机构获评“杭州市名中医”1人、“杭州市基层名中医”5人，新增省中医护理优质人才培养对象2人，被确定为杭州市青年中医骨干跟师培养对象5人、杭州市中医护理优秀人才培养对象4人。区卫健局直属社区卫生服务中心及区中西医结合医院100多名医生参加省、市基层卫生技术人员中医药知识和技能培训。

【中医药适宜技术竞赛】 2021年，拱墅区组织中医师参加“杭州市中医药适宜技术推广应用比武”并获区县（市）团体一等奖，1名中医师获区县（市）个人二等奖。拱墅区代表杭州市参加“浙江省中医药适宜技术竞赛”获团体二等奖。组团参加“杭州市中医住院医师技能竞赛”获团体二等奖。11月19日，辖区内各级各类20多个中医医疗机构参加拱墅区卫健系统中草药鉴别大赛，天水武林街道社区卫生服务中心、杭州桐君堂环西中医门诊部参赛者获个人一等奖；杭州方回春堂拱宸桥中医门诊部、半山街道社区卫生服务中心、拱墅区中西医结合医院参赛者获个人二等奖；杭州张同泰中医门诊部、杭州桐君堂东新中医门诊部、拱宸桥街道社区卫生服务中心等5个单位参赛者获个人三等奖。（应　悦）

2021年11月19日，拱墅区卫健系统中草药鉴别大赛举行。图为大赛笔试现场
（区卫健局 供稿）

医政管理

【概况】 2021年行政区划调整后，区卫健局对《原下城区集中隔离医学观察工作手册（第四版）》《拱墅区新冠疫情相关重点人员医疗救治流程》《拱墅区大规模人群新冠病毒核酸检测工作方案》进行梳理整合，完善新冠肺炎疫情防控体系，制定新的《拱墅区各医疗质量控制中心考核标准》，加强辖区内各级各类医疗机构管理，促进医疗行为规范化。优化医疗卫生资源布局，浙江大学医学院附属邵逸夫医院大运河分院结顶，新华国际医院一期工程（国家中医药传承创新基地）启动建设。对社区卫生服务中心进行升级改造，大关上塘街道社区卫生服务中心上塘分中心完成硬件建设提升。

【医护人员培训】 2021年，区卫健局直属医疗机构采取多种形式开展医护人员培训工作，全年开展理论和技能培训12场，参加抗菌药物处方权考试3001人，考试合格率95.7%。开展中草药鉴别技能培训及竞赛，辖区内26个单位的35名医师参加；举办全区创伤急救基本技能和心肺复苏技能竞赛，15人参加；选送2名医师参加市青年医师创伤急救及心肺复苏技能竞赛，获团体三等奖。年内，辖区内9名医师获“杭州市最美医师”称号，其中全科医师4人、公共卫生医师3人、中医师2人。由公民参与投票评出20名“运河名医”和50名“运河好医生”。

【学科建设】2021年10月21日，区卫健局出台《拱墅区学科提升“攻坚行动”项目实施方案》，确定以区级重点学科（特色专科）建设、专科联盟建设、医联体内医疗资源整合、医联体内医疗资源互通共享、人才培养、人才培训基地建设6个项目为重点，加快推进学科建设。组织开展医学特色专科申报，收到13个单位36个专科项目申请。举办“市级医院与社区卫生服务中心学科建设推进会暨双循环管理交流会”，推进市、区两级医疗机构互助共建。与浙大城市学院医学院在临床医学、护理、药学等学科领域开展学科共建、教研互学、资源互通工作。

（应　悦）

卫生监督与管理

【概况】2021年，区卫健局统筹抓好卫生健康系统常态化疫情防控和卫生健康改革协同发展各项工作，推进拱墅区卫生健康事业高质量发展。加强卫生执法稽查，实施随机监督抽查计划，全区抽取检查单位690个，抽查结果信息依法向社会公布。加强法治宣传，面向管理服务对象和社会公众开展卫生健康、疫情防控法律知识和健康知识宣传，及时回应社会热点问题。注重风险预防，依法化解矛盾纠纷，落实专人负责医疗（医疗美容）纠纷处理工作。

【卫生健康教育】2021年，区卫健局结合典型案例开展“以案说法”普法宣传和卫生健康教育，营造良好执法环境。通过微信公众号“以案释法”模块，推送医疗美容、生活美容、酒店卫生、疫情防控等社会关注点较多的执法案例，提高群众自我保护意识。开展职业卫生宣传周暨培训月活动，培训内容包括《中华人民共和国职业病防治法》等法律法规。对重点企业园区开展一对一专项培训，实现辖区存在职业危害因素的企业培训全覆盖。利用各种媒体发布卫生健康指导信息，内容涉及合理用药、慢性病防控、基本医疗、科学运动等。

【审批服务改革】2021年，区卫健局推出医疗机构校验无纸化审批举措，核准设立杭州市主城区首个护理中心——杭州乐龄家护理中心。优化放射诊疗许可（校验）审批流程，实行无现场、减材料、无纸化审批。医疗广告审查事项实现全流程网办，并用电子化送达证照，打通全程网办“最后一公里”。全年受理、办结行政审批事项9520件，按时办结率、规范发证率均100%。其中，办理公共场所卫生行政许可934件，医疗卫生机构设置执业许可857件，医护人员执业许可7388件，放射诊疗许可211件，放射诊疗建设项目卫生审查102件。杭州佳美慧丽医疗管理有限公司执业许可案获评拱墅区法治政府考核优秀案卷。

【卫生监督】2021年，区卫健局提升医疗卫生行业综合监管能力，加大对非法行医、非法医疗美容、新冠肺炎疫情防控等重点领域执法力度。推进拱墅区智慧卫生监督综合监管平台应用，通过在线监测等信息化手段，实现风险预警、非现场办案。加强公共场所和生活饮用水卫生、学校卫生、职业与放射卫生、传染病防治、母婴卫生等方面监督，全年开展卫生监督检查2733次，查处投诉举报241起，办结行政处罚案件607件，罚款310.01万元。拱墅区在省卫健委综合监督局对全省县（市、区）卫生监督机构履职能力、问题发现能力、处罚事项覆盖能力、预警处置能力、创新能力等方面年度监督效能评价中获满分成绩。

（应　悦）

妇幼保健

【概况】2021年，区卫健局加强妇女儿童健康管理，做好孕产妇孕期检查及新生儿疾病筛查。依据消除艾滋病、梅毒、乙肝母婴传播工作实施方案，通过培训、宣传、督导，规范全区母婴阻断工作。开展危重孕产妇医院监测、高风险育龄妇女监测、婴幼儿营养改善监测、儿童意外伤害监测、0～6周岁新发疑似残疾儿童信息监测等项目监测。完善“阳光小伢儿”婴幼儿普惠照护服务体系，基本形成“15分钟幼有所育优质服务圈”。全区有备案托育机构38个，设托班幼儿园16个，供给托位3740个。全国人大常委会“发展普惠托育服务体系”调研组、浙江省副省长成岳冲分别调研拱墅区婴幼儿照护服务工作，并给予充分肯定。区卫健局协办全国第二届婴幼儿照护服务政策与实务培训研讨班，并在培训班上做交流发言。拱墅区“建立健全智慧普惠婴幼儿照护服务体系”做法入选浙江省改革创新最佳实践案例。

【艾滋病、梅毒和乙肝母婴检测】2021年，拱墅区接受婚前保健咨询及检测6547人，其中男性3236人、女性3311人，发现男性艾滋病病毒（HIV）感染1例。孕期接受初次产前保健的孕妇10425人，接受艾滋病、梅毒和乙肝检测10425人，检测率100%，发现初诊梅毒感染孕妇27例、乙肝表面抗原阳性孕妇360例、艾滋病病毒（HIV）感染孕妇1例。住院孕产妇检测率100%，发现梅毒感染产妇23人，其所生活产数22人，无艾滋病病毒（HIV）阳性产妇；乙肝表面抗原阳性产妇207人，其所生活产数210人，乙肝免疫球蛋白注射儿童210人，乙肝表面抗原阳性孕产妇所生新生儿注射乙肝免疫球蛋白率100%。

【儿童保健】2021年，拱墅区有7岁以下儿童6.28万人，其中纳入保健管理6.24万人，儿童保健管理率99.4%。区卫健局对辖区内140多所幼儿园幼儿进行系统体格检查，完成幼儿检查3.76万人。建成全国儿童早期发展进家庭项目基地、国家首批婴幼儿养育照护指导中心规范化创建基地和华东地区首个中国人口与发展研究中心托育政策实验基地3个国家级基地。开展0～3岁儿童家庭免费养育指导课公益活动9场次。制定完善婴幼儿成长驿站标准化课件，全年线下授课419场，参加家庭4316户，参与线上课堂58万人次。

【妇幼筛查管理】2021年，拱墅区孕妇活产数5117人，新生儿疾病筛查5114人，筛查率99.9%；听力筛查5104人，筛查率97.6%。全区户籍人口孕产妇5027人，产前筛查4908人，筛查率95.7%；流动孕产妇2459人，产前筛查2412人，筛查率98.1%；孕产妇系统管理率97.1%，高危孕产妇发生率72.8%，高危孕妇住院分娩监护率100%，辖区无孕产妇死亡。完成“两癌”（乳腺癌、宫颈癌）筛查200人次，对发现的异常病变人员进行跟踪随访。与杭州市儿童医院、杭州师范大学附属医院合作，进行免费乙肝三系检测，1岁以上儿童的乙肝检测率92.1%。在拱墅区妇幼保健计划生育服务中心开通区级转诊通道，基层医疗机构将筛查出的高危儿、营养性疾病及有其他养育问题的儿童转诊至该中心的养育照护门诊进行进一步评估、指导及随访，形成妇幼筛查闭环管理。

【“健康妇幼、幸福家庭”惠民工程实施】2021年，区卫健局实施“健康妇幼、幸福家庭”惠民工程项目，全年完成B超服务1.47万人次，宫颈癌液基细胞学检查1.43万人次，乳腺癌和甲状腺癌筛查均1.34万人次。检查发现有异常和病变人员均提供绿色就医通道、给予积极治疗。区女性抗衰老中心为更年期人群服务5600人次，并开展电子建档全程跟踪服务。国家免费孕前优生健康检查率91.2%。（应　悦）

生育健康服务

【概况】2021年，拱墅区有育龄妇女19.17万人，其中已婚育龄妇女12.7万人。全年办理生育登记5670例，其中一孩生育登记4040例、二孩生育登记1566例、三孩生育登记64例。区卫健局将生育登记、再生育审批等业务纳入线上服务平台，实现24小时全天候办理和监管，网办率100%。全面推行证明事项告知承诺制度，优化办事流程，精简办事材料，简化办事手续，协同开展“一证通办”和婚育户“一件事”联办服务。全区实现生育登记服务、再生育审批服务“全省通办”“跨省通办”。原拱墅区获“2018—2020年全国计划生育优质服务先进单位”称号。

【生育政策宣传】2021年5月15日，杭州市“5·15”国际家庭日主题宣传活动在拱墅区运河文化广场举行，活动由拱墅区卫健局承办，旨在进一步宣传生育政策法规和科学育儿技能常识。活动分前期活动和现场活动两个部分。前期活动以线上知识竞答和线下婴幼儿养育技能讲课大赛等形式开展。现场活动当天，播放拱墅区0～3岁婴幼儿照护服务工作宣传片，举行“幸福家庭说”小视频分享大赛、“婴幼儿养育技能”讲课大赛颁奖典礼、科学育儿和“好

2021年5月15日，杭州市"5·15"国际家庭日主题宣传活动在运河文化广场举行 （区卫健局 供稿）

妈妈营养教学厨房"技能展示等活动。拱墅区在家庭健康促进、生育政策宣传、维护妇女儿童权益等方面开展大量工作，在促进家庭发展方面进行探索和实践，连续两年把婴幼儿照护服务体系建设工作纳入"为民办实事"项目。

【生育扶助金政策落实】2021年，区卫健局落实计划生育扶助政策，为辖区内特殊家庭发放各类扶助金，惠及特殊家庭2391户，发放扶助金2672.53万元，其中发放特扶金2245.84万元、护理费306万元、家政补助61.96万元、养老照护补贴38.25万元、老年护理补贴20.48万元。发放区计划生育公益金62.5万元。建立计划生育特殊家庭联系人制度，提高特殊家庭医生签约服务率，实现全区家庭医生签约服务全覆盖。

【公共场所母婴设施管理】2021年，区卫健局根据《浙江省母婴室建设与管理规范》，加强公共场所母婴室标准化建设，维护好母婴室管理平台基础信息，通过"浙里办"等渠道向公众开放母婴室查询导航入口。对辖区内各亚运会相关场所中的8处母婴室进行标识统一，并完善管理制度。对辖区商场、博物馆、医疗机构、汽车站客运中心等公共场所中的61处母婴室进行设施更新，更换统一标识5处、紧急呼救按钮16处、消毒记录表23处。

【计划生育协会工作】2021年，区计划生育协会组织实施街道和社区计划生育协会改革，全区有18个街道、168个社区完成人口家庭协会换届。加大计划生育特殊家庭扶助关怀力度，对1047名失独家庭成员开展"暖心行动"。新建上塘街道、拱宸桥街道2个市级"暖心家园"和朝晖街道、石桥街道、大关街道3个市级名誉"暖心家园"。通过公开招标，为符合条件的独生子女家庭、计划生育特殊家庭、基层计划生育服务员和困难育龄妇女家庭四类群体办理计划生育保险，全年参保6.05万人。为青少年和家长举办青春健康教育培训29场，参训6311人次。康桥街道康桥村社区"阳光小伢儿"成长驿站申报市级婴幼儿成长驿站项目。5月26日，区计划生育协会组织开展区"5·29"会员活动日活动，邀请市妇幼保健院主任医生朱旭红做育儿专题讲座。8月，协会参与第五次中国城乡老年人生活状况抽样调查，完成老年人生活状况样本问卷录入400多份。（应　悦）

老龄健康

【概况】2021年，拱墅区有60周岁及以上老年人口22.89万人，占全区户籍人口的26.1%。按照1965年联合国《人口老龄化及其社会经济后果》的标准确定划分，拱墅区处于人口中度老龄化阶段。行政区划调整后，区卫健局撤销老龄健康科、家庭发展科，成立妇幼老龄家庭发展科。全区18个街道老龄工作均由公共服务科负责，设专（兼）职老龄干部，170个社区配备专（兼）职老龄工作人员，基层老龄组织进一步完善。全区老龄工作围绕"老有所养、老有所医、老有所学、老有所乐、老有所为"目标，完善老年健康服务体系，落实医养结合任务。牵头打造的杭钢北苑社区"老年人益智增能项目点"被评为杭州市民日"最具品质体验点"。区卫健局采取医养结合模式，建立医养结合服务网络，加强专业养老护理从业人员组织建设，落实健康老龄化各项任务。拱墅区老龄工作被《浙江新闻》《钱江晚报》等10多个媒体平台报道32次,《拱墅区以老年友好社区建设为契机,全力开创在地康养服务"三新"格局》做法被《杭向共富》简报13期头篇刊发。

【老龄健康服务新业态构建】2021年,拱墅区有100张以上床位的养老机构14个,均为医养结合机构。通过老旧小区改造推进街道社区微型养老机构建设,建成日间养老照料中心168个,其中158个日间养老照料中心与基层社区卫生服务机构结对,有10个日间养老照料中心内设医疗机构。6月8日,区卫健局联合浙江大学公共卫生学院、杭州师范大学附属医院、阿里巴巴达摩院(杭州)有限公司等单位,实施"社区老年人益智增能试点项目",年内建成3个社区老年认知关爱驿站,为社区2000多名老年人开展认知风险筛查。

【敬老爱老助老环境构建】2021年5月20日,杭州市示范性老年友好型社区创建现场观摩交流会在拱墅区和睦街道和睦社区举行,拱墅区在会上介绍敬老爱老助老环境构建工作。拱墅区将老龄工作纳入卫生实事项目,推进老年人健康管理和老年友好型社区建设。和睦社区创建成为国家级示范性老年友好型社区,大关街道德胜社区等7个社区创建成为杭州市示范性老年友好型社区。开展首届"老年友善医疗机构"创建活动,浙江老年关怀医院等8个医疗机构获评省、市、区级老年友善医院;开展"敬老爱老助老"最美系列推选活动,全区被授予敬老爱老助老模范单位47个;为5万多名符合条件的老年人办理意外伤害保险,参保金额150多万元。"敬老月"期间,开展走访慰问百岁老人和困难老年人活动,为196名百岁老人发放慰问金,为其中46名百岁老人送上由西泠印社刻制的"期颐之贺"印章。区卫健局与区老年基金会联合慰问困难老人209人次,发放慰问金16.72万元。

【文化惠老活动】2021年10月20日,区卫健局举行拱墅区"七彩夕阳·健康生活"文艺会演暨"敬老爱老助老"表彰会,来自全区各文艺社团及协会的24支队伍、400多名老年人登台表演。会演同步进行线上直播,在线观看6万人次。"敬老月"期间,区老龄委各成员单位和街道、社区开展太极拳剑气功培训、非遗演出进社区、老人节慰问、敬老读书会、义诊等活动30多场。组织开展第二届"你点课我讲授"老龄健康教育进社区养老机构活动,开设课程10门,惠及辖区149个社区和养老机构。 (应 悦)

社区卫生

【概况】2021年,区卫健局围绕"三个样板区"(产业转型升级样板区、城市有机更新样板区、大运河国家文化公园样板区)和高质量运河沿岸名区建设,推进社区卫生工作。居民电子个人健康档案建档102.08万份,建档率92.4%,使用率72.3%。全区完成家庭医生签约37.89万人,常住人口总签约率34.1%。区卫健局获"杭州市乡村振兴(城乡区域统筹发展)工作成绩突出集体"称号。长庆潮鸣街道社区卫生服务中心"社区卫生有效工时绩效考核研究"项目获"中国社区卫生协会社区卫生科技进步奖"二等奖。辖区内17名基层卫生管理者和医务人员分别获评全国技术能手、浙江省优秀家庭医生、浙江省优秀护士、杭州卫生健康年度"十大

2021年10月20日,拱墅区"七彩夕阳·健康生活"文艺会演暨"敬老爱老助老"表彰会举行 (区卫健局 供稿)

感动人物”、杭州市优秀家庭医生、杭州市优秀社区护士、杭州市优秀社区卫生服务中心主任。

【基本公共卫生服务】2021年，区卫健局完成基本卫生公共项目当量583.79万个，拨付省、市、区各级项目经费7799.82万元，人均经费70.59元，人均经费中的5元用于开展基本公共卫生服务和基层医疗卫生机构疫情防控工作支出。开展各类项目培训和宣传，组织14个社区卫生服务中心的210名医务人员参加基本公共卫生服务项目知识竞赛，并将竞赛成绩纳入年末考核内容，其中2名参赛人员获评“拱墅区青年岗位能手”。利用推送微信公众号文章、分发宣传折页、张贴宣传海报、发放健康服务包、制作宣传短视频等方式开展基本公共服务项目宣传，全年印制基本公共卫生项目宣传折页4万多份、海报125张、KT板101份，提升居民项目知晓率。依托市社区卫生服务信息系统，推进电子健康档案动态使用和质控管理；以签约居民为重点，有序开放电子健康档案，开放率71.6%。全区老年人健康管理率64.3%，老年人社区规范健康管理服务率43.2%。完成区级基层医疗卫生机构绩效考核系统构建，整合原“两区”基层医疗卫生机构基本公共卫生绩效评价方案，细化对各成员单位及承担机构的评价方式、评价内容和标准、评价结果应用等，考核结果与年度综合目标考核挂钩。全年各类人群项目知晓率68.4%，基本公共卫生服务满意率99.4%。

【家庭医生签约服务】2021年，区卫健局加强全科和专科融合型家庭医生团队建设，将市属医院专科医生纳入家庭医生团队名单，全区组建185支全科和专科融合型家庭医生团队，为辖区签约居民提供诊前、诊中、诊后健康管理服务。规范全科和专科融合型家庭医生服务流程，推进慢性病一体化、规范化门诊建设，完成12个慢性病一体化门诊机构改造提升。开展“民呼我为 建党百年之家庭医生述职您来评”活动，畅通家庭医生与签约居民互动渠道，全年组织签约医生为签约居民服务述职83场，收集居民意见28条。持续开展慢性病连续处方提供和药品配送到家服务。全区建立家庭病床1165张，全年开具慢性病连续处方43.07万张，电话回访管理10.7万人次，社区就诊率67.5%。针对签约人群不同需求建立各类微信群，定期推送健康指导内容，为各类医疗咨询答疑。全年完成家庭医生签约服务工作当量290.79万个，重点人群签约率85.2%。其中残疾人签约率79.6%。杭州市第三方绩效评价有效签约率88.9%，签约居民满意率99.0%。天水武林社区卫生服务中心、长庆潮鸣社区卫生服务中心、文晖社区卫生服务中心、米市巷社区卫生服务中心通过浙江省签约服务培训基地省级复评。

【分级诊疗体系建设】2021年，区卫健局推进城市医疗资源双循环管理工作，助力分级诊疗体系建设。全区14个社区卫生服务中心分别与杭州市红十字会医院、杭州师范大学附属医院建立紧密型医联体合作关系。定期选派社区高级职称全科医生到浙江省人民医院、杭州市红十字会医院、杭州市中医院等驻点坐诊，提升全科医生业务水平。继续开展全科和专科联合门诊，邀请医联体专家定期坐诊，骨干全科医生跟诊，全年开展联合门诊2347场。通过杭州市双向转诊平台为签约病人提供预约挂号等精准转诊服务，全年精准转诊1.72万人次。社区卫生服务中心与市级医院开展中医、妇科、不孕不育科、肛肠科、皮肤科、口腔科等专科共建关系，通过进修培训、上挂下派、科研合作等形式，提升区域诊疗服务能力和科研能力。全年社区卫生服务中心选派16人到市属医院进修学习。长庆潮鸣街道社区卫生服务中心与杭州市第一人民医院和杭州市红十字会医院合作开展城市医联体下“两慢病”（高血压、糖尿病）全周期健康管理探索，祥符街道社区卫生服务中心与杭州市妇幼保健院开展“基于大数据的人工智能在围绝经期和绝经早期女性骨质疏松症防治”的应用研究。

【“优质服务基层行”活动】2021年，区卫健局组织开展“优质服务基层行”活动。围绕传染病防控、医疗质量安全管理、护理管理、医院感染管理、绩效考核、基层特色科室建设等方面，加强基层医疗卫生机构能力建设。实施基层卫生人才能力提升培训项目，遴选4名全科医生到医联体市级以上医院及签约培训基地进行学习实践，提升基层服务能力。半山街道社区卫生服务中心、祥符街道社区卫生服务中心、石桥街道社区卫生服务中心通过“优质服务基层行推荐标准”建设评估。开展“优质服务基层行回头看”活动，推进社区医院创建，文晖街道社区卫生服务中心、小河湖墅街道社区卫生服务中心、大关上塘街道社区卫生服务中心、拱宸桥街道社区卫生服务中心、天水武林街道社区卫生服务中心、长庆潮鸣街道社区卫生服务中心通过社区医院创建评估。全区实现优质服务基本标准全覆盖，其中12个社区卫生服务中心达到推荐标准，6个社区卫生服务中心获“社区医院”称号。

【基本医疗惠民服务】2021年，区卫健局梳理原“两区”基本医疗惠民服务政策，进一步为困难人群提供就医救助服务。经下城区审批核准并在有效期内的一级救助圈困难家庭、二级救助圈困难家庭(即杭州市低保家庭)、低边家庭(包含杭州市困难家庭、区级困难家庭)在辖区社区卫生服务中心及所属的社区卫生服务站与家庭医生签约并就诊，仍可享受“十免十减半”和基本药物“个人零自负”优惠。全区登记在册低保人员5013人，签约困难人群2631人，全年为就医救助人群减免医疗费用1240.08万元，减免基本药物个人自负费用2.89万元。

【基层卫生健康综合试验区建设试点】2021年9月，根据省卫健委印发的《关于开展基层卫生健康综合试验区建设的通知》，拱墅区为全省6个基层卫生健康综合试验区之一。于9月、10月分别接受国家、省、市卫健委的调研评估，并进行沟通会商。围绕基层重点难点问题，加强政策研究和部门协调，梳理包括编制、职称、绩效、机构建设、机构运行、财政保障等制约基层卫生工作的问题，提出整改建议意见12条。围绕国家12项和省7项综合试验区建设工作任务，制定未来3年主要工作计划和社区卫生服务中心重点科室建设规划，形成拱墅区基层卫生健康综合试验区建设试点工作方案(初稿)。11月，全区启动试验区基线调查工作，完成300份居民和90份就诊患者的调查、质控和上报，根据调查结果，确定拱墅区基层卫生工作主要健康指标。 (应　悦)

健康拱墅建设

【概况】2021年，拱墅区以国家卫生城市复评和健康浙江(杭州)建设为契机，推进辖区爱国卫生和健康拱墅建设各项工作。区卫健局印发《2021年拱墅区迎接国家卫生城市复评工作任务分解方案》《关于调整拱墅区迎接国家卫生城市复评迎检工作领导小组的通知》《2021年拱墅区爱国卫生和健康城市建设工作要点》《拱墅区爱国卫生和健康拱墅建设考核实施方案》。开展健康单元、健康教育基地、健康促进医院建设，巩固提升基层卫生健康水平。完成国家卫生城市复评迎检工作，拱墅区在杭州市第六次“国卫”复评国家暗访中获“零”问题通报表扬。在浙江省通报健康浙江建设考核中综合成绩列全省第五位、全市第一位，并连续3年获考核优秀等次。

【病媒生物防制】2021年，区卫健局围绕巩固国家卫生城市建设成果工作，开展“爱国卫生专项行动”“人人动手、清洁家园”“迎五一、洁美家园”“迎建党百年、创洁美环境”等爱国卫生运动和春夏两季病媒生物防制行动。以网格为单位，以季节性病媒生物防制为抓手，对重点区域环境卫生进行整治，清除各类积水和废旧轮胎，消除蚊媒孳生地。推进病媒生物防治市场化运作，18个街道通过招投标，引入有害生物防治公司(PCO公司)实施规范化、专业化监测评估和化学药物使用。年内拱墅区通过国家卫生城市复评。

【健康单元创建】2021年，健康拱墅建设领导小组办公室将健康单元创建纳入健康拱墅建设总体安排，深入实施健康细胞培育工程。推进“健康商圈2.0”建设，在武林商圈及桥西历史文化街区树立健康商圈标杆单位，开启“健康＋商业中心”“健康＋人文景点”新模式。加强健康促进单位建设指导，杭州市朝晖中学、杭州市长阳中学等9所学校通过浙江省健康促进金牌学校复评。至年末，拱墅区创建浙江省健康促进银牌和铜牌学校19所、市级健康促进单位43个、区级健康促进家庭2007户。 (应　悦)

人力资源

综　述

【概况】2021年，区人力社保局围绕“保民生、促发展、共富裕”工作主线，统筹抓好疫情防控和就业创业、人事人才、数智攻坚等重点工作。开展线上线下招聘活动151场，新增就业13.51万人，失业人员实现再就业6371人，安置就业困难人员2259人。深化“三联三领三服务”机制，推出服务事项全域网办、“一件事”(指一个办事事项或者可以一次性提交申请材料的相关联多个办事事项)联办等便民举措。完成机关党组织调整组建，实现组织体系重塑和平稳运转。区人力社保局在全省人力社保系统绩效考评中列全市第二位、全省第七位，获杭州市稳就业保就业工作集体嘉奖。

【创业服务】2021年，拱墅区加强人才引育工作，举办运河青年人才创新创业节暨高校毕业生就业创业服务活动，开设双创“加油站”，成立人力资源机构就业创业“帮帮团”，推出“拱聚英才”官方抖音号，全方位助力青年人才到拱墅就业创业。提升国家级人力资源服务产业园发展能级，连续4年举办中国杭州国际人力资源峰会，成立京杭大运河沿线国家级产业园协同创新发展联盟，推动辖区企业开展人才交流合作活动276个(次)。依托赛会活动吸纳海外英才，厚植本土人才，全区新认定杭州市高层次人才2016人，新建博士后科研工作站4个，新引进应届高学历毕业生1.9万人。

【劳动关系稳定】2021年，拱墅区成立区级和街道级根治欠薪领导小组，压实属地责任，提高欠薪案件处置效能。开展重大工程建设项目劳资纠纷专项治理行动，检查在建工地344个。建立健全失信联合惩戒、行刑衔接、应急周转金等欠薪治理长效机制，推动欠薪问题综合治理。受理并办结国务院欠薪线索平台线索件1162件，实现部级欠薪线索动态清零，办结率列全市第一位。发挥诉前调解、基层调解作用，织密“区+街道+社区+企业”劳动争议预防调解组织网，促进劳动争议就地就近及时化解。全年区劳动人事争议仲裁委处置各类劳动人事争议案件4685件，调解成功率86.1%，仲裁结案率100%。实施劳动关系“和谐同行”三年行动计划，开展企业劳动用工体检和劳动关系协调员培训，依法保障劳资双方权益。推进网签电子劳动合同应用工作，全区劳动合同网签率56%。　　(舒西龙)

人事管理

【概况】2021年，拱墅区有事业单位从业人员15215人，其中管理岗位1894人，专业技术岗位11156人，其他岗位2165人。区人力社保局加强人事管理，办理3737名事业人员岗位聘用、晋升备案。完成教育、卫生健康系统4个批次的公开招聘方案审核备案，涉及招聘事业编制人员262人。配合区退役军人事务局完成事业编制随军随调家属商调安置工作。推进人事业务“最多跑一次”改革，全年网上办理人事业务5.54万件。

【事业单位岗位设置核定】2021年，区人力社保局按照区划调整后编制部门新核定的单位“三定”方案和有关政策，结合原“两区”实际，对事业单位岗位设置进行审核，核定事业单位岗位设置方案106个，涉及主管部门43个，基本完成除教育、卫生健康、城管、法院、检察院和指挥部外事业单位的岗位设置，并指导有关单位做好人员科学调配分流和超编配备岗位人员的过渡消化工作。

【人事业务办理统一规范】2021年区划调整后，区人力社保局在对比下城区和原拱墅区操作口径的基础上，统一原“两区”事业单位人事管理业务和工资业务操作办法，制定人事业务办理的操作流程、所需材料清单及参考模板，编印《事业单位工资业务经办指南》。年内完成事业单位工资统一发放系统整合，实现工资统一发放业务申报和经办审核口径统一规范。（舒西龙）

就业创业

【概况】2021年，拱墅区以共同富裕示范样板为目标，深入实施“拱·赢未来”就业创业“双促”行动，就业形势稳中向好，创业生态持续优化。全年全区新增就业13.51万人，新增大学生创业企业762家。区就业管理服务中心因稳就业保就业工作成绩突出获市政府办公厅集体嘉奖；潮鸣街道获评“国家级充分就业社区”，为全省首个全域获评国家级充分就业社区的街道；数字就业应用场景试点项目获人力资源社会保障部部长张纪南、省政协副主席吴晶等领导肯定，并入选浙江省数字赋能促进新业态新模式的典型企业和平台名单。

【数字赋能就业】2021年，拱墅区以潮鸣街道为试点，在全省率先开发建设数字就业驾驶舱和重点群体就业帮扶应用场景。该项改革依托政务数字驾驶舱，将辖区64.4万名劳动年龄段人口就业信息与户籍信息进行整合，为失业人员提供走访提醒、智能岗位匹配等数字就业精准服务，提高就业和再就业成功率。全年潮鸣街道推送招聘岗位2400多个，达成就业约定200多人，失业人员平均求职周期从30天缩短到10天。拱墅区数字就业驾驶舱在全省1399个街道（乡镇）和2.23万个社区（村）推广应用，实现“一地创新、全省共享”。数字赋能就业工作被《中国劳动保障报》《中国就业》等省级以上媒体报道9次。

【就业帮扶】2021年，拱墅区组织开展“私人定制服务周”“就业援助服务月”“重点对象公益周”等就业援助活动，为就业困难群体提供分级分类“私人定制”就业创业服务。加强就业指导，帮助失业人员转变择业观念，鼓励失业人员通过自主创业、灵活就业实现自身价值。开展新经济、新业态企业摸底调查、岗位动态监测，举办专场招聘活动，助力实现充分就业。拓展开发区级公益性岗位，为大龄就业困难人员实现托底安置。试点开发“残疾人之家”就业援助公益性岗位，拓宽残疾人就业渠道。以心理疏导和职业指导相结合，为“全职妈妈”定制“心花绽放”就业援助项目，全年举办援助活动25场，参加“全职妈妈”307人。

【就业促进】2021年，拱墅区对企事业单位灵活用工和失业人员自主创业予以政策支持，全年发放各类就业、用工补贴200万元，惠及失业人员、就业困难人员1600多人。全面兑现省、市、区助企惠企政策，完成企业稳岗返还社会保险金审核1.24万家，涉及职工32.84万人，返还金额4722.44万元。开展小微企业招用高校毕业生社保补贴集中审核，审核小微企业1126家，招录高校毕业生2296人次，发放补贴758.46万元。开展送“亲清大红包、工会暖心包、健康防疫包、运河乐游包、文化惠民包、技能提升包、薪资保障包、亲情流量包、安心回家包、平安保障包”“十送”关爱活动，为在杭州过年的外来务工人员发放补贴6031万元。

【企业职业技能等级认定】2021年，拱墅区全面推开企业职业技能等级认定工作，新增等级认定试点企业9家，建成国家级技能大师工作室2个、省级8个、市级21个、区级47个。举办市级区域性职业技能竞赛4场，联合举办市级职业技能竞赛12场，举办区级茶艺师技能竞赛、西式面点师选拔赛各1场。全年完成企业新型学徒制、项目制等各类职业技能培训1.75万人次，新增高技能人才4039人。

【就业公共服务】2021年，拱墅区常态化开展就业政策“进企业、进校园、进园区、进社区、进家门”“五进”宣传活动，通过“拱墅发布”“拱墅人社发布”等微信公众号，定期推送就业创业扶持政策和企业用工需求信息。依托区、街道、社区三级办事大厅发放最新就业政策宣传手册，提高政策知晓度，实现普惠性就业政策应知尽知、应享尽享。全年依托辖区人力资源优势产业，通过“智慧就业”“云聘会”等求职招聘平台推送招工信息，让求职者享受就业个性化服务。

【大学生创新创业】2021年，拱墅区举办长三角博士专场洽谈会和“新春纳才”“职等你来”等系列综合性招聘会，引进大中专毕业生1.9万人，涉及用人单位5273个。引进毕业生中，硕士及以上毕业生2970人，涉及“双一流”名校40所；引进国（境）外留学生1193人，比上年增长119.7%。发放大学生生活补贴2.5亿元、“青荷礼包”1.24万个。联合浙江大学、浙大城市学院和辖区重点创业平台，组织40多家企业举办运河青创联盟“创业拓训营”，开展项目路演、政策推介、参观见学等活动，让大学生了解拱墅。辖区大学生创业企业中，年销售额1000万元以上的41家，创业带动就业940人。选送22名创业者进入杭州大学生创业学院学习，3名大学生分别入选“杭州市大学生创业之星”“杭州市大学生杰出创业人才培育计划”。杭州翼邦芯科技有限公司、杭州左蓝微电子技术有限公司2家留学生创业企业获政府创业资助150万元。全年为89家大学生创业企业发放补贴615万元。

【运河青年人才创新创业节】2021年11月7日，“拱聚英才·拱赢未来”运河青年人才创新创业节暨高校毕业生就业创业服务活动在浙江展览馆举行，有1305名博士到场洽谈。活动启动仪式上，浙江大学、浙江工业大学、杭州电子科技大学、浙大城市学院4所高校成立重点高校协同推进高校毕业生就业创业联盟，为高校毕业大学生就业创业提供支持和指导。浙江中智经济技术服务有限公司、杭州爱才集团有限公司、杭州对点人力资源管理有限公司等100多家人力资源机构成立杭州市人力资源机构就创“帮帮团”，为青年人才在杭州就业创业提供优质人力资源服务。拱墅区为广大青年提供就业创业服务的官方抖音招聘专号——“拱聚英才”同时上线，为青年人才打造永不下线的“数智招聘会”。

（舒西龙）

劳动监察

【概况】2021年，拱墅区把深化“无欠薪”创建作为夯实和谐劳动关系的基础性工程，坚持以防治源、以实促效、以快纠欠，从源头上遏制欠薪行为。全年受理劳动保障监察举报投诉1309件，处置欠薪问题信访件3968件，涉及劳动者2902人、金额5446万元。其中受理国务院欠薪线索平台线索件1162件，年内全部办结，实现部级欠薪线索动态清零，拱墅区在全市“无欠薪”绩效考核“部级欠薪线索”项中列第一位。

【根治欠薪行动】2021年，拱墅区抓好重点行业欠薪情况常态化摸排，开展建筑领域重大工程建设项目劳资纠纷专项治理，对全区344个在建工地落实农民工工资专户管理、实名制管理、维权信息公示等六项机制情况进行检查督查，对存在欠薪苗头的工地，采取“四不两直”（不发通知、不打招呼、不听汇报、不用陪同接待、直奔基层、直插现场）方式进行“一案双查”（指既查处欠薪违法行为，又查处是否按要求落实相关条例）；对欠薪易发高发的行业，联合各街道（园区）进行集中摸排，其中摸排装饰类、餐饮类企业1.76万家。开展义务教育阶段学科类校外培训机构欠薪风险专项排查，检查133个校外培训机构工资发放情况；联合区总工会开展女职工产假权益暨新业态行业用工情况专项执法，检查用人单位585个。开展根治欠薪冬季专项行动，采取“随机抽查＋书面审查”“专项检查＋日常检查”等方式，对196个用人单位实施重点排查，通过早预防、早介入、早化解，降低欠薪风险。联合区住建局、区公安分局、区总工会在浙江展览馆举办“护航建党百年·‘浙江安薪’专项行动”暨《保障农民工工资支付条例》实施1周年集中宣传日活动；结合“三联三领三服务”活动，开展送法进工地、进企业、进社区工作，营造学法用法、依法维权的良好社会氛围。推广应用“安薪码”、“无欠薪杭州”欠薪维权码，拓宽欠薪投诉举报渠道，推动落实工资支付制度。

【欠薪“防火墙”构筑】2021年，拱墅区运用数字赋能提升欠薪监管成效，以信息化手段遏制欠薪风险，以智慧监察根治欠薪顽疾，形成事前、事中、事后的全链条数字化监管闭环。事前加强欠薪信息汇集和情况分析研判，运用杭州智慧劳动监察纠纷预警监测平台对工资支付等情况预警监控，全年处置劳动监察纠纷预警916件。举办护航建党百年“浙江安薪”专项行动，推进《保障农民工工资支付条例》的贯彻落实。事中加大推进工资支付监管平台使用力度，打通项目、行业主管部门与银行间的数据堵点，实现工资发放全程可追溯。事后开展欠薪失信信用管理，将6家相关企业列入欠薪“黑名单”予以公布。加大对违反劳动法律法规行为的打击力度，全年做出劳动保障监察行政处理53件、行政处罚16件。创新监管方式，着力破解点多、量大、力薄的监管瓶颈，将辖区内在建工程依据用工风险分为A、B、C三级，对20个A级风险项目，由区人力社保局和区住建局牵头负责，联合属地街道督促项目“日报告”，确保问题按照时间节点整改到位。对B级和C级风险项目，由各属地街道负责定期摸排，每周上报工作进展情况并动态调整

2021年4月29日，拱墅区护航建党百年“浙江安薪”专项行动暨《保障农民工工资支付条例》实施一周年宣传活动在武林广场举行 （郑其孟 摄）

风险等级。发挥区根治欠薪工作领导小组办公室统筹协调职能，加强与住建、公安、市场监管、教育、国企等单位的联动协作，构建党委、政府牵头，责任部门联合，工作专班专办的根治欠薪格局。全年妥善处置“110”社会联动警情4121起，向区法院申请强制执行案件10件。

【农民工权益保护】2021年，拱墅区畅通投诉举报渠道，推广运用国务院欠薪线索平台、“浙江无欠薪进行时”网络平台、“无欠薪杭州”治理平台三级网络平台，降低案件受理门槛，“零”时差办理案件，缩短群众问题反映时限。窗口单位实行24小时接听举报投诉电话，确保群众维权畅通无阻。快速收集案件线索，严格落实首问责任制，对欠薪线索做到第一时间签收、第一时间分类、第一时间派发、第一时间回复，确保有报必接、有案必查、快速调处、快速回应。年内快查快办市人力社保局移交的拖欠近3年的集体讨薪案件，联合区公安分局在24小时内为4名农民工追回拖欠工资2.85万元。针对一般欠薪纠纷，指导属地街道快速调处，推进欠薪纠纷化解“最多跑一地”；对难以化解的疑难复杂案件，落实会商研判、执法调度、提级办理、领导包案等措施，加快欠薪案件处置。 （舒西龙）

劳动人事争议仲裁

【概况】2021年，拱墅区劳动人事争议仲裁委员会按照“关口前移、源头治理、业务下沉”思路，推进基层劳动纠纷多元化解机制全覆盖，促进劳动争议就地就近化解。全年区劳动人事争议仲裁委员会处置各类劳动人事争议案件4685件，案件调解成功率86.1%、仲裁结案率100%、网络办案率26.5%。基层劳动争议调解组织接处各类劳动纠纷案件1020件，调解成功973件，调

解成功率95.4%。

【案件处置效能提升】2021年，区劳动人事争议仲裁委员会根据“快审快裁、调解优先”原则，优化咨询受理、庭前调解、庭审裁决等环节，采取“类案类调、调裁并进”等方式加强庭中、庭后调解，严格按照法律规定期限审结案件。织密“区级＋街道＋社区＋企业”预防调解网络，实现全区各街道劳动纠纷多元化解机制全覆盖，完善“一窗式”即接即办机制，促进劳动争议就地、就近、及时化解。全年区劳动人事争议仲裁委员会组织调解案件3313件，妥善处理10人以上集体案件33件。8月14日，开庭审理华尔街英语培训中心集体仲裁案。

【纠纷调解模式优化】2021年，区劳动人事争议仲裁机构发挥诉前调解工作室作用，联合杭天信公益法律服务中心，建立集纠纷调解、法律服务、法律援助、法制宣传、矛盾化解等功能于一体的诉前调解工作室，通过公益律师介入劳动仲裁诉前程序，探索构建多元矛盾纠纷化解机制，高效便捷化解劳资纠纷。全年诉前调解工作室接处劳资纠纷案件534件，诉前撤诉92件，提交仲裁251件，诉前调解成功率53%。推进劳动仲裁领域数字化改革，深化“互联网＋仲裁＋调解”工作模式，实现网络仲裁申请、调解、立案、庭审等环节的全程网络化，让当事人足不出户便可解决劳动纠纷。全年实现网络庭审3次，处置网络调解案件149件，网络办案率26.5%。拓宽仲裁服务渠道，组织送法上门活动，举办劳动仲裁实务培训。11月5日，举办仲裁开放日活动，邀请浙江工业大学30多名师生参加，现场观摩仲裁案例庭审和仲裁案卷评审，讲解劳动仲裁法规主要内容。

2021年8月14日，拱墅区劳动人事争议仲裁委员会开庭审理华尔街英语培训中心集体仲裁案件 （陈　诚　摄）

【仲裁办案质量提升】2021年，拱墅区针对区划调整后仲裁力量不足与承办案件增加的实际，采取规范派出庭建设、集中力量办大案、把好业务素质关、用好兼职仲裁员等措施，推进实现案件分流，缓解办案压力，提升处置效能。按照省、市劳动人事争议仲裁机构有关劳动人事争议调解仲裁案件处理工作的规范要求，用信息化手段实现每案必访，并对仲裁办理流程进行优化。通过规范仲裁受理、加强仲裁员队伍专业化建设，提升仲裁办案质量。全年祥符街道、武林街道、区科技工业功能区、区矛盾纠纷调处化解中心4个仲裁派出庭接处仲裁案件592件，无一例案件超过规定仲裁期限。（舒西龙）

社会事务

社会保险

【概况】2021年,拱墅区按照“兜牢民生底线,加强民生保障”总要求,推进全民参保、同城通办、“智慧社保”等重点工作,确保社会保险参保人员应保尽保。至年末,全区参加职工养老保险66.34万人,比上年增加2.03万人;居民基本养老保险参保2595人,增加145人,户籍居民参保率99.48%。参加基本医疗保险122.77万人,其中职工参加医疗保险68.48万人;居民参加医疗保险17.87万人。工伤保险参保人数79.99万人,增加5.87万人。领取失业保险13.76万人次,增加7.15万人次。生育保险参保人数6.39万人;审核生育保险2.44万人次,审核支付金额2.43亿元。审核定点医疗机构60个、定点药店17个。新增退休人员5670人,实行社会化管理的企业退休人员22.2万人。

【“智慧社保”建设】2021年,区人力社保局深化数字化改革,加快“智慧社保”建设,推进“亲清在线”、“社保易窗”、政务服务2.0、“浙里办”App等平台应用,全区社保高频事项网办率93.95%。通过“社保易窗”平台,完成全市首例从海外归来的退休人员领取待遇资格认证。推进社保业务向基层延伸,区、街道两级社保自助服务体系建成,区行政服务中心和18个街道人力社保站建立自助服务点20个,方便企业和个人就近办理24项社保高频事项,参保人员可就近和全时段查询参保情况,打印参保证明,实现便民事项“无时不可办”。深化社保部门与银行合作,辖区新增杭州工商银行湖墅支行、庆春支行、武林支行、朝晖支行、艮山支行等社保服务网点54个。企业退休人员档案实现100%电子化采集,全年查阅个人信息档案6044份,更新退休人员信息化管理数据18958条。利用微信、QQ、“浙里办”App等数字化手段,完成所有在册人

2021年11月25日,拱墅区行政服务中心香积寺东路大厅社保工作人员指导群众登录网上服务平台 (陈鹭霞 摄)

员年度养老金发放资格认证，确保养老基金使用安全。

【社保基金安全保障】2021年，拱墅区加强社保基金风险防控工作。加快完成原“两区”社保业务融合和人力社保办事窗口布局，实现群众办事“无感”过渡。做好省、市人力社保系统升级工作测试，确保“两区”人力社保系统合并后稳定运行。制定《拱墅区人社局深化社保基金专项整治工作方案》，联合有关监狱、法院、检察院，利用公共数据共享平台、中国裁判文书网等建立数据核查信息网，加强涉刑人员社保领取核查管理。全年核查发现违规领取养老待遇18人，涉案金额149.49万元。

【医保服务优化】2021年，拱墅区23个医保政务服务事项在浙江政务服务网、区行政服务中心、18个街道实现“一网通办”，医保事情网上办件率95.3%，其中街道办件占58.7%，居民家门口“15分钟办事圈”初步形成。区行政服务中心开辟“医保网专区”，安排专人现场引导“扫码办事”，推进全域实现掌上办、网上办。全区参加西湖益联保55.36万人，参保率45.1%，对特困、低保及低保边缘人员参保缴费给予全额补助。

【企业退休人员社会化管理】2021年，拱墅区组织退休人员开展党史知识挑战赛、“我心向党”红歌汇、党建主题邮展、“我们的幸福生活”文艺会演、“映象半山”摄影大赛等活动，参加退休人员5100多人次。实施“红旗引领·书香满园”三年建设计划，新建红旗书屋11个，扶持培育特色文体团队10支，举办各类培训班35个，在红旗书屋举办文化活动208场，丰富退休人员生活。完成第八轮企业退休人员体检，并举办体检报告解读及健康讲座。组织退休人员参加疫情防控、文明创建、平安巡防、邻里调解、垃圾分类等志愿服务，发挥退休人员正能量。开展“最美企退志愿者”评选表彰，全区选树54名“最美企退志愿者”。重点关注高龄、伤残、独居、孤寡人群，全年走访慰问因病住院和生活困难退休人员4901人次，发放慰问金452.1万元。

（舒西龙）

社会救助

【概况】2021年，拱墅区健全和完善居民最低生活保障机制，以“救助圈群体发现及时主动、资金及时发放，救助及时到位”为目标，整合资源，统筹推进全区社会救助工作，保障困难居民基本生活。全区四级救助圈有救助对象4300户、5937人。其中：第一级救助圈低保家庭3498户、4557人；第二级低保边缘家庭666户、1115人；第三级街道级困难家庭92户、148人；第四级社区级困难家庭33户、52人；特困家庭65人。全年发放低保金、特困人员保障金456.65万元，发放低保边缘家庭定期补助金8.2万元；审核发放临时救助金150.1万元；为四级救助圈低收入群体发放春节慰问金1241.27万元、高温补贴168.77万元。推进关爱救助和慈善工作，启动未成年人保护中心和街道未成年人保护站建设，区未成年人保护中心完成选址，18个街道基本建成未成年人保护站。建成“儿童之家”171个，其中获评省级示范型“儿童之家”2个、市级示范型“儿童之家”17个、市级基础型“儿童之家”15个。

【“春风常驻”行动规定出台】2021年，拱墅区出台《关于全面实施“春风常驻”共建共享美好生活的若干规定》。该规定根据社会救助家庭经济状况，在市级社会救助保障对象基础上进行适度扩面，面向低保、特困等弱势群体完善兜底型、支出型、急难型救助，面向边缘困难群体探索发展型、关爱型救助，面向因病、因疫、因灾致困人员加大支出型和急难型救助力度。重点加大对老年人、少年儿童等困难群体的关心关爱。该规定在提高标准和加强保障两方面做出具体规定80条，覆盖面扩大至四级救助圈，惠及辖区困难家庭4500多户。

【“智慧救助”服务助联体作用发挥】2021年，拱墅区“智慧救助”服务助联体依托慈善超市、办事大厅等救助服务载体，实现社会救助“一件事”线上线下惠民联办，通过“幸福码”延伸服务，打通困难群众“需求清单”和政府、社会“服务清单”的对接通道。年内，“智慧救助”服务助联体在大关街道开展应用试点，助联体一站式集成残疾人之家、社会工作站、心理服务指导站、避灾安置中心、社区卫生服务站、未成年人保护工作站、慈善基地7个功能，将传统的线下模式转变为“线上＋线下，以线上为主”的新运行模式，提高救助服务效能。

【社会救助家境调查】2021年，区人力社保局根据申请社会救助家庭的人口、收入和财产状况，对申请救助对象家庭家境进行复核调查。年内，完成入户调查2111户。运用家境调查数据转化，创新深化“扶志扶智”项目，对23户帮扶家庭进行心理辅导。组织有就业意愿的困难家庭成员技能培训，提高家庭中适合就业人员的就业能力。（孙国光）

【流浪乞讨人员救助】2021年，拱墅区整合原“两区”流浪乞讨人员救助管理机制及人员队伍，组建新的流浪乞讨人员联合帮扶小分队。印发《关于做好生活无着的流浪乞讨人员救助管理工作的通知》，加强部门协同联动，完善巡查响应机制，加大街面巡查力度，开展“寒冬送温暖”“夏季送清凉”等专项救助行动，保障在拱墅区生活无着的流浪乞讨人员的基本生存权益。全年区救助管理机构开展巡查救助12.9万次，出动机动车8380多辆次、电动车5.2万辆次，处置并反馈“110”联动平台案件75件。发放食品、被褥、衣物、避暑药品、口罩等救助物资3000多件。街面救助劝导流浪乞讨人员284人次，其中被引导护送到救助站73人次，在临时避寒（暑）点安顿14人次，劝导劝离辖区196人次，拱墅区未发生流浪乞讨人员非正常伤亡事件。

（周　威）

【困境儿童关爱】2021年，拱墅区有机构供养困境儿童577人，其中社会散居孤儿9人、事实无人抚养困境儿童55人、贫困家庭重病重残罕见病儿童27人、低保家庭儿童355人、困难家庭儿童131人。区民政局开展困境儿童摸底调查和定期走访，摸清困境儿童个人情况、监护人情况及家庭经济状况，了解困难儿童身体、生活和学习等方面信息。建立困境儿童“一人一档”“一人一卡”资料台账。加强儿童关爱保护队伍建设，街道配备儿童工作督导员18人，社区配备儿童工作主任169人。全年向困境儿童发放生活补贴402.89万元。（李浣菁）

【慈善救助】2021年，拱墅区推进慈善工作在创新中发展，打造由政府主导，多部门协同，社会组织、慈善组织、爱心志愿者等社会力量参与的慈善工作体系。全年区慈善总会募集善款2120.53万元。向全区3365名困难群众发放“春风行动”救助款687.6万元。对户籍低保家庭成员进行参保补助，有330名低保家庭成员领取参保补贴95.6万元。开展湖北省来凤县困难学生就学救助，向73名学生发放救助金14.78万元。高温季节，区慈善总会向全区3307名困难群众发放送清凉慰问金272.89万元。对3名困难家庭儿童给予一次性大病救助6.7万元。对困难家庭老人住院给予护理补助，有184人次住院老人享受护理补贴97.43万元。区慈善总会救助临时家庭生活困难人员191人次，发放救助款29.78万元。实施“重阳节助老”项目，对符合条件的888名困难老人发放助老救助金44.4万元。

【慈善基地建设】2021年，拱墅区以慈善基地建设带动慈善组织发展，打造慈善基地品牌。实施“宸益阁·慈善荟”慈善组织培育基地升级改造。该基地位于拱宸桥街道“桥西之家”，总面积1620平方米。根据升级改造方案，完善“一中心四平台”（慈善基地运营管理中心、文澜书苑、慈善超市、红色家园、阳光老人家）功能布局，建成以慈善文化展示、慈善人才培养、慈善资源链接、组织项目培育于一体的基层慈善综合服务平台，实现慈善服务18个街道全覆盖，政府、慈善组织与服务对象有机衔接。全年全区慈善基地开展公益救助活动240场，惠及低保和特困家庭3100多人。

（秋丽敏）

退役军人事务

【概况】2021年，拱墅区以退役军人事务数字化改革、“新时代枫桥式退役军人服务站”建设、退役军人全生命周期服务管理试点为契机，开展“服务保障能力提升年”和“法律政策落实年”活动，梳理退役军人移交安置、教育培训、就业创业、优待抚恤、权益维护等方面实事，压实各单位责任，推动退役军人事务和双拥工作提质增效。全区建成退役军人服务中心

2021年8月12日，区退役军人事务局举办退役士兵返乡欢迎会

（区退役军人事务局 供稿）

（站）187个，配备工作人员200人，人员到位率100%。开展拱墅区“最美退役军人”选树活动，全区28名“最美退役军人”受到表彰，其中2人被评为市“最美退役军人”。发挥区关爱退役军人协会和178支老兵志愿服务队作用，开展退役军人困难帮扶活动，春节期间组织走访生活困难退役军人，并发放慰问金。区退役军人局获年度全市退役军人全生命周期服务管理工作综合评价优秀等次。

【移交安置】2021年，拱墅区按照优秀人才优先选岗政策，做好营职以下军转干部（含技术干部）接收安置工作。区退役军人事务局制订安置方案，统筹协助相关部门落实安置任务。坚持刚性约束与灵活调配并举的原则，向街道、综合执法部门和基层倾斜的安置导向，加强过程管理，增强工作透明度和公信力，完成军转干部及随军（随调）家属安置任务。做好自主就业退役士兵返乡报到和政府安排工作退役士兵待安置期间服务管理工作，开通退役士兵创业绿色通道，按时完成退役士兵社保接续审核受理，全区退役士兵安置工作全面完成。

【优抚优待】2021年，区退役军人事务局完成优抚对象年度确认工作。加强优抚对象政策保障，调整并落实不同优抚对象抚恤和生活补助标准。通过“民生直达”平台兑付优抚补助金。组织现役义务兵父母和烈属等优抚对象进行免费健康体检。开展社会化拥军工作，组织专业社会力量为辖区90岁以上退役军人提供家政服务，服务高龄退役军人320人次。

【烈士纪念和褒扬】2021年，拱墅区开展“传承·2020清明祭英烈宣传活动”。9月30日，拱墅区举行烈士公祭活动暨向烈士纪念碑敬献花篮仪式，区四套班子领导、街道和区各部门负责人、烈属、老战士及退役军人代表110人参加。开展烈士史料及遗物收集、整理、保护工作和“为烈士寻亲”活动，帮助烈士杨孝义找到居住在外地的家属，37名烈士家属联名致信感谢。

【走访慰问】2021年，八一建军节等重大节日期间，区四套班子领导带队开展走访慰问工作，对辖区内现役军人、退役军人和其他优抚对象进行全覆盖走访，对部分优抚对象困难家庭进行入户走访。梳理部队需求清单和问题解决清单，为部队办好实事。潮鸣街道退役军人服务站、半山街道退役军人服务站被市双拥工作领导小组授予“双拥共建示范点”称号。驻区部队在参建维稳、抢险救灾、捐资助学等方面积极作为，完成抗疫和应急执勤、重大节日备勤等任务。（吴静静）

居民生活

【居民收入提高】2021年，拱墅区居民收入继续保持稳定增长，人均可支配收入77076元，比上年增长8.8%，扣除物价上涨因素实际增长7.4%。从4类收入来源看，人均工资性收入、经营净收入、财产净收入、转移净收入均有增长。其中：人均工资性收入46104元，增长9.2%，拉动可支配收入增长5.5个百分点；人均经营净收入2811元，下降10.0%，影响可支配收入下降0.4个百分点；人均财产净收入13997元，增长5.0%，拉动可支配收入增长0.9

个百分点；人均转移净收入14164元，增长16.3%，拉动可支配收入增长2.8个百分点。

【居民消费支出增长】2021年，拱墅区居民人均消费支出50259元，比上年增长14.5%，除人均生活用品及服务支出下降外，人均居住支出等7类消费全面增长。主要消费中，人均教育文化娱乐支出5989元，增长38.0%；人均居住支出15741元，增长5.7%；人均医疗保健支出4879元，增长38.0%；人均食品烟酒支出11868元，增长7.7%；人均交通通信支出6230元，增长40.7%；人均其他用品及服务支出1223元，增长3.5%；人均衣着支出2261元，增长0.7%。人均生活用品及服务支出2068元，下降8.4%。（梁　露）

【物价总体平稳】2021年，杭州市居民消费价格总水平比上年平均上涨1.3%，涨幅收窄0.8个百分点。消费价格中，食品烟酒类价格下降0.5%。其中：水产品价格上涨9.2%；鸡蛋价格上涨8.4%；猪肉市场供应较为充足，价格由上年的上涨44.4%转为下降26.6%。居住类价格上涨1.1%。其中租赁房房租价格上涨0.1%，水电燃料价格上涨0.6%。教育文化和娱乐类价格上涨3.6%。其中教育服务价格上涨4.7%，旅游价格上涨3.2%。医疗保健类价格持平。其中中药价格上涨1.5%，西药价格下降1.5%。生活用品及服务类价格上涨1.0%。交通和通信类价格上涨4.4%。其中，汽油、柴油价格分别上涨17.5%和19.4%，飞机票价格上涨12.4%。由于居民生活品质提升，穿着档次提高，导致衣着类需求增强，价格上涨1.2%。

（年鉴编辑部）

社区建设

【概况】2021年，拱墅区有建制社区174个；有社区专职工作者2181人，其中男性748人、女性1433人。社区工作者中，大专及以上学历1766人，占社区工作者总数的80.9%，其中硕士及以上学历55人。取得持证资格社工1330人，占社区工作者总数的60.7%，其中社会工作师575人、助理社会工作师755人。社工平均年龄39.5岁，其中30岁及以下230人，占社区工作者总数的10.5%。

【社区治理创新】2021年，拱墅区深化全国街道服务管理创新试验区建设，完善“1+18+X”数字驾驶舱体系（即1个区级数字驾驶舱、18个街道数字驾驶舱、多个社区和园区数字驾驶舱），建成天水街道灯芯巷社区“一九零”社区便民服务中心等一批有特色的民生保障综合服务平台。10月，拱墅区通过民政部“全国街道服务管理创新实验区”结项验收。“社区眼云共治”项目被评为第二批全省社区治理和服务创新实验区优秀项目，“米市协商铃”项目获第三批省级实验区中期评估优秀等次，“城市住宅小区三方协同治理标准化试点”项目入选全国第七批社会管理和公共服务综合标准化试点项目。推动“社区智治在线”迭代升级，“社区智治”做法获杭州市民政系统数字化改革建设项目应用场景一等奖。石桥街道杨家社区、上塘街道拱宸社区被评为杭州市撤村建居示范点，天水街道环北新村社区、大关街道德胜社区、半山街道金星社区被评为杭州市国际化社区示范点。

【社会工作站（室）建设】2021

2021年，天水街道灯芯巷社区成立“一九零”社区便民服务中心

（区民政局　供稿）

年，拱墅区推进街道枢纽型社会工作站、街道特色型社会工作站及社区特色社会工作室建设。制定《关于加强街道社会工作站和社区社会工作室建设的工作方案》，通过区、街道、社区三级联动，形成全区社会工作综合性服务网络与平台，为居民群众提供专业社会工作服务，提升基层社会治理现代化水平。至年末，全区建成街道社会工作站18个，实现街道社会工作站全覆盖。10个社会工作站建设被纳入省级民生实事项目，其中，东新街道社会工作站、小河街道社会工作站通过省级民生实事项目验收。小河街道社会工作站被评为杭州市首批十佳社会工作站，天水街道灯芯巷社区“一九零社会工作室”等12个社区特色社会工作室被评为杭州市首批百强社区社会工作室。

【社工队伍建设】2021年，拱墅区加强社区工作者队伍建设。组织社区工作者参加全国社会工作职业水平考试，并采用线上与线下相结合的方式开展考前集中培训。加强项目社工规范化管理，指导各街道制定项目社工工作推进方案。以街道为单位开展项目社工选拔，全年培育项目社工20人，全区有项目社工51人。5名专职社区工作者获评杭州市“最美社工”，3名专职社区工作者被认定为市级第四期社会工作督导助理。

【社区减负】2021年6月9日，区民政局印发《关于拱墅区深化社区减负工作规范清理的通知》，针对社区台账材料多、证明盖章多、检查考核多、组织牌子多等“七多”问题，开展清理整顿专项行动，全区清理、整合临时性机构组织389个，清理各类挂牌、标识牌、指示牌37块。制定《拱墅区深化社区减负监测工作方案》，在全区建立减负工作检测点26个，并建立动态长效监测机制。9月，区民政局制定《关于规范专职社区工作者挂职锻炼的工作方案》，开展全区专职社区工作者挂职锻炼情况摸查，并上报专职社区工作者挂职情况调查报告，全区有挂职社工270人，年内完成清退81人。 （孙启鹏）

社会组织管理

【概况】2021年，拱墅区依法加强社会组织管理，推进新时期大民政建设，构建社会大协同格局。全年民政部门社会组织新登记50个，变更登记115个，注销36个。至年末，全区有注册登记的社会组织965个，其中民办非企业单位761个、社会团体199个、基金会5个，纳入备案管理的社区社会组织4641个。全区依法登记的社会组织被认定为“慈善组织”的12个。开展社会组织等级评估，其中获AAAAA等级3个、AAAA等级18个、AAA等级37个。获评市级及以上品牌社会组织8个，其中获评省级品牌社会组织2个。

【社会组织年检】2021年4月，拱墅区民政局印发《关于开展2020年度民办非企业单位年度检查工作的通知》《关于开展2020年度社会团体年度检查工作的通知》《关于开展2020年度基金会年度检查工作的通知》，分批开展各类社会组织年检年审。全年完成社会组织年检801个次，其中，检查2020年6月30日前注册登记的民办非企业单位611个，社会团体185个，2020年12月31日前注册登记的基金会5个，社会组织参检率100%，年检合格率87.1%。

【社会组织监管】2021年，拱墅区加强社会组织监督管理，规范社会组织服务行为。4月，开展“打击非法社会组织和社会组织非法行为”行动，通过主动排查和群众举报，发现未经注册的非法社会组织52个，分别采取取缔、责令解散、劝散、引导登记等方式进行处理。开展行业协会商会与行政机关脱钩改革“回头看”，巩固行业协会商会收费清理规范工作成果。开展社会组织“双随机”抽查，随机抽查社会组织116个次，检查发现的问题全部完成整改。区民政局实行社会组织成立登记、变更登记、注销登记、补发换发等所有审批事项即到即办。

【公益创投资助】2021年，区民政局完成第七届社会组织公益创投项目实施情况中期评估和结项评估。组织区、街道两级社会组织参与公益创投，承接政府购买服务，参与救灾救助、困难帮扶、应急救援等社会活动，66个社会组织获公益资助355.5万元。购买区、街道两级服务项目132个，投入资金1265.39万元。发动社会组织参与市级公益创投项目申报，8个社会组织承接9个市级社会组织公益创投项目，创投项目涉及为老服务、社区服务、社会救助等方面，全区获市级公益创投扶持资金134.98万元。（田　蜜）

【2个公益组织获评省级品牌组织】 2021年，拱墅区"心巢公益发展中心"和"潮邻益家社会工作发展中心"获浙江省品牌社会组织称号。"心巢公益发展中心"是一个以专业化志愿服务为主的AAAAA级社会组织，有注册志愿者6000多人，其中党（团）员47人、硕（博）士9人。中心完成基层党校公益课堂心巢文澜大学、心巢红苗青少年营地等标志性品牌打造。抗击新冠肺炎疫情期间，推出"24小时党群服务热线"、"科技赋能"助力复工复产、为扶贫对接点开展直播销货培训等服务举措。"潮邻益家社会工作发展中心"是杭州市首个由转型项目社工注册成立的社会组织。机构立足社区，发挥社会组织优势，协同政府部门和社区居委会，探索基层社会治理创新模式。机构有专职工作人员6人，其中二级心理咨询师1人、杭州市首批社会工作督导助理2人。全年中心承接市、区、街道三级公益项目71个，获项目资助480多万元。开展各种公益服务活动1500多场，受益人数20多万人次。

【章大姐暖心服务站获评市级品牌组织】 2021年，拱墅区"章大姐暖心服务站"获杭州市品牌社会组织称号。"章大姐暖心服务站"聚焦社区老年人健康与生活需求，主要提供以助餐、助洁、助医、助行为主的"四助"服务。为提升志愿者服务能力，开展志愿者培训活动20多场，邀请各领域专家进行授课。服务站申请"爱在夕阳居家养老暖心服务""'乐于心，助于行'助老暖心服务""志愿者增能""爱在行动"4个公益创投项目，开展公益活动100多场，受益人数近2万人次。

【黄飞华爱心车队项目获评中国公益慈善项目百强】 2021年8月，拱墅区朝晖街道应家桥社区黄飞华爱心车队"肾"命通道——贫困血透析患者支持性照护项目获中国公益慈善项目百强称号。项目主要对身患慢性肾功能衰竭、需要进行血液透析的特困人群给予就医出行支持。整合出租车资源，根据血透患者的就医时间安排车辆，为血透患者提供就医出行免费接送服务，并且全年无休、随叫随到。引入专业社会服务手法，建立血液透析患者个性化服务管理档案，搭建朋辈支持网络，为血透析病人提供良好社会支持。项目拥有成熟稳定的运作模式和团队人员，每年出动服务车辆近1万辆（次），为重病患者和血透患者减少部分就医支出。

【公益新动力共融服务中心优抚项目入选市级服务品牌项目】 2021年，拱墅区东新街道公益新动力共融服务中心"军民一家，鱼水情深"心贴心优抚项目入选杭州市社会组织公益服务品牌项目。项目以推进退役军人服务保障工作标准化、专业化、多样化、项目化建设为目标，针对服务对象的不同需求，开启精准化、菜单化、多元化、社会化服务。组建街道级优抚工作志愿者服务队伍，培育退役军人优抚志愿者骨干；搭建老兵互联平台，做好重点对象建档工作，并实行个案、小组服务；培养辖区双拥"红色讲师团"队伍，以社区为单位开展"讲故事、唱红歌、书情怀、做志愿"系列活动；协助街道、社区开展双拥对象传统服务。至年末，中心服务退役军人2671人次，优抚对象满意度100%。（周梦瑶）

老龄事务

【概况】 2021年，拱墅区户籍人口中有60周岁以上老年人22.89万人，占户籍总人口的26.1%。其中80周岁以上老年人4.33万人，失能老人5297人，半失能老人8390人，独居老人1.45万人，空巢老人5.25万人，人口老龄化、高龄化、失能化和空巢化"四化叠加"的特点明显。辖区老龄化程度排前三位的街道分别是潮鸣街道、和睦街道、朝晖街道，老年人口比例分别为39.3%、38.4%和36.9%。全区有社区（街道）居家养老服务照料中心170个，其中街道级照料中心26个，社区级照料中心144个。有老年食堂78个、"阳光老人家"站点170个，养老机构社会化运行率90%。拱墅区立足民生保障工作重点，推进为老服务、敬老助老、老年维权等工作。出台《关于加快发展养老服务业完善养老服务体系的实施意见》《拱墅区老旧小区“阳光老人家”社区居家养老服务体系建设实施意见》《拱墅区关于推进养老服务事业高质量发展暨打造“全域没有围墙的养老院”实施方案》等意见，明确发展养老服务事业的任务和举措。全区以打造“智慧养老社区”为抓手，整合升级“智守e家”“阳光大管家”2个平台，推进居家养老设施建设。拱墅区智慧养老服务平台获评全国智慧养老一站式服务应用优秀案例。

【养老机构管理】 2021年，拱墅区有各类养老机构26个，养老机构总床位5225张，每百位老年人拥有养老床位数5张。区民政局加强全区养老机构管理，联合区市场监管局、区消防救援大队等部门开展消防安全、食品安全检查。其中“双随机”抽查杭州市拱墅区老人公寓、杭州和睦老人公寓、杭州康久天颐养老院及康桥街道独城社区集中托老点的食堂，重点检查食堂的卫生条件、食品加工制作流程、食品原料新鲜程度和贮存条件及各项管理制度落实执行情况。开展养老服务机构消防安全、食品安全集中培训，普及食品安全与消防安全知识，全年举办培训活动4场次，参加培训1200多人次。加强养老机构常态化新冠肺炎疫情防控工作，开展疫情防控知识宣传，提高老年人防护意识。对5家养老机构提出新冠肺炎疫情防控工作整改要求，并督促其限期完成整改任务。协助落实养老服务机构封闭管理期间医疗防控保障，会同有关部门重点走访9个养老机构和医养结合机构，推进养老机构标准化、规范化管理。

【“阳光老人家”居家养老服务体系建设】 2021年，拱墅区按照街道级“重综合、强辐射”、社区级“重特色、强覆盖”的要求，分层分类建设“阳光老人家”站点。至年末，全区建成大关街道德胜社区杭州乐龄家护理中心等“阳光老人家”站点170个，惠及老年人11.32万人。“阳光老人家”站点实行名称统一、标识统一、装修色调统一、服务功能统一、监管评价统一的“五统一”管理，实现规范化、标准化、体系化运营，形成品牌效应。以养老服务综合改革为突破口，探索智慧养老、医养护一体化、社区嵌入式居家养老服务等模式，完善以居家为基础、社区为依托、机构为补充、医养相结合的多层次普惠养老服务体系和覆盖各街道及社区的养老服务网络。

【“浙里养”平台“智慧养老社区”试点】 2021年，拱墅区被列为省“浙里养”平台“智慧养老社区”试点城区。区民政局通过走访调研、与有关部门对接、征求各方面意见等途径，形成建设“智慧养老社区”试点方案。全区推出“一站式”线上养老服务“墅智养”应用平台，平台聚焦老年人居家养老“服务精心、守护有心、互助暖心、照顾贴心”目标，协同养老服务机构、医疗机构和社区助老力量共建智慧养老生态圈，满足老年人“康、食、住、行、娱、情、学”全链条、多维度生活需求。9月9日，“墅智养”掌上应用系统在“浙里办”App上线。该系统入选全省未来社区和乡村应用“数字社会·我的家园”社区养老场景案例。10月26日，“墅智养”应用场景参加全省智慧养老场景路演。

【康养体系建设】 2021年，拱墅区建成杭州乐龄家护理中心、招商观颐之家杭州颐养中心、杭州馨和园颐养院、北景园养老综合

大关街道德胜社区杭州乐龄家护理中心　　（区民政局 供稿）

服务中心4个康养服务联合体，联合体以“有设施、有器材、有队伍、有标准、有数据”的“五有”标准进行功能布局。推进大关街道康养结合试点建设，大关街道依托杭州乐龄家护理中心，打造全市首个社区级护理中心。探索阵地、服务、文化“三位一体”的嵌入式养老模式，建成全托养老、日托养老、居家养老、专业护理康复养老“四位一体”的养老生态圈。半山街道依托招商观颐之家杭州颐养中心，联合第三方医疗单位及辖区医疗机构，打造区级“康养联合体”，为老年人提供出院后护理、稳定期康复等服务。东新街道杭州馨和园颐养院和石桥街道北景园养老综合服务中心以居家养老服务中心为主体，联合基层医疗机构、康复机构、中医推拿馆，为老年人提供个性化、专业化康养服务。

【困难老年人家庭适老化改造】2021年，拱墅区开展生活困难老年人家庭适老化、无障碍化改造，帮助生活困难老年人家庭改善居住条件和生活质量，降低该群体在家发生意外风险的概率。3月25日，区民政局印发《拱墅区困难老年人家庭适老化改造项目实施方案》，对全区有改造需求的老年人家庭进行摸排。适老化改造以家庭为单位开展，对象为居住在拱墅区并具有拱墅区户籍、且年满70周岁以上的特困、收入型低保、低保边缘户老年人家庭，其中“三老”（老干部、老党员、老模范）人员家庭、失能困难老年人家庭优先安排。考虑老年人自身需求，改造项目包括在卫生间、淋浴房、室内通道等位置安装安全扶手，对易绊脚的地面进行处理等方面。全年完成困难老年人家庭适老化改造216户，总投资259.20万元。

【老年人“云守护”】2021年3月，拱墅区民政局联合杭州市水务控股集团有限公司，为全区1300多名孤寡、独居老人更换智能水表。智能水表利用水表智能预警监测主机和互感器，24小时不间断汇聚、记录老年人用水数据，通过“无触感”监护的方式，保障独居老人居家安全。开展“电子保姆”项目试点，为天水街道100多名特殊老年人安装“电子保姆”服务系统。该系统集成流水传感器、门窗磁传感器、SOS一键呼叫器等设备，通过数据服务平台了解老年人居家情况，实现监护老年人安全到位、上门服务精准直达。开展“云守护”项目试点，为米市巷街道叶青苑小区10户独居、困难老年人家庭安装全套“智慧云守护”装置。通过物联网门磁监测系统、紧急呼叫系统、烟雾报警器等设施，进行响应救援，保障老年人的生命健康和日常生活安全。

【老年食堂厨艺大赛】2021年11月3日，区民政局开展以“白首食光，美味绵长”为主题的“9·26”工匠日杯拱墅区老年食堂厨艺大赛。全区有15个老年食堂组队参加。现场厨艺展示环节采取“命题作文”形式，要求参赛者以山药为主材料，以“凉秋暖胃”为主题，制作一道适合老年人食用的菜品。经过近3个小时的角逐，有10个老年食堂入围决赛。杭州市拱墅区老人公寓食堂获比赛第一名，吴家墩社区老年食堂、小河社区老年食堂获比赛第二名，杭州馨和园颐养院食堂、和睦街道老年食堂获比赛第三名。厨艺大赛通过网络直播的形式向社会展示参赛菜品30多道，10万人次在线观看直播。 （金　骏）

婚姻家庭

【概况】2021年，区民政局办理结婚登记7161对，比上年上升7.0%；离婚登记2646对，下降4.8%；登记合格率100%。补发结婚证4263对、离婚证274对，出具婚姻证明8件。区婚姻登记机关设立婚姻家庭辅导室，为当事人提供离婚调解，为新婚夫妇提供婚前、婚后辅导，为有婚姻危机的家庭提供心理咨询、法律援助，全年为各类婚姻家庭辅导服务362例。开通“婚育户一件事”联办服务、内地居民补领婚姻登记证全省通办服务、周日办理预约结婚登记服务，受理“婚育户一件事”联办事项2605件，办理跨区域补证729例、跨区域调档1831件。推进婚俗改革，区婚姻登记机关成立“新时代文明实践站”，选聘结婚登记特邀颁证员，常态化开展特邀颁证活动。实行常态化新冠肺炎疫情防控举措，落实网上预约婚姻登记制度。根据区疫情防控指挥部要求，阶段性暂停集体颁证服务和婚姻辅导服务。

【婚姻登记机关迁址】2021年1月25日，拱墅区民政局婚姻登记处从丰庆路855号搬迁至余杭塘路1号，新址总面积922平方米，按国家AAAAA级婚姻登记机关标准建设，登记大厅布置以“运河婚俗文化”为主题，融入水和桥的元素，彰显拱墅区自然人文特色。大厅内有长30米的“悠悠运河水”手绘墙面画卷，画面由“婚船迎亲”“哭嫁女”“拱宸走桥”“漕舫游运”“喜迎华堂”“拜堂成亲”6个场景组成，将精美插画与船、桥、鼓等立体实物相融合，并有“两姓联姻”打卡点、“运河水桥”屏风、桥名点题祝福寄语、民国时期婚书、古代“和离书”等特色装饰。全年登记处接待外地参观考察团队42批次、400多人次。

【集中补领婚姻登记证试点】2021年，拱墅区被列为浙江省集中补领婚姻登记证试点城区。区民政局制定《拱墅区集中补领婚姻登记证试点工作方案》，成立工作专班，在全区开展集中补领婚姻登记证和补办结婚登记试点工作。设置临时巡回点，方便群众办理补证业务。落实每个街道至少1名工作专班人员驻点，指导社区对辖区内常住居民情况进行全面摸底，做好宣传解释、协调沟通等工作。全年区民政局婚姻登记处发放宣传资料11.2万份，开展街道巡回补证服务9场，补领婚姻登记证4537对，完成集中登记前在辖区街道(乡镇)进行婚姻登记证的办证工作，基本做到能补尽补。

2021年5月20日，拱墅区“最美家庭”裘森联和孙慧芳夫妇(右一右二)作为区婚姻登记服务中心特邀颁证员主持新人集体颁证仪式　（区民政局　供稿）

【婚姻家庭辅导及结婚登记颁证服务】2021年5月10日，区民政局印发《结婚登记特邀颁证员志愿服务管理办法》，邀请全国文明家庭、拱墅区“最美家庭”成员担任结婚登记特邀颁证员，全年举行集体颁证仪式5场。区婚姻登记机关婚姻家庭辅导室依托拱墅区有晴天社会心理服务中心，为市民免费提供线上、线下婚姻家庭辅导服务。全年受理婚姻家庭辅导热线咨询电话120人次，其中提供政策咨询68人次，开展线上婚姻家庭辅导52人次。组织婚姻家庭集中辅导活动2场，服务当事人620人次，其中婚前辅导服务196人次、婚姻家庭问题咨询服务72人次、离婚劝导和调解服务352人次，离婚劝导和调解暂缓离婚率55.1%。区民政局婚姻登记处特约颁证员周婧斯获浙江省第二届结婚登记颁证技能比赛“金牌颁证员”称号。

【百对新人礼赞党“5·20”主题活动】2021年5月20日，区民政局在婚姻登记服务中心举办“爱你·百年”百对新人礼赞党“5·20”主题活动暨新时代文明实践站授牌仪式。主题活动现场设置“百年好合”“缘定运河”“红妆花轿”“两姓联姻”“新人礼赞党”5处贺喜打卡点，供新人拍照留念。设置“爱你·百年”“百对新人礼赞党”环节，百对新人在留言板上写下对中国共产党的美好祝福。区民政局婚姻登记处给每对新人送上承载着诚挚祝福的贺卡、致新婚夫妇的贺信和倡导喜事简办的倡议书，并举行集中新婚辅导、喜事简办和喜事新办宣传、结婚登记特邀颁证等活动。其中特邀颁证仪式在上午10点10分举行，寓意十全十美、百年好合。颁证仪式由作为特邀颁证员的拱墅区“最美家庭”裘森联和孙慧芳夫妇为6对新人主持。活动当天有139对新人登记结婚，登记结婚人数为正常登记日的5倍。

（华震宇）

【未成年人关爱帮扶】2021年，

拱墅区成立未成年人保护工作委员会，由分管副区长任委员会主任，区法院、区民政局等18个部门为委员会成员，区未成年人保护委员会在区民政局设立办公室（简称区未保办）。区未保办举办全区未成年人保护工作培训会，街道儿童工作督导员、社区儿童工作主任参加，其中168名社区儿童工作主任通过培训考核，获得儿童工作主任任职资格证书。制定《拱墅区未成年人保护工作委员会工作职责》，印发《拱墅区未成年人保护工作委员会关于加强未成年人保护工作的意见》《拱墅区2021年未成年人保护工作要点》。加强未成年人保护工作站建设，明确街道级未成年人保护工作站场地布点、场地规模、服务功能、安全管理等要求。年内辖区建成未成年人保护工作站18个，服务范围覆盖170个社区（未包括4个托管社区）。

（李浣菁）

区划地名管理

【概况】2021年2月，区民政局完成原拱墅区人民政府驻地迁移申报工作。4月，经国务院批复同意，杭州市对部分行政区划进行优化调整，撤销下城区、拱墅区，设立新的拱墅区。随后新拱墅区开展行政区域界线勘定和上报备案工作，绘制拱墅区行政区划图。7月，拱墅区牵头开展拱墅西湖线界线联合检查。对辖区市容市貌进行整治，清理设置不规范和存在破损、锈蚀、倒伏、内容错误的地名标牌1.2万块。全年完成住宅区命名21个、道路命名17条、桥梁命名18座、公园和隧道命名各1个（条），为企事业单位和个人核发门牌证明7600件。

2021年7月7日，拱墅区开展上城拱墅线、拱墅西湖线、拱墅余杭线图上定界和实地勘界工作

（区民政局 供稿）

【行政区域界线勘定】2021年5月，拱墅区成立行政区域界线勘定工作领导小组，制订《杭州市拱墅区行政区域界线勘定工作组织实施总体方案》，召开拱墅区勘界工作培训会，开展图上定界和实地勘界工作。依据1997年勘界资料，按照勘界工作政策规定及核定法定线、勘定习惯线、解决争议线的要求，明确勘界标准，依照图上定界、实地勘界、埋设界桩等程序，牵头开展上城拱墅线、拱墅西湖线、拱墅余杭线勘界，配合开展拱墅临平线勘界。9月，拱墅区政府分别与上城区、西湖区、余杭区、临平区4个相邻城区政府签订联合勘界协议书及附图。10月15日、19日，拱墅区政府分别向市政府上报《关于拱墅区临平区联合勘定的行政区域界线协议书的报告》《关于上城区拱墅区联合勘定的行政区域界线协议书的报告》《关于拱墅区西湖区联合勘定的行政区域界线协议书的报告》《关于拱墅区余杭区联合勘定的行政区域界线协议书的报告》。经勘界测绘，拱墅区行政区域界线总长70.5千米，实地埋设界桩7个，其中上城拱墅线总长25.23千米、拱墅西湖线总长13.73千米、拱墅余杭线总长13.13千米、拱墅临平线总长18.41千米。

（周　威）

殡葬管理

【概况】2021年，拱墅区巩固免除困难群众基本殡葬服务费全区全覆盖工作，推进惠民殡葬从救助型向适度普惠型转变。全区有经营性公墓1个，为杭州市半山公墓，总墓穴68861穴，累计安葬43584穴；公益性公墓1个，为杭州市半山生态公墓，总墓穴6520穴，累计安葬6153穴；集中埋葬点3个，为沈家桥集中埋葬点、石塘集中埋葬点、独城社区静安堂，总墓穴3278穴，累计安葬2458穴；骨灰堂9个，为蒋家浜社区静安堂、康桥村社区静安堂、吴家墩社区静安堂、石桥社区安乐堂、华丰社区安乐堂、杨家社区安乐堂、永和社区安乐堂、义桥社区永安堂、永安社区安乐堂，总墓穴9602穴，累计安葬5947穴。

【安全文明祭扫】2021年，拱墅区加强群众集中祭扫安全管理，根据疫情常态化防控要求，加强祭扫现场管控工作，墓区祭扫安全文明有序。清明、冬至期间，实行分级分类祭扫管控。杭州市半山公墓、杭州市半山生态公墓实行通过"杭州民政""拱墅民政"微信公众号预约祭扫，祭扫人员凭预约码、健康码分时分段进入陵园。集中埋葬点和骨灰堂实行按需祭扫，按照分时、错峰、限人数要求进行祭扫，相对密闭的骨灰堂安排在室外祭扫。清明期间，辖区公墓预约祭扫4.61万人，现场总祭扫16.35万人。冬至期间，公墓预约祭扫2.87万人，现场总祭扫3.94万人。

【惠民殡葬提标增项扩面】2021年，拱墅区完善惠民殡葬政策，对惠民殡葬部分项目进行提标增项扩面。规范殡葬服务管理，对殡葬服务公益属性不全面和服务群众中的形式主义、官僚主义等问题进行治理。5月15日，区殡葬管理工作领导小组办公室印发《拱墅区惠民殡葬专项治理和提标增项扩面工作方案》，落实各部门、各街道责任。建立联合督查巡查机制，开展安葬（放）设施违规建设经营全面摸排整改工作。处置沈家桥社区（经济合作社）违规建设墓穴问题，对违规建设地块进行整改，拆除部分围墙，实施土地平整。8月19日，区民政局会同区发改经信局、区市场监管局、市规划资源局拱墅分局、半山街道对杭州市半山生态公墓进行实地检查，商讨历史遗留问题处理办法。

【殡葬业价格秩序、公益性安葬设施建设经营专项整治】2021年9月26日，区殡葬改革工作领导小组办公室印发开展殡葬业价格秩序、公益性安葬设施建设经营专项整治实施方案，区民政局会同有关部门组织开展殡葬业价格秩序、公益性安葬设施建设经营专项整治。10月，主要对墓地价格、殡葬中介服务违法违规牟利、未经审批或审批手续不全、改变公益用途违规经营4个方面重点问题进行集中整治。查处1例未经审批建设殡葬设施，规范殡葬服务市场秩序。（徐文玲）

民族宗教事务

【概况】2021年，拱墅区有少数民族44个，少数民族人口1.21万人。全区民族工作坚持以铸牢民族共同体意识为重点，围绕"大团结"主题，开展民族团结进步宣传教育、民族团结进步单位创建工作，推进民族团结进步活动"进学校、进课堂、进学生家庭"和民族村农副产品"进社区、进超市、进电商"工作，促进各民族交往交流交融和共同繁荣发展。祥符街道"贤聚堂"民族家园、米市巷街道"民悦轩"民族文化之家获评省级民族团结进步示范点。全区宗教信仰主要有佛教、道教、天主教、基督教。全年区宗教工作领导小组召开6次专题会议，深入学习《中华人民共和国宗教事务条例》《浙江省宗教事务条例》，研究落实宗教事务管理工作。区民宗局被评为全省民族宗教工作成绩突出单位。

【少数民族建党百年庆祝活动】2021年4月14日，浙江省政协委员会客厅联合杭州同心少数民族服务中心、区委统战部、东新街道新颜苑社区举办跨越"五省九地"的畲族"庆祝建党100周年·唱响畲歌献给党"畲族"三月三""云歌会"。来自浙江省丽水市、杭州市拱墅区畲族馆、广东省潮州市、江西省贵溪市、安徽省宁国市的畲族群众以"云直播""云对唱"等方式，献上一出具有民族特色、展现党领导下少数民族同胞美好生活的歌舞节目。省政协副主席马光明、省民宗委副主任钟新章出席并致辞。省政协常委、提案委员会主任孙光明，市政协提案委员会副主任朱国，区委常委、统战部部长黄飞，区政协副主席周钢等出席。

【2个单位获评省级民族团结进步示范点】2021年，拱墅区深入实施以"同筑中国梦、同步建小康、同心促团结、同心强本领"为主要内容的"石榴籽"工程，加大民族团结进步重点单位培育力度。祥符街道"贤聚堂"民族家园、米市巷街道"民悦轩"民族文化之家被评为省级民族团结进步示范点，全市有14个单位获评，获评单位涵盖学校、社区、企业、

乡村等。拱墅区2个单位以铸牢中华民族共同体意识为主线，结合各自特点，开展有层次、有主题、有内容的民族团结进步创建工作，推进全区民族团结进步示范点提质扩面，为打造具有杭州辨识度的“石榴籽家园”品牌奠定基础。

【宗教场所管理】2021年，拱墅区加强全区宗教活动场所和民间信仰活动场所疫情防控工作，组织活动场所安全工作互查互评，夯实疫情常态化防控基础。推进平安宗教活动场所“1+9”(管理规范及政治安全、人员安全、活动安全、食品安全、消防安全、建筑安全、网信安全、财务安全、财产安全)指标体系建设和民宗政务服务2.0建设。开展“宗教政策法规学习月”活动，采用线上与线下相结合方式进行宗教普法工作，提升个人法律意识和法治素养。以网络直播形式举办主题为“前世今生，梵钟悠扬”的宗教宣传活动，吸引7.8万名网民在线收听收看。

【宗教界专题学习会】2021年7月7日，区委统战部组织召开宗教界人士专题学习会。会前，区委统战部组织宗教界人士参观杭州大城北规划展示馆、杭州运河大剧院等大运河国家文化公园建设重点项目，听取拱墅区大运河文化带建设情况介绍。会议传达学习中共中央总书记习近平在庆祝中国共产党成立100周年大会上的重要讲话精神，对区委全会报告《高质量建设运河沿岸名区，奋力打造共同富裕示范区拱墅样本》进行解读。与会宗教界人士展开交流，表达宗教界永远跟党走、同心促和谐的坚定信念。全区各宗教活动场所负责人参加此次会议。

【显宁寺获评“省级平安宗教活动场所”】2021年10月29日，拱墅区辖区显宁寺被省民宗委命名为“2020年度省级平安宗教活动场所”。显宁寺按照“1+9”创建指标体系要求，开展平安宗教活动场所创建工作。由场所负责人担任平安创建责任人，实行履职承诺制，落实《浙江省宗教活动场所消防安全标准化管理规定》，与有关部门签订消防安全责任书，定期组织消防安全技能培训和应急疏散演练，确保场所人员熟练掌握器材使用和逃生自救方法。开展宗教活动场所“五进”、“寻梦中国·正言正行”等活动，挖掘教义教规中有利于社会和谐、时代进步和健康文明的内容，与中华优秀传统文化相融合，厚植宗教中国化思想基础。规范场所民主管理、财物管理、消防管理、人员管理和卫生管理，开展“文明敬香”活动，实行垃圾分类，倡导积极健康的公序良俗。全年显宁寺无安全事故发生。

【2个宗教活动场所获评省消防“百优争创”活动优秀单位】2021年12月24日，由省民宗委、省消防救援总队组织评选的浙江省宗教活动场所消防安全标准化管理“百优争创”活动优秀单位名单公布，拱墅区香积寺、天水堂2个场所榜上有名。同时省民宗委、省普法办联合命名拱宸堂为“2021年省级宗教法治宣传教育基地”。拱墅区贯彻落实《浙江省宗教活动场所消防安全专项整治三年行动实施方案》，开展宗教领域消防安全风险普查和“平安护航建党百年”安全隐患排查整治，提升辖区宗教场所消防安全标准化建设水平。按照“看有硬件、听有特色、学有经验、做有榜样”的要求，加快宗教法制宣传教育基地建设，通过举办“宗教政策法规学习月”“送法进宗教场所”等活动，营造宗教界学法、守法、用法的良好氛围。（冯俊虎　褚鹏凯）

街　道

天水街道

【概况】 天水街道位于杭州市中心，地处武林商圈核心区域，成立于1954年8月。东至中河，西到武林路女人街，南接凤起路，北依京杭大运河，被誉为“浙江窗口”“城市客厅”，是杭州城市繁华的原点。区域面积1.37平方千米，辖7个社区。2021年年末，户籍人口39772人，流动人口14754人。辖区内有武林广场等城市地标、杭州华东医药股份有限公司等重点企业，有唐经幢、钱王井等人文古迹。街道获评浙江省首批数字生活新服务特色街道、杭州市平安先进集体。天水街道特色亮点工作被《人民日报》、新华社等媒体报道。

【经济发展】 2021年，天水街道聚焦“三高地三窗口”（三高地为党建、楼宇、文化，三窗口为共富、时尚、数字）建设目标，推进经济社会各项事业稳步发展。全年实现税收收入30.08亿元，比上年增长21.0%；地方一般公共预算收入13.92亿元，增长14.0%。限额以上社会消费品零售总额153.4亿元，增长23.3%；限额以上商贸销售额1293.84亿元。加强招才引企工作，开展“三联三领三服务”活动，助推浙江出版传媒股份有限公司上市。辖区税收超过1亿元楼宇11幢，楼宇入驻企业168家，总注册资本66.12亿元，其中注册资本1亿元以上企业11家。

【基层党建】 2021年，天水街道打造中共浙江省委机关旧址陈列室及红色街区，吸引全国各地4000多人前往参观学习。深化武林商圈党建联盟，开办联盟互动共享党课，完善联盟“一部三委”（宣传联络部和项目合作委员会、志愿服务委员会、联谊活动委员会）工作机制。与省商务厅等175个单位开展“契约化”共建，覆盖1132个党支部、1.56万名党员，服务居民5万余人次。设立“红旗书屋”、商圈党群服务中心，成立商圈党史宣讲团，在武林商圈开展党史宣讲活动。举办“第三届武林商圈党建联盟年会”“银

天水街道红旗书屋　　（天水街道　供稿）

天书院第七届公益夏令营”等特色活动50多场。“公羊会”志愿者组织获评全国应急管理系统先进集体及省、市两级“最美志愿服务组织”。省商务厅、国网浙江省电力有限公司物资公司、中国邮政储蓄银行杭州分行、南京银行杭州分行、浙江怡华物业服务有限公司和杭州联合银行等党建联盟单位与街道共建社区“口袋公园”18个。

【环境综合整治】2021年，天水街道统筹推进灯芯巷、仓桥、胭脂新村3个社区老旧小区综合提升改造，改造面积25.76万平方米，总投资1.18亿元。街道对自来水管道、燃气管道、市政管网、弱电架空管线同步进行拆、改、建。全年打造美丽街巷5条、“口袋公园”18个，改造标准化垃圾房15座，更新社区门头、路灯、快递柜20多处，完成加装电梯13台，累计28台。开展“迎亚运”环境大整治、大提升活动，完成屏风街农贸市场和地铁武林广场站E出口周边道路整治、百井坊餐饮油烟治理，拆除延安路等商业大街F杆广告59块，整治电子屏144块、店招86块，被评为全市环境大整治、大提升活动优胜街道。深化巩固垃圾分类工作，加强“迎亚运”环境长效管理，天水街道连续两次获评全市环境整治优胜街道。

【社会事业建设】2021年，天水街道做优“阳光女儿家”服务品牌，持续完善“女儿家190”救助服务、“女儿家老年食堂”助餐服务、“女儿家养老中心”照料服务体系。全年戒坛寺巷、皇亲苑、环北新村3个社区老年食堂服务居民7.3万人次，比上年增长93%；开展老小区便民惠民服务2900多次。与浙江科技学院合作，为100户独居老人安装“居家养老智慧呵护系统”。推进商圈无障碍导视系统建设，完成120多处无障碍通道、电梯、公厕及低位服务台等软硬件改造，并设置商圈“无障碍盲文可发声鸟瞰地图”，上线全市首套“手语姐姐”翻译系统，在武林商圈实现“出行无障碍、信息无障碍、服务无障碍”。戒坛寺巷社区获评省级无障碍示范社区。发布“数字生活进社区”“儿童暑托”等10个惠民项目，有20多个单位认领。万寿亭农贸市场获评省级“五化”(便利化、智慧化、人性化、特色化和规范化)农贸市场。辖区新增皇亲苑、延安新村2个社区文化家园，实现社区文化家园建设全覆盖。文化家园举办书画展、邻里节等活动，丰富群众文化生活，皇亲苑社区获评省级文化示范社区。

【基层治理】2021年，天水街道加强维稳安保工作，全年化解信访积案9件。防御台风“烟花”“灿都”期间，协助浙江展览馆等单位安置员工近2000人。落实“双减”工作，排查校外培训机构68个，妥善处理华尔街英语、杭州精锐教育等机构有关停业事宜。完成杭州大酒店玻璃幕墙破裂等5个重大隐患问题整改，包括省粮贸大厦地下室涉及17家餐饮作坊的“闪电厨房”消防隐患问题整改。在国大城市广场等商场周边，为“外卖小哥”提供舒心停车场地。加强电信反诈宣传，电信诈骗发案率比上年下降50%。全年辖区化解各类矛盾纠纷800多件，居民满意度普遍提高。

【省委机关旧址成为党史学习教育基地】2021年7月29日，位于天水街道狮虎桥河下2号的中共浙江省委机关旧址陈列室启用，并与浙江革命历史纪念馆、中国共产党杭州历史馆(杭州市方志馆)等6个单位共同成立大运河红色文化联盟。前期经过专家考证，确认天水街道狮虎桥河下2号为土地革命战争时期中共浙江省委机关旧址之一，该旧址也是土地革命战争时期杭州唯一一个省委机关旧址。天水街道在省委机关旧址设立陈列室，将旧址打造成为党史学习教育基地，进一步丰富红色文化底蕴。

【武林商圈无障碍设施建设】2021年，天水街道推进武林商圈无障碍设施建设，通过数字赋能，引入全省首套信息无障碍综合服务系统、全市首套“手语姐姐”实时在线翻译系统和智慧居家养老环境辅助AAL系统。与辖区科技企业合作，引进高科技无障碍设备语音播报桩和信息服务亭，以公益形式为无障碍需求人士提供免费服务。年内武林商圈有11处人流密集场所和路口设立语音播报桩，播报桩通过蓝牙自动感应，引导无障碍人士平安出行。引进的信息服务亭为轮椅出行人士提供服务，为携带婴儿车、拉杆箱的市民游客指引无障碍行进路线。

【龙兴广场项目启动】2021年10月11日，龙兴广场项目开工建设。项目总建筑面积1.93万平方米，总投资8亿元。项目位于武林商圈核心区，毗邻世界文化遗产——西湖，东至延安路，西、南至灯芯巷，北至杭州市科技交流馆。项目内容为建设投资机构、证券机构、科创基地、基金公司等科技金融企业的“总部大楼”，并配套相应的商业设施。龙兴广场由杭州嘉利投资有限公司竞得。该公司主动对接规划部门、图审机构，抓紧推进项目开工前期准备，确保项目符合基本建设程序和相关技术规范标准，使空置多年的工地实现复工。

【数字赋能智慧商圈】2021年，天水街道在数字消费、数字出行、数字治理等领域做深智慧赋能，打造数字生活新服务示范商圈。开发支付宝“智慧武林商圈”小程序，运用大数据进行商品信息个性化、订制化推送。推出娱乐化、社交化零售平台——“真快乐”App，实现“在线真人‘一对一’视频导购”服务。依托城市大脑平台，在实现“停车引导”“先离后付”等应用场景基础上，推出区域联动停车、优惠互认的“通停通付”模式，激活泊位资源配置。以“社区微脑”夯实民生服务，打造全省首个“社区微脑驾驶舱”。年内，万寿亭农贸市场“网上菜场”、银泰百货“数字化升级驱动消费新活力”做法入选省商务厅数字经济生活新服务“一期工程”典型案例。（赵　瑾）

上塘街道

【概况】上塘街道位于上塘河与京杭大运河交汇融通处，2006年3月撤镇建街，因毗邻上塘河而得名，北与康桥、半山接壤，南至长板巷、石灰坝，西至运河，东至上塘河。街道区域面积9.6平方千米，辖10个社区和11个股份经济合作社。2021年年末，户籍人口38268人，流动人口50899人。上塘街道围绕打造产业转型升级、城市有机更新、大运河国家文化公园“3个样板区”目标。开展“迎亚运　我为新拱墅建功立业”六大攻坚行动，以实施“十大标志工程”（产业转型工程、数字赋能工程、媒体创意工程、月光经济繁华工程、集体经济发展工程、传统风貌街区精品工程、文旅融合工程、青年人才筑梦工程、民生福祉增进工程和党建聚力“5+5”工程）为主抓手，打造年轻、数字、文旅、宜居“4个新”上塘。街道改革发展情况在《人民日报》、中央广播电视总台、《浙江日报》、《杭州日报》等媒体刊播31次。

【经济发展】2021年，上塘街道推进产业结构转型升级，经济发展活力进一步增强。全年实现税收收入21.14亿元，比上年增长11.4%；地方一般公共预算收入11.19亿元，增长15.4%；实际利用外资7061.76万美元。营利性服务业营业收入46.72亿元，增长28.4%；服务贸易出口5542万美元，增长12.0%；社会消费品零售总额59.41亿元，增长3.5%；数字经济营业收入66.86亿元，增长11.0%。“数字+文旅”产业集群格局进一步凸显，街道数字生活小镇实现营业收入64.2亿元，增长7.0%。其中浙江顺丰速运有限公司实现营业收入40.73亿元，浙江顺丰同城有限公司在香港挂牌上市。街道完成运河南端沿岸居民区文化生活记忆空间打造，浙大城市学院数字文化创新研究院落户上塘，中央广播电视总台音频客户端“云听”、大型人物传记系列纪录片《百年巨匠》摄制组、荷马国际有限公司、杭州旭航网络科技有限公司等优质文创文旅企业和机构入驻大运河景区。

【基层党建】2021年，上塘街道紧扣“学史明理、学史增信、学史崇德、学史力行”要求，坚持把学党史、悟思想与办实事、开新局结合起来，开设“微党课”20多场，开展“六个一”活动（讲一次党课，读一封红色家书，办一件实事，讲一个红色小故事，观看一部红色短片，参加一次“我是党员我先行”志愿服务）1200多次。街道领导班子领办民生项目241个，直接惠民2200多人次。压实基层党组织书记管党治党主体责任，以实际行动践行“两个维护”。浙江顺丰速运有限公司获评全市快递物流行业党建工作示范点。瓜山未来社区党建工作在杭州市未来社区党建工作会议上做交流发言。面对新冠肺炎疫情，街道组织社区、小区开展“一

上塘古运河景区 （上塘街道 供稿）

名党员一幢楼"行动，发动266名红色管家分包每个楼道，发挥党员干部在疫情防控中的先锋模范作用。

【民生保障】2021年，上塘街道完成蔡马二期155户拆迁户回迁安置工作，创造"当年拆迁、当年开工、按期回迁"的"杭州速度"。完成中国轻工业自动化研究所和嘉兴东路5、7、9幢房屋等区块132套标准房收购，以及8个老旧小区改造验收，宸麟府448套安置房交付。辖区加装电梯32台，惠及住户440多户。加快村级留用地开发建设，拱宸村级留用地项目竣工并投入使用。打造"阳光小伢儿"成长驿站、"阳光老人家"养老服务站点，为"一老一小"筑起温情港湾。坚持"动态清零"总方针，压实常态化疫情防控责任，实行重点人员、重点领域全流程闭环管理。启用浙大城市学院方舱式临时接种点，辖区18岁以上人群全程接种任务完成率全区第一。开展店招店牌、车容车貌整治提升工作，打好亚运城市环境整治战。开展全域化智慧消防试点，上线智慧消防应急管理系统。开展防范电信网络诈骗犯罪、"平安护航建党百年"等系列行动，推进"双减""涉众型金融风险"排查整治，辖区治安警情保持下降趋势。

【瓜山未来社区建设】瓜山未来社区规划面积384公顷，东邻大运河数智未来城，西接运河湾历史文化街区，是全省第一批未来社区创建试点。2021年，上塘街道坚持系统性重构、市场化运作，大胆探索创新，依托杭州城市大脑拱墅平台"城市眼·云共治"，推动瓜山从破旧城中村向令人向往的未来社区转变。年内，建成青年公寓8300多套、精品民宿256间、青创中心1万平方米。青年公寓集聚青年人才8000多人，青年人才中95%以上拥有本科及以上学历，成为全省"改造类"未来社区建设的实践范例。街道推进数字化改革，建成街道、社区两级"上塘CPU"数字治理平台，"瓜山未来视界"数字治理平台被中央广播电视总台《两会》特别栏目点赞。

【上塘古运河景区打造】2021年，上塘街道发挥拱墅区融合"1+1>2"的叠加效应，在原"两区"界河上打造上塘古运河AAAA级景区，高品质建设"一街一廊一秀"。景区"一街"为整合上塘河沿岸4万余平方米的建筑，打造古运河历史风貌街区；"一廊"为通过对上塘河西岸84米游步道、绿化带的提升改造，在古运河景区和半山国家森林公园之间打造一条集"生态、文化、旅游"属性于一体的绿色山水连廊；"一秀"即上塘河夜游灯光秀。7月1日，上塘河夜游秀推出，成为"两区"融合的标志性工程。年内，上塘古运河景区项目代表拱墅区参加杭州市"亚运城市行动"比学赶超活动。

【胜利河美食街获评全省首个"阳光餐饮"示范街区】2021年，上塘街道胜利河美食街入驻餐饮连锁企业25家，营业面积8300多平方米，日均客流量6000多人次，营业额60多万元。美食街"阳光厨房"系统覆盖所有商户，以互联网、物联网、大数据技术为核心，通过全程留痕、信息追溯，实现监管单位、属地街道、管委会三级监管，实时查看后厨情况，可自动识别抓拍后厨人员不规范行为。加强食品外卖安全管理，做到每份食品的包装袋拉环处均贴上"食安标签"，杜绝在配送过程中被二次污染。街区建成“油烟在线”监测系统，所有商户均安装油烟实时在线监测设备，实时监控各餐饮店油烟排放情况。在商户负责人手机端安装监测App，当街区管委会发现商户油烟排放指标过高时，监测系统会采取联动措施进行控制。9月，美食街获评全省首个“阳光餐饮”示范街区、浙江省餐饮服务食品安全示范街。

（叶刘琦）

武林街道

【概况】武林街道地处商贸服务业和银行金融业高度集聚的市中心，毗邻美丽的西子湖畔，成立于1954年8月。辖区东经凤起路直至中河路，南到庆春路，西接环城西路，北靠环城北路，区域面积1.18平方千米，辖7个社区和2个楼宇社区。2021年年末，户籍人口42801人，流动人口11888人。辖区内有浙江省物产集团、浙江省农村发展集团有限公司、浙江省旅游投资集团有限公司、万向信托股份公司、嘉里置业（杭州）有限公司等重点单位，有安吉路、教工路、武林路等民国时期建筑群和马寅初旧居、陆游纪念馆、沙孟海故居等名人名家故居。武林街道以杭州市部分行政区划调整为契机，主动融入、无缝衔接，聚焦助力拱墅区建设运河沿岸名区共同富裕示范区拱墅样本的目标，全域推进美丽繁华精致和谐红色新武林建设。

【经济发展】2021年，武林街道推进“动能转换活力区”建设，用好武林商圈各方面资源，带动全域经济高质量发展。全年实现税收收入19.31亿元，比上年增长18.8%；地方一般公共预算收入11.74亿元，增长12.4%。开展敲门招商，引进项目213个，注册资本24.63亿元，其中招引重大项目4个、优质产业链项目6个、核心产业项目32个，重点项目投资企业有浙江乎泊停车科技有限公司、浙江物产中大财智共享服务有限公司、浙江中大元通电缆科技有限公司等。“武林店小二”团队引导企业有序用电工作获国家能源局保供电工作督查组肯定。

【基层党建】2021年，武林街道坚持党建引领，打造全市域党建联盟，与《人民日报》、新华社浙江分社等10多个单位签订党建共建协议，会同党建联盟单位举办“两优一先”表彰大会暨“传承红色基因 赓续精神血脉”党建共建“艺心向党”文艺会演、军民共建等活动。全域推进红色武林建设，实现辖区22个小区党组织全覆盖。创新小区党组织“1234”工作法，通过小区党支部引领，居民自治、多方共治双向驱动，小区党支部、居民自治会、小区管家三方协调，不忘初心红色圈、党群连心互动圈、惠民贴心服务圈、区域同心共建圈四圈服务联动，带动各项工作落地见效。辖区完善党建联动“五个起来”（组织构建搭起来、党建阵地建起来、党员身份亮出来、党建红盟实起来、小区公约立起来）工作机制，桃花河新村小区被评为杭州市小区党群示范点。环西社区党委抓党建促治理工作受到省委副书记黄建发批示肯定。深化“两新”党建工作，明确“两新”党组织“六必做”22项具体工作，选优配强2个楼宇社区党委班子成员。建立武林夜市党支部，举办“七彩夜市、红动武林”、“两新”组织开放式主题活动和“红色武林先锋行”活动。利用“武林论道”“武林青年说”等宣讲平台，开展理论宣讲20多场。全年街道微信平台发布稿件411篇，媒体刊发相关主题报道203篇。

2021年6月22日，武林街道“传承红色基因 赓续精神血脉”党建共建“艺心向党”文艺会演在杭州小剧场举行

（武林街道 供稿）

【美丽武林建设】2021年，武林街道组织物业企业、共建单位、“武林大妈”志愿者等开展环境整治“联合作战”，全年“扫楼、扫街、扫绿”全覆盖工作2次获评全市“十佳优胜”案例。完成清远里、环西新村和昌化新村老旧小区及昌化路美丽街巷改造，实施环西、安吉社区41幢居民住宅“污水零直排”改造。规范和引导涉水行业健康有序发展，优化“隔油”“隔沙”“隔渣”等治污效果，辖区基本建成全域“污水零直排”。创新“五查三评一通报”（“五查”即组织自查、开展互查、落实巡查、定向抽查、领导督查，“三评”即组织自评、互评、讲评活动，“一通报”即建立落实检查问题和工作进度情况通报）检查督查工作机制，辖区创建省级高标准垃圾分类示范小区1个、省级垃圾分类示范预备小区5个、市级垃圾分类示范单位2个。全域设置大件（特殊）垃圾临时堆放点、再生资源回收站，提升10处垃圾集置点等硬件设施。

【社会事业建设】2021年，武林街道首创智慧养老“一站两员”（即街道级居家养老服务中心和养老顾问、助老员）模式，以街道级居家养老服务中心为主阵地，下辖6个社区级养老服务中心，打造为老服务全覆盖阵地网，两级养老服务中心均可提供3个类别16项居家养老服务。全年辖区4个老年食堂用餐量2.5万人次。依托智慧养老数字驾驶舱线上派单，养老顾问和助老员线下送服务上门，惠及辖区80岁以上老年居民3100多人。推进既有住宅电梯加装，年内加装电梯10台。街道退役军人服务站被评为全国示范型退役军人服务站，竹竿巷社区被评为浙江省高质量就业社区，中北社区被评为杭州市老年友好型社区。

【社会维稳】2021年，武林街道社会矛盾纠纷调处化解中心加强社会治理事件的风险研制、动态监测，全年调处矛盾纠纷83件，办结“12345”市长热线、网上投诉、“领导信箱”信访件1072件，矛盾化解率90.5%。出动“武林大妈”志愿者1.6万人次，参与平安武林创建，志愿者项目获评全国学雷锋志愿服务“四个100”先进典型最佳志愿服务项目、全国巾帼志愿服务十大优秀项目。街道成立防电信诈骗平安共同体，启动反电信诈骗“百千万”工程，辖区案发率比上年下降30%。

【基层数字治理】2021年，武林街道建设“武林智治”功能平台，完成街道调度指挥2.0系统升级。推进数字赋能矛盾化解，建成“武林智治”平台，形成“矛盾不上交，化解在街道”5分钟矛盾防范化解服务圈，打通“武林大妈”数字驾驶舱“码上报”与基层治理“四平台”的数据。“武林大妈”民情快递“码”在全街道推广，并入选拱墅区第二批“民呼我为”十佳案例。

【廉政文化建设】2021年，武林街道通过把陆游纪念馆、马寅初纪念馆、张同泰药店、都锦生织锦博物馆等街道廉政文化示范点串联成片，构筑拱墅区“接‘廉’走运”运河沿线清廉新版图“见贤思齐”之旅板块，形成“清廉武林”示范效应。新建街道机关三楼和大和弄廉政文化墙2处。会同陆游纪念馆开展“十里清风拂武林、放翁诗意抒廉心”等廉政文化活动18场次，参加活动720多人次。各社区开展春节期间写“廉”幅、元宵节猜“廉”谜等活动，将廉洁文化与传统节日融合起来。

陆游纪念馆　　（武林街道　供稿）

【人才工作】 2021年，武林街道探索打造一站式人才服务综合体，为人才引进提供“最多跑一地”服务。健全领导班子成员联系重点人才制度，走访企业人才130人次。深化广利楼宇社区及街道人才驿站建设，组织17家重点企业参加“新春纳才，杭向未来”长三角高层次人才“云聘会”，对辖区100多家规模以上企业进行人才政策专题培训。制定《武林街道引才育才奖励办法》，辖区4家企业的16名D类及以上高层次人才获奖励16万元。全年新增杭州市高层次人才57人，引进婴幼儿教育支持重点人才项目1个。

【文明创建】 2021年，武林街道深化文明创建工作，完成城市文明程度指数国家、省、市6次测评迎检。以竹竿巷8号为新时代文明实践主要阵地，统筹搭建“1个文明实践所+7个文明实践站”的架构体系，开展文明劝导、文明餐桌、理论宣讲、迎亚运宣传等常态化文明实践活动。推出“文明帮帮码”平台，平台注册志愿者6846人，街道组建志愿者队伍53支，开展志愿服务活动177个，累计志愿服务时长1280小时。

（陆力舟）

祥符街道

【概况】 祥符街道位于拱墅区西北部，于2009年撤镇建街，素有杭城“北门重镇”之称。街道东沿京杭大运河西畔与拱宸桥、小河街道相接，南依余杭塘河与西湖区古荡街道相邻，西与西湖区三墩镇相连，北与余杭区良渚街道接壤。区域面积18.7平方千米，辖17个社区和15个股份经济合作社。2021年年末，户籍人口111143人，流动人口156135人。街道推出孝心车位、“中央厨房”、智慧化志愿服务等做法在《人民日报》、中央广播电视总台《新闻联播》栏目刊播。

2021年11月6日，祥符街道“党员进社区 共建好家园”党建活动基地（和苑）挂牌（刘 俊 摄）

【经济发展】 2021年，祥符街道推进35个产业项目建设，实现税收收入38.4亿元、地方一般公共预算收入20.24亿元、楼宇税收15.88亿元。完成固定资产投资107亿元。实现营利性服务业营业收入18.86亿元。运河万科中心一期、阿里云智能物联网基地、LOFT49创意先行区等重点项目投入使用，汽车互联网小镇实现主营收入125.7亿元、税收4.88亿元。街道举办2021汽车置换节、“冠军培育计划”企业沙龙等系列活动，承办2021年“创客中国”杭州赛区总决赛。引进T3浙江总部、海王生物浙江销售总部等优质企业，杭州中美华东制药有限公司和杭州中亚机械股份有限公司设立省博士后工作站，实现企业授权发明专利20多项。

【基层党建】 2021年11月6日，祥符街道党建活动基地（和苑）挂牌。街道聚焦打好“四大攻坚提升年”攻坚战，推进“五全五街”建设。围绕“我在运河南端学党史”专题学习、“百年革命史、奋进新时代”专题宣讲、“办实事、解难题、强服务、摆擂台”专题实践、专题组织生活会4个主题，落实党工委理论学习中心组专题学习、“祥符大讲堂”专题讲座、基层党支部学党史主题党日、集中性主题宣讲、“百场党课下基层”等13项重点任务。理论学习中心组开展“党史学习沙龙”集中学习会26次，街道领导班子成员到基层开展党史宣讲21次，向全体党员发放党史学习教育必读书3868套。在“祥符发布”微信公众号平台开设“百年党史人人学”党史学习教育专栏，杭州电视台综合频道《建党百年话初心，‘旗’行运河寻印记》专栏报道“三毛一虎”红色故事。深化党组织领导三方协同小区微治理，建成全省首个小区专员孵化基地，首创新交付小区前期物业监管模式，破解基层治理难题1192个。杭州银泰城党委获评杭州市先进基层党组织，方家埭社区建成全区首个“党员进社区·共建好家园”在职党员社区党建基地。

【环境综合整治】2021年，祥符街道辖区华东医药生命科学产业园和国际体育服务中心2个“152”工程开工，LOFT49创意产业园等3个项目投入使用。莫干山路沿线60项开发建设任务有序推进，5家企业完成征迁腾房、拆房收尾工作。完成102个点位无障碍设施改造提升，配合完成3个地铁站点道路及学院路、申花路、丰潭路3条主干道整治。以美丽杭州创建为主抓手，清除违法违规户外和车身广告2000多处，处理“城市眼·云共治”发现的环境问题9.1万件。街道创建成为杭州市“无违建街道”，获评省级“水美乡镇”、杭州市“五水共治”(河长制)工作“二十佳”镇街，北庄河、永兴河获评市级美丽河湖。

【社区治理】2021年，祥符街道在社保办理、就业安置、企业用工补助等方面实现便民、高效、规范服务，全年街道24小时办事服务综合自助机办件4370多件。健全完善“1+X”基层劳动纠纷多元化联调机制，年内受理劳动争议案件615件，案件调解率95%。开展“平安护航建党百年”和安全生产“百日攻坚”等专项行动，检查单位4601个，整改隐患问题4387个。推进18个小区消防通道、登高场地整改，累计安装电动车梯阻系统833台，提升改造微型消防站16个。

【民生保障】2021年4月12日，由祥符街道与杭州日报报业集团联合打造的0～3岁婴幼儿托育机构——华媒·一米国托育园在勤丰社区建成并投入使用。托育园面积300平方米，设置2个全日制托班，有托位60个。4月23日，花园岗社区“阳光老人家”投入使用，场地面积780平方米，与专业机构浙江福寿康医养服务有限公司合作运营，为辖区老年居民提供日间照料、医疗保健、文化娱乐等服务。7月29日，街道“老娘舅式”小区专员孵化基地建成并投入使用。基地由街道与《钱塘老娘舅》栏目组合作打造，采用“社媒联调”“师带徒”的小区专员培育模式，助力化解小区矛盾，提升小区专员调解能力。该基地在全区“比实干、晒实绩、求实效、争一流”推选活动中获评“深耕打造十佳特色阵地”。街道食安办以“制度建设完善、工作保障充分、运行管理有序、工作绩效显著”为宗旨，在17个社区建成食品安全科普宣传站，在陆家圩农贸市场建成开放式食品安全检测室，获评浙江省三星级乡镇(街道)食安办。街道完善全域“一老一小”服务体系，建成花园岗社区、都市水乡片区“阳光老人家”站点，完成适老化改造项目44个、“阳光小伢儿”驿站提升4个。实施新安天苑等5个小区提升改造，其中勤丰小区入选省级老旧小区改造典范案例。

【留用地项目推进】2021年3月19日，祥符街道花园岗商业综合用房三期项目开工。该项目由杭州滨江集团与花园岗股份经济合作社联合开发，用地面积3.52公顷，总建筑面积17.8万平方米，总投资18亿元，为2021年杭州市重点建设项目。项目定位为“体育产业+生命健康”，旨在推动体育商贸金融产业、体育数字经济产业、体育文化创意产业、体育领域及生命健康产业4个重点产业协同发展。全年3个留用地项目竣工，分别是阿里云智能物联网产业基地(祥符大厦)项目，总用地面积0.94公顷，总建筑面积4.2万平方米；万科汽车互联网核心产业园二期(郭家厍)项目，总用地面积1.94公顷，总建筑面积8.9万平方米；杭州郭家厍村经济合作社加气站项目，总用地面积0.15公顷，总建筑面积300平方米。

【全区首个网约车行业综合党委成立】2021年11月15日，按照“全市覆盖、区域联合、网点共建”总体思路，祥符街道成立拱墅区首个网约车行业综合党委——杭州T3出行综合党委。综合党委辖4个联合党支部，覆盖7个合作运营商及所属160个车队，施行党员司机线上线下亮身份、亮标识做法，以“一党员一车队”“一党员一标杆”制度凝聚车队合力，推动网约车行业业务提升。抗击新冠肺炎疫情期间，网约车队为辖区80多户居家隔离人员代购药品120多次。

【LOFT49创意先行区开园】2021年7月23日，杭州工万产业投资管理有限公司在祥符街道举行“创意先行，灵感共鸣”LOFT49创意先行区开园大会，标志着LOFT49创意先行区作为杭州的“灵感复兴之地”启幕。参加开园活动300多人，吸引意向客户70多个。至年末，园区对接意向客户35个，签约入驻丽尚国潮（浙江）控股有限公司、思库（浙江）文化传播有限公司、上海美好家实业有限公司杭州分公司等企业16家，创意产业集聚效益初步显现。（范晓芳）

长庆街道

【概况】长庆街道位于杭州市中心，成立于1962年5月，东邻东河，西濒中河，南依庆春路，北至京杭大运河。区域面积1.39平方千米，辖6个社区。2021年年末，户籍人口41693人，流动人口14294人。辖区内有浙江日报报业集团、浙江省金融控股有限公司、浙江省担保集团有限公司等重点企业和梁宅、吴宅、明宅等传统建筑。长庆街道抓住区划优化调整机遇，统筹推进经济社会发展各项工作。承办“百年风潮红运拱墅 初心不改岁月长青”拱墅区庆祝中国共产党成立100周年展演活动。推进环北小商品市场转型升级。承接浙江省乡镇（街道）法治化综合改革试点任务。“‘三和交流室’——志愿服务助推社区治理项目”获评第十三届中国青年志愿者优秀项目。“‘红色引擎’＋‘品牌动能’助推纠纷预防化解项目”获评省级基层法治化综合改革试点最佳实践案例。

【经济发展】2021年，长庆街道围绕建设“运河畔金融强街”目标，加快打造汇金金融产业集聚平台。全年实现税收收入14.03亿元，比上年增长10.4%；地方一般公共预算收入7.61亿元，增长16.4%。辖区年纳税100万元以上企业136家，实现税收12.96亿元，增长19.0%。完成固定资产投资6966万元，为年度投资计划的139.3%；货物进出口总额297.84亿元。引进摩根士丹利三期人民币私募股权基金、未来社区基金、中建三局华东设计院等项目166个，注册资本69.9亿元。其中，优质产业链项目16个，总投资1亿元以上重点产业项目12个，核心产业企业46家。依托“汇金魔方”企业服务平台，畅通街道与企业联系渠道，搭建企业与企业互助桥梁，开展金融培训、政策宣讲、项目路演等活动，开设线上直播“空中慕课”“法治直播带货”等专场，助推新产业生态发展。

【基层党建】2021年，长庆街道推动党史学习教育入脑入心。成立街道红色讲师团、王马社区“半月谈”党史宣讲团、春燕服务宣讲团等5支队伍，开展党史宣讲30多场。开发杭州中国丝绸城党群服务中心、王马“匠心驿站”、贡院小区党群驿站等红色场地，组织党史知识竞赛、红色藏品展等主题活动，发动居民创作书画、歌舞、朗诵等主题作品，为党的百年华诞献礼。加强基层党建工作。实现24个小区党组织全覆盖，完成“两新（新经济组织、新社会组织）党支部＋社区党支部”结对全覆盖和82个楼道党支部换届选举。激活“两新”党组织活力，汇金国际楼宇社区党委与上海外国语大学英语学院党支部开展“线上‘云’联建、共学‘四史’文化”活动，搭建人才交流平台。创新“民意直通车”“小哥加油站”等服务形式，推动完成街道、社区民生实事。辖区成立物业管理联盟，解决小区物业公司选聘难、业委会选举难等问题10多个；聚焦党建共建，与杭州市生态环境局、中国工商银行杭州分行、浙江大学等单位党组织建立互帮互助机制。成立街道新乡贤联谊会、区党外知识分子联谊会长庆分会，建好“银联同心荟”、柳营清廉文化街区等阵地，打造具有长庆特色的统战品牌。

【环境综合整治】2021年，长庆街道加强“‘迎亚运’城市环境大整治、城市面貌大提升”长效管理，出台长效管理考核办法，建立长效管理工作机制，累计处置市区专班抄告问题884个、市数字城管抄告问题1.2万个，问题解决率100%。巩固“无违建街道”创建成果，全年完成拆违35处，面积781.5平方米。杭州环北小商品市场实现签约、腾退“双清零”，用73天时间完成整体搬迁，搬迁建筑面积3.24万平方米，涉及商户1539家。建成柳营巷美丽街巷，创建省级垃圾分类示范小区、市级垃圾分类示范小区3个。依托“长庆微脑·数字驾驶舱”等平台数据，对辖区雨污、水质、危房、垃圾分类等情况进行实时监控，辖区通过“常态整治、联合执法”，市场周边环境秩序明显好转。

【社会事业建设】2021年，长庆街道推进共建宜居家园工作，实施92幢33.51万平方米老旧小区综合提升改造，完成吴牙、柳营社区老年食堂软硬件设施提升，启用十五家园社区婴幼儿成长驿站，长庆街道残疾人之家创建成为杭州市“四星级”残疾人之家。推进32个点位无障碍设施改造提升。街道组织线上就业“云招聘会”、线下社区招聘会10场，为600多名失业人员提供就业服务。辖区90多家商户成为退役军人志愿服务点，王马、浙大御跸社区退役军人服务站通过全国示范型退役军人服务站验收。规范企业用工管理，处理劳动纠纷40多件，为劳动者解决拖欠薪资40多万元。街道开展反电信网络诈骗宣传、健康义诊、环保夏令营进小区和楼道活动，提升邻里互助、志愿帮扶的和谐氛围。

【社区文化建设】2021年，长庆街道坚持以文化人、以文育人，实现社区文化家园全覆盖。全年举办文化惠民活动50多场，开办书法、绘画、烘焙等兴趣班11个，参加兴趣活动6000多人次。建立街道、社区、网格三级“扫黄打非”工作格局，实现“扫黄打非”“专职＋兼职＋群众”的联动，街道获评浙江省第五批“扫黄打非”进基层示范点。浙大御跸社区“三和”舞蹈队获评杭州市示范社区学习共同体，“张燕萍·枫丰文化艺术工作室”获评拱墅区社区教育“民家工作室”，浙大御跸社区“三和”舞蹈队、王马民乐队、王马舞蹈队获评拱墅区“民星学习型社团”，乐明潮·公益瑜伽工作室、蒋明·蒋氏旗袍工作室获评拱墅区第一批“民师民家工作室”。

【社会维稳】2021年，长庆街道聚焦源头治理，健全“1＋6＋N”（即1个街道矛调中心，6个社区矛调站，N个网格）基层矛调组织体系，全年调解各类矛盾纠纷264起，其中信访积案2起，涉及金额520多万元。街道制定防范电信网络诈骗具体措施，培育“老沈反诈工作室”“春燕反诈志愿服务队”“岳家军反诈志愿军”等反诈团队，电信诈骗案件发生率比上年下降26%。开展安全专项检查，发现安全隐患问题4178个，关闭2个有重大安全隐患的美食城，注销1个省级挂牌重大隐患单位，完成东清大厦、天安假日公寓消防设施问题整改，全年火警成灾率下降27%。

【省级法治化综合改革试点】2021年6月28日，长庆街道承接全省法治化综合改革试点任务。街道发挥综合执法改革试点优势，构筑街道、社区、网格、楼道“四级”法治建设工作网络，探索实践“一支队伍管执法、一个网格全覆盖、一个平台提效能、一个体系抓落实、一套制度重保障、一个窗口强示范”六边形基层法治建设模式。依托“长庆数字驾驶舱”，融合基层治理“四平台”、智慧安防小区、“云上城管”等平台，实现数据链接、业务协同。推出“企铺智慧监管平台”，以“企业自查＋执法督查”形式，对企业商铺进行标签式管理，推进执法改革智能化。“‘红色引擎’＋‘品牌动能’助推纠纷预防化解项目”获评省级基层法治化综合改革试点最佳实践案例。

【新乡贤联谊会成立】2021年10月22日，长庆街道召开新乡贤联谊会成立大会，生活、工作在长庆街道的新乡贤共叙桑梓情谊，共话家乡发展。会议选举产生第一届新乡贤联谊会领导班子成员。第一届新乡贤联谊会成员主要为文化、教育、经济界代表性人士，包括中学骨干教师、会计师事务所资深会计师、工艺美术大师等。乡贤文化以乡愁为基因，以乡情为纽带，以乡贤为楷模，以实现本土经济发展、社会稳定、居民安居乐业为目标。长庆街道以新乡贤联谊会成立为契机，进一步服务好、团结好乡贤，凝聚统战人士的智慧和力量，使统一战线工作融入社区基层治理，实现社会各界共谋发展。

【《小巷初心》获评红色故事会全国大赛一等奖】2021年6月11日，由区委组织部（区委党史研究室）、长庆街道创作的展现红色王

2021年6月11日，党史情景剧《小巷初心》在庆祝中国共产党成立100周年红色故事会全国大赛中获一等奖　（长庆街道　供稿）

马的党史情景剧《小巷初心》，在庆祝中国共产党成立100周年红色故事会全国大赛中获一等奖和优秀组织奖。《小巷初心》还原发生在王马社区的3个场景，以"光"为主线，展现1927年地下党莫爱云奶奶那盏灯的"革命之光"，2002年楼道党支部科普楼成立点亮的"楼道之光"，2020年新冠肺炎疫情小区封闭时期千家万户燃起的"抗疫之光"。情景剧以别开生面的方式，展现令人难忘的画面，传承王马的红色基因，赓续共产党员为民服务、无私奉献的精神。　（许晓琼）

半山街道

【概况】半山街道位于杭州市东北部，2010年12月撤镇建街，东邻上城区丁兰街道，南与上塘街道相连、与石桥街道以上塘河相隔，西与康桥街道接壤，北与临平区崇贤街道为邻。区域面积21.4平方千米，辖12个社区和4个股份经济合作社。2021年年末，户籍人口42357人，流动人口56335人。街道立足"一山一水"（半山和上塘河）自然生态资源，构建"一寺一庙一址一阁两园两带两通"（显宁寺、半山娘娘庙、战国墓群遗址、望宸阁、半山国家森林公园和杭钢工业旧址公园、环半山景观带和上塘河景观带、打通"吟风梅园""游龙港"两个山水联通节点）格局，创建成为浙江省AAA级旅游景区。迭代升级"望宸·智汇"指挥平台2.0版本，"数治云梯""数治消安"场景分别获评年度浙江省城市大脑（智慧城市）场景应用优秀案例、浙江省数字经济"五新"优秀案例。推进养老服务设施建设，实施"阳光小伢儿"三年行动计划，辖区呈现幼有善育、老有颐养的幸福实景。

【经济发展】2021年，半山街道按照"发展第一、项目第一"宗旨，引进投入产出比高的项目，重点引进优质税源项目。开展亲情化、精细化、个性化为企服务，深化"服务成就税源"品牌建设。全年街道实现税收收入13.21亿元，比上年增长54.9%；地方一般公共预算收入7.42亿元。实际利用外资7016.42万美元。推进浙江景嘉医疗科技有限公司、杭州凯大催化金属材料股份有限公司、浙江省肿瘤医院重离子医学中心等27个产业项目建设，重点产业项目占地面积15.54万平方米，完成固定资产投资60.19亿元，省重点项目浙江云计算数据中心主体工程完工。辖区转型升级骨干企业杭州钢铁集团实现销售额2760亿元，入围世界500强企业榜单；北城·智汇园实现营业收入54.3亿元，亩产税收突破70万元。全年招引产业链项目18个，其中投资1亿元以上项目11个。

【基层党建】2021年，半山街道深入推进党风廉政建设，制定街道党工委书记"第一责任"和班子成员"一岗双责"清单。建成望宸阁沿线、桃源金星党群服务中心、半山党史馆组成的"三点一线"党史学习教育红色打卡点。举办"回忆百年奋斗路·共建美丽新半山"微型党课比赛、"红心向党·献礼百年"社工节等庆祝中国共产党成立100周年系列活动，为458名老党员颁发"光荣在党50年"纪念章。召开首届新乡贤联谊大会，首创"乡贤·邻里"模式，打造小区治理共同体，以党建引领社区治理。

【重点项目建设】2021年，半山街道推进重点项目建设，完成固定资产投资60.19亿元，为辖区高质量发展注入新的动能。6月30

半山国家森林公园　（区住建局 供稿）

日，杭州·金地威新8号桥项目竣工。项目位于拱墅区北部沈半路，占地面积336公顷，投入建设资金1.3亿元，是“半山新产业创新走廊”的东部起始点，由汽车修理厂、长租公寓、废品回收站等老旧厂房提升改造而成，含9栋楼宇，拥有近1万平方米商业面积的24小时体验式开放街区、2000平方米灵活创意的办公空间，融合创意办公、品牌展示、产业配套、特色商业4个业态，园区地理位置优越，交通畅达。浙江云计算数据中心项目由杭州钢铁集团与阿里巴巴集团合作共建，项目一期与1栋数据中心大楼完成建设。3个安置房项目主体结顶，建筑面积15.6万平方米，房源868套。

【金星社区婴幼儿成长驿站获评市示范驿站】2021年，半山街道深入实施“阳光小伢儿”三年行动计划，通过引进第三方托育服务资源，让婴幼儿在家门口得到科学的养育照护。街道打造的金星社区婴幼儿成长驿站有儿童之家和青少年俱乐部2个品牌。儿童之家总面积268平方米，开设“阳光小天使”4～6岁幼儿课堂、“四点半课堂”、“小候鸟夏令营”等特色活动和课程，并采用志愿者积分兑换形式开展，通过家庭、社区、第三方机构三方携手，共同促进婴幼儿健康成长。12月，金星社区婴幼儿成长驿站获评“杭州市示范婴幼儿驿站”。

【杭州石塘公交充电站启用】2021年3月29日，全国单期规模最大公交充电站——杭州石塘公交充电站启用。充电站由国网杭州供电公司与杭州市城投集团合作建设运营，通过“智慧”充电桩，让充电步骤由5步减到1步，公交车驾驶员只要连接上充电枪，充电桩便可自动识别车辆和自动结算费用。该站配置充电停车位401个、充电桩304个，可满足400多辆电动公交车充电需求，每天减少城市碳排放28吨，年贡献城市碳减排近1万吨。

【第十届“半山立夏节”系列活动】2021年5月4—6日，半山街道举办为期3天的第十届“半山立夏节”系列活动。“半山立夏习俗”入选国家级非物质文化遗产代表性项目名录。该届半山立夏活动以“诗路立夏·让非遗融入当下生活”为主题，以运河文化广场和半山公园（半山娘娘庙）为活动核心区域，突出民俗展示和民俗体验2个亮点。其间，举办“大运河节气文化与旅游融合”高峰论坛、立夏民俗体验、非遗花伞市集、立夏跑山等活动，吸引中国农业博物馆、中国旅游研究院、浙江大学、中国美术学院等传统文化保护研究单位的80多位专家及全国各地1万余名游客参加。

【第三届望宸诗会】2021年6月15日，由浙江共产党员杂志集团、半山街道主办的第三届“百年礼赞·望宸诗会”在半山乡贤文化馆举行。诗会以献礼中国共产党成立100周年为主题，围绕中国飞速发展、新时代伟大成就、半山华丽蝶变等内容进行创作和演绎，分为“红船映初心”“奋斗百年路”“展望新未来”3个篇章，其中大部分诗歌为半山本土原创。诗会创新运用“党建+诗歌”的形式，把沙画、舞蹈、情景剧、越剧等融入表演中，实现党建和诗歌两大元素的结合。诗会现场举办半山街道“光荣在党50年”纪念章颁发仪式，为抗美援朝老兵代表、热心服务街道发展的志愿者等10位老党员佩戴纪念章。

【老旧小区提升改造】2021年9月8日，拱墅区老旧小区改造提升办公室联合区住建局、区财政局等部门召开半山街道老旧小区综合改造提升工程联合验收评审会，验收通过5个社区的老旧小区综合提升改造工程，涉及12个小区252幢房屋，总住户9199户，总建筑面积65.4万平方米。半山街道成为全区首个全面完成老旧小区改造验收的街道。街道从整治和提升小区消防安全标准化管理水平入手，选择杭钢北苑社区先行打造"数智消防"管理系统。该系统利用人工智能、物联网、大数据等技术，上连"119"接处警系统、中通微型消防站指挥调度系统，下接物联网预警平台，形成数据融合、业务联动、管理统一的系统闭环，实现对老旧小区安全问题的智能化管理。年内，杭钢北苑社区获评杭州市老旧小区改造典型案例，5个旧改社区均获评杭州市绿色社区。

【半山街道获评市级"最美敬老爱老助老示范街道"】2021年10月，半山街道被评为市级"最美敬老爱老助老示范街道"，成为拱墅区唯一获此殊荣的街道。半山街道有户籍老龄人口1.04万人，占户籍总人口的25.7%。街道以招商观颐之家·杭州颐养中心运营为契机，联合区招商高利泽养老服务有限公司及辖区医疗机构，打造县级康养联合体，为失能失智及有康复需求的老年人提供康复护理、康复训练和生活照护等服务，实现半山康养服务品质的跨越式发展。街道探寻"传统养老"向"智慧养老"转变的创新之路，打造"健康＋养老"红盟服务平台，借助互联网、移动网、物联网"三网合一"技术，为辖区老人提供"云问诊"健康养老服务。辖区建有"独居老人云保障"系统，24小时记录老人用水用电数据，实现异常情况预警功能，较好地解决"老人在家意外情况发现难"问题。

【双拥工作获嘉奖】2021年12月，半山街道获杭州市"全国双拥模范城创建工作中成绩突出集体"嘉奖，为全市唯一获得杭州市嘉奖的街道。半山街道成立双拥工作专班，召开专题会议研究双拥工作，发送双拥宣传信息，设置双拥宣传牌，举办联谊活动，增强居民国防意识。组织辖区10多个单位与驻地部队结对，共同营造双拥氛围。帮助驻地部队拓宽进入营区道路，协助解决部队官兵家属就业、子女就学等问题。春节、建军节期间开展走访慰问，为驻地部队送上慰问金和生活用品，并邀请部队官兵参加联谊、"联亲"活动。

【杭钢人家邻里中心建成】2021年12月30日，杭钢人家邻里中心完成主体工程及软硬件装修，基本具备运营条件。杭钢人家邻里中心的前身是杭钢浴室，建筑面积1753.5平方米。杭钢集团无偿转让杭钢浴室的使用权，由半山街道和北苑社区主导，将浴室改建为综合服务治理平台。中心集群团活动、文化体育、医疗卫生、托管康养、教育培训、志愿者服务等服务功能于一体。（李喻辉）

潮鸣街道

【概况】潮鸣街道位于拱墅区东南部，成立于1954年8月，东临贴沙河，西依东河，北靠大运河，南接庆春路与上城区交界，三水环绕，环境宜人。区域面积1.98平方千米，辖9个社区和3个楼宇社区。2021年年末，户籍人口47728人，流动人口18120人。潮鸣街道锚定共富共美目标，推进十大民生实事，经济社会发展提质，彰显"重要窗口""头雁战队"的潮鸣力量和潮鸣速度。街道获评"第五批国家级充分就业社区""浙江省退役军人服务保障体系建设先进单位"。数字就业、老旧小区改造、既有住宅电梯加装等工作被《人民日报》、新华社、《浙江日报》、《杭州日报》等媒体跟踪报道。

【经济发展】2021年，潮鸣街道以健康金融为主赛道，一手抓"腾笼换鸟"，一手抓"开笼引凤"，依托街道健康产业园、数字服务产业园、富通集团3个平台项目招商优势，重点发展总部经济和楼宇经济。全年街道实现税收收入13.68亿元，地方一般公共预算收入6.68亿元，均比上年增长40%，增速列全区第二位。引进企业近100家，总注册资金12亿元。引进投资1亿元以上项目7个。实现商贸销售额1656亿元、社会消费品零售总额8.7亿元，分别增长23.5%和22.5%。服务外包完成全年任务128%。外贸货物进出口总额20.29亿元，增长16%。京东直播电商华东中心等总部经济落户潮鸣，浙江医疗科技发展公司入选准独角兽企业，杭州特扬网络科技有限公司完成B轮融资。

【基层党建】2021年，潮鸣街道有基层党组织185个、党员3671人。街道以“红色根脉强基工程”为牵引，推进基层党组织建设。组建小区党组织43个，108个小区（楼道）党支部完成换届。成立“小哥驿站流动党支部”，实现小区党建全覆盖。开展选树“党建双强”、表彰“两优一先”活动，向575名党龄50年以上老党员颁发“光荣在党50年”纪念章。加强“四责协同”（党委主体责任、纪委监督责任、党委书记“第一责任”和班子成员“一岗双责”），成立“亲情廉盟”，营造风清气正政治生态。小天竺社区党委被评为“浙江省先进基层党组织”，石板巷小区被认定为市级党群示范点。

【民生服务优化】2021年，潮鸣街道优化社区为民服务项目，推进“有李会客厅”“谈判高手成长营”等17个品牌项目落地，引导社会组织参与基层治理。街道残疾人之家获“杭州市五星级残疾人之家”称号、“杭州市爱心助残行动行政奖励”集体嘉奖，并入选亚残运会残疾人事业展示点。潮邻益家社会工作发展中心获评全省品牌社会组织，成为全区唯一获得省、市两级品牌社会组织称号的社工机构。推进老旧小区既有住宅电梯加装，依托“一名党员一部梯”机制，创新“五好加梯工作法”（政策宣传好、协商调节好、费用计算好、支撑保障好、项目结合好），确保“加梯有人推进、造梯有人监督、管梯有人落实”，形成具有潮鸣特色的加梯做法，开创国内双层分散受力整体加固浅基坑加梯的先例，完成全市首台由业主出资建造的无障碍电梯加装，艮园17幢加装电梯被评为杭州市“最美电梯”。全年交付使用电梯121台，惠及居民2100多人。

2021年6月18日，潮鸣街道向辖区党龄50年以上的老党员颁发“光荣在党50年”纪念章
（潮鸣街道 供稿）

【美丽小巷提升改造】2021年，潮鸣街道启动美丽小巷提升改造工程。进行提升改造的小巷位于东园街西段，东起大树路，西至建国北路，北侧为树园小区，南侧为锦园小区，长约210米。改造内容包括完善交通功能、提升街区空间、整治店容店貌、更新基础设施等。年内建成小巷“口袋公园”1个，完成锦园、树园小区4个出入口景观提升，翻新店招100多平方米，更换道路侧石800多米，翻新人行道2900多平方米。

【老旧小区综合整治】2021年，潮鸣街道启动锦园、树园老旧小区综合整治工程。整治涉及房屋68幢，建筑面积20多万平方米，主要实施建筑单体美化、小区绿化提升、附属设施完善、智能社区建设等，通过完善健康、教育、服务、治理等场景，全面提升居民宜居水平。全年完成绿化提升5000平方米，更换雨篷2.7万米、晾衣架7200米，屋顶修漏8000平方米，凸保笼改平保笼4000平方米，新增环境监测点112个、道闸11台。

【数字就业应用场景开发】2021年，潮鸣街道按照省、市建设共同富裕示范区“扩中”“提低”行动总体要求，聚焦失业重点群体，依托数字政务驾驶舱，试点搭建数字就业应用场景，推出实时走访提醒、智能岗位匹配等数字就业主动精准服务，完成从识别到帮扶再到就业的全周期服务流程再造，在全省率先实现“国家级充分就业社区”全覆盖。全年应用场景推送就业相关政策、信息1万余条，推出就业岗位600多个，帮助132名失业人员实现再就业，整体就业率超过97%，比上年提高20个百分点。

【潮邻群众工作站建立】2021年7月，潮鸣街道成立潮邻群众工作站。工作站位于潮鸣苑11幢一楼，面积110平方米，站内设置办公区、接待区、沟通区、会议室等功能性区域。工作站开展信访接待、情况沟通、纠纷调解等工作，引进第三方专业力量，为有需求居民提供心理咨询、心理疏导等服务。全年接待居民620批次，调解邻居矛盾纠纷190多次。

【“迎亚运”环境整治】2021年，潮鸣街道开展“迎亚运”环境整治行动。成立工作专班，组建专业巡查队伍，采取“一点一方案”，压实长效管控责任。组织“小区管家红旗班”，开展卫生死角大清理，处理环境卫生问题1500多个，清运垃圾800多吨。结合环境整治，依托智能区域短信平台、智能微信朋友圈广告平台，开展反电信网络诈骗宣传；发动“武林大妈”志愿者、党员居民骨干、快递小哥等成立“反诈先锋队”，全年组织2万余人次参与宣传巡防活动，电信网络诈骗发案率比上年下降18.4%。

（郭泽煜）

康桥街道

【概况】康桥街道位于拱墅区北部，东接320国道、南连石祥路、西沿京杭大运河与余杭区良渚街道相连，北接杭州绕城高速公路。2010年12月撤镇建街。辖区总面积12.8平方千米，辖13个社区、10个股份经济合作社。2021年年末，户籍人口22357人，流动人口42548人。街道弘扬“崇德、务实、创新、争先”新时代康桥精神，推进城建新、产业新、民生新、生态新、治理新、风气新的“六新”康桥建设。以改革的思路打造工作示范样板，试点开发渣土数智管控系统，成立全国首个快递小哥治家会。加快大运河博物院、大运河未来科技艺术中心、大城北景观带、大运河滨水公共空间等国家文化公园建设。街道改革发展相关工作得到省市区领导批示17次和市级以上媒体连续报道。

【经济发展】2021年，康桥街道围绕拱墅运河沿岸名区打造和产业转型升级、城市有机更新、大运河国家文化公园三个样板区建设目标，立足大城北核心示范区定位，重点发展“1+3+2”产业（打造一个核心产业——健康产业，优先发展三类产业——智慧物流产业、文化旅游创意产业、数字经济产业，做大做强二类产业——建筑业、工业经济），探索经济合作社公司化、市场化发展模式，推动街道经济高质量发展。全年街道实现税收收入6.86亿元，比上年增长27.7%；地方一般公共预算收入3.58亿元，增长10.8%。实现规模以上工业增加值17.3亿元，增长19.9%；营利性服务业营业收入7.6亿元，增长53.6%；规模以上数字经济核心产业增加值3288万元，增长35.9%。

【基层党建】2021年，康桥街道有基层党组织96个，党员1765人。8月，街道启动新就业群体党建试点，建立吴家墩快递小哥党群之家，成立吴家墩社区快递小哥流动党支部和全国首个快递小哥自治家园委员会，组建顺丰创新中心快递产业链综合党委，辖区形成以快递产业链综合党委为龙头，以浙江顺丰速运有限公司为重点，以基层营业网点为基础，以快递小哥集中居住小区（吴家墩社区新人公寓）为特色的快递全周期、全产业链党建格局。以党史学习教育为牵引，加强街道和基层各级党组织建设，开展各项清理整治，有效解决群众来信来访关注的重难点问题30多个。

【重点项目引进】2021年，康桥街道加大区块提质增效工作力度。制定“1+3+2”产业规划，组织专班开展敲门招商、靶向招商，到北京、上海、江苏等地招商10多次，引进健康产业、智慧物流产业、数字经济产业等项目，全年签订华数科技拱墅项目、幺米科技光谷咖啡合作项目、拟“独角兽”企业聚盟共建项目、金橡医学南方总部项目等大项目5个，引进优质产业链项目7个。

杭州凯大催化金属材料股份有限公司、中南大学浙江省博士后工作站落户康桥。街道文创和数字经济产业招商实现新的进展。

【“民呼我为”行动】2021年，康桥街道开展“民呼我为”行动，在谢村金昌苑小区利用小区商铺统一布局，打造“商业＋服务＋文化”于一体的新型邻里体验式社区商业街——运河邻里·尚街，寻求解决金昌苑安置房小区居民生活不配套问题的有效模式。尚街设立超市、农贸市场、电信营业厅、餐饮等12种业态，让居民不出小区就能解决家庭的基本生活所需。社区把交警、城管、医疗卫生等服务窗口集成在尚街，让居民享受一站式服务，织就“15分钟生活圈”。开展“护校安园”行动，解决学校周边上下学时段接送车辆占道停放、三轮车违规接送、交通堵塞等问题，消除交通安全隐患。打造在外过渡征迁户回迁安置工作“康桥样本”，完成康桥、计家2个村416户在外过渡征迁户回迁。拓展居民活动空间，破解城市社区党群活动阵地资源紧张的难题。年内，康馨苑小区新增邻里党群服务中心、“无涯学堂”、“杏林小屋”、棋牌室、图书馆、书画里等设施，为辖区老年人举办集体生日、防诈骗宣传、非机动车现场上牌及各类便民服务。康运社区将康锦苑等3个小区12幢住宅架空层改造成为便民服务点，每周定期开展公益便民服务，打通服务群众“最后100米”。

2021年9月9日，康桥街道在杭州第十四中学附属学校举行首届尊师重教大会 （康桥街道 供稿）

【《康桥街道关于支持教育工作十条意见》发布】2021年，康桥街道坚持教育工作优先研究，教育问题优先协调，教育资金优先保障，全力打造有温度的“康桥教育”。9月9日，街道在杭州第十四中学附属学校举行首届尊师重教大会，发布《康桥街道关于支持教育工作十条意见》。意见提出设立康桥教育基金会、开展街道“春蚕奖”优秀教师选树、定期走访慰问教师、统筹落实学生奖（助）学金政策、协调解决辖区内教师宿舍和保障性住房、开通教师就医绿色通道等举措，涉及住房保障、优秀教师奖励、优秀学子奖励、教师就医等方面。

【“四位一体”急救响应体系建设】2021年，康桥街道以“爱在康桥、救在身边”为主题，构建AED除颤器、救护员、急救侠和“救”在身边数字平台“四位一体”现场急救响应体系。建成1100平方米国内首个建于社区卫生服务中心的国家级应急救护培训基地，让救护培训教育集“场景＋情景＋体验＋互动＋乐趣”于一体。新建拱墅区第一个社区博爱家园，实现训练、培训、考试、急救“四位一体”的“救在身边”的为民服务模式。以培训基地为依托，以博爱家园为抓手，联合“民安”救援队、应急救护培训师资志愿者团队200多人等社会力量，打造多方协同、全专联合、线上线下结合的红十字应急救援体系，把“红十字‘救’在身边”服务送到老百姓家门口，实现全域式的“救”在康桥。

【“5＋4”路网交通建设】2021年，康桥街道把城市道路建设放在突出位置，主动对接相关部门，配合做好路网建设前期工作。协助签订道路建设涉及的建筑物等拆迁协议，完成独城祖玛大厦、吴家墩交警用房、谢村港航大楼等建筑物拆迁。利用各种平台宣传拆迁政策，听取各方面意见。随着顾扬路中段、丽水路(石祥路—金昌路)下穿隧道等路段完工,辖区基本形成以丽水路、顾扬路、拱康路、康贤路、康园路为“五纵”,金昌路、平炼路、康桥路、洋湾路为“四横”的“5+4”交通路网格局。推进公交优化提升工作,成立“康桥街道公交优化专项行动小组”,配合市公交集团制定辖区公交网点建设“一小区一方案”,从增设、调整车次和站点等方面挖掘潜力,并对辖区公交站台进行更新,营造更为舒适的候车环境。年内,康桥街道辖区公交线路增至10条,实现所有小区公交线路全覆盖,解决7个小区2万多居民“最后一公里”的公交出行。

【数字化“渣土统管场景”开发】2021年,康桥街道有老谢村码头、谢村码头和路河码头3个,码头设泊位9个,全年中转渣土2293万吨,日均渣土车流量近8000辆次,辖区粉尘污染严重。街道成立渣土数字化改革专班,专班会同区委改革办、区城管局、区数据局等部门,共同开发拱墅区“渣土统管场景”,实现“渣土统管”。该场景在全省交流推广,并成为全市首个入选省级“我的数字化改革故事”优秀案例的场景。“渣土统管场景”归集住建、城管、交警等部门数据,并梳理渣土运输资质、车辆跑冒滴漏等11类数据,通过构建渣土全流程管理指标体系,赋予各类数据占比权重,实现渣土管理跨部门信息共享、违规问题共治,有效消除执法盲区。

【疫情常态化防控】2021年12月7日,杭州出现新一轮新冠肺炎疫情。康桥街道成立以街道党工委书记、街道办事处主任任双总指挥的疫情防控工作专班,下设10个工作小组,涵盖防疫全过程、各方面,实现防疫工作“一盘棋”。制定《核酸检测注意事项》,以“快、全、细”为原则,兼顾老人、儿童等特殊群体需求,开展排查、隔离、管控、检测等工作。对管控重点区域安装电子围栏报警系统,实行24小时监管,形成防控工作闭环。每天进行电话抽样访问,了解居家隔离人员各方面的实际需求,做好心理疏导和生活保障,确保“隔人不隔心”。每天巡查棋牌室、公共浴室等重点场所,做到“应关尽关”。康桥街道辖区疫情常态化防控工作有序进行。(史晓琴)

朝晖街道

【概况】朝晖街道位于拱墅区南部,成立于1983年1月,三面环水,东起上塘河与文晖街道相邻,南临大运河与天水、长庆街道相望,西靠古河巷与米市巷街道相接,北至德胜河、长板巷,与上塘、米市巷街道接壤。区域面积3.03平方千米,辖12个社区和3个股份经济合作社。2021年年末,户籍人口64742人,流动人口27493人。辖区内有中国电建集团华东勘测设计研究院有限公司、浙江省交通投资集团有限公司等重点企业,有全省文化地标——西湖文化广场、市中心最高建筑——环球中心写字楼。朝晖街道抓住区划优化调整新机遇,围绕“大美朝晖、宜居街道”建设目标,做好“融合、融入、融洽”文章,坚持以“五高”(高质量推进经济发展、高水平夯实平安基础、高效率完善服务体系、高品质建设宜居环境、高标准打造党建示范)为抓手,加快朝晖社会事业特色发展。街道工作在市级以上媒体连续进行报道。

【经济发展】2021年,朝晖街道实现税收收入26.35亿元,比上年增长27.4%;地方一般公共预算收入17.61亿元,增长29.1%。营利性服务业营业收入126.13亿元,增长14.3%;货物进出口总额150.8亿元,增长33.8%。加大安商稳商力度,结合“三联三领三服务”活动,健全领导班子联系基层制度,召开“民呼我为”为企业解困协调会,全年走访重点企业480家(次),解决企业困难和问题260个。加大惠企政策兑现力度,街道发放企业扶持资金2000多万元。

【基层党建】2021年,朝晖街道深化党建引领小区治理,完善绿洲花园小区联动共管平台,实现小区党组织全覆盖。规范党群驿站建设,当好近3万名江苏灌南在杭建设者的“娘家人”。开展社区、股份经济合作社党组织换届“回头看”,巩固党组织换届成果,老房地社区党委获评“杭州市先进基层党组织”。做好党员组织关系集中排查,完成国都发展大厦28名应转未转党员组织关系的转接。建立居民议事会轮值接待议事机制，成立街道微融媒体中心和省、市党报朝晖微融站，实现新时代文明实践站建设全覆盖。

【社区建设】2021年，朝晖街道“污水零直排区”创建获评区优秀等次，绿城深蓝广场获评“省级节水标杆小区”，完成3个小区二次供水改造、165幢住宅楼房雨污分流、8台电梯加装等29件区、街道、社区民生实事。推进街道无障碍设施改造，集中整治无障碍环境问题223个，小区宜居品质进一步提升。完成环保督察“回头看”迎检任务，建立中央、省环保督察信访案件整改清零和长效治理机制。采取“清理＋拆除＋改造”模式，完成291处老旧小区屋顶治理难题。开展美丽杭州创建暨“‘迎亚运’城市环境整治、城市面貌提升”长效管理工作，华联社区创建成为杭州市美好家园示范小区，上塘河、德胜河创建成为市级美丽河道。

【社会治理】2021年，朝晖街道把“平安朝晖”建设作为基础性工作，结合数字化改革，加快推进智安小区、智慧消防、智能充电等系列智慧场景建设，研发“朝晖平安指数”评估系统应用和“朝晖和枫”小程序2个场景。以中山花园为试点，探索重点区域综合整治新模式，中山花园、滨河公寓、潮王大酒店3个区级消防安全隐患挂牌小区（单位）摘牌。深化综合行政执法改革，完善执法中队网格化管理。开展“平安护航建党百年”安全隐患排查整治，排查各类场所2930个（次），整改隐患问题2136个。建立街道红黄绿“三色预警”风险防控体系，打通安全监管“最后一公里”。发挥街道矛调中心作用，调动“邻里和睦互助协会”“黄飞华爱心车队”等社会力量，开展群防群治。依托“浙江解纷码”平台，办理信访件1965件、群体性信访156起。全年辖区社会面平稳有序，无重特大安全生产和食品安全事故发生。

【民生保障】2021年，朝晖街道研发上线数字化特色场景“云照护”居家服务和婴幼儿照护项目，全区首个“阳光小伢儿”普惠性托育机构“奶牛城堡”开园，施家花园社区建成“杭州市基础性示范儿童之家”，完成17户“阳光老人家”适老化改造、9户残疾人家庭无障碍设施改造、6个社区老年活动室改建。黎园社区、老房地社区获评年度杭州市和谐（文明、平安）考评示范社区。统筹推进就业创业、社会保险、社会救助、残疾人帮扶、退役军人服务等民生保障体系建设，华联社区申报浙江省第二批高质量就业社区。

【“双招双引”开展】2021年，朝晖街道开展“双招双引”（招商引资、招才引智）、聚合经济发展新动能的做法在全市推广。街道通过“西湖文化产业平台”，引进内资企业207家，总注册资本41亿元。其中，引进注册资本1000万元以上企业98家、优质产业链项目5个。签约资产管理集团金融平台项目——大家祥驰资产管理集团有限公司、快手直播新零售项目——浙江大池塘数字科技有限公司、“金融＋地产”双轨道项目——杭州卓衡企业管理有限公司、全省唯一特种设备检验试点项目——浙江特安检测科技有限公司、建筑规划领域项目——浙

2021年6月1日，朝晖街道普惠性托育机构“奶牛城堡”开园
（朝晖街道 供稿）

江三千控股集团有限公司大项目5个。引进区"新运河英才"8人，认定市级高层次人才400多人，引才总量全区第一。

【老旧小区提升改造】 2021年，朝晖街道实施中山北园、中山北路、黎明园、朝晖七区、朝晖九区、稻香园北区6个老旧小区综合提升改造，涉及住宅183幢、居民8322户、面积52.81万平方米。街道结合"民呼我为"行动，召开居民议事会60多次，做到问需于民、问计于民。依据"一般项目有小亮点、精品项目有大特色"原则进行改造，发挥与杭州市电力局城北供电局、杭州市燃气集团有限公司共建优势，完成提升改造任务，并成功打造朝晖七区、中山北路区域2个特色精品工程和集市街"美丽小巷"。

【"浙江省文化强镇"复核通过】 2021年，朝晖街道巩固文化强街建设成果，谋划建设杭州王星记文化创意产业园，建成"杭州书房"西湖文化广场旗舰店。提升改造西湖文化广场喷泉等景观设施，承办"民呼我为 我为新拱墅建功立业"、首届杭州市民日等大型活动。推荐"古韵居百姓书场"列入省级非物质文化遗产曲艺书场试点名单，百姓书场开设"文化微课堂"，组织文化培训和体验活动12场，受众800多人。朝晖街道文化站获评浙江省"特级综合文化站"。朝晖居民丁云川、吴亚卿家庭获评"浙江省文化示范户"，吴素莲家庭获评"杭州市文化示范户"。朝晖街道通过"浙江省文化强镇"复核验收。

【朝晖"运河Xin"文化红盟成立】 2021年6月23日，朝晖街道和西泠印社共同发起，联合12个省、市文化单位，成立朝晖"运河Xin"文化红盟，辖区形成"1＋X＋1"（前一个"1"为党建联盟领导，"X"为多个成员单位参与，后一个"1"为秘书处负责运行）的组织架构，参与联盟活动党员300多人。联盟建立"工作会议共商、项目清单共建、主题党日轮值、双向信息联通、联盟运行保障"五项工作机制，开展互送专题党课、党群驿站轮值、红色示范点创建、主题实践研学等活动100多场，辖区文化氛围更加浓厚。

【朝晖街道获评市基层统战工作先进集体】 2021年，朝晖街道通过参加区理论学习中心组学习、参加区级统战工作专题研讨、开展线上线下互动实践等形式，组织统战干部和各界群众开展"同心筑梦跟党走"等党史学习教育系列活动20场。结合"三联三领三服务"活动，走访统一战线成员60多人。成立街道乡贤联谊会。完成区党外知识分子联谊会朝晖分会换届。组织统一战线成员为老旧小区综合改造、电梯加装等民生实事项目建言献策。打造西湖文化广场中介联盟同心荟，提升朝晖统战楼宇阵地辨识度。杭州王星记扇业有限公司被认定为"杭州市华侨国际文化交流基地"。年内，朝晖街道获评杭州市基层统战工作先进集体。

（韩　芸）

米市巷街道

【概况】 米市巷街道位于拱墅区中心，成立于1954年8月，东临京杭大运河、上塘河，南至环城北路与天水街道接壤，北靠德胜路、文一路与湖墅街道相接，西隔莫干山路与西湖区西溪街道接壤。区域面积3.59平方千米，辖7个社区。2021年年末，户籍人口40058人，流动人口17020人。米市巷街道全力融入"大武林"商圈，加快发展武林壹号写字楼等商务楼宇总部经济，获评拱墅区"国际一流营商环境创建工作突出贡献集体"。街道综合文化站通过全区首批省特级综合文化站复评。

【经济发展】 2021年，米市巷街道实现税收收入11.45亿元，地方一般公共预算收入5.76亿元，两项收入均比上年增长；实现楼宇税收8.44亿元。完成固定资产投资5.65亿元，增长11.1%。货物出口28.15亿元，增长14.5%；实际利用外资2083.54万美元，完成年度目标的140.2%。米市巷街道创新"以居引企、以专引企"招商模式，依托滨绿大厦楼宇资源，组建"米市巷经济发展联盟"公共服务团队，深度挖掘招商信息资源，引进浙江航美互娱商业管理有限公司、浙江顾家农业发展有限公司、浙江锦汇新能源有限公司、中能科建（浙江）能源管理有限公司。街道引进企业中，投资1亿元以上产业项目10个，优质产业链项目5个。

【基层党建】2021年，米市巷街道夯实党建责任，抓好党建引领，开展党史学习教育，举办各类主题活动157场，参与活动党员1万余人次。开辟“古新河畔学党史”“党员风采系列展”“今日铃声”微信公众号专栏，介绍党史基本知识和模范党员事迹。开展以“民呼我为 今日铃声”为主题的服务活动，解决群众困难120多个，“民呼我为”活动获省、市、区领导批示4次。筑牢“红色根脉强基工程”，深化“区域”“楼宇”“小区”三项党建共建行动，完善锦家园议事会、“红管家联盟”、“夹城阿根伯”等议事机制，36个“红盟”单位组织“红盟”活动282场，受惠群众1.3万人次。加强行业企业与社区党建共建工作。建成“米优汇”党群服务数字中心，辐射高端楼宇周边25个“两新”组织，联动1000多名红盟志愿者在新冠肺炎疫情防控、文明创建等行动中同向发力。街道构建“街道—社区—小区”三级联动体系，加强党建共建，与省商务厅、区总工会、区科技局、区人力社保局、区投促局、区住建局等10多个共建单位开展服务活动，服务居民6090多人次；为高龄、独居老人和困难家庭认领“微心愿”1320个。

2021年7月16日，米市巷街道召开“民呼我为 夏送服务”行业企业与社区党建共建座谈会。图为与会人员合影（米市巷街道 供稿）

【社区治理】2021年10月，米市巷街道开发“墅智街区·开门大吉”微治理程序并投入试用。该程序把“数字社会、数字政府”理念融入城市治理，探索商铺社会责任积分制，通过商户自查、部门督查、协作整改“三位一体”模式运行，辖区1000多家沿街商户成为“消防安全、食品安全、保洁保序、文明治安”的自治主体。街道组建督查网格员队伍，对商家自查情况进行跟踪和常态化巡查，督促商户及时发现隐患并整改。全域推广“小区协商铃”小程序，打造民意表达、各方响应及分析研判3个系统，提炼数字赋能群众工作法，实现第一时间在源头发现问题、在源头多方协同、在源头化解矛盾，全年协商解决社区治理问题1796个。“小区协商铃”小程序在全省社会治理和服务创新实验区中期评估中获评优秀案例。

【老旧小区改造】2021年9月2日，米市巷街道第一批18个老旧小区综合改造提升工程完成联合竣工验收。12月1日，第二批9个老旧小区综合改造提升工程开展预验收。全年完成27个小区、253幢房屋、总面积89.81万平方米的老旧小区环境功能提升改造，叶青苑小区、大塘小区、左家小区成为精品样板项目。街道加强小区专业物业服务指导，巩固老旧小区改造成效，实现老旧高层小区电动车梯阻系统全覆盖。夹城巷社区左家新村获评杭州市“美好家园”住宅示范小区。街道结合老旧小区改造，完成42个小区“污水零直排”提升，浙江电视台拍摄《米市巷五水共治》专题片，报道米市巷街道“阳光排水”工作。

【垃圾分类小区创建】2021年，米市巷街道在原有的低价值物收运、大件垃圾清运及有害垃圾清运3条专线基础上，建立全市首条餐厨废弃油脂收运专线，规范餐厨废弃油脂收运处置工作，推进餐厨废弃油脂无害化处理和资源化利用。年内，街道与辖区150多家餐饮店铺签订《餐厨废弃油脂委托收运服务协议》。街道完善各小区再生资源回收链体系建设，实现废旧玻璃回收框、衣物回收箱等低价值物回收全覆盖。联合米市巷派出所与米市巷城管执法中队，严肃查处偷倒、抛洒、暴露堆放垃圾20多起，责令相关单位、小区及商户整改垃圾不规范分类投放等问题50多起，倒逼辖区各方主体自觉参与垃圾分类。红石中央花苑、半道红小区等5个小区分别获评省、市级垃圾分类示范小区。

【普惠幼托“绿城奇妙园”投入使用】2021年3月1日，米市巷街道与绿城教育奇妙园联手，依托其成熟的管理团队和优质的婴幼儿照护体系，开办米市巷左家新村社区普惠托育中心“绿城奇妙园”。园区设在夹城巷社区内，与社区文化家园和社区服务中心相邻，建筑面积208平方米，开设2个班，为0～3岁婴幼儿提供高端双语日托和亲子早教服务。园区配备保健室、母婴室、配餐间、户外运动场地等，秉持“善心、信心、好奇心”的“三心”育人理念，引进绿城专业师资、360度安全照护模式、规范化管理体系，为辖区年轻父母提供优质的婴幼儿照护服务。

【“民悦轩”民族文化之家获评省级民族工作重点培育单位】2021年12月9日，米市巷街道“民悦轩”民族文化之家经过省、市两轮验收评选，获评“第四批省级民族团结进步创建重点培育单位”，民族文化之家成为具有拱墅辨识度的“石榴籽家园”品牌。民族文化之家位于米市社区浅水湾城市花园小区，内设政策宣传栏、民族团结读书角、民俗风情展示区、民族团结活动中心等区域，以道德讲堂、市民学校为载体，通过举办讲座、交流会、培训会，弘扬辖区民族工作及民族团结的典型事例，让居民在耳濡目染中接受民族团结教育，营造民族团结平等互助良好氛围。

【街道微融媒体中心建成】2021年8月，米市巷街道建成微融媒体中心，中心集新闻线索素材收集、新媒体报道策划、区和街道信息发布等功能于一体，引入第三方机构杭州君安文化传媒有限公司参与视频拍摄和制作，通过27个模块专栏式宣传，打通新闻宣传与服务群众“最后一公里”。中心打造“红旗书屋”直播间，围绕“辖区风貌、特色亮点、民呼我应、先进典型、焦点问题、红色党建、青年活力、妇女家庭、三方治理”9个专题，策划“米市协商铃”“寻味米市”等有影响力的主题宣传活动，宣传米市风貌、全域工作动态。

【“四送四问”服务活动】2021年，米市巷街道开展“四送四问”助企服务活动，为辖区1121家企业“送信息、送政策、送市场、送服务”，问“发展需求、经济指标、招才引智、党建统情”。利用米市楼宇发展共同体、米市楼宇企业特色服务平台“武林荟”、博物文化和聚翼众创空间，加大人才政策宣传力度，走访重点企业人才102人次，为创业人才提供政策咨询、创业培训、小额贷款等服务，帮助企业解决员工技能培训、项目融资贷款等问题145个。

（梁图南）

文晖街道

【概况】文晖街道位于拱墅区东南部，成立于2004年8月，由原艮山街道运河以北部分及原石桥镇打铁关村、草庵村合并组建而成，辖区东邻沪杭铁路与上城区接壤，南濒京杭运河与长庆、潮鸣街道相望，西隔上塘河与朝晖街道相接，北以绍兴路桥、德胜路、香积寺路为界与东新街道相连。区域面积5.48平方千米，辖8个社区、2个股份经济合作社。2021年年末，户籍人口93623人，流动人口24105人。文晖街道对标对表拱墅区“建功立业六大攻坚行动”“共同富裕十大行动”及蝶变文晖“1040行动”要求，推进辖区有机更新和经济社会转型。

【经济发展】2021年，文晖街道以产业化项目为重点，推进经济转型升级。全年街道实现税收收入9.93亿元，比上年增长9.5%；地方一般公共预算收入5.44亿元，增长21.2%。实际利用外资2.62亿美元，完成年度目标任务的174.7%。完成固定资产投资65.66亿元，增长10.4%。街道开展敲门招商，引进企业70家，总注册资本23.64亿元，其中引进浙江侨创园科技发展有限公司、杭州一门心思文化传媒有限公司、杭州融源泰置业有限公司、浙江九远控股集团有限责任公司、杭州常翎置业有限公司等8家注册资本1亿元以上企业。辖区企业浙江卓锦环保科技股份有限公司在上海证券交易所科创板上市。武林之星博览中心启用并举办中国国际丝绸博览会、第五届世界休闲博览会、第九届亚洲设计管理论坛等展会。

【基层党建】2021年，文晖街道深化“一名党员一幢楼”、“京都华庭红色业委会”、“文小红”工作室等党建品牌，实现党建引领三方治理全覆盖。联合有关单位在全市率先开展新业态新就业党建试点，通过党建引领、优化服务，成功招引美团杭州总部落户拱墅。辖区成立全国首个外卖骑手流动党支部，获市委副书记、市长刘忻肯定。升级武林清风书屋廉政阵地，承办“清廉拱墅”法纪宣讲团成立仪式。街道在全市率先试点政协系统党的建设“两个全覆盖”（党的组织对党员委员全覆盖、党的工作对政协委员全覆盖）机制，该做法在全区政协系统党的建设“两个全覆盖”工作推进会上做经验交流。

【重点项目建设】2021年，文晖街道加强与做地主体联系，谋划土地开发利用工作，完成浙金创新型产业用地地块、融创杭氧北地块、杭州音乐厅地块等4个地块出让，实现土地出让金73.6亿元，推进经济动能积聚和产业转型升级。辖区新开工项目和续建项目22个，其中新开工2个，为杭州音乐厅、浙金创新型产业园项目，嘉里数创港、焦家村公交上盖、苏荷汇地铁上盖等续建重点项目稳步推进，基本完成年度建设进度。农发·城市厨房、武林之星博览中心等项目竣工。

【数字赋能社会治理】2021年，文晖街道迭代升级街道、社区两级数字驾驶舱建设，创新“文小慧”基层治理应用平台和“文晖新闻厨房”应用场景。其中，“文晖新闻厨房”应用场景项目作为全区唯一的街道级融媒体数字化改革示范项目，被列入区数字化改革三张清单。项目围绕街道微融媒体中心“新闻一件事”闭环，开发“文晖新闻厨房”应用场景，打造集“线索智汇、新闻智处、融媒智库、舆情智判”于一体的数智融媒汇·享平台。该平台应用上线后，新闻线索转化率提高30%，事件24小时多跨处置率90%，舆情事件全过程处置缩短近15小时。街道升级“智云工地”2.0版，解决1700多名工地员工疫苗接种预约难、排队久问题，实现疫苗接种“云预约”。现代城社区开发“最多录一次”应用场景，完成3个条线业务流程再造，报表比上年减少68.9%，社工每周制作报表时间缩短2/3。

2021年11月15日，杭州市首个外卖骑手流动党支部开展固定主题党日学习
（文晖街道 供稿）

【全域老旧小区改造】2021年，文晖街道围绕打造大运河畔“15分钟幸福生活圈”，加快实施三年全域老旧小区改造攻坚计划。小区改造坚持建管并举、共治共享，充分考虑居民意愿和需求。依托“10+X”（“10”指依法拆除违章建筑、管道改造、整修外立面和公共部位、加装电梯、停车扩容、绿化彩化、环境美化、智能管理、公共设施升级、挖掘历史文化碎片10项小区硬件提升改造；“X”指根据老旧小区原有的空间形态、生态环境、人文特点，结合居民的改造意愿，配置文体活动区域、提供“小区管家”等服务）改造内容，创新老旧小区改造模式。年内实施流水东苑小区、打铁关新村、打铁关路、五里塘苑4个老旧小区综合改造项目，涉及住宅54幢、住户2996户，建筑面积21.23万

平方米，总投资8492万元。文晖街道实现老旧小区全域改造，获"杭州市老旧小区改造工作优秀集体"称号，连续3年入选市老旧小区综合改造提升最佳案例。

【纪检监察"五个一"工作法推出】2021年，文晖街道依托城市大脑数字驾驶舱中枢的互联互通优势，深化数字赋能纪检监察工作，创新推出"一码举报、一机服务、一键赋能、一表通用、一人专督"的"五个一"工作法，推动纪检监察监督模式重塑。通过"一码举报"，实现监督"触手可及"；街道配置触控一体机，公开晾晒社区小微权力清单、流程和财务状况；运用大数据监督形式，对工程项目、小额资金拨付等5000多条监督信息进行数字处理，实现监督数字化；打造"一表通"数字驾驶舱升级版，打通民政、公安等7个条线数据，覆盖12万余条民生数据；优化社区财务审签流程，实施1人专项监督，提高监督效能。该工作法被中央广播电视总台新闻频道报道3次。

【"两新"群体党建试点】2021年，文晖街道将辖区内美团（杭州）分公司作为试点，以实施"红色根脉强基工程"为契机，深入推进"三聚行动"，打好"融合牌""暖心牌"，打造新业态新就业群体党建工作标志性成果。在美团公司成立全市第一个骑手流动党支部，开发"团聚·数智先锋"小程序，为快递员提供线上线下联动服务。改造提升"暖心微驿站"9个，设立"暖心便民箱"12个，为快递员提供"暖心便利餐""暖心健康卡"，成立"暖心提升营""暖心事务所"，累计服务快递员9015人次。推出反诈宣传、食品监督、环境整治、志愿服务等8个治理项目，试行骑手党员先锋指数管理制度。

【残疾人共融创业平台打造】2021年，文晖街道"残疾人之家"打造"星晖E家"残疾人共融创业平台，致力于让残疾人适应、融入、回归社会。街道"残疾人之家"位于流水苑河罕上58号。为实现庇护对象适应、融入、回归社会的康复目标，创新推出以"星晖E家"命名的残疾人职业、社会康复训练平台，为残疾人提供就业辅导、职业训练、社会交往训练及支持性就业。"星晖E家"根据残疾人的康复水平和动手能力，设计、开发适应残疾人手工制作的文化创意性产品，以群体流水线操作的方式形成创意产品生产线，打造特色的残疾人手工艺品品牌。残疾人制作的汉服配饰、水果磁盘、生肖花瓶、廉政绘画等系列产品受到居民青睐。"星晖E家"残疾人共融创业平台入选拱墅区首批"民呼我为"十佳实践案例。（王　瑞）

湖墅街道

【概况】湖墅街道位于拱墅区中南部，成立于1954年8月。辖区东临上塘路、红建河、德胜巷与上塘街道、大关街道毗邻，西沿莫干山路、和睦路与小河街道、西湖区西溪街道隔路相望，南以文一路和德胜路为界，与米市巷街道接壤，北至贾家弄、大关路与小河街道相连。区域面积2.73平方千米，辖7个社区。2021年年末，户籍人口29154人，流动人口11005人。湖墅街道围绕拱墅区高质量建成运河沿岸名区目标，抓住区划优化调整新机遇，开展全域招商引智、治理提升、环境整治、队伍建设四大攻坚工程，辖区经济竞争力、城市吸引力、治理驱动力进一步提升。街道获评浙江省节水型居民小区、杭州市垃圾分类优胜单位等荣誉。

【经济发展】2021年，湖墅街道做大做强建筑设计、商贸旅游、文化创意、数字经济、商务服务五大主导产业，引进浙江东日股份有限公司、浙江洁美电子科技股份有限公司等上市公司杭州总部，新耕智慧农业、申兰建筑科技、中禄创新智能等产业链项目相继落地，新兴产业集聚步伐进一步加快。全年街道实现税收收入4.32亿元，比上年增长14.5%；地方一般公共预算收入2.30亿元，增长0.5%。数字经济营业收入4.15亿元，增长36.9%。引进企业93家，注册资本15.52亿元，其中注册资本1000万元以上企业24家、5000万元以上企业4家、1亿元以上企业1家。辖区有楼宇13幢，楼宇入驻率85.8%，楼宇税收2.25亿元。

【基层党建】2021年，湖墅街道有基层党组织118个、党员2447人。街道创建党建引领"六治"（共治、微治、自治、德治、法治、自治)体系,打造“古运仓基,和美家园”治理范本。成立运河商务区党委,探索“1+3+N”(“1”为街道党工委,“3”为根据管辖区域划分为3个片区,“N”为辖区内单位和“两新”组织)数字党建模式,深化企业党建、楼宇党建。推进大兜路精品示范带建设,丰富“一核三圈”(即以党建为核心,打造“公共服务圈”,营造“群众自治圈”,共造“社会共治圈”)内涵。开展党史学习教育,联系学党史、悟思想、办实事、开新局实际,举办“我心向党·辉煌百年再起航”等主题学习活动,推动“生命通道”赌点清零等37项街道、社区“民呼我为”实事落地见效。街道绘制10分钟党建生活地图,打造党员服务品牌,实现党组织与群众之间“零距离”。

【环境整治】2021年,湖墅街道以“美丽杭州”创建为抓手,从微治理、从难发力、从智入手、从长着眼,全力打造美丽拱墅样板街区。开展迎亚运环境整治,以软硬件改善提升环境治理能效。实施信义坊街区环境整治和大兜路景观提升改造。街道连续上榜美丽杭州创建暨“‘迎亚运’城市环境大整治、城市面貌大提升”长效管理工作优胜榜,在全区城市环境大整治长效管理综合考核中连续排名第一。

【民生保障】2021年,湖墅街道坚持民生优先,加强居民最低生活保障。全年向困难群体、优抚对象发放各类补贴、慰问金2200多万元,帮助困难人员就业242人,全街道无“零就业”家庭。创建四星级“残疾人之家”,打造仓基养老特色街区。建成“阳光食堂”“阳光老人家”等服务站点3个。完成3个社区微型消防站提档升级、3个区级挂牌安全隐患单位整改。组织湖墅“老墙门”力量排查沿街店铺、单位、场所3722个,发现并整改各种隐患4172处。辖区创建街道级、社区级全国示范型退役军人服务站7个,新建城市书房、文化家园、红旗书屋各1个。开展“民呼我为”行动,用25天时间,实现长乐路20弄、玉兔路等道路堵点清零。创建32个“污水零直排小区”,完成20多个公建单位及100多家涉水店铺雨污分流改造。

【法律服务业集聚区建立】2021年,湖墅街道利用浙江省律师协会入驻优势,破解楼宇空置率高、品质与效益不匹配等问题,在绿地运河商务中心及周边区块打造律师行业党建特色样板区块,构建集公共法律服务、专业法律服务等功能于一体的法律服务业集聚区,对有入驻集聚区意向的律师事务所推出房租补贴、提供停车泊位等15项优惠举措。年内,集聚区入驻北京金杜(杭州)律师事务所、浙江杭天信律师事务所、浙江泽厚律师事务所等律师事务所14个,为有需求的群众免费提供法律援助、法律咨询等服务,惠及辖区居民700多人次。

【“湖数通·掌上社工”项目开发】2021年,湖墅街道推进“湖数通”等多跨场景应用,打造全区数字化改革和基层治理样板。立足为基层减负,开发“湖数通·掌上社工”数字驾驶舱,探索建立社区服务治理、社工减负增效的全周期闭环管理体系。至年末,该项目上线实用性功能21项,规范高频事项20多项;通过疑难事项处置流程优化,实现50%业务“云上”办公,社工工作效率提高1.5倍,居民月均访问量3000多人次。“湖数通·掌上社工”项目入选省城市大脑优秀应用场景案例,被省委办公厅《浙江信息》刊物收录,并在中央广播电视总台《新闻联播》、浙江电视台《新闻联播》等栏目播出。

2021年7月4日,湖墅街道“湖数通·掌上社工”数字驾驶舱升级上线
(湖墅街道 供稿)

【信访积案化解】2021年，湖墅街道开展“信访积案化解清零”攻坚行动，信访部门变坐等接访为主动下访、变事后应对为事前防范、变单兵作战为上下合力、变被动协调为担纲化解，通过专班专人落实责任。对重要信访件和信访积案坚持领导包案，采用现场诊断、现场解决的方法，实现积案化解清零。发挥各部门联合接访优势，建立街道、社区两级“访调对接”工作室，助推信访矛盾化解。加强信访办理质量监督，实行一案一人，督办到底。全年街道受理群众来信、来访、来电和网上信访411件，其中1件国家信访局交办的信访积案，当事人做出不再投诉的承诺。

【街道食安办获评省五星级食安办】2021年，湖墅街道将食品安全作为改善民生的大事、要事来抓，严格对标对表“浙江省基层食品安全协调管理等级与评价标准”，全力推进“全域覆盖、职责明晰、分级管理、高效运转”的规范化食安办组织和队伍建设，抓深抓实食品安全党政同责和属地管理责任，确保食品安全工作责任到位、制度健全、保障有力、运行高效，全年辖区未发生重大食品安全事故。街道食安办获评浙江省五星级乡镇(街道)食安办。

(毛晓黎)

东新街道

【概况】东新街道拥有杭州大城北建设桥头堡区位优势，成立于1985年3月，东至杭宣铁路，西至上塘河，南至香积寺东路、东新路、长岳街、绍兴路、德胜路连线范围，北至石祥路。区域面积7.3平方千米，辖16个社区和5个股份经济合作社。2021年年末，户籍人口72604人，流动人口59831人。东新街道注重高起点谋划、高站位布局、高标准建设，全面融入大运河未来数智城主平台，打造中国(杭州)汽车文化精品街区、中国(杭州)人力资源服务产业园、“杭州X秀”等产业金名片，取得全市首个街道级数字驾驶舱、新天地“城市大脑”应用示范区等改革成果。街道党工委获评“浙江省先进基层党组织”“杭州市平安建设先进集体”“杭州市美丽建设突出贡献集体”等荣誉。《人民日报》、新华社等媒体相继报道东新街道改革创新工作。

【经济发展】2021年，东新街道实现税收收入34.67亿元，比上年增长25.2%；地方一般公共预算收入19.47亿元，增长28.8%。实现商贸销售额1169.07亿元，增长30.0%；完成社会消费品零售总额67.11亿元，固定资产投资97.3亿元。街道围绕“1+5+N”(“1”以总部经济为引领，“5”以商贸金融、数字经济、生命健康、文化创意、建筑规划五大主导产业为支撑，“N”为着眼未来N个新兴行业发展)产业导向，做大中国绍兴路汽车文化商业街区、中国人力资源服务产业园、新天地中央活力区等六大产业平台，引进阿斯利康制药有限公司中国东部总部、浙江元通之星汽车有限公司、杭银理财有限责任公司(浙江万沥达供应链有限公司)等投资1亿元以上产业项目8个。街道开展“三联三领三服务”活动，走访联系企业2010多家(次)，帮助企业解决实际困难85个，兑现扶持资金近5000万元。加大与中国人力资源服务产业园等平台合作，聚焦生命健康、数字经济等产业赛道，引进人才创业项目12个。

【基层党建】2021年，东新街道加强党风廉政教育，完成社区党组织换届“回头看”，承接全市“先锋领航”在职党员双报到、机关事业单位离退休干部党建融入城市基层党建等省市试点改革任务。抗击台风“烟花”期间，各社区通过“先锋领航双报到”模块，紧急发动300多名在职党员到社区报到，成立由党员带领的应急、服务、巡查等小分队30多支，日夜奋战在抗台一线。党员通过“先锋领航”双报到机制，参与疫情防控、安全巡查、清洁家园建设、精神文明宣传等服务活动近100次。街道创新“一楼宇一支部”“行业同盟”等工作机制，引导党员干部以实际行动争做先锋表率。

【重点项目推进】2021年，东新街道克难攻坚，完成杭州重型机械厂宿舍1112户居民、杭钢集团集体宿舍244户居民和浙江省工业品市场搬迁，打造全市城市国有土地高质量搬迁东新街道样本。启动省级未来社区创建。加快63个社会投资项目建设，推进杭银理财大楼、武林美术馆、凤栖谷·生命健康产业园、歌山建设集团总部等商业项目及滨江锦尚和品府、阳光城檀映里、绿城春来枫华等住宅项目建设。年内，武林美术馆和凤栖谷·生命健康产业园2个项目主体结构结顶。

【基层数智治理】2021年，东新街道坚持全域治理与重点突破相结合，将辖区划分为“片区＋网格”，发挥街道数字驾驶舱、新天地场景应用示范区先发优势，打造“小脑＋手脚”警网协同运行模式，完善“1520”（即1分钟预警、5分钟到达、20分钟处置）网格处置机制，整合物联网感知设备，实现辖区运行数据部件一网尽览，有效解决事件多头流转、多头派单问题。整合公安、行政执法、市场监管等执法力量，打造综合执法队伍，全年承接综合执法事项583项、高频专业执法事项25项，街道管理力量从320人下降到60人，节约行政成本近1000万元。

【社会事业建设】2021年，东新街道围绕以人为核心的现代化基本单元和居民离不开的社区民生项目建设，加快建成东新园小区示范型成长驿站，富春园小区建成五星级文化家园，街道“残疾人之家”获评市级四星级，沈家小区创建成为省级“枫桥式”退役军人服务站。投入资金7064万元，对三塘北村、三塘南村、长木里等5个老旧小区和电信巷实施提升改造。整合资源，设立日间照料中心、0～3岁儿童之家，完成14台既有住宅电梯加装。依托数字赋能，开展“24小时不打烊”就业服务，实现再就业52人。加强困难家庭社会救助和劳动者合法权益保障，全年发放慰问金5549.81万元，为2107名劳动者追回欠薪1483万元。

【平安街道创建】2021年，东新街道建立社会治理综合服务中心，辖区“共享法庭”、联勤警务站、司法所、检察室、“芬妹信访调解工作室”等机构全部入驻综合服务中心，实现诉调、警调、检调、专调、访调“五调联动”，助推矛盾纠纷就地化解。全年办理信访投诉2088件，信访投诉涉及房屋租赁、拆迁安置等问题。建立“武林大妈”平安志愿者服务中心，发动5000多人常态化开展重点领域和行业排查整治，排查建筑工地58个、其他重点场所9个，对重大安全风险隐患逐一明确责任单位和防范整改措施，全年街道无重大安全事故发生。

【疫情防控】2021年12月7日，东新园社区出现阳性关联病例。街道启动疫情防控应急处置预案，建立两级现场指挥部，根据省、市疫情防控指挥部指令，加强对有关区域管控。组织机关干部和社工400人、民警和安保人员230人、志愿者近1000人，参与防控抗疫。发挥“一苑区一支部一专员”组织优势，以最快速度完成3个重点小区封闭管理、422名重点人员集中隔离转运、1.7万人管控、16万人核酸检测，打赢疫情防控阻击战。中央广播电视总台、浙江电视台等20多个主流媒体集中报道杭州东新园疫情精准防控情况。

【阿斯利康制药有限公司中国东部总部启用】2021年7月29日，东新街道承办首届浙江省数字医疗健康产业杭州峰会，位于东新街道的阿斯利康制药有限公司中国东部总部在峰会上启用。总部定位为全国区域性五大总部之一，承担区域业务的运营管理、药品销售等职能。依托规模型企业效应，由杭州市政府、拱墅区政府与阿斯利康制药有限公司共

2021年7月29日，位于东新街道的阿斯利康制药有限公司中国东部总部启用
（余文华 摄）

同打造的杭州国际生命科学创新园同日开园，现场有上海深至信息科技有限公司、北京泽桥医疗科技股份有限公司、杭州溢点信息技术有限公司、杭州问达企业管理咨询有限公司、杭州药成医药科技有限公司、中国海王星辰连锁药店有限公司6家企业签约入园，并带动60多家国内外相关企业在创新园注资，助推韩国大邱生命健康产业集群等产业项目落地。

【畲族“三月三”云歌会举行】2021年4月15日，东新街道举办“庆祝建党100周年·唱响畲歌献给党”畲族“三月三”云歌会，省政协副主席马光明、省民宗委副主任钟新章出席并致辞。来自浙江杭州、景宁、莲都、遂昌、松阳，福建福州，广东潮州，江西贵溪和安徽宁国五省九地的畲族群众以“云直播”“云对唱”等方式，献上具有民族特色、展现少数民族同胞美好生活的歌舞节目，并讲述鲜为人知的遂昌畲族党员革命斗争史，礼赞中国共产党成立100周年。东新街道有少数民族15个，约5000人，其中畲族人口占8%。东新街道新颜苑社区于2014年成立杭州同心少数民族服务中心，中心为全省首个服务少数民族的专业公益性社会组织。

【新天地“两新”集聚区党群服务中心启用】2021年2月，东新街道“两新”集聚区党群服务中心启用。中心位于杭州新天地城市综合体核心区域，总面积4000平方米，内设多功能会议厅、政治生日馆、交通安全VR体验馆、微法庭、路演区等7个功能空间，推出金慧大讲堂、白领训练营、企意直通车、创客孵化器等8个品牌活动。全年接待省、市有关部门调研16次，举办固定主题党日、开放式组织生活、各类主题教育等活动420场，参加活动4.71万人次。

【东新园婴幼儿示范型成长驿站启用】2021年7月5日，东新街道东新园社区婴幼儿示范型成长驿站启用。驿站与杭州青少年活动中心合作“送需上门”，面向社区内0～3岁婴幼儿家庭开设“开心豆豆亲子课”和“宝宝独立课”2种暑期早教培训班。东新园婴幼儿成长驿站成为拱墅区首个在社区引进市少年宫开设培训班的成长驿站，占地面积90平方米，驿站以黄绿色为主色调，设置亲子阅读区、儿童玩教区、感统训练区、音乐活动区和标准母婴室的“四区一室”，免费向婴幼儿家庭开放。

【长三角水上运动节举行】2021年10月23日，长三角水上运动节暨京杭大运河(杭州)运动·文旅嘉年华在东新街道城北体育公园举行。赛事活动由长三角体育赛事联盟、浙江省体育局、杭州市体育局、拱墅区政府共同主办，由浙江省体育竞赛中心、杭州市体育事业发展中心、拱墅区文广旅体局、东新街道、上塘街道共同承办。以水上赛事为依托，分竞赛和嘉年华两部分。其中，竞赛设置电动冲浪板、赛艇、皮划艇3个项目竞速赛和龙舟表演赛，有300多名长三角地区选手参赛。嘉年华分为“好酷·运动秀、好奇·国潮展、好物·装备集、好游·新拱墅和好运·音乐节”5个板块活动，项目包括新兴体育运动、非物质文化遗产展示、博物馆展览展陈和红歌新唱等。

【亚运观赛空间启用】2021年12月3日，拱墅区亚运观赛空间新天地焕新仪式在新天地太阳广场举行。观赛空间占地180万平方米，分为主入口、主题观赛核心区和亚运氛围布展区3个区块，以太阳广场和永福桥为两个核心点位，利用原址工业遗存特色，融入亚运IP形象、运动元素，彰显青春斗志与杭城活力。其中核心观赛区的太阳广场，东侧设置观赛大屏舞台，西侧设置水幕投影，通过实时投放比赛实况、组织互动节目观看等，吸引观众驻足观看亚运赛事、享受休闲人文时光。

(姚雪雅)

小河街道

【概况】小河街道成立于1954年8月，因位于大运河、西塘河、小河三河汇聚之地而得名，素有“国之三通、运之三水，江南运河孤本地”之称。辖区东邻上塘街道，西、南分别与祥符街道、湖墅街道相连，北与拱宸桥街道、和睦街道接壤。区域面积6.38平方千米，辖9个社区。2021年年末，户籍人口47303人，流动人口26334人。小河街道锚定“共同富裕示范区”目标，谋划打造大运河畔时尚品质地、全域数智地、漫步体验地、生活共同体的党建统领“三地一体”格局，为小河居民提供“温暖、艺术、智慧”的人居环境。

【经济发展】2021年，小河街道实现税收收入6.61亿元，比上年增长21.3%；地方一般公共预算收入3.64亿元，增长13.1%。营利性服务业营业收入增长49.5%，数字经济营业收入增长48.3%。小河街道引进乐堤港时尚景观项目、丝联166时尚生活产业培育项目、文澜商务区科技服务企业，构成融运河文化、历史街区、文创园区产业平台于一体的经济增长极。街道创新“八必访、五服务”机制，搭建“小河云贷”金融服务平台，坚持数字赋能企业，增强企业凝聚力和归属感。推荐7家企业申报国家高新技术企业，国家高新技术企业增加到18家；15家企业通过省科技中小企业认定，累计认定省科技中小企业38家；辖区企业研究与实验发展经费投入3645.2万元，增长37.5%。

【基层党建】2021年，小河街道推进“运河党建精品示范带”建设，对运河沿岸10个党群服务中心、5个党建城市驿站进行打造提升。联合辖区20个金融机构成立小河驿金融党群服务联盟。以“六个红色”（讲红色故事、唱红色歌曲、诵红色名篇、拍红色印记、建红色家园、话红色家风）为抓手，组建“初心朗诵团”，构建“小河驿·红色漫步体验带”，举办“红色摄影采风”等公益活动，“红茶议事会”获评杭州市“民呼我为”主题活动第一批最佳实践案例。与区城建发展中心共建运河城市运动驿站。与杭州市儿童医院签订党建共建协议，构建医院、政府部门党建工作新格局。小河涟漪舆情工作室成为省级社会舆情直报点，被《人民日报》、《浙江日报》、浙江新闻客户端、《杭州日报》等媒体报道80多次。小河街道运河远洋公司、杭州丝联实业有限公司2家企业成立统战部，为民营企业统战工作提供小河样板。

【环境整治】2021年，小河街道推进美丽杭州创建暨“‘迎亚运’城市环境大整治、城市面貌大提升”行动，对全域“十大顽疾”进行集中整治，拆除锦昌文华苑一期、二期阳光房等违法建筑4000平方米。针对大运河商务区共享单车乱停放等突出问题，通过增设电子围栏、非机动车停车引导装置，实现共享单车有序停放。打造宜居生活样板，升级小河直街历史文化街区民俗体验带，整合大关路、丽水路两条杭州市最佳道路绿地及生态河道，打造温暖·赵家浜西塘河枕水人家漫步带、艺术·大运河时尚生活体验带、智慧·余杭塘河生态健康漫步带。街道获评浙江省AAAA级景区街道及杭州市“五水共治”（河长制）工作“二十佳”镇（街道）。

【老旧小区一体化改造】2021年，小河街道投资2.8亿元，对塘河南村、正兴堂弄、董家新村二期等11个老旧小区进行软硬件一体化改造，涵盖231幢楼、10676户居民，建筑面积68.7万平方米。老旧小区改造加入数智应用和治理探索等内容，采用新型数字化技术，破解娑婆桥地块近20年历史违建难题和小河小学门口无序停车问题，完成全域“污水零直排街道”创建。老旧小区改造涵盖雨污管网分设、绿化结构调整、停车泊位挖潜等项目，包括增设“阳光老人家”、社区文化家园等服务场所，打造“15分钟便民服务圈”。加强水电气迁改、地下管网铺设、拆违复绿、消防整治、电梯加装等项目统筹，实际施工时长明显缩短。至年末，辖区内2000年前建造的老旧小区实现100%有机更新。新增公共空间46个、绿地公园11个、智慧安防设施640处。

【“城市眼·云共治·小河网驿”平台打造】2021年，小河街道加强基层智治探索，通过AI眼云预警实现共治联动，推进“城市眼·云共治·小河网驿”智治平台迭代升级和实战应用，平台上线应用场景42个。其中“红茶议事会”应用场景创新基层社会治理民主协商模式，运行后汇集民意数据8398条。全年召开“红茶议事会”156场次，其应用场景入选浙江省数字法治系统建设成果展，入围杭州市党史学习教育“民呼我为”主题活动第一批最佳实践案例，提名为杭州市首届“十大法治实践”，小河街道在住房和城乡建设部举办的全国“城市管理数字化转型研讨会”上做典型发言。街道推进“小河驿·智序空间”数字统战阵地建设，建成街道级微融媒体中心、杭州市网络人士统战工作实践创新基地。注重“以才引才”，重点挖掘互联网科技人才、海外人才，引进新媒体从业人员100多人。深化“三联三领三服务”，“小河驿·智序空间”数字统战模式获中央统战部肯定，街道获评第二批省级城乡社区治理和服务创新实验区。

2021年9月，小河街道“小河驿·影空间”启用　（章若婷　摄）

【街道社会工作站建成】 2021年，小河街道探索专业化、社会化为老服务体系，通过专业力量引领、社会工作资源整合，在实践中造就一支本土社工人才队伍，培育一批基层社工服务机构，带动实施一批社会工作服务项目，建成600多平方米社会工作站、3个社区社会工作室，培育老年助理社会工作师、社会工作师33人。率先探索认知症照护服务模式，发布《社区认知症白皮书》。全年街道社会工作站接待参观代表团11批220多人次。街道成立退役军人服务站。服务站位于董家新村，面积130平方米，以“时光军列”为主题，为辖区退役军人搭建温暖的站台，提供政策咨询、帮扶救助、就业创业等多样化、系统化的“一站式”服务。7月，《中国退役军人》杂志刊登辖区105岁老红军贾少山参与“与党同龄、与党同心、与党同行”——百岁老兵文字图片征集活动。全年服务站接待参观近300人，为杭州市京杭育才小学参加军训的150名学生上军事训练课。街道退役军人服务站获评全国示范服务站。

【海小枪枪公益童书馆开馆】 2021年10月28日，海小枪枪公益童书馆举行开馆暨“烽火少年”系列童书首发仪式。童书馆由小河街道与杭州海啦啦文化传媒有限公司合力打造，位于小河街道明真宫社区，占地面积300多平方米，有儿童文学书籍藏书1000多册，门牌“海小枪枪童书馆”由著名儿童文学作家曹文轩题写。童书馆馆藏的系列童书是浙江文艺出版社与海小枪枪童书馆联合推出“长征·我是红小鬼”系列图书后，融合儿童文学创作与红色文化教育的第二套图书，获新华网、《浙江日报》等媒体共同推荐。

【“小河驿·影空间”打造】 2021年9月，小河街道打造的大运河畔百姓家门口的摄影艺术空间——“小河驿·影空间”投入使用。“小河驿·影空间”位于明真宫1号，分上下两层，总面积500多平方米，一楼是摄影展厅，二楼是摄影名家工作室。影空间具备展示推广、研究交流、培训交流3个功能，汇聚四大摄影名家作品。至年末，影空间举办人民摄影“金镜头”（2020年度）获奖作品展、“百年·百姓”主题摄影展、“榜样的力量”百名党员摄影展等影展。影空间与“海小枪枪童书馆”为小河街道打造大运河畔漫步体验地的一部分，助力大运河文化带高质量建设。　（何　婷）

石桥街道

【概况】 石桥街道位于拱墅区东部，2004年8月撤镇建街，东与上城区相邻，南接东新街道、文晖街道，西至上塘河、宣杭铁路，北与临平区接壤。区域面积9.73平方千米，辖10个社区和4个股份经济合作社。2021年年末，户籍人口40543人，流动人口65249人。辖区内以石桥路、东新路、华中路、石祥路、同协路5条道路为主干道，秋石高架路、留石高架路2条高架道路穿梭其中；有河道14条，总长27.7千米，其中上塘河、石桥河和南黄港构成石桥水系的主干水系。街道发扬“敢打必胜”的石桥铁军精神，加快印象城、华丰时代城等重点项目建设，试点推进“e智力”公寓数字化应用场景建设，打造流动人口精密智控石桥样板。石桥街道获评“杭州市慈善事业发展促进工作成绩突出集体”。

【经济发展】 2021年，石桥街道加快产业转型升级，对税源实施分类动态管理，实行领导结对服务机制，帮助企业做活、做大。全年街道实现税收收入17.98亿元，比上年增长19.2%；地方一般公共预算收入9.47亿元，增长22.9%；规模以上工业增加值14.19亿元，增长17.4%。完成固定资产投资59.98亿元。社会消费品零售总额28.61亿元，增长22.1%；数字经济核心产业增加值0.95亿元，增长20.4%；规模以上企业营利性服务业营业收入11.06亿元，增长10.2%；实现服务贸易额2.2亿美元，为年度计划的126%。引进企业436家，注册资本29.29亿元。引进投资1亿元以上产业项目11个、产业链项目14个。吉利客户体验中心、米果数智创新中心、比亚迪城市体验展厅等6个项目集中签约。

【基层党建】 2021年，石桥街道落实党建责任，依托红色邻里港湾、红心党建联盟，深化党组织领导下的三方协同联盟。全域部署“2＋10＋N”(2个街道党群服务中心、10个社区党群服务中心和N个“红色邻里港湾”等小区党群驿站)党群服务中心矩阵，建成并开放小区党建阵地“红色邻里港湾”12个，辖区形成“10分钟党群服务圈”。建成清廉公交专线、街道清廉文化主题公园、天堂园社区清廉文化园，串联起“点、线、片、面”廉政风景。成立街道新乡贤联谊会，为石桥街道发展凝心汇智。完成10个社区妇联换届选举，在11家“四新”(新领域、新业态、新阶层、新群体)领域企业成立妇联组织。举办“党旗下的诵读”等党史学习教育主题活动166场。完成10个社区54个楼道党支部换届，建立小区党组织35个，调整“两新”联合党支部32个。实施干部成长能力提升“云雁计划”，街道认定市级高层次人才125人。

【环境综合整治】 2021年，石桥街道聚焦“迎亚运 我为新拱墅建功立业”六大攻坚行动，出台环境大整治长效管理考核细则和长效管理工作机制，完成各类环境大整治抄告问题2000多个。桦枫居南区入选杭州市“美好家园”示范小区。启动垃圾分类阵地战，探索形成“志愿、自管、智能”的“3Z”模式，新鼎家园等19个小区通过省、市级垃圾分类示范小区验收。北大河、石桥河、蔡家河、褚家河、钱家河、将军河、油车港7条河道创建市级“美丽河湖”。其中北大河引入智慧化曝气装置、智慧化清洁船只，水质监测和排污口情况数据接入管理平台，实时动态掌握水质状况，该河道通过省级“美丽河道”创建验收。

【民生事业】 2021年，石桥街道根据“民呼我为”行动要求，建立“三联三领三服务”工作制度，街道领导班子带领科室骨干领办民生实事项目128个，服务群众2000多人。街道成立社会工作站，实现社会工作服务系统化、嵌入化、专业化、项目化，工作站通过市民政部门考核验收。试点打造“数字＋物业”智慧消防网，推广“智慧用电”“智慧电梯”模式，建成12个微型消防站，把火灾报警等8个功能系统整合为一体，做到“早发现，早救援”。街道成立社区居委会、业委会、物业公司三方协同治理工作办公室，明确36名小区专员，打造210平方米物业管理站。天堂园社区被评为“杭州市最美敬老爱老助老示范社区”。

【社会维稳】 2021年，石桥街道开展矛盾纠纷排查工作，排查化解各类矛盾纠纷问题513个，总量比上年下降24.7%；化解信访积案7件。开展各类专项整治50多次。梳理发案区域的发案特点，归纳发案原因，寻求解决方案，将人防、技防、物防资源向重点区域倾斜。开展“反诈百日攻坚”行动，辖区16家重点企业和10个社区成立反诈联盟，联盟推送手机短信35万余条，查处电信网络诈骗案件13起，涉案总额420万元。

【永丰印象城项目签约】 2021年

4月2日，印力集团杭州城市商业公司与石桥街道永丰经济合作社签署协议，双方联合打造城北武林新城地标商业项目——永丰印象城。永丰印象城位于杭州武林新城北部，紧邻秋石高架和地铁3号线，建筑面积18.74万平方米。项目坚持高起点规划，邀请英国贝诺建筑设计公司(BENOY)进行设计，规划打造一个集购物、餐饮、娱乐、文化于一体的一流商业综合体。项目配套建设商业办公用房5万平方米，功能包括商务办公、人才公寓、文化教育及星级商务酒店等，并配建停车泊位2500个。

【"e智办"公寓数字化应用场景建设】 2021年，石桥街道根据辖区流动人口多、单身公寓管理难度大、消防隐患和社会治安问题突出的实际，将加强流动人员管理作为重点工作，对97幢单身公寓进行系统摸排，全面汇总流动人口情况，对流动人口"人来不登记、人走不注销"及高层建筑"楼难上、门难进、人难找"等问题进行专题研究，试点推进"e智办"公寓数字化应用场景建设，打造流动人口精密智控"石桥样板"，实现"一网展示、一网通联、一键指挥、一指办理"。

【亚运会电竞馆建设】 2021年，杭州亚运会电竞馆建设加快。亚运会电竞馆位于石桥北景园生态园内，总建筑面积8.2万平方米，是全国首座按亚运会赛事标准建设的专业电子竞技场馆，2020年9月开工建设。赛事期间将举办"英雄联盟""王者荣耀(亚运版)""炉石传说"等8项电子竞技赛事及示范表演项目，并产生8枚金牌。年内，电竞馆完成近1万米外部电缆敷设等工程。

【泰地控股集团入围浙江民营企业200强】 2021年12月22日，省工商联发布"2021浙江民营企业200强、研发投入100强、就业100强"3张榜单。拱墅8家企业上榜，辖区企业泰地控股集团有限公司入围浙江民营企业200强。泰地控股集团有限公司下辖泰地房地产集团、泰地石化集团、浙江温州新世纪集团、泰地物业集团4个集团，成员企业30多家，总资产超过150亿元。泰地控股集团有限公司为全国工商联石油商会会长单位，连续5年入围中国民营企业500强，主要从事房地产、石油能源、国际贸易、投资等业务。　（富炎强）

杭州亚运会电竞馆　（石桥街道　供稿）

拱宸桥街道

【概况】 拱宸桥街道成立于1954年8月，是拱墅区委、区政府所在地，京杭大运河穿境而过，将其划分为桥东和桥西2个区块，东和北与上塘街道相邻，西与祥符街道、和睦街道相接，南连小河街道，区域面积4.23平方千米，辖8个社区。2021年年末，户籍人口57769人，流动人口23222人。拱宸桥街道致力于打造人文韵味、经济活力、美丽宜居、和谐平安、暖心善治、数字智治6个窗口，擦亮"大运河第一街"金名片。年内创建成为浙江省AAAA级景区街道，通过"浙江省民间文化艺术之乡""浙江省文化示范社区和文化创意街区"复评，桥西历史文化街区入选首批浙江省旅游休闲街区；桥西社区获首批浙江省美育村(社区)称号，蚕花园社区获"浙江省文明单位"称号。

【经济发展】 2021年，拱宸桥街道保持争先进位的精气神、实干劲，推进辖区经济高质量发展。全年实现税收收入3.6亿元，比上年增长1.4%；地方一般公共预算收入1.86亿元，增长2.0%。重点税源企业有浙江时兴控股有限公司、恩派特(浙江)环境有限公司、广景银建设工程有限公司等。完成限额以上社会消费品零售总额16.45亿元,增长29.74%。完成批发销售总额124.4亿元,增长44.4%;营利性服务业营业收入4.55亿元,增长15.3%。实现楼宇税收收入1.5亿元,增长23.9%,完成年度目标任务的110.9%。新增注册企业128家,引进投资1亿元以上项目3个、核心产业项目60个、区重点项目2个。科技创新工作成果显著,辖区拥有有效发明专利57件,申请PCT发明专利1件;认定国家高新技术企业5家、省科技型中小企业7家;研究与试验发展(R&D)经费投入增加2370万元。推进人才引进工作,认定各类人才8人,其中国家级非物质文化遗产传承人徐长根(徐筱安)被认定为市级B类人才。

【基层党建】2021年,拱宸桥街道全面落实街道党工委、主要负责人、班子成员党风廉政建设主体责任和监督责任。辖区178个党支部统一纳入社区党委共建管理。组织3870名党员参加党史学习教育培训;在桥西历史文化街区开展“党史学习节”系列活动,推进党员管理等工作数字化应用,实施在职党员“双报到”“两新智图”等新场景应用。深化“党建+志愿服务”模式,成立“运河大妈”“拱宸大伯”志愿者联合会“银宸顾问团”暨“银宸党小组”,发挥新时代银龄力量。组建小区党支部(联合党支部)41个,选配小区专员38人,增强社区党委的凝聚力和吸引力。推进“1+7+N”运河文化党建精品示范圈(即以运河文化广场为核心,辐射微笑亭、初心驿站、民心大舞台等7个党建阵地,辐射N项社区特色党建项目)建设,建成“邻聚里”党群议事厅42个,设置“宸蜂服务点”12个。依托“党建+信访”工作体系,解决小河路338号房屋修缮10年积案。

【基层治理】2021年9月24日,“运河大妈”“拱宸大伯”志愿者联合会“银宸党组织”暨“银宸顾问团”在拱宸桥街道成立。顾问团由离退休干部组成,致力于服务社区,为基层治理贡献力量。顾问团建立“五必访”(指生病住院时必访、生育时必访、家庭有红白喜事时必访、家庭生活困难时必访、家庭不和睦时必访)和困难帮扶等关心关爱制度,开展以区—街道—社区—社会组织四级联动志愿服务工作。10月15日,拱宸桥街道联合华数集团推出数智养老服务项目,首批面向社区孤寡、重度残疾、高龄独居等重点关爱老人家庭开放。项目采用“套餐式装配、管家式服务”方式,运用人体红外传感器、SOS紧急求助按钮等智能设备对老人家庭实施改造提升,建设智慧化、互动式居家养老应用场景。11月1日,拱宸桥街道七彩邻里服务中心(物业管理综合服务站)投入使用。中心为拱墅区首个集三方服务和物业管理事务于一体的实体化运营中心,位于崇庆里小区9幢,面积260平方米,设老旧小区物业服务中心、物业项目信用中心、公共秘书中心、风控管理中心(智囊议事厅)、数治中心、业委会物业之家等区块,以“七彩邻里架起连心桥,品质服务共享幸福居”为宗旨,与老旧小区物业服务公司、第三方团队、律师事务所等机构合作,助力党组织领导三方协同小区微治理工作。

【房屋修缮】2021年,拱宸桥街道实施桥西历史文化街区小河路338号6幢房屋修缮。6幢住房涉及居民121户,修缮主要解决房屋漏水、外墙大面积开裂等问题。街道听取各方面意见,制定“内部评估损失、外部逐户修缮”的解决方案,并配合市运河集团与居民签订搬迁协议。年内,房屋修缮完成进度计划,助推桥西历史文化街区实施全域提升改造。

【“媒体+社区”矛盾调解新模式推出】2021年6月16日,拱宸桥街道与浙江广播电视集团合作成立的“钱塘老娘舅蒋致一工作室”在蚕花园社区揭牌,标志着拱宸桥街道全面启动“媒体+社区”社会矛盾纠纷调解新模式。工作室探索创新“调解为民,最多跑一次”路径,完善前端实施排查分拣、中端建立专题矛盾会商和心理干预、后端回访核实等机制,构建“1+8+N”(即提升打造街道级一站式“和宸汇调解综合体”、8个社区特色工作室和42个微治理小区调处站)的基层矛盾调解治理新体系,实现调解服务站点全覆盖,打造居民矛盾纠纷调解“5分钟服务圈”。全年处置各类矛盾纠纷271件,化解成功率

100%；“浙江解纷码”平台下派案件183件，调解成功152件。

【“人人学功夫”启动仪式举行】2021年5月17日，由区文广旅体局、拱宸桥街道主办，大运河武术文化联盟、杭州巩式通臂拳非物质文化遗产传承中心、拱墅区运河传统体育产业发展协会承办的“迎亚运，贺百年，拱宸人，武术情”——争创中华武术特色小镇“人人学功夫”活动启动仪式举行。来自拱墅区户外体育协会、杭州市杨式太极拳分会、登云路社区健身气功站、台州路社区健身气功站、永庆社区健身气功队等单位的武术爱好者100多人身穿印有“争创武术特色小镇”字样的文化衫，在专业老师带领下，以八法五步太极拳进行群体演练，旨在弘扬中华传统武术，传承非遗文化，打造没有围墙的武术馆，助推健康拱墅建设。

【“七个一百”系列活动】2021年6月，拱宸桥街道以“百年荣光新征程，运河南端再起航”为主题，开展庆祝中国共产党成立100周年“七个一百”系列活动，具体为百场服务全员参与、百家企业服务走访、百个红色作品征集、百名红色先锋选树、百名党员宣传视频、百年庆典故事大会、百件难事书记领办，庆祝活动内容多样，形式丰富。永庆路社区与拱宸桥小学进行党建共建结对，并举行主题为“走进新时代”的文艺会演。文澜社区举行“红色传承、献礼百年”主题表彰典礼，为“光荣在党50年”的老党员颁发纪念章。拱宸桥街道举行“庆祝建党百年”表彰大会，18位先进个人代表会上介绍事迹，表达对党的美好祝愿。

【“拱宸军民之家”揭牌】2021年7月31日，拱墅区首个街道级军民之家窗口——“拱宸军民之家”揭牌。“拱宸军民之家”是街道2021年十大重点项目之一，设在崇庆里9幢，面积300平方米，总投入40万元，坚持“谋划‘民呼我为’办实事、畅谈军民融合共建情”的宗旨，集人民武装、人民防空、退役军人事务、职工之家、百姓健身于一体。“拱宸军民之家”设置物资器材库、退役军人服务站、强军长廊、青年民兵之家、百姓健身房、职工书屋等功能区域，整体以声光电结合的方式，展示军人硬核、现代科技、拱宸文化、全民健身、民兵锻造等内容。

（沈柔柔）

2021年5月17日，“迎亚运，贺百年，拱宸人，武术情”——争创中华武术特色小镇“人人学功夫”活动启动仪式举行　（唐绍丰 摄）

和睦街道

【概况】和睦街道位于拱墅区西北部，成立于1983年9月，辖区东南接小河街道、拱宸桥街道，西北与祥符街道接壤。区域面积1.66平方千米，辖4个社区。2021年年末，户籍人口11860人，流动人口7795人。和睦街道聚焦“数字化改革”“大城北开发”“迎亚运 我为新拱墅建功立业”等重点工作，坚持大党建引领高质量发展，全力推进项目招引、城区建设、民生保障和基层治理工作。

【经济发展】2021年，和睦街道发挥骨干企业税收贡献优势，做好新引进项目全方位服务，全年实现税收收入3.08亿元；地方一般公共预算收入1.55亿元，增长22.7%。其中税收超过1000万元企业7家。年内引进企业433家，引进企业中注册资本1000万元以上102家；落地产业链项目5个，签约大项目3个，总投资1亿元以上项目3个。

【基层党建】2021年，和睦街道

探索基层党建新路径，加快构建以“党建统领＋基层治理、数智治理”为重点的“一中心两机制”党建工作新格局。街道承接党组织领导未来社区治理分类试点，推进常住居民社区党建，打造未来社区“和睦样板”。提升“红盟”品牌影响力，创新“和睦红盟”数字化“大工委”平台，促成加装电梯、新冠肺炎疫情防控等90多个项目认领，获《人民日报》等媒体报道。发挥5支治理队伍作用，建好“一心四翼”（1个街道党群服务中心、4个社区运河城市驿站）党群服务阵地，凝聚红色力量。组织一线防疫、防台防汛、便民服务等志愿服务活动100多场，提升和睦幸福指数。

【环境治理】2021年，和睦街道全面改善小区环境面貌，通过党建引领、宣传引导、示范引路，促进生活垃圾分类工作常态化规范化。和睦新村创建成为省级垃圾分类示范小区，李家桥社区垃圾分类生活馆入选全国第一批垃圾分类示范教育基地。开展美丽杭州创建暨“‘迎亚运’城市环境大整治、城市面貌大提升”行动，制定大整治长效管理实施方案，集中整治化纤、李家桥、华丰等5个片区，辖区宜居品质进一步提升。加大违法违规经营行为集中治理力度，拆除违规广告、违建亭棚16处。

【社区建设】2021年，和睦街道坚持以党建引领“居民自治、管理有序、环境优美、文明祥和”的温馨家园建设。完成5个老旧小区改造，拆除保笼6000多个；完成电力、通信等线路“上改下”。街道分别在住房和城乡建设部召开的有关课题研究会和省建设厅举办的第二期大讲堂上介绍老旧小区改造工作。街道建成面积350平方米的和睦书阁。书阁一层设红旗书屋、电子阅览区、阅读区、报刊栏等区域，配有无障碍升降台；二层设亲子阅读空间、“四点半课堂”等。书阁配置政治、历史、文学、少儿等方面图书6000多册，实现与市、区图书馆通借通还，让辖区居民享受阅读的便捷性。创新打造“和睦之声工作室”，工作室设立直播间、阅读交流区和200多平方米的青年活动空间，其中直播间以“倾听青年心声·服务青年成长·凝聚青年活力”为宗旨，开设《党群同心》《助力旧改》《暖心志愿》等栏目10个，通过视频、音频等方式，展现青年风貌。全年“和睦之声工作室”收集、编辑各类小视频70多部，其中《青年领学:〈运河草根书新语，百米长卷颂党恩〉》视频在“墅说青春”“西湖先锋”等平台上发布。

【全国示范性老年友好型社区创建】2021年，和睦街道秉持“老有颐养”理念，围绕“环境适老、服务惠老、文化润老、智慧助老、志愿扶老”“五老”要求，加快“花漾街区”建设，提升绿化面积2万余平方米，新增花卉景观面积500平方米，安装椅凳100多张，新辟生态休闲角10多个。开设养老生活体验馆，社区新增家庭养老床位61张，养老床位安装床感、血压、心跳、烟感、门感等物联网设备，实行“派单联系、上门查看、专人服务”，确保独居、孤寡老人居家安全。10月21日，和睦社区获评全国示范性老年友好型社区，为拱墅区唯一入选的社区。

【未来社区建设】2021年5月，和睦新村被列为省级未来社区创建试点。未来社区创建坚持党建统领，以人本化、生态化、数字化为价值导向，以“和睦共治、绿色集约、智慧共享”为基本内涵，构建未来邻里、教育、健康、创业、建筑、交通、低碳、服务和治理9个场景。社区在完成老旧小区综合改造基础上，按照9个场景建设要求，制定未来社区建设实施方案，规划建设面积21.63公顷，主要围绕补齐“15分钟生活圈”短板目标，改建“双创”中心、便民服务中心、城市驿站，完善社区全生活链服务功能。聚焦“一老一小”人群特点，利用大数据、5G通讯、人工智能、人工智能监控预警等技术，实现对“一老一小”普惠性服务的全覆盖。

【数字化就业工作】2021年8月，和睦街道围绕数字就业驾驶舱建设，排摸辖区劳动年龄段人员就业失业情况和变化动向，做好重点群体网格化管理，助推数字就业加快落地，提高居民就业率。全年举办线上线下招聘会4场，149家企业提供岗位658个，参加应聘5373人次，达成就业意向1026人次。审核发放失业补助、就业用工补助、大学生就业补贴、灵活就业补贴124万元，享受补助补贴420人；为就业人员申请创业担保贷款395万元。和睦街道被推荐为省级数字化就业工作调研点。

【和睦社区治理项目获评全市党群服务“最优项目”】2021年，和睦街道和睦社区创新“微红盟”，依托党群服务阵地，与44个“红盟”单位开展常态化合作。围绕养老服务、0～3岁婴幼儿托育、老旧小区改造等工作，依托数字化“大工委”云平台推动项目认领和实施，助力小区民生实事项目建设。利用每月“红盟集市”、每周“健康讲堂”等活动载体，拓展服务内容和形式，扩大受益人群。全年服务居民9.36万人次，接待外地参观团170批次、2700多人次。7月23日，和睦社区“凝心聚力，和睦‘微红盟’助力基层治理”项目获评全市党群服务“最优项目”。

【“和睦红盟”品牌影响力提升】2021年，和睦街道“和睦红盟”成员单位拓展至55个，辖区进一步形成党建引领、共驻共建格局。“和睦红盟”创新推出数字化“大工委”平台，建立项目认领、双向服务等编制“需求、资源、项目、认领”清单程序，清单涵盖6个方面45类需求，涉及小项目220多个，有52个共建单位提供行政资源、社会资源、服务平台、志愿者团队等资源69项。通过线上发布、线上认领、线下实施的方式，促成电梯加装、幼托服务、防汛抗台等90多个项目的认领，提升党建引领民生实事项目实施实效。

2021年7月23日，和睦街道和睦社区“凝心聚力，和睦‘微红盟’助力基层治理”项目获评全市党群服务“最优项目” （和睦街道 供稿）

【应玉兰工作室申报品牌工作室】2021年4月，和睦街道华丰社区应玉兰工作室申报浙江省婚姻家庭纠纷化解品牌工作室。应玉兰工作室成立于2013年，以居民需求为出发点，围绕服务女性、促进家庭和谐的宗旨开展家庭教育、婚姻指导、女性健康指导、青少年教育等服务，打通服务居民“最后一公里”。工作室搭建“巧媳妇会客厅”，组建专业志愿者队伍，每周一开放，全年工作室受理婚姻家庭类调解案件50件，调解成功率98%。

【和睦社区阳光心理服务中心成立】2021年3月，和睦街道“全职妈妈俱乐部”成立和睦社区阳光心理服务中心。服务中心推出全职妈妈再就业心理指导、社会适应指导和自身价值提升等项目。通过举办心理沙龙、职场体验、就创指导等活动，为全职妈妈搭建多渠道就业创业平台。全年服务中心举办心理沙龙5场、读书会21场、主题活动8场。“全职妈妈俱乐部”被推荐为拱墅区就业援助项目孵化基地，并通过省级高质量就业社区创建验收。

【第八届茶艺师技能竞赛承办】2021年11月5日，和睦街道承办的“9·26”工匠日杯拱墅区第八届茶艺师技能竞赛在和睦剧场举行。通过理论笔试、实操培训、实操比赛等程序，选出10名茶艺爱好者、茶楼茶馆从业人员进入决赛。决赛阶段，选手用艺术手法展示茶的冲泡过程及茶的色、香、味、形。最终决出前3名的选手被认定为具有申报高级职称资格，并由区总工会授予“拱墅区技术能手”称号；第4～10名获奖选手除具有申报中级职称资格外，由区总工会授予“拱墅区创新能手”称号。 （黄明艳）

大关街道

【概况】大关街道成立于1996年5月，毗邻京杭大运河，水系丰富，历史上有古税关“北新关”之说，故得名“大关”。辖区以香积寺路中轴线贯穿东西，北靠大关路，东临上塘河，西接上塘路，南到石灰坝。区域面积1.6平方千米，辖8个社区。2021年年末，户籍人口32993人，流动人口16499人。大关街道抓住区划优化调整和筹办亚运会机遇，推进整街连片综合改造提升，实现发展提速、环境提档、民生提质。

【经济发展】2021年，大关街道引进浙江中权建设工程有限公司、浙江王亥科技有限公司、瑞达泓科（杭州）实业有限公司3家投资1亿元以上企业以及北斗产业创新中心（杭州）有限公司、杭州南方知识产权运营中心有限公司2个优质产业链项目，签约中南建筑设计院华东总部项目战略合作协议，联合杭州大关福蕴科创中心成立街道首个众创空间。辖区有规模以上企业45家，其中年税收1000万元以上企业7家。全年实现税收收入2.7亿元，比上年增长10.9%；地方一般公共预算收入1.4亿元，增长11.9%。完成有效投资5.12亿元。规模以上工业企业营业收入2.65亿元，营利性服务业营业收入6.72亿元，社会消费品零售总额2.95亿元，实际利用外资300万美元，外贸出口额1.61亿元。

【基层党建】2021年，大关街道有基层党组织135个、党员2331人。6月30日，大关·Home党群服务中心启用。该中心建筑面积近1000平方米，引入新四军研究会、蔡群慧古琴工作室等公益项目26个，推出“5项党建服务＋10项常态服务＋11项特色服务”，获评市级党群服务优秀项目。8月30日，街道德胜新村小区建成全市首个以老旧小区改造为主题的党建阵地“红盟荟”，有成员单位32个。“红盟荟”把党建融入旧小区改造全过程，全面把好标准引领、方案审查、民主决策“三关”，对改造质量、安全、进度进行全程督促，以党建助推旧小区改造成效提升。

【社区建设】2021年，大关街道开展老旧小区整街连片改造，完成东一、南苑、香积、德胜、翠玉5个社区16个小区改造提升，推进东二、西一、西二3个社区12个小区改造提升，投入改造资金4.4亿元，改造住宅422幢、1.8万户，面积124万平方米；提升绿化覆盖面积11万平方米，改造“口袋公园”85个，加装电梯9台，实现消防救援设施直径80米范围内全覆盖。德胜新村小区建成缘石坡道32处、无障碍出入口257处、无障碍标识55处、无障碍轮椅坡道10处、无障碍专用车位8个，创建成为省级无障碍社区。大关街道老旧小区改造工作获评杭州市老旧小区综合改造提升工作最佳案例、省“旧改看‘浙’里”典范案例、住房和城乡建设部科技示范项目。践行“民呼我为”理念，投入拆违资金150多万元，拆除违章建筑87处，面积4026平方米。完成5个社区、118幢楼房、349个单元地下空间清理，清理空间面积4.06万平方米，实现地下空间堆积物全域清零。实施垃圾收集驳运定制服务模式，基本实现街道市政主要道路无垃圾接驳点，提升市容环境和交通状况。

【基层治理】2021年，大关街道实现老旧小区专业化物业全覆盖，物业费平均收缴率85%以上，形成“物业提质、社区减负、收支平衡、居民满意”的大关物业做法。配强“一中心七站点”（指1

2021年6月30日，大关·Home党群服务中心启用　　（大关街道 供稿）

2021年9月29日，大关街道组织创作的“大关象戏”茶挂及书签分别获拱墅区旅游用品类银奖、旅游纪念品类铜奖 （大关街道 供稿）

个集合社区、民警、物业三方力量的中心微型消防站、7个社区微型消防站），夯实“主动脉”救援法硬件基础，以最短路径实现最快救援，结合“地下顽疾”治理，新增地下室非机动车集中充电点位5760个，充电点位全部配备自动断电、防火隔离、喷淋灭火器等设施设备，消除老旧小区消防隐患。12月1日，街道东二社区与中国人民保险公司杭州分公司签订全省首个非机动车停车库保险合同。推进“街道矛调中心＋社区矛调室”的多层次体系建设，依托政法联席会议、“百姓圆桌会”、“老屠调解室”等载体，深化矛盾调解机制，维护辖区平安稳定。

【民生服务】 2021年1月14日，大关街道引入专业养老社会组织宏爱乐龄家团队，在德胜社区建成全市首个社区级护理中心，构建“全托、日托、居家养老、专业护理”四位一体的乐龄养老生态圈，打造省级养老示范街区。引进2个托幼机构，街道第一所婴幼儿托育中心杭州稚园托育园在德胜新村开园。10月19日，街道成立智慧救助服务联合体“百姓助联汇”，联合体通过党建微盟引领、政府力量支撑、企业慈善帮困、社会项目托底，解决群众最关心、最需要解决的问题。联合体联合浙江大学“语言认知与老龄化研究中心”的专家团队，为辖区老年人提供语言与认知健康系列服务，推进养老服务项目化发展。

【文化惠民工程】 2021年，大关街道依托“大关·家”品牌七大百姓系列实事工程，持续擦亮草根文化金名片，构建东戏园、西书场、南学堂、北健身格局。推出“百姓戏园”创作的音舞诗画微剧《河》，开启运河沿线戏曲走廊文化走亲活动。5月18日，大关街道“百姓学堂”新址落成，并在新址德胜公园举行社工国乐团成立首场音乐会。“百姓学堂”陆续上线“百姓名师直播间”“网红书记说事室”等学习模块，关注百姓话题，传播先进文化，培育书香社区。6月22日，大关街道建成杭州市首个评话主题公园，主题公园由百姓书场、评话廊亭、文化家园、百姓舞台等部分组成，集“休闲、修身、学史、明志”于一体。9月29日，大关街道组织创作的“大关象戏”茶挂及书签分别获拱墅区旅游用品类银奖、旅游纪念品类铜奖。 （吴 月）

人物·荣誉

全国脱贫攻坚先进个人

吴　斌　男，1983年4月出生，中共党员，拱墅区小河街道党工委委员。2018年4月，被选派到湖北省恩施土家族苗族自治州巴东县挂职，担任扶贫办主任，注重实地调研，走遍全县12个乡镇、118个贫困村、40多个非贫困村。组织巴东县党政干部、专业技术人才培训55期，7860多人参加，举办劳务协作培训和致富带头人培训，1750多人参加。推进巴东茶叶、柑橘、药材三大产业发展，新建主要农产品种植基地3466.67公顷，共建产业园区5个。组织社会帮扶资金4200万元，帮助销售巴东农副产品价值1.36亿元。引进“加油·木兰”女性保险，实现全县8.52万名贫困女性上学、生育、大病保障全覆盖。挂职期间获评湖北省东西部扶贫协作优秀挂职干部、恩施土家族苗族自治州脱贫攻坚先进个人。2021年2月被评为全国脱贫攻坚先进个人。

（年鉴编辑部）

荣立二等功军人

吴南征　男，1982年11月出生，拱墅区小河街道人，上校飞行员，父亲吴正武，母亲孟慧英。2001年8月通过招募飞行员入伍，2003年开始飞行员生涯，2004年加入中国共产党。在20年的飞行生涯中，克服身体伤病及与家人两地分居带来的各种困难，刻苦训练，常年在作战一线执勤，英勇地守护祖国的蓝天，安全飞行达2000个小时，因军事训练过硬荣立个人三等功。担任飞行教官后，为部队培养近100名飞行员。2021年12月被部队记二等功。

（朱超峻）

浙江省优秀共产党员

周　呈　男，1985年11月出生，浙江杭州人，中共党员，和睦街道和睦社区党委书记、居委会主任，曾获浙江省“万名好党员”、浙江省“担当作为好支书”、杭州市最美社工、杭州市“最强领头雁”、杭州市社区治理和服务工作先进个人等荣誉。从事社区工作17年，全身心投入社区建设和为居民办好事、做实事。坚持和睦事和睦议，社区成立“和睦议事港”“旧改督导团”等议事组织，助力老旧小区提升改造和既有住宅电梯加装，引进社会资本建成康养、托幼中心，推进小区物业长效管理。2020年4月，和睦新村老旧小区提升改造工作入选住房城乡建设部第一批改造试点案例，并在全国推广。2021年6月，周呈被评为浙江省优秀共产党员。

俞　红　女，1969年7月出生，浙江杭州人，中共党员，长庆街道王马社区党委书记、居委会主任，曾获新时代浙江省“千名好支书”、首批省级兴村（治社）名师、杭州市生活垃圾分类工作先进个人、杭州市最美社工、杭州市“最强领头雁”、杭州市劳动模范等荣誉。在她的带领下，王马社区党员干部同居民群众“心贴心”“心连心”。依托共建资源，社区成立以王马“初心小巷”为纽带的“王马党建红盟”，制定“党建红盟”公约，探索区域化党建工作运行机制。带领社区党员干部发扬敢于担当、敢于拼搏的精神，推进社区既有住宅电梯加装、老旧小区提升改造。注重言传身教，用实际行动讲述着初心故事，培育出一大批优秀社工，长庆街道每个社区都有她带出来的优秀社工。2016年王马社区党委被评为“全国先进基层党组织”。2021年6月，俞红被评为浙江省优秀共产党员。10月12日，被省委组织部授予浙江省“担当作为好支书”称号。

徐俊昌　男，1975年2月出生，杭州余杭人，中共党员，杭州宸运环境工程有限公司电焊工。曾获全国劳动模范、浙江省劳动模范、杭州市劳动模范、杭州市优秀美容师等荣誉，2017年获全国五一劳动奖章。扎根环卫一线18年，不怕脏、不怕累，刻苦钻研，自创“烧电焊”工作法，减少作业时间和耗材用量，节约成本数百万元，被评为“杭州市城管系统优秀工作法”。近4年，累计修理环卫作业设备500多台（次），提出改进意见20多条。为打赢新冠肺炎疫情阻击战，带头报名参加“党员清道夫”先锋队，和同事们到社区居家隔离点收集生活垃圾。2021年6月被评为浙江省优秀共产党员。　（谷庆成）

浙江省“担当作为好支书”

俞　红　参见“浙江省优秀共产党员”事迹介绍。

金勇强　男，1976年12月出生，中共党员，区公安分局拱宸桥派出所党支部书记、所长。他坚持用党建带好队伍，致力于打造“清廉忠诚”警队体系。他所在的派出所保持45年“零违纪”，获中央纪委国家监委网站、《人民公安报》、《浙江法制报》等新闻媒体报道。他依托“三红阵地”（红色手册、红色台历、红色专码），组建“奔牛”党员先锋队和青年“战狼”突击队，将党建“红色细胞”融入公安工作。他秉持“走正道、扬正义、树正气”的“三正”文化理念，健全“责任追究、忠诚教育、内部管控”三大机制，总结提炼标准化、流程化、模板化的建设体系，注重上好警员入警“第一课”、身边“典型课”、桌面“微党课”三堂课，打造全市公安清廉标杆警队。2021年10月12日，被省委组织部授予浙江省“担当作为好支书”称号。　（年鉴编辑部）

浙江省优秀党务工作者

王晓燕　女，1971年8月出生，浙江杭州人，中共党员，文晖街道京都苑社区党委书记、居委会主任。曾获评全国第二届模范“小巷总理”、浙江省“担当作为好支书”。她通过“一述职两公开”“三方协调”等工作机制，推动辖区小区电线“上改下”、会安坝弄美丽小巷建设，辖区小区曾获评“中国美好生活示范社区”“中国十个幸福小区案例”。2021年7月1日，被评为浙江省优秀党务工作者。

孔建铭　男，1971年9月出生，浙江杭州人，中共党员，长庆派出所党支部书记、所长。曾获评全省公安政治工作先进个人、杭州市公安局十佳教官，荣立三等功2次。他坚持政治建警和全面从严治警，建立“一阵地三体系”党建工作机制。探索新入职警员成长培育“五子工作法”（思想教育打底子、落实关爱当孩子、创新培养铺路子、青蓝对接架梯子、科学激励给位子）。总结“法治思维为基、社会治理融入、智慧警务赋能、警队阳光活力”工作经验，打造坚持发展新时代“枫桥经验”的公安派出所城市样板，长庆派出所被公安部授予全国首批“枫桥式公安派出所”称号。2021年7月1日，被评为浙江省优秀党务工作者。

沈金荣　男，1963年1月出生，浙江杭州人，中共党员，杭州市文渊小学党总支书记。曾获评浙江省万名好党员、杭州市“最强领头雁”。他通过打造“党建、武术、艺术”3个品牌，把文渊小学办成浙江省体育特色学校、杭州市体育传统项目学校。学校成立“领雁工作室”和“名校长工作室”，培养校级干部10人。开展“党组织领导下的校长负责制”试点，取得阶段性成效，教改课题获杭州市优秀成果一等奖。2021年7月1日，被评为浙江省优秀党务工作者。　（谷庆成）

新时代浙江工匠

陈　发　男，1984年4月出生，湖北洪湖人，杭州简悦服饰有限公司研发部首席结构设计师、研发部主管、技术攻关组长，浙江省高技能创新工作室领衔人，服装设计师。2001年从服饰公司缝制车工起步，潜心钻研，提升缝制技能及实操本领，是杭州服装业首位获“浙江省五一劳动奖章”荣誉的年轻人，曾获“喜得宝杯”服装高技能大赛服装制作第一名、“浙江省企业岗位大练兵服装制作工比赛”第一名。2021年4月被评为“新时代浙江工匠”。

柳健诚 男，1981年1月出生，浙江景宁人，杭州拉柏文化创意有限公司店长，美发高级技师，曾获“杭州市技术能手”称号。热爱本职，恪尽职守，用心进取。创新时尚快速热塑烫，顾客烫发率从10%提升到50%。毫无保留地将所学技艺传授给同事，一年内培养2支专业人才团队。团队成员有发型设计师12人、助理技师12人，为杭州市美容美发行业培养一批后备人才。2021年4月被评为“新时代浙江工匠”。

王　芹 女，1997年6月出生，江西上饶人，拱墅区职业高级中学美发教师。从事美发行业6年，曾获浙江省百千万高技能领军人才（优秀技能人才）、“浙江骄傲人物”、新时代杭州十大杰出青年英才等荣誉。2017年10月在第44届世界技能大赛美发项目比赛中获第四名。2018年被聘为国家队教练，在各类大赛中指导多名选手获全国技术能手、杭州市技术能手、杭州市技术标兵等称号。2021年4月被评为“新时代浙江工匠”。

王爱明 男，1977年8月出生，重庆忠县人，中共党员，杭州宝荣汽车销售服务有限公司喷漆主管，全国劳动模范，“浙江省高技能人才（劳模）创新工作室”领衔人，杭州市“王爱明汽车喷漆技能大师工作室”领衔人。从事汽车喷漆维修工作21年，勤奋好学，技术过硬，毫无保留地将自己累积的知识及维修技术传授给新一代技术工人。曾获宝马牌车辆喷漆比赛全国第二名、杭州市机动车维修大赛车身涂装第三名等成绩。2021年4月被评为“新时代浙江工匠”。（肖佳佳）

杭州市五一劳动奖章获得者

郭力为 男，1987年5月出生，江苏宿迁人，杭州人人集团有限公司销售总监。曾获评第四届杭州市优秀中小企业家、拱墅区优秀科技工作者。负责企业新产品市场开发，重点开拓新能源汽车市场。公司参与中国汽车电器电子化、数字化技术发展，完成以有自主知识产权的技术为核心的新市场开发，公司获杭州市优秀新产品新技术奖、杭州市科技进步奖、拱墅区科技进步奖。2021年4月获杭州市五一劳动奖章。

胡柳蔚 女，1969年4月出生，浙江东阳人，杭州市文澜实验中学教研组组长。从事教育工作32年，担任班主任20年，致力于初中科学教学的实践与探索，课堂教学追求“轻负高质”。参与编写国家课程标准《科学》（7～9年级）教科书，主持编写学校拓展性课程《仰望星空》。作为拱墅区特级教师工作室主持人，为工作室的年轻教师创造各种学习机会，为学校培养一批又一批骨干教师。关爱家境困难的学生，曾资助多名学生完成初中学业。2021年4月获杭州市五一劳动奖章。

莫晓佳 男，1986年2月出生，浙江杭州人，杭州天和建设集团有限公司高级工程师。秉持终身学习理念，不断提升专业水平及管理能力，促进工程项目创建各类精品工程。探索各类新技术、新工艺、新材料的应用，负责的项目获浙江省“钱江杯”优质工程奖、杭州市“西湖杯”优质结构奖等荣誉，以及获评全国、省、市建筑工程质量管理小组活动优秀成果，浙江省建筑业新技术应用示范工程。组织技术人员开展各类“小发明”“小创新”活动，并获杭州市“五小”（小发明、小创造、小革新、小设计、小建议）创新成果奖。2021年4月获杭州市五一劳动奖章。

钱　亮 男，1984年12出生，浙江杭州人，中共党员，原拱墅区住建局房地产管理科科长。作为一名城建系统基层党员干部，立足本职，爱岗敬业，曾获杭州市服务保障G20杭州峰会工作先进个人、市城中村改造工作先进个人、市老旧小区改造工作先进个人等称号，带领的团队获市第二届最美房管人、区平安工作先进集体、区“五水共治”先进集体、区青年文明号等荣誉。2021年4月获杭州市五一劳动奖章。

吴　涛　男，1982年4月出生，浙江杭州人，中共党员，鲜丰水果股份有限公司党支部书记、董事、副总裁，并担任水果码头运营中心总经理。于2013年加入该公司。牢记服务“三农”初心，致力于推动水果行业产业化发展，公司形成覆盖全域市场的产业互联网，并赋能产业互联网内小微企业快速成长，助推浙江省生鲜农产品市场发展。其运营中心年营业额超过10亿元。2021年4月获杭州市五一劳动奖章。

查武俊　男，1979年8月出生，湖北武穴人，中共党员，下城区公安分局朝晖路派出所二级警长，主要承担派出所警情案件审核、执法制度建设、执法监督管理等工作。从警16年，曾获全市公安机关优秀共产党员、年度工作嘉奖等荣誉。加强接处警执法源头管理，提高案件办理质量，推进单轨制一体化办案、百万警情大体检、未结伤害案件清理等专项工作。2020年审核刑事强制措施170多人次、移诉各类犯罪嫌疑人140多人次、各类行政处罚案件560多起，其中行政拘留处罚案件170多起。2021年4月获杭州市五一劳动奖章。

王　岚　女，1985年1月出生，浙江杭州人，下城区城投集团分公司副经理，曾获评杭州市城中村改造工作先进个人、区城投集团先进个人。负责管理集团民生类在建项目135个，其中前期项目66个、新开工项目13个、续建项目50个。工作精益求精、高标准严要求，严把质量关，面对困难和问题，想尽办法克服。2020年完成10个竣工决算项目。2021年4月获杭州市五一劳动奖章。

席胜军　男，1979年9月出生，浙江龙游人，中共党员，下城区卫健局疾控监督科科长，曾获浙江省疾病预防控制工作先进个人、杭州市优秀医疗卫生青年、杭州市服务保障G20杭州峰会先进个人等荣誉。从事疾病预防控制工作18年，参与处理H7N9禽流感、登革热、甲型H1NI流感等重大传染病疫情，在全市卫生应急演练比武中多次获一等奖。以第一作者身份发表学术论文14篇，入选杭州市“131”中青年人才。新冠肺炎疫情发生后，制订疫情防控和复工复产复学“一类一策”指导方案40多个，连续奋战在集中隔离点、核酸检测点、新冠疫苗接种点、心理危机干预工作等一线。在全省率先创建艾滋病“铁三角”管理模式，为下城区创建全国艾滋病综合防治示范区、全国慢性病综合防控示范区、全国健康促进区做出贡献。2021年4月获杭州市五一劳动奖章。

袁学斌　男，1981年7月出生，浙江长兴人，中共党员，下城区河道保护管理中心副主任。2019年2月到衢州市衢江区大洲镇挂职，帮助大洲镇石屏村集体经济收入从2018年的不足1万元，提高至2020年的38.58万元，其中经营性收入29.81万元。石屏村年收入低于8000元的农户全部清零。2020年，石屏村入选衢江区十大最具价值投资村名单并获奖励资金100万元。其驻村帮扶工作被“学习强国”浙江平台、《浙江日报》、“浙江新闻”App、杭州网等媒体报道。2021年4月获杭州市五一劳动奖章。

蒋玉宇　女，1967年9月出生，浙江杭州人，杭州照晖冠江楼餐饮有限公司董事长，国家餐饮服务大师、全国十佳服务能手、国家一级营养师、国家宴会服务师。入行20多年，曾获中华人民共和国成立70周年·浙江餐饮业十大巾帼楷模、联合国全球商界卓越贡献女企业家、改革开放40年浙江餐饮业卓越企业家、浙江餐饮业“金鼎杯”风云人物等荣誉。从餐饮门外汉到“中华餐饮名店”掌门人，获国内外顾客“金口碑”赞许，并毫无保留地向员工传授餐饮服务技能。2021年4月获杭州市五一劳动奖章。

胡春芳　女，1975年6月出生，浙江杭州人，鲜丰水果股份有限公司职工。儿时患高烧致听力残疾，但有一颗执着匠心，苦心钻研编织技艺。2008年首次参加市级编织比赛获二等奖，此后在第四届全国残疾人职业技能竞赛中获棒针编织项目第六名、在浙江省残疾人工匠技能竞赛中获手工棒针项目第一名、在第六届全国残疾人职业技能竞赛中获棒针编织第二名。曾获全国技术能手、个人三等功等荣誉。2021年4月获杭州市五一劳动奖章。

（肖佳佳）

杭州市优秀共产党员

胡湘芸 女，1977年5月出生，浙江东阳人，中共党员，朝晖街道施家花园社区党委书记、居委会主任，曾获浙江省服务保障G20杭州峰会工作先进个人、全省城乡社区治理和服务成绩突出个人、杭州市社区治理和服务工作先进个人、新时代杭州市"双百"优秀乡村干部等荣誉。坚持以居民需求为导向，探索以党建引领、协商民主为核心的社区治理模式，建立三方联动月会制、社区"党员智囊团"等议事平台，"幸福邻里湾"党群驿站及"周三公益日""党员公益站"，推出"便民微公益"。新冠肺炎疫情发生后，组织开展地毯式排查，带领社区实现防控"零死角、零盲区、零疏漏"。2021年6月被评为杭州市优秀共产党员。

段金富 男，1961年4月出生，浙江杭州人，中共党员，石桥街道永丰经济合作社党总支书记、董事长。曾获浙江省服务保障G20杭州峰会工作先进个人、杭州"两口两线"及扩大范围建设整治工作先进个人、杭州市优秀农村实用人才、市区道路建设两年大会战先进个人等荣誉。1999年担任永丰村党支部书记，积极发展壮大村集体经济，把经济薄弱的永丰村变成村强民富。2020年，永丰经济合作社总资产17.09亿元，集体房产35万平方米，股民总分红3750万元。帮助社区引进浙大网新产业园，与印力集团控股有限公司签订建设永丰印象城协议。2021年6月被评为杭州市优秀共产党员。

祝　敏 男，1962年2月出生，浙江杭州人，中共党员，东新街道一级调研员，曾被评为省国防动员工作先进个人、省政法系统先进个人等。负责辖区综治工作，推动灯塔养殖场"两链"（资金链、担保链）风险化解。带领专班人员，28天完成浙江省工业品市场搬迁，40天完成原杭州重型机械厂宿舍搬迁项目签约清零。构建居民议事成员网格化运作机制，将人大代表单一监督改为人大代表、居民议事会议成员、民情联络员共同监督，东新园人大代表联络站被评为杭州市"首届最美人大代表联络站"，东新街道人大工委被评为拱墅区"综合先进人大街道工委"。2021年6月被评为杭州市优秀共产党员。

秦红英 女，1966年4月出生，浙江杭州人，中共党员，和睦街道工作人员。从事社区工作20多年，曾获新时代浙江省"万名好党员"、浙江省"充分就业社区"先进个人、杭州市"庭院改善"工作先进个人、杭州市抗击新冠肺炎疫情先进个人等荣誉。创建党建"微阵地"运河城市驿站，获全区推广。发挥网格党建作用，组织开展网格巡逻，在负责社区背街小巷改善、庭院改善、"三改一拆"等工作中，协调解决供水、用电、停车等一系列难题。参与解决杭州化纤（集团）公司移交的"三供一业"（供水、供电、供热和物业管理）涉及的近30户房屋产权问题，实现无一人信访。参与新冠肺炎疫情防控，连续70多天在一线值守。2021年6月被评为杭州市优秀共产党员。

胡　森 男，1983年2月出生，河南太康人，中共党员，区检察院第一检察部主任。从事检察工作12年，曾获全国"优秀公诉人"、浙江省"矛盾纠纷调解成绩突出个人"、杭州市五一劳动奖章等荣誉，入选全国首批网络犯罪检察人才库、浙江省人民检察院刑事检察人才库、检察机关专业人才库。一直坚守在刑事犯罪案件办理一线，办理过一批在全国和全省有重大影响的职务犯罪、扫黑除恶和涉众型金融犯罪案件。注重检察理论研究，在《刑事法评论》等学术刊物发表论文10多篇。2021年6月被评为杭州市优秀共产党员。

唐西胜 男，1964年3月出生，湖北沙洋人，中共党员，拱墅区教师教育学院党总支书记、院长，曾获"全国优秀教师"、浙江省"特级教师"等荣誉。主持和参与国家、省、市级规划课题和重点课题研究5项，在《人民教育》等杂志上发表文章16篇，出版专著3部。2014年创办"小候鸟驿站"，7年中将"驿站"站点扩展到6个，从杭州拓展到贵州省黎平县，并组织400多位教师志愿者，为来自15个省的600多名留守儿童提供暑期托管服务，"小候鸟驿站"被全国总工会授予“爱心托管班”称号。近几年，5次参加贵州支教。2021年6月被评为杭州市优秀共产党员。

赵　剑　女，1986年1月出生，浙江杭州人，中共党员，拱墅区重点项目推进中心主任。曾获浙江省服务保障G20杭州峰会工作先进个人、杭州市“担当作为好干部”等荣誉。作为项目统筹推进责任人，加强重大项目全过程管理，实现华东生命科学产业园、浙江云计算数据中心等重大项目开工，制造业项目开工率100%。规范留用地开发，协助解决留用地开发建设中的许多遗留问题，全区24个留用地项目全部开工。推进杭州华电半山发电有限公司综合改造提升工程建设和瓜山、和睦等省级未来社区创建。2021年6月被评为杭州市优秀共产党员。

赵建荣　男，1962年8月出生，浙江杭州人，中共党员，杭州东恒石油有限公司党支部书记、杭州东恒事业集团有限公司董事长，曾获浙江省优秀企业家、浙江省东西部扶贫协作爱心奉献奖、杭州市劳动模范、杭州市抗击新冠肺炎疫情先进个人等荣誉。带领团队把一家乡镇企业发展成为全国民营企业500强、全省百强企业，为打造浙江省能源产业链、助推浙江民营经济高质量发展贡献智慧和力量。公司与杭州市淳安县、四川省凉山彝族自治州等地结对帮扶，近5年累计捐款捐物价值近1000万元。热心公益事业，向杭州公羊会捐赠公益救援款300万元。2021年6月被评为杭州市优秀共产党员。

黄　敏　男，1982年10月出生，陕西汉中人，中共党员，半山街道智伴长者服务中心党支部书记、理事长，杭州智伴养老服务有限公司董事长。曾获浙江省“万名好党员”、杭州市“最强领头雁”、杭州市最美爱亲孝老助老模范人物等荣誉。创办杭州智伴养老服务有限公司，将面临倒闭的杭钢半山钢铁基地食堂打造成养老基地。2017年，作为基层群众代表，受邀参加李克强总理主持的《政府工作报告》意见座谈会。利用企业场地创建全市首个社会组织运河城市驿站，开通“南苑党员先锋号”，发挥党员先锋模范作用。2021年6月被评为杭州市优秀共产党员。　（谷庆成）

杭州市优秀党务工作者

王艳敏　女，1983年8月出生，浙江杭州人，中共党员，武林街道长寿社区党委书记、居委会主任。曾获评新时代“浙江省千名好支书”。她根据不同小区特点，实行多元化治理。探索创新思敬里小区“武林大妈”金管家项目，激发居民自治活力。在孩儿巷小区打造拱墅区首个老旧小区“智慧小区”，实现精细化和留痕式管理。在久安里小区搬迁工作中，入户宣传政府有关政策，帮助居民办理各项搬迁手续，小区搬迁如期清零。2021年6月被评为杭州市优秀党务工作者。

张　瀛　女，1975年9月出生，浙江杭州人，中共党员，潮鸣街道所巷社区党委书记、居委会主任。曾获评杭州市“最强领头雁”。她坚持以党建为统领，通过多方合力，解决群众关心的“关键小事”。为无物业老旧小区引入小区管家，成立全省首家“护理型”日间照料中心。38天完成既有住宅电梯加装，创造“杭州速度”。抢抓“黄金十分钟”，对726户居民进行紧急疏散，打赢“8·28”建国北路路面塌陷险情处置应急突击战。2021年6月被评为杭州市优秀党务工作者。

邢晓春　女，1974年11月出生，浙江绍兴人，中共党员，大关街道德胜社区党委书记、居委会主任。曾获评杭州市优秀社区工作者。她坚持从小处着眼、从细节入手，围着群众转，贴近实际干。新冠肺炎疫情防控期间，带领社区干部筑牢疫情防控防线。老旧小区综合改造期间，听民声、汇民意、集民智、解民忧，使小区改造工作赢得居民好口碑。首创党建引领三方协同“1+5”小区微治理模式（1个首席小区专员统筹5个片区专员协同管理小区事务），推进社区治理精细化。2021年6月被评为杭州市优秀党务工作者。

朱　薇　女，1973年11月出生，浙江杭州人，中共党员，湖墅街道珠儿潭社区党委书记、居委会主任。曾获评浙江省优秀社区工作者。她带领社区工作人员做好文明创建、环境整治、垃圾分类、疫情防控等工作。在区域党建共建工作中，创新推出“党建微平台”，搭建“网上党支部”，推动社区党建和社会治理共促双赢。把服务群众、化解居民矛盾纠纷作为第一位工作。2021年6月被评为杭州市优秀党务工作者。

项　政　男，1989年7月出生，浙江金华人，中共党员，拱宸桥街道桥西社区党委书记、居委会主任。曾获评杭州市“五水共治”(河长制)工作先进个人。他坚持为打造与运河沿岸名区相得益彰的运河沿岸名街目标贡献桥西力量，开展桥西历史文化街区全域提升工作。倡议成立居民议事委员会和街区商户“世界咖啡”共议会，形成商业区反哺居民区的良好循环。建立五色民情钉钉子数据库、探索项目化小区专员、志愿者“运河·爱心义仓”积分体系等项目。2021年6月被评为杭州市优秀党务工作者。

曹　辉　女，1978年9月出生，浙江杭州人，中共党员，区教育局干部、区民办教育行业党委书记。曾获评全国优秀红领巾社团优秀辅导员、杭州市“最强领头雁”。她首创公民结对，通过党建结对实现公办、民办教育同步发展。推出“益清单”，深入西藏那曲、湖北恩施、贵州黎平及浙江丽水、淳安下姜村等地8次，开展教育扶贫。开启“益课堂”，集成民办教育优质资源，数字嫁接缩短教育城乡差距。2020年抗击新冠肺炎疫情期间，引导行业机构在海外购得口罩76万只，捐赠抗疫一线，并为医护人员子女减免课程费用近500万元。2021年6月被评为杭州市优秀党务工作者。

田红卫　女，1970年9月出生，浙江杭州人，中共党员，文晖街道“两新”组织党工委委员、江南楼宇社区党委书记。曾获评区楼宇社区建设先进工作者、区优秀党务工作者。她针对“两新”组织党员管理难、活动难、学习难等特点，探索“两新”组织和同住型党员协同管理新模式，推出“两新党员成长营”轮训活动，举办“沉浸式党课”。牵头成立“文小红”工作室，吸纳93个单位加入党建联盟。成立党建引领小区治理共建基金，组织联盟成员领办“温暖脚丫”等共建项目12个。2021年6月被评为杭州市优秀党务工作者。

丁孝玲　女，1964年4月出生，浙江杭州人，中共党员，拱宸桥街道心巢公益党支部书记。她带领党支部党员打造基层党校公益课堂心巢文澜大学等公益品牌项目。通过团队努力，联合其他社会组织，使心巢公益项目辐射浙江省多个地区，并结对帮扶贫困地区，心巢公益党支部获评湖北省恩施州来凤县助力脱贫攻坚优秀单位。2021年6月被评为杭州市优秀党务工作者。

叶　青　男，1965年2月出生，浙江杭州人，中共党员，浙江杭天信律师事务所党支部书记、合伙人。曾获评浙江省“新时代万名好党员”、浙江省律师行业优秀共产党员。他推进党支部规范化建设，开展“党员固定主题党日”“党员入党纪念日”等活动，激励党员岗位建功。完成律师事务所“党建进章程、党组织书记进管理层、党建经费进预算”3项工作。发起青年律师培养计划，律师事务所党员律师比例超45%。连续7年参加结对助学，帮助4名贫困学生完成学业。2021年6月被评为杭州市优秀党务工作者。

（谷庆成）

杭州工匠

蒋玉宇　参见“杭州市五一劳动奖章获得者”事迹介绍。

胡春芳　参见“杭州市五一劳动奖章获得者”事迹介绍。（肖佳佳）

杭州市最美志愿者

吴玉兴　男，1964年9月出生，浙江余杭人，杭州市见义勇为志愿队队员、藏龙面馆店主。藏龙面馆位于拱墅区半山街道半山路97号。经商9年，将藏龙面馆打造成“爱心驿站”，天冷时赠送腊八粥，天热时摆免费凉茶摊。新冠肺炎疫情发生后，组织企业家购买5000个爱心口罩赠送给半山街道；企业复产复工后，发放免费早餐3个月；临近春节，为杭钢南苑社区的独居老人、残疾人送去年货和祝福。曾被评为省、市劳动模范，省、市优秀社会主义建设者，省光彩之星，全国文明诚信工商户。2021年1月，作为全国抗击新冠肺炎疫情民营经济先进个人，到北京受到党和国家领导人的接见。2021年11月被评为杭州市最美志愿者。

金积祥 男，1938年11月出生，中共党员，部队退休医生。医术精湛，无私奉献。从热情地为上门求医的居民服务，到后来设立义诊服务点，定期开展义诊。义诊7年，把脉问诊患者2000多人，记录患者病情的记录本达8本。倡导“运动健身、防患于未然”理念，组织墨香苑居民开展乒乓球比赛等体育活动。2021年11月被评为杭州市最美志愿者。

（黄　卉）

浙江好人·杭州好人

朱喜忠 男，1983年8月出生，浙江缙云人，拱墅区税务局纳税服务科工作人员，浙江省无偿献血志愿者协会成员。在平凡岗位上忠于职守，工作之余热心公益、坚持献血，20多年无偿献血270次，累计献血9.98万毫升，相当于20个成年人的总血量。以不变的初心、恒久的坚守，诠释着“奉献、友爱、互助、进步”志愿精神的崭新时代内涵。曾获7次全国荣誉、4次省级荣誉。2021年2月获评杭州好人，3月获评浙江好人。

冯正兴 男，1939年2月出生，中共党员，杭州张小泉剪刀厂退休工人。1994年退休后，自费购置修磨剪刀工具，在社区、吴山广场、运河广场等处设摊，为居民义务修磨剪刀，平均每天修磨剪刀100多把，27年累计义务修磨13万余把。凭借一技之长，用勤劳的双手和实际行动创造不平凡的人生价值。2021年6月获评杭州好人，7月获评浙江好人。

骆　佳 男，1981年9月出生，致公党党员，国网浙江省电力有限公司物资分公司员工。从2012年开始，连续10年帮扶贵州黎平县黄冈村小学贫困学生，结对帮扶40多人次。定期自费到黄冈村与孩子们沟通交流，送给孩子们各种生活用品和图书。牵头组建“留德同学群”，筹款30多万元为贫困山村建设饮水净化系统，创立乡村特色侗族音乐大舞台、山村图书馆。带动70多名同事加入扶贫志愿公益队伍，累计资助帮扶贵州黎平县黄岗小学留守儿童268人次。2021年5月获评杭州好人，6月获评浙江好人。

陈　波 男，1973年1月出生，生前系拱墅区乐居社会工作服务中心乐金邻公益负责人。曾获浙江省“最美战疫志愿者个人提名”等荣誉。2009年起，每年为运河边、社区里的路人、游客夏送凉茶、冬送姜茶。2013年，只身到甘肃支教，与留守儿童、贫困家庭儿童结对帮扶。2016年，牵头为外来务工子女开设夏令营、冬令营，累计服务留守儿童1000多人次。2020年抗击新冠肺炎疫情期间，连续37天每天12个小时坚守防疫一线，开展志愿服务，筹集防疫物资，带领杭网义工志愿者团队参与疫情防控。2021年7月3日凌晨离世。2021年6月获评杭州好人，8月获评浙江好人。

戴华芬 女，1943年8月出生，中共党员，拱墅区朝晖四区退休职工。她经常看望常年卧床、生活不能自理的邻居老人金宝珍。老人原由女儿照顾，其女儿身患重病后，戴华芬主动承担，照顾老人10多年，直至老人102岁时离世。对社区其他老人，同样热情、真心对待。将突然中风的老邻居周奶奶送到医院，帮着取药，陪护老人。参与“五水共治”、垃圾分类、端午节元宵节为社区老人送食品等各类志愿服务，被老房地社区邻居称为“最美阿姨”，曾获“感动下城”公德人物称号。2021年7月获评杭州好人。

金德意 男，1949年11月出生，中共党员，杭州中联百货有限公司退休工人。2007年创办“植藤节”，推广垂直绿化10多年。2017年，组建银龄互助志愿服务队，以中老年群众为主要服务对象，志愿服务活动覆盖全区雷锋角、社区雷锋站及运河广场等新时代文明实践站（点），定期参与杭州市雷锋广场志愿服务，并推动志愿服务队将志愿服务拓展到空巢、高龄、失能老人和危重病人家庭，累计开展志愿活动320多次，个人志愿服务时间3.1万个小时。曾获浙江省最美志愿者、杭州市优秀环保志愿者、杭州市功勋志愿者、杭州市护绿使者等称号。2021年10月获评杭州好人。

（黄　卉）

集体荣誉

2021年度拱墅区获国家级和部级先进集体荣誉一览表

表14

获奖单位	荣誉名称	授予单位	授予时间
原拱墅区侨联	全国侨联系统助力脱贫攻坚先进集体	中国侨联	2021年1月
小河街道办事处	全国示范退役军人服务站	退役军人事务部	2021年1月
和睦街道和睦社区	国家级老年友好社区	国家卫生健康委员会	2021年1月
下城区城市管理指挥保障中心	全国三八红旗集体	全国妇联	2021年2月
半山街道田园社区	2020年度全国综合减灾示范社区	国家减灾委员会	2021年2月
东新街道西文社区	全国综合减灾示范社区	国家减灾委员会	2021年3月
区信访局	信访工作“三无”县（市、区、旗）	国家信访局	2021年4月
杭州长江实验小学	2021年全国营养与健康示范学校	中国学生营养与健康促进会	2021年5月
下城区体育中心	2017—2020年度全国群众体育先进单位	国家体育总局	2021年9月
区统计局	全国第七次人口普查先进集体	国务院第七次全国人口普查领导小组	2021年9月
区人力社保局	2020—2021年《中国劳动保障报》新闻宣传工作做得好单位	人力资源和社会保障部办公厅	2021年9月
区综合行政执法局	拱墅区城管局红旗班智能化精细化管理项目获第四届“绽放杯”5G应用征集大赛智慧城市专题赛全国优秀奖	工业和信息化部	2021年9月
区司法局祥符司法所	全国模范司法所	司法部	2021年10月
区退役军人事务局	《中国退役军人》宣传工作先进单位	退役军人事务部办公厅	2021年10月
天水街道公羊会	全国应急管理系统先进集体	人力资源和社会保障部、应急管理部	2021年11月
区民政局	全国街道服务管理创新实验区	民政部	2021年11月
区工商联	全国“五好”县级工商联	中华全国工商业联合会	2021年12月

2021年度拱墅区获省级先进集体荣誉一览表

表15

获奖单位	荣誉称号	授予单位	授予时间
下城区人民检察院	2020年度全省检察机关信息工作先进集体	浙江省人民检察院	2021年1月
拱墅区大关小学教育集团	浙江省文明学校	中共浙江省委、浙江省人民政府	2021年1月
杭州市大关中学附属小学	浙江省文明单位（复评）	浙江省文明办	2021年1月
文晖街道退役军人服务站	全国“示范型退役军人服务中心（站）”	浙江省退役军人事务厅	2021年1月

续表15

获奖单位	荣誉称号	授予单位	授予时间
原拱墅区委拱墅区政府信访局	人民满意窗口工作成绩突出集体	浙江省信访局	2021年1月
原拱墅区市场监督管理局	2020年度浙江省市场监管安全保障成绩突出集体	浙江省市场监督管理局	2021年1月
武林街道退役军人服务站	全国示范型退役军人服务中心（站）	浙江省退役军人事务厅	2021年1月
下城区人民检察院第二检察部	2020年度全省检察机关法律监督成绩突出集体	浙江省人民检察院	2021年2月
原拱墅区人民检察院第一检察部	2020年度全省检察机关法律监督成绩突出集体	浙江省人民检察院	2021年2月
原拱墅区劳动保障监察大队（拱墅区劳动人事争议仲裁院）	2020年度调解仲裁案件处理工作成绩突出“互联网＋调解仲裁”仲裁院	浙江省人力资源和社会保障厅	2021年2月
下城区人力社保局	2020年度调解仲裁案件处理工作成绩突出单位	浙江省人力资源和社会保障厅	2021年2月
下城区市场监督管理局武林市场监督管理所	浙江省2020年度市场监管执法成绩突出集体	浙江省打击侵犯知识产权和制售假冒伪劣商品工作领导小组办公室、浙江省市场监管工作联席会议办公室	2021年2月
原拱墅区市场监督管理局	浙江省2020年度市场监管执法成绩突出集体	浙江省打击侵犯知识产权和制售假冒伪劣商品工作领导小组办公室、浙江省市场监管工作联席会议办公室	2021年2月
下城区人民检察院	2020年度全省先进基层检察院	浙江省人民检察院	2021年3月
区妇联	浙江省实施妇女儿童发展规划成绩突出集体	浙江省人民政府妇女儿童工作委员会	2021年5月
武林街道	2021浙江省高质量就业社区	浙江省人力资源和社会保障厅	2021年6月
区住建局	2020年全省老旧小区改造考核第一名	浙江省老旧小区改造工作领导小组办公室	2021年6月
杭州市安吉路实验学校党总支	浙江省先进基层党组织	中共浙江省委	2021年7月
东新街道党工委	浙江省先进基层党组织	中共浙江省委	2021年7月
区市场监管局	2018—2020年浙江省市场环境建设成绩突出集体	浙江省小微企业三年成长计划工作领导小组	2021年8月
区综合行政执法局	全省“五水共治”工作先进集体	浙江省治水办	2021年10月
拱墅区退役军人服务中心	2021年浙江省“新时代枫桥式退役军人服务中心（站）”	浙江省退役军人事务工作领导小组办公室	2021年10月
拱墅区潮邻益家社会工作发展中心	浙江省品牌社会组织	浙江省民政厅	2021年10月
杭州市青蓝小学	2021年度浙江省红十字工作成绩突出集体	浙江省红十字会	2021年10月

续表15

获奖单位	荣誉称号	授予单位	授予时间
湖墅街道食安办	2021年浙江省五星级乡镇（街道）食安办	浙江省食品安全委员会办公室	2021年11月
天水街道	浙江省数字生活新服务特色镇（街道）	浙江省数字生活新服务联席会议办公室	2021年11月
大关街道退役军人服务站	2021年浙江省“新时代枫桥式退役军人服务中心（站）”	中共浙江省委退役军人事务工作领导小组办公室	2021年12月
半山街道	浙江省AAA级景区街道	浙江省文化和旅游厅	2021年12月
半山街道退役军人服务站	2021年浙江省“新时代枫桥式退役军人服务中心（站）”	中共浙江省委退役军人事务工作领导小组办公室	2021年12月
祥符街道退役军人服务站	2021年浙江省“新时代枫桥式退役军人服务中心（站）”	中共浙江省委退役军人事务工作领导小组办公室	2021年12月
“民悦轩”民族文化之家	第四批省级民族团结进步创建重点培育单位	浙江省民族宗教事务委员会	2021年12月
上塘街道蔡马社区退役军人服务站	2021年浙江省“新时代枫桥式退役军人服务中心（站）”	中共浙江省委退役军人事务工作领导小组办公室	2021年12月
区委统战部	全省2021年民宗系统成绩突出集体	浙江省民族宗教事务委员会	2021年12月
文晖街道退役军人服务站	2021年浙江省“新时代枫桥式退役军人服务中心（站）”	中共浙江省委退役军人事务工作领导小组办公室	2021年12月
拱墅区吉正龙美发创新工作室	省级高技能人才（劳模）创新工作室	浙江省总工会、浙江省科学技术厅	2021年12月
天水街道皇亲苑社区	2021年浙江省文化示范社区	浙江省人民政府办公厅	2021年12月
天水街道戒坛寺巷社区退役军人服务站	2021年浙江省“新时代枫桥式退役军人服务中心（站）”	中共浙江省委退役军人事务工作领导小组办公室	2021年12月
天水街道公羊会	浙江省最佳志愿服务组织	中共浙江省委宣传部、浙江省文明办、浙江省民政厅	2021年12月
石桥街道退役军人服务站	2021年浙江省“新时代枫桥式退役军人服务中心（站）”	中共浙江省委退役军人事务工作领导小组办公室	2021年12月
拱墅区大运河老年大学（拱墅区老干部活动中心）	全省老干部工作先进集体	中共浙江省委组织部、中共浙江省委老干部局、浙江省人力资源和社会保障厅	2021年12月
区工商联	民营企业调查点工作先进单位	浙江省工商业联合会	2021年12月
朝晖街道	浙江省文化强镇	浙江省人民政府办公厅	2021年12月
潮鸣街道退役军人服务站	浙江省退役军人服务保障体系建设先进单位	中共浙江省委退役军人事务工作领导小组	2021年12月
区司法局潮鸣司法所	省级“枫桥式”司法所	浙江省司法厅	2021年12月

续表15

获奖单位	荣誉称号	授予单位	授予时间
和睦街道化纤社区退役军人服务站	2021年浙江省“新时代枫桥式退役军人服务中心（站）”	中共浙江省委退役军人事务工作领导小组办公室	2021年12月
杭州市现代实验小学	浙江省现代化学校	浙江省教育厅、浙江省人民政府教育督导委员会办公室	2021年12月
拱墅区教育研究院	浙江省教育科研先进集体	浙江省教育科学研究院	2021年12月
康桥街道退役军人服务站	2021年浙江省“新时代枫桥式退役军人服务中心（站）”	中共浙江省委退役军人事务工作领导小组办公室	2021年12月
区委编办	浙江省事业单位改革成效突出集体	浙江省事业单位改革领导小组	2021年12月

2021年度拱墅区获市级先进集体荣誉一览表

表16

获奖单位	荣誉称号	授予单位	授予时间
原拱墅区人民检察院	杭州市先进基层检察院	杭州市人民检察院	2021年1月
东新街道人武部	先进基层武装部	杭州警备区	2021年1月
原拱墅区委直属机关工委机关党支部	2020年度杭州市最强党支部	中共杭州市委组织部	2021年1月
祥符街道阮家桥社区侨联	杭州市侨联系统先进集体	杭州市归国华侨联合会	2021年1月
上塘街道人大代表联络中心站	杭州市“最美人大代表联络站”	杭州市人大常委会办公厅	2021年1月
东新街道东新园社区党委	2020年市级“最强党支部”	中共杭州市委组织部	2021年2月
共青团下城区委	2020年度杭州市先进团委	共青团杭州市委	2021年2月
石桥街道团工委	2020年度杭州市先进团委	共青团杭州市委	2021年2月
朝晖街道团工委	2020年度杭州市先进团委	共青团杭州市委	2021年2月
原拱墅区教育局工会	2020年度杭州市教育系统先进工会组织	中国教育工会杭州市委员会	2021年3月
杭州市西园实验幼儿园工会	2020年度杭州市教育系统先进工会组织	中国教育工会杭州市委员会	2021年3月
杭州市文澜实验学校	2020年度杭州市教育系统先进工会组织	中国教育工会杭州市委员会	2021年3月
杭州市文津小学工会	2020年度杭州市教育系统先进工会组织	中国教育工会杭州市委员会	2021年3月
杭州市绿洲花园幼儿园工会	2020年度杭州市教育系统先进工会组织	中国教育工会杭州市委员会	2021年3月
下城区人力资源和社会保障局	2020年度杭州市平安建设先进集体	中共杭州市委、杭州市人民政府	2021年4月

续表16

获奖单位	荣誉称号	授予单位	授予时间
下城区市场监督管理局	2020年度杭州市平安建设先进集体	中共杭州市委、杭州市人民政府	2021年4月
原拱墅区信访局	2020年度杭州市平安建设先进集体	中共杭州市委、杭州市人民政府	2021年4月
原拱墅区人民检察院第二检察部	2020年度杭州市平安建设先进集体	中共杭州市委、杭州市人民政府	2021年4月
原拱墅区司法局社区矫正管理科	2020年度杭州市平安建设先进集体	中共杭州市委、杭州市人民政府	2021年4月
原拱墅区妇联	2020年度杭州市平安建设先进集体	中共杭州市市委、杭州市人民政府	2021年4月
半山街道	2020年度杭州市平安建设先进集体	中共杭州市委、杭州市人民政府	2021年4月
文晖街道	2020年度杭州市平安建设先进集体	中共杭州市委、杭州市人民政府	2021年4月
天水街道	2020年度杭州市平安建设先进集体	中共杭州市委、杭州市人民政府	2021年4月
潮鸣街道	2020年度杭州市平安建设先进集体	中共杭州市委、杭州市人民政府	2021年4月
长庆街道	2020年度杭州市平安建设先进集体	中共杭州市委、杭州市人民政府	2021年4月
东新街道	2020年度杭州市平安建设先进集体	中共杭州市委、杭州市人民政府	2021年4月
原拱墅区市场监督管理局	杭州市创建“全国文明城市”工作中作出突出贡献集体	中共杭州市委、杭州市人民政府	2021年4月
东新街道	2020年度全市政务信息工作先进单位	杭州市人民政府办公厅	2021年4月
杭州丰安电力建设有限公司、浙江中拓供应链管理有限公司、原拱墅区卫健局、浙江元谷文创产业发展有限公司	杭州市五一劳动奖状	杭州市总工会	2021年4月
下城区城市管理局	2020年度杭州市高水平推进城乡生活垃圾治理工作先进集体	杭州市人民政府办公厅	2021年6月
原拱墅区综合行政执法局	2020年度杭州市高水平推进城乡生活垃圾治理工作先进集体	杭州市人民政府办公厅	2021年6月
原拱墅区政府	市绿道建设先进区县	杭州市绿道建设推进协调小组办公室	2021年6月
原拱墅区住建局	市最美绿道建设集体	杭州市绿道建设推进协调小组办公室	2021年6月
原拱墅区绿道办	市最美绿道建设集体	杭州市绿道建设推进协调小组办公室	2021年6月

续表16

获奖单位	荣誉称号	授予单位	授予时间
下城区人民检察院党总支	杭州市先进基层党组织	中共杭州市委	2021年6月
杭州银泰城党委	杭州市先进基层党组织	中共杭州市委	2021年6月
东新街道沈家社区	杭州市先进基层党组织	中共杭州市委	2021年6月
拱墅区物业管理协会党委	杭州市先进基层党组织	中共杭州市委	2021年6月
浙江新盛建设集团有限公司党总支	杭州市先进基层党组织	中共杭州市委	2021年6月
原拱墅区综合行政执法局河道保护管理中心党支部	杭州市先进基层党组织	中共杭州市委	2021年6月
上塘街道善贤社区	杭州市先进基层党组织	中共杭州市委	2021年6月
原拱墅区市场监督管理局石桥市场监督管理所	杭州市先进基层党组织	中共杭州市委	2021年6月
杭州市胜蓝实验小学	杭州市“最强党支部”	中共杭州市教育局委员会	2021年6月
原拱墅区防范金融风险处置暨网络借贷风险处置专班	2020年度杭州市网贷风险处置工作集体嘉奖	杭州市人民政府	2021年7月
原拱墅区人民法院刑事审判庭	2020年度杭州市网贷风险处置工作集体嘉奖	杭州市人民政府	2021年7月
区财政局	杭州市2020年老旧小区改造工作优秀集体	杭州市老旧小区综合改造提升协调小组办公室	2021年7月
区住建局	2020年老旧小区改造工作优秀集体	杭州市老旧小区综合改造提升协调小组办公室	2021年7月
区审计局	2020年老旧小区改造工作优秀集体	杭州市老旧小区综合改造提升协调小组办公室	2021年7月
下城区老旧小区综合改造提升工作领导小组办公室	2020年度城乡配套设施完善和有机更新工作集体嘉奖	杭州市人民政府	2021年8月
区综合行政执法局	杭州市乡村振兴（城乡区域统筹发展）工作成绩突出集体	中共杭州市委、杭州市人民政府	2021年8月
区住建局	2020年度杭州市城乡配套设施完善和有机更新工作行政奖励	杭州市人民政府办公厅	2021年8月
区发改经信局	杭州市乡村振兴（城乡区域统筹发展）工作成绩突出集体	杭州市人民政府办公厅	2021年8月
区审管办	2020年度杭州市国际一流营商环境建设成绩突出集体	中共杭州市委，杭州市人民政府	2021年9月
区发改经信局	2020年度杭州市实施“新制造业计划”工作成绩突出集体	杭州市人民政府办公厅	2021年9月

续表16

获奖单位	荣誉称号	授予单位	授予时间
区市政公司	杭州市市容环卫先进集体	杭州市城市管理局	2021年10月
区城中村指挥部亚运公园项目攻坚组	杭州市工人先锋队	杭州市总工会	2021年11月
区国投集团	2021年度杭州市杭州市建筑工地项目“最强支部”	中共杭州市城乡建设委员会党组	2021年12月
拱墅区“扫黄打非”工作领导小组	2021年全市“扫黄打非”工作成绩突出集体	杭州“扫黄打非”工作领导小组	2021年12月
长庆街道	杭州市第七次全国人口普查工作成绩突出集体	杭州市人民政府办公厅	2021年12月
武林街道	杭州市第七次全国人口普查工作成绩突出集体	杭州市人民政府办公厅	2021年12月
区总工会	杭州市东西部扶贫协作工作成绩突出集体	杭州市人民政府办公厅	2021年12月
区发改经信局	杭州市东西部扶贫协作工作成绩突出集体	杭州市人民政府办公厅	2021年12月
和睦街道	2021年杭州市美丽建设突出贡献集体	中共杭州市委、杭州市人民政府	2021年12月
东新街道	2021年杭州市美丽建设突出贡献集体	中共杭州市委、杭州市人民政府	2021年12月
区综合行政执法局	2021年度杭州市美丽建设突出贡献集体	中共杭州市委、杭州市人民政府	2021年12月
小河街道	2021年杭州市美丽建设突出贡献集体	中共杭州市委、杭州市人民政府	2021年12月
区数据资源局数据资源科	在疫情防控中表现突出的单位	杭州市新型冠状病毒肺炎疫情防控工作领导小组	2021年12月
天水街道	市侨联成立60周年示范引领组织	杭州市侨联	2021年12月
杭州天和建设集团有限公司、浙江奥航综合服务有限公司、浙江省成套工程有限公司、浙江建院建筑规划设计院、华越设计集团股份有限公司	市创建和谐劳动关系先进企业	杭州市总工会	2021年12月
区工商联	全市服务“两个健康”单项工作贡献单位	杭州市工商业联合会	2021年12月
潮鸣街道	杭州市稳就业保就业先进单位	杭州市人民政府办公厅	2021年12月

统计资料

2021年拱墅区国民经济和社会发展统计公报

2021年是建党100周年，在开启全面建设社会主义现代化国家新征程、向第二个百年奋斗目标进军之际，国务院批复同意杭州市实施部分行政区划优化调整，新拱墅区成立，千年运河与繁华武林携手共进。全区上下在区委、区政府的坚强领导下，一手抓区域优化融合，一手抓经济社会发展，实现“十四五”良好开局，全区经济保持平稳有序健康发展态势。

2015年—2021年全区生产总值（单位：亿元）

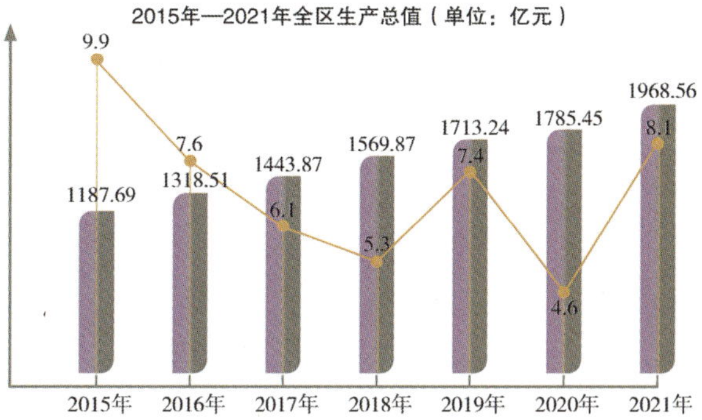

注：根据第四次全国经济普查结果和我国GDP核算制度规定，2018年拱墅区生产总值修订为1569.87亿元

一、综合

经济总量。据初步核算，全年实现地区生产总值1968.56亿元，按可比价计算，同比增长8.1%。其中，第二产业增加值193.79亿元，同比增长4.3%；第三产业增加值（服务业增加值）1774.77亿元，同比增长8.5%；三次产业结构比例0∶9.8∶90.2（经最终核实，2020年拱墅GDP修订为1785.45亿元，比上年增长4.6%，三次产业增加值结构为0∶10.5∶89.5）。按常住人口算，人均地区生产总值为17.37万元。

“1＋3”产业。全区聚焦创新驱动、产业重构，加快打造“一核一带一极”发展新格局，构建具有强大竞争力的现代产业体系，“1＋3”产业健康发展。“商贸＋金融”主导产业优势增强。大武林商圈提升改造全面启动，武林商圈、城西银泰获评首批省级示范智慧商圈，武林、运河、新天地三大商圈加速聚合，彰显创建新型消费中心城市的硬核担当。全年商贸业增加值320.60亿元，占GDP比重为16.3%，同比增长5.4%。金融业发展稳健，新增上市企业4家，拥有省级以上金融机构总部62家。全年金融业增加值625.12亿元，占GDP比重31.8%；同比增长6.1%，人民币存贷款余额同比增长12.4%，证券交易额同比增长23.3%，保费收入同比增长3.7%。数字经济占比稳中有升。信息软件、数字传媒业加快发展，全年数字经济核心产业增加值72.4亿元，同比增长14.4%，占GDP比重3.7%，较上年提升0.2个百分点。其中数字经济制造业同比增长14.9%。生命健康产业稳定发展。成功举办第一届浙江省数字医疗健康产业杭州峰会，国际医药巨头阿斯利康中国东部总部领衔一批优质医药企业入驻，引进韩国大邱生命健康产业集群项目。依托华东医药等龙头企业，不断加快引进和培育上下游企业，生命健康产业体系持续完善，生命健康产业增加值226.7亿元，同比增长4.1%。文化产业融合发展加快。大运河世界文化遗产综合效应不断放大，文化软实力与产业硬实力多元融合发展加快，文化产业增加值102.5亿元，同比增长8.0%。

财政收支。财政收入小幅增长。全年实现财政总收入322.04亿元，同比增长7.3%；全区一般公共预算收入179.54亿元，同比增长6.9%。其中国内增值税66.35亿元，同比增长6.1%；企业所得税34.17亿元，同比增长7.8%；个人所得税14.82亿元，同比增长7.9%。财政支出民生优先。全区一般公共预算支出118.79亿元，同比增长3.4%。坚持民生优先，2021年全区民生事业投入101.18亿元，民生事业支出占财政一般公共预算支出的比重达85.2%，比上年提升1.3个百分点。从支出结构看，教育支出30.84亿元，同比增长10.2%；科学技术支出7.05亿元，同比增长

15.0%；卫生健康支出7.24亿元，同比增长6.9%。

市场价格。全年市区居民消费价格比上年上涨1.3%。其中交通和通信价格上涨4.4%，教育文化和娱乐价格上涨3.6%。商品零售价格上涨1.6%。工业生产者出厂价格上涨4.9%，工业生产者购进价格上涨13.0%（城区用市区数据）。

市区居民消费价格涨幅一览表

表17

项　目	2020年(%)	2021年(%)
市区居民消费价格	2.1	1.3
1. 食品烟酒	6.9	-0.5
2. 衣着	0.1	1.2
3. 居住	-0.3	1.1
4. 生活用品及服务	3.1	1.0
5. 交通和通信	-3.4	4.4
6. 教育文化和娱乐	1.7	3.6
7. 医疗保健	3.1	0
8. 其他用品和服务	3.8	-2.3

人口就业。根据2021年5‰人口变动抽样调查，年末全区常住人口114.5万人，比上年增加2.3万人。全区户籍人口87.68万人，其中男性42.74万人，女性44.94万人，分别占总人口的48.7%和51.3%。全年出生人口0.67万人，人口出生率7.74‰；死亡人口0.63万人，死亡率7.30‰；人口自然增长率0.45‰。

全区新增就业13.5万人，实现失业人员再就业6371人；发放促进就业专项资金1.27亿元，惠及3.81万人次。

二、工业和建筑业

工业。工业经济平稳运行，全年实现工业增加值127.04亿元，同比增长5.1%，其中规模以上工业增加值110.82亿元，同比增长5.1%。规模以上工业销售产值317.83亿元，增长3.2%，其中，出口交货值15.93亿元，增长27.8%。规模以上工业新产品产值131.78亿元，新产品产值率41.05%，较上年提升1.56个百分点。高新技术产业增加值89.51亿元，占比80.8%，同比增长3.9%；战略性新兴产业增加值75.14亿元，占比67.8%，同比增长3.1%。

建筑业。全年建筑业增加值67.19亿元，同比增长2.8%；建筑业总产值679.76亿元，同比增长4.2%；竣工产值247.92亿元，同比下降2.7%。

三、服务业

全年服务业增加值1774.77亿元，同比增长8.5%，占地区生产总值比重达到90.16%。其中，房地产业、交通运输、仓储和邮政业增加值增长较快，同比分别增长26.7%和13.5%。

2015年—2021年服务业增加值（单位：亿元）

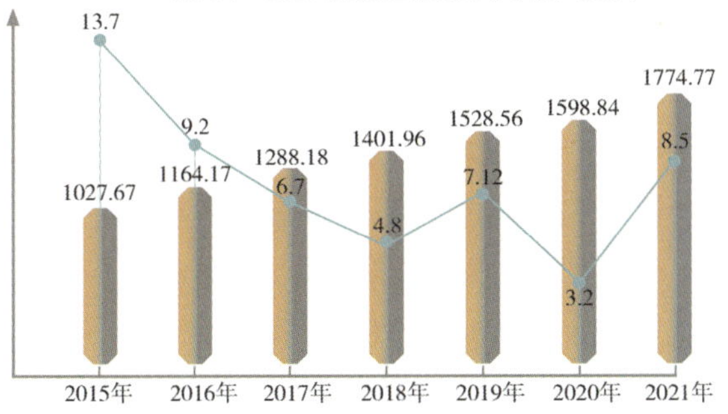

注：根据第四次全国经济普查结果和我国GDP核算制度规定，2018年拱墅区生产总值修订为1569.87亿元

房地产业贡献率最高。商品房销售面积保持高增长，房地产业增加值211.81亿元，同比增长26.7%，对经济增长贡献率达31.22%，居各行业之首。交通运输、仓储和邮政业较快增长。交通运输、仓储和邮政业增加值64.29亿元，同比增长13.5%，高于服务业增加值增速5.0个百分点。金融业增速有所放缓。金融业增加值625.12亿元，同比增长6.1%，低于全区服务业增加值增速2.4个百分点。

2021年各行业增加值占生产总值比重

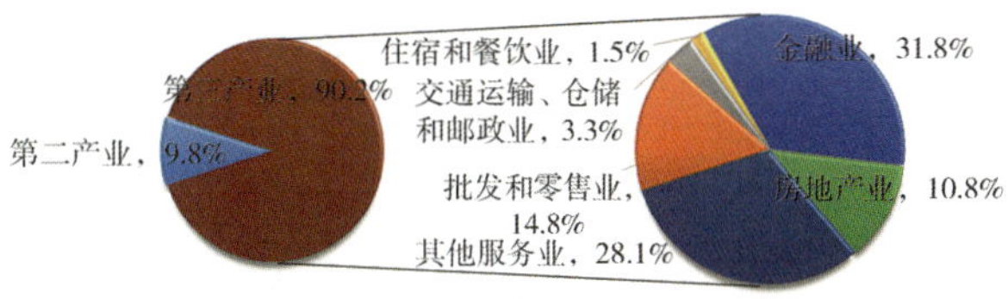

商贸业销售规模扩大。2021年全区商贸业增加值320.60亿元，同比增长5.4%，其中限上商贸销售额10010.02亿元，同比增长19.9%，突破万亿元大关，总量排名全省第一。营利性服务业较快恢复。营利性服务业增加值292.63亿元，同比增长7.8%，营利性服务业规模以上企业营业收入同比增长24.3%，其中租赁和商务服务业带动有力，营业收入同比增长45.9%。非营利性服务业稳定增长。非营利性服务业增加值259.88亿元，同比增长5.1%。

规模以上服务业企业营业收入1191.15亿元，增长16.2%。9个服务业行业门类营业收入比上年实现增长，其中，租赁和商务服务业，水利、环境和公共设施管理业，居民服务、修理和其他服务业营业收入分别比上年增长45.9%、21.9%和19.3%，居前三位。年营业收入10亿元以上企业合计18家，占规模以上服务业企业数的2.4%，营业收入占规模以上服务业的44.5%。

2021年规模以上服务业企业主要行业营业收入情况表

表18

行　业	营业收入(亿元)	比上年增长(%)
总计	1191.15	16.2
交通运输、仓储和邮政业	316.47	8.6
信息传输、软件和信息技术服务业	172.05	8.0
房地产业（除房地产开发经营）	62.48	7.6
租赁和商务服务业	278.30	45.9
科学研究和技术服务业	228.36	12.7
水利、环境和公共设施管理业	13.36	21.9
居民服务、修理和其他服务业	17.24	19.3
教育	13.14	-13.5
卫生和社会工作	54.69	9.1
文化、体育和娱乐业	35.05	8.5

四、国内贸易

全年批发业销售额同比增长20.4%;零售业销售额同比增长8.9%;住宿、餐饮业加快恢复,营业额同比分别增长17.9%和22.1%。

全区实现社会消费品零售总额1273.38亿元,同比增长11.2%,总量位居全省第一。从限上主要商品看,汽车类同比增长11.1%;石油及制品类同比增长32.4%;服装、鞋帽、针纺织品类同比增长21.0%;通讯器材类零售额同比增长34.9%;金银珠宝类同比增长21.2%。线上消费持续增长。2021年限额以上批发和零售业单位通过公共网络实现的零售额比上年增长30.1%,高于限上批发和零售业单位零售额增速17.6个百分点。

2021年末拥有区属各类有证在业商品交易市场75个,其中农副产品市场43个;消费品综合市场1个;工业消费品市场21个;生产资料市场8个(包括网上市场1家);服务市场2个,全年城乡集市贸易成交额616.91亿元。

五、固定资产投资

全区固定资产投资同比增长3.2%。分产业看,第二产业投资同比增长80.5%;第三产业投资同比增长2.4%。分结构看,工业投资增长85.0%,增速排名全市第1;制造业投资增长33.5%;高新产业投资增长12.5%;民间投资增长3.5%;生态环保、城市更新和水利设施投资下降12.6%。

全年房地产开发投资同比增长3.5%。房屋施工面积1312.95万平方米,同比下降2.3%。商品房销售面积206.36万方,同比增长147.4%。

六、对外经济

对外贸易。全年货物进出口883.08亿元,同比增长26.8%。其中进口481.68亿元,同比增长23.3%;出口401.40亿元,同比增长31.3%。完成跨境电商出口13.38亿美元,比上年下降1.96亿美元。

服务贸易。全年服务贸易出口额11.88亿美元,受疫情影响,同比下降14.06%,其中服务外包离岸执行额3.67亿美元。

招商引资。全年共引进招商引资项目4348家,注册资金591.29亿元,其中新招引亿元以上产业项目89个,总投资达359.7亿元。完成实际利用外资8.63亿美元。

七、教育和科技创新

教育。全区有各类教育机构207个,其中:职业高中1所,完全中学1所,高中3所,初中27所,九年一贯制学校12所,小学49所,幼儿园112所(含民办、部门办、街道办幼儿园),特殊教育学校2所。全区共有在校学生139307人,其中幼儿园在校幼儿38385人,小学在校学生68559人,初中在校学生28510人,高中(含职业高中)在校学生3655人,特殊教育学校学生198人。全区教师11368人。4所学校获评区文明校园,10所校园获评省现代化学校。

科技创新。新认定高新技术企业117家、省科技型中小企业321家,新培育雏鹰企业57家。中美华东成功申报省领军型创新创业团队;芯河光电等单位的10个项目入选2021年度市“115”引智计划;新认定市级科技企业孵化器6家。全区专利授权量9771件,同比增长27.54%;其中发明专利授权量2437件,同比增长48.51%。全年新设市场主体23384家,同比增长31.61%,其中内资企业13515家,同比增长24.44%。3家企业入选独角兽企业、2家企业入选全国文化企业30强。

八、文体和卫生

文体。区、街道、社区三级共计开展演出、展览、讲座、培训等各类文体活动6268场,线上线下参与总人次达8667万。建成7家杭州书房,总面积5030平方米,藏书4.5万册,惠及43万市民。建成5家城市百姓健身房、1处社区多功能运动场、1处体育设施进公园项目,完成18个街道52个社区406件健身苑点新建(更新)。全区公共体育设施总面积261万平方米、人均面积2.33平方米,场地递增率18.91%。

卫生。全区共有卫生机构数790家,实有床位20586张,每千人执业医师数8.72人,每千人注册护士数10.59人,全区社区卫生服务机构年诊疗量471万人次。全力以赴防控新冠疫情,累计报告确诊病例87例,累计管控现住址为我区的密切接触者2228例。提升基层医疗服务能力,深化家庭医生签约服务,探索补偿机制改革,推进中国计生协3岁以下婴幼儿照护服务示范区建设。

九、人才引育

全年新引进培育国家和省市级海内外引才计划人才20名、新获国家科技进步奖和技术发明奖人才

5名、新认定杭州市级高层次人才2016名、新增人才领衔上市企业4家，新认定院士专家工作站2个、博士后工作站4个，新签约人才项目35个102亿元。连续第4年成功举办中国（杭州）国际人力资源峰会，承办“杭向未来”长三角博士专场洽谈会，1305名博士到场应聘，规模为近年来最大。新合作建设瀚海国际人才创新创业港、西班牙创新中心等国际人才平台，全省率先试点外国人来华工作“一件事”办理，人才工作在融合中实现了新跃迁、取得了新进展。

十、人民生活、社会保障、社会福利

人民生活。2021年全区居民人均可支配收入为77076元，比上年增长8.8%。全区居民人均消费支出50259元，比上年增长14.5%。

社会保障。2021年末职工养老保险参保人数663408人，同比增长3.1%；生育保险参保人数638644人，同比增长3.4%；工伤保险参保人数799873人，同比增长7.33%；医疗保险参保人数1227736人，户籍人口基本医保参保率达到99.48%。加强医保定点机构监管，全年完成77家医保两定机构申请受理及实地考察工作，并按市级统一部署，对我区22家医保定点医疗机构开展欺诈骗保专项检查活动。

社会福利。全区新建成示范型街道居家养老服务中心6家，已全部由第三方专业团队运营，总面积约6890平方米。深化“春风常驻”困难群体帮扶机制，整合资源，统筹社会救助工作。全区四级救助圈合计3642户4741人。累计发放低保、特困人员保障金5302万元；发放低边定期补助金80万元；审核发放市级临时救助867户453万元；区级临时救助69户30万元，困难家庭老人住院护理补贴184人次97万元。累计发放孤儿及困境儿童生活费补贴6951人次398万元。

十一、城建城管、平安建设和环境保护

城建城管。全年完成95个老旧小区改造，涉及1584幢7.5万户537万平方米，惠及居民约20万人；完成加装电梯联审316台，其中完工165台；治理改造10处C、D级危旧房；推进重点道路沿线386个项目开发建设，完工74个项目；大城北地区规划建设项目完工51个项目；推进萍水东路等149条91.5公里路网建设，建成29条道路；14条地铁重建道路快速推进，24个地铁站点基本建成；新增地下空间90.87万方，新增公共停车泊位1497个，新能源汽车充电桩297个。开展亚运城市行动，打造180万方亚运会新天地主题观赛公园，完成36条“迎亚运”道路修缮和6条道路加固工程。完成32个高层住宅小区二次供水设施改造工程，地铁出入口非机动车泊位提升工程，以及16座公厕提改、53处盲区暗点消除等惠民工程，全力打造标杆精品工程。全年查处违法行为161605件，共承接《省统一目录》两批23个领域749项处罚事项，新型案件办理53件，办理数居全市前列，全域深化落地“大综合一体化”行政执法改革。

平安建设。深入开展安全生产、消防安全专项整治，全年未发生较大及以上安全事故。全年发生各类生产安全事故5起、同比减少2起，下降28.57%，死亡4人，死亡人数同比持平。

环境保护。开展雨污分流整治，完成18个街道“污水零直排”创建工作。推进“美丽河湖”创建，完成2个片区省级和11条市级美丽河湖创建工作。推动VOCs整治，完成33家印刷行业废气处理技术整治提升，29家加油站做好油气回收管理工作，10家加油站安装完成三级回收装置，完成35台民用燃气锅炉低氮改造。全区共建立大气自动监测站20个，建筑工地扬尘在线监测点位236个，杭州市重点道路扬尘在线监测建设点位26个，布点餐饮油烟在线监测系统193家。

注：1. 本公报为初步统计数；部分数据因四舍五入原因，存在分项与合计不等的情况。

2. 户籍人口数为公安部门年报数。

3. 规模以上服务业企业：辖区内年营业收入2000万元及以上服务业法人单位。包括：交通运输、仓储和邮政业，信息传输、软件和信息技术服务业，水利、环境和公共设施管理业三个门类和卫生行业大类。辖区内年营业收入1000万元及以上服务业法人单位。包括：租赁和商务服务业，科学研究和技术服务业，教育三个门类，以及物业管理、房地产中介服务、房地产租赁经营和其他房地产业四个行业小类。辖区内年营业收入500万元及以上服务业法人单位。包括：居民服务、修理和其他服务业，文化、体育和娱乐业两个门类，以及社会工作行业大类。

（区统计局）

统计表

2021年拱墅区土地面积、年末户数和人口数、人口变动情况表

表19

指　标	计量单位	全　区
一、土地面积	平方千米	119
二、年末总户数（户籍）	万户	285285
三、年末总人口数（户籍）	万人	876768
按性别分		
男性	万人	427408
女性	万人	449360
四、人口自然变动情况		
自然增长人口	人	385
本年出生人数	人	6670
本年死亡人数	人	6285
自然增长率	‰	0.45
五、人口机械变动情况		
（一）本年迁入人口		
省内	人	16833
省外	人	22923
（二）本年迁出人口		
省内	人	1082
省外	人	3306

2021年拱墅区国民经济主要指标情况表

表20

指　标	计量单位	2021年	增　幅(%)
年末总人口数（户籍）	万人	87.68	3.62
人口自然增长率	‰	0.45	—
年末从业人员	万人	37.49	—
地区生产总值	亿元	1968.56	8.1
第二产业增加值	亿元	193.79	4.3
第三产业增加值	亿元	1774.77	8.5
人均地区生产总值（按常住人口）	万元	17.37	—
社会消费品零售总额	亿元	1273.38	11.2
固定资产投资完成额	亿元	655.20	3.2

2021年拱墅区财政收支情况表

表21

项　目	实　绩(亿元)	增　幅(%)
财政总收入	322.04	7.3
地方一般公共预算收入	179.54	6.9
增值税	66.35	6.1
企业所得税	34.17	7.8
个人所得税	14.82	7.9
一般公共预算支出	118.79	3.4

2021年拱墅区生产总值及重点产业增加值情况表

表22

项　目	实　绩(亿元)	增　幅(%)
一、地区生产总值	1968.56	8.1
第二产业增加值	193.79	4.3
第三产业增加值	1774.77	8.5
二、重点产业增加值		
商贸业增加值	320.60	5.4
金融业增加值	625.12	6.1
文化产业增加值	102.52	8.0
生命健康产业增加值	226.70	4.1
数字经济核心产业增加值	72.45	14.4

2021年拱墅区规模以上工业、建筑业经济指标情况表

表23

项　目	实　绩	增　幅(%)
一、规模以上工业		
增加值（亿元）	110.82	5.1
高新技术产业增加值（亿元）	89.51	3.9
总产值（亿元）	321.02	5.2
新产品总值（亿元）	131.78	9.4
新产品产值率（%）	41.05	—
高新技术产业总产值（亿元）	250.47	8.5
销售产值（亿元）	317.83	3.2

续表23

项目	实绩	增幅(%)
出口交货值（亿元）	15.93	27.9
高新技术产业销售产值（亿元）	248.17	6.1
利润总额（亿元）	49.46	-0.4
二、建筑业		
总产值（亿元）	679.76	4.2

2021年规模以上服务业企业主要行业营业收入情况表

表24

行业	营业收入(亿元)	增幅(%)
交通运输、仓储和邮政业	316.47	8.6
信息传输、软件和信息技术服务业	172.05	8.0
房地产业（除房地产开发经营）	62.48	7.6
租赁和商务服务业	278.30	45.9
科学研究和技术服务业	228.36	12.7
水利、环境和公共设施管理业	13.36	21.9
居民服务、修理和其他服务业	17.24	19.3
教育	13.14	-13.5
卫生和社会工作	54.69	9.1
文化、体育和娱乐业	35.05	8.5

2021年拱墅区国内贸易情况表

表25

项目	实绩	增幅(%)
限额以上批发企业销售额（亿元）	9051.14	20.9
限额以上零售企业销售额（亿元）	889.71	10.1
限额以上住宿业零售额（亿元）	7.84	9.2
限额以上餐饮业零售额（亿元）	50.07	23.5
社会消费品零售总额（亿元）	1273.38	11.2
亿元以上商品交易市场成交额（亿元）	653.10	11.4
商品交易市场数量（个）	77	1.3

2021年拱墅区对外贸易、招商引资情况表

表26

项　目	实　绩	增　幅(%)
一、对外贸易		
货物进出口总额（亿元）	883.08	26.8
进口总额（亿元）	481.68	23.3
出口总额（亿元）	401.40	31.3
服务贸易出口额（亿美元）	11.88	-14.0
二、招商引资		
实际利用境外资金（亿美元）	8.63	—
引进企业/项目（个）	4348	152.2
新招引企业注册资本（亿元）	591.29	20.6

2021年拱墅区固定资产投资、房地产开发及销售情况表

表27

项　目	计量单位	实　绩	增　幅(%)
一、固定资产投资	亿元	655.20	3.2
按产业分			
第二产业投资	亿元	11.68	85.0
第三产业投资	亿元	643.52	2.4
其中房地产开发投资	亿元	457.08	3.5
二、房地产开发及销售情况			
房屋施工面积	万平方米	1312.95	-2.3
房屋竣工面积	万平方米	59.03	-58.6
商品房销售面积	万平方米	206.36	147.4
其中住宅销售面积	万平方米	180.63	171.2
商品房销售额	亿元	851.99	146.2
其中住宅销售额	亿元	773.92	157.4
商品住宅销售套数	套	15203	189.6

2021年拱墅区城镇居民(户籍)家庭调查情况表

表28

项　目	计量单位	全　区
平均每户人口	人	3.1
年人均可支配收入	元	77076
比上年	%	8.8
年人均消费性支出	元	50259
比上年	%	14.5

市区居民消费价格涨幅情况表

表29

项　目	2020年(%)	2021年(%)
市区居民消费价格涨幅	2.1	1.3
食品烟酒	6.9	-0.5
衣着	0.1	1.2
居住	-0.3	1.1
生活用品及服务	3.1	1.0
交通和通信	-3.4	4.4
教育文化和娱乐	1.7	3.6
医疗保健	3.1	0
其他用品和服务	3.8	-2.3

2021年末拱墅区社会保障情况表

表30　　单位:万人

指　标	全　区
职工基本养老保险参保人数	66.34
职工基本医疗保险参保人数	68.48
工伤保险参保人数	79.99
生育保险参保人数	63.86

附　录

组织机构及负责人名录

下城区组织机构及负责人名录

（2021年1—4月）

中共下城区委员会

书　记：刘　颖
副书记：柴世民
　　　　林炳达（至1月）
常　委：赵一文（女）
　　　　沈国祥
　　　　郑学龙
　　　　谢渐升
　　　　沈华锋
　　　　沈凯波
　　　　黄　飞
　　　　潜友华

下城区人大常委会

主　任：杨国琴（女）
副主任：何　伟
　　　　陈　康
　　　　王守全
　　　　费英明
　　　　赵行光
党组书记：杨国琴（女）
党组副书记：何　伟
党组成员：陈　康
　　　　　王守全
　　　　　赵行光
　　　　　哈军礼

下城区人民政府

区　长：柴世民
副区长：谢渐升
　　　　包晓东
　　　　唐　锋
　　　　樊　峥（女）
　　　　邵伟华
　　　　王振峰
　　　　刘国娟（女）
党组书记：柴世民
党组副书记：谢渐升
党组成员：唐　锋
　　　　　樊　峥（女）
　　　　　邵伟华
　　　　　王振峰
　　　　　刘国娟（女）
　　　　　丁向崧
　　　　　钟一民

政协下城区委员会

主　席：陈　晨
副主席：任雁鸣
　　　　潘松萍
　　　　陈圣杭
　　　　周　钢
　　　　傅丽华（女）
党组书记：陈　晨
党组副书记：任雁鸣
　　　　　　黄　飞
党组成员：潘松萍
　　　　　陈圣杭
　　　　　周　钢

中共下城区纪律检查委员会

书　记：沈国祥

下城区监察委员会

主　任：沈国祥

下城区人民法院

院长、党组书记:陈奇策

下城区人民检察院

检察长、党组书记:王晓光

区委工作部门

办公室
主　任:王振霄
组织部
部　长:沈华锋
宣传部
部　长:赵一文(女)
统一战线工作部
部　长:黄　飞
政法委员会
书　记:林炳达(至1月)
全面深化改革委员会办公室(区委政研室)
主　任:黄庆芳
机构编制委员会办公室
主　任:朱宝庆
直属机关工作委员会
书　记:林　轶
巡察工作领导小组办公室
主　任:袁望平
区委区政府信访局
局　长:丁文伟
老干部局
局　长:朱建芬(女)

区人大常委会工作部门

办公室
主　任:哈军礼
代表工作委员会
主　任:林　辉(女)
监察和法制司法工作委员会
主　任:蒋　毅
财政经济工作委员会
主　任:傅真义
教科文卫民宗侨工作委员会
主　任:王绍庆
城建环保工作委员会
主　任:李信明
社会建设工作委员会
主　任:杨能丹

区政府工作部门

办公室
主任、党组书记:丁向崧
发改经信局
局　长:房雪峰
党组书记:郑琦娟(女)
教育局
局长、党委书记:黄　伟
科技局
局长、党组书记:杨　军
公安分局
局长、党委书记:郑学龙
民政局
局长、党委书记:杨晓萍(女)
司法局
局长、党委书记:黄向阳
财政局
局长、党组书记:蔡延平
人力社保局
局长、党组书记:江海灵(女)
住建局
局长、党委书记:朱卫东
商务局
局长、党组书记:孙丽萍(女)
文广旅体局
局长、党委书记:高晓岚
卫生健康局
局长、党委书记:卢　栋
退役军人事务局
局长、党组书记:金煜雷
应急管理局
局　长:陈　安
党委书记:徐海燕(女)
审计局
局长、党组书记:潘德娴(女)
市场监管局
局长、党委书记:赵　斌
人民政府金融工作办公室
主任、党组书记:宋震跃
统计局
局长、党组书记:邵兰珍(女)
城管局(综合行政执法局)
局长、党委书记:朱鸿刚
数据资源管理局
局长、党组书记:姜云洲
投资促进局
局长、党组书记:孔　奇
审管办
主　任:奚倩文(女)
党组书记:谢渐升(兼)
下城区税务局
局长、党委书记:卢　诚
市规划和自然资源局下城分局
局长、党组书记:邵文鸿(女)
市生态环境局下城分局
局长、党支部书记:相　震

区政协工作部门

办公室
主　任:吴　俊
经济科技委员会
主　任:顾杭靖(至3月)
文史和教文卫体委员会
主　任:姚建农
社会法制和港澳台侨委员会
主　任:陈东明
城建和人口资源环境委员会
主　任:顾杭靖(至3月)
提案委员会
主　任:黄益民
委员学习和工作联络委员会
主　任:陈杭萍(女)

民主党派·工商联

民革下城区基层委员会
主　委:郭　兵
民盟下城区基层委员会
主　委:李　巍(女)
民建下城区基层委员会
主　委:楼晓光
民进下城区基层委员会
主　委:房雪峰
农工党下城区基层委员会
主　委:傅丽华(女)
致公党下城区基层委员会
主　委:张菊美(女)
九三学社下城区基层委员会
主　委:陈　安
区工商联
党组书记、主席:舒　健(女)

群众团体

区总工会
主　席:陈　康
党组书记、副主席:朱云祥
团区委
书　记:鲁　韵(女)
区妇联
党组书记、主席:杨小兰(女)
区残疾人联合会
党组书记、理事长:朱卫东
区科协
主　席:杨　军
区归国华侨联合会
主　席:严娜俊(女)
区文学艺术联合会
主　席:(空　缺)
区社科联
主　席:(空　缺)
区红十字会
会　长:包晓东
党组书记、副会长:陈洁秋(女)
区计划生育协会
会　长:费英明(至4月)

区属国有企业

区城投集团
董事长:俞　康
总经理:赵伟东
区国投集团
董事长:王跃平
总经理:潘云山
区市政公司
董事长:王　震
总经理:江向东

街　道

天水街道
党工委书记:(空　缺)
办事处主任:卢名辉
武林街道
党工委书记:唐国宏
办事处主任:章　柯
长庆街道
党工委书记:应彩虹(女)
办事处主任:袁　俊
潮鸣街道
党工委书记:金　浪
办事处主任:吴　琳
朝晖街道
党工委书记:何政祥
办事处主任:李　驷
文晖街道
党工委书记:毛　欢
办事处主任:冯琼梅(女)
东新街道
党工委书记:王　卉(女)
办事处主任:吴　昊
石桥街道
党工委书记:姜利民
办事处主任:吕东东

拱墅区组织机构及负责人名录

(2021年1—4月)

中共拱墅区委员会

书　记:朱建明
副书记:章　燕(女)
　　　李　炜
常　委:黄建正(援疆)
　　　王　涛
　　　赵　红
　　　雷伟蛟
　　　王　宏
　　　熊　雄
　　　王书评
　　　李向晟(浙大城市学院挂职干部)

拱墅区人大常委会

主　任:吴才敏
副主任:卢建标
　　　徐美娟(女)
　　　孙剑甫
　　　丁智明
　　　杨　涤(女)
　　　韩　峻
党组书记:吴才敏
党组副书记:卢建标
党组成员:徐美娟(女)
　　　孙剑甫
　　　丁智明
　　　杨　涤(女)
　　　吴　洁(女)

拱墅区人民政府

区　长:章　燕(女)
副区长:赵　红
　　　方友青(女)
　　　杨　辉(女)
　　　余荣升

欧阳建国
吴伟强
应巧华
程晓东
党组书记：章　燕（女）
党组副书记：赵　红
党组成员：王　宏
杨　辉（女）
余荣升
欧阳建国
吴伟强
应巧华
程晓东
孟三山（亚组委任职）
楼　巍

政协拱墅区委员会

主　席：周志辉
副主席：钟黎明
金志明
卢　伟
沈燕翔
杨　俊（女）
党组书记：周志辉
党组副书记：钟黎明
王书评
党组成员：金志明
卢　伟
孙益芳（女）

中共拱墅区纪律检查委员会

书　记：熊　雄

拱墅区监察委员会

主　任：熊　雄

拱墅区人民法院

院长、党组书记：王美芳（女）

拱墅区人民检察院

检察长、党组书记：罗有顺

区委工作部门

办公室

主　任：蔡儒杰

组织部

部　长：王　涛

宣传部

部　长：黄建正（援疆）

统一战线工作部

部　长：王书评

全面深化改革委员会办公室

主　任：陈　亮

政法委员会

书　记：李　炜

机构编制委员会办公室

主　任：施国敏（女）

直属机关工作委员会

书　记：王　涛

巡察工作领导小组办公室

主　任：姜文祥

区委区政府信访局

局　长：杨新围

老干部局

局　长：葛建军

区人大常委会工作部门

办公室

主　任：吴　洁（女）

监察和法治司法工作委员会

主　任：黄朝武

财政经济委员会

主　任：范文涛

社会建设工作委员会

主　任：邹　艳（女）

城建环保工作委员会

主　任：金自力

教科文卫、民宗侨工作委员会

主　任：缪承武

人事代表工作委员会

主　任：周建仁

区政府工作部门

办公室

主任、党组书记：楼　巍

公安分局

局长、党委书记：杨　辉（女）

发改经信局

局长、党委书记：吴永军

科学技术局

局长、党组书记：王一军

教育局

局长、党委书记：徐旭勇

财政局

局长、党委书记：周利光

人力社保局

局长、党委书记：郑国庆

民政局

局长、党委书记：陈小蕾（女）

司法局

局长、党委书记：葛　彤

商务局

局长、党委书记：俞志栋

投资促进局

局长、党委书记：虞　翀

住建局

局长、党委书记：陈劲松

城市管理局

局长、党委书记：管建弟

审计局

局　长：王善华
党组书记：冯林钟

统计局

局长、党组书记：唐峰渊

应急管理局

局长、党委书记：方海林

卫生健康局

局长、党委书记：刘新功

文广旅体局

局长、党委书记：张路红（女）

市场监督管理局

局　长:朱幼群(女)
党委书记:史小斌

退役军人事务局

局长、党组书记:贝建军

金融工作办公室

主任、党组书记:胡智灵

数据资源管理局

局长、党组书记:王全兴

拱墅区税务局

局长、党委书记:吴莹子(女)

市规划和自然资源局拱墅分局

局长、党组书记:李思静(女)

市生态环境局拱墅分局

局长、党支部书记:郑仙珏

区政协工作部门

办公室

主　任:孙益芳(女)

提案委员会

主　任:张浩亮

经济科技委员会

主　任:徐奕斌

城建和人口资源环境委员会

主　任:蒋晓敏

社会法制和港澳台侨委员会

主　任:林守俊

文史和教文卫体委员会

主　任:黄　玲(女)

委员工作委员会

主　任:(空　缺)

民主党派・工商联

民革拱墅区基层委员会

主　委:沈　忱

民盟拱墅区基层委员会

主　委:杨　帆

民建拱墅区基层委员会

主　委:沈燕翔

民进拱墅区基层委员会

主　委:王　刚

农工党拱墅区基层委员会

主　委:方友青(女)

致公党拱墅区基层委员会

主　委:朱幼群(女)

九三学社拱墅区基层委员会

主　委:王善华

区工商联

党组书记、副主席:李　军
主　席:许荣根

群众团体

区总工会

主　席:徐美娟(女)
党组书记、副主席:吴杭芳(女)

团区委

书　记:陶文龙

区妇联

党组书记、主席:向　红(女)

区科协

主　席:王一军

区侨联

主　席:尤永忠

区文联

主　席:顾跃中

区社科联

主　席:潘　蕾(女)

区残联

党组书记、理事长:谢剑青

区红十字会

会　长:吴伟强
党组书记、副会长:张建恩

区计生协会

主　席:韩　峻

区属国有企业

拱投发

党委书记:(空　缺)
董事长:(空　缺)
总经理:周铭华

街道

上塘街道

党工委书记:童　立
办事处主任:诸葛建清

祥符街道

党工委书记:徐红岗
办事处主任:施　宏

半山街道

党工委书记:王一平
办事处主任:潘金财

康桥街道

党工委书记:钱志卫
办事处主任:蒯　骏

米市巷街道

党工委书记:谢剑锋
办事处主任:许　晓

湖墅街道

党工委书记:唐卫峰
办事处主任:唐　华

小河街道

党工委书记:钟　鸣
办事处主任:黄　胜

拱宸桥街道

党工委书记:王跃文
办事处主任:钱贤鑫

和睦街道

党工委书记:饶文玖
办事处主任:魏　崴(女)

大关街道

党工委书记:黄苏萍(女)
办事处主任:夏森炜

区划调整后拱墅区组织机构及负责人名录

(2021年4—12月)

中共拱墅区委员会

书　记:李志龙(11月始)
　　　　陈　瑾(至11月)(女)

副书记：冯　晶
沈华锋
常　委：黄建正（援疆）
王　涛
黄　飞
熊　雄
翁　嫣（11月始）（女）
樊　峥（女）
张　立（6月始）
张建明
潜友华（12月始）
赵一文（至11月）（女）
李向晟（至12月）

拱墅区人大常委会

主　任：吴才敏
副主任：赵　红
陈　康
方友青（女）
杨　涤（女）
王守全
赵行光
党组书记：吴才敏
党组副书记：赵　红
党组成员：陈　康
杨　涤（女）
王守全
赵行光
吴　洁（女）

拱墅区人民政府

区　长：冯　晶
副区长：王　涛
樊　峥（女）
包晓东
余荣升
徐晓东（12月始）
应巧华
许雷挺
杨　辉（至12月）（女）
党组书记：冯　晶
党组副书记：王　涛
党组成员：樊　峥（女）
余荣升
徐晓东（12月始）
应巧华
许雷挺
金　浪
钟一民
杨　辉（至12月）（女）

政协拱墅区委员会

主　席：杨国琴（女）
副主席：王　宏
马　彦
周　钢
袁雁飞（女）
杨　俊（女）
吴　伟
党组书记：杨国琴（女）
党组副书记：王　宏
黄　飞
党组成员：周　钢
吴　伟

中共拱墅区纪律检查委员会

书　记：熊　雄

拱墅区监察委员会

主　任：熊　雄

拱墅区人民法院

院长、党组书记：陈奇策

拱墅区人民检察院

检察长、党组书记：冯晓音（12月始代检察长）（女）
王晓光（至12月）

区委工作部门

办公室

主　任：王一平

组织部

部　长：张　立（6月始）
沈华锋（至6月）

宣传部

部　长：翁　嫣（11月始）（女）
赵一文（至11月）（女）

统一战线工作部

部　长：黄　飞

政法委员会

书　记：沈华锋

全面深化改革委员会办公室

主　任：陈　亮

机构编制委员会办公室

主　任：施国敏（女）

直属机关工作委员会

书　记：张　立（6月始）
沈华锋（至6月）

巡察工作领导小组办公室

主　任：李广运

区委区政府信访局

局　长：杨　捷（12月始）
丁文伟（至11月）

老干部局

局　长：张路红（女）

区人大常委会工作部门

办公室

主　任：吴　洁（女）

监察和法治司法工作委员会

主　任：黄朝武

财政经济委员会

主　任：蒋晓敏

社会建设工作委员会

主　任：邹　艳（女）

城建环保工作委员会

主　任：金自力

教科文卫、民宗侨工作委员会
主　任:戴丽群(12月始)(女)
　　　刘新功(至7月)

人事代表工作委员会
主　任:林　辉(女)

区政府工作部门

办公室
主任、党组书记:金　浪

发展改革和经济信息化局
局长、党组书记:吴永军

教育局
局长、党委书记:徐旭勇

科学技术局
局　长:房雪峰
党组书记:王全兴

公安分局
局长、党委书记:徐晓东(12月始)
　　　　　　　杨　辉(至12月)(女)

民政局
局长、党组书记:陈小蕾(女)

司法局
局长、党委书记:唐峰渊

财政局
局长、党委书记:周利光

人力社保局
局长、党组书记:江海灵(女)

住建局
局长、党委书记:陈劲松

商务局
局长、党组书记:孙丽萍(女)

文广旅体局
局长、党组书记:高晓岚

卫生健康局
局长、党委书记:卢　栋

退役军人事务局
局长、党组书记:金煜雷

应急管理局
局　长:管建弟(11月始)
　　　陈　安(至11月)
党委书记:管建弟

审计局
局长、党组书记:潘德娴(女)

市场监管局
局长、党委书记:赵　斌

金融工作办公室
主任、党组书记:宋震跃

统计局
局　长:邵兰珍(11月始)(女)
　　　王善华(至11月)
党组书记:邵兰珍(女)

综合行政执法局
局长、党委书记:朱鸿刚

数据资源管理局
局长、党组书记:姜云洲

投资促进局
局长、党组书记:孔　奇

拱墅区税务局
局长、党委书记:朱剑波

市规划资源局拱墅分局
局长、党组书记:李思静(女)

市生态环境局拱墅分局
局长、党组书记:相　震

区政协工作部门

办公室
主　任:吴　俊

提案委员会
主　任:张浩亮

经济科技委员会
主　任:冯林钟

城建和人口资源环境委员会
主　任:楼晓光

社会法制和港澳台侨委员会
主　任:葛　彤

文史和教文卫体委员会
主　任:周建仁

委员工作委员会
主　任:陈杭萍(女)

民主党派・工商联

民革拱墅区基层委员会
主　委:吉　莉(6月始)(女)

民盟拱墅区基层委员会
主　委:袁雁飞(6月始)(女)

民建拱墅区基层委员会
主　委:沈燕翔

民进拱墅区基层委员会
主　委:房雪峰

农工党拱墅区基层委员会
主　委:方友青(女)

致公党拱墅区基层委员会
主　委:杨　俊(6月始)(女)

九三学社拱墅区基层委员会
主　委:马　彦(6月始)

区工商联
党组书记:舒　健(至10月)(女)
主　席:舒　健(至10月)(女)
　　　王善华(10月始)

群众团体

区总工会
主　席:杨　涤(女)
党组书记、副主席:姜文祥

团区委
书　记:鲁　韵(女)

区妇联
党组书记、主席:杨小兰(女)

区科协
主　席:向　红(女)

区侨联
主　席:(空　缺)(至11月)
　　　尤永忠(提名,11月始)

区文联
主　席:凌　智(提名)(女)

区社科联
主　席:凌　智(提名)(女)

区残联
党组书记、理事长:谢剑青

区红十字会

会　长:包晓东

党组书记、副会长:张建恩

区计生协会

主　席:(空　缺)

区属国有企业

区城投集团

董事长:俞　康

总经理:赵伟东

区国投集团

董事长:王跃平

总经理:潘云山

区市政公司

董事长:王　震

总经理:江向东

拱投发

董事长:(空　缺)

总经理:周铭华

街道

天水街道

党工委书记:(空　缺)

办事处主任:卢名辉

上塘街道

党工委书记:童　立

办事处主任:诸葛建清

武林街道

党工委书记:唐国宏

办事处主任:章　柯

祥符街道

党工委书记:楼　巍

办事处主任:施　宏

长庆街道

党工委书记:(空　缺)

办事处主任:袁　俊

半山街道

党工委书记:(空　缺)

办事处主任:杨新围

潮鸣街道

党工委书记:(空　缺)

办事处主任:吴　琳

康桥街道

党工委书记:钱志卫

办事处主任:蒯　骏

朝晖街道

党工委书记:朱卫东

办事处主任:李　驷

米市巷街道

党工委书记:谢剑锋

办事处主任:林　轶

文晖街道

党工委书记:毛　欢

办事处主任:冯琼梅(女)

湖墅街道

党工委书记:唐卫峰

办事处主任:唐　华

东新街道

党工委书记:王　卉(女)

办事处主任:吴　昊

小河街道

党工委书记:钟　鸣

办事处主任:黄　胜

石桥街道

党工委书记:姜利民

办事处主任:吕东东

拱宸桥街道

党工委书记:王跃文

办事处主任:钱贤鑫

和睦街道

党工委书记:饶文玖

办事处主任:魏　崴(女)

大关街道

党工委书记:黄苏萍(女)

办事处主任:夏森炜

文件选录

高质量发展建设共同富裕示范区城市范例拱墅样本行动计划(2021—2025年)

为深入贯彻《中共中央、国务院关于支持浙江高质量发展建设共同富裕示范区的意见》,全面落实《浙江高质量发展建设共同富裕示范区实施方案(2021—2025年)》《杭州争当浙江高质量发展建设共同富裕示范区城市范例的行动计划(2021—2025年)》,结合拱墅实际,就高质量发展建设共同富裕示范区城市范例拱墅样本,制定如下行动计划。

一、主要目标

到2025年,高质量发展建设共同富裕示范区城市范例拱墅样本工作取得明显进展,实现经济高质量发展、居民高品质生活、城市高水平治理、文化高水准阐释,高质量建成创新发展、开放包容、生态宜居、文明幸福的运河沿岸名区,形成一系列具有示范意义的拱墅经验。

——新旧赛道加速转换,努力成为运河沿岸先富引领的实践样本。人均地区生产总值突破20万元,市场主体总量达20万家,共同富裕经济基础全面夯实。数字经济核心产业增加值年均增长20%以上,高技术制造业增加值占规上工业比重达到40%,R&D经费支出年均增长15%,发明专利拥有量达到1.15万件。“一核一带一极”产业中心基本建成,成为具有全国竞争力的千亿级重大产业集群,“1+4+N”现代产业体系基本完善,成为全国产业转型升级、腾笼换鸟的样本。

——南耕北建深入推进,努力成为运河沿岸全域富美的实践样本。北部区域基础设施和公共服务短板加快补齐,南部老城区内部功能进一步提升完善,南北一体化均衡发展。全域都市繁华和市井气息实现深度融合,争创全国旧改样板,构建立体多维交通,创新城市智慧应用,成为展示共同富裕基本单元、基本场景的拱墅样本。区域环境面貌不协调的现状明显改善,实现水清气净、城靓景美,地表水达到或优于Ⅲ类水体比例达100%,碳达峰碳中和取得明显成效。

——公共服务优质共享,努力成为运河沿岸品质生活的实践样本。“一老一小阳光相伴”的温馨场景随处可见,到2025年,每千人拥有婴幼儿照护设施托位数达4.6个,每万名老年人口拥有持证养老护理员数达25人,儿童平均预期受教育年限达16年,每千人拥有执业(助理)医师数达8.9人,人均预期寿命达86.5岁,最低生活保障标准提升至1.4万元,人的全生命周期公共服务优质共享基本实现。

——收入差距明显缩小,努力成为运河沿岸群体共富的实践样本。居民人均可支配收入与经济增长同步,居民人均可支配收入达9.4万元,劳动报酬占GDP比重达到50%,居民人均收入与人均GDP之比持续提高。以中等收入群体为主的橄榄型社会结构加快形成,家庭年均可支配收入10万—50万元的群体比例达85%、20万—60万元的群体比例达50%,城市居民高低收入人群收入差距持续缩小。

——区域联动一体深化,努力成为运河沿岸协作共富的实践样本。全面融入长三角一体化,积极参与杭州都市区、都市圈建设,唱好杭甬“双城记”。东西部协作、山海协作、对口支援、省级帮扶、区县协作、联乡结村等深入推进。建好全省产业创新赋能中心,探索完善“产业飞地”“科创基地”等建设机制,努力实现协作地区共富。

——文明风尚蔚然成风,努力成为运河沿岸物质精神共富的实践样本。社会主义核心价值观广为践行,文明好习惯养成实现率达到90%以上,社会诚信度持续提高。紧紧围绕“人民的运河”“游客的运河”理念,加快打造大运河文化标志性工程,大运河国家文化公园拱墅项目群精彩亮相,“千年运河、繁华武林”文化品牌声名远播。文化供给更加丰富,每万人拥有公共文化设施面积4000平方米,居民综合阅读率达到96.5%。

——社会和谐安定有序,努力成为运河沿岸社会治理现代化的实践样本。党建统领的整体智治体系基本建成,平安拱墅、法治拱墅、清廉拱墅建设达到新高度。以数字化改革为引领,基层治理痛点难点得到有效破除,多跨协同场景建设步入先行方阵,“一件事”集成改革、政府数字化转型等走在省市前列,“整体智治、唯实惟先”的现代政府基本形成。亿元GDP生产安全事故死亡率低于0.002人/亿元,万人成讼率低于62%,每万人拥有律师数28个。

二、加快推进产业转型升级,集聚高质量发展新动能

1. 构建“1+4+N”现代产业体系。加强总部经济引领,构建“总部+周边基地”新制造格局,力争到2025年,全区总部企业不少于50家,总部企业营收增加2000亿元。做强做优商贸金融、生命健康、数字经济、文化创意四大重点产业群,到2025年,新建成投用商业综合体6个、社会消费品零售总额达到1700亿元、金融业增加值达到870亿元,生命健康产业增加值达到300亿元,数字经济核心产业增加值达到150亿元,文化及相关产业增加值达到150亿元。积极培育新材料、集成电路、人工智能等未来新兴行业。(责任单位:区发改经信局、区商务局、区金融办、区科技工业区管委会、区数产园管委会、区文创发展中心、区文广旅体局)

2. 打造“一核一带一极”产业中心。强化大武林商圈硬“核”担当,加快与国际时尚潮流浸润融合、在线消费与线下体验同频互动,实现国际化、数字化、品质化新升级,助力杭州建设国际消费中心城市。大运河文化产业带统筹运河保护开发利用和产业一体化布局,导入现代高端服务业,推动文化与旅游、创意、金融、商务、商贸多元融合,打造世界级滨水活力带。以大运河数智未来城为极点全力推进开发建设,推动智慧网谷小镇、数字经济产业园、北部软件园、杭钢区块等联动开发,争创高能级战略平台,成为全国科技创业领航城区、长三角总部经济集

聚城区、浙江算力经济引领城区和杭州新制造业转型领跑城区。(责任单位:区商务局、区委宣传部、区金融办、区发改经信局、区投促局、规划资源拱墅分局、区住建局、区科技局、区科技工业区管委会、区运河指挥部)

3. 构建"拱·赢未来"双创生态。积极参与"尖峰、尖兵、领雁、领航"四大科研攻关计划,实施好关键核心技术攻关工程,加快中科计算技术创新研究院、中科院空间应用工程与技术中心建设,深化院士专家中心建设,争取布局国家级重大创新载体,建设高水平科技强区。实施新一轮高新技术企业和科技型中小企业"双倍增"计划,力争到2025年,省级企业研究院达30家,国家高新技术企业达1000家。高水平开展全球英才引聚等五大行动,统筹提升杭州国际人才创业创新园、中国杭州人力资源服务产业园,推进外国人来华工作"一件事"试点,打造"才企墅配""墅创直通车"等应用场景。到2025年,人才资源总量达38万人,新引培顶尖人才、市级及以上引才计划人才60名,落地海内外高层次人才300名、大学生创业项目3000个。(责任单位:区委人才办、区科技局、区人力社保局、区科技工业区管委会)

4. 打造"拱·创繁华"消费航母。全面提升大武林商圈的品质气质和综合承载力,振兴武林路女人街,打响运河湾国际风情港杭城夜中心地标。拓展消费新场景,巩固高端消费市场,壮大汽车后服务市场,培育夜间经济、首店经济等消费新热点。构建浙江第一数字化商圈,打造武林智慧商圈和城西银泰城智慧商圈,持续推动社区电商、跨境电商、直播电商等发展,支持发展无人超市、无人商店等,积极发展在线办公、在线教育、在线娱乐等"宅经济"产品。营造时尚放心消费体验区,加快完善国际化一流消费基础设施体系,深入开展"放心消费在拱墅,满意消费长三角"行动,擦亮"吃喝玩乐品质生活在拱墅"品牌,全面提升消费环境。(责任单位:区商务局、区市场监管局)

5. 打造国际化现代化时代地标。实施亚运城市行动,高水平建成大运河亚运公园馆群和中国·杭州电竞中心,举全区之力服务保障2022年杭州亚运会和亚残运会,承办好乒乓球、曲棍球、拳击、电子竞技和霹雳舞等赛事。高水平举办中国皮划艇邀请赛、运河沿线城市乒乓球邀请赛、长三角水上运动节等品牌赛事,积极引进电竞等世界顶级赛事。全面参与省、市开放大走廊谋划和建设,链接"数字自贸区"创建和"数字丝绸之路"谋划,积极组织企业参加全球数字贸易博览会,继续深入推进服务贸易创新发展试点工作,打造跨境电商2.0版。(责任单位:区亚运办、区发改经信局、区商务局、区文广旅体局、区科技局)

6. 打造企业家幸福感最强区。借杭州市列入全国优化营商环境试点城市的契机,全面推进拱墅区市场化法治化国际化营商环境建设。推进行政服务中心"去中心化"改革,推广应用"亲清在线"、政务服务2.0平台,推行"证照分离""数字证照",实现依申请事项窗口"一网通办",加快建设浙里办城市频道拱墅专区,全面提升准入和退出便利度。深入实施"凤凰行动""雄鹰行动""雏鹰行动",加大专精特新企业培育力度。稳步推进国资国企改革,促进国有企业发展成果全民共享。优化民营经济发展环境,构建亲清政商关系,健全完善政企沟通协商常态化机制,破除制约民营企业发展的各项壁垒,支持民营企业在培育中等收入群体、促进共同富裕上发挥更大作用。(责任单位:区发改经信局、区审管办、区市场监管局、区财政局、区工商联)

三、加快推进全域都市化进程,绘就山水融城新画卷

7. 建设高品位城市复合空间。武林新城加快北景园生态公园、武林美术馆等公共设施建设,建成集居住旅游、商务商业、文化休闲等功能为一体的城市复合功能区。运河新城加快景观带、路网项目建设,确保至2025年底完成企业拆迁。杭钢区块加快建成以工业遗产活化利用为特色的新标志性区域。重点实施莫干山路、沈半路、拱康路、康桥路、东新路、新天地街六条重点道路沿线开发建设,实现基础设施水平升级,生态文明品质升级,民生保障标准升级,人居环境品位升级。(责任单位:区城投集团、区运河指挥部、半山街道、区住建局、城中村指挥部、区城建发展中心、拱宸桥指挥部、区数产园管委会)

8. 建设"拱·栖福地"现代化基本单元。持续打造全国旧改样板示范区,实施老旧小区"微更新",完成157个737万平方米老旧小区综合改造提升,加

装电梯500台以上。积极引入市场化、专业化的社会机构参与老旧小区综合改造提升和后期管理,探索"老城区拆改结合"旧改试点项目。大力推进瓜山、和睦、新颜苑、所巷、万家星城、善贤、蓝孔雀等一批未来社区建设,积极落实"三化九场景"。实施安置房小区品质工程,力争五年交付安置房项目607万平方米。推进公共租赁住房、人才专项租赁住房和蓝领公寓建设,努力解决重点人群住房困难,持续扩大住房保障人群覆盖面。加快区级人才房建设,力争到2025年,全区人才专项租赁房达到2430套。推动房屋安全隐患排查和整治,消除外墙高空坠物安全隐患。打造"15分钟生活服务圈",支持邻里中心建设,实施美丽小巷、公厕改造、电力上改下等民生工程。(责任单位:区住建局、区发改经信局、区商务局、区综合行政执法局)

9. 加快大城北基础设施建设。加快推进莫干山路北段、天目山路快速路提升工程,完善主次支三级路网,打通丽水路、和睦路、石横路等断头路,力争到2025年,全区路网密度提升到6.26公里/平方公里。加快地铁三期3、4、5、10号线和机场快线站点建设,紧密衔接轨道交通四期建设规划,提升综合换乘和TOD综合开发能力。有序推进停车场库建设,力争五年新增停车泊位4.8万个,推广建设一批智能化充电桩。统筹推进5G、高质量光纤网络、智慧城市传感网络等信息基础设施与城市公共设施功能集成。加快谢村渣土码头、油库等有序搬迁,推进优质教育、医疗资源向北部辐射。(责任单位:区住建局、区发改经信局、规划资源拱墅分局、区综合行政执法局、区教育局、区卫健局、城中村指挥部)

10. 厚植运河生态环境基底。深化美丽拱墅建设,以大运河、半山国家森林公园为重点,统筹自然水系、山体、湿地、林地、绿地等生态资源,建设大运河、上塘河、西塘河、杭钢河、电厂河"三纵两横"河网以及半山生态廊道体系,持续推动重点区域综合治理和生态修复。持续开展城市顽疾专项整治,深入推广"红旗班"模式,做深做精"城市眼·云共治"场景。构建5分钟步行可达绿道网,新建城市公园10个,绿道29条(段),新增绿地面积200万平方米。持续打好蓝天、碧水、净土保卫战,深入推进"五水共治""五气共治",加快"污水零直排"工业园区、街道创建,建立健全塑料制品管理制度,推进区"无废城市"创建。(责任单位:生态环境拱墅分局、区综合行政执法局、区发改经信局、区住建局、区科技工业区管委会)

11. 有序推进碳达峰碳中和。加强低碳、零碳等关键核心技术攻关、高能级平台建设和技术产业协同发展,提升绿色低碳前沿技术原始创新能力。抓好能源、工业、建筑、交通、居民生活等重点领域绿色低碳转型,严格落实固定资产投资项目节能审查和承诺备案制,整区推进屋顶分布式光伏试点开发。加强重点用能单位用电情况监测和管理,推广碳达峰碳中和数智体系和综合应用场景。力争到2025年,单位GDP电耗下降8%。(责任单位:生态环境拱墅分局、区发改经信局、区科技局、区住建局、交通运输执法拱墅大队)

四、加快提升全生命周期服务,谱写民生事业新篇章

12. 高水平推进"拱·有优学"。深化"家门口的好学校"建设,启动新一轮北部教育提振行动,加强南部老校整体改造提升。推进公办和民办教育资源优化重组,深化实施公办初中提质强校行动、学前教育第三轮行动,全面提升基础教育质量,努力建设全国基础教育优质均衡区。实施优师计划,培养一批运河名师名校(园)长,加快完善教育人才队伍梯级培养体系和保障体系。全面落实"五育并举",系统化促进未成年人健康成长。实施智治计划,建设"新立方"省级试点智治平台,打造教育智治拱墅标杆。落实校外培训机构的"高中低"风险管控,平稳推进校外培训机构治理。构建跨部门特殊教育管理机制和专业服务体系,实现基础教育学段特殊教育全覆盖。(责任单位:区教育局)

13. 高水平推进"拱·护健康"。深化健康拱墅建设,加快邵逸夫医院大运河分院、新华国际医院、三塘地块综合性三甲医院等项目建设,推进社区卫生服务中心建设和提升改造。优化医疗服务,强化全科、中医科和重点专科建设,积极探索优质共享的智慧医疗新模式,着力提升基层医疗机构业务能力和服务水平。积极构建紧密型城市医联体,推进医联体牵头医院号源优先向基层开放达40%以上,签约居民基层就诊率达70%,着力打造"家门口的分级

诊疗中心”市级医院专业学科联盟。实施中医药发展专项行动计划，提升区中医院核心功能，厚植“看中医到拱墅”服务品牌。实施“管理高效、医疗高质、科教高评”三高工程，建设高素质卫生干部人才团队。优化民办医疗，培育优质民办医疗机构品牌。（责任单位：区卫健局）

14. 高水平推进“拱·享阳光”。推进“养老托幼”普惠行动，构建温暖体贴的“一老一小”照服体系。优化养老机构布局，持续推进示范型居家养老服务中心、社区老年食堂（助餐点）提质扩面。深化家庭养老照护床位试点，建立“养老顾问”机制，培育18个康养联合体，力争15分钟养老服务网络实现全覆盖。建设“智慧健康养老应用试点”，不断提升“墅智养”平台，完成1000张家庭养老床位建设和1300户老人智能“水监测”。持续消除老年数字鸿沟，推进“老年友善医院”“老年友好型社区”和“敬老文明号”创建，构建老年友好型城区。深化国家级婴幼儿照护服务示范区和中国人口与发展研究中心托幼政策实验基地建设，大力发展社区照护，推进嵌入式托育机构发展，推动托幼一体化建设。到2025年，每千人口拥有婴幼儿照护设施托位数达4.6个，全力打造儿童早期发展全国标杆。（责任单位：区民政局、区卫健局、区发改经信局）

15. 高水平推进“拱·沐春风”。深化基本养老保险制度改革，扩大基本养老保险参保覆盖面，建立逐年提高居民养老保险基础养老金标准的机制，逐步缩小不同人群养老金差距。完善多层次医疗保障体系，落实异地就医结算，积极试点护理保险、互联网＋医保等项目。健全社会救助制度，持续提高居民最低生活保障和生活补助标准，健全学生资助工作制度，强化妇女、未成年人权益保护，实现低保家庭参保补助、街道慈善爱心超市、新申请救助家庭入户家境调查“三个全覆盖”。完善流浪乞讨救助管理体系，规范临时避暑（寒）点设置及运行。提升城市无障碍设施保障水平，完善残疾人帮扶政策，到2025年，残疾人基本康复服务覆盖率、残疾人辅助器具服务率均达到99%以上。加强公益慈善组织培育，推进区慈善基地建设，力争成立2家慈善组织。深化“春风行动”，建立健全回报社会的激励机制，建设智慧助联体，继续开展“慈善一日捐”等系列活动，鼓励和扶持新型公益模式，每年新增慈善信托2个以上。（责任单位：区民政局、区人力社保局、区卫健局、区残联、区妇联、区财政局、区教育局、区红十字会）

五、加快推进双收入倍增，塑造群体共富新格局

16. 全面落实居民收入和中等收入群体双倍增计划。推动工资合理增长，落实最低工资标准与经济、社会平均工资增长联动机制，提高劳动报酬在初次分配中的比重，实现居民收入十年翻一番。激发基层干部、技能人才、科研人员、小微创业者等重点群体增收潜力，实现中等收入群体规模五年翻一番。推进拱墅新时代产业工人队伍建设改革，加大“拱墅工匠”和高技能人才培育力度，保障不同群体发展机会公平。（责任单位：区人力社保局、区财政局、区总工会）

17. 推动实现更高质量就业增收。健全完善公共就业服务体系，加强就业创业示范孵化建设，高标准建设双创示范基地，力争城镇调查失业率控制在5%左右，实现城镇新增就业18万人以上。全面落实就业优先政策，实施高质量就业发展计划，建立促进创业带动就业、多渠道灵活就业的保障制度，探索完善快递小哥、网约车司机、网络主播等新业态从业人员劳动权益保障机制。加快构建劳动者终身职业培训体系，至2025年实现各类培训3.5万人次。完善失业风险预警机制，强化高校毕业生、农民工、退役军人、残疾人和就业困难人员等群体就业援助及托底帮扶，做好就业困难人员公益性岗位托底安置。（责任单位：区人力社保局、区科技局、区教育局、区退役军人局、区残联、区民政局）

18. 促进经合社集体经济高质量发展。坚持以党组织为统领，发展集体经济为核心，股民广泛参与的经合社集体经济内部治理体制，实施数字赋能经合社管理，不断提升经合社治理能力。建立经合社班子梯队培养机制，建立后备力量储备体系，成立经合社乡贤理事会。加强经合社“三资”监管，促进经合社管理规范化、数智化、精准化，加强对留用地的产业规划、项目建设、招商引资全程服务指导，推行政府统筹、专班运作的留用地开发新模式，推进全区经合社产业差异化、链条化、集聚化发展，全面提高

集体经济效益。（责任单位：区发改经信局）

19. 完善财政政策调节收入机制。强化财力统筹，完善财政政策体系和资金管理机制。加强街道财政管理，建立权责清晰、财力协调的区街财政体制。深化转移支付制度，助推区域均衡发展，保障街道财政良好运行。优化财政支出结构，加大教育、医疗等民生领域投入力度，提升群众获得感。（责任单位：区财政局）

六、加快推进区域协作升级，打造协作共富新典范

20. 全面参与区域联动共建。深度融入长三角一体化，加强与长三角“双一流”大学和科研院所合作，积极引进一批创新创业研究院或分所，合作共建一批企业研究、新型研究机构。深化长三角文化旅游合作，通过客源互送、宣传互置、市场共享、产品共研、品牌共建等，增强运河文化旅游与长三角城市的互联互通。积极融入全省“四大”建设，对接义甬舟大通道建设，着力推进文化互动、旅游互促、交通互联等重点工程，积极打造杭甬“双城记”的关键节点。（责任单位：区发改经信局、区科技局、区文广旅体局）

21. 打造省域经济创新赋能中心。在大运河数智未来城，规划建设全省产业创新赋能中心，为省内城市和兄弟城区在杭州“一核”设立人才和科技孵化基地提供支撑，成为省市乃至全国“先富引领、共富示范”的先进典型。围绕全市“一核九星”功能定位，做好“优核”篇章、错位协同发展，加强与毗邻区块的联动开发，深化与周边区县、兄弟城区的对接合作，努力成为大城北开发建设的核心驱动力和杭州“一核九星”的重要核心增长极。（责任单位：区发改经信局、区科技局、区科技工业区管委会、区数产园管委会）

22. 努力促进协作地区共富。强化联动发展共同提升，全面提升对口工作绩效。完善东西部协作机制，重点做好与四川省甘孜州泸定县、广元市昭化区等地的产业合作、劳务协作和消费帮扶等。深化与常山县、淳安县的山海协作，在产业发展、人才支撑、文化旅游、服务共享等领域，积极打造山海协作工程升级版。加强与重庆市涪陵区清溪镇的对口支援，与吉林省长春市南关区、宽城区的对口合作，与桐庐县的区县协作，与常山县和尚弄村的省级帮扶，与桐庐县新合乡、百江镇的联乡结村，进一步推动互动协作共同富裕。（责任单位：区发改经信局）

七、加快推进社会全面进步，建设文明和谐新家园

23. 构建“拱·兴文明”大运河文明实践矩阵。深入开展习近平新时代中国特色社会主义思想教育，全面实施铸魂工程、溯源工程、走心工程，加强党史、新中国史、改革开放史、社会主义发展史教育，编纂出版一批红色家谱，打造一批党史学习教育和爱国主义教育基地。积极培育践行社会主义核心价值观，不断厚植勤劳致富、共同富裕的文化氛围，弘扬“最美”精神、“劳模”精神、“工匠”精神。推进文明城市、文明单位、文明家庭等群众性精神文明创建，建成5分钟文明实践矩阵，引导群众争做“文明有礼拱墅人”，培育“拱墅有礼”品牌。深化“信用拱墅”品牌建设，推进政务诚信、商务诚信、社会诚信和司法公信建设。推动社区依法组织开展志愿服务，培育一批新时代文明实践志愿服务品牌。打造美好生活“驿墅家”，整合提升“文明帮帮码”平台，营造“随手做志愿”文明新时尚。（责任单位：区委宣传部、区委史志研究室、区文广旅体局、区民政局、团区委、区发改经信局、区教育局）

24. 构建“拱·承文脉”大运河文化惠民体系。精心谋划大运河国家文化公园拱墅重点项目群，做精京杭大运河博物院、杭州音乐厅等文化地标，做好历史遗迹保护，合理保护利用工业遗存，加强桥西历史街区、大兜路历史文化街区等建设管理。深入实施“城市记忆”工程，深挖大运河文化、拱墅区历史名人和老字号企业文化底蕴，推进杭州丝绸、中医药、杭帮菜、金石篆刻、浙派古琴艺术等活态传承。办好全国“大匠至心”传统工艺振兴论坛、大运河沿岸区县合作论坛、大运河文化带京杭对话等高端论坛。开发大运河戏曲驿站廊道、寻味运河等文化演艺产品，唱响运河文化四季歌，办好“武林跨年”“武林之夜”“武林K歌”等系列活动。巩固省级公共文化服务示范区（项目）建设成果，拓展基层综合性文化服务中心功能，推动10分钟文化圈全覆盖。深化社区文化家园、文化客厅等文化阵地建设，争创国家级“书香城市（区县级）”。加快健身苑点、百姓健身房等群众身边体育设施建设，打造新年走运、立夏跑山

等全民健身品牌。(责任单位:区委宣传部、区文广旅体局)

25. 构建"拱·促善治"社会治理长效机制。全面提升平安拱墅法治拱墅建设水平,迭代升级"一中心四平台一网格",深化法治平安"一件事"综合集成改革,提升政务网络安全处置能力。严格落实安全生产主体责任,完善道路交通、建设、消防、危化、食药、城市运行等安全责任体系,确保不发生较大以上安全事故。积极推进中心微型消防站建设,提高灭早灭小灭初期能力。抓好疫情防控,持续做好"外防输入、内防反弹"各项工作,加快推进疫苗接种,提高基层传染病甄别与预警能力。统筹推进城市防灾减灾体系建设,完成海绵城市建设面积3.9平方公里以上,建设58个避灾安置场所。深化推进党组织领导三方协同小区微治理,打造"小区墅治在线"应用场景,打响"运河平安管家""武林大妈"等特色品牌,提升居民议事协商能力。持续完善"多元调解、源头治理"矛盾化解体系,加强社会矛盾纠纷调处化解中心规范化建设,提高初次信访化解率。积极创新普法形式,建成一个以上法治宣传阵地。(责任单位:区委政法委、区民政局、区公安分局、消防救援拱墅大队、消防救援下城大队、区应急管理局、区卫健局、区市场监管局、区综合行政执法局、区住建局、区信访局、区司法局、区三方办、区矛调中心)

八、落实工作保障,凝聚合力推动共同富裕先行示范

26. 坚持党的全面领导。坚持把党的政治建设摆在首位,切实增强"四个意识"、坚定"四个自信"、做到"两个维护"。加强党的组织建设,提升基层党组织标准化规范化水平,以高质量党建引领共同富裕示范先行。健全干部成长选育管用全链条机制,深化推进"运河干部培训计划",全面开展以共同富裕为主题的基层干部培训。充分发挥审计监督作用,有针对性地开展共同富裕相关政策、资金、项目常态化"经济体检"。扎实推进清廉拱墅建设,强化正风肃纪反腐,完善损害群众利益治理机制,让人民群众在全面从严治党中感受到公平正义。(责任单位:区委办、区委组织部、区审计局、区纪委区监委)

27. 建立高效协同的推进落实机制。区委成立社会建设委员会,区委、区政府建立高质量发展建设共同富裕示范区城市范例拱墅样本领导小组,区委、区政府主要领导任组长,领导小组办公室设在区发改经信局。全区建立清单化推进工作机制,制定重点任务清单、突破性抓手清单、重大改革清单、典型案例清单,明确任务责任,实行闭环管理。健全完善党政领导班子和领导干部考核评价系统,将共同富裕落实情况纳入"干部立体画像"场景应用,作为考核评价干部的重要参考。(责任单位:区委办、区政府办、区委改革办、区委编办、区发改经信局、区委组织部)

28. 全面深化数字化改革。以数字化改革驱动制度重塑,在共同富裕场景下推动重大改革系统集成、创新突破。持续迭代升级区一体化智能化公共数据平台,构建区、街道、社区三级数据仓,夯实数据底座,建立多跨场景应用清单,构建全区场景应用"一本账"。构筑"城市云治""墅企云服""社区智治""未来数智""民意智达""民生智惠""安全智防"7大类数字化改革优势跑道,推动未来社区综合应用场景落地。支持"未来工厂"培育建设,积极争取全省数字经济系统建设示范试点。构建拱墅区数字法治系统,完善风险闭环管控大平安、政法一体化办案、综合行政执法"三大体系",升级完善全省首创的区域"法治地图"和"法治监督云平台"。(责任单位:区委改革办、区发改经信局、区委政法委、区数据资源局)

29. 广泛凝聚多方力量。充分发挥人大职能,广泛动员力量,营造共同奋斗、团结互助的良好氛围。发挥界别参政议政优势,引导、组织界别政协委员围绕共同富裕开展民主监督、民主协商等活动。发挥统一战线"人才荟萃、智力密集、联系广泛"的独特优势,为改革发展稳定汇聚强大正能量,画出最大同心圆。做好全国县域共青团组织改革试点工作,发挥好共青团引领服务青年的作用。发挥好文联联系文艺工作者与区委区政府的纽带作用。引导广大民营企业围绕"我为共同富裕献良策",积极建言献策、献计出力。(责任单位:区人大办、区政协办、区委统战部、区委宣传部、区总工会、团区委、区妇联、区工商联)

30. 营造推进共富良好氛围。坚持群众主体地位,全方位、多渠道宣传报道共同富裕相关政策和经

验，弘扬勤劳致富精神。用好区级融媒平台，开设相关专题专栏，积极做好“高质量发展建设共同富裕示范区城市范例拱墅样本”主题宣传报道，大力营造建设共同富裕示范区浓厚氛围。强化与区外媒体通联协作，联动发声，展现“拱墅样本”经验做法。用好“韵味杭州”等外宣渠道，强化国际传播，将声音传得更远。（责任单位：区委宣传部）

拱墅区推动共同富裕创造美好生活 2021十大行动实施方案

为深入贯彻落实中共中央、国务院《关于支持浙江高质量发展建设共同富裕示范区的指导意见》精神，围绕高质量建设运河沿岸名区奋力打造共同富裕示范区拱墅样本目标，经区委、区政府研究，决定开展拱墅区推动共同富裕创造美好生活2021十大行动。具体实施方案如下：

一、指导思想

以习近平新时代中国特色社会主义思想为指导，全面贯彻落实党的十九大和十九届二中、三中、四中、五中全会精神，忠实践行“八八战略”，奋力打造“重要窗口”，按照中央和省市委关于高质量发展推动共同富裕有关决策部署，围绕建设共同富裕美好社会，紧盯一批与人民群众生活息息相关的关键事，大力实施老旧小区综合改造提升、“家门口的好学校”高质量建设、高水平医疗提质、“养老托幼”普惠、社会救助精准帮扶、就业创业双促、大运河文化惠民、大运河文明实践矩阵、夜间经济提振、社区治理能力提升等十大行动，力争通过一年左右时间的努力，到2022年亚运会前形成一批人民群众看得见、摸得着、真实可感的共同富裕成果，加快开创“新拱墅、高质量、共富裕”发展新局，高质量建设运河沿岸名区，奋力打造共同富裕示范区拱墅样本。

二、行动目标和重点任务

（一）“拱·栖福地”老旧小区综合改造提升行动

牵头单位：区旧改办

行动目标：至2022年6月底，完成老旧小区综合改造提升75个，打造特色精品旧改小区20个，和睦未来社区初步成形，实现全域旧改小区业委会（自管会）和专业物业管理“两个全覆盖”，形成具有拱墅特色的可复制可推广的旧改标准体系，持续打造全国旧改样板示范区。

重点任务：

1. 提升标准体系。突出标准化，坚持科学论证、规范设定，立足当前城市有机更新要求，实现旧改内容、旧改技术、旧改流程等全过程全要素统一标准和规范，确保旧改工作有章可循、有标可依。突出实用性，坚持不搞大拆大建、不搞涂脂抹粉，统筹改造基础设施配套功能，重点补齐生活急需使用功能，着力完善“一老一小”服务功能，努力达到“五好五不”效果，建立具有拱墅特色的可复制可推广的旧改标准体系。

2. 提升文化特色。坚持“把大运河文化融入旧改工作”理念，按照“一般项目有小亮点、精品项目有大特色”原则，充分结合大运河沿岸风貌特征，深入挖掘工业文化遗存，有机融入名人典故、非遗元素、老厂风貌，“一小区一方案”个性化打造一批独具拱墅韵味的特色精品旧改小区，努力让广大居民群众记得住历史、留得住乡愁。

3. 提升模式路径。全面落实数字化改革、未来社区建设等要求，按照“省级试点、省级创建点、市级创建点”的创建梯度，大力推进旧改领域未来社区建设，重点打造和睦社区等一批旧改未来社区，积极探索“拆改结合＋未来社区场景”旧改新模式新路径。

4. 提升工程品质。结合第二轮安全生产综合治理三年行动计划，全面落实老旧小区综合改造提升工程质量安全和文明施工等管理要求，完善监督管理机制，实行项目现场日常管理和巡查抽查“双管齐下”，加大问题整改和“回头看”力度，确保工程质量、施工安全、文明施工“三个过关”，真正打造人民群众“家门口”的品质工程、实事工程、满意工程。

5. 提升长效管理。进一步深化党组织领导下的三方协同小区微治理机制，落实《拱墅区加强住宅小区物业综合管理实施意见》《拱墅区老旧小区综合改造提升后续长效管理指导意见》等文件要求，按照“改造一个、管好一个”原则，实现全域旧改小区业委会（自管会）和专业物业管理“两个全覆盖”。

（二）“拱·有优学”“家门口的好学校”高质量建设行动

牵头单位：区教育局

行动目标：至2022年6月底，新开工建设学校6

所、竣工15所。新增省一级幼儿园4所、省二级10所，实现省等级幼儿园全覆盖，优质学前教育资源覆盖率95%，争创全国学前教育普及普惠区。教育现代化监测水平力争进入全省第一梯队，争创省现代化学校6所，创建量走在全省前列。

重点任务：

1. 推动教育优质均衡。实施强校计划，深入推进名校集团化品牌建设"名校引领"和"名校培育"工程，启动新一轮北部教育提振行动，加强南部老校整体改造提升，加快公办和民办教育资源优化重组，着力建设名校集团引领发展、优质学校全域覆盖的全国基础教育优质均衡区。深化与华东师范大学课改提升工程的合作，大力实施公办初中提质强校行动，推行现代优质学校评价，全面提升义务教育教学质量。深化拱墅发展学前教育第三轮行动，着力打造品牌幼儿园集群。

2. 培养优秀教育人才。实施优师计划，促进运河名师名校长专业成长，全面推行校级干部职级制和班主任职级制改革，提升名特教师（班主任）工作室辐射带动效应，着力优化教育人才队伍梯级培养体系，培育运河名特校（园）长、运河特级教师等各类优秀骨干教师500名以上。完善名师名校长激励奖励机制，让教师在教学岗位上更有幸福感、成就感、荣誉感。实施运河青蓝工程，持续完善新教师培养和保障体系，强化青年骨干教师培养，全面落实青年教师公寓建设，让更多的优秀年轻人才扎根拱墅、脱颖而出。教师队伍建设各项指标力争走在全省前列。

3. 提升育人实效。实施优生计划，全面落实"五育并举"，推行"运河五好少年"评价体系，完善学生德智体美劳综合素质评价。深化"党的知识进课堂""运河公民节"等特色品牌，打造德育与思政教育拱墅样本。深入构建体育、美育教育模式，推动形成一批具有拱墅辨识度的体艺教育品牌。加强青少年生命教育和心理健康教育，建立"全员监测、分级预警、分类服务、高危转介"的学生心理危机监测和干预制度，系统化构建未成年人健康成长保障体系。

4. 推进教育治理现代化。实施智治计划，建设"新立方"省级试点智治平台，不断提高利用大数据支撑保障教育管理能力，树立教育智治拱墅标杆。加大信息技术在校园场景中的各类应用，全面建设智慧课堂、智慧安防、智慧后勤、智慧食堂，积极推广"入学一点通"等信息化应用项目，推动数字技术与教育管理、教育教学深度融合，打造适应未来社会的现代化学校。

（三）"拱·护健康"高水平医疗提质行动

牵头单位：区卫健局

行动目标：至2022年6月底，提升改造社区卫生服务中心7家，投用社区卫生服务站6个，建成"一中心一品牌"基层名科14个，建成"家门口的分级诊疗中心"市级医院专业学科联盟5个。大力推进辖区医疗卫生服务优质化、覆盖均等化，进一步打响"看中医到拱墅"品牌，提升人民群众对医疗卫生服务的获得感和满意度。

重点任务：

1. 医疗资源提质。加快推进邵逸夫医院大运河分院、新华国际医院、三塘地块综合性三甲医院等高端医疗项目，浙江骨伤医院等专科医院，东新、上塘、庆隆等社区卫生服务中心建设。完成长庆潮鸣、朝晖、东新、石桥、祥符、半山、拱宸桥等社区卫生服务中心提升改造。投用花园岗、谢村、拱宸、德胜、红石板、万家星城等社区卫生服务站。

2. 医疗服务提质。打造人民群众"家门口"信得过、靠得住、叫得响的中西医专科，着力提升基层医疗机构业务能力和服务水平。在发展全科、中医科的基础上，大力发展口腔、妇儿、康复、骨伤等人民群众需求较大的专业学科建设。重点扶持半山、祥符、石桥等社区卫生服务中心创建"全国优质服务基层行"推荐单位。

3. 学科联盟提质。持续深化医联体合作模式，打造基于专业学科联盟的紧密型城市医联体，与市第三人民医院、市第七人民医院、市中医院等市级医疗机构合作，建设皮肤类疾病、精神类疾病、中医药等专业学科联盟，着力打造"家门口的分级诊疗中心"，切实提升基层医疗机构专业学科建设。

4. 中医药品牌提质。以"培养名医、培育名徒、打响名科""三名工程"为抓手，积极落实中医药发展专项行动计划，建成以区中医院为龙头，专科医院、综合性医院和社区卫生服务中心中医科为骨干，社区卫生服务站为网底，中医门诊部、中医诊所和中医馆、中医“坐堂医”诊所为补充，融预防保健、疾病治疗和康复等功能于一体的中医药服务网络。重点打造骨伤科、皮肤病科、脾胃病科、妇科等中医“大特色专科”，着力提升中医药服务能力和水平。

5. 人才队伍提质。以“管理高效、医疗高质、科教高评”“三高工程”为抓手，建设高素质卫生干部人才队伍，有效集聚区域卫生健康事业发展紧缺人才，重点培育学科带头人14名、紧缺人才10名、优秀骨干20名。全面整合行业内市区各类人才，优化党政骨干和后备队伍结构，全面提升综合素质和能力水平。健全完善现行绩效工资分配机制，鼓励多劳多得、优绩优酬，充分调动基层医务人员工作积极性。

6. 民办医疗提质。积极培育优质民办医疗企业作为行业引领示范，树立优质民办医疗机构品牌。健全完善公办和民办医疗机构协同管理运行机制，建立分工协作、双向转诊和利益风险分担等工作制度，逐步形成差异化、特色化发展格局。

（四）“拱·享阳光”“养老托幼”普惠行动

牵头单位：区民政局、区卫健局

行动目标：至2022年6月底，新建居家养老服务中心2家、康养服务联合体4家，设立家庭养老照护床位700张，新增养老机构床位300张，完成困难老年人家庭适老化改造250户。新建“阳光小伢儿”机构20家、驿站30个。养老托幼服务“线上办”实现全领域覆盖。

重点任务：

1. 构建服务网络。统筹构建大社区服务体系，形成“大社区、社区、小区、居家”多层级、“社区、居家、机构”相融通、“医养、康养”相结合、“阳光老人家、阳光小伢儿”成长驿站相融合的人民群众“家门口”养老托幼一体化照护服务网络。新建一批养老机构、居家养老服务中心、“阳光小伢儿”机构和驿站，实行集中管理运营，引导“一老一小”专业化机构进社区、进家庭。各街道整合辖区社区工作站和卫生、文化、教育等设施功能，开展养老托幼服务，配合做好老旧小区和公共场所的智能适老化、适幼化改造，创设便捷老年人出行和开展托幼服务的良好公共环境。

2. 创新服务方式。全面放开市场，鼓励各类社会力量参与养老托幼服务，增加服务供给，提供多元化个性化服务。促进“一老一小”用品制造业设计能力提升，完善创新设计生态。鼓励机构开发志愿服务项目，建立健全“一老一小”志愿服务项目库，以居家养老托幼服务机构为支撑，整合社区各类服务资源，建成运行机制完善、标准统一规范、全域通存通兑的长效可持续“公益银行”服务体系。全面推进养老托幼服务数字政务、数字服务，深化“安心守护、公益银行、养老顾问、口碑机构”四大智慧养老场景应用，打造“数字家园沟通、数字育儿师培训、婴幼儿健康成长数字档案”三大数字化应用专区，不断提高养老托幼服务智能化水平。

3. 加强综合监管。依托“阳光大管家”“阳光小伢儿”信息平台，归集养老托幼行业服务机构、从业人员和服务对象的日常信用信息，打通与其他公共信用信息平台的数据共享，精准评估养老托幼服务机构和从业人员的信用状况、履约能力等，供社会查询和参考。健全行业自律规约，加强正面宣传引导和社会舆论监督，加快构建以信用为基础的新型监管机制。

4. 培育专业人才。实施养老护理员、托幼保育员“千人培训计划”，开展技能提升培训和技能竞赛，结合职业技能水平制定相应的薪酬体系，有效提升养老护理员、托幼保育员待遇。依托各类养老托幼服务场所，扩大街道、社区“养老顾问”“养育小帮手”服务网络，为老年人、婴幼儿及其家庭提供养老方式、政策法规、康复辅具、育儿知识等咨询和指导服务。

（五）“拱·沐春风”社会救助精准帮扶行动

牵头单位：区民政局

行动目标：至2022年6月底，实现低保家庭参保补助、18个街道慈善爱心超市、新申请救助家庭入户家境调查“三个全覆盖”，健全和完善最低生活保障机制，着力改善困难群众基本生活质量和精神状态。

重点任务：

1. 完善精准帮扶体系。进一步梳理区级帮扶政策，统一和规范救助范围与举措。健全各类困难群体生活、就业、就学、就医救助等精准帮扶措施，建立医疗支出费用较大困难群体预警机制，完善精准帮扶政策，修订出台《深化“春风常驻”提升困难群体生活品质若干规定》,建立具有拱墅特色的精准帮扶体系。

2. 提升精准帮扶品质。建立和完善跨部门、多层次、信息共享的救助申请家庭核对机制,实现区级部门救助信息共享,保证困难对象和项目精准救助。落实持《杭州市困难家庭救助证(低保)》家庭成员参保补助全覆盖,形成以常规救助为主、区级配套政策为辅的救助体系,多方面、多层次、有针对性地提升困难家庭生活品质。

3. 拓宽精准帮扶渠道。指导、鼓励、引进企业和社会力量参与精准帮扶行动,健全项目引入、组织培育、资金筹集、人才培训等机制,形成党委政府有效引导、社会各界广泛参与、困难群众精准受益的救助工作格局,帮助更多的困难家庭走出困境。通过自建、独资、租赁、合建等方式,实现18个街道慈善爱心超市全覆盖。

4. 创新精准帮扶模式。通过政府购买服务、公益创投等形式,引入社会专业力量参与精准帮扶工作,积极探索多元化救助模式,不断提升救助工作的精准化、多元化、专业化水平。做好第三方社会组织参与困难家庭家境调查,实现社会救助"阳光操作"。

(六)"拱·赢未来"就业创业双促行动

牵头单位:区委人才办、区人力社保局

行动目标:至2022年6月底,新引育市级高层次人才1000名以上,新引进35周岁以下青年人才4.5万人以上,新引进高层次人才创业项目50个以上,新创立大学生创业企业150家以上。实现城镇新增就业8万人,失业人员再就业0.35万人,安置就业困难人员0.18万人,培养高技能人才0.3万人以上。

重点任务:

1. 加快政策融合统一。进一步梳理区级就业创业政策,出台新一轮高层次人才引育计划和就业扶持政策,突出落地、研发、融资、市场等关键环节,做好就业创业新政宣传和培训工作,提高创业带动就业综合效益。

2. 深化创业保障要素供给。编制区域双创地图,统筹孵化器、众创空间等创业空间资源,发挥国家级人力资源服务产业园功能作用,深入办好运河创业创新学院,拓展运河双创联盟"朋友圈",精准供给创业空间、人力资源、技术、金融、市场等创业保障要素。

3. 提升整体创业能力。深入实施"运河师友"计划,推动导师带徒手牵手、项目辅导一对一,举办高层次人才、大学生等多层次创业创新大赛,促进更多优秀项目落地拱墅、做大做强。

4. 推进数字就业改革试点。抓实潮鸣街道、小天竺社区数字就业全省试点,有效整合就业数据,开发建设数字就业平台,丰富就业帮扶对象数据库,拓展"智能提醒"应用场景,打造基层就业数字平台拱墅样板。

5. 开展对口帮扶劳务协作。落实新一轮对口帮扶工作要求,对接四川省甘孜州泸定县和广元市昭化区,建立对口帮扶劳务协作框架,通过专场招聘、岗位推送、技能培训等举措加强组织化转移就业,充分发挥人力资源机构市场化转移就业优势,建立互利共赢、长期稳定的劳务协作关系。

6. 精准就业创业服务。精准定制政策宣讲内容,开展进高校、进社区、进园区、进企业、进家庭"五进"活动,确保就业创业政策宣传全覆盖。规范业务流程,优化风险防控体系,确保资金(基金)使用符合规范。

(七)"拱·承文脉"大运河文化惠民行动

牵头单位:区委宣传部、区文广旅体局

行动目标:至2022年6月底,建成投用中国·杭州电竞中心、运河大剧院等大运河文化地标项目9个,配送文化惠民活动800场以上,服务群众100万人次以上。深入打造"千年运河、繁华武林"城区金名片,活态传承大运河历史文脉,全面提升公共文化服务能力,积极对外讲好运河故事,真正把大运河打造成"人民的运河""游客的运河"。

重点工作:

1. 构建大运河文化特色品牌。深入挖掘"千年运河、繁华武林"文化底蕴,进一步用好大运河世界文化遗产金名片,打响大运河文化品牌。加强大运河文化元素提取,形成可供使用和具有开发价值的文化符号与文化要素,将大运河打造成拱墅区最强IP。不断扩大"运河文化看拱墅"的美誉度和影响力,彰显拱墅"千年运河历史、百年工业遗存"别样精彩,努力将大运河拱墅段打造成为千里大运河文化带的"八达岭"。

2. 挖掘大运河历史文化资源。全面摸清和系统梳理大运河拱墅段文化资源，绘制“拱墅区大运河文化资源分布图”，拍摄推出城区形象宣传片，制作《千年运河·繁华武林》宣传画册，完成《浙江文史记忆丛书·拱墅篇》编写。活态传承大运河拱墅段文化资源，收集、整理和保护大运河沿岸“老物件、老照片、老故事、老人物”，通过展示展陈、非遗进校园、非遗研学等方式，延续大运河文脉记忆。将大运河文化资源转化为发展资源，为拱墅高质量发展提供丰厚的文化滋养和强大的智力支持，着力丰富共同富裕美好生活的文化内涵。

3. 传承大运河文化生活方式。开展大运河主题系列文化活动，深化“春走大运、夏品民俗、秋游庙会、冬赏花灯”活动品牌，举办长三角水上运动节暨中国皮划艇巡回赛、京杭大运河沿岸城市乒乓球邀请赛等体育赛事。将大运河历史文化和新时代美好生活紧密结合，聘请运河文化大使、文学大使，培育星级文化队伍，创办大运河文化沙龙，创作越剧《荣华·越剧印象》、昆曲《河》等优秀文艺作品，深入开展“民星大舞台”“荣华戏院”等文化惠民活动，打造运河沿岸人民群众丰富多彩的精神文化生活。

4. 建设大运河文化地标项目。充分发挥大运河“文化之河”功能，建成投用大运河亚运公园、上塘古运河景区、大运河紫檀博物馆、“诗画浙江·百县千碗”农都美食小镇等文化设施，加快建设杭州音乐厅、武林美术馆等文化地标项目，加强桥西历史街区、义桥老街等历史文化街区建设管理。加强基层文体设施配备，建成投用全市首个评话主题公园，新建城市书房6家，建成健身苑点26处、百姓健身房5家、社区多功能运动场1处，新增体育场地开放学校11所，新增健身绿道30公里以上。引进一批名人工作室，丰富运河沿岸人文景观，推动文化遗产体验式展现，着力打造杭州最知名的文化体验区和文化展示区。

5. 促进大运河文旅融合发展。强化文化旅游发展顶层设计，加快文化旅游资源古今汇合、类别融合、区域整合，完善以运河水韵为特色的水上观光和滨水休闲游，推出山水文化线、非遗体验线等大运河文化旅游精品线路4条，大力培育统一的运河文化旅游品牌。重点扶持和打造一批文旅示范项目，培育一批有竞争力的文旅企业，创评并引入优秀文创旅游商品100种以上。聚焦文旅消费月光经济，重点宣传推介上塘古运河景区“一街一廊一秀”和运河大剧院系列文艺演出，推进“运河味道·百县千碗”工程。

6. 提升大运河文化数字体验。深入开展文化领域数字化改革，拓展大运河文化展示宣传数字化场景运用，探索建设大运河文化数字传播研究中心、大运河数据影像研究中心，采集大运河系列影像资料。加强非遗数字化保存、音视频制作，建设智慧非遗数据库。深化大运河文化数字文旅服务平台建设，提升大运河文化旅游数字体验。

（八）“拱·兴文明”大运河文明实践矩阵行动

牵头单位：区委宣传部

行动目标：至2022年6月底，打造一批彰显运河韵味的文明文化新地标，上线一批凸显拱墅特色的志愿服务场景，选树一批“武林大妈”式的志愿服务群像，形成一批具有拱墅辨识度的文明实践案例，线下布局打造一批美好生活“驿墅家”，线上整合融通“文明帮帮码”“志愿拱墅”等数字服务平台，不断彰显大运河文明实践矩阵的人文之美、科技之力。

重点任务：

1. 打造文明文化新地标。融合“文脉、文化、文明”，在景区、交通枢纽、商圈、街区等人流量集中且对志愿服务需求较大的公共场所，遴选新建和改造提升一批融文明实践、文化展示、文旅体验、文创展销等功能于一体的美好生活“驿墅家”，统一设计外观造型、室内分区、功能陈设，着力打造展示拱墅新时代文明实践成果的窗口和助推文明典范城市创建的亮点。

2. 上线志愿服务场景。以数字化改革为引领，聚焦0—12岁未成年人成长、学习、健康、保护等全面发展，依托“志愿浙江”数字平台，创新打造“阳光小伢儿”志愿服务应用场景，着力构建线上线下、服务优质、运转高效的工作闭环。聚焦解决人民群众身边的关键小事，推动志愿服务向民生领域拓展，深入打造“文明帮帮码”新时代文明实践数字服务平台，引导人民群众有困难找平台、作奉献上平台、秀文明来平台、询政策到平台，营造“随手做志愿”文明新时尚。

3. 选树志愿服务群像。强化典型引领，充分发挥“蒲公英计划”“母亲微笑行动”等公益团队和志愿服务大咖的引领作用，依托美好生活“驿墅家”，广泛传播志愿服务理念，推动形成全社会崇德向善、见贤思齐的浓厚氛围。

4. 形成文明实践案例。围绕庆祝中国共产党成立100周年、迎亚运等主题，深入开展“我为群众办实事”学雷锋志愿服务活动，深入培育每月10日学雷锋志愿服务、爱心理发、孝心车位、“礼食双筷制”文明好习惯等文明实践品牌，形成一批有影响、有特色、有成效、有辨识度的拱墅文明实践案例。

（九）“拱·创繁华”夜间经济提振行动

牵头单位：区商务局、区文广旅体局

行动目标：至2022年6月底，建成上塘古运河景区、新天地活力park、融创文旅InS.Park潮流商业街等夜间经济示范项目12个，引进国内外知名首店30家，实现夜间经济产业发展领跑全省。

重点任务：

1. 打响“夜宵”品牌。彰显美食特色，以打造胜利河“一街品浙味”美食圣地为重点，提升皇后公园网红街区，实现美食夜坐标多点开花。推进胜利河美食街扩容升级，打通大兜路历史街区、富义仓遗址公园步行网络，集聚发展浙江江河湖海汇等特色主题餐饮，推广智慧化运营模式，打造全省美食汇聚高地。通过引进更多明星餐饮店，举办明星发布会，加强与专业媒体机构合作，密集开展线上线下营销活动，重新设计和制作园区入口、广告牌、LOGO等，提高皇后公园网红街区品牌影响力和渗透力。

2. 打响“夜嗨”品牌。挖掘时尚亮点，以城西银泰城“酒吧不夜街”、新天地活力park、武林路国际时尚街区、运河湾国际风情港为核心坐标，打造杭城年轻人集聚的“夜嗨”主阵地。在城西银泰城室外街，引进魁星楼、EATA酒吧等首店品牌，着重改造喷泉水池、灯光氛围，特色布局音乐餐吧、民谣静吧、摇滚嗨吧，着力打造杭城标杆性室外“夜嗨”酒吧和夜生活街区。培育新天地活力park夜间潮流集聚区，整合OT酒吧、woo酒吧、響酒吧等优质酒吧品牌，突显酒吧特色业态，吸引网红店铺入驻，活跃周边音乐餐厅。提升武林路街区环境，通过夜间灯光、绿化改善、业态精选、活动丰富等手段，进一步提升武林路的品质和气质，打造年轻人的“夜嗨”地。依托杭州大厦坤和中心，持续打造运河湾国际风情港夜经济示范项目。

3. 打响“夜游”品牌。提升景观品质，着力打造上塘古运河景区，提质“烟火武林 匠心夜市”项目，点亮运河之夜别样精彩。以4A级景区为标准，提升上塘河沿岸夜游景观，深入挖掘上塘河历史文化，开发“如梦上塘”古运河夜游秀，实现“人在船中坐、船在画中游”的全新行进式体验，打造以“一街一廊一秀”为特色的上塘古运河景区。结合武林夜市文化，深入挖掘匠人匠艺，积极引入非遗文化手艺摊，开展各类直播活动，策划丰富夜市活动，做强“烟火武林 匠心夜市”品牌。

4. 打响“夜购”品牌。以融创文旅InS.Park潮流商业街、杭州大厦“潮武林不夜城”、嘉里中心“嘉时集”系列活动三大旗舰项目为核心，进一步提升大武林商圈“夜购”能级。积极招引国内外知名首店品牌落地融创文旅InS.Park潮流商业街，重点培育“新青年夜生活引力场、餐饮娱乐体验、家庭亲子”三大主题特色街区，打造全市首个“花园上的综合体”。围绕杭州大厦“潮武林不夜城”定位，进一步改造调整中央商城，充分利用商场全年重大节点，组织场景化互动和各类形式多样的活动，营造夜经济场景氛围。以节庆类活动、“嘉时集”主题市集活动和KML原创音乐活动贯穿全年，实施灯光亮化工程，拉动嘉里中心夜间餐饮和休闲娱乐类消费。

5. 打响“夜娱”品牌。着力培育新天地太阳马戏“绮幻IP”项目，集合街头艺术、IP演艺、特色艺术集市、浙江特色酒吧等元素于一体，打造综合性夜经济示范街区，形成“都市年轻人精神氧吧”“夜娱”品牌。

（十）“拱·促善治”社区治理能力提升行动

牵头单位：区民政局

行动目标：至2022年6月底，打造特色鲜明、群众满意的街道社会工作站8家，培育品牌社会组织5家、社会组织领军人才5名，实施民生微实事80件以上，破解小区疑难问题20个以上。深化党组织领导三方协同小区微治理，实现“社区智治在线”落地，完成一轮基层减负顽疾专项整治，全面建立社区减负监测体系。

重点任务：

1. 打造社会工作站。执行社会工作站建设"五个有"标准，落实固定场所，强化经费保障，配备专职持证人员，健全管理制度，推动社区服务专业化转型，打造心理介入、专业养老、社区融入等特色社会工作品牌。

2. 推广"社区智治在线"。以唯实惟先为导向，推动"社区智治在线 · 一表通"场景应用落地，实现城市大脑中枢赋能社区治理，建成统一规范的基层数据采集管理系统，实现数据"一头录入、多头共享"，切实减轻基层负担。

3. 深化社区减负增效。落实中央和省市区出台的基层减负规定，专项整治"转嫁事项多、盖章证明多、考核台账多、平台维护多、挂牌上墙多、指尖形式主义多、重复性报送多"问题，深化减负监测点制度，动态发现和督办整改问题，切实为基层减负增效。

4. 提升小区治理能力。总结推广"米市协商铃"等基层经验，推动小区民主协商制度化、规范化、程序化发展，打造小区民主协商品牌。深化党组织领导三方协同小区微治理，构建一套三方协同小区微治理"组织建设、综合治理、运行评价"等标准体系，打造一个三方协同小区微治理数字平台，落地一批三方协同小区微治理民生微实事项目，加强物业选（续）聘和日常监管，推动业委会（自管会）应建尽建、专业物业能入尽入。统筹抓好电梯管理、矛盾化解、环境整治等民生关键小事，严格落实安全生产、消防安全等工作举措，精准开展反电信诈骗宣传教育，切实维护人民群众生命财产安全。

5. 强化多元联动治理。深化"五社联动"机制，统筹推进社区、社会组织、社会工作、社区志愿者和社区公益慈善建设。推动区级"益墅家"社会组织示范园区（孵化基地）和区慈善基地建设，加强社会组织党建工作，重点培育发展枢纽型社会组织、社区社会组织和慈善公益组织。结合"项目社工"培育管理机制，重点开展三方协同、为老助残、社区发展等领域专业服务。

三、工作保障

（一）加强组织领导

坚持把党的全面领导贯穿推动高质量发展促进共同富裕的全过程各领域，区委成立社会建设委员会，下设办公室。区委、区政府建立推动高质量发展促进共同富裕领导小组，领导小组办公室设在区发改经信局，建立常态化、实体化专班运作机制。区四套班子领导要把推动共同富裕创造美好生活2021十大行动作为"三联三领三服务"的重要内容，及时了解指导、督促推进、协调落实。各牵头单位和各责任单位、各街道要按照职责分工，结合各自实际，积极作为、通力合作，形成系统集成、协同高效的工作闭环。

（二）完善工作机制

建立清单化推进机制，制定推动共同富裕创造美好生活2021十大行动重点任务清单，明确具体任务、责任部门、完成时限，实现项目化管理。建立先行先试机制，鼓励各部门、各街道围绕推动共同富裕创造美好生活2021十大行动，在自身条件比较成熟、群众最为关切的领域入手，开展创新和专项探索，努力形成一批具有拱墅特色的、可复制、可推广的新亮点新成果。建立比学赶超机制，建好用好赛场赛马平台，通过设置推动共同富裕创造美好生活2021十大行动进度排行榜、定期开展"大比武"等方式，激励各部门、各街道互看互学、比学赶超。

（三）深化数字化改革

把数字化改革理念贯穿推动共同富裕创造美好生活2021十大行动全过程各方面，以数字化驱动制度规则系统重塑。瞄准群众盼、企业需、基层想的重点领域和关键环节，健全数据整合共享机制，推动场景接口互联，加快形成一批群众爱用、基层受用、治理管用的多跨场景改革成果。注重消除"数字鸿沟"，充分兼顾老年人、残障人士等群体的特殊性，进行相关服务的适应性改造，全面提升数字普惠功能。

（四）营造浓厚氛围

全方位、多渠道宣传报道推动共同富裕创造美好生活2021十大行动出台的政策、实施的项目、开展的工作和涌现出来的先进经验、典型案例、优秀成果，增强人民群众的知晓度、认同度和满意度。发挥好综合考核"指挥棒"作用，科学制定符合拱墅实际的评价体系和考核体系。充分发挥人大、政协和各民主党派、工商联、无党派人士的积极作用，强化工会、共青团、妇联、科协等人民团体引领服务联系群众功能，不断深化"三联三领三服务"，积极践行"民呼我为"，广泛动员各方力量，凝聚起推动共同富裕创造美好生活的强大合力。

2021年杭州市拱墅区委、区政府主要文件选目一览表

表31

发文号	文件标题
拱委〔2021〕4号	中共杭州市拱墅区委关于我区2020年法治政府建设工作情况报告
拱委〔2021〕30号	中共杭州市拱墅区委关于表彰优秀共产党员、优秀党务工作者和先进基层党组织的决定
拱委〔2021〕45号	中共杭州市拱墅区委关于制定拱墅区国民经济和社会发展第十四个五年规划和二〇三五年远景目标的建议
拱委〔2021〕51号	中共拱墅区委 拱墅区人民政府关于印发《高质量发展建设共同富裕示范区城市范例拱墅样本行动计划（2021—2025年）》的通知
拱委办〔2021〕2号	区委办公室 区政府办公室关于印发《拱墅区开展“产业振兴、‘三纵一横’道路沿线开发、公共项目建设、基层治理、数字赋能、美丽拱墅建设”六大专项行动实施方案》的通知
拱委办〔2021〕5号	区委办公室 区政府办公室关于建立“三联三领三服务”工作制度的通知
拱委办〔2021〕6号	区委办公室 区政府办公室关于印发《拱墅区全面开展“迎亚运、我为新拱墅建功立业”六大攻坚行动实施方案》的通知
拱委办〔2021〕8号	区委办公室 区政府办公室关于印发《拱墅区推动共同富裕创造美好生活2021十大行动实施方案》的通知
拱委办〔2021〕9号	中共杭州市拱墅区委办公室关于印发陈瑾同志在区委全体（扩大）会议上的报告的通知
拱委办〔2021〕86号	中共杭州市拱墅区委办公室关于印发《拱墅区政协“请你来协商·民生议事堂”平台建设实施细则》的通知
拱委办〔2021〕89号	区委办公室 区政府办公室印发《关于推进拱墅区基层应急管理体系建设的实施意见》的通知
拱委办〔2021〕90号	区委办公室 区政府办公室关于成立高质量发展建设共同富裕示范区城市范例拱墅样本领导小组的通知
拱政发〔2021〕1号	杭州市拱墅区人民政府关于印发《杭州市拱墅区人民政府工作规则》的通知
拱政发〔2021〕12号	杭州市拱墅区人民政府关于在天水街道等7个街道开展相对集中行使行政处罚权工作的通知
拱政发〔2021〕22号	杭州市拱墅区人民政府关于进一步完善街道财政体制的意见
拱政办发〔2021〕10号	杭州市拱墅区人民政府办公室关于印发拱墅区转型升级产业基金管理办法的通知
拱政办发〔2021〕11号	杭州市拱墅区人民政府办公室关于印发拱墅区政务数字资源共建共享管理办法的通知
拱政办发〔2021〕12号	杭州市拱墅区人民政府办公室关于印发拱墅区政府投资信息化项目管理暂行办法的通知
拱政办发〔2021〕18号	杭州市拱墅区人民政府办公室印发拱墅区关于全面实施“春风常驻”共建共享美好生活的若干规定的通知

2021年拱墅区获科学技术奖情况表

表32

项目名称	获奖单位	奖　项
超软土地基排水体防淤堵高效处理技术	浙江工业大学	国家技术发明奖二等奖
包装食品杀菌与灌装高性能装备关键技术及应用	杭州中亚机械股份有限公司	国家技术发明奖二等奖
水稻遗传资源的创制保护和研究利用	中国水稻研究所	国家科学技术进步奖一等奖
高性能滚动轴承加工关键技术与应用	浙江工业大学	国家科学技术进步奖二等奖
超高产专用早籼稻品种中嘉早17等的选育与应用	中国水稻研究所	国家科学技术进步奖二等奖
农药的水生生物毒性与生态预警	浙江工业大学	浙江省自然科学奖三等奖
中药多组分微型和绿色提取、高效分离和活性筛选技术的创建及应用	杭州市红十字会医院	浙江省自然科学奖三等奖
基于工业以太网的多轴运动控制关键技术及应用	浙江工业大学	浙江省技术发明奖二等奖
局部放电检测装置量值溯源及抗干扰技术	国网浙江省电力有限公司电力科学研究院	浙江省技术发明奖二等奖
装配式基坑支护体系及成套技术创新	浙大城市学院	浙江省技术发明奖三等奖
大规模工业物联网信息服务查询关键技术及产业化应用	浙大城市学院、灵汇技术股份有限公司	浙江省技术发明奖三等奖
抗病、高产、优质专用早籼超级稻品种中早39的选育及应用	中国水稻研究所	浙江省科学技术进步奖一等奖
工业汽轮机高效高可靠叶片关键技术研发及应用	杭州汽轮机股份有限公司	浙江省科学技术进步奖一等奖
新型冠状病毒防治策略重大创新和技术突破	树兰（杭州）医院	浙江省科学技术进步奖一等奖
农用无人机及作物智慧管理技术与装备的创制和应用	浙江省工业和信息化研究院	浙江省科学技术进步奖一等奖
软弱地基深大基坑支护关键技术及工程应用	浙江省建筑设计研究院、浙江南联岩土工程科技有限公司	浙江省科学技术进步奖一等奖
近海风电岩土工程灾变机理、防控技术与工程应用	中国电建集团华东勘测设计研究院有限公司、浙江华东测绘与工程安全技术有限公司	浙江省科学技术进步奖一等奖
多能源储能变换方法和调控技术及装备	中国电建集团华东勘测设计研究院有限公司	浙江省科学技术进步奖一等奖
异型预制桩工业化技术创新及工程应用	浙江省建筑设计研究院	浙江省科学技术进步奖一等奖
含高比例分布式新能源的交直流混合微网自主协同调控技术及应用	国网浙江省电力有限公司电力科学研究院、浙大城市学院	浙江省科学技术进步奖一等奖
海捕渔业资源低碳高效开发与船载高质加工关键技术及应用	浙江工业大学	浙江省科学技术进步奖一等奖
新型冠状病毒快速检测与智能筛查的研究及其应用	浙江省人民医院	浙江省科学技术进步奖一等奖

续表32

项目名称	获奖单位	奖　项
道路交通安全智能监测与集成指挥关键技术研发应用	杭州诚道科技股份有限公司	浙江省科学技术进步奖二等奖
万吨级海水淡化节能高效技术装备及智能控制系统	中国电建集团华东勘测设计研究院有限公司	浙江省科学技术进步奖二等奖
高灵活性配电网关键技术及其大数据融通应用	浙江华云电力工程设计咨询有限公司	浙江省科学技术进步奖二等奖
基于全生命周期评价的绿色建筑节能减排关键技术与应用	浙江省建筑设计研究院	浙江省科学技术进步奖二等奖
广义电力大数据融合决策关键技术及应用	杭州中奥科技有限公司	浙江省科学技术进步奖二等奖
对外开放与中国经济发展的若干问题与理论探索	浙江工业大学	浙江省科学技术进步奖二等奖
低滚阻、高抗湿滑轿车子午线轮胎的关键技术与装置及产业化	浙江工业大学	浙江省科学技术进步奖二等奖
废铅蓄电池高值利用及资源绿色循环关键技术与应用	浙江工业大学	浙江省科学技术进步奖二等奖
重要构件高精度磁声感测技术及产业化应用	国网浙江省电力有限公司电力科学研究院	浙江省科学技术进步奖二等奖
茶叶生产加工一体化信息管理与智能化装备研究	浙江工业大学	浙江省科学技术进步奖二等奖
复杂环境超长大直径钻孔灌注桩施工与数字化管控关键技术	浙大城市学院	浙江省科学技术进步奖二等奖
梁桥抗倾覆设计理论与性能提升关键技术	浙江工业大学	浙江省科学技术进步奖二等奖
高比例新能源电力系统宽频段稳定性分析理论与运行控制技术及应用	国网浙江省电力有限公司电力科学研究院	浙江省科学技术进步奖二等奖
大型电力变压器机械失稳在线感知和诊断关键技术及应用	国网浙江省电力有限公司电力科学研究院	浙江省科学技术进步奖二等奖
主要粮经作物养分资源高效利用关键技术集成与应用	中国水稻研究所	浙江省科学技术进步奖二等奖
多向药理学与精益管理相结合的中药制造数智化重构技术及应用	杭州市食品药品检验研究院	浙江省科学技术进步奖二等奖
晚期肺癌精准化治疗新策略的建立与推广	浙江省肿瘤医院	浙江省科学技术进步奖二等奖
肝胰恶性肿瘤精准诊疗创新技术的基础研究及临床推广应用	浙江省人民医院	浙江省科学技术进步奖二等奖
交错桁架钢结构体系建筑成套关键技术与应用	浙江省建筑设计研究院	浙江省科学技术进步奖三等奖
基于多端口能量路由器的多向多能流配电网关键技术装备与示范应用	国网浙江省电力有限公司电力科学研究院	浙江省科学技术进步奖三等奖
汽轮机组涉网精准调控关键技术及应用	国网浙江省电力有限公司电力科学研究院	浙江省科学技术进步奖三等奖
变电站高可靠就地化保护装置研发及应用	国网浙江省电力有限公司电力科学研究院	浙江省科学技术进步奖三等奖

续表32

项目名称	获奖单位	奖 项
电网关键设备运行风险辨识管控技术与装备开发应用	国网浙江省电力有限公司电力科学研究院	浙江省科学技术进步奖三等奖
变电设备物联数字化赋能关键技术及工程实践	国网浙江省电力有限公司电力科学研究院	浙江省科学技术进步奖三等奖
高速公路智能管控与稽核系统关键技术研发与应用	浙江高速信息工程技术有限公司	浙江省科学技术进步奖三等奖
软土地基城市运营隧道大变形灾害治理关键技术	中国电建集团华东勘测设计研究院有限公司	浙江省科学技术进步奖三等奖
复杂环境下供应链成员企业运营管理优化理论与方法及应用	浙江树人学院、浙江工业大学	浙江省科学技术进步奖三等奖
数字经济增加值规模统计测度技术开发与应用	浙江省工业和信息化研究院	浙江省科学技术进步奖三等奖
多域物联实时多媒体系统关键技术与应用	浙江工业大学	浙江省科学技术进步奖三等奖
危化行业多源数字化智慧管控和事故预防关键技术及系统	浙大城市学院	浙江省科学技术进步奖三等奖
超大口径钢管差异化内外涂覆关键技术开发及产业化应用	浙江工业大学	浙江省科学技术进步奖三等奖
高耐温包覆型氧化铁黄颜料关键技术及产业化	浙江工业大学	浙江省科学技术进步奖三等奖
面向公共安全的电梯核心零部件关键检测技术及应用	浙江工业大学	浙江省科学技术进步奖三等奖
城市大规模桥隧群安全诊治、监测与运维协同管控关键技术	浙大城市学院、浙江工业大学工程设计集团有限公司、中城建勘（浙江）检测科技有限公司	浙江省科学技术进步奖三等奖
高效智能暖通泵装备关键技术及产业化	浙江工业大学	浙江省科学技术进步奖三等奖
高厨余生活垃圾填埋场失稳灾变防控关键技术及工程应用	浙江工业大学、杭州市环境集团有限公司	浙江省科学技术进步奖三等奖
斜交网格超高层钢结构体系关键技术及应用	浙江省建筑设计研究院、浙大城市学院	浙江省科学技术进步奖三等奖
跨海长桥工业化快速建造技术	浙江交工集团股份有限公司	浙江省科学技术进步奖三等奖
钢混组合结构桥梁工业化建造关键技术及应用	浙江交工集团股份有限公司	浙江省科学技术进步奖三等奖
公路桥梁数字化监控与智能管养关键技术及工程应用	浙江省交通运输科学研究院	浙江省科学技术进步奖三等奖
环保绝缘介质性能提升与绿色配电台区工程化应用	国网浙江省电力有限公司电力科学研究院	浙江省科学技术进步奖三等奖
蜂产品质量安全关键技术创新与应用	浙江树人学院	浙江省科学技术进步奖三等奖
水稻品种分子鉴定技术与应用	中国水稻研究所	浙江省科学技术进步奖三等奖
稻田生态服务功能与补偿机制构建	中国水稻研究所	浙江省科学技术进步奖三等奖
基于云计算技术的工业机器人系统研究及其产业化	浙江工业大学	浙江省科学技术进步奖三等奖

2021年中央和省级主要媒体报道拱墅区题录选编一览表

表33

媒体名称	报道题目	刊播日期
《光明日报》	《让城市在“新陈代谢”中更宜居》	1月9日
《浙江日报》	《建设“居民离不开”的社区组织》	1月12日
《人民日报》	《检察公益诉讼拓展新领域》	1月14日
浙江卫视《浙江新闻联播》	《喜迎省“两会”民生实事“浙”一年：新建3000余家“阳光厨房”守护孩子们舌尖安全》	1月16日
新华社客户端	《杭州最大的一把“伞”撑开了——亚运会曲棍球场屋面膜安装完成》	1月18日
人民日报客户端	《在“浙里”过年，挺好！杭州拱墅区：此心安处是吾乡 拱墅政企暖心举措助力留杭过年》	1月22日
新华社客户端	《“流动助浴车”让为老服务“跑起来”》	2月13日
中央广播电视总台新闻频道《新闻直播间》	《浙江杭州：春节我在岗 亚运场馆建设工地上的中国年》	2月14日
《光明日报》	《多喜乐 长安宁——文明实践融入过年新风尚》	2月16日
人民日报客户端	《杭州拱墅：老旧小区怎么改？“和睦”经验有绝活》	2月18日
《人民日报》	《在岗位上过年 在坚守中奉献》	2月18日
《人民日报》	《老旧小区改造迎来“升级版”》	2月19日
新华社客户端	《“玉琮”“杭州伞”南北呼应 杭州最大体育公园长这样》	2月26日
新华每日电讯	《“数智”起钱塘 今朝更繁华》	3月3日
中央广播电视总台新闻频道《两会你我他》	《畅想“十四五”浙江：感受几个数字生活的场景》	3月6日
新华社客户端	《浙江杭州：“时间银行”探索邻里互助幸福生活》	3月14日
人民日报客户端	《学习百年党史丨杭州拱墅：“四学四进”修好党史学习必修课》	3月19日
《人民日报》	《知史爱党知史爱国 坚定信念奋发有为》	3月21日
人民日报客户端	《智慧灯杆 智慧语音，杭州拱墅河道上演科技“二重奏”》	3月22日
《浙江日报》	《播下信仰的种子——杭州市拱墅区探索“党的知识进课堂”三年纪事》	3月23日
《浙江日报》	《拱墅区：数字赋能激活“一池春水”》	3月30日
中央广播电视总台新闻频道《新闻直播间》	《浙江杭州智慧公交充电站年碳减排约一万吨》	4月2日
《人民日报》	《杭州亚运会 乒乓球馆忙》	4月10日
人民日报客户端	《为书香拱墅注入新的动能 杭州这个城区启动第七届全民阅读节》	4月20日
《浙江日报》	《杭州首家清廉书房启用》	5月2日
《浙江日报》	《繁华新拱墅 开启新征程》	5月6日

续表33

媒体名称	报道题目	刊播日期
新华社客户端	《推行“午休课”　保障学生睡眠时间》	5月8日
《浙江日报》	《杭州太阳马戏，全球一枝独“秀”》	5月9日
《浙江日报》	《新拱墅要建设“三个样板区”》	5月10日
中央广播电视总台新闻频道《新闻直播间》	《浙江民警创编反诈骗短视频助群众识破骗局》	5月10日
《人民日报》	《工业文化遗产　焕发新的生机》	5月12日
中央广播电视总台新闻频道《朝闻天下》	《浙江杭州报表数据化为基层减负松绑》	5月18日
新华社客户端	《拱墅：千年运河　繁华武林》	5月18日
《浙江日报》	《千年运河　繁华武林》	5月20日
《光明日报》	《书写人民幸福生活的浙江画卷》	5月22日
《浙江日报》	《未来街区　以“数”为媒》	5月23日
新华社客户端	《杭州市拱墅区推进党史学习教育“民呼我为　我为新拱墅建功立业”主题活动》	5月25日
《浙江日报》	《拱墅区武林街道：把“旧改”改到心坎上》	6月1日
《人民日报》	《传承文明风尚　创新文明建设》	6月10日
《浙江日报》	《“百年礼赞·望宸诗会”在杭举行》	6月16日
浙江卫视《浙江新闻联播》	《国家级非遗“杭州小热昏”展示民间文化》	6月17日
新华社客户端	《外国人今后在杭可享受“最多跑一次”》	6月19日
光明日报客户端	《第二届中国大运河沿岸区县合作论坛在杭州拱墅区举行》	6月22日
人民网	《杭州拱墅东新街道：数字赋能城市治理　数治街区赢未来》	6月24日
央广网	《以“衣”传情　杭州亚运服饰秀举行》	6月24日
光明日报客户端	《擦亮民生金名片，杭州拱墅交出老旧小区改造优秀答卷》	6月26日
《浙江日报》	《武林商圈党建联盟智慧平台2.0版上线》	6月29日
中新网	《杭州拱墅答题新发展　聚焦“高质量、共富裕”实现蝶变》	7月2日
人民日报客户端	《杭州：新拱墅“蝶舞”运河畔》	7月4日
新华社客户端	《浙江杭州：古运河上的灯光秀》	7月6日
《浙江日报》	《拱墅区实施“创造美好生活”十大行动》	7月4日
中新网	《杭州拱墅一社区开出家门口的暑期课堂　完善暑托服务》	7月8日
《浙江日报》	《夜游如梦上塘》	7月8日
人民网	《杭州拱墅：运河大剧院正式投入运营》	7月9日
《浙江日报》	《新拱墅　新动能　新“蝶变”》	7月12日
人民日报客户端	《杭州市拱墅区召开高质量发展大会　开工、签约重点项目总投资额逾433亿元》	7月13日

续表33

媒体名称	报道题目	刊播日期
新华社客户端	《文晖民生画卷 谱写幸福篇章》	7月16日
人民网	《杭州市拱墅区东新街道：数字化赋能 走出“两新”党建新路径》	7月16日
新华社客户端	《2021“船说·大运河老字号”系列活动暨“浙夜好生活”消费季启航》	7月17日
浙江卫视《浙江新闻联播》	《“浙夜好生活”消费季在杭启动 全省将发放5000万张夜间消费券》	7月17日
《浙江日报》	《运河文化公园初亮相》	7月18日
《浙江日报》	《擦亮运河“金名片” 助力共同富裕示范区建设》	7月19日
《新华每日电讯》	《杭州：用数字化为群众需求“画像”》	7月21日
新华社客户端	《“七一”重要讲话精神在基层丨杭州瓜山未来社区 年轻人的理想家园》	7月22日
《人民日报》	《壮美河山》	7月23日
新华网	《杭州瓜山未来社区 年轻人的理想家园》	7月24日
新华社客户端	《多领域专家齐聚杭州共议数字医疗的未来场景》	7月30日
《浙江日报》	《“多做一些好事，多帮一些孩子”》	7月31日
中新网	《军民情深二十载 杭州拱墅49对“母子”结对一家亲》	8月1日
中央广播电视总台新闻频道《央视新闻联播》	《浙江：打造共建共享的高品质生活》	8月3日
浙江卫视《浙江新闻联播》	《中共浙江省委机关旧址陈列室在杭启》	8月3日
新华社客户端	《首届“长三角外资金融机构在浙发展机遇”高峰论坛在杭州市拱墅区举行》	8月7日
中新网	《杭州拱墅：数字医疗党建联盟引领产业高质量发展》	8月11日
《人民日报》	《用对用好数据 服务更加精细》	8月17日
新华社客户端	《轮值接待 共商共议 民呼我为 杭州拱墅这个居民议事会议出基层治理“金点子”》	8月18日
《人民日报》	《擦亮城市文化的“运河名片”》	8月19日
新华网	《“首店经济”持续发力 杭州武林商圈构建新消费体系》	8月20日
新华网	《杭州市拱墅法院联合阿里拍卖推出“司法数字服务站”综合集成馆》	8月24日
人民网	《杭州石桥街道：“e智办”为打造共同富裕示范区样本提供硬核支撑》	8月26日
人民日报客户端	《共同富裕看浙里丨杭州石桥街道：为流动人口打造一个“不流动的家”》	8月27日
人民日报客户端	《浙江加快打造新时代文化高地综述：文化之光 闪耀浙江》	8月31日
《经济日报》	《高质量建设国家文化公园》	9月2日
人民日报客户端	《杭州拱墅区：“一表通”助推社区治理“减负增效”》	9月2日
《人民日报》	《让非物质文化遗产绽放出更加迷人的光彩》	9月3日
新华社客户端	《杭州拱墅出台“十强化”举措 建设民营企业“廉盟”》	9月3日
《浙江日报》	《拱墅区石桥街道：探寻发展新路径 繁华向北再造》	9月7日

续表33

媒体名称	报道题目	刊播日期
新华社客户端	《杭州：教师节前展风采》	9月8日
新华社客户端	《杭州“托育一件事”上线“浙里办App”》	9月8日
人民日报客户端	《杭州亚运“电竞馆”竣工在即 将举办8个电竞项目比赛》	9月11日
人民网	《杭州武林商圈有了浙江首套无障碍综合服务系统》	9月15日
新华社客户端	《运河上，游船里，拱墅区委书记与政协委员“沉浸式”协商开始了……》	9月18日
人民网	《杭州市拱墅区石桥街道打造家门口的暖心驿站》	9月18日
《人民日报》	《勇担社会责任 画好最大同心圆》	9月22日
《光明日报》	《串珠成链共“荟”同心圆》	9月23日
《浙江日报》	《悠悠运河拂廉风》	9月24日
中新网	《杭州拱墅未来社区成立团工委 激活青年社区自治活力》	9月25日
光明日报客户端	《区块链服务网络全球合作伙伴大会在杭州拱墅举行》	9月26日
《浙江日报》	《“廉政微课堂”筑牢风险防线》	9月30日
人民网	《杭州“武林店小二”引控商企有序用电》	10月1日
中新网	《杭州拱墅举办迎国庆红韵快闪活动 时代新声唱响大商圈》	10月1日
《人民日报》	《鲜亮“中国红”，激扬爱国情》	10月2日
《光明日报》	《以“三为”实践为抓手办实事见实效》	10月2日
《浙江日报》	《“武林店小二”引导商企有序用电》	10月3日
《人民日报》	《国泰民安，欢度国庆（祖国颂）》	10月4日
光明日报客户端	《浙江杭州拱墅：沉浸式文旅消费新体验受热捧》	10月4日
《浙江日报》	《在“星际旋涡”上争分夺秒》	10月7日
人民日报客户端	《杭州拱墅区：国庆黄金周“商旅文”融合消费盛宴亮点纷呈》	10月9日
《浙江日报》	《拱墅区祥符街道：监管前置为民生 主动作为解难题》	10月14日
新华社客户端	《为千年运河戴上政协味“项链”！杭州拱墅区沿运河创建18家“民生议事堂”》	10月15日
中新网	《杭州拱墅开启“抖音运河之夜”：激发运河文化传播新路径》	10月17日
中新网	《浙江省民主党派企业扶贫帮扶消费促进会落地杭州拱墅》	10月19日
《浙江日报》	《感知一张网 共治一件事》	10月18日
《浙江日报》	《赏民俗 品美食 寻非遗》	10月21日
人民日报客户端	《2021“爱上大运河”全媒体行动在杭州拱宸桥举行》	10月21日
新华社客户端	《大运河沿岸城市党建红盟在杭州成立》	10月22日
新华社客户端	《走向共同富裕的千年运河：2021中国大运河文化带京杭对话启幕》	10月22日
光明日报客户端	《构建协同发展新格局，大运河沿岸城市党建红盟成立》	10月22日
人民日报客户端	《2021年长三角水上运动节暨京杭大运河（杭州）运动·文旅嘉年华开幕》	10月23日

续表33

媒体名称	报道题目	刊播日期
新华社客户端	《杭州："运河美食汇"开启》	10月23日
新华社客户端	《浙江："少年非遗说"讲述诗路故事》	10月24日
人民日报客户端	《100道百县千碗·杭州味道金牌美食正式发布！你最爱哪一道？》	10月24日
《浙江日报》	《运河旗妙》	10月24日
《浙江日报》	《水上运动节》	10月25日
《浙江日报》	《汇聚文艺力量 唱响共富精彩》	10月25日
新华社客户端	《杭州拱墅区上线"入学一点通"，孩子入学信息尽在"掌"握》	10月28日
新华社客户端	《老厂房新改造：设计驱动生活方式》	10月30日
《人民日报》	《大运河亚运公园竣工》	11月2日
《人民日报》	《社区食堂 幸福味道》	11月3日
新华社客户端	《杭州最大的体育公园来了！》	11月3日
《人民日报》	《各地探索实施长期处方政策》	11月5日
《浙江日报》	《清廉家风》	11月6日
人民日报客户端	《杭州市拱墅区红色三方打造"一体两翼"基层治理新格局》	11月9日
新华社客户端	《杭州大运河亚运公园将亮相》	11月9日
新华社客户端	《杭州拱墅区"红色三方"打造基层治理新格局》	11月10日
中新网	《浙江杭州推小公园"民间园长" 探公共设施共建共享新模式》	11月10日
《浙江日报》	《"红黄蓝"强助力 践行"法治为民"》	11月10日
中新网	《杭州拱墅发布青年人才培养计划 打造高素质人才金名片》	11月11日
中新网	《杭州拱墅税务："税务专家团"助力企业健康发展》	11月11日
中新网	《杭州拱墅打造"暖锋之家"：党员快递员有了"家"》	11月12日
中新网	《杭州拱墅搭建数字平台 激发党员外卖骑手凝聚力》	11月15日
中新网	《融"旗袍""运河"两大元素 "运河旗妙夜"展沿岸城市风采》	11月15日
人民日报客户端	《杭州首个骑手流动党支部过上了第一个固定主题党日》	11月15日
新华社客户端	《杭州亚运会乒乓球馆首次办赛》	11月19日
新华网	《杭州拱墅：打造运河法治"软文化" 彰显法治实践"硬实力"》	11月24日
新华社客户端	《杭州拱墅：选树"清廉因子"带社风促民风》	11月24日
新华社客户端	《浙江杭州：大运河音乐公园亮相》	11月25日
《浙江日报》	《指尖上的"冠军梦"》	11月25日
人民网	《杭州拱墅、广元昭化东西部产业协作快马扬鞭》	12月1日
《新华每日电讯》	《杭州：数字化改革解决民生"关键小事"》	12月2日
央视新闻客户端	《拾荒老人王绅森，爱心永远年轻！》	12月3日
《浙江日报》	《拱墅区残联：点亮残障人士希望之灯》	12月3日
中新网	《杭州规模最大亚运观赛空间启用 工业遗存化身文化新地标》	12月4日
《新华社高管信息》	《杭州老旧小区加梯"潮鸣模式"值得借鉴》	12月6日
人民网	《杭州拱墅石桥街道开展"六讲六做"大宣讲活动》	12月6日

续表33

媒体名称	报道题目	刊播日期
《人民日报》	《浙江省杭州市长庆街道探索普惠托育服务——家门口有了托育园》	12月10日
《人民日报》	《弘扬宪法精神 树立宪法权威》	12月10日
新华社客户端	《杭州市拱墅区税务局：全民健身迎亚运 税务部门来助力》	12月12日
《浙江日报》	《拱墅区发改经信局：把好廉政关 “一本通”打造清廉机关》	12月15日
央广网	《画面震撼！杭州半山电厂2号冷却塔成功爆破拆除》	12月20日
浙江卫视《浙江新闻联播》	《杭州半山电厂2号冷却塔成功爆破拆除》	12月20日
新华社客户端	《打卡工业遗存|从老厂房到新地标》	12月28日
人民网	《杭州拱墅：奋力开创新时代高质量发展共同富裕示范新局面》	12月28日
新华社客户端	《杭州拱墅：推进产业升级、打造“数字新城”，区域经济综合竞争力增强》	12月30日
中新网	《运河人家：杭州大运河博物馆》	12月30日

拱墅区直属各单位、市直各延伸单位规范化名称和简称对照表

表34

序 号	名 称	简 称
1	中共杭州市拱墅区委办公室	区委办
	中共杭州市拱墅区委台湾工作办公室	区台办
	中共杭州市拱墅区委保密委员会办公室	区委保密办
	中共杭州市拱墅区委机要局	区委机要局
	杭州市拱墅区档案局	区档案局
2	杭州市拱墅区人民代表大会常务委员会办公室	区人大办
	杭州市拱墅区人民代表大会常务委员会监察和法制司法工作委员会	区人大监察法司工委
	杭州市拱墅区人民代表大会常务委员会财政经济工作委员会	区人大财经工委
	杭州市拱墅区人民代表大会常务委员会社会建设工作委员会	区人大社会建设工委
	杭州市拱墅区人民代表大会常务委员会城市建设环境保护工作委员会	区人大城建环保工委
	杭州市拱墅区人民代表大会常务委员会教育科学文化卫生和民族宗教华侨工作委员会	区人大教科文卫和民宗侨工委
	杭州市拱墅区人民代表大会常务委员会代表工作委员会	区人大代表工委
3	杭州市拱墅区人民政府办公室	区政府办
4	中国人民政治协商会议杭州市拱墅区委员会办公室	区政协办
	中国人民政治协商会议杭州市拱墅区委员会提案委员会	区政协提案委
	中国人民政治协商会议杭州市拱墅区委员会经济科技委员会	区政协经科委
	中国人民政治协商会议杭州市拱墅区委员会城建和人口资源环境委员会	区政协城建委
	中国人民政治协商会议杭州市拱墅区委员会社会法制和港澳台侨委员会	区政协社法委
	中国人民政治协商会议杭州市拱墅区委员会文史和教文卫体委员会	区政协文史委
	中国人民政治协商会议杭州市拱墅区委员会委员工作委员会	区政协委员工委

续表34

序号	名称	简称
5	中共杭州市拱墅区纪律检查委员会	区纪委
	杭州市拱墅区监察委员会	区监委
6	杭州市拱墅区人民武装部	区人武部
7	杭州市拱墅区人民法院	区法院
8	杭州市拱墅区人民检察院	区检察院
9	中共杭州市拱墅区委组织部	区委组织部
	中共杭州市拱墅区委新经济与新社会组织工作委员会	区委两新工委
	杭州市拱墅区公务员局	区公务员局
	中共杭州市拱墅区委人才工作领导小组办公室	区委人才办
10	中共杭州市拱墅区委宣传部	区委宣传部
	杭州市拱墅区政府新闻办公室	区新闻办
	杭州市拱墅区精神文明建设委员会办公室	区文明办
	杭州市拱墅区新闻出版局	区新闻出版局
11	中共杭州市拱墅区委统一战线工作部	区委统战部
	杭州市拱墅区民族宗教事务局	区民宗局
	杭州市拱墅区人民政府侨务办公室	区侨办
12	中共杭州市拱墅区委政法委员会	区委政法委
	杭州市拱墅区社会矛盾纠纷调处化解中心（杭州市拱墅区社会治理综合服务中心）	区矛调中心
13	中共杭州市拱墅区委全面深化改革委员会办公室	区委改革办
	中共杭州市拱墅区委政策研究室	区委政研室
	杭州市拱墅区最多跑一次改革办公室	区跑改办
14	中共杭州市拱墅区委机构编制委员会办公室	区委编办
15	中共杭州市拱墅区委直属机关工作委员会	区委直属机关工委
16	中共杭州市拱墅区委巡察工作领导小组办公室	区委巡察办
17	中共杭州市拱墅区委杭州市拱墅区人民政府信访局	区信访局
18	中共杭州市拱墅区委老干部局	区委老干部局
19	杭州市拱墅区发展改革和经济信息化局	区发改经信局
	杭州市拱墅区对口支援和区域合作局	区支援合作局
20	杭州市拱墅区教育局	区教育局
21	杭州市拱墅区科学技术局	区科技局
	杭州市拱墅区科学技术协会	区科协
22	杭州市公安局拱墅区分局	区公安分局

续表34

序 号	名 称	简 称
23	杭州市拱墅区民政局	区民政局
24	杭州市拱墅区司法局	区司法局
25	杭州市拱墅区财政局	区财政局
	杭州市拱墅区人民政府国有资产监督管理办公室	区国资办
26	杭州市拱墅区人力资源和社会保障局	区人力社保局
27	杭州市拱墅区住房和城市建设局	区住建局
	杭州市拱墅区人民防空办公室	区人防办
28	杭州市拱墅区商务局	区商务局
29	杭州市拱墅区文化和广电旅游体育局	区文广旅体局
30	杭州市拱墅区卫生健康局	区卫健局
31	杭州市拱墅区退役军人事务局	区退役军人局
32	杭州市拱墅区应急管理局	区应急管理局
33	杭州市拱墅区审计局	区审计局
34	杭州市拱墅区市场监督管理局	区市场监管局
	杭州市拱墅区知识产权局	区知识产权局
35	杭州市拱墅区人民政府金融工作办公室	区金融办
36	杭州市拱墅区统计局	区统计局
37	杭州市拱墅区综合行政执法局	区综合行政执法局
	杭州市拱墅区城市管理局	区城管局
38	杭州市拱墅区数据资源管理局	区数据局
39	杭州市拱墅区投资促进局	区投促局
	杭州市拱墅区人民政府外事办公室	区外事办
40	杭州市拱墅区行政审批服务管理办公室	区审管办
41	杭州市拱墅区总工会	区总工会
42	中国共产主义青年团杭州市拱墅区委员会	团区委
43	杭州市拱墅区妇女联合会	区妇联
44	杭州市拱墅区工商业联合会	区工商联
45	杭州市拱墅区残疾人联合会	区残联
46	中共杭州市拱墅区委党史研究室（杭州市拱墅区地方志编纂研究室）	区委党史研究室（区志编研室）
47	杭州市拱墅区红十字会	区红十字会
48	杭州市拱墅区数字经济产业园区管理委员会	区数产园管委会

续表34

序号	名称	简称
49	杭州市拱墅区科技工业功能区管理委员会	区科技工业区管委会
50	杭州市拱墅区城市建设发展中心	区城建发展中心
51	杭州市拱墅区城中村改造工程指挥部	城中村指挥部
52	杭州市拱宸桥地区旧城改造工程指挥部	拱宸桥指挥部
53	杭州市拱墅区京杭运河综合整治与保护开发指挥部	区运河指挥部
54	杭州市拱墅区城市建设投资发展集团有限公司	区城投集团
55	杭州市拱墅区国有投资控股集团有限公司	区国投集团
56	杭州市拱墅区市政园林工程有限公司	区市政公司
57	杭州拱墅投资发展有限公司	拱投发
58	国家税务总局杭州市拱墅区税务局	拱墅区税务局
59	杭州市规划和自然资源局拱墅分局	规划资源拱墅分局
60	杭州市生态环境局拱墅分局	生态环境拱墅分局
61	杭州市公安局交通警察支队拱墅区交警大队	交警拱墅大队
62	杭州市交通运输行政执法队拱墅大队	交通运输执法拱墅大队
63	杭州市拱墅区人民政府天水街道办事处	天水街道
64	杭州市拱墅区人民政府上塘街道办事处	上塘街道
65	杭州市拱墅区人民政府武林街道办事处	武林街道
66	杭州市拱墅区人民政府祥符街道办事处	祥符街道
67	杭州市拱墅区人民政府长庆街道办事处	长庆街道
68	杭州市拱墅区人民政府半山街道办事处	半山街道
69	杭州市拱墅区人民政府潮鸣街道办事处	潮鸣街道
70	杭州市拱墅区人民政府康桥街道办事处	康桥街道
71	杭州市拱墅区人民政府朝晖街道办事处	朝晖街道
72	杭州市拱墅区人民政府米市巷街道办事处	米市巷街道
73	杭州市拱墅区人民政府文晖街道办事处	文晖街道
74	杭州市拱墅区人民政府湖墅街道办事处	湖墅街道
75	杭州市拱墅区人民政府东新街道办事处	东新街道
76	杭州市拱墅区人民政府小河街道办事处	小河街道
77	杭州市拱墅区人民政府石桥街道办事处	石桥街道
78	杭州市拱墅区人民政府拱宸桥街道办事处	拱宸桥街道
79	杭州市拱墅区人民政府和睦街道办事处	和睦街道
80	杭州市拱墅区人民政府大关街道办事处	大关街道

索引

说　明：

一、本类目设主题索引、照片索引和表格索引3个分目。

二、主题索引中文标目按汉语拼音顺序排列，同音字按笔画数从少到多排列。第一字相同，按第二字音序排列，依次类推。数字开头的标目则按数字0～9顺序排列。

标目后的阿拉伯数字则表示内容所在页码。数字后的英文字母a、b、c分别表示从左到右第一、二、三栏。标目后有多个页码的，则表示相关信息在这些页码中均出现。

本年鉴的“特载”“专记”“大事记”“附录”均未做索引。

三、照片索引排序规则与主题索引相同，表格索引按序号排列。照片索引、表格索引仅标注所在页码，不标注分栏。

主题索引

0～9

A

B

C

D

E

F

G

H

J

K

X

Y

Z

照片索引

0～9

A

B

C

D

F

G

X

Y

Z

表格索引